古典으로 살펴본
風 水 地 理

古典으로 살펴본
風水地理

초판 1쇄 발행 2023년 12월 22일

지은이 김남영
펴낸이 이재욱
펴낸곳 (주)새로운사람들
디자인 김명선
마케팅·관리 김종림

ⓒ김남영, 2023

등록일 1994년 10월 27일
등록번호 제2-1825호
주소 서울 도봉구 덕릉로 54가길 25(창동 557-85, 우·01473)
전화 02)2237-3301 **팩스** 02)2237-3389
이메일 ssbooks@chol.com

ISBN 978-89-8120-658-1 (03380)

*책값은 뒤표지에 씌어 있습니다.

古典으로 살펴본
風 水 地 理

야도 **김남영** 편저(編著)

새로운사람들

[머리말]

   풍수지리는 바람과 물과 땅의 이치를 연구하는 학문입니다. 바람을 잘 갈무리하고 좋은 물을 얻을 수 있는 공간을 찾아 인간에게 도움이 되도록 연구하는 학문이라고 할 수 있습니다.

   풍수지리의 출발점은 바람을 피하고 물을 얻는 데 손쉬운 공간을 찾는 양택(陽宅) 풍수가 우선하였고, 문자의 사용과 사회질서의 확립으로 부모를 섬기고 보내 드리면서 영혼은 내세에서도 생전과 같은 영향을 받을 것으로 생각하여 좋은 곳으로 정성껏 모시게 된 것이 음택(陰宅) 풍수로 발전하게 된 계기가 되었을 것으로 봅니다.

   풍수술은 형기와 이기로 나뉘는데 여러 학파가 나름대로 논리를 펴고 있습니다. 어느 학파는 형기만 우선시하고, 어느 학파는 이기를 우선시하며, 기감만을 우선시하기도 합니다. 그러나 올바른 풍수지리는 형기와 이기와 기감을 함께 적용해야 합니다.

   필자는 풍수지리에 깊이 빠져들면서 너무나 혼란스러웠고 기 풍수에 관심을 가지고 기웃거리게 되었습니다. 퇴근하면 밤늦게까지 산천과 남의 묘지에 가서 엘로드를 들고 수련을 했으며 주말이면 주먹밥을 싸 들고 산천을 헤매게 되었습니다. 기 풍수 단체를 따라다니면서 흉내를 내기도 했습니다.

   주야로 기(氣)에 대하여 열심히 수련하던 중에 북한의 남침용 땅굴을 대부분 찾은 천주교 이종찬 신부님이 저술하신 『심령과학』이라는 책과, 방건웅 박사의 『기가 세상을 움직인다』는 책을 읽고, 양균송 선사의 "세상의 모든 이치는 지장(指掌) 간에 있다."는 구절을 보는 순간 더욱 확신에 차서 수련하게 되었으며, <엘로드(수맥봉)를 통해 본

세계>라는 논문이 필자에게 박차를 가했다고 봅니다. 관계되신 분들께 양해를 구하면서 감사드립니다.

주야로 수련하고 시행착오를 수없이 겪은 후 지도에서 발원지를 찾고 맥을 짚은 후 맥이 최종적으로 멈춘 곳의 주소를 적어 내비게이션의 안내를 받고 찾아가 확인을 하니 정확하게 일치하였습니다.

필자는 이론을 떠나 현장에서 직접 실험을 하기 시작했으며 시간이 있을 때마다 휴전선에서부터 거제도와 고성의 땅끝마을까지 전 산천을 헤매며 전국 산야에 맺힌 혈을 찾아다녔습니다.

요르단에서 근무할 기회가 있었는데 시간 날 때마다 요르단 전국을 다니면서 지맥과 천기가 모인 곳을 확인했으며, 예수님이 세례를 받으시고 제자들에게 강의하신 터에 좋은 기운이 뭉쳐 있음을 확인했을 때는 너무 감격스러웠습니다.

이처럼 노력한 결과 혈이 맺히는 원리를 터득하게 되어, 이런 사실을 세상에 알려 사람들에게 도움을 주고자 집필을 시작하게 되었으며, 사람이 건강하게 살아갈 수 있는 풍수지리의 원리와 명당을 찾고 만드는 방법을 정리하여 기술하고자 했습니다.

수년간 연구한 결과 맥이란 '백두산에서 발원하여 태백산맥으로 흘러 전국 각지로 흐른다.'는 설(說)이 잘못되었음을 깨달았습니다.

고서(古書)에 맥은 물을 만나면 멈춘다고 기록되어 있는데, 맥이란 물이 돌아 갇힌 산에서 독립적으로 발원지가 생겨 각처로 흐르는 것임을 알게 되었습니다. 마치 각 발전소에서 전기를 생산하여 그 전기가 도선을 타고 각지로 보내져서 우리가 유용하게 사용하는 것과 같은 이치입니다.

전선이 절단되면 전기가 흐르지 않는 것처럼 맥이 흐르다가 절단되면 그 이후로는 무맥지(無脈地)가 된다는 것을 확인했습니다.

맥은 물을 건너 반대쪽 산으로 연결되기도 한다는 사실을 확인하기도 했습니다. 그리고 혈이 맺히면 주위에 균형이 맞고 좌향은 이미 정해져 있으며, 복잡한 이기가 필요하지 않다는 것도 알게 되었습니다. 다만 확인은 꼭 필요합니다.

모든 것은 기로 이루어져 있고, 기의 작용으로 보게 되었습니다. 그러면서 풍수지리는 형기로 살피고 기로써 확인하고 이기로 검증을 하면서 양자 에너지와 지자기, 수맥과 천체의 기운과 함께 어우러진 영적 과학 분야임을 알게 되었습니다.

하늘이 감추고 땅마저 비밀로 하는 명혈을 나약한 한 인간이 함부로 밝힌다는 것은 자연의 순리에 위배(違背)되기 때문에 주소를 밝히지 못하는 점을 독자들께서는 이해하실 것입니다.

지금까지 연구한 내용을 1차로 『풍수지리와 터의 생성원리』라는 제목의 책으로 출간했으며, 2차로 풍수 고전을 필자가 연구한 내용과 접목하여 설명하고자 합니다.

전에는 풍수 고전이 어렵게 느껴졌는데, 전국을 답산(踏山)하고 나니 청오경과 금낭경이 이해가 되었고, 양균송 선사의 고서가 훌륭한 책이기에 제가 경험한 내용을 접목할 수 있게 되었습니다. 독자분들이 이 책을 읽는다면 쉽게 이해하리라고 봅니다.

풍수지리의 기초는 『풍수지리와 터의 생성원리』에서 자세히 다루었던 내용을 그대로 옮겨서 옛날 적용했던 풍수지리 이론이 현대 과학을 몰랐더라도 조금도 차이가 없었음을 확인하고자 했습니다.

또한 양균송 선사는 대단한 기감의 소유자였음을 고전을 설명하면서 깨닫게 되었습니다. 기감이 없이는 깊이 있는 이론을 폭넓게 다루기 어려웠을 것으로 보았습니다.

필자는 고전을 설명하면서 제가 실제로 경험했던 것을 바탕으로 예를 들면서 설명하고자 했습니다. 고전은 중국 땅을 중심으로 저술되었으나 혈이 맺히는 원리는 크게 다르지 않으므로 필자는 우리 땅을 중심으로 설명했습니다.

어려운 한문을 모르는 독자분들은 한글로 설명한 내용만으로도 혈을 찾고 점혈하는 데 많은 도움이 되리라고 봅니다. 이미 여러 선학(先學)들이 고전에 대해 해석하고 설명한 것을 참고하기도 했습니다. 감사하게 생각하면서 양해를 구합니다.

야도 김남영 올림

차례

제2장 풍수 고전

청오경青鳥經

제1장
풍수지리의 기초

양자 에너지

양자 에너지란?

모든 물체는 분자, 원자로 구성되어 있고, 원자는 다시 전자, 중성자, 양자로 구성되어 있다. 궁극적으로 원자핵은 더 이상 쪼갤 수 없는 극미(極微)의 소립자(素立子)로 구성되어 있다

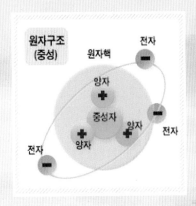

원자 전체 또는 원자핵의 소립자가 진동하면 그 주변에 전자장이 형성되면서 눈에는 보이지 않는 에너지를 발산하는데. 이것을 파동(波動, wave) 또는 기(氣)라고 한다. 양자역학(量子力學, QuantumPhysics)이라는 현대물리학의 분야가 있는데 이 학문은 양(量)이라는 입자(粒子)의 세계가 힘(力, power)의 세계, 즉 에너지의 세계라는 뜻이다. 양자역학의 궁극적인 의미는 에너지, 즉 파동이 모여 파동의 밀도가 커지면 물질로 바뀐다는 것이다. 그러니까 양자역학의 핵심은 물질=에너지=파동이라는 것이다.

지구상의 모든 물질은 원자로 되어 있다. 원자를 분석해 보면 전자와 양자, 중성자로 구성되어 있으며, 그것들이 서로 전기적으로 마이너스, 플러스의 특성을 띠고 있어서 서로 반박하기도 하고 서로 끌어당기고 하면서 진동이 생긴다. 그 진동이 바로 에너지의 근원이 된다.

원자 전체 또는 원자핵의 소립자가 진동하면 그 주변에 전자장이 형성되면서 눈에 보이지 않는 에너지가 발산되는데, 이것을 파동(波動) 또는 기(氣)라고 한다. 파동에는 파동을 발산하는 물체에 따라 천차만별의 계층이 있으며, 우주의 근원이 되는 자연의 순수 파동이 가장 근원적인 것이다.

인체의 예를 들어 설명하자면 인체는 파동의 집합체다. 말하자면 인체는 기(氣)라는 에너지로 구성된 유기체로서 인체 속에는 좋은 파동(+파동)과 나쁜 파동(-파동)의 2가지가 있고, 대체로 나쁜 파동이 많다. 다시 말해 모든 질병은 인체의 장기마다 고유하게 가지고 있는 파동에 이상이 생겨 발생하기 때문에 이것을 바로잡아 줌으로써 건강을 되찾을 수 있다.

양자의학과 동양사상인 기학(氣學)의 관계

데이비드 봄(David Bohm)의 양자이론을 살펴보자.

동양의 자연철학 사상과 동양의학의 기본이 되는 기(氣)의 존재는 양자의학에서 파동이나 에너지로 바뀌어 파동의학, 에너지의학 등으로 불리고 있으며 우리 몸의 기(氣)를 이해하는 것은 양자의학의 이해에 도움이 된다.

사람이 몸과 마음으로 되어 있듯이 우주도 마찬가지로 구성되어 있을 것이라는 생각이 확산되어 서구의 물질론적 세계관에 새로운 패러다임을 제공하였다. 이는 서양에서 동양의 전통사상에 관심을 갖게 하는 계기를 마련하여 20세기 후반에 이르러서는 서구의 과학자들이 동양사상에 적극적으로 관심을 갖고 양자물리학과 기(氣) 또는 도(道)의 관계, 음양오행과 주역 등 동양의 정신을 진지하게 연구하게 되었다.

양자물리학에서 소립자의 발견은 동양의 사상과 우주관을 더 과학적으로 증명해준 것으로 나타난다. 버클리대학의 프리쵸프 카프라라는 양자물리학이 시사하는 새로운 세계관이 동양의 전통사상과 놀라울 정도로 동일하며 "양자물리학이 동양의 예지와 조화를 이루는 일관된 우주관을 점차 형상화하는 데 도움이 되었다."고 하며 우주와의 채널 링을 통하여 온 우주가 하나의 生命體임을 깨달았다고 주장하였다.

우리 조상들의 기(氣)에 대한 전통적 사상과 우주관이 양자물리학을 거쳐 양자의학에 응용되고 있다. 우리는 자연의 크고 작은 다양한 리듬의 복잡한 패턴(Pattern) 속에 살고 있다. 그러나 이렇게 복잡하게 얽힌 가운데서 대표적인 리듬이 음양오행론(陰陽五行論)이다. 자연수인 1에서 9까지의 수에 담겨 있는 성질을 살펴보면 동양에서 바라보는 우주(자연)의 개념을 이해할 수 있다.

"음양의 균형과 조화가 이루어지면 정상 또는 건강한 상태가 되는 것이고, 음양실조(陰陽失調)하면 건강하지 않고(不健康), 비정상이 되는 것이다. 장부(臟腑)에도 음양이 있고, 경락에도 음양이 있으며, 병증에도 음양이 있다."

우주 삼라만상은 일정한 율동에 따라 움직이고 변하고 흩어지고 모인다. 어떠한 현상이 일정 시간마다 똑같은 변화를 되풀이하는 것을 주기(週期, Periodic Cycle)라고 하는데, 하루는 밤낮으로, 심장은 박동으로, 호흡은 들숨과 날숨 등으로 각각의 율동과 주기를 갖는다.

현대 과학에서 에너지를 입자(粒子, Particle)이면서 동시에 파동(波動, Wave)이라고 한다. 빛과 소리는 다 파동이며, 우주만물은 다 크고 작은 율동, 즉 파동과 주기의 영향을 받는다. 동양의 자연철학 사상과 동양의학의 기본이 되는 기(氣)의 존재는 양자의학에서 파동이나 에너지로 바뀌어 파동의학, 에너지의학 등으로 불리고 있으며 우리 몸의 기를 이해하는 것은 양자의학의 이해에 도움이 된다. 1에서 9까지의 자연수에 담겨 있는 성질(性質)을 살펴보면 동양에서 바라보는 우주(자연)의 개념을 이해할 수 있다.

하나(1)완전성(完全性) : 태극설(太極說)
둘(2)상대성(相對性) : 음양설(陰陽說)
셋(3)시간성(時間性) : 삼태극(三太極)
넷(4)공간성(空間性) : 사상설(四象說)
다섯(5)조화성(調和性) : 오행설(五行說)
여섯(6)안전성(安全性) : 육기설(六氣說)
일곱(7)생성성(生成性) : 칠요설(七曜說)
여덟(8)변화성(變化性) : 팔괘설(八卦說)
아홉(9)복잡성(複雜性) : 구궁설(九宮說)

태극설(太極說)은 하나는 쪼갤 수 없는 전체이고 우주는 영원불멸의 하나이며 우주 안의 부분들은 흩어지고 변하고 모이고를 되풀이하지만 우주인 하나는 절대적이고 영원하고 무한하며 스스로 쪼갤 수 없는 완전한 존재라는 것이다. 보이지 않는, 숨어 있는 질서로서의 하나(1)와 나타난 질서로서의 하나(1)가 그대로 하나(1)로 영원히 존재한다는 뜻인데, 이는 있음(有)이 극(極)에 달하면 없음(無)이 되고 없음이 극(極)에 달하면 있음(有)이 된다는 것이다.

사물을 하나의 틀 안에서 바라보는 포괄적(包括的)이고 종합적이고 전일적(全一的)인 사고방식은 특히 의학에서 인간의 생명을 올바르게 이해하는 데 중요한 개념이라 할 수 있다.

"어떤 장부에 음양실조가 있는 것을 알아내는 것이 곧 진단이요, 잃어버린 음양의 조화를 되찾는 것이 치료이다."

음양설이란 우주만물의 성질과 변화의 이치에 대한 인식 체계다. 우주만물은 각각 음(陰) 또는 양(陽)의 속성을 가지고 있으며, 어느 한 가지 사물의 내부에도 음양 두 가지가 서로 존재하고 대립하면서 조화를 이루고 있다. 즉, 상대성(相對性, Relativity)의 이론이다. 음양의 균형(均衡)과 조화(調和)가 이루어지면 이는 정상 또는 건강한 상태가 되는 것이고, 음양(陰陽) 실조(失調)의 경우는 건강을 잃거나(健康) 비정상이 되는 것이다.

장부(臟腑)에 음양이 있고, 경락에도 음양이 있으며, 병증에도 음양이 있다. 어떤 장부의 음양실조를 알아내는 것이 진단이고, 잃어버린 음양의 조화를 되찾는 것이 곧 치료라고 볼 수 있다.

음양중(陰陽中)의 삼태극설(三太極說)이 있다. 우주의 모든 사물이 음과 양으로 이루어져 있다고 하였는데, 모든 것이 음과 양의 두 가지로 완전히 분리되어 존재한다면, 이 우주는 서로 독선적으로 대립하여 교류(交流)하거나 순환(循環)하지 못하고 다만 정체된 상태일 것이다. 그러나 음과 양의 중간에 어떠한 중간적인 것, 즉 중(中)이 있음으로써 우주의 모든 사물을 세 가지로 구분하여 우주의 변화, 생성, 소멸의 원리를 자연히 터득할 수 있게 되는 것이다.

그러므로 지구와 사회와 인간이 이렇게 오랫동안 존속되어 온 이치는 음양론이 아닌 구원론적인 음양중(陰陽中), 즉 삼태극(三太極) 사상이 근본원리인 셈이다. 달은 음(陰)이고, 태양은 양(陽)이며 지구(地球)는 중(中)이므로 이것들이 합쳐서 태양계(太陽系)가 이루어지는 것이며, 빼기(-)는 음이고 더하기(+)는 양이며 영(0)은 중(中)이 되어 이것들이 수학(數學)의 기본원리가 되는 것이라 할 수 있다

또 물질의 구성요소 중 원자(原子)에 있어서도 전자(電子)는 음이고 양성자(陽性子)는 양이며 중성자(中性子)는 중(中)이므로 이들이 합하여 하나의 원자를 이루는 것이 우주에 존재하는 원력(原力)의 종류로는 음에 속하는 음력(陰力), 양에 속하는 양력(陽力), 중에 속하는 중력(中力)이 있는데, 이와 같이 음력(-)과 양력(+)은 중력(0)에 속하는 힘의 중계(中繼)를 받아 서로 작용함으로써 다섯 가지 종류의 힘이 나타난다. 이것을 오행오운(五行五運)이라 한다.

이 우주의 모든 사물은 음이 있고 그와 상대되는 양이 있으며 이 두 가지가 고정되고 정체되어 있는 것이 아니라 중간자적인 중(中)이 있

어 이 우주는 항상 생성(生成)되고 그것이 성장(成長)하면서 변화(變化)하며, 끝내는 소멸(消滅)하는 것이다. 이러한 현상이 계속 반복되는 것이 바로 자연의 원리다.

사상설(四象說)에 대해 알아보자. 사상(四象)이라 함은 오행(五行)의 원리(原理)를 살아 움직이지 않는 땅에 응용할 때 동쪽(東)은 나무(木), 서쪽(西)은 쇠(金), 남쪽(南)은 불(火), 북쪽(北)은 물(水)로 각각 배정하고 중앙은 흙(土)으로 배정하며 變造, 應用하는 것이다.

이렇게 오행의 원리에 의하여 의학(醫學), 체질분류(體質分類), 사주(四柱), 관상(觀相) 등 일상생활에 적용하고 응용하였다. 하지만 살아 움직이지 않는 땅에만 적용되는 원리를 움직이는 우주의 원리로 설명하려면 모순(矛盾)과 문제점(問題點)이 따른다. 이것은 단지 하통지리(下通地理)의 근본원리가 될 뿐이다.

'1'은 점이고, '2'는 선이며, '3'은 평면이고, '4'는 입체다. 입체는 3차원이면서 공간이고 물질이고 형체를 의미한다. 동서남북, 전후좌우, 춘하추동이 다 넷의 리듬을 탄다. 오전, 오후, 밤낮의 주기가 하루를 이루고, 소년기, 청년기, 중년기, 노년기가 사람의 일생을 이룬다.

두 개의 음양이 더 쪼개져 네 개의 음양이 된다. 즉 태양, 소양, 태음, 소음으로 되는데 봄은 소양의 성질을, 여름은 태양의 성질을, 가을은 소음의 성질을, 그리고 겨울은 태음의 성질을 갖게 된다. 사람도 봄의 성질과 비슷한 체질이 있고, 여름, 가을, 겨울의 성질과 같은 체질을 가지게 되는데, 이 체질에 맞게 섭생(攝生)과 치료를 해야 한다. 이것이 소위 사상체질의학(四象體質醫學)이다.

오행학설(五行學說)에 대해 살펴보자. 음양은 자연계의 모든 사물과 현상을 이원론적으로 설명하고 있는데 그것을 더욱 세분화시켜 음양의 질을 다섯 가지 형상 목(木), 화(火), 토(土), 금(金), 수(水)로 나누어 오행론(五行論)이라고 하였다.

오행을 이루는 다섯 가지 요소 사이에는 서로 조장하고 협력하는 상생(相生)의 관계와 서로 억제하고 저지하는 상극(相剋)의 관계가 있으며 변화와 안정의 과정을 설명하는 데 가장 이상적인 것이 오행설이다. 다섯 개의 개체가 서로 항진(亢進)시키고 동시에 억제(抑制)하는 상관관계를 형성할 때 가장 효율적으로 동중정(動中靜)의 안정을 얻을 수 있다.

다시 말해서 5개체의 상관관계는 동중정의 이상적인 모델이다.

우주의 기본적인 다섯 가지 힘-분리하는 힘, 해산하는 힘, 집합하는힘, 결성하는 힘, 조직하는 힘의 상징이기도 하다.

양자물리학에서 소립자의 발견은 우리 조상들의 우주관을 더 과학적으로 증명해준 것으로 나타난다.

만물이 목화토금수의 5가지 원소로 이루어졌다는 믿음은 현대과학에서 소립자의 발견으로 원자, 전자, 중성자, 양성자의 기본 물질이 표준모델에서는 6종의 소립자와 이들의 반소립자 6종으로 되어 있다는 것이 확인되었고 이들 소립자는 끊임없이 회전하며 진동하는 에너지 장(場)으로서의 성질을 가지고 있다.

이들 소립자는 파동과 에너지로, 다시 말해서 기(氣)로 이루어졌다는 것을 현대과학의 오행설(五行說)은 다섯 개의 개체가 서로 항진(亢進)시키고 동시에 억제(抑制)하는 상관관계를 형성할 때 가장 효율적으로 동중정(動中靜)의 안정을 얻을 수 있다는 것이다.

5개체의 상관관계는 동중정(動中靜)의 이상적인 모델이다. 우주의 기본적인 다섯 가지 힘-분리하는 힘, 해산하는 힘, 집합하는 힘, 결성하는 힘, 조직하는 힘의 상징이기도 하다.

만물이 목화토금수(木火土金水)의 5가지 원소로 이루어졌다는 믿음은 원자, 전자, 중성자, 양성자의 기본 물질이 표준모델에서는 6종의 소립자와 이들의 반소립자 6종으로 되어 있다는 것이 확립되었고 이들 소립자는 끊임없이 회전하며 진동하는 에너지 장으로서의 성질을 가지고 있다는 사실을 알게 해준다.

이들 소립자는 파동과 에너지로, 이는 수천 년 전부터 내려온 동양 사상의 기본으로 황제내경에도 기록되어 있는 바로 오운육기에 해당하는 것이며, 우주는 기(氣)로 이루어졌다는 사실을 현대과학의 힘으로 명백하게 증명하고 밝혀준 것뿐이다.

"물질은 그 뒷면에 항상 에너지 장이 존재하며, 에너지 장은 열려 있어 우주공간의 에너지와 서로 연결되어 있다. 이를 비국소성 원리(非局所性 原理, Nonlocalty principle)라고 한다."

인간의 마음을 연구한 양자역학(量子力學)에서 의식과 물질의 관계

모든 물체는 파동의 특성을 포함하고 있다는 사실은 만물을 구성하는 기본입자가 존재한다고 간주한 물질론적 세계관에 큰 반향을 일으켰다. 뉴턴이 주장한 주체와 관계없는 절대적 객체란 존재하지 않으며 객체는 주체의 심상에 나타난 존재에 지나지 않는다는 결론을 도출하게 되었다. 그러나 뉴턴 역학에서는 시간과 공간은 상호 연관이 없는 절대공간이었지만 하이젠베르크(W. Heisenberg)의 불확정성 이론이 나오면서 시공간의 절대성이 무너지고 시공간 연속체의 개념이 등장하게 된다.

시간을 알려면 운동량을 알 수 없고 운동량을 정확히 알려면 시간을 제대로 알 수가 없었던 것이다. 또한 소립자가 허공중에서 입자가 생겼다가 사라지는 현상에 대해서 달리 설명할 방도가 없었으므로 현대과학은 방향을 전환해야만 했으며 측정자의 의도에 따라 실험 결과가 달라진다는 사실은 의식과 물질의 관계를 다시 생각하게 하는 계기가 되었으며, 20세기에 들어서서야 서양의 과학자들은 의식과 물질의 관계를 연구하여 인간의 몸과 마음이 서로 영향을 주고받는 분명한 관계에 있음을 비로소 깨닫게 되었다.

사람이 몸과 마음으로 되어 있듯이 우주도 마찬가지로 되어 있을 것이라는 생각이 확산되어 서구의 물질론적 세계관에 새로운 패러다임을 낳았고, 우리가 실체로 여기는 세계도 상대적으로 존재한다는 의미에서 허상에 지나지 않는다는 동양의 전통사상에 대해 서양에서 관심을 갖게 하는 계기를 마련하여 서구의 과학자들은 동양사상에 눈을 돌려 양자물리학과 기(氣) 또는 도(道)의 관계, 음양오행(陰陽五行)과 주역(周易) 등 동양의 정신을 물리학 분야에서 진지하게 연구하게 되었다.

데이비드 봄(David Bohm)의 양자이론이 토대가 된 양자의학은 우주의 허공은 텅 빈 것이 아니라 활성정보 장(Active Information Field)으로 충만해 있다는 것이다. 반야심경(般若心經)의 첫 구절은 공즉시색 색즉시공(空卽是色 色卽是空)이라고 하여 우주가 색(色, Color, Chroma)이라고 하였는데, 양자물리학 양자역학은 색체파동과 밀접하게 관련된다.

또한 우주의 에너지 장은 하나로 연결되어 있어 물질이 있으면 항상 에너지 장이 존재하며 에너지 장은 열려 있어 우주공간의 에너지와 연결되어 있다.

데이비드 봄(David Bohm)의 양자이론은 우주의 허공은 텅 빈 것이 아니라 활성정보 장(Active Information Field)으로 충만해 있다는 것이다. 아인슈타인은 우주를 채우고 있는 것을 확실하게 규명하지는 못하였지만, 이를 '에테르'라 하고 이것은 색채일 것이라고 생각하였다. 반야심경에 이미 공즉시색 색즉시공이라고 하여 우주가 바로 색(色)이라고 하였다.

색채는 파동이며 이와 관련하여 데이비드 봄(David Bohm)의 양자이론은 전자의 입자와 파동의 이중성에 대한 것으로 입자와 파동은 동전의 앞뒤와 같으며 존재하는 모든 물질은 이와 같은 구조로 되어 있다고 한다. 또한 에너지 장은 하나로 연결되어 있어 물질이 있으면 항상 에너지 장이 존재하며 에너지 장은 열려 있어 우주공간의 에너지와 상호 연결되어 있다.

양자는 눈으로 볼 수도, 만질 수도 없는 미립자의 세계다. 인체는 크게 장기와 조직기관으로 이루어지며 이를 다시 나누면 세포=분자=원자=전자=양성자=미립자의 단계로 나타나며 미립자(소립자)가 바로 원자의 핵인 양자이다. 그 중에서 전자는 항상 원자의 핵 주위를 돌면서 자기장을 발생시키는데 이것이 힘의 세계, 즉 에너지이면서 파동이다. 파동이란 에너지의 최소단위이면서 원자 레벨 이하의 고유 에너지 모양이라고 할 수 있다.

몸과 마음과 '에너지 장'으로서의 기학(氣學)

코엑스 공개 강연회 내용을 정리해 봤다. (좌장 宋烈鎬, 2011. 08. 08.12:34 http://cafe.daum.net/hsfrs/OL9R/7)

인간을 구성하고 있는 것은 세포이며, 이 세포는 다시 원자로, 그것을 다시 나눈다면 기(氣)로 설명할 수 있다. 물질이란 하나의 덩어리로 구성된 것이 없으며 덩어리로 구성되기 전 상태를 보면 아주 작은 입자로 되어 있다. 이 입자가 기(氣)인 바, 이 기란 워낙 작아서 잘 보이지 않으므로 있는지 없는지 잘 모를 수 있으나 그 실체를 확인하는 방법이 너무도 간단한 것은 기로 구성된 물질이 있다는 사실이 바로 기가 있음을 증명해주기 때문이다.

현대과학에서는 물질을 분해하여 물질의 본질이 무엇인가를 밝히는 과정에서 전자(電子)의 정체는 입자의 성질과 파동의 성질을 가진다는 사실을 발견하게 된다. 다시 말하면 물질을 분석하고 분석해서 마지막까지 분석하여 관찰해 보니까 전자가 입자로 보일 때도 있고 파동으로 보일 때도 있더라는 것이다. 입자와 파동의 성질이 비슷한 것이라면 문제가 되지 않겠으나 입자와 파동은 하늘과 땅 만큼이나 서로 다르기 때문에 과학자들은 전자의 입자와 파동의 이중성을 설명하기 위하여 많은 연구를 하게 되는데 이렇게 해서 태어난 학문이 바로 '양자물리학'이라는 것이다.

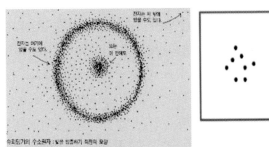
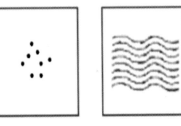

양자 물리학은 이미 1900년대에 출현하기 시작하여 1930년대까지 기초 개념이 정립된 물리학인데 이제는 많은 이론들이 정립되어 미국 등에서는 '양자의학' 또는 '심신의학' 등으로 발전하여 의학적으로 임상에 응용되고 있는 실정이다.

양자 물리학에서 처음 과학자들이 직면한 전자의 입자와 파동의 이중성 문제는 기존의 뉴턴 물리학에서는 도저히 있을 수 없는 현상이었기 때문에 이를 입증한다는 것은 도저히 불가능한 일이었는지도 모른다. 입자라는 것은 보이는 세계이지만 파동이라는 것은 안 보이는 것인데 이 안 보이는 세계를 과학이라고 말할 수 없기 때문에 기존의 뉴턴 물리학이 인정하지 않았던 비(非)물질계에 대한 새로운 학설의 설정이 필요했던 것이다.

결국 과학자들은 전자(電子)를 관찰하는 순간에 전자는 입자로 관찰되기도 하고 파동으로 관찰되기도 한다는 것을 입증하기 위해서 과학의 관찰이 어떤 작용을 하여 입자 또는 파동을 결정한다고 생각하기에 이른다. 이것을 '관측의 문제'라고 부른다.

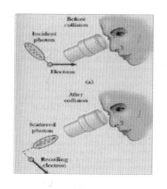

'관측의 문제'에 대한 많은 물리학자들의 해석은 관찰하는 순간 과학자의 '의식'이 마치 에너지처럼 전파되어 '전자'에 가서 작용함으로써 입자 또는 파동을 만드는 것으로 생각한다. 즉 전자에 관측자의 의식이 더해지면 입자가 되기도 하고 파동이 되기도 한다는 것이다.

결국 미국 프린스턴대학의 공대 교수 로버트 쟌(Robert GJahn)과 심리학 교수 브랜다 듄(Brenda Dunne) 등은 '전자난수(電子亂數) 발생기(RNG)'라는 것을 사용하여 사람의 마음이 전자에 미치는 영향을 대대적으로 연구한 결과 '관측의 문제'에서 시작하여 "마음은 에너지다."라는 결론을 내리게 된다.

이를 다시 정리해보면 양자 물리학에서는 물질을 분석하고 분석하여 들어가 보면 물질적인 입자와 비물질적인 파동, 즉 기(氣)라는 것으로 존재한다는 것이다. 또는 여기서 물질계와 비(非)물질계를 넘나들게 하는 것은 마음이라는 에너지가 있다는 것이다.

이것은 흔히 추상적인 것처럼 여겨왔던 물질과 기와 의식이라는 상관관계가 모든 물질의 본질이 되는 것이고, 더 나아가 삼라만상을 형성시키는 근본적인 요소가 된다는 것이다. 이는 바로 동양의학에서 말하는 우주 내외를 막론하고 천지만물의 형성과정에서 발생의 단계인 태극(太極)이라는 양의 개념과 일맥상통한다.

기(氣)라는 것은 우주를 구성하는 근본 물질이며, 무엇으로도 변화가 가능하다. 우주 내외를 막론한 무형의 능력을 '기'라고 하는 것이다. 기가 응집될 때는 물질이 나타나고 흩어져 있을 때는 물체화(物體化)되지 않은 상태, 눈에 보이지 않는 상태로 나타나게 된다. 즉, 우주를 움직이는 기본 단위가 기(氣)로서 기가 응집되면 사람도 되고 동식물도 되는 것이다. 물질이란 기가 형상화된 것으로서 기운으로 구성되었으되 기운 그 자체는 아니며, 이미 변형된 것이다.

이러한 기운은 여러 가지 기준에 따라 분류할 수 있으나 기운의 속성을 기준으로 천기, 지기, 인기로 나누고, 몸의 안팎을 기준으로 내기와 외기로 나누며, 청탁을 기준으로 정기와 탁기로 나눌 수가 있는 것이다. 기와 물질은 동전의 양면같이 서로 판이한 것이면서도 밀접한 관련을 맺고 있는 셈이다.

양자 물리학은 이후 '하이젠베르크', '닐스보어', '슈뢰딩거' 등 많은 과학자들이 참여하여 중요한 몇 가지 이론을 정립시킨다. 그 첫 번째 이론이 '닐스보어'의 '상보성 원리'다. 모든 물질은 동전의 앞면과 뒷면과 같은 이중구조로 되어 있다는 것인데 이때 동전의 뒷면은 눈에 보이지 않는 에너지 장의 구조로 되어 있다는 것이다. 즉 동전의 앞면은 눈에 보이는 구조라면 동전의 뒷면은 눈에 보이지 않는 에너지 장(場)이 있다는 것이다.

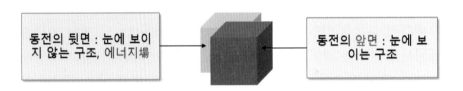

이것은 동양의학에서 말하는 기(氣)와 혈(血)의 관계를 과학적으로 입증한 것이라 할 수 있다. 모든 혈(유형, 가시, 현상)은 그 내면에 기를 간직하고 있으며, 그 현상과 표현인 혈은 그 내면의 기에 의한 것이라는 의미다. 그러므로 보이지 않는 기의 외적 표현인 혈(血)을 보고 역으로 기(氣)를 파악하는 상수학(象數學)이라는 것이 발생한다.

또 하나 주목해야 할 개념은 '비국소성 원리'라는 것이다. 물질 A, B, C 등은 분리되어 있으나 그들의 에너지 장(場)은 하나로 연결되어 있다고 생각하며 하나로 연결된 에너지 장을 '에너지 체(Energy body)' 라고 부른다. 이러한 '비국소성 원리'와 더불어 이미 언급한 "마음은 에너지다."라는 견해는 그대로 우리 인체에도 적용이 된다. 이를 '심리의학'이라고 하는데 인체는 '몸과 마음과 에너지 장'으로 구성되어 있다고 하는 것이다.

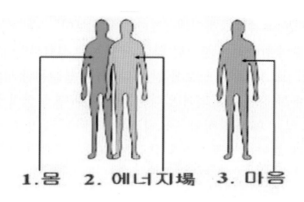

1. 몸 2. 에너지場 3. 마음

여기서 주목할 만한 것은 '마음'을 입자와 파동으로 구성된 미세한 에너지로 본다는 것이다. 따라서 마음은 파동이 되면 몸 밖으로 전파할 수 있으며 마음이 몸 밖으로 전파할 수 있다는 말은 마음이 뇌에 있는 것이 아니라 뇌나 몸과는 별개로 존재하는 독립된 실체라는 견해다. 기(氣)는 물질계와 정신계의 중간단계에 존재하며 자체에 조물주의 의사가 내재되어 있는 바, 특히 천기는 자신을 알아보는 사람에게 내리는 것이니 수련의 열정을 가진 사람에게 더 많이 내려질 것이다.

양자 물리학의 주요 개념

1900년대로 접어들면서 과학자들은 물질을 분석하고 분석하면 분자가 되고 분자를 분석하면 원자가 되며 원자를 분석하면 원자핵과 전자가 된다는 사실을 발견하였다. 전자의 정체를 밝히는 과정에서 전자가 입자의 성질과 파동의 성질을 동시에 가진다는 사실도 알게 되었다. 입자와 파동의 성질이 비슷하다면 문제가 되지 않겠으나 입자와 파동은 하늘과 땅 만큼이나 서로 성질이 다르다는 게 문제였다.

과학자들은 전자의 입자와 파동의 이중성을 설명하기 위하여 많은 연구를 했는데 이렇게 해서 태어난 학문이 바로 양자 물리학이다. 양자 물리학을 창안한 초기 멤버였던 닐스보어는 입자와 파동의 이중성을 '상보성 원리'로 설명하였다. 양자 물리학의 주요 개념인 '상보성 원리'란 동전의 앞면과 뒷면 같은 관계를 말한다. 그래서 동전의 앞면에 입자가 있고 그 뒷면에 파동이 존재한다고 하였다.

양자 물리학의 주요 개념으로 비국소성 원리(non-locality principle)가 있다. 이는 하나의 전자는 다른 전자와 떨어져 있으나 전자의 뒷면에 해당하는 파동들은 하나로 연결되어 '하나의 에너지 장(場)"을 형성한다는 개념이다. 이 비국소성(non-locality) 원리는 1982년 알렌 아스 펙트(Alain Aspect)와 그의 동료에 의해 파리에서 행한 실험에서 증명된 바 있다. 즉 쌍둥이 광자가 우주 끝에서 다른 끝까지 하나로 연결되어 있음이 증명되었다. 양자 물리학에서는 '비국소성'의 의미에 대해 공간적으로 하나로 연결되어 있다고 생각할 뿐만 아니라 시간적으로도 하나의 장으로 연결되어 있다고 생각한다. 따라서 과거, 현재, 미래가 하나의 장(場)으로 연결되어 있다.

양자 물리학의 주요 개념의 하나로 우주의 허공은 충만해 있다는 개념이 있다. 뉴턴 물리학에서는 우주의 허공은 텅 비어 있다고 생각했는데, 양자 물리학에서는 우주의 허공은 비어 있기는커녕 '영점장(zero-point energy)'으로 꽉 차 있다고 생각한다.

양자 물리학의 주요 개념으로 '자기 조직하는 원리(self-organization principle)'가 있다. 이는 한 시스템에서 '입자 상태'에서는 입자들이 무질서한 개인행동을 취하지만 '파동의 상태'에서는 개인행동을 취하지 않고 전체의 질서를 따른다는 개념이다.

양자 물리학의 주요 개념으로 '마음 에너지(mind energy)'라는 개념이 있다. 양자 물리학에서는 과학자가 전자를 관찰하기 전에는 입자인지 파동인지 알 수 없다. 그러나 과학자가 전자를 관찰하는 순간에 전자는 입자로 관찰되기도 하고 파동으로 관찰되기도 한다고 하였다. 그래서 과학자의 관찰이 어떤 작용을 하여 관찰 결과 입자 또는 파동을 결정한다고 생각하였다. 이것을 '관찰자 효과'라고 불렀다.

관찰자 효과에 대한 많은 물리학자들의 해석은 관찰하는 순간 과학자의 '마음'이 마치 에너지처럼 전파되어 전자에 가서 작용함으로써 입자 또는 파동을 만드는 것으로 생각하였다. 여기서 '마음 에너지'라는 개념이 등장하였다.

아인슈타인이 틀렸다-'양자 얽힘' 실험으로 증명

(네이처紙/ 서울신문|입력2015.10.22. 13:46(서울신문 나우 뉴스))
거의 1세기 동안 과학자들은 고전 물리학의 법칙을 깨뜨리는 것으로 보는 '양자 얽힘'에 대해 치열한 논쟁을 계속해왔다. 원자를 구성하는 한 쌍의 소립자들이 시간과 공간을 초월하는 존재처럼 보이는 양자적 현상에 관한 것이었다.

짝을 이룬 두 입자들은 아무리 서로 떨어져 있다 하더라도 어느 한쪽이 변동하면 그에 따라 즉각 다른 한 쪽이 반응을 보인다는 불가사의한 특성을 가지는데 양자 이론에서는 이 두 입자가 서로 얽혀 있다고 하며 이를 일컬어 '양자 얽힘'이라고 한다.

실험에서는 쌍을 이룬 전자들을 이용했는데, 이들 전자쌍들은 모두 측정하는 데 있어 서로 소통할 수 있는 어떤 허점도 완벽히 봉쇄되었다. 또한 두 탐지기 사이의 1.3km란 거리는 한 전자를 측정하여 상태를 확정하는 사이에 빛이라도 주파할 수 없는 먼 거리로 국지적인 허점을 제거한 것이다.

하지만 아인슈타인은 우주에서 빛보다 빠른 것은 없다고 주장하면서 그와 같은 현상을 '유령 같은 원격작용'이라면서 결코 받아들이지 않았다. 아인슈타인은 그 같은 현상에는 우리가 아직 모르고 있는 '숨겨진 변수'가 있으며, 그것을 알게 되면 유령 같은 원격작용의 의문이 풀릴 것이라고 보았다. 이것이 지난 1세기 간 양자론자들과 아인슈타인이 치열하게 대결해온 논점이다. 그런데 아인슈타인의 바람과는 반대로 이 같은 양자 현상은 사실임이 기념비적인 놀라운 실험 결과로 확고하게 입증되었다고 영국의 일간지 데일리메일에 보도되었다.

두 개의 전자가 얽혔을 때, 두 전자가 어느 것이든 업 스핀이 될 수도 있고 다운 스핀이 될 수도 있지만, 한 전자가 업 스핀일 경우, 다른 전자는 반드시 다운 스핀이 된다. 그 같은 반응은 동시에 나타난다.

걸리는 시간이 제로라는 뜻이다.

1964년, 영국 물리학자 존 벨은 유령 같은 원격작용을 해명할 수 있는 '숨겨진 변수'를 제거하기 위해 한 실험을 고안해냈다. 이 실험으로 아인슈타인이 말하는 숨은 변수는 없다는 것이 증명되었는데, 이를 벨의 부등식이라 한다. 하지만 이 벨의 부등식이 양자 얽힘을 완전히 설명하지 못한다는 비판을 받았다.

이번 '네이처'지에 발표된 논문에 따르면, 실험을 이끈 연구자들은 양자 얽힘 실험에서 중요한 두 개의 허점을 보완했다고 밝혔다. 독일 연구진은 작은 다이아몬드에 갇힌 '얽힌' 전자들을 델프트 대학 캠퍼스 양쪽 1.3km 떨어진 곳에다 두고 실험을 했다. 두 전자들이 서로 소통할 수 없게끔 두 장소 사이의 통신수단은 완벽하게 차단되었다. 소립자는 양자적인 속성의 하나로 스핀이라는 회전 운동량을 갖고 있다. 한 쌍의 소립자는 각 다운 스핀과 업 스핀으로 되어 있는데, 관측되기 전까지는 한 입자가 어떤 스핀을 갖고 있는지 알 방도가 없다. 이를 양자론에서는 두 상태가 '중첩'되어 있다고 본다.

일단 측정으로 한 입자의 상태가 확정되면 다른 입자는 동시에 그 반대되는 상태로 확정된다. 두 입자의 거리가 수 광년 떨어져 있다 하더라도 결과는 달라지지 않는다.

양자론자들은 측정이 없다면 실제도 없다고 말한다. 이 같은 양자론자의 주장에 아인슈타인은 "내가 달을 보지 않는다면 달이 거기 없다는 것인가?" 하고 푸념도 했다. 논문 대표저자인 로널드 핸슨 교수는 "두 개의 전자가 얽혔음을 보여주는 현상은 참으로 흥미롭다."고 말하면서 "두 전자가 어느 것이든 업 스핀이 될 수도 있고 다운 스핀이 될 수도 있지만, 한 전자가 업 스핀일 경우, 다른 전자는 반드시 다운 스핀이 된다."고 밝혔다.

"우리가 측정할 때 그들은 완벽한 상관관계임을 보여준다. 한 쪽이 업 스핀이면 다른 한 쪽은 반드시 다운 스핀이 된다. 그 같은 반응은 동시에 나타난다. 걸리는 시간이 제로라는 뜻이다. 두 입자가 은하의 반대쪽에 있더라도 마찬가지다."

이번 실험에서는 쌍을 이룬 전자들을 이용했는데, 이들 전자쌍들은 모두 측정하는 데 있어 서로 소통할 수 있는 어떤 허점도 완벽히 봉쇄 되었다. 또한 두 탐지기 사이의 1.3km란 거리는 한 전자를 측정하여 상태를 확정하는 사이에 빛이라도 주파할 수 없는 먼 거리로 국지적인 허점을 제거한 것이다. 이 반 직관적인 양자 얽힘 현상은 기왕의 철학에 심오한 질문을 던진다. 이 같은 현상이 알려주는 바는 우주가 국지적이 아니라, 비국지적이라는 사실이다. 공간이란 사물이 따로 존재한다는 것처럼 보여주는 관념일 뿐, 실은 하나로 연결된 것이라는 얘기다. 이것이 빅뱅에서 출발한 우주의 속성이라는 것이다.

어쨌든 인간이 빛과 물질을 가장 극미한 상태에까지 다룰 수 있는 능력을 보여 주었다는 평가를 받는 이번 실험에 대해 버밍엄 대학의 카이 봉스 교수는 "양자 역학이 고전 역학과 얼마나 다른지, 또 양자 역학으로 인류가 앞으로 전례 없는 발전을 이룰 가능성을 보여준 실험이다."라고 평가했다. 이번 실험은 실용적인 측면에서 양자 얽힘을 이용한 통신의 암호화에 한 발 다가간 것으로 과학자들은 보고 있다.

[이광식 통신원 joand999@naver.com]

양자 이론의 활용

모든 물질은 양자 얽힘으로 인하여 입자가 되기도 하고 파장이 되기도 하며 마음이라는 것을 입자와 파동으로 구성된 미세한 에너지로 보기 때문에 마음은 파동이 되고 몸 밖으로 전파할 수 있다. 마음을 몸 밖으로 전파할 수 있다는 것은 마음이 뇌에 있는 것이 아니라 뇌나 몸과는 별개로 존재하는 독립된 실체라는 견해를 근거로 엘로드를 사용하여 마음의 주파수를 맞추어 수맥과 전자파와 지자기파를 감지하며 생기(生氣), 오기(汚氣)를 구별하기도 한다.

사람을 보고 수맥파 위에서 생활하는지 확인할 수 있고, 종이 위에 집 구조를 그리게 하여 수맥을 찾기도 하며, 지도를 보고 명당을 확인하기도 한다. 필자는 지도에서 감지된 명당의 번지를 찍어서 현장으로 찾아가면 정확하게 명당이 있음을 확인할 수 있었다.

로널드 핸슨 교수는 논문에서 "두 개의 전자가 얽혔을 때 보여주는 현상은 참으로 흥미롭다."고 말하면서 "두 전자가 어느 것이든 업 스핀이 될 수도 있고 다운 스핀이 될 수도 있지만 한 전자가 업 스핀일 경우 다른 전자는 반드시 다운 스핀이 된다."고 밝혔다.

"우리가 측정할 때 그들은 완벽한 상관관계임을 보여준다. 한 쪽이 업 스핀이면 다른 한 쪽은 반드시 다운 스핀이 되고, 그 같은 반응은 동시에 나타난다. 걸리는 시간이 제로라는 뜻이다. 두 입자가 은하의 반대쪽에 있더라도 마찬가지다."

이것은 풍수 책에 흔히 인용하는 내용으로, "서쪽 동광이 무너졌는데 동쪽에 있는 종이 울렸다."는 것을 입증하는 셈이 된다.

이 내용은 풍수지리에서 '동기감응'을 강조하는 과정에서 늘 인용되는 내용이다.

양자 에너지가 풍수지리에 미치는 영향

사람들은 누구나 보다 건강하게 행복한 삶을 살고자 한다. 그런데 같은 시대에 살면서 누구는 건강하게 잘 살고 누구는 불행하게 살기도 한다. 사람들은 환경을 변화시키기도 하고 조상의 무덤을 명당에 조성하여 음덕을 보고자 노력하기도 한다.

현대는 도시화되어 마음대로 집 구조며 방향을 변경하기도 어렵다. 조상을 모시는 것도 자기 땅이 없으면 마음대로 장사를 지내지도 못하는 것이 현실이다. 산이 있는 사람도 무덤들이 고총이 되어 수풀 속에 있는 것을 보고 선대 모시기를 꺼리게 된다.

대한민국은 명당(明堂)의 보고이며 축복받은 나라라고 생각한다. 전국 어디로 가든지 지역마다 명당이 골고루 분포되어 있다. 다만 사람들이 몰라서 찾지 못할 뿐이다. 풍수지리에서는 천기누설이라는 구절이 있다. 필자도 동감한다. 아무에게나 천하대지를 공개해서도 안 된다고 본다. 만약 필자가 이 책에서 명당의 지번을 공개하면 그 지역은 벌집이 될 것으로 본다. 천하 대혈(大穴)은 자연이 교묘하게 감추고 있는데 구전으로 내려오는 지역에는 많은 묘들이 있으나 명당을 옆에 두고도 많은 무덤들은 모두 묵묘들이다. 차라리 명당 아닌 양명한 곳에 매장을 했더라면 보백 유지는 될 것이다.

풍수 책에는 혈의 4요소라고 하여 입수도두, 선익, 전순, 당판(혈장)으로 표기되어 있다. 당판은 혈이 맺혀 시신을 눕힐 곳이며, 입수도두는 맥이 혈장 내로 입수되기 전에 기운이 응집된 곳으로 불룩하고, 전순은 혈처 앞에서 맥이 밀리지 않도록 받쳐주는 역할을 하는 곳으로 두툼하며, 선익은 혈장 좌우에서 매미 날개처럼 혈처를 감싸는 부분이라고 설명하고 있다.

풍수 책에는 반드시 기록되어 있는 대목이지만 이것을 현장에서 육안으로 모두 확인되는 곳은 거의 없다고 본다. 사람들은 이러한 구색을 갖춘 곳을 찾다보니 명당을 찾지 못하는 것이고 자연은 사람들의 심리를 읽기라도 한 것처럼 지형을 변형시키기도 하여 감추고 있다. 책에는 당판이 기운 곳은 자리가 아니라고 기록되어 있다. 옛 선인들이 명당을 보호하고자 그렇게 표현한 것으로 본다.

이런 내용들은 지하에서 기(氣)로 이루어져 있음을 양자 이론으로 설명할 수 있다.

풍수 책에는 형기적으로 혈처를 4가지로 대별하고 있다.

여자의 젖가슴처럼 불룩한 곳을 유혈(乳穴)이라 하고, 산꼭대기의 불룩한 곳에 있는 자리를 돌혈(突穴)이라 하며, 오목한 곳에 있는 혈처를 와혈(窩穴)이라 하고, 양쪽 가랑이처럼 생긴 사이에 있는 자리를 겸혈(鉗穴)이라고 풍수 책에 쓰여 있다. 어느 곳이든지 불룩한 입수도두와 선익은 보기 어렵고 혈장도 육안으로는 구별하기 어렵다. 이런 것은 땅 속에서 기운이 이루어져 있으니 사람들은 자연이 감춘 명혈을 찾지 못하는 것이다.

옛 선인들이 양자 이론을 모른 채 기감으로 혈처를 찾아서 한문으로 기록한 것을 후세인이 풀이를 하면서 마치 지형이 그렇게 생긴 것으로 표현한 것이라고 본다. 맥이 발원처에서 발원하여 진행하는데 산 능선을 타고 산이 생긴 대로 흐른다. 맥은 능선에서도 능선 중간으로 똑바로 흐르는 것이 아니라 좌우로 요동치면서 흐른다.

이것을 책에서는 위이(違迤)라고 표현했다. 사람들은 땅 속을 보지 못하니 산 능선이 구불대는 모습을 생각한다. 맥이 혈처로 들어가기 전에 입수도두에서 둥글게 뭉친 후 과협을 이루고 혈처에 이르러서는 둥글게 뭉친다. 이것을 보고 책에서는 혈처 뒤에서 능선이 잘록하게 된 곳을 속기처로 표현했다. 잘록한 곳이 없이 직선으로 내려와 직선 끝에서 맺힌 곳에 묵묘들이 있는 것을 보고 사람들은 사룡(死龍)이라고 생각하여 관심이 없다.

직선의 능선에서도 맥은 좌우로 몸을 흔들면서 내려와 능선 끝에서 둥근 형태를 이루고 자리를 잡는다. 이런 곳에는 육안으로는 입수도두, 선익, 당판과 뚜렷한 전순을 볼 수 없다. 명혈 주위에는 무덤들이 간혹 있지만 모두 혈처를 피해서 조장되어 묵묘로 방치되어 있다. 필자가 수년간 전국을 답산하면서 명혈이 정확하게 사용된 곳은 보지 못 했다. 간혹 와처에서 뒤가 불룩하게 맥이 내려오는 모양을 보이는 곳도 있는데 혈처에 이르러서는 사선(斜線)으로 입수되는데 이것을 모르고 책에 쓰인 대로 불룩한 입수도두만 생각하여 불룩한 아래

에 조장을 했으니 당연히 묵묘가 될 수밖에 없었다. 명혈을 지키려는
자연의 순리에 감탄할 수밖에 없다.

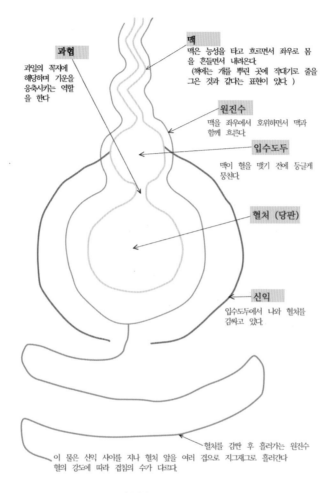

과협
과일의 꼭지에
해당하며 가운을
응축시키는 역할
을 한다

맥
맥은 능선을 타고 흐르면서 좌우로 몸
을 흔들면서 내려온다.
(책에는 개를 뿌린 곳에 작대기로 줄을
그은 것과 같다는 표현이 있다.)

원진수
맥을 좌우에서 호위하면서 맥과
함께 흐른다

입수도두
맥이 혈을 맺기 전에 둥글게
뭉친다

혈처 (당판)

선익
입수도두에서 나와 혈처를
감싸고 있다

혈처를 감싼 후 흘러가는 원진수
이 물은 선익 사이를 지나 혈처 앞을 여러 겹으로 지그재그로 흘러간다
혈의 강도에 따라 겹침의 수가 다르다

<혈처의 구성 원리>

지자기(地磁氣)와 자력(磁力)

지자기(地磁氣)란 무엇인가?

지자기는 지구 중심에 약 8022 J/T의 자기(磁氣) 쌍극자가 있을 때 생기는 자기장에 해당한다. 자침이 남북을 가리키는 것은 지구가 하나의 거대한 자석이기 때문이다. 그러므로 지구의 내부와 주위에는 자력선이 통하고 있으며 그곳에는 자기장이 존재한다.

이 지자기(地磁氣)의 원인은 아직 분명하게 밝혀지지는 않았지만, 학설에 따르면 지구 외핵의 전도성 유체의 흐름 때문이라고 한다. 지자기는 시간과 장소에 따라 변화하지만 한반도 주변에서는 대체로 50 µT(500mG) 정도다. 인간은 수십 만 년 전부터 지자기의 영향을 받으며 적응해 왔기 때문에 별 문제가 없다.

지자기(地磁氣)의 영향

인간의 고민은 끝이 없지만, 건강에 대한 고민이 가장 괴로운 것이 아닐까 싶다. 어떤 문제나 난관이라도 건강하기만 하다면 해결할 수 있지만 자기 몸을 제대로 움직일 수 없다면 어떻게 해볼 도리가 없다. 주위에는 그런 일로 고민하는 사람이 많을 것이다.

예를 들면 내장 질환이 있어 검사를 해보지만 아무리 해도 이상이 발견되지 않았다. 병원 검사에서는 아무 이상도 찾아낼 수 없는데, 몸 여기저기 장애와 불편을 느낀다. 이럴 때 자율신경(自律神經) 실조증

(失調症)이라는 진단을 받게 될 것이다. 그렇다면 자율신경 실조증에는 어떤 증상이 있을까.

몸 전체로는 쉬 피로하거나 나른하고, 몸이 차갑거나 불면증이 겹치게 된다. 순환기계로는 두근거림, 부정맥, 기립성 저혈압 등이 있고, 호흡기계로는 기침, 숨참, 한숨, 하품, 목의 불쾌감 등이 따르게 된다. 또 소화기계에서는 식욕 부진, 구역질, 위의 불쾌감, 트림, 변비, 설사 등의 증상이 있다. 근육에서는 뒷머리 근육통, 어깨 결림, 요통 등이 나타난다. 또 땀이 자주난다, 손발이 차다, 얼굴이 달아오른다, 성욕이 떨어진다는 등의 증세를 호소하기도 한다. 특히 쉬 피로하거나 나른하고, 집중력의 저하를 호소하는 사람이 많은 것 같다.

그리고 증상에도 기복이 있어 나쁜 상태는 여름철에 많다. 그리고 오전에는 증상이 무겁다가 오후에는 비교적 가벼워지는 경우가 많다. 이러한 상태를 두고 지자기(地磁氣)의 영향을 강하게 받는 것이 아닐까 하는 지적도 있다.

자율신경계는 복잡한 메커니즘을 갖고 있어서 간단하게 약을 처방하지도 못한다. 병원 치료에서도 이렇다 할 방법이 없으므로 잘 낫지 않는다. 생체에 대한 지자기(地磁氣)의 작용은 아직 제대로 해명되어 있지 않지만, 효과가 있다고 보고하는 사례는 수없이 많다.

슈만공진

슈만공진은 전난층(電難層)의 중간을 공진(共振)하는 저주파(低周波)로 알려져 있다. 미국의 저술가 그렉 브래던(Gregg Braden) 씨는 베스트셀러가 된 일련의 『제로 포인트 시리즈』의 저자다. 지금도 여러 저술을 진행 중인 그는 원래 지질학자인데, 우주항공분야가 전문인 마틴 마리에따 사(社)와 후리프 페토리암 사(社), 게다가 시스코 시스템즈 사(社) 등에서도 엔지니어로 일했다. 그는 저서에서 "슈만공진에 이변이 보인다."고 전미(全美)의 많은 학자들에게 알리고 보고하여 물의를 일으키고 있다.

'슈만공진(Resonance Schumann)'이라는 말을 아는 사람은 공포감에 대단히 움츠려 든다. 1952년 일리노이 대학의 슈만 교수에 의해 초저주파의 전자파가 지구 전체와 공진하고 있다는 사실이 발견되어 '슈만공진(共振)'이라고 불리며, '슈만공명(共鳴)이라고도 한다.

그럼 여기서 '슈만공진'의 원리를 살펴보자. '슈만공진'은 벼락(雷)에 의해 발생한다. 지상으로부터 수백 킬로미터 높이에 전난층(電難層)이 있다. 전난층이란 지구의 대기 상층부의 공기분자가 많고 전기가 어지러운 영역이다. 그 범위는 고도 70km부터 시작되며 400~500킬로 이상에 해당한다. 이 고도에는 공기가 극히 희박해서 진공관의 내부와 다르지 않다. 아래부터 태양에서 방사되는 자외선 등에 의해 공기분자가 일단 이온화되면 이온 간의 충돌이 좀처럼 일어나지 않으며, 이온화되어 가는 것이 많다.

전난층은 세 가지의 주된 층으로 나누어져 있다. 아래쪽이 D층이라고 불리며 이온화가 아주 약하고, 고도 약 60~90킬로에서 낮에만 발생한다. 고도 약 90~130킬로의 영역은 E층이라고 불리며 단파(短波) 등 저주파의 전자파를 반사(反射)한다. 게다가 고도 약 130킬로부터 시작하는 F1층도 약 300킬로부터 시작되는 F2층으로 나누어진다. F층의 위치는 매일 변화하기 때문에 그것에 따라서 전파의 반사 상황이 변한다. 결국 전난층과 지상의 사이에 거대한 전기적 공진작용이 일어나는 공간이 존재하고 있다. 이를테면 지표(地表)와 상공(上空)의 사이에 지구 규모의 콘덴서가 형성되어 있는 것이다. 그리고 전난층(電難層)의 중간에도 최하층인 D층과 대지의 사이에는 초(超)저주파를 반사 하는 '슈만공진'이 일어나고 있다

'슈만공진'은 어떻게 발생할까? 지구상에는 1초간에 전체 200회

정도의 벼락이 발생하고 있다고 한다. 벼락은 지표와 상공의 사이를 이어 거대한 전류원(電流源)이 된다. 그리고 대기는 절연체의 역할을 맡는다. 벼락에 의해 전난층에 전파가 발생한다면 전파는 전난층의 공간을 공진 상태로 만들기 때문에 전향하는 것이다.

게다가 지구를 둘러싸고 있는 공진파는 태양풍과 달의 인력 등 다른 천체로부터의 에너지-파동에도 연동해서 변화를 보인다. 특히 태양의 자기풍(磁氣風)과 델린저 현상의 영향을 강하게 받아서 계절 변동도 있다고 한다. D층에 발생하는 공진 파동대는 얼마간 7.8헤르츠로부터 31.7헤르츠의 초저 주파대에 집중되어 있다.

'슈만공진'은 지구의 주위를 전파가 돌아서 되돌아오며, 벼락에 의해 발생된 전파가 지구를 일주하는 것에 의해 공진하는 동조주파수라는 것을 지적하고 있다. 7.8헤르츠 주변의 주파수는 약 4만 킬로미터 파장을 가지고 있으며, 그것이 조금 지구를 일주하는 거리와 맞아떨어진다. 또 전난층에는 55킬로미터 정도의 구멍이 열려 있어, 공진한 파동이 그곳으로부터 지상으로 전향하고 있는 것이다.

슈만공진은 '지구(地球)의 기초 주파수(周波數)'인 셈이다. 인류는 탄생의 순간부터 지구자장, 태양, 달 등의 영향 아래 있다. 그래서 지구에는 북극과 남극 사이에 장대한 지자기(地磁氣)의 자력선이 달리고 있으며, 거대한 자석 자체의 양상을 띠고 있다. 이 자기권(반 알랜대)에 의해 강력하게 소용돌이치는 자력선(磁力線)으로 유해한 태양풍(太陽風, 하전 입자, 플라즈마)이 차단되어 지구의 생명이 지켜지고 있다. 반대로 그 자기권이 없다고 하면, 지구상의 생물은 우주로부터의 유해한 방사선(放射線)에 노출되어 생존 자체가 불가능하다.

그래서 슈만공진은 그와 같은 다른 천체로부터의 에너지 활동과 지상으로부터의 자기(磁氣)가 공명(共鳴)해서 발생한다고 알려져 있다. 그것으로부터 슈만공진은 지구 자체가 발(發)하는 파동이며, '지구의 기초주파수'라고도 불릴 수 있는 것이다. 이 파동은 태고부터 존재하며 지구의 생명에 막대한 영향을 미친다고 알려져 있다. 게다가 그 슈만 공진은 생물의 생명활동에 매우 밀접하게 관련되어 있다는 사실이 각 분야의 연구로 알려지게 되었다.

캐나다 토론토대학의 주파수학(周波數學, Frequency Medicine)의 권위자로 알려져 있는 존 스튜어트 교수는 슈만공진이 인체에 미치는 영향에 관해서 자세히 설명한다. 오랫동안 연구를 계속한 스튜어트 박사는 인체와 슈만공진의 관계에 대해서 다음과 같이 해설한다.

"7.8헤르츠의 슈만공진이라고 하는 파동은 지구의 태고 때부터 존재하며 지구의 생명에 다대한 영향을 미칠 수 있다. 전난층에 있어서의 강한 공진 파동대는 몇 개가 있으며 7.8헤르츠로부터 31.7헤르츠의 초주파대에 집중해 있다."

지구의 생명에 있어서 슈만공진은 필요불가결한 것이다. 예를 들면 NASA의 우주선 안에 '슈만공진 발생장치'가 장착되어 있는 것은 거의 알려져 있지 않다. NASA는 유인 우주선의 선내에서 우주 비행사가 안전한 정신 상태로 과업을 수행하기 위해 슈만공진이 필요하다는 것을 인식시키고 있다. 슈만공진은 통상적으로 저주파 부분이며 7.8헤르츠부터 13헤르츠까지가 관측되고 있으며, 그 장치에는 7.8헤르츠 정도가 아니며 13헤르츠까지 발진된다. 실로 고주파의 부분까지 발진 하는 것도 중요하다.

슈만공진은 알파파(波)와 같은 파장이다. 그래서 슈만공진이 발생하는 7.8헤르츠의 주파수는 실은 사람의 뇌파(腦波)와 깊은 관계를 가지고 있다. 사람의 뇌를 뇌파계로 계측하면, 7.8헤르츠의 주파수는 어떤 알파파가 나오는 때와 같은 수치인 것이다. 뇌파가 흥분상태에 있는 때는 12~26헤르츠의 베타파, 리렉스하고 있는 7~12헤르츠의 알파파, 깜빡 졸 때는 4~7헤르츠의 세타파 등의 저주파가 나온다. 그 중에 알파파는 기공(氣功)의 연구 등으로 주목받고 있으며, 예를 들어 7.8헤르츠의 음파를 고기와 만나게 하면 고기가 혼절(昏絶)한다고 한다. 같은 방법으로 사람도 알파파가 계측될 때, 정신적으로 비상하게 심지(心地)가 좋은 상태다. 바람의 파동과 해면의 파동, 작은 새의 지저귐과 벌레소리, 뇌파와 심박에는 그것과 공진하는 흔들림을 동반하는 파동역이 반드시 포함되어 있다.

마음이 편안하게 느낄 때, 사람의 뇌는 알파파를 띠고 있다. 아주 깊이 명상상태에 들어가 있을 때 뇌파 는 7.8헤르츠가 된다. 그리고 불안전할 때, 리렉스해진 상태에서 냇물의 흐름과 바람소리를 들으면 깊은 명상상태와 같은 7.8헤르츠의 뇌파가 된다.

지구상에 생식하는 모든 생물은 탄생해서부터 오늘에 이르기까지, 슈만공진의 파동에 싸여 살 수 있었다. 특히 인간에 있어서 슈만공진은 지구 본래의 마음이 편안한 리듬인 것이다.

슈만 파동의 연구를 하고 있는 전기통신대학의 스즈키(鈴木務) 교수는 이 영역의 저주파(低周波)가 "생명의 기원과 무엇인가 관계가 있다고 추론할 수 있다."고 논문에 쓰고 있다.

어쨌든 "슈만공진에 이변이 보인다."는 그렉 브래던의 문제 제기에 미국 정부는 아직까지 공식 견해를 보이지 않고 있다. 그런데 슈만공진에 이변이 나타나기 시작하고 있다는 주장은 최근에 구미에서 주목을 받고 있다. 현재의 상황은 이변의 가능성에 관해서 긍정파와 이론파로, 의견이 반반으로 나누어져 있다.

슈만공진의 변조에 관해서 긍정하는 쪽은 러시아와 스웨덴 과학자들의 연구와 분석에 의해 알게 되었으며, 미국의 주요 대학 관계 과학자의 다수는 "변화가 보이지 않는다."고 주장하고 있다. (정부의 관계 기관은 정식 코멘트를 발표하고 있지 않다.)

게다가 장기적으로 슈만공진의 반향(反響)에 대한 데이터 관측을 계속하는 것은 극히 곤란한 작업이라고 지적된다. 그것은 관측지점이 틀리고, 태양의 흑점 발생 등 경우에 따라서 특히 태양 활동이 활발한가, 아닌가의 정도에 따라 관측 데이터가 크게 변화하기 때문이다.

그러나 여기서는 슈만공진에 이변이 나타난다고 하는 입장에서 써 나가려고 생각한다. 왜냐하면 슈만공진은 뇌와 세포 레벨까지의 인체, 게다가 지구 환경에도 큰 영향을 미치고 있기 때문에 이변이 있었다고 주장하며 그것을 파헤치는 연구가 久留米 대학의 末長一男 의 학박사의 다음과 같은 학설이 있다.

"인간의 뇌에는 미약한 전기의 흐름이 있어, 신경계를 통해 몸의 구석구석까지 흐르고 있다. 그 흐름을 전자파가 혼탁하게 해서, 인간의 내부 기능에 영향을 미치고 있다."

그 학설에 의하면 '슈만공진'은 전난층에 발생하는 미약한 저주파의 전자파이기에 만약 이변(異變)이 있다면, 인체에 다대한 영향을 미칠 가능성을 부정할 수 없기 때문이다.

미국 해군의 통신주파수 변경의 이유에 대한 이야기도 나온다. 이제 슈만공진은 슈만 교수의 발견 이래, 저주파 부분은 줄곧 7.8헤르츠였다. 그런데 1980년경을 기점으로 서서히 파동(波動)이 상승하기 시작하여 1997년에는 30% 가까이 증가해서 10.1헤르츠가 되었다는 주장이 나타나기 시작했다.

최근에는 14헤르츠 가까이까지 상승하고 있다는 주장도 나온다.

긍정파 전문가의 예측에 의하면 슈만공진은 금후에도 파장이 증대하여 2010년을 지나서 20헤르츠까지 상승한다고 예측되고 있다. 그런 전문가의 주장대로라면 아마도 지금 지구체의 고유 진동수(固有振動數, 우주적 파동)에 큰 변화(變化)의 조짐이 보인다는 의미가 된다. 보통 사람들에게 상당히 알려진 지식은 아니지만, 군사 전문가에 의하면 지금까지 세계의 해군 특히 잠수함에서의 통신 커뮤니케이션 수단의 주파수는 7.8헤르츠가 오랫동안 사용되고 있다고 한다.

그것은 자연계에 슈만공진이 존재해서 주파수도 안전하게 되기 때문이다. 그러나 최근의 슈만공진의 상승에 어쩔 수 없이 그 주파수도 8.6헤르츠로 변경되었다고 한다.

이종찬 신부가 언급한, 인간이 가진 특유의 자력

신경자력(神經磁力)이란 게 있다. 신경으로 이루어진 자력을 말한다. 멀리 떨어진 곳에서 걷고 있는 발자국 소리를 감지한다거나 멀리서 다가오는 기차소리를 듣는 등 신경이 예민한 사람을 연상하면 쉽게 이해가 될 것이다. 반대로 불의의 사고로 신경계통이 무뎌져 남달리 환경에 쉽게 적응하지 못하는 사람을 생각해도 된다. 신경통이 있는 사람이 기온과 습도가 조금만 변화를 일으켜도 비가 올 것을 예감하는 것과 마찬가지 이치다.

장기관이나 순환기관의 정신자력(精神磁力)도 있다. 근육이 한 곳에 많이 모여 있는 부분도 그렇지만 장기관이 집합되는 부분에서도 쉽게 자력이 나타난다. 특히 근육구근(筋肉球根) 부분이나 무릎 특히 혈관 등이 모인 곳은 민감하게 반응이 잘 나타난다. 만약 그런 부위에서 반응이 쉽게 나타나지 않는다면 그 부분이 정상이 아니라는 것을 의미한다. 이처럼 부분적인 신경계통에 이상이 있는 것을 알아내는 것은 전문가가 아니면 어렵다. 일정한 수준에 도달해 있는 한방 의사들 중에는 환자의 몸에 직접 손을 대지 않고도 그런 예민한 부위를 알아 내는 사람이 있다.

두 손을 쫙 펴서 환자에게 방사력을 보내보면 우리가 일상생활에서 찬 곳과 더운 곳을 느끼는 것처럼 자력의 느낌에 차이가 있다는 것이다. 그렇게 이상이 있는 부위를 찾아내 치료를 할 수 있다고 한다.

인간자력(人間磁力)은 인간이라면 누구나 갖고 있는 특별한 자력인데 사람에 따라 그 진폭이 다르다. 수풀 속에 숨어 있는 인간을 노리고 있는 동물이 호랑이일 경우와 산돼지일 경우에 인간이 느끼는 자력은 판이하게 나타난다.

또 아무리 사나운 맹수와 맞닥뜨렸다고 할지라도 사람이 적의를 품지 않고 침착하고 부드러운 태도를 보이면 그럴 경우에 발생되는 자력이 곧 그 동물에게도 전달되어 해를 입을 가능성이 적어진다.

　이러한 현상은 인간관계에서도 얼마든지 다각도로 적용될 수 있다. 어느 특정인을 대상으로 한 열렬한 사랑과 치열한 증오는 굳이 말과 표현으로 나타내지 않고도 인간 자력으로 전달된다. 그러기에 이심전심(以心傳心)이라 한다. 그래서 방사자력은 인간의 자력과 물체, 생물의 자력을 직접 또는 매개체를 통해서 교감하게 함으로써 인간생활의 영역을 무한히 넓힐 수 있는 가능성을 가지고 있다.

　성감자력(性感磁力)을 달리 표현한다면 상대성 자력이라 할 수 있다. 자력의 감응은 하나의 실체 또는 존재의 반쪽을 이루는 것끼리는 특히 강하게 나타난다. 이것을 두고 동양에서는 오래 전부터 음양설로써 설명해 왔다. 음과 양은 강력한 친화력을 가지고 서로 끌어당기며 결합하려 한다는 것으로 이는 우주와 자연의 법칙이기도 하다. 자석의 음극과 양극이 서로 끌어당기는 것처럼 남자와 여자는 서로 흡인력을 갖고 있다. 이것은 의지와는 무관한 잠재의식이나 생리적인 문제다. 그러므로 여성은 남성의, 남성은 여성의 심중을 잘 헤아릴 수 있으며 그 인간됨을 직관적으로 판단한다.

　개체자력(個體磁力)은 개체에 대한 증거물을 찾을 때 편리하게 사용될 수 있을 정도로 개개인은 자기 자신만이 가지는 특수한 자력을 가지고 있다. 마치 각자의 지문이 모두 다른 것을 이용하여 지문으로 각자의 특수성을 파악해낼 수 있는 것과 같다.

　즉 개인이 사용하던 물건이나 그 사람의 몸이 닿았던 곳은 그 사람 고유의 개체 자력이 남는다. 그 사람이 사용하던 물건을 가지고 그 사람의 위치라든지 생사 여부도 알아낼 수 있다.

　뇌파(腦波) 또는 정신자력(精神磁力)의 경우, 어떤 특정 대상에 대하여 집중적으로 골몰히 생각하면 그 물질과 뇌파가 연결된다. 따라서 아무리 먼 거리에 떨어져 있다고 할지라도 그 물질에 대해서 보는 것 이상으로 느낄 수 있게 된다. 지도만 펴놓고 지하자원을 찾는다든가, 집에 앉아서 산삼이 있는 골짜기를 찾아내는 경우도 있다고 한다. 현몽으로 화를 피했다거나 횡재를 했다고 하는 경우도 같은 맥락으로 이해할 수 있다.

생명자력(生命磁力)은 모든 생물에 다 있다. 예컨대 식물이 자랄 때 큰 바위 같은 장애물이 생장을 방해하면 그곳으로 가지를 뻗지 않는다. 장애물에 부딪쳐서 그러는 것이 아니고 미리 그 쪽으로는 생장에 필요한 자양분을 보내지 않는다.

지자기가 발산되는 지역

(예1)진안군 마이산과 은수사

겨울에 고드름이 하늘로 향해 자라는 것은 지하에 다른 곳보다 강한 자력을 가진 물질이 있어서 지상으로 분출되기 때문이라고 본다.

(예2)충주시 산척면 송강리 553

명당을 찾아가는 길에 우천석, 우팽 부자의 묘에 들르게 되었는데 사당을 관리하는 주택 안주인께서 차를 주시며 쉬어가기를 원하기에 마루에 앉아 차를 마시면서 찻값을 지불해야겠기에 수맥을 체크해봤다. 어디를 둘러보아도 수맥은 감지되지 않았다. 그런데 아들이 와서 자고 가면 머리가 아프다고 한단다. 다시 방에 들어가서 온 방안을 뒤져도 수맥은 없다. 최종적으로 식탁이 있는 곳을 확인하니 아들이 앉아서 식사하는 곳에서 지자기파가 감지되었다. 지름은 약 1m 정도 되었다. 이곳에 식탁을 놓고 지자기파를 차단하도록 했다.

(예3)지자기의 영향

경북 영주시 단산면 좌석리 183

이곳은 영주 지역으로 명혈을 찾으러 갈 때 발견된 곳이다. 앞에 나온 <지자기란 무엇인가?>에서 설명했다. 위에서 좋게 설명한 것은 지구가 자성체이며 일정하고 균일하게 자력선이 작용하는 경우의 예이며, 우리에게 나쁜 영향을 미치는 것은 균일하게 흐르는 자력선이 환경에 따라서 변화를 일으키는 경우다.

　필자가 올린 사진은 같은 밭의 콩이 일부에서 잘 자라지 못하고 있는 것을 보여준다. 혈이 맺힌 옆이 라서 원진수에 의한 수맥의 영향으로 판단했으나 자세히 관찰하니 수 맥은 감지되지 않았다.

　지자기를 측정하니 지자기파의 영향이다. 지구는 여러 가지 광물로 구성되어 있는데 내부에 수맥이 흐르고 남북으로 지자기가 일정한 간격을 두고 형성되어 있다. 우리가 흔히 수맥이라고 하는 것은 일정하게 형성된 지자기파가 지상으로 방출될 때 물길을 통과하면서 불규칙한 굴절을 일으켜 파장을 교란시킨다고 본다. 수맥이 아니면서 지자기파가 교란을 일으키는 것은 물이 아닌 이질의 물질을 내포하고 있어서 파장이 불규칙하게 교란을 일으키는 것이 아닐까 생각한다.

　필자는 수맥 위에서 1~2분 정도면 몸에 이상이 발생하고, 지자기파 위에서도 마찬가지로 작용을 한다. 인간의 몸도 철분을 내포하고 있으므로 하나의 자력체로 볼 수 있기 때문에 일정한 간격으로 자기장이 형성되어 있다.

　안정된 몸으로는 영양과 산소를 적기적소에 일정하게 공급하는데 교란된 파장이 몸을 통과하면서 운반체인 피의 흐름을 교란시켜 영양분과 산소의 운반을 방해하기 때문에 문제가 발생되는 것이다.

　위에 게재한 사진에서 콩이 자라지 못하는 것은 영양분의 운반 공급을 방해하기 때문이다.

　참고로 인간은 피가 온 몸을 한 바퀴 도는 데 25~30초/1회 소요된다. 피의 유속은 216Km/h (60m/s)이라고 한다.

수맥(水脈)

물(水)의 분류

수맥에 대해서는 전통풍수도구 전문 업체 패철쇼핑몰(pacher.kr)을 많이 참조했다. 물은 크게 분류하여 지표수와 지하수로 구분된다.

지표수는 지구 표면에 흐르거나 고여 있는 호수, 강물 등을 말하며, 외부에 개방되어 흐르는 물을 지칭한다.

지하수는 지표면 아래에 있는 물로서 건수와 생수로 구분된다. 먼저 건수에 대해 알아본다. 땅 밑으로 스며든 물은 지질에 따라 스며드는 깊이가 다르고, 모래땅이나 자갈땅에는 잘 스며들지만 점토질과 같이 흙의 입자가 조밀한 곳이거나 암반층의 상부에는 스며들지 못하고 고이게 된다. 이처럼 땅 밑에 고인 물을 건수라고 한다.

생수에 대해 알아본다. 땅 밑으로 깊이 스며든 물은 대부분 암반층의 통로를 통하여 물줄기를 형성하고 흐르게 되는데, 이 물줄기를 수맥 이라고 말한다.

그리고 모든 생명체가 그러하듯이 수맥도 자생력을 갖기 위해 끊임없이 주위로부터 수분을 흡수하여 수맥을 유지하고 있다.

물의 양

물의 양은 얼마나 될까? 물은 지구 표면의 약 70%를 차지한다. 그리고 인간을 소우주라고 말하였듯이 우리 몸은 약 70%가 수분으로 이루어져 있다. 다시 말해 인간은 지구 환경에 가장 적합하게 창조되고 진화를 거듭하여 만물의 영장이 된 근원도 바로 물이라고 할 수 있다. 이렇게 물은 그야말로 모든 생명의 근원이다. 참고로 우리 몸을 구성하는 수분의 양을 알아보기로 한다.

우리 몸의 혈액 중 약 80%가 물이다. 뼈에는 약 20%가 수분이고, 근육도 약 75%가 수분으로 이루어졌으며, 피부의 약 70%도 수분이다. 해파리는 약 98%가 수분이라고 한다. 그리고 식물은 줄기의 약 50%, 잎은 그 무게의 약 70~90%, 식물의 씨앗도 10% 정도의 수분을 함유하고 있다.

물의 분포

지구상의 물은 어떻게 분포되어 있을까?

바다는 지구 전 표면적의 약 70%를 차지하는데 북반구의 약 60%가 바다고 남반구의 약 81%가 바다다. 지구상의 물은 거의가 바다에 모여 있어 바닷물이 전체의 약 98%를 차지하고 빙하, 강, 호수, 지하수가 나머지를 차지한다. 그리고 대기 중의 수증기는 주로 바다에서 증발한 것이며, 이것이 구름이 되어 공중에 떠다니다가 육지나 바다에 비나 눈으로 내려 되돌아온다.

물이 한 번 순환하는 데 걸리는 기간은 대기 중의 수증기가 7~9일, 지표수가 110~146일, 지하수가 10~10,000년, 빙하는 10~10,000년이 걸린다.

물의 종류에 따른 부피의 비례로 지구상의 물의 분포를 알아보면 바닷물 98.31%, 빙하 1.64%, 강·호수·지하수 0.04%, 수증기 0.01% 등이다.

물의 순환과 에너지

　물의 순환을 살펴보자. 지구상의 물은 고체(얼음), 액체(물), 기체
(수증기)로 그 상태가 바뀌면서 지표와 지하, 대기 사이를 유동하면서
순환하고 있다. 그리고 호수, 하천 등 지표수에서 증발한 물과 식물에
의해 증산된 물은 모두 수증기가 되어 대기 속으로 들어가며 이와 같
이 대기 속으로 들어간 수증기는 대기와 함께 이동하면서 일부는 응
결하여 구름이 되고 일부는 대기 속에 남는다.

　그리고 구름이 된 물은 계절에 따라서 비나 눈으로 다시 지표로 떨
어진다. 육지로 떨어진 물의 약 3분의 2는 다시 증발과 증산에 의해
대기 중으로 되돌아가고 약 3분의 1은 강이나 지하를 통하여 바다로
흘러 들어간다. 이렇게 하여 물은 계속 순환하게 된다.

　물의 순환은 당연히 에너지와 관련된다. 물이 증발할 때는 기화열
을 빼앗아 가기 때문에 에너지를 흡수하고, 반대로 수증기가 응결할
때는 에너지를 방출한다. 물은 순환하면서 수증기, 물 또는 얼음으로
상태가 변화하므로 그에 따라 에너지도 이동된다.

　이와 같이 물을 순 환하게 하는 근본 에너지는 바로 태양의 복사 에
너지다. 즉 지표면에 흡수되는 태양의 복사 에너지 양은 지구에 도달
하는 태양 복사 에너지의 양의 약 50%인데 이 중 약 20%는 야간 복
사에 의해, 약 20%는 물의 증발에 의해, 그리고 약 10%는 전도나 지
표 부근의 바람에 의해 대기로 방출된다.

　이와 같이 대기는 지표에서 방출된 복사 에너지와 대기 자체가 흡
수한 태양 복사 에너지로 구름을 만들고 바람을 일으키며 또한 해수
의 운동을 일으킨다.

　다시 말해 지구에서 일어나는 모든 물의 순환의 원동력은 결국 태
양의 복사 에너지에서 나온다.

단물과 센물

단물과 센물에 대해 알아보자. 유지의 물은 그 속에 녹아 있는 물질의 성분에 따라 단물과 센물로 구분된다. 칼슘(Ca)이나 마그네슘(Mg) 성분이 녹아 있는 물을 센물이라고 하며 이들 성분이 들어있지 않은 물을 단물이라고 한다. 그리고 단물은 비누가 잘 녹아 거품이 잘 일어나며 빨래가 잘 된다. 빗물, 냇물, 수돗물, 증류수 등이 단물이다. 센물은 비누가 잘 녹지 않아 거품이 잘 생기지 않고 빨래가 잘 안 된다. 그 이유는 칼슘이나 마그네슘 성분이 비누의 성분과 결합하여 물에 녹지 않는 물질($CaCo_3$, $MgCo_3$)을 만들기 때문이다. 대체로 우물물, 지하수, 약수 등은 센물인 경우가 많다.

지하수

지하수(地下水)의 성분은 지질의 영향을 많이 받으며, 용해물질의 양은 일반적으로 지표수보다 많으나 그 변화는 대단히 적다. 지표수에 비해 나트륨, 칼륨, 칼슘, 마그네슘, 황산, 철, 탄산수소나트륨, 규산 등이 많으며 산소는 적다. 또한 깊이에 따라 용해물질의 양이 증가하며 수소 이온 농도는 약산성에서 알칼리성으로 변한다. 일반적으로 천층(淺層)지하수보다 심층지하수가, 자유지하수보다 피압지하수가 용존물질을 많이 함유하고 있다.

최근 지하수의 성분에 염소, 탄산수소나트륨, 암모니아 등의 양이 증가하는 것은 사람들이 수질을 오염시킨 데 따른 결과다. 특히 인간의 활동으로 오염되기 쉬운 천층지하수는 근래 산업폐수로 급속한 오염이 눈에 띄게 되었다. 한편, 해안 부근의 지하수는 양수가 대량으로 이루어질 경우 그 수위(피압지하수에서는 수두)가 해면 이하로 낮아지면 해수가 침입하게 된다. 이러한 과잉 양수에 따른 해안 지하수의 염수화 역시 최근 중요한 무제점이 되고 있다.

지하수는 수온·수질에 따른 특성이나 취수 관리의 용이성, 저렴한 비용이라는 점에서 볼 때 지표수와 비교될 수 없는 장점을 가지고 있다. 이 때문에 상수도용수, 공업용수, 농업용수, 도시용수 등으로 매우 중요한 자원이다. 지구상의 수자원으로서는 해수(海水) 다음으로 그 양이 많으며 육지에서는 빙산 다음으로 그 양이 많지만, 순환 속도가 느려 공지하수 등의 방법을 이용할 필요가 있다.

수맥(水脈)의 활용

수맥은 우리 몸의 혈관과도 같은 지구의 혈관에 비유할 수가 있다. 우리 몸의 크고 작은 혈관처럼 땅 속에서도 수없이 많은 수맥들이 형성되어 끊임없이 순환하면서 인간은 물론 모든 생명체의 근원인 생명수를 보급하고 있다. 그리고 양은 수십 톤에서부터 수백 톤에 이르기까지 각양각색이고, 깊이도 다양하여 얕게는 지표면에 근접한 것부터 깊게는 수백 ~수천 미터에 이르기까지 분포하고 있다. 수맥(水脈)은 자연이 베풀어준 자원으로서 인간생활에 소중하고 유익한 각종 생활용수, 공업용수, 농업용수 등 수맥의 활용도는 헤아릴 수 없이 많다.

수맥과 건강의 관계

지구상에 존재하는 모든 것들이 100%의 장점이나 100%의 단점으로 이루어진 것이 없듯이 수맥도 우리에게 너무도 감사하고 고마운 생명수를 공급해주는 소중한 역할도 하지만 다른 한편으로는 인간의 일상생활에 무수한 폐해를 유발한다는 사실을 여러 경로를 통해 알게 되었으며, 이런 사례는 많은 분들의 연구와 수많은 체험을 통해서 속속 밝혀지고 있다.

수맥파(水脈波)는 수맥이 위치한 곳에서 수직으로 상승하고 또한 우리 몸에 수맥이 지나가는 부위에 따라 몸이 불편하거나 피로함을 느끼며 이런 현상이 점점 누적되어 해당 부위가 중병으로 발전하게 될 수 도 있으므로 특히 잠자리는 반드시 전문가의 진단을 받아 편안하고 안 전하게 마련하여 생활 건강을 지키도록 해야 한다.

수맥파의 영향

수맥파가 사람에게는 어떤 영향을 미칠까? 수맥이 지나가는 모든 주택의 잠자리와 오래 앉아서 근무하는 사무용 책상, 점포의 카운터, 공장의 기계 앞에 고정된 자리 등에 수맥이 지나가게 되면 항상 몸이 피로하고 생기가 부족하여 자율신경이 둔해지며, 의욕저하, 작업능률 저하, 생산성 감소, 안전사고, 교통사고, 각종 질병을 유발하고 특히 수맥에 민감한 체질이나 임산부, 어린 아이, 노약자는 그 피해가 더욱 클 수가 있으므로 전문가의 탐사와 조언을 참고하여 사고를 미연에 방지하고 최소화하는 지혜가 필요하다. 수맥이 몸으로 지나가는 부위에 따라서 각종 질병이 다르게 나타날 수도 있다.

수맥파가 동물에게는 어떤 영향을 미칠까? 개인적으로 기르는 동물에게도 영향을 미치지만, 집단으로 사육하는 축사인 양계장, 양돈장, 목장 등 동물이 생활하는 일정한 장소에서 수맥이 지나갈 경우 번식력 감소, 성장 저하, 원인 모를 폐사 등으로 경제적, 정신적인 손실이 많이 발생할 수 있다. 참고로 수맥을 좋아하는 동물도 있으나 대부분의 동물들은 수맥을 싫어한다.

수맥파는 건축과도 무관하지 않다. 근래에는 건축기술의 발전과 우수한 품질의 자재개발, 선진화된 신(新)공법의 개발과 적용, 철저한 감리 감독, 향상된 기술력과 성실 시공 등으로 인하여 부실시공의 위험성이 현저히 감소하여 지극히 다행스러운 일이다.

그러나 철저한 시공에도 불구하고 특히 수맥이 지나갈 경우 부동침하(不同沈下)에 의한 균열이 발생하여 건축물에 영향을 줄 수 있으며 자칫 부실시공으로 오인할 수도 있기 때문에 잘 관찰해야 한다. 따라서 앞으로는 거시적인 차원에서 수맥 탐사를 먼저 시행하고 그 자료를 반영하여 설계와 시공을 하는 방안도 적극 추진하여 건축물의 수명을 연장하고 효율성을 높여 결과적으로는 수맥 관리가 국가발전에 기여할 수 있는 분야로 통용되기를 바란다.

정밀기계나 고가장비의 경우는 수맥 탐사가 반드시 필요하다. 연구소, 사무실, 공장의 정밀기계, 컴퓨터 등 첨단제품의 장비들도 수맥이 지나가는 곳에서는 고장 발생 빈도가 잦고 활용도가 떨어져 여러 가지 손실이 발생하는 경우가 많았다.

그러므로 중요한 기기나 기계 등은 수맥을 정확히 탐사하여 올바른 위치에 놓고 사용하도록 해야 한다.

수맥 탐사의 기본

수맥 탐사는 수직으로 상승하는 미약한 기운(수맥파)을 몸으로 느껴서 탐사도구인 엘 로드 또는 탐사 추를 통하여 외부로 나타내는 탐사 방법이다. 그리고 탐사자는 사심 없이 깨끗한 마음으로 탐사에 집중해야만 수맥을 찾을 수 있다. 또한 수맥을 제대로 찾기 위해서는 수맥에 대한 기본 지식을 알고 오로지 수맥을 찾고자 하는 간절한 마음으로 현장마다 정성을 쏟아서 임해야 한다. 엘 로드나 탐사 추가 수맥이 있는 곳에서 반응하는 것은 수맥을 찾고자 하는 정신 집중과 무념무상의 청정한 마음이 수맥파와 일치하였을 때 가능한 것이다.

이를테면 하나의 파동 에너지가 동기감응에 의해서 탐지되는 것으로 볼 수 있으며, 이는 양자 이론으로 설명이 가능하다. 수맥 탐사를 잘하기 위한 자세로는 세 가지를 꼽을 수 있다.

①선입견을 버려야 한다.

전혀 처음 보는 어떤 사물이나 사람을 대할 때 주변 사람이 이야기하는 갖가지 정보를 입수하게 되면 그 정보들이 자기도 모르는 사이에 이미 뇌 속에 잠재의식으로 남게 된다. 수맥 탐사에 있어서도 주변 여건에 신경을 쓰다 보면 선입견이 작용하여 엘 로드나 탐사 추가 사실과 다르게 작동하게 되는데 바로 이러한 결과가 엉터리 탐사 결과를 가져오게 된다. 따라서 탐사자는 탐사에 임하게 되는 순간부터 한마디로 표현하여 머릿속을 텅텅 비워야 한다. 다시 말해 이곳은 수맥이 있겠지, 아냐 이곳은 수맥이 없을 거야 등등 그야말로 1%의 선입견이라도 가미가 된다면 이미 그 탐사의 결과는 오류에 빠질 것이다.

②고도의 정신집중이 필요하다.

우리가 흔히 보는 '동물의 왕국'에서 맹수들이 사냥에 성공하기 위해서는 많은 무리 중에서 표적을 미리 정한 다음 사냥에 성공할 가능성이 있는 곳까지 들키지 않도록 온 정성으로 낮은 포복을 하여 접근한 다음 전력질주로 포획을 한다. 그럼에도 그 결과 성공의 확률은 지극히 저조하다(성공률은 통상 20~30%).

따라서 수맥 탐사도 이와 비슷하여 탐사에 임하기 전에 잠깐이라도 정신을 가다듬고 경건한 마음으로 심혈을 기울여 탐사를 하여야 한다. 그렇지 않으면 역시 선입견과 흐트러진 자세가 합치되어 그 결과는 더욱 엉터리로 발전하고 만다.

정신집중을 방해하는 몇 가지 예를 들어보자면 기후에 따른 상황 (비, 눈, 추위, 더위 등등), 탐사에 응하는 지면의 상태, 금전을 탐하는 마음이 앞설 때, 건강이 좋지 못한 상태에서 탐사에 응할 때(술 취한 상태, 몸살 등), 기타 갖가지 일상생활과 관련된 일 등등이다.

이루 헤아릴 수 없이 많은 정보들이 머릿속에 자리 잡고 있기 때문에 많은 사람들이 수맥 탐사 전문가가 되기 위해 오늘도 열심히 노력하지만 그 결과는 기대 이하다. 수맥을 잘 찾지 못하는 사람의 비율이 더 많다는 말이다.

③ 긍정적인 사고를 가져야 한다.

매사를 부정적 시각으로 바라보면 모든 사물이나 일들이 다 그릇되게 느껴진다. 그러나 발상의 전환을 꾀하여 긍정적인 생각을 하게 되면 모든 일이 잘 되고 더욱 상승 작용을 하여 시너지 효과로 좋은 결과를 얻을 수 있다. 선천적으로 감각이 뛰어난 사람과 수맥 탐사에 끼가 다분한 사람들이 끊임없는 노력과 인내심을 갖고 연습하면 소기의 효과를 얻을 수 있다. 이와 같이 지금까지 설명한 내용에 입각하여 천리길을 한 걸음씩 다가선다는 마음으로 노력한다면 끼를 지닌 사람들이 수맥을 잘 찾을 수 있을 것으로 기대해본다.

그리고 수맥 찾는 사람들이 많이 있지만 수맥 찾는 사람마다 동일한 장소에서 결과가 일치하지 않아 일반인들이 혼동을 하거나 많은 혼란과 불신을 갖게 된다.

그것은 눈앞에서 벌어지는 일들이 금방 확인이 되지 않는다는 맹점과 탐사의 개인 실력이 현저히 낮은 사람이 자기착각에 사로잡혀 수맥을 잘 찾는다고 믿고 있다는 사실 자체부터 이미 선입견의 범주에 포함되는 사람이기 때문이다.

더욱이 개중에는 자기가 판매하고 있는 제품이 수맥을 차단한다고 굴뚝같이 믿고 있는 자체가 이미 선입견으로 작용하고 뇌 속에 고착

되어 차단되는 것처럼 착각에 빠져서 엘 로드나 추가 반응하니까 비전문가인 일반인의 입장에서는 믿을 수밖에 없는 현실인 것이다. 말하자면 한 마디로 표현하여 선량한 의뢰자에게 본의 아니게 건강을 담보로 하여 엄청난 경제적, 정신적, 육체적 피해를 입힌다는 사실조차 모른다는 것이 더욱 안타까운 일이다.

이러한 문제들로 건전하게 발전되고 생활에 유용하게 활용되어야 할 이 분야의 소중한 가치가 행여나 잘못 이해되지나 않을까 하는 노파심에서 이 글을 올렸으니 독자 여러분의 충분한 이해를 바란다.

수맥 탐사의 유의 사항

초보자들이 수맥 탐사를 단시일 내에 배우고자 하는 열망으로 무리하게 연습을 하게 되면 기력이 소진되고 수맥파에 과도하게 노출되어 오히려 건강을 해칠 수가 있다. 그러므로 수맥탐사는 한 번에 연속적으로 30분 이상 하지 않는 것이 좋으며 중간에 잠깐이라도 휴식을 취하는 것이 건강을 위하여 좋다. 그리고 개인차에 따라서 다르겠으나 하루에 총 2시간 이상 수맥 탐사를 하는 것은 아주 좋지 않다. 역설적으로 표현하면 건강을 지키기 위해서 배우는데 오히려 무리하게 탐사하여 건강을 잃고 수명을 단축하는 경우가 될 수 있기 때문이다.

이처럼 모든 자연의 이치는 오묘하여 너무 지나치면 부족함만 못하게 되는 것이다. 따라서 수맥 탐사에 있어서도 과욕을 부리지 말고 충분한 시간과 여유를 가지고 꾸준히 노력하는 자세가 매우 중요하다.

엘 로드(탐사봉) 탐사로 수맥 찾기

엘 로드를 잡을 때는 손잡이를 자연스럽게 주먹을 쥐듯이 잡고 그 상태를 양 팔꿈치도 허리에 힘주어 붙이거나 또는 의도적으로 간격을 벌리려고 하지 말고 자연스럽고 편안하게 내려뜨린다는 기분으로 자세를 취한다. 그리고 엘 로드의 간격은 어깨넓이 정도가 적당하며 엘 로드의 손잡이와 봉의 각도는 직각보다 큰 95~105도 정도가 적당하다.

초보자라서 엘 로드의 평형을 유지하기가 어려우면 엘 로드의 손잡이 쪽보다 엘 로드의 끝 쪽이 105도 정도 내려가게 한 상태로 쥐고 앞으로 가볍게 진행하면서 걷는 자세부터 연습을 한다. 이렇게 걷는 연습을 하다 보면 보행속도를 빠르게 하더라도 엘 로드가 제멋대로 움직이지 않고 탐사 자세가 어느 정도 틀이 잡힌다.

그 다음은 엘 로드가 정면을 향하도록 팔은 직각으로 하고 자세가 안정된 상태로 두 손은 수평을 유지하면서 어깨의 힘을 빼준다. 시선은 엘 로드 끝 쪽을 바라보되 눈에 힘을 빼고 마음을 비운 상태로 땅 속에 수맥을 연상하고, 이때 천천히 발걸음을 움직여 반걸음 정도 보폭을 유지하고 수맥의 반응순서는 수맥8 발8 신경8 손8 엘 로드 순서로 반응하며 일반적으로 알고 있는 엘 로드가 교차되는 곳이 수맥이 흐르는 곳이 아니라 발을 디딘 곳이 수맥이 흐르는 곳임을 알아야 한다.

그러므로 "수맥이 있으면 X자로 합쳐져라." 하고 마음속으로 강한 암시를 주면서 수맥 탐사를 한다.

이때 발을 디딘 곳에서 엘 로드가 X자로 겹쳐지면 그 발 디딘 발에서 수맥이 시작되며(정확한 위치 : 엄지발가락 끝), X자가 유지되다가 수맥이 끝나는 부분에서 엘 로드가 풀어져 원래대로 돌아오는데 이 폭 만큼이 수맥의 영향권이라고 보면 된다.

그리고 수맥이 흘러오는 방향과 거슬러(역방향) 바라보고 서거나 수맥의 양측 경계면에 서면 엘 로드가 X자로 교차되지만 흐르는 방향(순 방향)으로 탐지되면 교차되지 않고 계속 나란히 있는 상태(수맥봉이 서로 교차되지 않고 평행상태)가 된다. 엘 로드가 심하게 교차된 상태로 계속 유지된다면 상류를 향해 거슬러 올라가는 것으로 수맥파의 작용이 더욱 강해졌음을 알 수 있다.

*필자의 견해

줄친 부분에 대하여 필자는 엘 로드 하나만으로 수맥을 탐지하며 하나로 흐르는 방향을 알 수 있다. 엘 로드를 들고 전진하면 엘 로드가 가리키는 방향으로 수맥이 흐르고 있음을 알 수 있다. 필자도 처음에는 엘 로드를 양 손에 들고 확인했으나 수련을 통하여 할 수 있게 되었으며 수년 동안 수련을 하다 보니 현재는 수맥 위에 설 경우 1~2분 내에 몸에 이상이 발생한다. (예를 들자면 장시간 운전하다가 쉬기 위해 도로 옆에 차를 세우고 의자를 뒤로 젖히는 순간 머리가 아파온다.)

탐사 추를 이용한 수맥 탐사

일반적으로 탐사 추는 엘 로드에 비하여 그 반응속도가 늦게 나타나기 때문에 초보자가 처음부터 이용하기에는 어려움이 있다. 먼저 엘 로드로 충분히 연습을 하면서 추도 함께 연습을 하다 보면 어느 순간부터 추도 반응이 오기 시작한다. 추는 자연스럽게 엄지와 검지로 추의 끈을 가볍게 쥐고 팔은 힘을 주지 않는 것이 좋다.

사람에 따라서 차이는 있으나 팔꿈치를 가볍게 굽혀서 하는 경우와 팔을 자연스럽게 아래로 내려뜨려서 하는 방법이 있으나 어느 방법이 정답이라고 말할 수는 없으며 탐사자가 편한 방법을 택하여 연습하다 보면 자기에게 알맞은 스타일이 되는 것이다.

(추를 잡는 길이는 너무 길게 쥐면 반응이 늦게 나타나기 때문에 보

편적으로 5~10cm 내외가 적당하다.)

그리고 수맥을 찾는 방법은 엘 로드에 비해서 반응이 늦게 오기 때문에 정지 또는 아주 천천히 움직여야 한다. 이때에도 정신집중을 하고 수맥을 연상하면서 수맥이 있으면 추가 움직이라는 명령을 내리는 것은 엘 로드와 동일하다. 또한 추가 반응하는 형태는 전후 또는 좌우로 흔들릴 수도 있고 돌아가면서 반응할 수도 있으므로 굳이 그 형태에 얽매일 필요는 없다. 즉 반응이 나타나는 것이 중요하지 그 형태에 신경을 쓸 필요는 없다는 이야기다. (숙달되면 방향, 물량, 깊이 등을 알아보는 데 다양하게 활용할 수가 있다.)

그리고 수맥의 폭이나 흐르는 방향은 엘 로드에서처럼 수맥이 흐르는 방향으로 서서 탐사를 하면 반응하지 않고 진행하는 방향과 반대 방향으로 수맥이 흐르게 되면 추가 반응한다. 단지 탐사하는 기구만 틀릴 뿐이지 그 원리나 이치는 엘 로드와 동일하다. 그리고 우리 몸의 혈관도 피부를 통해서 보면 팔, 다리 등은 거의 직선이 많으나 신체 부위에 따라서는 대각선도 있고 곡선도 있듯이 지하에서 맥상으로 흐르는 수맥도 지질 구조에 따라서 다양하게 흐를 수 있기 때문에 탐사 시에도 이를 염두에 두고 잘 살펴야 한다.

*수맥 추 연습

종이컵 3개를 준비하고 탐사자 모르게 3개 중 어느 한 곳에 물을 부은 다음 종이컵의 덮개를 덮는다. 그리고 종이컵 위에 추를 대고 "물이 있으면 돌아라."라고 마음속으로 암시를 주면 물이 들어 있는 종이컵에서 추가 원을 그리며 회전하게 된다. 수맥 추는 수맥봉과 달리 어느 정도 수맥 탐지 훈련이 된 사람들이 하는 것으로 위와 같은 방법으로 계속 연습하여 확실하게 물이 든 종이컵을 찾아냈다면 수맥 전문가로 한 걸음 다가섰다고 생각해도 좋을 것이다.

수맥 탐사의 응용

엘 로드나 추를 이용하여 수맥을 찾는 데 숙달이 되었으면 이제부터 이를 응용하여 구체적으로 수량, 수질, 깊이, 온도 등을 알아내는 연습을 해본다. 즉 이러한 정보를 알아내는 것도 수맥 찾기와 같은 방법으로 자기 암시에 의하여 근접할 수가 있다.

①수맥의 깊이 측정

수맥의 깊이를 알아보는 연습으로 예컨대 수맥이 30m 깊이에 있다고 가정한다면 추가 한 바퀴 돌아가는 것을 1m 깊이로 암시하고 약 30바퀴 정도 추가 힘차게 돌아가는 것을 느낄 수가 있다. 이때 추는 돌아가던 원심력에 의하여 몇 바퀴를 더 회전하지만 돌아가는 강도와 감도로서 그 느낌을 파악할 수가 있다.

②수맥의 물량 측정

우리가 일상생활에서 먹고 사용하는 물이 어떤 물질의 질량을 결정하는 기준이 되어 물 1리터는 비중이 1이므로 무게도 1kg이 된다. 그러므로 물 1㎥는 1톤이라고 말한다. 그래서 "이 수맥은 50톤의 수맥이다."라고 말했다면 이 표현은 하루 동안 물을 계속 뽑아낸 물량의 총 합계가 50톤이라는 뜻이다. 수량 측정의 방법은 수맥의 깊이 측정 방법과 동일하다.

③수질 측정

수질 측정도 자기암시에 의하여 수질이 좋고 나쁜지를 확인할 수가 있다. 즉 자기 암시(질문)를 하면서 "수질이 좋으면 추가 움직여라." 고 해본 후, 다시 "수질이 나쁘면 추가 움직여라."고 해보면 두 가지의 암시 중에서 어떤 반응이 있었는지 알 수가 있다. 이와 같이 질문을 항상 반대로도 해봐서 두세 번 확인하는 습관을 길러야 한다.

④수온 측정

땅속 깊이 들어갈수록 지열에 의하여 수온은 상승한다. 수온 측정에 있어서도 방법은 동일하며, 온천수 개발은 수온이 25℃ 이상으로서 각종 미네랄을 포함하고 풍부한 수량과 함께 수질이 좋아야 경제성이 있으며 일반 지하수도 지역과 지질에 따라서 천차만별이지만 보편적으로 40~50m 정도 깊이에 많이 분포되어 있다. 지하수의 온도는 지온과 직접적인 관계가 있으며, 기온으로부터는 간접적인 영향을 받고, 위도와 고도, 변위도 등에 따라서도 다소 변화가 있다. 우리나라 지하수 수온은 지하 100m에서는 17~18℃, 200m 깊이에서는 약 19~20℃이다. 일반적으로 얕은 곳의 지하수는 기온의 영향을 받아 여름에는 온도가 높고 겨울에는 낮지만 토지의 연 평균 기온보다 2℃ 정도 높다. 그러나 장소에 따라서는 얕은 곳의 지하수이면서 겨울에는 온도가 높고 여름에는 낮은 경우도 있다.

수맥 탐사의 응용에 있어서는 자기암시(질문)를 상황에 따라 탄력적으로 활용해야 한다. 예를 들어 지금 수맥이 900m 깊이에 있는데 추가 한 바퀴 돌아가는 것을 1m로 계산한다면 900바퀴가 돌아갈 때까지 헤아려야 하므로 적용하기가 곤란할 것이다. 따라서 깊이가 깊다고 판단하면 이때는 1회전하는 데 10m 또는 100m로 암시하여 탐사하면 되겠다.

지금까지 언급한 수맥 탐사는 거듭 말씀 드리지만 정신집중, 선입견 버리기, 긍정적인 사고방식 등이 삼위일체가 되어 심혈을 기울였을 때 가능한 것이다. 이상과 같이 설명한 내용은 모든 것들이 하루아침에 이루어지지 않듯이 특히 미약한 수맥파를 몸(안테나 역할)으로 감지하여 탐사하는 것이므로 끊임없는 노력과 수맥을 찾고자 하는 정성이 합쳐질 때 소기의 목적을 달성할 수 있을 것이다.

수맥의 영향으로 인한 현상(발병)

평생 동안 건강하게 살기 위해서는 밥 잘 먹고 잠 잘 자고 노폐물을 잘 배설하면 신진대사가 원활하게 이루어져 건강한 생활을 할 수 있다고 누구나 익히 알고 있다. 그러나 건강한 생활하기 위해서는 아무 노력도 없이 저절로 이루어지는 것이 아니라 규칙적인 운동과 절도 있는 생활습관, 건전하고 긍정적인 사고방식과 더불어 과욕을 부리지 않고 분수에 맞는 철저한 자기관리를 했을 때만 가능하다고 생각한다.

그렇지만 우리 인간은 사회적 동물인지라 현대와 같이 복잡다단한 사회구조와 치열한 생존경쟁, 다양한 정보의 홍수 속에서 조금만 한눈을 팔아도 모든 것들이 낯설어져 그야말로 쫓아가기도 힘든 판에 어떻게 그렇게까지 다 챙길 수 있겠는가 하고 건강을 소홀히 하기 쉽다. 그리고 생활하다 보면 잘 알고 있으면서도 때로는 자신의 의지가 약해서 또는 자신의 의지와는 상관없이 여러 가지 주변 상황 때문에 어쩔 수 없이 떠밀려서 실천하지 못하는 경우도 많다.

이렇게 복잡한 구조 속에서 정신없이 뛰다 보면 몸은 어느새 파김치가 되어 만사를 제쳐놓고 오로지 편안하게 쉴 수 있는 곳, 그곳은 오직 가족이 기다리는 가정, 엄마 뱃속같이 안락하고 포근한 내 집뿐인 것이다.

이 편안한 내 집이야말로 모든 정신적, 육체적인 고난과 힘들었던 육신을 맡기고 밤새 에너지를 재충전할 수 있는 유일한 곳이다.

그러나 아뿔싸! 이 일을 어찌 할꼬. 천국 같이 편안한 잠을 자도 피로를 풀기에 부족할 텐데 밤새 수맥파의 방망이로 두들겨 맞은 몸은 아침에 간신히 일어나기도 힘들지만, 사랑하는 가족과 자신을 위해서 오늘도 무거운 몸을 이끌고 생존경쟁의 터널로 나가야만 하니 어찌 피로가 누적되지 않겠는가.

이와 같이 수맥파의 영향은 우리 몸의 건강이 나빠지고 있다는 것을 쉽사리 느끼지 못하는 사이에 서서히 상태를 악화시키고 있는 것이다. 수맥에 의한 영향을 몇 가지 경우로 살펴본다.

①임신부와 어린이

임신한 여성이 수맥 위에서 생활할 경우 태아에게 나쁜 영향을 끼쳐 자연 유산이나 조산 또는 미숙아를 낳을 수도 있으며, 어린 아이도 자라면서 성장이 저조한 발육부진이나 식욕부진을 겪고 이유를 알 수 없는 짜증을 부리거나 각종 질병치레를 하는 경우가 허다하다.

②학생

요즈음의 학생들은 부모의 지나친 교육열에 떠밀려서 공교육 외에도 하루에 몇 군데씩 각종 학원을 오가면서 그야말로 눈코 뜰 새 없이 안타까울 정도로 분주한 나날을 보내고 있는 실정이다. 이렇게 정신없이 하루를 달리다 보면 불과 몇 시간도 잠을 제대로 자기 어려운 상황이 계속 이어진다. 그리고 제 아무리 청소년기의 혈기왕성한 나이라고 하여도 피로가 계속되고 누적되다 보면 건강을 해치기 십상이다.

청소년기는 건강한 몸과 건전한 사고력을 바탕으로 바람직한 인격을 형성하여 인생을 살아가는 데 있어서 정말로 소중하고 중요한 토대를 마련하는 시기이다. 그러므로 건강을 유지하면서 소기의 목적을 달성하기 위해서는 공부하는 책상과 잠자리만큼은 반드시 수맥이 없는 편안한 장소를 선정해주어야만 한다.

그러나 만약에 공부하는 학생이 수맥 위에서 생활하게 되면 항상 피곤하여 의욕 저하, 집중력 저하, 정서 불안정, 성장 저하, 식욕 부진, 성적 부진에다 모난 성격이 형성되고 나이에 어울리지 않게 성인

병 증세가 나타나기도 한다. 각종 질병에 시달려서 인생의 꽃망울을 피워야 할 중요한 시기를 고통으로 보내거나 결국은 더욱 고통스런 나락으로 떨어져 앞날의 인생까지 불행하게 살아갈 수도 있다.

자녀에게 비싼 신발, 멋진 옷, 영양가 있는 음식도 좋고, 학원에 보내는 것도 좋지만 자녀들을 진정으로 사랑한다면 조금씩 절약하여 수맥 탐사부터 하시기를 진심으로 어른들에게 권한다. 꿈을 담고 자라는 학생이 건강하고 밝아야 가정과 학교, 사회와 국가가 건전하게 발전하고 우리의 미래가 밝아진다.

③환자, 노약자, 장애인

이미 질병으로 고통을 받고 있는 사람이 수맥 위에서 자는 경우는 병세를 더욱 악화시키며 치료를 하여도 그 상태가 아주 느리게 호전되므로 반드시 수맥을 피해 생활하면서 병을 치료해야만 빠른 회복이 가능하다. 그리고 노약자나 장애인도 이미 자연적으로 기력이 쇠약하거나 장애를 지니고 있는 상태로 수맥 위에서 생활하게 되면 기력이 더욱 더 쇠약해져서 건강이 급속도로 악화될 수 있다. 병원의 환자들의 침상, 신생아가 있는 인큐베이터 등도 반드시 수맥을 살펴야 한다.

④건강한 사람

건강은 건강할 때 지키라는 말이 있듯이 건강한 사람도 미리미리 대비할 필요가 있다. 건강에 자만심을 가지고 '나는 건강하니까 그까짓 수맥 따위는 안중에도 없다.'는 식은 곤란하다. 나와는 별개의 일인 듯 대수롭지 않게 생각하고 마치 강 건너 불 구경하듯 무관심으로 일관하며 세월만 보내다가 어느 날 갑자기 불어 닥친 황사처럼 걷잡을 수 없을 정도로 건강이 악화되면 하루아침에 회복하기란 하늘에서 별 따기보다도 어려울 것이다. 반드시 건강은 건강할 때 지켜야 한다.

수맥에 의한 발병은 국내의 사례나 외국의 사례를 막론하고 거의 일치하는 점들이 많다. 수맥파의 영향이 그만큼 크다는 것을 단적으로 말해주는 셈이다. 수맥파에 의한 발병은 기형아, 저능아, 유산, 불임, 조산, 미숙아, 발육부진, 신경쇠약, 식욕부진, 체중감소, 두통, 배탈, 구토, 발작, 악몽, 불면증, 야뇨증, 경련, 몽유병, 신경통, 관절염, 건망증, 집중력 저하, 가위눌림, 만성기관지, 성적부진, 방광염, 우울증, 중풍, 고혈압, 당뇨병, 뇌졸중, 협심증, 이갈이, 코골이, 각종 부위에 해당하는 암, 저항력 감소로 각종 세균성 질환에 약하고 기타 거의 모든 병들의 원인 제공에 막대한 영향을 끼치는 것으로 보고 있다.

수맥과 질병, 암과의 관계

수맥에 민감한 체질은 총인구의 30% 이상으로 추산되는데 수맥을 타는 체질의 경우에는 수맥의 영향과 피해를 크게 받는다. 수맥이 있는 방에서 잠을 자면 고혈압 환자일 경우 중풍이 일어나기 쉽다.

뇌졸중 환자의 90%가 수맥 위에서 잠을 자고 있기 때문이라고 주장하는 학자도 있다. 특히 몸이 불편한데 병원에 가서 진찰해보면 아무런 증 상이 없다고 하는 경우에는 대개 수맥의 영향으로 나타나는 증상일 가능성이 높다. 수맥이 한 줄기라면 약간의 증상, 즉 시름시름 앓거나 아침에 일어나면 몸이 무거워진다. 물론 면역력이 강한 70% 정도의 사람에게는 별로 증상이 나타나지 않는다.

통계에 의하면 1997년부터 전국 사망자의 21% 이상이 암 환자였다. 암은 각종 유해물질의 증가와 환경 공해, 그리고 스트레스 증가로 점점 늘어나고 있다.

그러면 수맥과 암은 어떤 관련이 있을까. 1930년대부터 유럽에서 많은 의학자들이 조사하고 연구해온 결과를 보자. 앞에서도 말했지만, 암 환자의 대부분은 수맥, 자기 맥 등이 2개 이상 교차되는 장소에서 잠을 자온 것이 확인되었다. 주목할 만한 사실은 방랑생활을 하는 유럽의 집시들은 암 사망률이 1% 이하라는 것이다. 집시들은 한 곳에 장기간 머무르지 않고 자주 옮겨 다니기 때문에 수맥에 노출되는 시간이 짧고 집시 리더는 수맥 탐사에 능해 여간해서는 심각한 질병에 걸리지 않았던 것이다.

KBS 2TV「미스터리 추적」에서도 방영되었지만 충북의 한 마을에서는 50가구 가운데 암환자가 16명이 발생했다. 이 마을 역시 강한 수맥이 흐르고 있었고 지상의 고압선 등 전자파까지 겹쳐 그 상승효과로 더 많은 유해파에 노출돼 있었다.

오스트리아의 캐태 바흐러(Kathe Bachler) 여사는 교사이면서 수맥 탐사에 평생을 바쳐 14개국 3,000가옥과 11,200개의 침실, 학습 장소, 사무실 등을 탐사해 책으로 출판했는데 암환자 500명의 잠자리를 조사한 결과 예외 없이 2개 이상의 맥이나 자기(磁氣) 맥이 교차하는 장소였다. 그리고 성적 향상이 안 되는 다수의 학생들이나 성적이 조금씩 하향하는 학생들의 공부방에는 95% 이상 수맥이 지나가고 있어 수맥 위에서 공부하는 학생들이었다는 것이다.

독일과 오스트리아의 병원에서는 악성 암환자와 장기질병 환자를 돕기 위해 4,000명 이상의 다우저를 기용하여 수맥 탐사를 활용하고 있다. 노벨상 수상자인 미국의 멜빈 갈윈(Melvin Galwin) 박사는 쥐의 피부에 발암성 타알(벤조피렌)을 바르고 수맥이 있는 곳과 수맥이 없는 곳에 나누어 놓아두었다.

그런데 놀랍게도 수맥 위의 쥐들만 조기에 피부암이 발생했다고 학계에 발표하여 충격을 주었다. 독일의 하거 박사는 22년간 암에 걸린 환자 5,348명의 잠자리를 조사했더니 100% 모두 침대 아래에 HER(Harmful Earth Ray-지하유해파)가 지나고 있었다고 했다.

독일 과학자이자 다우저인 구스타브(Gustav von Pohl)는 1930년에 이미 암 연구 중앙위원회에 "HER 위에서 시간을 보내지 않으면 암에 걸리지 않는다."는 이론으로 발표한 논문을 출판하여 의학계의 큰 호응을 받았다고 한다.

*필자의 경험

①2006년부터 5년간 고리 건설 현장에서 근무한 적이 있다. 그때 시공사의 간부 직원이 수맥이 흐르는 사무실에서 근무하고 있었다. 체력이 좋아서 마라톤 풀코스를 몇 번 완주하고 등산할 때 가장 먼저 정상에 오르던 분이 서서히 기력이 떨어지더니 1년을 채우지 못하고 서울 사무소로 갔다. 병원 치료 후 건강을 회복하여 현재는 전과 같은 체력을 유지하고 있다

②2013년부터 1년간 요르단에서 근무한 적이 있다. 공수특전단 출신으로 나이도 젊고 술이 세어서 아무리 많이 마셔도 지각 한 번 하는 경우가 없었으나 수맥이 있는 방에서 생활한 후 조금만 술을 마셔도 일어나지 못하고 자고 나면 피로를 호소했다. 결국 귀국하여 병원 신세를 지고서야 정상적으로 건강을 회복했다.

③2007년경 건장한 직원이 수맥 위에서 생활하게 되었는데 하루에 2시간도 제대로 잠을 자지 못하여 항시 피로에 찌든 생활을 하다가 방을 옮긴 후에야 정상적인 생활을 할 수 있었다.

④직원 중에 수맥을 믿지 않는 사람이 있었다. 합숙하는 숙소를 얻었는데 그 사람이 수맥이 있는 방에서 생활하겠다고 하여 생활하도록 했다. 며칠 지나니 소주를 마시지 않으면 잠을 잘 수 없다고 하더니 자신이 한 말도 있고 하여 말도 못 하고 지내다 한 달 만에 자비로 방을 얻어 나간 적이 있다. 그 후로 아무도 그 방에서 생활하려고 하지 않아 숙소를 옮겼다.

⑤직원 중에서 결혼하고 한참동안 임신이 되지 않아 침실을 확인하니 피할 곳이 없을 정도로 수맥의 폭이 넓었다. 수맥을 차단하고 조금 있다가 임신을 하여 옥동자를 순산했다.

⑥누구든지 새로운 곳에서 생활한 후 컨디션이 좋지 않으면 수맥을 확인할 필요가 있다.

⑦수맥뿐 아니라 지자기파가 올라오는 곳도 있다. 수맥은 흐르지만 지자기파는 일정한 넓이를 형성한다. 우연히 잠을 자고 일어났는데 컨디션이 이상하면 전문가의 도움을 받아 확인한 다음 적절한 조치를 취해야 한다.

*필자가 사용하는 방법
①엘 로드 사용법

엘 로드(베어링을 사용하여 마찰이 없는 제품. 시중의 관룡자를 연상하면 됨) 하나를 오른 손에 들고 마음속으로 주문하여 측정하는 방법이다. 물의 흐름 방향, 폭과 지하 깊이, 수량 등을 측정할 수 있다. 엘 로드를 들고 걸어가면 수맥이 있는 곳에서 엘 로드가 안쪽으로 꺾인다. 꺾인 상태에서 전진하면 수맥이 없는 곳에서는 엘 로드가 원상태로 돌아간다. 수맥 폭의 중간에서 흐르는 방향을 주문하면 흐르는 쪽으로 엘 로드가 꺾인다. 꺾인 곳으로 전진하면 수맥이 흐르는 곳으로 엘 로드가 방향을 바꾸어 필자를 안내한다.

②엘 로드 응용

수련을 계속하면 지도에서도 수맥을 찾을 수 있고 사람이 사는 집 구조를 종이에 그리게 하고 수맥을 찾을 수도 있다. 사람을 대상으로 그 사람이 수맥 위에서 생활하고 있는지도 확인할 수 있다.

집안에 수맥이 흐르는지 확인하는 방법은 다음과 같다.
*나의 병은 현재의 집으로 옮긴 후 생겼는가?
*집안의 어느 장소에서는 부자연스럽게 오싹하거나 냉기가 드는가?
*집안 분위기가 불편하다고 느끼는 가족이 있는가?
*귀신을 보거나 환청, 가위눌림 등의 경험이 있는가?

*집을 떠나면 기분이 좋아지는가?
*침대 근처에서 고양이가 놀기를 좋아하는가?
*전에 살던 사람 중 심한 환자는 없는가?
*봄과 가을에 증상이 더 악화되었는가?

수맥의 실제 사례

①원주 거돈사지 금당 터

　신라 후기에 세워진 사찰로서 흔적만 남아 있는 원인을 풍수지리의 관점에서 살펴보고자 한다. 현재 남아 있는 주춧돌의 흔적으로 보아 규모가 큰 절이었음을 알 수 있다. 뒤 내룡 상에 대혈의 음택지가 존재 하는 것으로 미뤄 혈이 맺히지 않았음을 알 수 있다. 이곳에 혈이 맺히 기 위해서는 내룡에 혈이 맺히지 않고 기운이 곧장 양택지로 내려와야 한다. 지리적으로 살펴보면 절의 중심이 되는 금당 터는 파구 쪽에서 불어오는 바람 길에 세워졌고 주위에서 에워싼 보호사들이 뒤에 있는 음택지를 위한 것이지 이 절터를 위한 것이 아니다. 주야로 번갈아 가면서 바람이 내리치고 올려치니 견딜 수 없다.

또한 음택지를 맺기 위하여 맥을 호위하고 내려온 원진수맥이 혈처에서 합쳐 혈처를 감싼 후 혈의 기운이 아래로 흐르지 못하도록 지그재그로 혈 앞을 흘러 금당 터에 지하로 연못을 만들었다.

지하든지 지상이든지 한 곳의 영향만 있어도 치명적인데 지하로 수맥의 영향 을 받고 지상에서는 바람 길에서 몰아치는 살풍을 피할 길 없으니 견 딜 방법이 없다. 사람이 잠시는 느끼지 못하지만 장시간 머물면 버틸 수가 없다. 일반인들은 수맥파 위에서 생활하면 1개월도 버텨내기 어려울 것이다.

안내 표지판을 보면 알 수 있듯이 규모가 큰 오래된 사찰인데 수맥 위에 세워졌으므로 오랜 세월을 견디지 못하고 잡초 속에 흔적만 남았다. 신자들도 절에서 불공을 드리면 좋아져야 하는데 오래 머물수록 건강이 더욱 악화되니 동물적인 본능으로 이곳을 멀리하게 되었을 것으로 본다. 수맥의 영향만으로도 치명적인데 바람 길에서 살풍까지 맞으면서 생활하니 그 피해는 더욱 치명적이었을 것이다.

만약 이 절이 위의 사진에서 밀짚모자가 있는 곳을 금당 터로 잡았으면 상황이 바뀌었을 것으로 본다. 지맥은 내려오지 않지만 생기가 미치는 곳에 천기혈이 응집된 것이기 때문이다. 사진에도 풀 색깔이 구별되지만 현장에서는 더욱 뚜렷하게 구별된다.

주위에는 잡초가 진 초록으로 지저분하게 자라고 있지만 혈처에는 잔디만 깨끗하게 자라 고 있음을 볼 수 있다. 천기혈처의 중심에 서서 주위를 살피면 계곡풍이 간접적으로 미치고 국의 주위에 나열한 사격이 균형을 이루고 있음을 보게 된다. 천기혈처에 부처님을 모시고 좌우와 앞으로 강의실과 기거처를 마련했더라면 좋았을 것이라고 생각한다. 본래의 금당 터는 비워 놓았어야 옳았다.

많은 수도자와 신자들이 있었을 터인데 이러한 이치를 아는 사람이 없으니 결과는 패망이었다. 중요한 학문인데 지금도 풍수지리를 가볍게 보는 사람이 많은 것이 아쉽다.

②수맥 위에 지은 집

크고 근사하게 지은 집인데 비어 있다. 결론부터 얘기하면 수맥 위에 지어진 집이기 때문에 사람이 견딜 수 없는 곳이다. 골짜기가 평평한 끝부분에 있는 집인데 골짜기에서 내려오는 물이 땅 속으로 흘러 집터에 모였는데, 집은 물이 모인 상부에 지어졌다. 물줄기가 가늘게 흐르는 곳이면 물줄기만 피하여 생활하면 피해는 없을 테지만, 집 전체에 수맥이 미치는 곳이니 피할 곳이 없다.

농촌에서 살던 사람들이 도시로 나간 후 돈을 좀 모아서는 다시 귀촌(歸村)하고 있다. 노후를 농촌에서 흙을 만지고 맑은 공기 마시면서 건강하게 보내기 위해 귀촌한 것인데, 터를 잘못 선택하여 더 큰 피해를 당하고 있으니 터를 구하더라도 신중을 기해야 한다.

예전에 농촌은 초가와 함석집이 대부분이었으나 요즘은 서구식 양옥으로 규모도 크고 멋있게 짓는다. 전원주택 바람이 불어 많은 건물이 골짜기에도 지어지고 있다. 현재 몇 년 동안은 잘 모르고 살겠지만 조금만 세월이 흐르면 흉물스런 모습으로 변할지 모른다. 물길과 바람 길에 있는 집 에서 거주하는 사람들은 서서히 건강이 나빠져 병원에서 사는 시간이 더 많을지 모른다.

사람들은 타고난 명(命)이 있어서 제 명대로 살겠지만 사는 동안 어떻게 사느냐가 중요하다고 본다. 누구나 행복(幸福)을 꿈꾸는 것은 기본이라지만 행복의 기준이 무엇인지 먼저 깨달아야 하고 그 다음은 건강(健康)이 아닐까 생각한다.

건강을 잃으면 모든 것을 잃게 되는 것이고 건강하면 무엇이든지 할 수 있을 것 같다. 전원주택을 선호하는 것도 건강을 지키기 위한 하나의 수단일 텐데, 건강을 지키려고 귀촌하여 건강을 더 잃게 되는 경우와 맞닥뜨리지 않으려면 집터를 신중하게 선택해야 한다.

집터는 덜렁한 언덕보다 지형이 감싸 안은 아늑한 곳을 선택해야 한다. 바람이 주야로 몰아치는 골짜기보다 산을 등지고 좌우가 높은 곳을 택해야 한다. 앞에서 바람이 비탈을 타고 올라오는 가파른 곳보다 앞이 두툼하여 바람을 하늘로 날리고 막아주는 곳을 선택해야 한다. 특히 수맥을 확인하여 수맥이 흐르지 않는 곳을 골라야 한다. 주위에 서있는 바위의 날카로운 각이 집을 충하는 곳은 피해야 한다. 처음 바라볼 때는 멋있는 풍광으로 보일지 몰라도 이것은 모두 살(煞)이 된다. 집 주위에 둥글둥글하고 부드러운 모습을 한 바위가 있는 것은 좋다. 이것도 이끼 없이 깨끗한 것이어야 한다.

이끼가 끼고 우중충한 바위가 있는 곳은 습한 곳이고 음기가 가득한 곳이니 무조건 피해야 한다.

터를 닦기 전에 풀 빛깔이 연두색으로 깨끗하면 수맥이 없는 좋은 곳이니 좌향(坐向)을 맞추어 건물을 지으면 좋다. 쑥을 비롯한 물풀이 짙은 색을 띠고 있는 곳은 습(濕)이 많은 곳이니 피해야 한다. 자세히 모를 때는 터를 닦고 잔디를 심은 후 2~3년 지난 다음 건물을 지을 넓이만큼 연두색의 깨끗한 풀이 경계를 이루면 수맥이 없는 좋은 터이니 경계선 내에서 집을 지으면 된다.

③수맥 위에 지은 집

계곡이 사선으로 비껴 흐르는 곳이 약간 불룩한데 불룩한 부분에 건물을 지었다. 건물은 계곡 바람을 맞는 곳에 지어졌으므로 골바람을 직접 맞는 것이고 지하로는 계곡수가 스며들고 흘러 건물 전체가 물 위에 지어졌다.

　건물의 규모도 크고 현대식으로 잘 지어졌는데, 필자가 접근했을 때는 칡넝쿨이 집 전체를 뒤덮고 음침한 분위기를 풍긴다. 도시에 살던 사람이 건강을 지키면서 행복한 생활을 영위하기 위해 시골과 산으로 이전하여 귀농(歸農)과 귀촌(歸村)을 하지만 아늑한 지형에 수맥이 없는 곳을 택하여 주택을 건축해야 목표를 달성할 수 있으므로 신중을 기해야 한다.

수맥봉 엘 로드를 통해 바라본 세계

우리는 어떤 세상에서 살고 있는가?

이 글은 대한수맥풍수선비협회 카페의 도움을 받았다.

우리는 이따금씩 생물들이 환경에 적응하여 살아가는 모습을 보고 생명과 우주에 대한 경각심을 가진다.

연체동물들은 풀잎 위에서는 풀잎의 색깔로, 나뭇가지 위에서는 나무 색깔로 변색하여 자신을 보호하고, 민물장어, 무지개송어, 연어 등은 산란기가 되면 수천 마일의 바다를 항해하여 어미들이 자신을 낳았던 하천인 모천(母川)을 찾아간다.

철새들도 기후가 맞는 곳을 찾아 수천 마일을 이동하지만 결코 방향을 잃거나 우왕좌왕하는 일은 없다. 청개구리나 종달새 그리고 나팔꽃 등은 비가 올 것을 미리 알고 대비하며, 쥐나 고양이 등 많은 동물들은 지진이나 화산 폭발이 있기 며칠 전에 벌써 그러한 천재지변이 일어날 것을 알아차린다. 만조시간에 맞추어 껍질을 여는 굴은 다른 곳에 옮겨지더라도 그곳의 만조시간을 알아내어 적응하고, 대부분의 동물들은 수맥파를 감지하는 능력을 가지고 있다.

이렇게 놀라운 동식물들의 자기보호능력과 비견되는 것으로 어린이들의 몇 가지 무의식적 행위를 생각할 수 있다. 아기침대에 수맥이 지나는 경우 아기들은 수맥파를 피해 침대의 한 귀퉁이에 비껴 잔다고 알려지고 있고, 또 어린이들은 높은 곳에서 떨어지더라도 별다른 상처 없이 살아나는 경우가 흔하다고 한다.

이러한 사실은 인간이 태어날 때는 놀랄 만한 자기보호능력들을 지니고 있지만, 성장과 더불어 점점 강해지는 의식에 눌리어 제대로 그 기능을 발휘하지 못하게 되는 것으로 추측할 수 있다.

예로부터 인간의 몸은 소우주로서 장기간의 정신수련을 통하여 안이비설신(眼耳鼻舌身)의 오감(五感)을 초월한 육감(六感)을 개발하여 초능력, 영의 능력을 발휘할 수 있는 것으로 알려져 왔다.

수련을 통하여 천지의 기운과 통할 수 있는 문(門)이라고 할 수 있는 우리 몸의 경혈(經穴)이 열리게 되면 신체적인 건강뿐 아니라 직관력 등이 향상되고, 특히 머리 부분의 경혈인 상단전 혈 자리가 열리면 초(超)지각능력 (Extra Sensory Perception : ESP)이 개발되어 정신감응(Telepathy), 투시, 예지 등이 가능해지고, 생각의 힘만으로 물체나 물질적 과정에 영향을 주는 염력(Psychokinesis : PK)이 개발되기도 한다고 알려져 있다. 최근에는 현재 10% 남짓한 부분만이 사용되고 있는 뇌에 대한 활용법이 각광을 받기 시작했고, 집중력과 상상력을 이용한 '뇌 호흡' 수련법을 통해 다수 어린이의 투시능력이 개발되는 사례가 보고되기 도 하였다.

이러한 초능력은 특별한 계기로 또는 장기간의 정신수련을 통하여 일부 한정된 사람들에게만 나타나는 것이 보통이지만, 특정 기구를 이용할 경우 다수의 사람들이 인간의 잠재능력을 활용할 수 있다는 사실이 최근 밝혀지고 있다.

특히 펜듈럼(pendulum, 추)과 엘 로드(수맥봉)는 오래 전부터 지하의 수맥을 찾는 데 신비한 효과가 있다고 알려져 왔고 최근에는 펜듈럼을 이용하여 잃어버린 물건을 찾거나 진실과 거짓을 구분하고 몸에 맞는 음식을 찾는 등 다양한 활용사례들이 알려지고 있다.

하지만 어떠한 원리에 의해 그러한 것들이 가능한지는 아직 밝혀지지 않았다. 이 글에서는 엘 로드의 반응을 관찰함으로써 우리에게 우주의 진실에 접근할 수 있는 잠재 능력이 있음을 설명하고 또 그 원리를 살펴보고자 한다. 모든 생물체는 자기 몸에 유익한 것과 유해한 것을 구분하는 잠재능력이 있다는 전제 아래 이미 20여 년 전부터 미국에서 확립되어 온 운동역학(kinesiology)의 결과를 소개한다. 아울러 운동역학의 결과를 이용하여 엘 로드의 원리를 설명하고, 엘 로드 실험 결과에 대한 의미의 해석을 통해 우리가 어떠한 세상에서 살고 있는지 살펴보고자 한다.

운동역학(kinesiology)의 발전

①물리적 자극에 의한 근육의 반응

운동역학은 자극에 대한 근육의 반응에 기초한 학문이다. 긍정적인 자극은 근육의 강화를 초래하고 부정적인 자극은 근육을 현저히 약화시킨다는 것으로 미국의 굿하트(George Goodheart) 박사에 의하여 시작되었다.

그는 몸에 좋은 영양물질에 의한 자극에는 근육의 힘이 증가하는 반면 인체에 해로운 물질에 의한 자극에는 근육의 힘이 감소한다는 사실을 발견하였다. 그는 특히 천연 영양식품은 사람들의 근육을 강화시키는 반면 인공 감미료는 근육을 약화시킨다고 하였다.

오무라 요시야키 박사는 이러한 물리적 자극에 대한 근육의 반응을 보다 발전시켜 오링 테스트(O-Ring Test)를 개발하였다. 말하자면 식품 중에도 각 개인에게 잘 맞는 식품이 있고 그렇지 않은 식품이 있는데, 우리 몸에 잘 맞는 식품과 접촉하면 둥근 링 모양(O-Ring)을 만든 손가락의 힘이 강화되어 잘 벌려지지 않고 몸에 맞지 않는 식품과 접촉하면 손가락 힘이 약화되어 쉽게 벌려진다는 것이다.

현재 한의학계에서 널리 인정을 받으며 다양한 용도로 발전하고 있는 이 테스트의 방법은 다음과 같다

(가)두 사람이 필요한데, 먼저 피험자는 오른쪽 엄지와 검지로 반지

모양(O-Ring)을 만든 채 힘을 주고, 시험자는 피험자의 반지모양 안쪽에 양쪽 손의 검지를 걸고 바깥쪽으로 벌리면서 저항의 강도를 측정한다.

(나)다음으로, 피험자는 왼쪽 손으로는 시험하고자 하는 식품을 쥐고 오른쪽 손으로는 반지 모양을 만든다. 시험자는 피험자의 반지모양 안쪽에 양쪽 손의 검지를 걸고 바깥쪽으로 벌리면서 저항의 강도를 비교 측정한다.

(다)테스트 결과 반지모양이 쉽게 벌려지지 않는 식품은 피험자의 몸에 잘 맞는 식품이고 반대의 경우 몸에 맞지 않는 음식으로 판단한다.

②정신적 자극에 의한 근육의 반응

물질적인 자극뿐만 아니라 감정적이고 지적인 자극에도 근육이 강화되거나 약화된다는 사실도 발견하였다. 미소는 근육을 강화시키고 '나는 너를 미워한다.'는 말은 근육을 약화시키며 공개된 허위 사실을 들으면 근육이 약화되고 증명된 사실에는 근육이 강화된다는 것이다. 뿐만 아니라 특별히 좋지도 나쁘지도 않은 내용인데도 어떤 그림은 모든 사람의 근육을 강화시켰고 다른 그림은 근육을 약화시키는 것을 발견했고, 모든 클래식음악과 대부분의 팝송이 근육을 강화시키는 반응을 보인 반면 하드록(hard rock)이나 헤비메탈(heavy metal) 음악은 약화시키는 것을 발견하였다.

더구나 클래식음악을 싫어하고 하드록 음악을 좋아하는 사람에게도 실험결과는 동일하게 나타남을 발견하였다. 그는 이러한 반응이 모든 사람에게 예외 없이 두루 적용된다고 밝히고 있다. 다이아몬드 박사의 운동학 테스트 방법은 다음과 같다.

(가)피험자는 먼저 아무런 생각 없이 수평으로 왼팔을 벌려 바닥과 평행상태를 유지한 채 서고, 시험자는 피험자를 마주 보고 서서 오른손을 피험자의 왼쪽 손목 위에 놓는다.

(나)시험자는 상대방에게 그의 왼팔을 누를 테니 온 힘을 다해 저항하라고 말한 뒤 고른 힘으로 확실하고 빨리 누른다. 불필요하게 무리하여 누르는 것은 피험자의 근육을 피로하게 하여 좋지 않다.

(다)다음은 실험의 종류에 따라 피험자로 하여금 무엇을 집중해서 생각하거나 어떤 시험대상 물건들을 몸에 부착한 채 위의 실험을 하게 하여 그 저항하는 힘을 비교 측정한다.

(라)시험자는 저항하는 힘의 차이를 확연히 구분할 수 있다. 호킨스 (David Hawkins) 박사는 위의 근육 역학의 발견을 인간 관념의 측정에 이용하였다. 그는 20여 년 동안 연구를 통해 사람들의 견해나 진술 또는 관념들의 진실성이 1에서 1000까지의 수치로 측정될 수 있음을 밝혔고, 이를 바탕으로 인간의식의 스펙트럼(spectrum)을 분석하였다. 그는 인간의식에 대해 이러한 발견을 할 수 있는 원리를 다음과 같이 설명하고 있다.

"인간 개개인의 마음은 거대한 데이터베이스에 연결된 컴퓨터 터미널과 같다. 거대한 데이터베이스는 인류의 의식 그 자체이고, 우리 자신의 의식은 모든 인류의 공통된 의식에 뿌리를 둔 데이터베이스의 개인적인 표현일 뿐이다. 그 데이터베이스는 이 세상 어느 곳, 어느 때라도 누구에게나 주어지고 시간과 공간, 그리고 한정된 개인의 의식세계 를 초월한다."

호킨스 박사에 의하면 모든 인간의 의식수준은 어떠한 에너지 장에 연결되어 있느냐에 따라 달라지는데, 200이라는 수치는 내재된 진실한 힘(power)과 눈에 보이는 억지의 힘(force)의 분기점을 표시한다고하였다. 현재 전 인류의 85%에 달하는 의식수준 200 미만의 사람들은 살아남기에 급급한 파괴적인 삶을 살고 있으며, 의식수준 200 이상인 사람들은 건설적인 삶을 살고 있는데, 현재 인류의 의식수준

평균은 204라고 하였다.

또한 500은 깨달음의 세계로 도약하기 위한 발판으로서 전 인류의 0.4%만이 이 수준에 도달하였고 700은 깨달음의 수준으로서 현재 지구상에 12명이 있다고 하였다. 이상의 발견은 수없이 많은 실험을 통해 확인된 것으로 언제 어느 때나 대부분의 사람들을 대상으로 한 실험에서 같은 결과가 나타난다고 설명하였다.

호킨스 박사는 누구나 쉽게 근육의 반응을 통하여 자기 자신과 다른 사람의 의식수준을 알 수 있다고 하였으나 정확한 결과를 얻기 위해서는 몇 가지 배려가 필요함을 이야기하였다. 특히 근육반응에 영향을 미칠 만한 환경들(예를 들면 소음, 향기 등)을 피해야 하고 또 실험에 부적당한 사람이 존재함을 말하였다.

③운동역학의 문제점

앞서 설명한 운동역학에 의한 발견들은 놀랄 만한 것이다. 인간의 몸이 환경에 반응한다는 것은 쉽게 이해할 수 있지만 정신적인 자극 즉 어떤 생각만으로 근육의 힘이 변한다는 것은 우리의 몸과 마음이 분리되어 있는 것이 아니라 밀접하게 연관되어 있음을 밝히는 것으로서 매우 큰 의미가 있다. 뿐만 아니라 우리가 누구나 운동역학 테스트를 이용하여 우주의 많은 정보들을 공유하게 된다면 새로운 세계의 건설이 가능할 것이다.

하지만 대다수 사람들에게는 운동역학의 연구 결과가 너무나 놀라운 것이라서 쉽게 믿어지지 않는다. 특히 호킨스 박사가 말한 우주의 거대한 데이터베이스에 어떠한 원리로 접근할 수 있는지에 대한 구체적인 설명이 없이는 황당한 이야기로 치부될 수 있고, 또한 누구나 쉽게 운동 테스트를 하여 그 결과를 확인할 수 있는 것도 아니다.

다시 말해서 운동역학 실험은 혼자서는 할 수 없고 근력 변화에 대한 객관적인 측정이 어려우며 또한 실험이 오래 지속될 경우 피곤해

저 결과의 정확도가 떨어지는 단점도 있다. 이 책에서는 운동역학의 실험 결과들을 엘 로드를 이용하여 확인하고, 그러한 반응이 나타나는 원리를 기(氣)의 측면에서 설명하고자 한다.

엘 로드(L-Rod)를 통한 측정

①수맥파와 엘 로드

수맥파는 땅속의 지하수가 흐르면서 주변의 흙이나 돌 등과 부딪히는 과정에서 발생하는 파장이라고 알려져 있으나 확실한 발생원인은 아직 규명되어 있지 않다. 수맥파는 일초에 7~8번 진동(7~8Hz)하는 초저주파인데 인간의 뇌파에 간섭함으로써 다양한 부작용을 유발 시킨다. 사람은 깊은 잠을 잘 때 뇌파가 알파파(8~12Hz)에서 씨타파(4~8Hz) 그리고 델타파(0.5~4Hz)로 주기적으로 변화하는데, 수면을 취할 때 신체가 수맥파에 노출되면 뇌파가 7~8Hz 이하로 떨어지는 것이 방해를 받아 숙면을 이루기가 어렵고, 심한 경우 계속적인 악몽과 불면증 그리고 만성두통이 야기되는 것으로 알려지고 있다. 또한 원인 모를 신경통이나 관절염 등이 수맥파와 관련이 있고, 암, 고혈압, 뇌졸 중, 중풍 등의 환자들 대다수가 수맥파에 장시간 노출되었음이 밝혀지기도 하였다.

대부분의 가축들과 새들도 수맥파를 싫어하고(고양이, 개미, 벌 등은 예외이다.) 건물과 도로 등 건축물에는 수직 균열을 야기하는 등 안전에 문제를 일으키는 것으로 알려지고 있다. 수맥파은 옛날부터 버드나무 가지나 사과나무 가지를 이용하여 탐사했으나 근년에는 추(펜듈럼)나 엘 로드 또는 와이 로드(Y-rod) 등이 주로 이용되고 있다. 추를 사용하는 경우 추의 움직임을 보고 수맥의 존재 유무와 그 양을 판단할 수 있고, 엘 로드를 사용하는 경우 그것이 몸 안쪽으로 접히는 곳에 수맥이 있다고 판단할 수 있다.

이러한 수맥파를 탐사할 수 있는 능력은 누구에게나 잠재되어 있지만 기(氣)적으로 예민한 사람이 보다 쉽고 정확하게 탐사할 수 있으며, 기(氣)수련을 통해 탐사능력이 향상될 수 있다.

②엘 로드와 근력의 변화

일반적으로 엘 로드의 반응은 두 가지로 나타난다. 하나는 두 개의 봉우리가 몸 안쪽으로 접히는 반응(접힘 반응)이고 다른 하나는 몸 바깥으로 펼쳐지는 반응(펼침 반응)이다. 이와 같은 엘 로드의 반응은 팔 근육의 힘이 변화할 때 나타나는데, 우리에게 유해한 수맥파가 감지될 때 엘 로드의 접힘 반응이 나타난다는 사실은 우리에게 유익한 것이 감지되면 펼침 반응이 나타날 것으로 예상할 수 있다.

이를 운동역학과 연관을 지어 생각하면, 우리 몸에 어떠한 파장이 와 닿거나 물리적 또는 정신적 자극이 주어질 경우 우리 몸 특히 팔의 근력 변화가 생기고 근력이 강화되는 순간 엘 드는 펼침 반응을 보이고 근력이 약화되는 순간 접힘 반응을 보인다고 생각된다.

엘 로드가 반응하는 메카니즘(mechanism)을 보다 세분하여 생각하면 다음의 두 가지로 나누어 볼 수 있다. 하나는 어떠한 자극이 주어졌을 때 우리 몸이 바로 반응을 보이는 경우로서, 어떤 물체가 몸에 와 닿을 때 또는 우리가 알고 있는 바와 같거나 반대되는 생각이나 언행을 할 때를 생각할 수 있다.

이때는 우리 몸이 즉각적으로 그 자극을 판단하고 반응하여 펼침 반응 또는 접힘 반응을 보일 것으로 예상된다.

이와는 달리 어떤 자극에 대해서는 우리 몸이 바로 판단하지 못하고 어디로부터 정보를 입수하여 반응을 나타내는 경우를 생각할 수 있다. 우리가 전혀 알 수 없는 것에 관한 정신적 자극이 주어졌을 때, 예를 들어 'xxx를 죽인 범인은 ㅇㅇㅇ이다.'라는 것을 생각할 때 접힘 반응("아니오."를 뜻함) 또는 펼침("예."를 뜻함)이 나타난다면 이는 우리 몸이 어떠한 정보채널을 이용하여 외부와 교신한 결과 반응하는 것으로 추측할 수 있다.

옛날부터 기(氣)는 모든 생명체 활동의 원천적 에너지 또는 생명의 에너지로 알려져 왔는데 최근의 기(氣)에 대한 현대과학의 연구결과는 기가 전기적·전자적 성질과 원적외선 성분을 지니면서 정보를 담고 있는 초저주파라 밝히고 있다. 우리 몸에는 몸 안의 기운(內氣)과 몸 밖의 외기(外氣)가 통할 수 있는 문(門)의 역할을 하는 경혈(經穴)이 있는데, 현재 알려져 있는 것만 해도 수백 개에 달한다. 이러한 경혈들 중에서도 이마의 중간에 위치하는 인당혈은 예로부터 천목혈(天目穴) 또는 제3의 눈이라 불려왔고, 투시(透視) 능력도 이 경혈이 열려야 가능하다고 알려지고 있다. 이것은 인당혈이 우주(하늘)의 정보를 수신 또는 교환하는 데 결정적인 역할을 한다는 것을 시사한다.

이러한 점들을 고려해 볼 때, 우리가 모르고 있는 지적 자극을 받으면 그에 대한 교신이 인당혈을 통하여 기(氣)적으로 일어나고 이에 따라 우리 몸의 근육 반응이 일어난다고 유추할 수 있다. 이러한 가능성을 조사하기 위해 다음절에서 설명하는 다양한 실험을 할 때 인당혈을 두꺼운 가죽이 부착된 구리판으로 막고 반응을 조사하기도 하고 막지 않은 채 반응을 조사하기도 하였다. 우리가 전혀 모르고 있는 것에 관한 정신적 자극이 주어진 경우에는 인당혈이 반드시 열려 있어야 엘 로드가 반응하는 반면, 다른 실험의 경우에는 인당혈과 관계없이 반응한다는 사실을 발견하였다. 이는 앞서 설명한 우리 몸과 엘 로드의 반응 메카니즘을 뒷받침해 주는 것으로 해석된다.

③실험 결과
첫째, 인당혈의 개폐 여부와 관계없이 엘 로드가 반응하는 것이다. 먼저 각종 식품이나 물건이 몸에 닿으면 인당혈과 상관없이 엘 로드

반응이 나타난다. 일반적으로 인체에 유해하다고 알려진 담배는 실험한 모든 경우에 접힘 반응을 보였고 특히 불이 붙어 있는 담배는 더욱 **빠르게** 그리고 강하게 반응하였다. 이에 반해 음식물들은 사람에 따라 다른 반응을 보인다. 그런데 같은 식품, 예를 들어 동일한 감자라도 사람에 따라 다양한 반응을 보인다. 음식에 따라 접히는 정도 또는 펼치는 정도가 다른 것은 몸에 유익한 또는 유해한 정도를 나타내는 것으로 보인다. 이러한 엘 로드의 반응은 원리로 볼 때 굿하트 (Goodheart) 박사가 말한 식품에 대한 근육역학 반응, O-Ring 테스트의 손가락 반응과 같은 것으로 실험하는 물체에서 방사되는 고유한 파장에 의하여 우리의 몸이 반응하는 것으로 보인다.

식품뿐만 아니라 전자파에 노출되는 경우에도 접힘 반응이 강하게 나타난다. 예를 들어 휴대폰을 손에 쥔 채 켜면 접힘 반응이 나타나고, 반대로 끄면 다시 원상태로 복귀한다. 대부분 PC의 경우 켜놓은 상태에서 약 1m 또는 1.5m 앞으로 접근하면 접힘 반응이 나타난다. 이러한 물질적 또는 전파적 자극 외에 일정한 정신적인 자극에도 엘 로드 가 반응하는데 실험자가 이미 알고 있는 사실과 반대되는 것을 생각하면 접힘 반응이 나타나고 합치되는 것을 생각하면 펼침 반응이 나타난 다. 예를 들어, '여름에는 눈이 내린다.'고 생각하면 접힘 반응, '여름 에는 덥다.'고 하면 펼침 반응이 나타난다. 단정형 문장을 생각할 때 엘 로드의 펼침 반응은 항상 "예."로 해석될 수 있고, 접힘 반응은 "아니오."로 해석될 수 있다.

위의 경우들은 우리의 신체가 외부와의 정보소통 없이 인체에 내재된 정보에 의하여 판단되어 근육반응 또는 근육반응을 수반한 어떤 전기적 반응을 통하여 엘 로드가 움직이는 것으로 생각된다. 이러한 접촉에 의한 반응은 상당수의 사람들에게 나타나지만 반응이 매우 약하거나 나타나지 않는 경우도 있다.

둘째, 인당혈을 막지 않아야 엘 로드가 반응하는 경우다.

무엇보다 수맥파의 탐지를 위해서도 인당혈을 막지 않아야 하고, 막은 경우에는 아무런 반응도 나타나지 않음을 발견할 수 있다. 사람들이 흔히 외는 주문을 읊는 경우에도 일반적으로 펼침 반응이 나타난다. 예를 들면 "나무아미타불 관세음보살"을 왼다든지 "천지기운"을 부르는 경우 또는 천부경 등을 외면 펼침 반응이 나타난다. 이러한 주문을 외는 경우 어떤 큰 에너지 또는 좋은 기운이 몸에 와 닿는 것으로 보이는데, 상당한 경지에 이른 기(氣) 수련자는 몸으로 직접 인지할 수 있다. 또한 다이아몬드(Diamond) 박사가 이야기한 바와 같이 하드록(hard rock)음악을 들으면 접힘 반응이 일어나지만 실험한 거의 모든 클래식음악의 경우 펼침 반응이 나타난다.

　특히 모차르트 음악의 경우 강한 펼침 반응이 나타나는데, 요즘 크게 알려지고 있는 소위 모차르트 효과(Mozart Effect)가 이와 관련이 있는 것으로 생각된다. 최근 일본에서 유행하고 있는 자연음악에도 강한 펼침 반응이 나타나고 일부 대중가요(예를 들어 심수봉의 '백만송이 장미')를 들을 때도 펼침 반응이 나타난다. 노래를 켜는 순간 또는 끄는 순간 엘 로드는 즉각적으로 반응을 보이는 것이 보통이다.

　그림이나 글씨(서예)의 경우에도 접힘 반응 또는 펼침 반응을 보이는 경우가 있고 별다른 반응이 없는 경우가 있다. 천부경이 쓰인 액자 앞에서는 엘 로드가 강한 펼침 반응을 보인다. 엘 로드 반응은 화가나 서예가의 지명도 또는 작품의 예술성에 의하여 영향을 받지는 않는 것으로 보인다.

　책의 경우에도 엘 로드 반응은 나타나는데, 이 경우에도 저자의 지명도나 책의 인기도와는 관련이 없는 것으로 보인다. 대체로 경제, 경영 등 사회과학 계통의 책들에는 별다른 반응이 나타나지 않지만 불교, 기독교 등의 종교서적과 정신세계에 관한 서적들에 펼침 반응이 나타나는 경우가 많다. 일부 예언서들(예를 들어 '원효결서' 등)은 펼침 반응을 보이지만 말초를 자극하는 기사가 가득한 잡지 등은 접힘 반응이 나타난다. 이는 호킨스(Hawkins)박사가 이야기한 책의 진실성, 즉 우주적 측면에서의 진실성과 관련이 있는 것이 아닐까 생각된다. 이 책의 참고문헌에 포함되어 있는 책들은 대부분 정도의 차이는 있지만 펼침 반응이 나타난다.

엘 로드는 단어에 대해서도 반응한다. 예를 들어 사랑, 포용, 자비, 용서, 평화 등과 같은 옛 성인들의 가르침과 관계있는 단어들을 집중하여 생각하면 펼침 반응이 나타나고 반대로 증오, 배반, 아픔, 죽음 등의 단어를 생각하면 접힘 반응이 나타난다. 이것은 우리가 어떠한 생각을 하느냐에 따라 접하는 에너지 또는 파장이 달라짐을 뜻하는 것으로 해석된다.

뿐만 아니라 이미 발생한 사건이나 현상에 대하여 알고자 할 때 엘 로드를 이용할 수 있다. 예를 들어, "유괴당한 xxx는 이미 죽었다.", "xxx는 ooo를 죽인 살인자다.", "ooo의 나이는 yy살이다."라는 단정형 글에 대하여 "예(펼침 반응).", "아니오(접힘 반응)."로 반응한다. 이와 비슷하게 "외계인은 존재한다.", "나는 전생에 고려시대에 살았다."라는 확인할 길 없는 의문에 대해서도 반응이 나타난다.

같은 요령으로 호킨스(Hawkins) 박사가 이야기한 인간의 '의식수준'도 측정할 수 있다. 이것을 측정하기 위해서는 마음을 집중하고 어떤 사람을 생각하기만 하면 되고, "ooo의 의식수준" 하고 생각해도 된다. 어떤 사람에 대하여 펼침 반응이 나타나는 경우 그의 의식수준을 200 이상으로 판단하고 접힘 반응이 나타날 때 200 이하라고 생각할 수 있다. 의식수준을 호킨스(Hawkins) 박사가 말한 0에서 1000 사이의 수치로 측정하고 싶을 경우 "ooo의 의식수준은 200 이상이다."라는 단정형 문장을 생각하고 엘 로드의 반응을 확인하는 과정을 반복함으로서 정확히 한 포인트를 찾아낼 수 있다. 이를 테면 이러한 물음의 실험을 처음에는 큰 단위에서 시작하여 점차 작은 단위의 수치로 좁혀감으로써 정확히 한 포인트로 좁혀갈 수 있다

이러한 의식수준의 측정은 실험자가 전혀 모르는 인물의 경우도 가능하고 현존 인물이나 역사적 인물 모두 가능하다. 또한 나이와 상관없이 측정이 가능하고 갓 태어난 아이의 경우에도 의식수준은 측정된다. 이름을 모르는 경우 그 사람의 모습을 떠올리기만 하면 된다. 주의할 점은 동명이인(同名異人)이 있기 때문에 실험자가 측정하고 싶어하는 사람을 명확하게 하는 것이 중요하다.

위의 측정들은 기감이 좋은 사람에게는 항시 가능하고 측정시각과 관계없이 대부분의 장소에서는 항상 같은 결과가 나옴을 발견할 수 있다. 어떤 사람에 대한 호의(好意) 여부는 측정결과에 별다른 영향을 미치지 못하지만 미리 강한 선입견을 가지는 경우 또는 자기암시를 하는 경우 결과의 정확도는 떨어진다. 또한 특별한 장소, 예를 들어 수맥파가 강하게 나오는 장소 등에서의 측정 결과는 신뢰성이 약화된다. 또한 수맥파 측정, 식품, 그림, 음악 등에 대한 테스트는 아무런 생각 없이 그냥 엘 로드만 수평을 유지하면 반응이 나타나지만 단어나 미지의 사건(현상)에 대한 테스트 또는 의식수준의 테스트는 어느 정도의 훈련이 필요하고 강한 집중력과 상당한 에너지가 소요된다. 그리고 마음, 즉 심파(心波)를 통하여 또는 손 동작을 조절함으로써 엘 로드의 반응을 조작하는 것이 가능하기 때문에 타인이 보여주는 반응을 100% 믿기 어려운 객관성의 문제가 제기될 수 있다.

하지만 의식수준의 측정 수치 또는 어떤 생각에 대한 펼침(예), 접힘(아니오)의 반응은 실험이 제대로 이루어진다면 실험자에 관계없이 같은 결과를 얻을 수 있다.

셋째, 기운(파장)의 세상.

앞에서 이야기한 테스트들은 기(氣)적으로 예민한 사람들이 더 쉽게 할 수 있고 기(氣)수련을 통하여 몸이 예민해질수록 엘 로드의 반응이 더 강해짐을 느끼게 된다. 그리고 실험자가 엘 로드에 익숙해질

수록 실제로 우리 몸에 다양한 파장들이 와 닿는 것을 느낄 수 있다. 예를 들면, 앞서 이야기한 인당혈을 막고도 반응이 나타나는 테스트 (예를 들어 식품 테스트)의 경우, 실제 인당혈을 막고 테스트하는 것이 그렇지 않은 경우보다 훨씬 강한 반응을 얻을 수 있다는 것이다. 이는 우리 몸이 인당혈을 통하여 다양한 외부 기운(파장)과 접하고 있기 때문에 식품 테스트인 경우 인당혈이 노출되어 있으면 외부에서 오는 다양한 파장에 의한 몸의 반응과 혼합되어 테스트하고자 하는 반응의 정확도가 떨어짐을 시사한다.

다른 예로서, 수맥파가 강한 장소에서 PC를 켜고 일을 하면 엘 로드 접힘 반응이 증폭되고, 이때 히란야 에너지가 발생하는 스티커를 붙여 놓거나 천부경 액자를 걸어놓으면 거기서 나오는 좋은 기운이 땅에서 나오는 나쁜 기운을 상쇄시켜 전체적으로 엘 로드가 펼침 반응을 보이게 된다. 이렇게 여러 가지 파장이 혼재할 때 한 가지 파장의 효과만을 측정하고자 할 때는 마음속으로 그것을 생각하면 된다. 예를 들어, 강한 전자파가 발생하는 곳에서 수맥파만의 반응을 보고자 하면 마음속으로 수맥파를 생각하면 된다.

엘 로드를 통하여 바라본 세계

전장에서 기술한 실험의 상당부분은 운동역학 또는 오링 테스트를 통해 알려져 있던 것에 대한 확인이지만 일부는 새로운 사실들을 밝혀 주고 있다. 이러한 실험 결과는 우주와 인생에 대한 의미심장한 시사점을 제공하고 있다. 이를 요약하면 다음과 같다.

①언어생활과 신체적 건강.
위의 실험 중 한 가지는 본인이 알고 있는 사실에 관한 정신적 자극

으로서 알고 있는 바와 반대되는 말이나 생각을 하는 경우 접힘 반응
이 나타났고 합치되는 말이나 생각의 경우 펼침 반응이 나타났다. 이
는 우리가 거짓된 언행을 일삼고 거짓된 생각을 하는 경우 몸이 약해
진다는 것을 의미하고, 그 반대로 바른 생각(正思)과 바른 말(正言)을
하는 경우 우리의 몸은 건강해진다는 것을 시사한다.

　또한 사랑, 자비, 용서, 화해, 평화 등의 단어들을 생각만 해도 우리
몸에 좋은 기운이 와닿고, 반대로 증오, 질시, 전쟁 등에 대한 생각은
우리 몸을 약하게 만든다는 것은 종교적 가르침이 사후세계에 대한
대비만을 이야기한 것이 아니고 현실의 건강문제에 대한 가르침도 포
함하고 있었음을 시사하고 있다.

　선도수련(仙道修練)에서는 우리의 건강이 궁극적으로 마음에 달
려있고 마음의 수련 없이 신체적 건강만을 위한 수련은 사상누각(沙
上樓閣)이라는 점을 강조한다. 아무리 육체적인 수련을 해도 정신적
인 깨달음이 없이는 진기체(眞氣體), 즉 완전한 건강에 도달할 수 없
음을 이야기한다. 또한 우리가 부정한 생각을 하거나 거짓말을 하면
몸에 탁기(濁氣)가 쌓이고 이것이 건강을 해친다는 것을 가르치고 있
다. 거짓과 진실에 대한 엘 로드의 반응, 도덕적, 종교적으로 높게 또
는 낮게 평가되는 말들에 대한 엘 로드의 반응은 이런 선도수련의 가
르침을 확인해 주는 것으로 생각된다.

　②절대적 기준의 존재.
　호킨스 박사가 이야기한 인간의 의식수준은 여러 가지로 해석될 수
있다. 우주의 진리를 터득하여 완성이 된 인간(예를 들어 석가모니)을
최고 1000으로 하고 극도의 절망감과 고통 속에서 무기력하게 살아
가는 삶을 최하로 측정하는 의식수준은 우주의 절대적 기준에 의거하
여 평가된 한 인간의 수준이라고 할 수 있을 것이고, 다른 말로 인간
의 자아 완성도 또는 영적 수준이라고 할 수 있을 것이다.

우리가 어떤 사람에 대하여 완전한 평가를 하고자 할 때는 그 사람의 모든 말과 행동, 그리고 생각에 대한 기록이 필요하고 또한 어떠한 기준이 필요하다.

이런 점에서 한 인간에 대한 의식수준 또는 자아 완성도를 측정할 수 있다는 것은 우리의 모든 언행과 생각이 낱낱이 기록될 뿐만 아니라 어떤 우주적 또는 절대적 기준에서 평가되고 있음을 의미한다.

예로부터 인도에서는 우리의 언행뿐만 아니라 우주의 모든 사건들이 아카샤(Akasha)라고 불리는 미묘한 매체에 영원히 아로새겨지고, 이렇게 새겨진 기록인 아카식 기록(Akashic Records)은 적당한 방법을 통하여 이용할 수 있다고 전해지고 있다.

20세기 최대의 예언가로 불리는 에드가 케이시(Edgar Cayce)는 자신의 예언과 전생영독을 통한 수많은 사람의 치유가 아카식 기록을 봄으로써 이루어졌다고 하였고, 이 외에도 다수의 영적인 사람들이 아카식 기록에 대하여 언급하고 있다. 이러한 점을 고려할 때, 엘로드의 반응은 우리가 기적(氣的)으로 아카식 기록에 접근하는 하나의 방법이라고 할 수 있을 것이다.

우리의 모든 생각까지 기록되고 그것을 판단하는 우주적 기준이 존재한다는 것은 상대주의에 젖어 절대적인 존재와 절대적인 선과 악을 부정하는 많은 현대인에게 종교의 의미를 새삼 되새기게 한다. 이와 아울러 자비, 사랑, 용서, 화해와 같은 단어를 생각하는 것만으로도 좋은 기운이 몸에 와 닿는다는 것은 우주의 절대적 기준이 무엇인가를 유추할 수 있게 해준다.

③전생, 현생 그리고 후생.

의식수준은 많은 사람들의 경우 일생동안 크게 변화하지 않지만 일부 사람에게는 어떤 특별한 계기나 수련 등을 통하여 크게 높아지기도 한다. 주목할 것은 개개인은 태어날 때 제각기 다른 의식수준을 가지고 태어난다는 것이다. 정치 지도자 중 의식수준이 극히 낮은 히틀러나 스탈린은 태어날 때 이미 매우 낮은 의식수준을 물려받았고, 많은 영적 지도자들은 태어날 때 이미 높은 의식수준을 물려받았다. 이러한 의식수준의 존재는 윤회론적인 세계관과 가장 잘 부합된다.

첫째, 전생을 기억하는 어린아이들이 다수 존재한다. 보통 10세 미만의 어린이로서 보통의 방법으로는 도저히 알 수가 없는 자세한 전생의 기억을 가지고 있고 또 실제로 조사한 결과 정확하게 맞는 경우인데, 인도 '샨티 데비'라는 소녀와 일본의 '가츠고로'라는 아이의 사례는 세계적으로 유명하다.

둘째, 최근 연령 퇴행 최면에 의하여 피시술자가 전생을 기억해내는 경우인데 별로 유명하지 않은 사람으로 살았던 생을 자세히 기억하고 그 기억이 사실이라는 것이 실제 조사에 의하여 확인된 경우가 다수 존재한다. 특히 1956년의 브라이디 머피(Bridey Murphy) 사건은 매우 유명한데 미국 콜로라도 주 푸에블로 시에 사는 모리 번스타인 (Morey Berstein)은 루이 시몬스라는 여자에게 최면을 걸어 그 여자가 전생에 브라이디 머피였음을 기억해내게 했다. 그녀는 19세기 아일랜드에서 자신이 살았던 장소, 특정한 사건, 화폐 제도, 농작물, 문화. 서적 등에 대한 수많은 기억들을 가지고 있었는데, 조사 결과 그 기억들이 모두 정확한 것으로 판단이 났던 사건이다. 최면에 의한 전생 기억은 최근 국내외적으로 언론에서 이따금씩 보도되고 있다.

셋째, 사망진단을 받았다가 소생한 사람들의 체험, 즉 임사체험(臨死體驗, near-death experience)의 사례들인데, 대다수의 임사체험자들은 공통적으로 다음과 같은 체험을 이야기한다. 먼저, 자신이 육체적으로 죽었음을 인식한 후 잠시 동안 평화롭고 유쾌한 기분을 느낀 다음 터널을 통과하여 어떤 빛의 존재를 만난다. 다음에는 자신의 인생을 되돌아보는 기회를 갖고 이승으로 돌아오기 싫은 기분 속에서 다시 돌아 온다. 이들 임사체험자들은 윤회하는 삶의 의미를 깨닫고 임사체험 전(前)과는 완전히 다른 삶을 살아간다고 알려지고 있다.

넷째, 에드가 케이시(Edgar Cayce, 1877~1945) 같은 초능력자들은 자기 자신의 전생뿐만 아니라 타인의 전생을 읽는 전생영독(前生靈讀, lifereading) 능력을 가지고 있는데 케이시는 수많은 사람들의 전생영독을 통하여 그들의 병을 치유하였을 뿐만 아니라 카르마의 패턴을 찾아냈 다. 이밖에도 신동(神童)이라고 불리는 어린이들(예를 들어 모차르트)의 존재도 윤회를 생각하지 않으면 이해되기 어렵다. 또 명상 중에서 전생을 보는 경우들은 어렵지 않게 발견되지만 윤회의 증거로서의 가치는 상대적으로 약하다고 할 수 있다.

이상에서 살펴본 전생에 대한 증거들은 산재되어 있고 상당수의 경우 다른 방법에 의한 설명이 거의 불가능한 증거들이다. 이러한 전생의 존재를 인정할 때 엘 로드를 통하여 측정되는 수치는 인간의 수련 정도 또는 영적 수준이라고 생각할 수 있으며, 인간은 모두 완성(=1,000)을 향해 나아가는 수련자들임을 이해할 수 있다.

④주문(呪文)과 절대적 존재에 대한 귀의(歸依)를 통한 치유 가능성.

엘 로드를 이용한 실험 중 비교적 쉽게 반응이 나타나는 것은 주문을 소리 내어 외는 경우다. 이때는 강력한 펼침 반응을 볼 수 있는데, 수맥파가 강하여 엘 로드가 접혀져 있는 경우에도 그러한 접히는 힘을 이겨내고 다시 펼쳐짐을 목격할 수 있다. 뿐만 아니라, 우리가 종교적인 대상 또는 영적 지도자를 생각하는 경우에도 같은 현상을 발견할 수 있다. 불교의 석가모니 부처님, 기독교의 예수님 등을 생각하면 강한 펼침 반응이 나타나고 국조(國祖) 단군 할아버지를 생각해도 강한 기운이 우리 몸에 닿는 것을 발견할 수 있다.

최근 나오는 해외의 임상실험 보고서들은 종교를 믿는 사람이 그렇지 않은 사람보다 치명적인 병에 대하여 치유되는 확률이 높다는 사실과 일반적으로 병의 치유에 있어서 강렬한 정신집중이 매우 중요하다는 것을 밝히고 있다.

또한 우리는 이따금씩 치명적인 질병을 앓는 말기 환자가 오로지 종교적인 대상에 몰입함으로써 병에서 치유되는 현상을 목격하기도 한다. 이러한 사실들에 대한 원인 규명은 아직까지 거의 이루어지지 않지만 엘 로드 실험 결과와 관련지어 해석될 수 있다.

이 책에서는 이제까지 엘 로드의 반응을 근력의 변화라는 측면에서 해석하고 있지만 다른 신체적인 변화 없이 근육의 힘만 강화 또는 약화된다는 것은 가능성이 크지 않을 것이다.

어떤 자극을 받아 근력이 강화될 때는 아마도 신체의 전반적인 기능이 일시적으로나마 향상될 가능성이 있으며, 반대로 근력이 약화될 때는 전반적 기능의 약화가 일어날 가능성이 있다. 이러한 가능성이 사실이라면, 환자가 종교적 대상에 계속 몰입하는 경우 신체의 자연 치유력이 극대화되어 기적적으로 치유되는 결과가 초래될 수 있다.

엘 로드의 작용 원리

이 책에서는 그동안의 운동역학에 대한 실험 결과에 근거하여 엘 로드의 작용 원리를 규명하고자 하였는데, 그 원리는 다음과 같이 요약된다.

이 세상의 모든 생명체들은 외부로부터 자극을 받으면 반응하고 우리 인간도 그러하다. 우리가 해로운 자극에 노출되면 인체 근육의 힘이 약화되고, 반대로 유익한 자극에 노출되면 근육의 힘이 강화된다. 이러한 자극은 식품 등의 물질적인 것일 수도 있고 정신적인 것일 수도 있다. 물질적인 자극, 즉 우리 몸이 어떤 물질과 접촉하는 경우 우리 몸이 바로 유해 여부를 판단하고 반응이 나타난다. 정신적 자극은 두 가지로 나눌 수 있는데, 우리가 이미 알고 있는 지식과 일치하거나 반대되는 지적 자극에 노출되면 우리 몸이 바로 판단하여 근육 반응이 나타난다.

이와 달리, 우리가 모르고 있는 지적 자극에 노출되면 인당혈을 통한 외부와의 교신으로 유해 여부가 판단되고, 그 결과 근육 반응으로 나타난다.

이 연구는 또한 다양한 자극들에 대한 엘 로드의 반응을 살펴봄으로써 이제까지 가능하리라고 생각하지 못했던 우주의 정보까지도 이용할 수 있음을 밝히고 그 의미를 조명하고 있다.

우리가 어떤 생각을 하면 우리의 신체가 즉각 반응한다는 것은 우리의 생각에 따라 우리 의 몸이 변한다는 것을 의미한다.

다시 말해 우리의 몸과 마음이 분리 된 것이 아니라 마음이 몸을 지배한다는 것을 의미한다. 이것은 최근 각광을 받기 시작한 대체의학(代替醫學)의 대전제를 뒷받침해주는 것이라고 할 수 있다. 뿐만 아니라 사랑, 자비 등에 대한 생각만으로 우리 몸이 건강해지고 그 반대되는 생각만으로 우리의 몸이 약해진다는 사실은 창조주가 바라는 우리 인간의 삶이 어떠해야 하는가에 대한 해답을 준다.

이제까지 우주의 비밀은 고도의 정신수련을 하였거나 특별한 계기로 영적인 체험을 한 사람에게만 보이는 것으로 생각되어 왔고, 대부분의 사람들은 그러한 사실 또는 가능성조차 인정하지 않고 매일 매일을 살아가고 있다. 하지만, 이 책에서 설명한 방법을 통하여 상당 수의 사람들은 새로운 우주의 진리를 접할 수 있을 것이고, 이는 삶에 대한 새로운 깨달음으로 이어질 수 있을 것이다. 우리의 인생은 수련장이며 인생의 목적은 영적 진화, 그리고 그 진화는 사랑, 자비, 화해, 보살핌, 조화 등을 통해 성취될 수 있음을 알게 될 것이다. 당연히 이 글의 진실성에 대해서도 엘 로드를 이용하여 조사할 수 있다!

제2장 풍수 고전

청오경青烏經

청오경靑鳥經의 서序

　　풍수風水 고전古典에 대하여 여러 학자들의 글을 참고하고 필자가 경험한 내용을 삽입하여 설명하고자 한다. 청오경의 역사에 대해 노병한魯炳漢 박사博士의 『古典風水學原論』에서 인용하면 다음과 같다.

　　"풍수 고전인 청오경靑鳥經은 후한後漢 시대에 해당하는 BC. 206~AD. 219년경에 靑鳥子께서 지으신 것으로 알려져 있다. 그러나 청오경은 작자 미상의 책이라고 주장하기도 하고 후대의 위작僞作이라고 하는 주장도 있다. 그래서 청오경이라는 책 이름에서 편의상 작자를 청오자라고 부른다는 주장이다. 그렇지만 한편으로 청오자는 백 살을 넘게 살다가 신선이 되었다고 하는 반인반신半人半神의 선인仙人이라고 전하기도 하고, 포박자抱朴子의 극언極言에는 팽조彭祖의 제자로 백 살을 넘어 살다가 신선이 되었다는 기록이 보이기도 한다. 물론 믿기 어려운 얘기지만 『진고견명수眞誥甄命授』라는 책에는 그의 세수歲數가 471세라고 되어 있기도 하다.

　　어의로 살펴보면 청오靑鳥란 태양 속에 산다는 까마귀의 일종으로 이른바 삼족오三足鳥와 궤를 같이한다. 실은 곤륜산昆崙山의 신산神山에 상거常居하면서 하늘에서 강림하는 천제天帝와 짝을 이루는 지상의 최고 여신선인 서왕모西王母의 메신저라고 할 것이다.

　　이러한 측면에서 볼 때 지금까지 불교의 밀교 경전에서 유래했다고 하는 풍수 학설이 실제로는 도교의 일파였을 수도 있음을 엿볼 수 있는 대목이기도 하다.

　　묘지를 쓰는 방법인 장법葬法과 관련한 최초의 이론서이기 때문에 청오경은 장경葬經으로도 불리고 있다.

그리고 지리 관련 서적이라고 하여 일명 지리전서地理全書라고도 한다. 한국에서는 규장각奎章閣의 장서藏書로 있는 현당철자본顯堂鐵字本의 청오경이 실재하고 있다.

문헌상으로 살펴보면 진대秦代에 주선도朱仙桃가 『삽산기揷山記』라고 하는 책에 명당을 찾는 비법들을 써 놓았다. 그런데 신묘하게 적중하였기 때문에 이 책은 황실 내에서만 전해지게 되었다. 이 책이 바로 청오경으로 풍수학의 이론적인 근거가 되는 최초의 이론서인 셈이다. 그러므로 지금으로부터 약 2천 년 전 중국 후한 시대에 음양 이치에 통달했던 청오자가 풍수학의 원전격元典格인 청오경을 저술하여 발표한 것이 풍수학의 역사적인 기원이 되었다고 할 수 있다.

이렇게 중국의 한대漢代에는 훌륭한 장사로 조상을 모시는 것이 효도하는 길이라고 생각했던 기록들이 있다. 그리고 조상 묘지가 후손에게 영향을 준다고 신봉했다. 이러한 조상 숭배 사상은 한국의 고대 부족사회에도 영향을 주었다.

예컨대 부족 연맹체 중에서 가장 고도의 문화 수준을 가졌던 부여夫餘는 조상숭배와 영혼 불멸을 믿었기 때문에 조상의 장례식을 후하게 지내는 풍습이 있었다는 기록을 볼 수 있다. 수개월에 걸쳐 행해지는 장례식을 영광으로 알았고 많은 부장품副葬品과 심지어는 순장殉葬까지도 이루어졌다는 기록이 있다. BC. 37년경 부여의 일종이던 주몽朱蒙이 건국한 고구려에서도 후장厚葬이 행하여졌는데 금은과 같은 보배들을 부장副葬하여 적석총積石塚을 만들기도 하였다. 그리고 옥저沃沮에서는 가족을 하나의 곽槨에 매장하고 곽의 주위에다 미곡米穀 등을 두어서 사자死者의 식량으로 삼는 등 영혼 불멸 사상에 근거한 가족 공동묘지도 함께 행하여졌다.

청오경의 내용은 음양법陰陽法과 생기법生氣法, 산형법山形法 등에 대해서 매우 간결하게 기술되어 있다. 청오경은 총 875자의 단문으로 구성되어 있는데, 문장의 한 구절 한 구절을 비결이나 격언처럼 열거해 놓고 있다. 그래서 청오경을 읽는 것만으로는 그 깊은 뜻을 이해하기가 매우 어려운 것이 사실이다.

이렇게 이해하기가 난해하기 때문에 후세의 학자들에게 새로운 해석의 여지를 제공하였다고 할 수 있다.

청오경은 장법 중에서 가장 오래된 책이므로 장경葬經으로 존중된다. 그 후 당대에 양균송楊筠松이 청오경에 주석을 달아서 해석하고 재조명을 시도하게 되었다.

청오경의 원문은 편篇이나 장절章節의 구분 없이 사자일구四字一句의 한 문장으로 연속되어 있는 것이 특징이다. 조선 시대 지리과의 과거시험에서 4대 필수과목이 청오경, 금낭경, 지리신법, 명산론이었는데 그 중에서도 청오경과 금낭경을 가장 중시하였다.

조선 시대 경국대전經國大典에 열거된 음양과陰陽科의 시험과목 중에서 가장 먼저 외워서 답해야 했던 것이 청오경이다. 지금 현존하는 인쇄본의 판형은 국배판 16행 17자 9매의 얇은 것이다. 표제는 청오경으로 되어 있지만 본문 첫 장에는 『지리전서地理全書 청오선생장경靑烏先生葬經』이라는 책명으로 되어 있다.

본문에 들어가기 전에 대당국사大唐國師 양균송주楊筠松註로 되어 있는데 양균송은 당대 희종(874~888) 시대의 지사로서 광록대부에 임명되었던 사람이다.

양균송의 자는 숙무인데 사람들에게 자손 번영의 묘지를 점지해 주었기 때문에 사람들로부터 구빈 선생으로 존경을 받았다. 그는 묫자리를 정함에 산山의 모양을 주主로 하고 수水의 방향을 종從으로 하는 방법을 생각해냈다. 그 저작으로는 『감룡경』, 『의룡경』, 『삼십육용서』의 3책이 유명하다."

청오경靑烏經 원문과 설명

盤古渾淪　氣萌大朴　分陰分陽　爲淸爲濁　生老病死　誰實主之
반고혼윤　기맹대박　분음분양　위청위탁　생로병사　수실주지

無基始也　無有議焉　不能無也　吉凶形焉　曷如其無　何惡其有
무기시야　무유의언　불능무야　길흉형언　갈여기무　하오기유

[역]

반고(태고)의 혼돈 상태에서, 기가 싹터 크게 밑바탕이 되었다. 이것이 음양으로 나뉘어 청탁淸濁이 이루어졌고, 생로병사가 이루어졌는데, 누가 이를 실로 주관했겠는가. 그 처음이라는 것이 없다. 그 처음이 있는지 없는지 여기서 의논해 본다면, 없다고 하는 것은 불가능한 것이니, 길흉은 여기에 형상이 있는 것이다. 어찌 그것이 없다고 할 것이며, 어찌 그것이 있다고 하겠는가.

[설명]

태고의 혼돈 상태라는 것은 지구가 생성되는 과정을 나타낸 것이며, 생성이 완성되었을 때는 기氣가 싹터 만물이 생겨나는 밑바탕이 되었다는 것이다. 이때부터 음陰과 양陽이 나뉘고 좋은 기운과 나쁜 기운이 생기게 되었다. 좋은 기운을 생기生氣(양기陽氣)라 하고 나쁜 기운을 오기汚氣(음기陰氣)라 한다. 생기는 생명체에 활력活力을 불어넣어 주지만 오기는 생명체를 시들게 한다.

예를 들면 명당 터에서는 생기가 존재한다. 명당은 맥에 의해서 맺힌 혈처가 제일 좋고 천기天氣가 모인 곳이 다음이다. 우리가 집을 짓고 사는 것은 생기를 가두는 그릇 속에서 사는 것이다. 오기가 존재하는 곳은 수맥水脈이 흐르는 곳이고 살풍煞風이 부는 곳이다. 수맥이 집에 존재하면 수맥에서 나오는 나쁜 기운이 양기를 밀어내게 되어 실내에 음기陰氣가 차게 되어 생명체는 견디기 어렵게 된다. 살풍이 부는 곳은 온화한 기운을 밀어내게 되어 견디기 어렵게 만든다.

지구상의 안정된 주파수는 7.8 헤르츠인데 우리는 안정된 주파수에 길들여졌다. 그래서 나쁜 주파수가 우리 몸을 통과하면 피의 흐름이 교란되어 영양분과 산소를 제때에 공급하지 못하기 때문에 몸에 이상이 생기는 것이다. 참고로 우리 몸의 피의 유속은 60m/s (초당 60미터)라고 한다.

지구상에 있는 모든 생물체는 우주의 무수한 별들로부터 영향을 받는다. 지구를 비롯한 항성 등은 태양을 중심으로 궤도를 돌고 있으며, 항성 주위에 있는 위성들도 항성 주위를 돌고 있다. 태양도 264km/s로 은하계를 돌아 원위치로 오는 데 2만 5천~2만 6천 년 소요된다고 한다. 지구는 진북과 자북이 있는데 자축은 기울어져 있으며 자축도 이동하고 있다. 1도 움직이는 데 약 20년이 소요된다고 한다. 15도 사이를 왕복한다고 볼 때, 그리고 천체의 영향을 고려할 때, 인간이 태어날 때 환경과 주기적으로 시공간의 영향을 받는다고 본다.

모든 생명체는 영원한 것이 없다. 생로병사生老病死의 과정을 거치게 된다.

사는 동안 길흉吉凶의 과정을 거치게 되는데 건강하게 잘 사는 것은 여러 가지 원인이 있겠지만 눈에 보일 만큼 분명하게 나타난다.

藏於杳冥 實關休咎 以言諭人 似若非是 其於末也 一無外此
장어묘명 실관휴구 이언유인 사약비시 기어말야 일무외차
其若可忽 何假於予 辭之庽矣 理無越斯
기약가홀 하가어여 사지상의 이무월사

[역]

장사는 깊고 어두운 곳에 넣는 것인데, 실로 휴구休咎(길흉)에 관계되는 것이다. 이를 말로 사람들에게 비유하여 설명하면, 시비是非가 있을 테지만, 그것의 결말은 있는 것이니, 조금의 차이도 없다.

(주註: 묘지의 길흉화복에 대해서는 사람에 따라 시비가 있을 수 있지만 결국 화복은 존재하는 것으로 털끝만큼도 차이가 없다.)

그것을 만약 소홀히 한다면, 어찌 나에게 거짓이 있겠는가, 말로는 보잘것없다 할지라도, 이치는 이를 넘을 수 없는 것이다.

[설명]

청오경을 쓴 당시에는 사람이 죽으면 모두 매장埋葬을 한 것 같다. 오늘날 맥脈이라든지 혈穴은 일부 사람만 알 수 있는데 당시에는 명당의 개념 자체도 알 수 없었다고 보인다.

그래서 매장지에 따라서 길흉을 사람들에게 설명하면 시비是非 거리가 되는 것은 당연했던 것 같다. 그러나 청오자는 말로서는 보잘것없는 것이지만 결과는 확실한 것이니 풍수의 이치는 시비를 넘어 길흉이 확실함을 강조하였다고 보인다.

오늘날도 명혈은 인구에 비하여 희귀한 것이므로 일반 사람들은 생각하지도 못한다. 심지어 풍수지리를 허구라고 주장하는 사람도 있고 미신에 불과하다고 믿는 사람도 있다. 명당이라는 지사의 말을 믿고 매장을 했는데 결말은 좋지 않으니 당연한 것일지도 모른다.

필자가 확인한 바에 의하면 천하 명혈은 비어 있고 주위에는 많은 묘들이 있었지만 모두 묵묘들이었다. 주산과 안산 및 좌우 사격이 멋졌지만 명혈 하나만을 위한 것이었다. 사람들은 주위 풍광을 보고 매장을 했겠지만 결과는 폐절廢切이니 예나 지금이나 풍수지리는 시빗거리 자체인 것 같다. 명당 주위에 있는 묘들이 묵묘로 된 것은 폐절됐다는 증거인데 원인은 다음과 같다.

맥이 발원지에서 출발하여 혈을 맺을 때까지 맥 좌우로 원진수라고 하는 수맥이 동행하고 맥이 멈춘 곳에서는 원진수가 혈처를 감싼 후 앞에서 합쳐 하나가 되어 아래로 지현자之玄字(지그재그형태)로 흘러간다. 혈처는 좌우의 보호를 받으면서 아늑한데 묵묘들은 원진수라는 수맥 위에 놓였고 좌우가 불룩한 바람 길에 놓였으므로 오기汚氣(음기陰氣)의 영향에 견딜 수 없었으니 동기감응의 영향으로 후손에게 전달되어 후손도 폐절되었다고 본다.

山川融結 峙流不絶 雙眸若無 烏乎其別 福厚之地 雍容不迫
산천융결 치유불절 쌍모약무 오호기별 복후지지 옹용불박
四合周顧 卞其主客
사합주고 변기주객
山欲其迎 水欲其澄 山來水回 逼貴豐財 山囚水流 虜王滅侯
산욕기영 수욕기징 산내수회 핍귀풍재 산수수유 노왕멸후
山頓水曲 子孫千億
산돈수곡 자손천억
山走水直 從人寄食 水過西東 財寶無窮 三橫四直 官職彌崇
산주수직 종인기식 수과서동 재보무궁 삼횡사직 관직미숭
九曲委蛇 準擬沙堤 重重交鎖 極品官資 氣乘風散 脈遇水止
구곡위사 준의사제 중중교쇄 극품관자 기승풍산 맥우수지
藏隱蜿蜒 富貴之地
장은완연 부귀지지

[역]
산천은 융결融結하는 것이니, 산의 우뚝 솟음과 물의 흐름이 끊이지 않으니, 만약 두 눈동자가 없다면, 오호! 어찌 그것을 구별할 수 있겠는가. 복되고, 후덕한 땅은 모습이 온화하여 궁색하지 않고, 사방의

산들은 두루 합하여 둘러 감싸주니, 그 주와 객이 법에 맞는다. 산은 그 맞이하는 것을 좋아하고, 물은 그 맑음을 좋아하니, 산이 오고 물이 돌면, 귀貴가 가까이 있고 재물이 풍족하다. 산이 갇히고 물이 흘러가면 왕은 붙잡혀 포로가 되고 제후는 망할 것이다. 산들이 조아리며 모이고 물이 구불구불하면 자손은 천억으로 번창할 것이다. 산이 달아나고 물이 똑바르면, 종이 되어 기식할 것이다. 물이 동서로 과할 정도로 풍부하면, 재산과 보물이 무궁하고, 세 번 옆으로 가르고 네 번 직선으로 흐르면 관직이 더욱 오를 것이다. 여러 골짜기에서 나온 물들이 뱀처럼 구불구불하게 흐르고, 모래사장과 같이 평평하고, 거듭거듭 감싸 서로 교쇄交鎖하면, 극품의 관직에 오를 것이다. 기는 바람을 만나면 흩어지고, 맥은 물을 만나면 멈추는 것이니, 감추어지고 숨은 (용이) 구불구불 굼틀대는 것이, 부귀를 할 수 있는 땅이다

[설명]

山川融結, 峙流不絶, 雙眸若無, 烏乎其別. 福厚之地, 雍容不迫, 四合周顧 卜其主客.

산과 물이 하나 되어 산은 솟고 물은 끊어짐 없이 유유히 흐르는 아름다운 모습은 두 눈이 없다면 분별하지 못한다. 온화하고 궁색하지 않으며 사방이 합하여 둥글게 도는 국局은 주객이 자연의 이치에 맞는다. 혈이 맺히는 주위 자연 조건을 기술한 것이다.

山欲其迎, 水欲其澄. 山來水回, 逼貴豊財. 山囚水流, 虜王滅侯. 山頓水曲 子孫千億.

산은 맞이하고자 하고 물은 맑고자 한다는 것은 주위 국이 포근하게 감싸고 있는 상태를 이르는 말이다. 주산이 있으면 안산이 맞이하고 청룡이 있으면 백호가 있기를 원하고 백호가 있으면 청룡이 있기를 원한다. 물이 맑다는 것은 수량이 풍부하고 수량이 풍부하다는 것은 내룡來龍이 장대함을 의미하는 것이다.

산이 오는데 물이 돈다는 것은 물은 산 따라 흐르므로 오는 산을 물이 돌아 멈추게 하면 바람 길을 돌게 하므로 안쪽은 온화하여 혈이 머문다는 것이다. 혈이 맺혔으니 부귀겸전이 되고 살기 좋은 온화한 공간이 된다. 산이 갇히고 물이 흐른다는 것은 산은 외롭게 되고 기운은 물 따라 흐르게 되니 바람이 세차게 통과하는 곳이 되어 혈이 맺히지 않는다는 것이다.

이런 곳은 무맥지이니 장사지내면 당연히 폐절하는 것이다. 산이 머리를 조아리고 물이 여러 구비로 돈다는 것은 주위가 여러 겹으로 감싸고 파구가 교쇄되어 바람을 완벽하게 차단하여 내부 기운을 온화하게 하여 명혈을 맺게 되니 자연히 자손은 번창하는 것이다.

山走水直, 從人寄食. 水過西東, 財寶無窮, 三橫四直, 官職彌崇.

물은 산과 동행하기 때문에 산이 달아난다는 것은 물도 똑바로 동행하고 바람도 물 따라 흐르므로 이런 곳에서는 혈이 맺히지 않는다. 이런 지형에 살거나 매장을 하면 궁핍하여 가난을 면하기 어렵다.

물이 동서에 많다는 것은 물을 가둔 주위는 둥그렇게 감싸고 있는 지형이 되므로 주위가 아늑하다는 것이다. 주위가 아늑한 곳은 맥에 의한 혈이 맺힐 뿐 아니라 천기를 가두는 천기혈도 맺힐 수 있으므로 생기生氣가 머물게 되어 부를 이루게 된다.

옆으로 3번 가고 아래로 4번 흐른다는 것은 물이 지그재그로 흐르는 지형을 이르는 말이다. 물은 지형 따라 흐르지만 바람은 물처럼 꺾이지 못하고 똑바로 흐르므로 여러 번 걸러진 후에는 자연히 온화하게 되어 혈이 맺히든지 천기가 머물게 되어 이런 곳에 연고지를 둔 사람은 좋은 기운을 받게 되어 더욱 발전하게 되는 것이다.

九曲委蛇, 準擬沙堤, 重重交鎖, 極品官資. 氣乘風散, 脈遇水止,
藏隱腕延 富貴之地.

물이 구불구불 뱀이 움직이는 것처럼 흐르고, 모래 둑이 물결처럼
겹겹이 이루어진 지형, 여러 겹으로 교쇄하는 지형이라면 바람을 여
러 겹으로 차단하는 지형이므로 아늑한 분위기를 이루고 명혈이 맺히
어 여러 겹으로 호위를 받는 극품의 지위자가 호위를 받는 것과 같아
극품의 인물이 출出하게 되는 것이다.

　기氣가 바람을 만나면 흩어진다는 것은 지형이 주위의 호위를 받
지 못하므로 혈이 맺힐 수 없는 조건이며 맥脈이 물을 만나면 머문다
는 것은 물은 지형 따라 흐르므로 지형이 돌아 감싸고 있는 지형이기
때문에 바람도 지형 따라 돌게 되므로 아늑한 분위기를 형성하여 혈
이 맺히고 생기가 머물게 된다.

　이런 곳에서는 당연히 번창하게 되는 것이다.

不蓄之穴 是爲腐骨 不及之穴 生人絶滅 騰漏之穴 飜棺敗槨
불축지혈 시위부골 부급지혈 생인절멸 등누지혈 번관패곽
背囚之穴 寒泉滴瀝 基爲可畏 可不愼乎
배수지혈 한천적역 기위가외 가불신호

[역]

생기가 모이지 못한 혈은 뼈가 썩을 것이고, 생기가 이르지 못한 혈은 살아있는 사람이 모두 죽을 것이고, 생기가 날아가고 새는 혈은 관(널)이 뒤집히고 관을 담는 곽이 깨질 것이며, 생기가 배신하고 막힌 혈은 찬 샘물이 방울져 적실 것이니, 그것이 바로 두려운 것이니, 어찌 가히 삼가 조심하지 않겠는가.

[설명]

不蓄之穴 是爲腐骨, 不及之穴 生人絶滅, 騰漏之穴 飜棺敗槨, 背
囚之穴, 寒泉滴瀝, 基爲可畏, 可不愼乎

생기生氣가 축적되지 않는 곳은 뼈가 썩을 것이라고 한 것은 비혈
지에 묻힌 뼈는 50년이 지나면 없어진다. 반면 생기가 축적된 혈처에
묻힌 시신은 누런 황골이 되어 천년의 세월이 흘러도 변하지 않는다.
실제로 고속도로 신설로 인하여 부득이하게 이장한 묘지에서 황골이
발견되었는데 후손은 잘 살고 있었던 것으로 확인한 바 있다.

생기가 이르지 못한 자리는 대부분 묵묘였다. 이것은 후손이 폐절
되었음을 입증하는 것이다. 특히 명혈 주위에는 많은 묘들이 산재되
어 있었지만 모두 고총이었다.

명혈은 빈터로 있었지만 주위에 천기가 맺힌 묘지가 간혹 있을 수
있는데 군계일학群鷄一鶴처럼 잘 관리되고 있었다.

생기가 날아가고 새는 혈(騰漏之穴)이란 맥이 손상되어 비혈지로 된 혈로서 봉분은 무너지고 움푹하게 패여 비만 오면 광내에 물이 차게 되어 관이 물에 뜨다가 물이 내려앉는 것을 반복하다 보면 관의 위치가 변하고 썩은 관이 부서지게 되는 것을 나타냈다. 생기가 배신하고 막힌 혈이라고 표현한 것은 실혈하여 원진수의 수맥 위에 있는 자리를 표현한 것 같다.

원진수가 흐르는 곳을 깊게 파면 물이 나는 수가 있는데 맥을 호종하는 호신수인 것을 모르고 맥이 감지되기 때문에 생기가 배신하고 기가 막혔다고 생각했던 것 같다. 경주 신라 38대 왕인 괘릉을 예로 들 수 있다.

경주 괘릉(慶州 掛陵)

사적 제26호
소재지:경상북도 경주시 외동읍 괘릉리 산 17

이 능은 신라 제38대 원성왕(元聖王, 재위 785~798, 김경신)을 모신 곳으로 추정되고 있다. 경주 시내에서 울산 방면으로 약 12km 떨어진 거리에 있다. 밑둘레 70m, 지름 21.9m, 높이 7.7m 능의 둘레에 있는 호석(護石)에는 십이지신상(十二支神像)이 돋을새김되어 있고 그주위로 돌난간이 에워싸고 있다.

봉분에서 약간 떨어져 좌우에 화표석. 문인석(文人石). 무인석(武人石)과 돌사자(石獅子)를 마주보게 세웠으며, 무인석은 서역인(西域人)의 얼굴 모습이어서 눈길을 끈다.

이 무덤은 당나라의 능묘제도를 본받았으나 둘레돌. 십이지신상. 난간. 석물 등 모든 면에서 신라 능묘 중 가장 완비된 형식을 갖추고 있으며, 조각 수법도 가장 우수한 것으로 평가되고 있다. '괘릉'이라고 부르는 것은 무덤의 구덩이를 팔때 물이 괴어 널[柩]을 걸어[掛] 묻었다는 전설에 따른 것이다.

왕은 독서출신과(讀書出身科)라는 제도를 두어 인재를 뽑았으며 벽골제(碧骨堤)를 고치기도 하였다.

괘릉은 혈처를 호위하면서 동행한 원진수가 혈처 주위를 에워싸는 원진수를 건드리게 되어 물이 나왔던 것 같다.

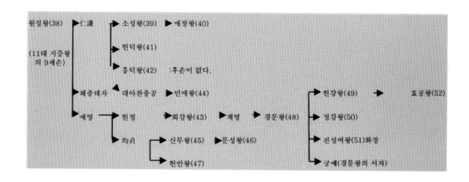

원성왕부터 후대 왕들의 자리는 한결같이 흥덕왕릉(무후) 외에는 물속을 찾아 쓴 느낌이다. 경문왕의 아버지인 계명의 자리는 어떠한지 모르나 경문왕의 두 아들과 딸이 왕이 되고 서자는 궁예이다. 경문왕이 많은 자식과 똑똑한 자녀를 둔 것으로 보아 계명의 자리가 괜찮은 자리인 것 같다. 찾지 못하여 안타까우며, 무어라 결론 내리지 못하고 추측만 할 뿐이다.

우리나라 김씨 중 경문왕계가 3개성이 있으나 경문왕의 아들들도 왕의 대를 잇지 못하였다. 경문왕의 능陵도 안타깝게도 찾지 못했다. (基爲可畏, 可不愼乎) 그것이 바로 두려운 것이니, 어찌 가히 삼가고 조심하지 않겠는가.

百年幻化 離形歸眞 精神入門 骨骸反根 吉氣感應 累福及人
백년환화 이형귀진 정신입문 골해반근 길기감응 누복급인
東山吐焰 西山起雲 穴吉而溫 富貴延綿 其或反是 子孫孤貧
동산토염 서산기운 혈길이온 부귀연면 기혹반시 자손고빈
童斷與石 過獨逼側 能生新凶 能消已福
동단여석 과독핍측 능생신흉 능소이복

[역]
　인생 백년이 되면 죽음으로 변하니, 형체를 떠나 참(우주)으로 돌아가, 정신만 입문하고, 뼈와 해골은 땅 속 뿌리로 되돌아가는데, 길한 기운이 감응하면, 많은 복을 사람에게 미치게 한다. 동쪽 산이 불기를 토하면, 서쪽 산에서 구름이 일어나는 것이니, 혈이 온화하여 길하면, 부귀가 오랫동안 이어질 것이다. 그것이 혹시 그렇지 못하다면(혈이 온화하여 길하지 못하다면), 자손이 외롭고 가난할 것이다. 민둥산(童山), 맥이 끊긴 산(斷山), 돌산(石山)과 함께, 용이 멈추지 않고 그냥 지나가는 산(過山), 홀로 있는 산(獨山)을 가까이 하면, 능히 새로운 재앙이 생길 것이고, 능히 이미 있는 복도 소멸시킬 것이다.

[설명]
百年幻化, 離形歸眞, 精神入門, 骨骸反根, 吉氣感應, 累福及人.
　인생이 백년이면 도깨비(귀신)로 변한다는 것은 죽음을 의미하며 혼魂(영혼靈魂)은 우리 몸을 떠나게 되고 흙에서 온 우리는 고향인 흙으로 돌아가니 정신은 천문天門(천당天堂)으로 들어가고 해골은 인간의 뿌리인 흙으로 돌아가는데 길吉한 기운氣運이 감응한다면 누적된 복福은 생인生人(산 사람)에게 미치게 된다.

東山吐焰, 西山起雲, 穴吉而溫, 富貴延綿. 其或反是, 子孫孤貧.

동쪽 산에서 불을 토하면(먼동이 터 태양이 떠오르면) 햇빛을 받는 서쪽 산에서는 밤새 내린 이슬이 증발하여 구름이 일게 되듯이 혈처가 길吉하여 온화하면 부귀富貴가 끊어지지 않고 연결될 것이다. 그것이 혹시 그렇지 않다면 자손은 외롭고 가난하게 될 것이다. 자손이 외롭다는 것은 자손이 번창하는 게 아니고 절손된다는 것을 암시하는 것이다.

童斷與石 過獨逼側 能生新凶, 能消已福.

민둥산(童山)이란 초목이 자랄 수 없는 산을 일컫는데 초목이 자라지 못한다는 것은 돌이 받치고 있어서 뿌리를 내릴 수 없는 산일 것이다. 이런 산은 맥이 뚫고 지나가지 못하므로 돌산 아래가 흙으로 되어 있다고 하더라도 맥이 없으며 호위사도 없으므로 묘지 조성은 불가능하다. 단산斷山이라는 것은 허물어지고 패여서 맥이 끊어진 산. 현대로 예를 들면 도로 개설로 산맥을 잘라 맥이 잘린 산이다.

우리나라는 명당의 보고寶庫인데 산업개발이라는 미명 아래 온갖 산맥을 잘라 도로를 개설하여 많은 혈이 없어졌다. 어느 곳은 발원지에서 하나만 살아남은 곳도 있고 어느 곳은 혈이 하나도 없는 곳도 있다. 아래 사진은 도로 공사로 인하여 큰 맥이 잘리고 있는 곳이다. 지나는 맥을 송두리째 드러낸 곳이다.

그런 다음 동물의 이동을 위하여 콘크리트 터널을 인위적으로 만들고 그 위에 흙을 덮으려고 공사를 하고 있다.

만약 터널을 뚫는다면 지나는 맥의 일부만 손상시킬 것으로 보여 일부는 맥이 살아남아 있을 것으로 본다. 안타까운 일이 아닐 수 없다. 우리나라는 명혈의 보고라 해도 과언이 아니다.

연구하고 검증할 틈도 없이 급속도로 국토를 자르고 훼손하고 있다. 산업화의 급성장으로 정신없이 달리고 있지만 언젠가는 그 후유증으로 몸살을 앓을지 모를 일이다.

작은 땅덩어리를 만신창이로 만들고 있다. 자연과 더불어 공존할 수 있는 방안을 지금이라도 시급히 세워서 아름다운 금수강산을 보존해야 할 것이다. 산맥을 살리면서 강과 계곡을 이용하여 다리를 놓아 도로를 개설한다면 비용은 조금 더 지출하더라도 차를 타고 달리면서 아름다운 산천을 감상할 수 있을 것으로 본다. 그러면 많은 외국인이 아름다운 금수강산을 차를 타고 달리면서 감상하기 위해 우리나라로 몰려올 것으로 본다. 중공업의 산업화로 외화를 버는 것도 중요하지만 소유하고 있는 자연을 이용하여 관광서비스 산업으로 외화를 버는 것도 생각해 봤으면 좋겠다.

과過산이라는 것은 맥이 멈추지 않고 지나가는 산인데 이런 곳에 있는 묘지들은 모두 묵묘들이었다. 원인은 맥을 좌우에서 호종하는 원진수 위에 묘지가 놓여서 수맥의 영향을 받았기 때문이다.

독獨산이라는 것은 보호사 없이 홀로 솟은 산을 이르는데 이런 곳은 사방에서 불어오는 바람을 막을 수 없으므로 기가 흩어져 흉지凶地가 된다. 간혹 주위가 둥글게 감싸고 있는 가운데에 우뚝 솟은 봉우리가 있는데 이런 곳은 돌혈이 맺히기도 하고 봉우리 아래로 내려와 오목한 곳에서 스스로 바람을 막아 자리를 잡은 경우가 있다. 이런 산은 독산이라고 하지 않는다.

경주의 반월성은 국가의 보물 터인데 맥이 잘리고 문화재 발굴이라는 명분 아래 혈처를 완전히 파헤치어 흉물스럽게 만들었다. 필자가 2012년 12월 19일 보았을 때는 맥이 개울을 건너는 곳에 있는 바위가 황금색을 띠고 있었으나 2018년 가을에 갔을 때는 황금색이 생기를 잃고 퇴색되어 가고 있었다. 깜짝 놀라서 확인을 하니 맥이 흐르지 않는 것이었다. 이 맥은 남산에서 오는 맥인데 경주시 인왕동 산44-2번지에 맥을 드러내고 인공적인 터널을 만들었다. 혈처에 가보니 문화재 발굴이라는 명분 아래 완전히 들어내고 천막이 덮여 있었다. 보는 순간 가슴이 답답하게 메어 오래 머물 수 없었다.

풍수지리에서 경주는 행주형行舟形이라고 말하는데 이제는 배 밑에 구멍이 생겼으니 무용지물이 되었다. 전에는 손상될까 봐 말을 못 했었는데, 이제는 위치를 밝혀도 될 것 같다. 반월성이다. 반월성에 가 보면 가장자리에 배처럼 테두리가 있고 내부는 평탄하여 큰 배처럼 생겼다. 반월성은 평지에서 낮게 솟은 일종의 독산獨山으로 볼 수 있다. 맥이 들판을 지나 개울을 건너고 있어서 전문가가 아니면 반월성에 진입하는 맥을 볼 수 없기 때문에 무맥지로 볼 것이다.

두 번째로 보는 행주형은 개울을 건너온 맥이 반월성 옆의 평지에 많은 혈을 맺었으므로 선지자께서는 물 위에 뜬 배로 보았기 때문에 이 지형을 행주형으로 명명했을 것이다. 반월성은 큰 배이고 평지에 놓인 혈처는 작은 배였던 것이다.

맥이 개울을 건너고 있는 곳인데 낮에 햇빛이 비칠 때 바라보면 누런 황금색을 띠고 있었으나 이제는 퇴색되었다. 한마디로 죽어서 기운이 없는 것이다.

핍산逼山은 명당이 없이 지형이 붙어 골을 이루어 바람이 쓸고 지나가는 지형을 이르는 것인데 이런 곳에서는 자리가 될 수 없다.

측산側山이란 산이 기울어 바르지 못한 산을 이르는데, 물론 산세가 기운 곳은 자리가 될 수 없다. 이 한 구절 때문에 국내에는 명혈이 모두 잠자고 있다. 기운 곳으로 방향을 돌리고 보면 전후좌우前後左右가 균형이 맞고 아늑하여 맥은 멈추게 된다. 머리를 들어 주위를 살피면 내가 국국局의 중심에 서 있음을 깨닫게 된다. 물론 혈처는 쉽게 드러내지 않고 교묘한 수단으로 천장지비天藏地秘하여 일반인은 알아보지 못하게 하고 있다. 간혹 기운 전후에 묘지를 조성한 곳이 있는데 모두 고총古塚이었다. 점혈 실수인 것이다. 상기에 열거한 곳에 묘지를 조성하면 능히 흉이 생기고 이미 있는 복도 소멸하게 된다.

貴氣相資 本原不脫 前後區衛 有主有客 水行不流 外狹內闊
귀기상자 본원불탈 전후구위 유주유객 수행불유 외협내활
大地平洋 杳茫幕測 沼沚池湖 眞龍憩息 情當內求 愼莫外覓
대지평양 묘망막측 소지지호 진용게식 정당내구 신막외멱
形勢彎趨 享用五福
형세만추 향용오복

[역]
　귀한 기운을 서로 취하는 자리란, 본래 근원(용맥)으로부터 이탈하지 않고, 전후를 호위하듯이 잘 감싸주는 곳으로, 주산(주룡)이 있고 객산(안산)이 있는 곳이다. 물은 흐르나 흐르지 않는 것처럼 보이고, 바깥(수구)은 좁으나 (보국) 안은 넓으며, 대지(명당 안의 들판)는 바다와 같이 평평하며 아늑하고 망망함을 헤아리기가 막연하여야 한다. 늪(沼), 물가(沚), 연못(池), 호수(湖)는 진룡의 행룡을 멈추어 쉬게 하는 곳이니, 정당히 그 안에서 구해야 하며, 진실로 밖에서 찾는 일은 없어야 한다. (물의) 형세가 굽어 감싸주는 것을 취하고 있다면, 오복을 누리게 된다.

[설명]
　貴氣相資, 本原不脫, 前後區衛, 有主有客. 水行不流, 外狹內闊, 大地平洋 杳茫幕測, 沼沚池湖, 眞龍憩息 情當內求 愼莫外覓. 形勢彎趨, 享用五福.
　귀한 기운(생기生氣)이 서로 자산이 되고 본래 근원(발원지에서 출

122

발한 맥)이 이탈하지 않도록 전후에서 호위하였으니 주가 되고 객이 되었다. 이 말은 맥이 호위를 받으면서 진행하여 호위사는 더 전진하여 주산 앞을 돌아 막으니 아늑한 분위기가 된다. 물은 흘러가지만 고여 있는 것처럼 조용하고 밝은 과협을 이루어 입구가 좁고 안쪽은 광활하여 넓은 대지가 바다처럼 평평하며, 아늑하고 망망함을 헤아리기 막연하다. 주위가 둥글게 감싸고 국내局內가 넓고 모든 물이 모여들어 출렁거리고 고요하니 진룡은 이런 분위기가 있는 곳에 머물게 되니 당연히 자리를 국내에서 찾아야 한다.

국의 이면에서 자리를 잡는다면 바람으로부터 자리를 보호할 수 없는 곳이니 거들떠보지도 말아야 한다. 잘 감싸준다는 것은 바람을 막아 아늑한 분위기를 조성하는 것인데 이런 곳에서는 맥이 없더라도 천기라도 모을 수 있으므로 오복을 누리는 것은 당연하다.

124

勢止形昻 前澗後岡 位至侯王 形止勢縮 前案回曲 金穀璧玉
세지형앙 전간후강 위지후왕 형지세축 전안회곡 금곡벽옥
山隨水著 超超來路 相而注之 穴須回顧 天光下臨 百川同歸
산수수저 초초내로 상이주지 혈수회고 천광하임 백천동귀
眞龍所泊 孰云玄微
진룡소박 숙운현미

[역]
(용)세가 멈추면서 (혈)형이 머리를 들어 우뚝하고, 앞에는 계곡 물
이 있고 뒤에는 산이 받쳐주면, 그 지위가 제후나 왕에 이를 것이다.
형이 멈추고 (용)세를 다스리고, 앞으로 안산이 휘어 돌아서 감싸주고
있으면 금과 곡식과 아름다운 보물이 가득할 것이다. 산 따라 물이 나
타나는데(흐르는데), (물이) 멀리서부터 와서, (산과 물이) 서로 주시
하면, 혈은 반드시 돌아서 바라볼 것이다(혈은 반드시 맺을 것이다).
하늘의 기운이 땅에 비추고, 모든 하천이 하나로 모여 있으면, 진룡은
자리를 잡아 행룡을 멈추는 것이니, 누가 그 깊고 미묘한 이치를 분별
할 수 있겠는가.

[설명]
勢止形昻, 前澗後岡, 位至侯王.
용세龍勢가 멈추고 산형山形이 우뚝 솟고 앞으로는 물이 흐르고
뒤는 내룡이 완강하면 지위가 제후나 왕에 이를 것이다.

形止勢縮, 前案回曲, 金穀璧玉.
형形이 멈추고 세를 다스린다는 것은 좌우 보호사가 혈처 앞으로
휘어진다는 것이다. 안산이 둥글게 돈다는 것은 둥그런 보국을 이루
고 있다는 것이다. 이런 곳에서는 부富를 이룬다는 것이다.

山隨水著, 超超來路, 相而注之, 穴須回顧. 天光下臨, 百川同歸, 眞龍所泊 孰云玄微.

산 따라 물이 흐르는데 멀리서 동행하여 서로 주시하면 혈이 맺히게 된다. 맥이 없더라도 바람을 막아주는 아늑한 분위기에서는 천기가 모이고 많은 물이 모여들면 진룡은 머물게 되는 것이니 누가 그 깊고 오묘한 이치를 알 수 있을까.

勢止形昻, 前澗後岡, 位至侯王.

126

形止勢縮, 前案回曲, 金穀璧玉.

天光下臨, 百川同歸, 眞龍所泊

천광하림에 대하여 설명하고자 한다. 이 천광하림이라는 문구를 후세 사람들은 나름대로 해석을 하고 있다. 풍수지리를 연구하는 학자들이 천광하림에 대하여 잘못 해석하여 사람들에게 많은 혼란을 주고 있으니 이 기회에 필자의 경험으로 설명하고자 한다. 백학명은 구법에 의거하여 다음과 같이 논하고 있다.

1. 양택의 중앙 부분을 새로 축조한다.
2. 집기와를 걷어내고 하늘의 양광陽光을 백일 동안 받게 한 다음 다시 기와를 덮는다.
3. 100일 동안 이사를 나갔다가 다시 이사를 들어온다.
4. 음택은 광중의 금정金頂이 보일 때까지 파고 다시 새로운 흙으로 봉분을 덮는다.

곽위상郭違祥은 비록 7운에 건립한 양택에 지속적으로 사람들이 거주하면 8운으로 진입할지라도 대문, 창문, 가구 등을 통하여 당운의 기가 들어와서 8운으로 바뀐다고 말한다.

"七運轉八運 變身成爲當運樓 提升家宅旺氣入八運"

유계치劉啓治는 모든 집은 전운轉運이 되면 새로운 비성반을 만들어 길흉을 논해야 한다고 말하고 있다.
필자는 다음과 같이 생각한다.

1. 양택에 거주하는 사람들이 아파서 병원 신세를 많이 지는 경우는 지병이 있어서 그런 경우도 있지만 수맥 위에서 거주하는 경우도 있을 수 있으니 수맥을 확인해 보는 것도 나쁘지 않다고 본다. 집안에 수맥이 흐르면 음침한 기운(오기汚氣)이 실내에 가득 차 있어서 신선

한 공기를 밀어낸다. 몸이 건강하고 정신이 맑아야 일에 의욕이 생기고, 하는 일마다 잘 풀리는 것이다. 학생들도 지칠 줄 모르고 공부를 하게 되니 성공할 수밖에 없다.

2. 바람 길에 집이 있으면 온화한 기운을 밀어내어 건강을 잃게 된다. 바람이 몰아치는 곳의 바람을 살풍煞風이라고 한다. 공기는 온화한 것이 좋다. 뒤에 산이 있어 북서풍을 막아주고 남쪽을 향하여 집을 지으며, 주위가 아늑하게 막아 주는 곳도 살풍을 피하는 한 방법이다.

3. 풍수지리風水地理는 바람과 물과 땅의 이치를 연구하는 학문이다. 물이 흐른다는 것은 지형이 낮고 골이 생기는데 바람 길이기도 하다. 생명체는 물이 없으면 살 수 없고 바람(공기의 이동)이 없어도 살 수 없다. 그러나 지나친 것이 문제이다. 온화하게 변화시켜야 한다.

4. '풍수지리'라면 좌향을 논하게 되는데, 잘 살고 성공한 사람들의 주택과 선대 음택을 살피게 되어 양택과 음택 좌향과 주위 사격을 보고 정리하기 시작하였다. 터의 근본적인 것을 배제한 채 외형적으로 거론하여 정리를 거듭하였다고 본다.

5. 혈처라는 것은 발원지에서 맥이 발원하여 진행하다가 바람을 갈무리할 수 있는 곳에서 멈춘 곳이다. 맥이 멈춘 곳에서는 주위 여건이 이미 완벽하게 짜여 있다. 이것은 자연의 이치이다. 정확한 위치를 찾아서 조금도 벗어날 수 없도록 조치하는 것이 지사의 의무이다.

6. 위에서 거론한 천광하림天光下臨의 논리는 다음과 같다.

지구는 남북으로 자기장이 형성되어 있고 지하에서 지자기파장이 밖으로 나오는데 안정된 주파수는 7.8헤르츠라고 한다. 맥으로 뭉친 혈처는 혈토라고 하는 일정한 입자로 되어 지자기파장이 혈토층을 통과할 때 고르게 분출되므로 주위와 구분되는 것이고 수맥이 둥글게 감싼 수기층을 통과한 지자기파는 높게 형성되어 큰 그릇을 이루어 내부에 공기를 가두게 된다. 맥이 진행하면서 둥글게 형성된 곳도 같은 이치이고 혈처를 감싼 후 내려가는 원진수가 둥글게 형성하여 공기를 가둔 것도 같은 이치이다. 이것을 천광하림으로 표현했다. 필자는 이것을 천기혈天氣穴로 간주한다. 자연이 만들어낸 파장 그릇은 높고 깊은 그릇이지만, 필자가 여기서 제안하는, 지상에 설치하는 공기를 담을 수 있는 그릇(묘지 장법, 건축물)은 제한적이므로 기운의 역량에 차이가 있다.

7. 음택이 잘못되어 후손이 폐절하는 것은 좌향과 시운이 맞지 않아 폐절하는 것보다 근본적인 원인이 다른 데 있다고 본다. 첫째는 수맥 위에 매장되었고 바람 길에 놓이게 된 것이다. 움직이는 사람도 영향이 큰데 고정적으로 영향을 받는 유골은 잘못될 수밖에 없다(동기감응 영향). 그 영향이 후손에게 전달되어 어려움을 겪는 것이다. 장례 후 안 좋은 변변이 있으면 주저하지 말고 원인 분석을 하여 조치했으면 좋겠다. 풍수지리는 미신이 아니라 심령과학이다.

8. 양택도 이사 후 기분이 좋지 않으면 전문가에게 도움을 요청하여 수맥을 확인하고 수맥이 있으면 수맥을 차단하고 가구 배치와 집기 위치를 변경하여 천기를 모을 수 있도록 하여 집안 분위기를 양명하게 바꾸어 행복하게 살 수 있도록 해야 한다. 집이라는 것은 공기를 담을 수 있는 큰 그릇으로 보면 된다. 같은 규모와 모양이 비슷하더라도 일부 가옥은 기운이 차단되고 있다. 필자가 내부를 확인했더니 건물 내로 수맥이 흐르고 있었다. 수맥을 차단하고 다시 확인을 하니 좋은 기운이 건물 내에 가득했다. 수맥이 흐르면 수맥으로 인하여 나쁜 기운이 좋은 기운을 밀어내고 공간을 점유하고 있어서 수맥 위에 있지 않더라도 그 공간에서 생활하는 사람은 컨디션이 정상적이지 않은 것이다. 건장한 사람은 즉시 느끼지 못하더라도 오랫동안 나쁜 공간에서 생활하면 서서히 기분이 가라앉아 지구력이 떨어질 수 있다고 본다. 천광하림의 원리를 잘 활용하여 모든 사람들이 건강하고 행복한 삶을 영위했으면 좋겠다. 이것이 필자의 바람이다.

鷄鳴犬吠 鬧市烟村 隆隆隱隱 孰探其原

계명견폐 요시연촌 융융은은 숙탐기원

若乃 斷而復續 去而復留 奇形異相 千金難求

약내 단이복속 거이복유 기형이상 천금난구

折藕貫珠 眞氣落莫 臨穴坦然 誠難捫摸

절우관주 진기낙막 임혈탄연 성난문모

障空補缺 天造地設 留與至人 先賢難說

장공보결 천조지설 유여지인 선현난설

[역]

닭이 울고 개가 짖는, 번잡한 시장과 밥 짓는 연기가 나는 마을은 (즉 발전하고 풍요로운 마을은), (용맥이) 때로는 높이 솟아 융성하고 때로는 숨어 감추니, 누가 그 근원을 찾을 수 있겠는가. 만약 이에, (맥이) 끊긴 듯싶다가 다시 이어지고, 가다가 다시 머무는, 기이한 형상은, 천금을 주고도 구하기 어려운 곳이다. 자른 연뿌리는 구슬을 꿴 듯하고, 진짜 기는 떨어져 조용해졌고, 혈에 임하여 평평해졌으니, 정말로 어루만져 찾기 어려운 것이다. 빈곳을 막아주고 모자란 곳을 보완하여, 하늘이 만들고 땅이 세운 것을, (공덕을) 베푼 지인에게 남겨 놓았으니, 선현이라도 설명하기 어렵다.

[설명]

鷄鳴犬吠, 鬧市烟村, 隆隆隱隱, 孰探其原.

닭과 개를 기르면서 사람들이 집을 짓고 마을을 이루고 사는 곳은 평탄한 지형이므로 맥이 내려오는 모습을 알기 쉽지 않다. 농촌에서는 산 아래에 있는 터는 불룩한 부분을 알 수 있는 곳도 있지만 평탄한 곳은 은맥隱脈으로 들어오는 맥을 육안으로는 알 수 없는 곳도 있다. 특히 도시를 이루는 넓은 지형은 육안으로는 맥을 감지하기 어렵

다. 현대는 고층 건물을 세우면서 깊게 땅을 파는 경향이 크므로 맥
자체를 들어내는 경우도 있으니 도시에서 맥의 유무를 따진다는 것은
무의미하다고 본다. 그러나 수맥 여부는 좌시하면 안 된다. 수맥만 없
으면 건물을 지어 천기를 가둘 경우 사는 데는 문제가 없다.

若乃, 斷而復續, 去而復留, 奇形異相, 千金難求.

만약 이에 끊어졌다가 다시 이어지고 가다가 다시 머무는 기이한
형상은 천금을 주고도 구하기 어려운 것이다. 맥은 능선을 따라 흐르
는 것이 일반적이다. 맥선은 좌우에 보호사를 대동하고 진행하는 것
이 보편적이며 보호사가 멈추면 맥선에서 새로운 보호사를 내어 맥선
을 보호하도록 한다. 이것은 모두 바람을 막기 위한 것이다. 맥은 진
행하다가 보호를 받지 못하면 낮은 곳으로 내려가서 개울을 건너기도
한다. 이때 높은 능선이 보호사가 된다. 맥은 철저히 보호를 받으면서
나아가다가 바람을 막아주는 곳이 있으면 그곳에서 멈추어 뭉치게 되
고 따라온 원진수가 에워싼다. 맥이 평지를 지나기도 한다. 아래 사진
은 맥이 들을 지나고 개울을 건너 지나가는 곳이다.

맥이 들을 지나는 곳을 천전협穿田峽이라 하고 물을 건너는 곳을 도수협渡水峽이라고 한다. 논으로 개발되기 전에는 이곳이 좌우가 낮고 두툼했을 것이다. 길은 두툼한 곳으로 사람이 다니다가 현재는 포장을 하여 생활하기 편리하도록 했다.

맥이 도로와 구릉을 지나기도 하다.

팔봉산으로 가는 길목이다. 예전에 전답으로 개간되기 전에는 구릉으로 되어 있었을 것이다. 일부는 도랑이었을 것이다. 맥은 구릉을 지나고 도랑을 건너서 반대편 산 능선으로 올랐을 것이다. 지금은 논을 지나서 도로를 건너 산 능선을 오른다. 산맥은 능선을 타고 흐르지만 위와 같이 개울도 건너고 평지도 지난다. 여기서 흘러가는 맥은 팔봉산으로 가는데 가다가 양택과 음택 혈 하나씩 낳고 팔봉산까지 가서 다시 봉우리에서 방향을 틀어서 양택 혈을 만든다. 맥이 흘러 기봉하여 여러 곳으로 맥을 분산하여 자리를 만든다. 평지에 자리가 있는 것은 분산되어 나온 맥의 끝이다. 흘러가는 곳에서도 가끔 자리를 만들기도 하지만 일단은 봉을 세워서 기를 모은 다음 아래에 자리를 만든다. 주위에 보호사도 대동하게 한다.

이와 같이 혈처는 평지나 고산 지역이나 장풍지를 마련하지 못하면 맺히지 못한다. 자연적으로 혈처를 맺지 못해도 사람이 살지 못하는 것은 아니다. 사람은 일단 태어나면 운명이 정해지는데 생을 마칠 때까지 정해진 운명대로 살다가 간다고 본다.

그러면 왜 굳이 명당을 논하는가. 사람이 태어난 운명대로 살지만 명당에서 살면 좋은 기를 받게 되어 건강하게 살면서 맑은 정신으로 맑은 생각을 하게 되니 일이 잘 풀릴 수밖에 없다고 본다. 혈처가 아니더라도 맥을 피해서 아늑한 곳에서 살면서 노력하면 명당 못지않게 잘 살 수 있다고 본다. 팔봉산으로 가는 맥은 부드럽고 호종 사격도 부드러워서 귀보다 대부를 낳는다.

折藕貫珠 眞氣落莫 臨穴坦然 誠難捫摸.

연뿌리를 자르면 구슬을 꿴 것처럼 얽혀 있듯이 참된 기氣(맥기脈氣)는 내려오면서 조용해졌다고 표현한 것은 불룩한 모양이 평탄해진 것을 외형적으로 표현했다. 필자가 현장에서 확인해 본 바에 의하면 혈穴에 임臨해 평탄해진 곳까지 기운氣運은 조금도 변함이 없으나 눈으로는 더듬어 살펴보기가 어렵다. 그러므로 풍수지리를 논할 때는 형기形氣뿐 아니라 기감氣感을 이용한 추맥법推脈法을 병행하여야 한다. 필자는 다음과 같은 추맥법을 사용한다.

1. 엘 로드 사용법

엘 로드(베어링을 사용하여 마찰이 없는 제품(시중의 관룡자를 연상하면 됨) 하나를 오른손에 들고 마음속으로 주문하여 측정하는 방법이다. 물의 흐름 방향, 폭과 지하 깊이, 수량 등을 측정할 수 있으며, 기맥氣脈 및 각종 기氣(생기生氣, 오기汚氣, 맥기脈氣, 천기天氣, 지기地氣, 수기水氣 등)를 측정할 수 있다. 엘 로드를 들고 걸어가면 필자가 의도한 곳에서 엘 로드가 안쪽으로 꺾인다. 꺾인 방향으로 전진하면 수맥과 지맥이 흐르는 방향을 따라가게 된다. 맥이 멈춘 혈처에서는 엘 로드가 돌게 된다.

2. 엘 로드 응용

수련을 계속하면 지도에서도 수맥을 찾을 수 있고 사람이 사는 집 구조를 종이에 그리게 하고 수맥을 찾을 수도 있다. 사람을 향하여 그 사람이 수맥 위에서 생활하고 있는지도 확인할 수도 있다. 마찬가지로 지도에서도 맥을 찾을 수 있고 혈처를 찾을 수도 있으며 명당과 천기혈도 찾을 수 있다.

障空補缺, 天造地設, 留與至人, 先賢難說.

빈 곳을 막아주고 일그러진 곳을 보완하면서 하늘이 만들고 땅이 짓는 것을 머물며 기다리는 착한 사람에게 내려지는 것이니 선현이라도 설명하기 어렵다. 이 말은 땅의 한 곳이 꺼지고 무너진 것처럼 된 것은 누구나 알아보지 못하도록 하늘이 감추고 땅이 비밀로 하는 것이다. 이를 천장지비天藏地秘라고 한다. 지극한 정성이 하늘에 닿으면 하늘이 하는 일을 선현인들 어찌할 수 없다는 것이다.

천장지비지 1곳만 소개한다.

전북 남원시 인월면 상우리, 합장지.

오른쪽 낭떠러지에 접한 임도를 따라 오르다가 길로 내려온 능선을 접어드니 물을 가두는 웅덩이가 나타난다. 웅덩이를 돌아 위로 가니 좌우를 벌리고 가운데가 오목한 지형이 나타난다. 이 지형은 좌우 불룩한 부분과 연결된 곳이 갑자기 아래로 푹 꺼진 느낌이 드는 곳인데 기장이 통째로 내려앉은 것 같다. 신비스럽지 않을 수 없다. 좌우의 불룩한 부분에는 돌서렁이고 전순 아래는 물이 고여 있으니 필자의 눈에는 신비스럽게 보이지만 일반인들의 눈에는 물이 날 것 같은 망지로 보일 것이다. 이곳은 자연이 물을 이용하여 천장지비를 이루었다. 만약 이곳에 묘를 쓰고 큰 인물이 나면 사람들은 이곳을 괴혈이라고 할지 모른다. 어느 곳은 비만 오면 오목한 곳으로 모여들어 샘이 나는 것처럼 보이는 곳도 있고 겨울에 눈이 녹아 흘러 질펀한 습지처럼 보이는 곳도 있다. 이런 곳은 주위의 건수 물길을 돌리고 무덤을 조성하면 멋진 명혈이 될 것이다.

草木鬱茂 吉氣相隨 內外表裏 或然或爲
초목울무 길기상수 내외표이 혹연혹위
三岡全氣 八方會勢 前遮後擁 諸祥畢至 地貴平夷 土貴有支
삼강전기 팔방회세 전차후옹 제상필지 지귀평이 토귀유지
穴取安止 水取超遞 向定陰陽 切莫乖戾 差以毫釐 繆以千里
혈취안지 수취초체 향정음양 절막괴려 차이호리 무이천리

[역]

풀과 나무는 울창 무성하고, 길한 기운이 서로 따르면, 내외內外와 표리表裏, 즉 안과 겉은 혹 자연自然일 수 있고 혹은 인위人爲일 수 있다. 세 산의 기가 온전하면, 팔방에서 세가 모여들고, 앞산은 막아 주고 뒷산이 끌어안아주면, 모든 상서로운 것들이 죄다 모여든다. 땅이 귀한 것은 평탄하고 온화한 것이고, 흙이 귀한 것은 가지가 있어 지탱이 되고 있는 것이니, 혈은 안정되게 멈춘 곳에서 취할 것이며, 물은 멀리서 흘러 보내온 것을 취해야 한다. 음양으로 향을 정함에 있어서, 절대로 이치에 어긋나도록 정하지 말라. 그 차이가 털끝만큼만 생겨도, 잘못 됨은 천리를 간다.

[설명]

草木鬱茂, 吉氣相隨, 內外表裏, 或然或爲.

풀과 나무가 울창하게 무성하고 좋은 기운이 서로 작용을 하며 안과 겉의 경계가 이루어지는 것은 자연일 수도 있고 인위적일 수도 있다. 혈穴이란 맥이 멈추어 이루어진 지기혈과 자연 조건에 의하여 천기가 모인 천기혈로 나눌 수 있다. 위의 글은 지기혈이든지 천기혈이든지 혈이 맺히는 조건을 말한 것이다. 자연적일 수도 있고 인위적일 수도 있다는 표현은 천기혈을 설명하고 있다

자연적인 천기혈이 맺히는 조건에 대하여 설명한다.

혈穴은 맥脈에 의해서만 맺히지 않는다. 시중의 풍수지리 서적이든지 풍수지리 단체에서 혈穴은 맥에 의해서만 맺힌다고 말들을 한다. 그러나 필자가 연구한 결과에 의하면 맥이 없는 곳에서도 인체에 유용한 생기가 작용됨을 알게 되었다.

혈에는 맥의 발원지에서 발원하여 사방으로 흘러가서 혈이 맺히는 것을 지기혈地氣穴, 맥은 없지만 조건에 의하여 생기가 뭉친 곳을 천기혈天氣穴로 필자는 구분하기로 한다.

지기혈은 맥이 머물러서 혈이 맺혔지만 천기를 동시에 포용하므로 기운이 큰 반면 천기혈은 천기만 응집되었으므로 기운이 지기혈처와 비교되지 않는다. 천기혈은 맥이 진행하면서 둥글게 원을 그려서 천기를 응축하기도 하고 맥을 호종하는 원진수가 옆으로 이탈하여 원을 그려 천기를 응축하고 다시 맥을 보호하기도 한다.

세 번째는 맥이 멈추어 맺은 혈처를 원진수가 감싼 후 합쳐서 아래로 흐르면서 원을 그려 천기를 응축하기도 한다. 네 번째는 지형이 바람을 막을 수 있는 조건에서 생기를 모아 천기혈을 맺기도 한다. 다섯 번째는 인위적인 장법(인위적일 수도 있다는 표현)에 의하여 바람을 막을 수 있는 조건을 만들어 천기를 모을 수 있다.

사람들은 맥을 측정할 때 능선을 가로 질러 폭을 측정하면서 맥이 흐르다가 원을 그려서 만든 천기혈에서 폭이 아주 넓으니 맥이 뭉친 혈처로 오인하기도 한다. 천기혈 아래는 다시 맥이 감지되니 혈을 맺고 나온 맥이 내려가서 열매를 맺는 것으로도 오인한다. 참고로 혈처 아래에 또 하나의 혈이 맺힐 때는 먼저 맺은 혈처의 입수도두에서 맥이 분기되어 혈처 주위를 돌아 내려가서 두 번째 혈을 맺는다.

1)맥이 진행하면서 맺힌 천기혈의 예

전남 강진군 대구면.

돌처에 밝고 깨끗한 묘지가 하나 있다. 확인을 하니 래맥이 둥글게 감고 내려간다. 천기를 모우고 있는 천기혈처인 것이다. 력량이 큰 편에 드는 자리이다. 후손 중에 고관이 뿔할 수 있는 자리이다. 맥이 흐르는 중에 있는 묘들은 과룡지장이라 하여 패절이 면하기 어려우나 이 자리는 오히려 맥이 보호한 후 내려가니 승승장구하는 자리이다. 천기혈처에 정확하게 쓰기란 쉬운 일이 아닌데 정확하게 썼을 뿐 아니라 장법도 잘 했다. 대부분 사성을 쌓고 봉분을 사성에 꼬리로 붙여서 조성하는 것이 일반적인데 꼬리 없이 둥글게 조성하여 둥근 그릇을 만들어 천기가 최대한 모이도록 했다. 조금 아쉬운 것은 사성을 쌓고 꼬리 없이 봉분을 둥글게 했더라면 더 좋았을 것이다. 높은 곳이므로 사성을 쌓아 천기가 날리지 않도록 했어야 했다. 현재는 지하에서 맥선이 막아준 결과인 것이다.

2) 원진수가 혈처를 감싼 후 내려가면서 맺힌 천기혈의 예

전남 강진군 대구면

맥을 호위하는 원진수는 맥이 뭉친 혈을 호위한 후 합쳐서 혈처 앞을 좌우로 여러 구비를 이루면서 파란색 선처럼 흘러가는 것이 정상

140

적인 혈처의 현상이다. 이곳에 맺힌 천기혈처는 뒤에 있는 혈처를 감싼 후 합쳐진 원진수가 좌우로 왔다 갔다 하면서 내려와 천기혈처 옆을 돌아 감싼 후 빨간색 선처럼 흘러간다. 이곳에서는 기운이 안정적이므로 후손에게 미치는 인자의 기운도 안정적이 되므로 후손이 잘 되는 것이다. 이것을 풍수지리에서는 동기감응이라고 한다. 일반적으로 혈처 앞뒤에 있는 묘들은 모두 폐절되어 묵묘로 되는 이유는 내맥來脈의 호종수와 앞에 흐르는 원진수 위에 놓이게 되므로 수맥파의 영향을 받아 불안전한 인자가 후손에게 불안전하게 전달(동기감응)되어 불안전한 형태로 미치게 되기 때문인 것으로 판단된다.

황토색 원 : 혈처
황토색 선 : 맥
파란색 선 : 맥을 호위하는 원진수 선
노란색 원 : 천기혈처
팔간색 선 : 천기혈처를 호위한 원진수

3) 호종수에 의한 천기혈의 예

맥의 호종수   진행하는 용맥

경북 울진군 온정면

능선을 타고 맥이 흐르는데 좌우로 맥을 호위하는 호종수가 함께
흐른다. 왼쪽으로 흐르던 호종수가 옆으로 불거져서 둥그렇게 원을
그리고 다시 맥을 따라 간다. 맥이 지나는 주위에는 생기가 미치는데
생기가 미치는 범위 내에서 맥이 원을 그리든지 원진수가 원을 그리
든지 원 내에는 천기를 가두게 되어 좋은 기운이 미치게 되는데 이것
을 천기혈이라고 한다. 맥이 뭉쳐서 이루어진 혈처든지 맥과 원진수
가 둥글게 감싸서 이루어진 혈처는 주위 조건이 비슷하다. 그런데 이
것들은 땅 속에서 형성되는 것이기 때문에 눈으로는 볼 수 없다. 추맥
법을 모르면 장님이 코끼리 뒷다리 만지는 것과 같다. 두 곳 모두 혈

장 내에서 정확하게 혈심에 안장되어야 하고 좌향이 정확하게 맞아야 한다. 정확한 좌향이란 생기의 기운이 최대로 작용되는 좌향을 말한다. 세상 모든 것은 기로 이루어졌으므로 주위 조건에 정확하게 맞추어야 기운이 최대로 작용되는 것이다.

위의 사진에 있는 묘지는 천기혈장을 벗어났다. 사진에서 형기적으로 따지더라도 묘지와 전순이 너무 가깝게 느껴지지만 원내서 보면 좌우와 전순이 둥글게 원을 그리고 있으므로 균형이 잘 맞음을 알 수 있다. 풍수지리를 연구하는 사람들은 형기를 우선시하지만 혈장을 정확하게 맞추지 못하는 형기법은 잘못된 것으로 본다. 혈처에 가서 주위를 살펴 정확하게 혈심에 스틱을 꽂을 수 있어야 형기를 안다고 할 수 있을 것이다.

4) 환경에 의한 천기혈

경북 예천군 용문면

위에 명혈이 2개가 있으며 맥은 명혈에서 멈추고 이곳까지 내려오지는 못하고 명혈을 낳은 생기의 기운이 이곳까지 미치어 천기혈을 맺었다. 일반적으로 기운이 큰 천기혈에서는 총리와 장관급의 후손이 태어나지만, 이곳은 총리, 장관급은 물론 무관도 출出하는 자리다. 좌우가 암반으로 되어 있으나 모두 면으로 되어 마치 인위적으로 조성한 것처럼 보인다. 앞에는 돌이 박혀 있으니 사람들은 바위인 줄 알고 묘를 쓸 생각은 아예 하지 못할 것이다. 뒤로 바짝 붙여서 묘지를 조성해야 되고 앞 돌은 캐내어 앞에 제절을 조성하는 데 사용하면 된다. 맥이 맺힌 혈처는 중심에 써야 제대로 효력을 보듯이 이곳도 천기혈처의 중심에 정확하게 써야 한다.

5) 수맥에 의한 천기혈

풍수지리에서 혈穴이라는 것은 맥이 내려와 맺힌 것을 일컫는데 맥이라는 것은 맥의 발원지에서 발원하여 흘러가 혈이 맺히는 것은 인구에 비하면 극소수이므로 귀한 것이며 참된 것은 하늘의 뜻이 아니면 얻기 어려운 것이라고 본다. 필자가 언급하는 천기혈도 맥에 의한 혈보다는 많지만 인구에 비하면 매우 귀한 것이다. 그렇기 때문에 사람들은 혈처 자체를 믿지 않는 경향이 있다고 본다. 심지어 허황된 얘기로 여기는 사람도 있다.

　지구는 지하에서 지자기가 방출되며 남북으로 자력선이 일정한 간격으로 흐른다. 지자기와 자력은 고루 분포되었지만 지층의 밀도가 다른 곳을 통과할 때는 흐름의 변형을 일으키게 된다.

　안정된 주파수는 7.8Hz이지만 수맥이든지 밀도가 다른 층을 통과할 때는 변하게 된다. 변한 파장이 우리 몸을 통과할 때는 피의 흐름을 교란시켜 제 시간에 영양분과 산소의 공급을 지연시켜 우리 몸에 이상이 생기는 것이다.

　참고로 우리 몸에서 흐르는 피의 유속은 60m/s(초당 60미터). 수맥과 맥선이 주위와 다른 영역을 형성하는데 그 선이 둥글게 된 안쪽은 하나의 그릇을 만들게 된다. 그릇 안에 안정된 공기를 담은 것이 천기혈인 것이다. 천기혈 터도 맥에 의하여 맺힌 혈터와 마찬가지로 주위와 다른 분위기를 나타낸다.

　혈처는 깨끗하고 밝으며 풀빛도 깨끗하다. 이곳은 맥이 내려오지는 않지만 위에 맺힌 대혈 주위에 형성되는 생기의 영향권에 있으므로 천기가 맺힌다. 천기혈은 지하의 영향으로 천기가 모이기도 하고 지상의 구조상 바람을 갈무리할 수 있는 곳에 천기가 모이기도 하는데 이곳은 수맥이 내려오면서 둥글게 형성되어 천기가 뭉친 곳이다.

이곳에 터를 닦을 때는 추맥법을 동원하여 수맥의 흐름을 감지하여 둥글게 도는 중심에서 혈심을 찾아야 하며 혈심을 정했으면 둥그렇게 사성을 조성하여 공중에 퍼져 있는 기운을 모아야 한다.

그러면 천기의 효과를 완벽하게 볼 수 있다. 아래에는 묘가 있는데 너무 내려 써서 아래가 훤히 내려다보이므로 바람 길이 되어 바람을 직접 받고 있다.

혈처에서는 전순이 두툼하고 아래가 보이지 않으므로 하늘로 날리고 남아서 퍼져오는 바람만 스칠 뿐이다. 혈처의 좌우도 두툼하고 사성까지 조성되었으니 옆에서 오는 바람의 영향도 받지 않는다. 사성을 넘는 적은 바람도 사성 뒤에서 머물게 되니 혈처는 더욱 아늑하다.

6) 인위적으로 만든 천기혈의 예

전북 남원시 산내면

산비탈로 생긴 지형으로 위에 대혈 두 개를 맺은 곳인데 대혈은 은폐하여 일반인들이 알아보기 어려워 빈터로 있는 것이 당연하고 혈처 아래에 양명한 곳에 가족묘를 꾸민 곳이다. 석물을 사용하지 않고 봉분도 화려하지 않으며 꾸밈없이 단정하고 수수하다.

그런데 묘지에는 생기가 가득하며 주위는 깨끗하다. 살펴보니 천기가 맺힌 곳이 아닌데 뒤에 사성을 둥그렇게 조성하고 앞과 옆에는 키 작은 사철 푸른 나무로 바람이 새지 않도록 빽빽하게 심었고 출입구는 기운이 들어오는 방향(납기처)으로 내어 천기를 가득하게 가두어 놓았다. 천기혈은 맥이 진행하면서 원을 그린 후 내려가는 곳이나 수기가 둥글게 돈후 흘러가는 곳에서 맺히지만 이곳처럼 맥도 없고 지하에 수기 없이 양명한 곳에 인위적으로 천기를 가두어 인위적인 천기혈 터를 만든다.

인위적인 천기혈 터는 필자가 실험을 해보니 어디서든지 가능했다. 필자의 바람은 맥이 흘러 맺히는 혈처는 인구에 비하면 희귀하고 모든 사람이 묻힐 수 없고 명혈은 천명을 받지 못하면 들어가지 못하니 인위적으로 천기를 가두어 많은 사람들이 흉지에 묻혀서 받는 고통을 덜어주고자 함이다.

음택뿐만 아니라 양택도 기운을 가두어 사는 동안 건강하게 천수를 누리도록 돕고자 하는 것이 필자의 목표이다. 아주 거창한 것도 아니고 근방 많은 돈을 버는 것도 아니며 살면서 건강하고 문제없이 살기를 원할 뿐이다. 건강하고 문제없이 살다보면 행복한 삶을 살게 될 것으로 본다.

인위적으로 만든 천기혈, 예2

경북 청송군 파천면 지경리

1939년에 건립된 건물인데 맥은 내려오지 않지만 건물 배치를 잘하여 천기를 가둔 건물이다. 현재는 기운이 모두 흩어져 평범한 건물이 되었다. 이 건물은 조선조 생육신의 한 분인 어계 조려의 15세 손인 중추원 의관을 지낸 조규진이 지은 집으로서 맏 아들인 조용일이 기거했던 가옥이다. 조용일은 해방 전후 안동 길안과 청송 지경리에 많은 토지를 소유했던 부자로 이름을 날렸던 인물이라고 한다.

이 건물은 근대기 우리나라 한옥 건축 양식의 변천사와 경북 북부 지방 부농들의 생활상을 보여 주는 귀중한 자료로 평가받고 있지만 처음에는 생기가 가득했으나 현재는 평범한 건물로 되어 있다. 풍수지리적으로 그 원인을 분석해 보고자 한다. 건물의 구성은 ㄷ字 형태로 되어 있으며 주 건물인 안채, 사랑채, 부속 건물인 대문간채, 고방채로 이루어져 있다.

현재 남아있는 흔적을 살펴보면 건물 주위에 담장을 둘렀던 것같다. 출입문은 대문 한 곳 뿐이었다.

확인을 하니 대문으로 기운이 들어가고 나오지는 않았으나 현재는 돌흙담장이 모두 무너지고 대문과 건물 만이 남아 있다. 그래서 대문으로 들어간 기운이 모두 흩어져 나가고 있다.

생기(천기)의 기운이 얼마나 중요한지 보여주는 곳이고 생기의 모음 방법을 보여 주는 곳이다. 뒤에 소개하는 요르단 유적지를 보면 확실하게 이해가 갈 것으로 본다.

풍수지리의 대부로 불리는 양균송 선생이 구빈의 호를 얻게된 것이 가난한 집의 출입구를 고쳐주고 위치를 변경시켜 기운이 들어가도록 조치하여 가난을 면하게 하여 준 것이 위에 설명한 예가 되겠다.

인위적으로 만든 천기혈, 예3

추사 김정희 묘소는 맥이 흐르는 곳이 아니다. 무맥지로서 수맥도 없다. 뒤를 보면 양측에 봉우리를 세우고 능선을 내려 자리를 보호하는 청룡 백호에 해당한다. 앞은 넓은 전답이 펼쳐지며 안산은 다른 곳에서 와서 가로 질러 좌우로 펼친다.

추사의 묘는 현재 천기가 모여 있으며 이것은 장법의 영향이라고 본다. 국은 담장을 두른 듯 둥글고 평탄하게 이루어졌고 거센 바람이 한 곳으로 치우쳐 불지 않는 곳이다. 조용한 주위의 영향을 받는 것이 긍정적이긴 하지만 현재 조성된 사성이 없다면 천기는 흩어져서 흉지로 변할 것으로 본다. 사성으로 인하여 삼태기 형태를 이루어 묘지가 삼태기에 담긴 형태이므로 천기도 삼태기에 담긴 형태가 되어 묘지에 스며들어 좋은 영향을 미치고 있는 것이다.

사성의 역할은 바람이 사성을 넘는 순간 흐르는 반대쪽에는 유속이 줄어 포근하게 된다. 포근한 바람이 머무는 곳에서는 좋은 기운이 머물게 되지만 센 바람이 부는 곳에서는 참기 어려운 기운이 작용하게 된다. 좋은 기운을 양기라 하고 나쁜 기운을 음기라고 명명한다. 또 생기生氣와 오기汚氣로 구분한다.

생기는 우리에게 좋은 영향을 미치고 오기는 나쁜 영향을 미친다. 명당에서 생기는 기운은 생기이고 수맥에서 생기는 기운을 음기로 본다. 부드러운 바람이 미치는 기운을 양기라 보고 칼바람이 미치는 기운을 음기로 본다. 계곡에서 텐트를 치고 머물면 금방은 시원하고 좋은 것 같지만 며칠만 머물면 몸의 컨디션이 좋지 않음을 느낄 것이다.

충남 예산군 신암면 용궁리 추사 김정희 묘소

인위적으로 만든 천기혈, 예4

2014년도에 업무상 요르단에서 근무한 적이 있다. 휴일이면 요르단 전국을 관광하게 되었다. 가는 곳마다 유적지에 놀라고 감탄하지 않을 수 없었다. 맥이 흘러 혈이 맺힌 아즐룬과 제우스 신전이 있는 사원 터, 예수님이 세례를 받으시고 첫 강의하신 천기혈처를 제외한 다른 곳은 혈이 맺힌 곳이 없으나 건물은 모두 천기가 모이도록 지었다. 대단한 영적인 기술을 접목한 건축술이기에 소개를 한다. 아래에 기운을 머금고 있는 몇 곳을 소개한다.

(1)Umm Qays

이스라엘과 시리아와 요르단이 국경을 접하고 있는 곳이다. 물론 맥은 존재하지 않는 산꼭대기에 갈릴레이 호수를 바라보고 웅장한 돌로 건물을 지은 곳이다. 바람이 넘나드는 곳에 기운이 머물 수 없는 곳이지만 건물을 모두 인위적으로 천기를 가둘 수 있는 구조로 지었다.

Umm Qays는 오목한 지형이 아니고 능선 위에 형성된 도시로서 전후좌우로 바람을 막을 수 없었기 때문에 도시가 오래 버티지 못한 것 같다. 하지만 흔적으로 보면 건축물이 모두 정방형과 원형으로 지어졌으나 원형이 대부분이다. 그러므로 구조물 개체는 천기를 모아 양기가 응축되어 건물 내에 머물 때는 건강하고 편안했을 것으로 본다.

(2) 요르단 암만
① 요르단 수도 암만의 원형극장
이곳은 지기는 없으나 구조물을 원형으로 만들고 출입구를 한 곳으로 내어 천기가 모이도록 건설되었다. 모인 천기가 밖으로 나가지 못하도록 문을 여러 곳으로 내지도 않았다. 비율도 정확한 원형이며 이곳에 모인 사람의 원기마저 한 곳으로 모을 수 있었으니 당시의 정신적 심령과학의 수준을 감탄하게 한다. 출입문마저 납기가 모여 안으로 들도록 정확한 위치에 설치하였다. 기록이 없어서 알 수는 없으나 당시의 과학과 영적 수준은 대단하다고 하지 않을 수 없다.

요르단에 있는 로마제국 시대 원형 무대

② 헤르클러스 신전

The Byzantine Church (ca. 550 AD)

③ Mosque (회교 사원)

이곳은 요르단 암만에 있는 mosque(회교 사원)인데 규모는 매우 크지만 로마 제국 시대에 지어졌던 건물과는 풍수지리 차원에서 많은 차이가 있다. 로마제국 시대에 지어졌던 건축물은 원형이거나 정방형으로 출입문을 하나만 설치하여 천기를 가두어 새어 나가지 않게 하였으나 이곳에 있는 회교사원은 규모는 크지만 문을 여러 곳으로 내어 천기가 모이지 않고 흩어지고 있다. 더욱이 언덕의 높은 곳에 지어졌으므로 사람이 살 수 없는 조건이었다.

위에 소개한 원형극장, 헤르클러스 신전, The Byzentine Church, The Mosque는 한 지역에 위치하여 있다. 이곳 지형은 형기적으로 주위가 둥글게 감싸주고 있어서 아늑하며 중심 건물들을 비율에 정확하게 맞게 분배하여 조금도 한 쪽으로 치우치지 않도록 지어졌다.

그런데 로마 제국 시대의 건축물과 회교도 건축물과는 큰 차이를 보인다. 위에서도 설명했듯이 로마제국 당시는 영적 과학 차원에서 기의 존재를 주요하게 여겨 건축에 접목시켰지만 회교도 건축은 생활에 편리하도록 건축했다. 이것은 움직임에는 편리할지 몰라도 영적으로는 자유롭지 못하여 삶이 고달팠을 것으로 본다.

현재 학교에서 건축 공학을 학생들에게 가르칠 때, 천기를 모을 수 있는 구조학을 가르치면 많은 사람들이 편안하게 생활할 수 있으며, 국가 번영에도 이바지 하는 길이 될 것이라고 본다.

천기를 모으는 조건은 아래와 같다.

첫째, 수맥이 없어야 한다.

둘째, 좌향을 주위와 균형을 이루도록 정해야 한다.

셋째, 납기처(기운의 입구)를 확인하여 출입구를 결정하고 기운이 새지 않도록 해야 한다.

넷째, 천기를 가둘 수 있는 건물 모양을 결정해야 한다.

다섯째, 내부 구조를 결정하여 기운이 회전하도록 해야 한다. 이때 가구 배치도 결정한다.

(3)제우스 신전

　제우스 신전이 있는 공원 내에 혈이 맺힌 곳이다. 앞에는 자기 안산
을 세워 우측 계곡에서 불어오는 바람을 막는다. 커다란 과협을 이루
고 현무봉을 세웠고 아래로 내려와 건물터에서 약 45도 방향으로 입
수되어 자리를 만드는데 건물은 거의 혈의 중심에 세웠다. 혈처는 주
위 국의 중심에 위치해 있다.

　공원 남쪽이 남문 출입구인데, 파구처는 완벽하게 관쇄가 잘 되어
있었다. 국의 내부 기운을 잘 갈무리 하고 있다. 동서를 불문하고 자
연의 이치는 같음을 느낀다.

　위의 혈처를 제외하고 모든 건물은 원형이며 일부 건물은 정방형으
로 지어졌고 출입구는 기운이 들어오는 곳으로 정확하게 정하였고 건
물 내부는 천기를 모아 생기가 가득하도록 지었다. 생활과학뿐 아니
라 심령과학 면에서도 대단하지 않을 수 없다고 본다.

(4) Al-Azraq Casle

오아시스 작은 마을 한가운데 있는 성인데 아라비아의 로렌스라는 영화의 실제 무대가 바로 여기이다. 1917년 T. E Lawrence가 오토만 제국을 상대로 일어난 대아랍혁명의 헤드쿼터로 사용했던 곳이다. 이곳에서 로렌스가 아랍혁명에 참여했던 것이다. 여기서는 역사적 고찰이 아니라 풍수지리에 관해 살피는 곳이므로 풍수지리 차원에서 설명하고자 한다.

바닥이 평탄한 암반으로 이루어진 위에 돌을 쌓아 축조한 곳인데 큰 암반이므로 수맥이 없고 건물은 정방형으로 짓고 출입구는 하나만 내어 기운이 들어가서 나오지 못하도록 지어졌다. 내부는 넓은 공간인데도 천기가 골고루 응축되어 있다.

(5) 예수님 세례터

이곳 요르단강에 양 발을 담그는 사람도 있고 물로 얼굴을 닦는 사람도 있었다. 나는 손만 씻었다. 경건한 마음으로, 당시의 예수님은 굉장한 기감을 가지신 분이며 기운을 모으는 법을 아신 분인 것 같다. 세례 터이며 제자들에게 강의하신 강의 터는 천기가 가득한 혈처이다.

(6) 네보산

모세가 이집트 땅에서 이스라엘 백성을 이끌고 네보산을 넘다가 이곳 정상에서 숨을 거두었다는 곳이다. 맥은 흐르지 않지만 교회 건물은 천기가 모이도록 건설되었다.

네보산에서 내려다 본 풍경

三岡全氣, 八方會勢, 前遮後擁, 諸祥畢至. 地貴平夷, 土貴有支, 穴取安止 水取超遞, 向定陰陽, 切莫乖戾. 差以毫釐, 繆以千里.

[설명]

세 산(현무, 청룡, 백호)의 기가 온전하다는 것은 현무는 혈이 맺힐 수 있는 조건인 바람을 스스로 막을 수 있는 조건이어야 하고 청룡, 백호는 혈이 바람으로 부터 안전하도록 좌우에서 포근하게 막아주는 조건이어야 한다. 상기 조건이면 세勢는 팔방에서 모여들게 되는 것이니 그러면 전면은 자연히 막아서며 뒤는 자연스럽게 감싸 안게 된다. 이런 분위기에서는 모든 상서로운 기운이 모여들게 된다. 그러므로 땅은 평탄하여 귀하게 되고 흙은 흩어짐 없이 지탱하게 되는 것이다. 혈穴(자리)은 안정되게 이루어진 곳에서 취하고 물은 멀리서부터 감아 도는 곳에서 취해야 하며 음양陰陽으로 향向을 정함에 절대로 이치에 어긋남이 없도록 해야 한다. 털끝만큼의 오차가 생겨도 그 영향은 천리千里 만큼 벌어진다.

호리지차毫釐之差의 예. 1

경북 군위군 소보면

집을 지을 만큼 큰 혈장이다. 현재 조성된 묘는 혈장 내에는 안장되었지만 중심을 벗어나서 혈처의 기운을 받을 수 없다.

맥이 발원되어 이곳까지 흘러와 혈을 맺었지만 혈의 기운은 중심을 기준으로 중심 쪽으로 모이게 된다. 그러므로 중심이 아닌 곳에서는 기운이 응집되지 못한다.

위의 묘지는 혈장 내에 있지만 엘 로드로 기운을 측정해 보면 맥기뿐 아니라 천기, 지기 중 어느 기운도 감지가 되지 않는다.

이와 같이 좋은 자리를 얻었더라도 점혈을 잘못하여 혈처를 버리게 되는 것이다. 아무리 강도가 센 혈처에서도 혈심에 정확하게 안장하지 못한다면 좋은 기운을 모두 받지 못하여 아니 쓴 것만 같지 못하다.

그러나 원수 위가 아니라면 사성을 쌓고 바람으로부터 보호를 받도록 묘지를 조성하면 천기를 일부 모을 수 있다. 매우 중요한 예라고 할 수 있다. 기운이 없는 곳이라도 장법에 따라서 천기를 모을 수 있는데 혈처의 기운이 미치는 곳에서는 쉽게 강한 천기를 모을 수 있다. 좋은 혈이 맺힌 곳을 구하는 것은 선택받은 사람만이 얻을 수 있으나 천기를 모으는 것은 누구나 할 수 있으므로 추천할 만하다고 본다.

천기를 모으는 장소는 아무 곳이나 모두 되는 것은 아니다. 일단 생기가 미치는 곳에서는 쉽게 모을 수 있고, 생기가 없는 땅이라도 수맥이 없고 고운 입자의 땅이라야 한다.

바람이 휘몰아치는 곳이 아니고 바람을 막을 수 있는 곳이어야 한다. 혈이 맺히는 곳도 바람을 갈무리하는 곳인 것과 같은 이치이다.

호리지차毫釐之差의 예. 2

전남 순천시 황전면

　능선이 가늘게 오다가 좌우로 벌리면서 두툼하게 되는 가운데에 자리를 잡았는데 현재 묘지는 조금 내려앉았다. 뒤에 돌이 박혀 있으므로 그랬을 것 같은데 자연은 이러한 사람의 심리를 이용하여 혈처를 숨기기 위한 것 같다.

　혈처에는 돌이 전혀 없고 깨끗한 혈토만 존재한다. 터를 닦을 때 뒤에 있는 돌을 연결하여 사성을 조성하고 아늑하게 만들어야 한다.

　능선 상에는 묘지가 있어 천광을 하면서 맥을 조금 훼손하여 기운이 좀 약해지기는 했어도 대혈 중 소급에 속하는 명혈이다. 자리를 찾아 묘지를 조성할 때 많은 돈을 들여 묘지를 꾸미는 것보다 덕망 있는 지사를 찾는 것이 더 중요하다고 본다.

호리지차毫釐之差의 예. 3

경남 하동군 악양면

묘지를 조성하는 데 둘레석을 쓰면 천수가 봉분 내로 모이게 되어 시신이 물속에 있는 효과이다. 둘레석을 크게 하여 천광 부분을 많이 벗어나게 하면 피해를 조금은 줄일 수 있다고 본다. 천광 부분 상부는 흙으로 되어 천광 부분 주위는 둘레석에서 멀어 수분이 위로 증발하게 되기 때문이다.

이곳에 있는 묘지는 둘레석이 천광 끝 부분에 얹히게 되므로 천수가 광중에 모이게 된다. 둘레석만 해도 문제인데 이곳은 봉분 주위에 대리석을 깔고 실리콘으로 마감 처리를 했으므로 지중의 수분이 대리석 아래에 모이게 되므로 둘레석 경계 내에는 수기가 가득하다.

심지어 마지막 묘지는 수맥 위에 놓이게 되었으니 지하에 누워 있는 망자의 괴로움은 이루 말할 것이 없을 것이다. 망자의 유골이 편안하여야 후손도 편안한 것인데 망자의 유골이 불편하면 후손도 불편하게 되어 살아가는 데 애로 사항이 많을 것으로 본다. 이것을 풍수계에서는 동기감응이라고 한다.

풍수지리를 미신으로 여기는 사람도 있고 말도 안 된다고 무시하는 사람도 있다. 그러나 좋은 자리는 잘 관리되고 흉지는 잡초 속에 방치되는 곳도 있다. 잘 관리된다는 것은 후손이 잘 살고 있으며 잡초 속에 방치되는 후손은 어렵게 살든지 대가 끊어졌다는 증거이다.

사람들은 태어난 운명대로 살게 마련이지만 어떤 사람은 인생이 술술 잘 풀리는가 하면 어떤 사람은 어렵게 살아가고 있다. 잘 살던 사람도 갑자기 선대가 죽은 후에 어렵게 사는 사람도 있고 어렵게 살던 사람도 선대가 죽은 후에 서서히 형편이 나아지는 사람도 있다.

건강하던 사람이 갑자기 병원 신세를 지는 사람도 있고 병상에 있던 사람이 병이 점점 호전되어 천수를 누리는 사람도 있다.

예를 들면 부모를 장사지낸 후 아들이 갑자기 아파서 병원에 입원했는데 좋은 곳으로 이장한 후 병원에 입원했던 아들이 퇴원하는 예가 있었다. 우연이라고 말하는 사람도 있지만, 누가 단연코 우연이 아니라고 말하겠는가.

성공한 사람들의 선대 묘지를 살펴보면 좋은 곳이 한두 곳은 있다는 사실이다. 좋은 유전인자는 있지만 선대를 망지에 장사지내면 좋은 유전 인자는 맥을 못 춘다고 본다.

왕후장상의 씨는 따로 없다는 우리의 풍수 속설도 있다. 이것은 명당에 묻힌 선대의 후손이 복을 받는다는 것이다.

기왕이면 좋은 곳에 선대를 모시려고 노력해야 하며 명당을 구하지 못했으면 최소한 흉지는 피해야 하며 천기를 모우도록 장법을 잘 하여 편안하게 잠들도록 해야 한다.

호리지차毫釐之差의 예. 4

경북 포항시 흥해읍

맥脈의 흐름은 화살표대로 흐르는데 놓인 돌을 입수도두로 보고 눈에 보이는 대로 맥이 흐른다고 생각하여 점혈點穴을 하였다. 화살 표대로 맥이 흐르기 때문에 Stick이 놓인 대로 좌향을 놓아야 한다.

좋은 자리를 찾았어도 지사의 무지無智로 엄청난 오류를 범하였 다. 이것은 누구를 탓해야 할까? 망자의 복인가, 후손의 복인가. 한 집안의 흥망성쇠가 달린 일인데 지사는 함부로 행동해서는 아니 될 일이다. 이곳은 명당을 얻어 혈처에 묻혔어도 좌향을 잘못 선택하여 혈처의 효과를 발휘하지 못하는 것이다.

혈이 맺혔으면 좌향은 이미 정해져 있다. 억지로 여기에 맞추려고 하면 안 된다. 혈처만 보지 말고 주위를 살펴 주위와 균형이 맞고 주위 국의 중심에 있는지 확인한다. 특히 앞을 보아 전순이 두툼하게 받치고 있는지 확인하고 바람의 영향이 없는지 확인한다.

擇術盡善 對都立縣 一或非宜 法主貧賤
택술진선 대도입현 일혹비의 법주빈천
公侯之地 龍馬騰起 面對玉圭 小而首銳 更遇本方 不學而至
공후지지 용마등기 면대옥규 소이수예 경우본방 불학이지
宰相之地 繡橄伊邇 大水洋潮 無上至貴
재상지지 수격이이 대수양조 무상지귀
外臺之地 捍門高峙 屯踏排迎 周圍數里 筆大橫椽 是名判死
외대지지 한문고치 둔답배영 주위수리 필대횡연 시명판사
此昻彼低 誠難推擬
차앙피저 성난추의

[역]
(땅을) 선택하는 술법에 최선을 다하면, 도읍을 정하고 현을 세울 수 있지만, 혹 하나라도 마땅치 않으면, 그 법(술수)은 주로 가난하고 천해진다. 공후가 나는 땅은, (산세가 마치) 용마가 일어나 뛰어오르는 듯하고, (혈) 앞에는 옥규사玉圭砂(홀)가 있으며, 앞이 날카롭게 위치하고, 본 방위를 제대로 만나면, 배움이 없어도 (공후에) 이른다. 재상이 나는 땅, 수놓은 듯 얽혀 있는 (봉우리들이) 가까이 있고, 큰물이 밀려오는 바다와 같아 보이면, 더 이상 귀할 것이 없다. 높은 벼슬(외대外臺)이 나는 땅은, 한문(수구처에 있는 문설주 같은 바위)이 높이 솟아 있고, (주변 산들은) 군사가 둔을 치고 배치되어 있는 듯해야 한다. 주위 수리數里 안에 (주변 가까운 곳에), 필봉筆峰들이 크게 횡으로 서까래처럼 연결되어 있으면, 이를 죽음을 판단하는 판사判死라 이름 하는데, 이곳은 높고 저곳은 낮으니, 진실로 추리하여 헤아리

기가 어렵다. (화복을 판단하기가 어렵다.)

[설명]

擇術盡善, 對都立縣, 一或非宜, 法主貧賤.

술법(풍수지리)을 택하는 일에 최선을 다한다면 도읍을 세우고 고을을 다스리는 일, 다시 말하면 출세하여 관료가 되지만 혹시 한 가지라도 마땅하지 않게 되면 주인은 가난하고 천한 처지에 놓이게 되는 법이다.

조상을 명당에 모시거나 명당 터에서 태어나면 출세를 하게 되는데 혹시 명당을 얻었어도 장법이 잘못되거나 혈처를 벗어나면 가난하거나 천하게 된다.

公侯之地, 龍馬騰起 面對玉圭 小而首銳, 更遇本方 不學而至.

공후(제후/임금)가 나는 땅은 용마(산세)가 날아오르고 전면에는 일자문성一字文星이 나열되고 봉우리가 작지만 성봉이 날렵하고 제대로 된 방위를 만나기만 한다면 배우지 아니하여도 공후의 지위에 오르게 되는 것이다.

용마등기龍馬騰起라는 것은 내룡이 좌우의 호위를 받으면서 힘차게 달려오는 모습이다. 면대옥규面對玉圭라는 것은 안산이 일자문성사一字文星砂라는 것이다. 소이수예小而首銳라는 것은 작지만 반듯한 봉우리이다. 갱우본방更遇本方이라는 것은 좌향이 제대로 놓였음을 말하는 것이다.

宰相之地, 繡橄伊邇, 大水洋潮, 無上至貴.

　재상이 나는 땅은 생사로 수를 놓듯이 얽혀 있고 큰물이 바다처럼 밀려오는 듯한 곳인데 더 이상 귀지가 아닐 수 없다. 수격이이繡橄伊邇라는 것은 겹겹이 수를 놓은 듯 얽혀 있는 모습이다.

　대수양조大水洋潮라는 것은 바다의 큰 물결처럼 밀려오는 모습이다.

外臺之地, 捍門高峙, 屯踏排迎. 周圍數里, 筆大橫椽, 是名判死, 此昂彼低 誠難推擬,

외대(관청의 높은 벼슬)의 땅은 파구처를 막아주는 한문이 높이 솟아 있고 군사들이 여기저기 진을 치고 배치되어 있는 듯하여 주위가 수리로 둥글게 감아 돌고 있는 듯한 땅이다.

　필봉이 옆으로 가로지른 서까래 같은 것을 이름 하여 판사判死(죽음을 판가름하는 것)라고 하는데 이곳은 높아 밝고 저곳은 낮아 어두우니 진실로 추론하고 헤아리기 어렵다.

　이것은 녹존성 평탐랑이나 직탐랑을 일컫는 말인 것 같은데 녹존을 띤 산은 아래 부분으로 여러 개의 골이 생긴 산이다.

　시중의 일부 책에서는 녹존의 산을 흉사로 기록하고 있지만 여러 갈래의 능선이 내려오면서 중심적인 능선 좌우는 모두 보호사가 되어 명혈이 맺히는 경우가 있으니 이곳은 밝고 저 곳은 어둡다고 표현하여 판단하기 어렵다고 했다. 녹존성祿存星의 모양은 목체로 오르다가 토체를 이루었다. 돈고頓鼓이다.

　녹존의 대표적인 것은 각脚이 많다. 8성星과 조화를 잘하는데, 대록帶祿이라 한다. 무곡대록은 무관이 출出하고 탐랑 대록은 문관이 출出한다. 이것은 혈이 맺힌 경우에 해당한다.

　귀록貴祿은 행룡 시 무곡과 탐랑을 대동하면 좋은 기운을 받아서 귀貴하게 된다. 혈처에서 길성이 확인되면 제대로 된 혈이 되고 나쁜 기운인 흉성이 확인되면 쓸 수 없다.

대혈이 맺힌 곳에는 흉성이 없는 것이 자연의 이치이다. 평지 녹존은 수구산水口山을 만들기도 한다. 녹존의 대표적인 혈은 소치혈梳齒穴, 겸차혈鉗釵穴이다.

녹존성 첨탐랑

녹존성 원탐랑

녹존성 직탐랑

녹존성 평탐랑

녹존 거문

녹존성 거문은 상부는 토체이고 골이 많이 생겼다. 녹존성 거문은

맥이 흘러갈 때는 목성을 띠고 가운데로 맥이 흐를 때는 토성을 띤다. 맥이 흐르지 않고 혈처의 보호사가 되든지 조응사가 될 때는 토체로 여기게 된다.

녹존 무곡

녹존은 골이 많은 것이 특징이다. 골이 많은 횡으로 맥을 실은 능선이 내려오고 좌우로 여러 겹으로 내려오는 능선은 여러 겹의 보호사가 된다. 이런 모습이 얼레빗처럼 생겼다고 해서 형기적으로 소치혈이라고 부른다. 쇠스랑처럼 생긴 것을 보고 형기적으로 겸차혈이라고 부른다. 이런 형태를 취하는 것은 모두 바람을 막기 위한 수단이다.

官貴之地 文筆揷耳 魚袋雙聯 庚金之位 南火東木 北水鄙伎
관귀삽이 문필삽이 어대쌍연 경금지위 남화동목 북수비기
地有佳氣 隨土所起 山有吉氣 因方所主
지유가기 수토소기 산유길기 인방소주

182

文筆之地 筆尖以細 諸福不隨 虛馳才藝

문필지지 필첨이세 제복불수 허치재예

大富之地 圓峯金櫃 貝寶沓來 如川之至 貧賤之地 亂如散蟻

대부지지 원봉금궤 패보답내 여천지지 빈천지지 난여산의

[역]

벼슬과 귀함이 나는 땅은, 문필봉이 귀를 쫑긋 세우듯 우뚝하게 솟아있다. 어대사魚袋砂가 쌍으로 연속되어 있고, 경庚(서쪽, 오행으로는 金) 방위에 있으면 또한 관귀官貴가 나오나, 남쪽(오행은 화)과 동쪽(오행은 목)에 있거나, 북쪽(오행은 수)에 있으면 비천한 재주(비기鄙伎)) 밖에 안 나온다. 땅에 좋은 기가 있으면, 흙에 따라 일어나는 장소(기가 모이는 곳)가 있으며, 산에 길한 기운이 있으면, 방위로 인하여 거기에 맞는 주인이 있다. 글과 문장이 나는 땅은, 붓처럼 뾰족하고 가는 것으로, 모든 복이 따르지 않고, 재주와 기예만 헛되이 나서 지나갈 뿐이다. 큰 부자가 나는 땅, 둥글게 생긴 봉우리와 금궤 같은 사격砂格이 있는 것으로, 패물과 보물이 넘치도록 들어오는 것이, 마치 냇물이 흘러들어오는 것과 같다. 가난과 천함이 나는 땅은, (산세가) 어지러워 마치 개미가 흩어지는 거와 같다.

[설명]

官貴之地, 文筆揷耳. 魚袋雙聯, 庚金之位, 南火東木, 北水鄙伎

관귀의 땅은 문필봉이 서 있고 물고기를 담은 자루 모양의 사격(두툼한 토체)이 쌍으로 연결되어 있고 경금 지위의 사격(금성체)이 서 있는 곳이다. 불꽃이나 나무처럼 메마른 땅과 물이 흐르는 것처럼 생긴 사격이 있는 곳은 비천한 재주만 나온다는 것이다. 국내 학자들은 위의 귀사貴砂들이 서쪽 방위에 있어야 좋고 남, 동, 북 방위에 있으면 비천한 재주만 나온다고 설명하고 있지만 필자는 아래와 같이 이해한다. 길사들은 혈처의 좌향에 따라 방위를 가리지 않고 위치하고 있다. 문필봉은 탐랑성貪狼星을 일컫는데 탐랑은 다음과 같다.

탐랑성은 오행으로 목木의 성격을 띠며 종류로는 끝이 붓끝처럼 뾰족한 첨탐랑尖貪狼, 끝이 둥근 원탐랑圓貪狼, 끝이 평평한 평탐랑 平貪狼(거문 토체土體처럼 생겼는데 토체의 끝에서 혈이 맺히든지 맥이 계속 진행하는 형태의 산), 들판이나 평지에 누워 있는 직탐랑直 貪狼, 끝이 둥글거나 평탄한 산 가운데 뾰족 단정 수려한 산인 소탐랑 小貪狼으로 구분한다. 길사로 분류하며 유두혈乳頭穴을 주로 맺는다 고 한다. 그러나 필자는 꼭 그렇지는 않다고 보는데 참고하기 바란다. 아래에 혈처 주위에 있는 사격들의 사진을 첨부하니 말로 표현하기보 다 직접 눈으로 봄으로써 이해를 돕고자 한다.

① 첨탐랑

② 소탐랑

소탐랑은 둥근 무곡 금성체의 중간이나 거문 토체의 평탄한 가운데
에 조그맣게 솟은 봉우리를 일컫는다. 무곡 금성체에 솟은 봉우리를
책에서는 관모사라고 적고 있기도 하다. 토체의 양측 끝이 솟은 봉우
리를 고축사라고 하는데, 책에는 고축사의 가운데에서 솟은 봉우리를
화개삼태사라고 적기도 한다.

③ 원탐랑

④ 평탐랑

평탐랑은 거문성의 토체처럼 생겼는데 토체의 중앙에 혈이 맺히든지 토체의 중간에서 맥선이 내려와 혈을 맺을 때 거문 토성이라고 말하며 맥이 토체 끝에서 혈이 맺히든지 아니면 맥이 계속 흐르는 것을 평탐랑이라고 한다. 수평으로 짧게 능선이 되어 있든지 길게 되어 있든지를 불문하고 토체처럼 생긴 능선을 평탐랑이라고 한다.

일부 책에는 산 정상이 수평으로 되어 있으면 모두 거문 토체로 설명하고 있다. 필자가 탐침봉으로 확인을 해보면 확실하게 구분된다. 책에는 토체를 군왕사라고 표현하지만 군왕이 출出하는 곳은 토체가 없어도 출할 수 있음을 확인했다. 혈의 크기는 내맥來脈의 강도에 따라 결정되며, 혈의 크기가 결정되면 주위 국과 포진하는 사격이 그에 합당한 균형을 이룬다.

⑤ 직탐랑

직탐랑은 들판의 야산에 길게 누워있는 모습이다. 직탐이 길게 된 모습이 혁대처럼 생겼으므로 요대사 또는 옥대사라고 한다. 누운 탐랑이므로 오행은 목木이다. 맥이 흐르지 않을 때는 혈처 주위에서 안산이 되는 경우가 많다. 이것은 담장이 되어 온화한 분위기를 만들기 위한 수단이다. 일부 사람들은 수성산水星山으로 알고 있지만 수성산은 얕은 기복이 있으며 물이 흘러가는 것처럼 연속적으로 이어진다. 직탐랑은 평탄하며, 평탄한 것이 물처럼 연결되어 흐르지 않는 것이 수성산과 다르다.

어대쌍련魚袋雙聯

거문 토체土體와 평탐랑平貪狼은 모양이 비슷한데, 거문巨文 토체
는 맥이 중앙으로 흘러 아래에서 혈을 맺기도 하고 토체의 중간에서
돌혈로 혈이 맺히기도 한다.

반면 평탐랑平貪狼은 맥脈이 토체 끝부분으로 흘러 내려가 혈을
맺기도 하고 토체의 끝에서 돌혈로 혈을 맺기도 한다.

음陰 기운을 갖고 있으며, 20% 다른 기운이 들어오는 중에 염정 기
운은 탐랑보다 약하다. 거문성의 맥은 토체 중간에서 음룡陰龍으로
내려오며 경사가 급하고 돌이 많은 경우도 있다. 혈은 음래양재陰來
陽在, 거문은 음인데 양으로 되어 있다. 와혈窩穴을 주로 맺으며, 고
산룡은 뒤에서 유혈을 맺기도 한다. 저지대에서는 와혈이 많으며, 주
위에는 연못이 있기도 하다.

거문이 행룡할 때 생生, 왕旺에는 좋은 성星인 탐랑, 무곡을 만든다. 거문성은 조응사에 많으며, 맥은 없고 다른 혈처를 호위하고 조응하기도 한다. 맥이 흘러 능선 끝으로 행할 때는 목木의 성격을 띤 평탐랑으로 변한다.

거문성에는 와혈이며 저지대에 많다고 했는데 바람을 받으면 혈이 맺히지 못하기 때문에 자체적으로 자기 몸을 보호하기 위함이다

책에서 거문성에는 겸차혈(겸혈)이 대표적이라고 적고 있으나 꼭 그렇지는 않고 혈 후면에 있는 토체가 병풍을 두른 것처럼 보이므로 이를 옥병사玉屛砂라 적기도 한다. 우리나라 풍수지리 단체에서는 구미에 있는 박정희 전 대통령 선영을 찾는 것이 보편화되어 있는데 멀리 보이는 안산이 거문 토체로 되어 있다.

이구동성으로 박정희가 대통령이 된 것은 토체로 된 안산의 영향이 크다고들 말한다. 그러나 큰 인물이 태어나는 것은 어디까지나 혈처의 역량이 좌우하는 것이지 주위에서 조응하는 사격의 영향은 아닌 것이다. 다만 주위의 사격은 암시를 한다고 보면 된다.

경금지위庚金之位

　무곡산에는 대개 와혈窩穴을 만들며 행룡 중에도 바위들이 둥글둥글하여 부드러운 감을 준다고 일반적으로 알고 있다. 맥이 흐르는 곳의 바위는 누렇고 이끼가 끼지 않고 깨끗하다. 혈을 맺을 때는 퍼져 내려오는 곳에 돌突한 부분이 나타나고 바로 아래에 소쿠리같이 오목한 부분이 대개 혈처이다. 퍼진 곳으로 바로 떨어져서 전순을 불룩하게 만들고 혈을 맺기도 한다. 대표적인 혈은 원와혈圓窩穴이다.

　사람들은 오목한 곳을 잘 볼 줄 모른다. 그래서 전국에 와혈이 대부분 비어 있고 사용된 곳도 실혈하여 묵묘로 된 곳이 대부분이다. 오목한 곳에 혈이 맺힌다는 것은 바람을 스스로 피하기 위한 수단이다. 유속이 빠른 물속에 돌이 있으면 돌 밑이 조용하여 모래가 쌓이는 것과도 같은 이치이다.

    금성체의 중간쯤에서 지각을 내어 유혈을 맺기도 하는데, 이때는 좌우 사격이 잘 보호하며 앞이 열렸으면 뒤로 물러앉기도 하고 혈 앞을 두툼하게 하여 자신을 보호하기도 한다. 금성체는 봉우리 끝이 둥근 것이 특징이며 복종형覆鐘形(태양금성太陽金星), 복부형覆釜形(태음금성太陰金星)으로 나눈다. 무곡 금성체에서는 장군이 출出한다고 책에 쓰여 있으나 꼭 그렇지 않으며 장군이 태어나는 자리는 대개 내룡來龍이 석산이고 좌우와 전순도 암반인 곳이 많다. 이런 곳이 맥이 강하고 주위 보호가 완벽하면 초특급의 혈이 맺히기도 한다. 그러나 이런 자리는 완벽하게 천장지비화하여 일반인들의 눈에는 등산을 위해 밟고 다녀도 잘 보이지 않는다.

① 복부사

② 복종사

地有佳氣, 隨土所起, 山有吉氣, 因方所主.
　땅에 아름다운 기운이 있어 흙을 따라 일어나는 곳(혈이 맺히는 곳)
이 있고 산에는 길한 기운이 있어 방위로 인하여 주체가 있는 곳(방위
에 따라 길방이 있는 것)이다. 이것으로 인하여 혈이 있으면 이기理氣
가 만들어졌던 것이다.

文筆之地, 筆尖以細, 諸福不隨, 虛馳才藝.
　문필봉의 땅이 뾰족한 것이 가늘면 모든 복은 따르지 않고 재예才
藝(재주)만 스쳐지나갈 뿐이다. 사격이 두툼하고 풍만하여야 부귀가
따른다는 것이다.

大富之地, 圓峯金櫃, 貝寶沓來, 如川之至. 貧賤之地, 亂如散蟻.

큰 부자가 나는 땅은 봉우리가 둥글면서 금궤(금성체)처럼 두툼하면 재물이 넘쳐 들어옴이 냇물이 흘러 들어오는 것과 같다. 빈천(가난함)의 땅은 개미가 흩어지는 것과 같은 주위 산이 난잡하고 무질서하게 흩어져 있다.

達人大觀 如示諸指 幽陰之宮 神靈所主 葬不斬草 名曰盜葬
달인대관 여시제지 유음지궁 신영소주 장불참초 명왈도장
葬近祖墳 殃及兒孫 一墳榮盛 一墳孤貧 穴吉葬凶 與棄屍同
장근조분 앙급아손 일분영성 일분고빈 혈길장흉 여기시동

[역]
통달한 사람이 크게 보면, 마치 모두 손가락으로 가르치는 것과 같은 것으로, 묘지에서는, 신령이 주관하여 자리를 잡는 것이며, 장사에 풀을 베지 않는 것은 이름 하여 몰래 장사를 치르는 것이라고 하였다. 조상 산소 가까이에 장사를 지내면, 재앙이 어린 손자에게까지 미칠 것이다. 한(어떤) 산소는 번영하고 융성하는데, 어떤 산소는 고독하고 가난하나. 혈 자리는 좋은데 장사지내는 것이 흉하면, 마치 시체를 버리는 것과 똑 같다.

[설명]
達人大觀, 如示諸指
통달한 사람이 크게 보면 마치 모두 손가락으로 가리키는 것과 같다는 것은 풍수지리를 통달한 사람은 길흉지를 정확하게 알고 구별할 수 있다는 뜻인 것 같다.

幽陰之宮 神靈所主 葬不斬草 名曰盜葬

음택은 신령이 주관하는 곳인데 장사 시 풀을 베지 않는 것(터를 다듬지 않는 것)은 남의 땅에 도둑 장사 지내는 것과 같다는 것인데 이 말은 사성을 쌓고 제절을 짓고 제대로 터를 만들어 기운을 가두라는 말이다. 다시 말하면 천기를 모으라는 말이다.

葬近祖墳 殃及兒孫

조상 묘 근처에 장사지내면 그 재앙이 어린 손자에게까지 미치게 된다는 것이다. 이 말은 맥이 내려와 맺힌 혈처는 하나이며 맥을 호위하는 원진수가 혈을 감싼 후 합쳐서 아래로 지그재그로 흘러가는데 혈처 주위에 묘지를 쓰면 수맥 위에 놓이게 되어 그 재앙이 크다는 것이다. 실제로 명당 주위에 있는 오래된 무덤들은 모두 묵묘들이었다. 당시에는 혈처 주위에 있는 묘들이 모두 묵묘로 변하는 것을 보고 왜 잘못되는지 이유를 모르고 조상 주위에 묘를 썼기 때문에 재앙이 나타나는 것으로 생각했던 것 같다.

一墳榮盛, 一墳孤貧. 穴吉葬凶, 與棄屍同.

어떤 묘는 번영하고 융성하는데 어떤 묘는 고독하고 가난하다고 표현한 것은 왜 이런 차이가 있는지 원인은 모르는 것 같다. 다만 위에 설명한 조상 묘 주위에 장사지내거나 아래에 설명한 장법의 잘못이 원인일 것으로 보고 있었던 듯하다.

혈은 좋은데 장법이 흉하면 시신을 버리는 것과 같다고 표현했는데 다음 단락에서 설명하고 있다. 둘레석을 사용하여 빗물을 가두어 시신을 물속에 있게 하고 좌향을 잘못하여 생기를 모으지 못하고 바람을 가두지 못하여 기운을 흩어지게 하는 것은 흉한 장법이고, 광내에 빗물이 스며들지 않도록 하고 수맥이 없는 곳을 선택하며 장풍이 되도록 하는 것은 길한 장법이다. 이렇게 하면 맥이 없더라도 천기를 모을 수 있다.

陰陽符合 天地交通 內氣萌生 外氣成形 內外相乘 風水自成

음양부합 천지교통 내기맹생 외기성형 내외상승 풍수자성

察以眼界 會以性情 若能悟此 天下橫行

찰이안계 회이성정 약능오차 천하횡행

[역]

음양이 부합하여, 천지가 서로 통하면, 내기는 생명을 싹트게 하고, 외기는 형상을 이룬다. 내기와 외기가 서로 승하여 어우러지면, 풍수는 스스로 이루어진다.

눈으로 자세히 살피고, 정성스럽게 마음을 모아, 능히 이를 깨달아 터득할 수 있다면, 천하를 다 다녀도 거리낌이 없을 것이다.

[설명]

陰陽符合, 天地交通, 內氣萌生, 外氣成形. 內外相乘, 風水自成.

지형에 따라 혈이 맺힐 조건이 되고 좌향의 위치가 맞으면 상괘 통기와 하괘 유전으로 인해 안으로는 생기가 싹이 트고, 밖으로는 바람을 막을 수 있는 조건이 되면 내외 기氣가 서로 상승하게 되니 혈처의 경계는 스스로 이루어진다.

察以眼界, 會以性情, 若能悟此, 天下橫行.

눈으로 혈이 맺힐 수 있는 경계를 살피고 마음을 모아 풍수지리의 이치를 깨달을 수만 있다면 천하를 누비고 다녀도 거리낌이 없다는 것은 도의 경지에 이름을 말함인데 형기적으로 혈이 맺힐 수 있는 국세를 살피고 혈이 맺힌 곳을 찾아내는 풍수지리의 이치를 깨달을 수 있다면 천하를 누비고 다녀도 거리낌이 없다는 것이다. 다시 말하면 풍수지리에 대해서는 도의 경지에 이른 것이다.

금낭경錦囊經

금낭경錦囊經의 서序

금낭경의 역사에 대해 노병한魯炳漢 박사의 『古典風水學原論』에서 인용하면 다음과 같다.

"지금으로부터 약 1700년 전쯤에 우리나라의 삼국시대에 즈음하는 중국의 서진西晉, 동진東晉시대, 즉 진晉나라 때에 곽박郭璞(276~324년)이 청오경靑烏經을 인용하여 금낭경錦囊經을 저술하였다. 그는 책 곳곳에 경왈經曰하면서 청오경을 인용하고 있다. 이러한 연유로 청오경을 장경葬經이라 하고 금낭경을 장서葬書라고 부르게 되었던 것이다.

곽박의 면모는 괴기스런 대목이 많음이 사실이다. 예컨대 용이나 학을 타고 운중雲中을 노니는 신선의 풍모가 완연하다. 그가 주석을 가한 유명한 책 산해경山海經이나 초사楚辭도 모두가 신선과 무당과 귀신이 한데 어우러진 것들이 대부분이다. 그가 남긴 저명한 문학 작품이 유선시遊仙詩라 해서 신선을 소재로 하고 있는데 이런 그가 금낭경과 같은 풍수학서를 쓰기에는 적격이었을지도 모른다.

금낭경은 상하 2권 8편으로 구성되어 있다. 전체 내용이 간략하고 짧아서 모두 2,000여 자에 불과하지만 문장이 간결하면서도 군더더기가 없음이 특징이다. 오천언五千言이라는 노자 도덕경에 비해서 그 절반에도 미치지 못한다. 다시 말해 고전의 반열에 올라서기 위한 제1요건은 간단명료함인데 금낭경은 이를 훌륭하게 충족시키고 있는 셈이다. 그리고 다루고 있는 범위가 매우 넓어서 풍수 고전 중에서 최고로 삼을 수 있는 경전이라 할 수가 있다.

상권은 제1 기감편氣感篇, 제2 인세편因勢篇, 제3 평지편平支篇, 제4 산세편山勢篇, 제5 사세편四勢篇으로 구성되어 있다. 하권은 제6 귀혈편貴穴篇, 제7 형세편形勢篇, 제8 취류편取類篇으로 이루어져 있다. 이러한 금낭경은 풍수학에 대한 구체적인 해석을 내리면서 풍수이론과 실제를 전체적으로 기술함으로써 풍수학 발전에 크게 공헌하였다고 하겠다.

이러한 고전 장서를 금낭경錦囊經이라고 했던 어원에 대해 살펴볼 필요가 있다. 양귀비와의 떠들썩한 로맨스로 유명한 당나라 황제 현종이 자리에 대해 해박한 홍사泓師라는 신하를 자주 불러서 산천의 형세를 두고 문답을 하여 보았다. 그런데 홍사는 장서를 자주 인용하면서 대답하였던 것이다.

어느 날인가 현종이 홍사에게 그 인용하던 책을 요구하게 되었고, 홍사는 책을 바치면서 이 책은 세상에서 매우 귀한 책으로 함부로 다른 사람들에게 보여서는 안 되는 비보서秘寶書라고 말하였다. 이 말을 들은 현종은 이 책을 비단으로 만든 보자기, 즉 금낭錦囊에 넣고서 다시 이를 궤짝에 깊이 넣어서 보관하였다. 이렇게 하여 금낭경이란 이름이 생겨나고 유래되었다.

금낭경이 우리나라에 미친 영향은 매우 크다. 청오경과 함께 술사術士가 되기 위한 잡과雜科의 과거시험 필수과목이었다는 점에서 증명된다. 다시 말해 조선시대 지리과地理科의 과거시험에서 청오경과 함께 금낭경은 배강背講이라는 암기의 필수과목이었다. 금낭경은 당나라 연국공燕國公이였던 장설張說과 승려인 홍사泓師, 일행一行 등이 주석을 달아서 설명한 판본板本이 전해지고 있다.

葬書(西晉: 郭撲-西元: 276~324) 西晉末東晉初著名學者, 文學家, 術數
장서(서진: 곽박-서원: 276~324) 서진말동진초저명학자, 문학가, 술수

學家, 字景純, 死後追贈弘農太守, 河東聞喜人, 東晉(元帝時, 歷任著作佐
학가, 자경순, 사후추증홍농태수, 하동문희인, 동진(원제시, 력임저작좌
郎, 尚書郎, 曾與王隱共同撰寫(晉史), 他博學多才, 好經術, 擅辭賦, 精通
랑, 상서랑, 증여왕은공동찬사(진사), 타박학다재, 호경술, 천사부, 정통
天文, 曆算, 葡筮, 相地之術, 著有(爾雅注), (方言注), (穆天子傳注), (楚辭
천문, 역산, 복서, 상지지술, 저유(이아주), (방언주), (목천자전주), (초사
注) 以及(洞林)(新林), (葡韻) 等十數種, 郭璞(葬書), 始見於(宋史, 藝文志),
주) 이급(동림)(신림), (복운) 등십수종, 곽박(장서), 시견어(송사, 예문지),
只一券, 以後歷代術士爭相粉飾, 增至二十篇, 後被宋代蔡元定刪去十二篇
지일권, 이후력대술사쟁상분식, 증지이십편, 후피송대채원정산거십이편
存八篇, 元代吳澄又加刪削, 遂成中篇, 外篇, 雜篇共三篇, (四庫全書) 子部
존팔편, 원대오증우가가산, 수성중편, 외편, 잡편공삼편, (사고전서) 자부
術數類相宅相墓之屬所收(葬書), 卽吳氏刪削本.
술수류상댁상묘지속소수(장서), 즉오씨산삭본."

제1 기감편 氣感編

葬者承生氣也 五氣行乎地中 人受體於父母 本骸得氣 遺體受蔭
장자승생기야 오기행호지중 인수체어부모 본체득기 유체수음

[역]

장사葬事는 생기生氣를 받아야 한다. 오기五氣가 땅속으로 흐른
다. 사람은 부모로부터 몸을 받고, 본해本骸(부모의 유골)가 기를 얻
으면, 유체遺體(자식)는 음덕을 받는다.

[설명]

葬者承生氣也.

기氣는 생기生氣와 오기汚氣로 양분하는데 장사葬事는 생기를 타
야 한다. 생기生氣는 좋은 기인데 맥에 의하여 맥 주위에 일정한 범위
내에는 좋은 기운이 감지되며, 맥이 흘러 혈이 맺힌 곳에도 일정 범위
내에는 좋은 기운이 감지된다. 필자는 이것을 생기로 규정하며 맥에
의하여 맺힌 혈을 지기혈이라고 부른다. 생기는 맥에 의하여 생기지
만 맥이 없는 곳에도 좋은 기운이 감지되는데 이곳에서 만들어진 자
리를 천기혈이라고 부른다.

대부분 사람들은 맥에 의하여 맺힌 혈처에서 생기는 것으로 알고
있다. 그러나 위 글에서 생기生氣는 사람에게 미치는 좋은 기운을 통
틀어 표현했다고 본다. 지기혈地氣穴이든 천기혈天氣穴이든 모두를
일컫는 말이라고 본다. 사람들은 수맥이 내려와서 맺힌 천기혈에서
좋은 기운이 감지되니까 수맥을 지맥으로 오인하여 묘지를 조성하는

경우도 있다. 그러므로 실혈하여 수맥 위에 시신을 놓는 경우가 있다. 이제부터라도 이 책을 접할 기회가 있다면 바르게 이해하길 바란다.

五氣行乎地中.

기氣는 목木, 화火, 토土, 금金, 수水의 오기五氣로 구분하는데 오기五氣는 땅 속을 흐른다. 지기地氣는 맥脈이 있는 곳에 존재하며 맥은 발원지에서 출발하여 각지처各地處로 흘러 바람을 갈무리하는 곳에서 머물게 된다. 지기地脈의 발원지發原地는 각 지역에 골고루 분포되어 있다. 우리는 산맥이 백두산에서 발원하여 백두대간을 통해 흐르면서 각지로 나뉘는 것으로 알고 있다. 그러나 필자가 직접 발원지로 올라 확인한 바로 이것은 잘못된 것임을 알게 되었다.

시중의 풍수지리 서적에는 한결같이 맥의 발원지는 백두산으로 기록되어 있고 맥이 흐르면서 돌출된 산을 태조산, 중조산, 소조산으로 분류하면서 태조산은 거칠고 위압적인 산으로 표현하고 있다.

필자가 확인한 바에 의하면 태조산은 바위가 없는 흙산으로 되어 있는 곳도 있었다. 어느 곳은 둥글둥글한 바위로 된 곳도 있다. 어느 곳은 흙산으로 출발하여 내려가면서 석산으로 변하는 곳도 있으며, 혈을 맺은 아래는 능선 입구에서부터 거친 바위로 형성되어 혈처에는 부드럽게 된 곳도 있다.

충남 공주시

충남 논산시

충북 괴산군

人受體於父母, 本骸得氣, 遺體受蔭.

사람은 부모로부터 몸을 받고 본해(부모의 유골)가 기를 얻으면 유체(자식)는 음덕蔭德을 받는다. 우리가 풍수지리라고 하면 묘지를 먼저 연상한다. 국내 풍수지리 연구단체 및 카페도 주로 음택에 관한 것이 대부분이다. 동양의 효孝문화에 근거를 두고 있으며 좋은 자리에 조상의 체백을 모시면 조상은 편안하고 후손은 음덕을 받는다는 것으로 오랜 세월 속에 입증된 결과이다.

유전인자가 같은 것끼리는 서로 감응한다는 얘기인데, 풍수지리를 연구하고 조상을 좋은 자리에 용사하려는 목적이기도 하다. 조상의 묘를 쓰고 누구나 음덕을 받기를 희망하지만 유전인자가 망자와 가까운 순서로 발복發福의 혜택을 받고 자리의 오행관계와 관련 있는 후손에게 우선적으로 발음되어진다고 본다.

가장 중요한 것은 후손의 노력 여하에 따라서 대소가 다르다는 것을 알아야 한다. 어쩌다 부모를 좋은 곳에 모셨다고 하여 노력은 하지 않고 좋은 결과만 기대해서는 안 된다.

　인간은 혼魂과 백魄이 있는데 죽으면 혼은 육체로부터 떠나고 백魄만 유골로 남게 되는데 백이 편안하여 조상의 혼이 좋은 곳으로 갔다고 가정할 때 동기감응 이론에 의하여 후손의 혼도 편안해져 하는 일마다 지칠 줄 모르고 열심히 노력하게 되니 자연히 건강하고 재물이 모이는 것으로 본다.

　나의 혼이 안정되고 바른 생각을 하게 될 때 우리는 모든 일에서 바르게 판단하여 일이 잘 되는 쪽으로 생활하게 되는 것이다.

　조상의 묘를 좋은 곳에 용사를 했다고 하루아침에 금덩어리가 떨어지는 횡재는 없다. 맑은 정신으로 지칠 줄 모르는 정열로 생활을 할 때 그 결과는 세월이 지난 후에 자기도 모르게 변해 있음을 알게 될 것이다. 어린 자녀들도 좋은 기를 계속 공급받게 되므로 공부도 지칠 줄 모르고 남들보다 열심히 하게 되어 그 노력의 결과로 훗날 좋은 결과가 나타나게 될 것으로 본다. 형제간에도 누가 더 열심히 옳은 판단을 갖고 꾸준히 노력했는가에 따라서 결과는 다르다고 말할 수 있다. 물론 유전인자가 가까운 후손에게 옳은 판단을 할 수 있도록 더 큰 영향이 미친다고 보이지만 연구와 실험은 계속되고 관찰되어서 미신이 아님을 모든 사람들이 알았으면 좋겠다.

經曰 氣感而應 鬼福及人 是以銅山西崩 靈鐘東應 木華於春
경왈 기감이응 귀복급인 시이동산서붕 영종동응 목화어춘
粟芽於室
속아어실

[역]

경經에 이르기를 기氣가 감응感應하면 귀복鬼福(=화복禍福)이 사람에게 미친다고 하였다. 이는 서쪽에 있는 동산銅山이 붕괴崩壞하면, 동쪽에 있는 신령한 종鐘이 응하여 울리는 것과 같다. 나무는 봄에 꽃이 피고, 오곡(속粟)은 온실溫室에서 싹이 튼다.

[설명]

위의 내용은 동기감응에 대한 설명이다. 동의대 이상명 교수의 실험에 의하면 조금 이해가 될 것이다. 3사람의 정자를 받아서 다른 곳에서 이 3사람에게 전기 쇼크를 가했는데, 멀리 떨어진 다른 곳에 있는 정자가 반응하더라는 것이다.

옛날 중국 황실에 있는 동종銅鐘이 갑자기 울렸는데 같은 시각에 멀리 떨어져 있는 동광산銅鑛山이 같은 시각에 무너졌다는 사실은 풍수지리 분야에서 너무나 유명한 이야기이다.

동기감응의 반응은 나이가 어릴수록 순수하기 때문에 많이 받는다고 하며 태아는 순수하기 때문에 아주 많이 전달된다고 한다. 묘를 쓰고 우환이 끊이지 않는 집안이 있고, 형편이 나아지는 집안이 있음을 우리는 종종 본다.

집안이 나아지는 것은 서서히 이루어지지만 불행은 금방 닥치는 것이 관찰된다. 믿거나 말거나 하는 얘기 같지만 성공한 사람들의 조상 묘와 집터는 좋은 곳에 있는 것이 대부분이었다.

우환이 끊이지 않는 집안은 묘에서 발생하는 강한 유해 파장이 후손들의 생체 에너지를 계속 교란시키는 것인데 유해 파장이 없고 안정된 지자기가 통하는 곳(생기가 가득한 곳)으로 이장을 하면 후손들의 생체 에너지가 강해지는데 조상의 뼈에서 발생하는 주파수가 후손의 신체 주파수와 공명共鳴하기 때문이다. 이것은 양자역학 원리에 의하여 증명되는 것이다

毫釐之差 禍福千里
호리지차 화복천리

[역]
털끝만한 차이로도 화와 복은 천리지간으로 벌어진다.

[설명]
　음·양택 조성에 아주 중요한 내용이다. 명당 주위에 있는 무덤은 대부분 묵묘이거나 파묘 터이다. 지기地氣혈이란 맥이 발원지에서 흘러 와서 뭉친 곳인데 맥이 흐를 때 맥은 좌우에서 원진수의 호위를 받는다. 맥과 동행하는 원진수의 호위를 받고 진행하다가 맥이 멈추면 원진수는 혈을 둘러싼 후 합쳐져서 혈처 앞에서 기운이 설기되지 않도록 좌우로 여러 구비로 돈 후 나아간다.
　정확하게 혈심을 사용하지 못하면 원진수 위에 놓여 수맥의 영향을 받게 되며, 기운이 혈처 중심으로 쏠리게 되므로 설기되는 것이니 결과는 천지지간이라고 할 수 있다.
　장법에 따라서 명혈을 버리는 누를 범할 수도 있으니 신중하지 않을 수 없다. 좌향을 정확하게 놓아야 한다. 혈이 맺히면 좌향은 이미 정해져 있으니 먼저 주위를 살펴 혈심을 정해야 하고, 다음으로 균형을 살펴서 좌향을 정해야 한다. 석물은 경사지에서 제절 구축 외에는 사용하지 않는 것이 좋다. 제일 나쁜 것이 석곽이고 다음으로 둘레석이다. 이유는 광내에 물이 고여 시신을 물속에 가두기 때문이다.
　혈처는 멀리서부터 혈처 쪽으로 보호사가 겹겹이 호위를 하게 되는데, 최종적으로 보호사 역할을 하는 사성을 조성하여 지기뿐 아니라 천기를 모아야 한다. 볼록렌즈가 빛을 중심부로 모으듯이 봉분은 외기를 내부로 응축시키는 역할을 하는 것이니 둥근 모양으로 정성스럽게 조성하여야 한다.

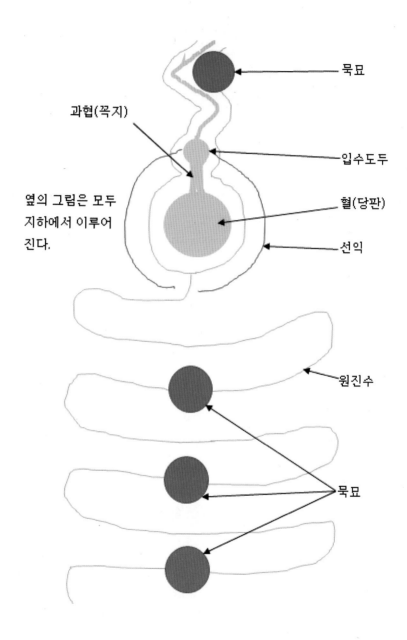

묵묘

과협(꼭지)

입수도두

혈(당판)

선익

옆의 그림은 모두
지하에서 이루어
진다.

원진수

묵묘

經曰 地有四勢 氣從八方
경왈 지유사세 기종팔방

[역]
경에 이르기를 땅에는 사세四勢가 있고, 기는 팔방을 따른다고 하
였다.

[설명]
사세四勢는 현무玄武, 주작朱雀, 청룡靑龍, 백호白虎를 이르는 말
이며 팔방八方은 4정正과 4유維를 일컫는 말이다. 4정正은 동東(묘
卯, 진震), 서西(유酉, 태兌), 남南(오午, 이離), 북北(자子, 감坎)이고,
4유維는 북서北西(건乾), 북동北東(간艮), 남동南東(손巽), 남서南西
(곤坤)이다.

八方

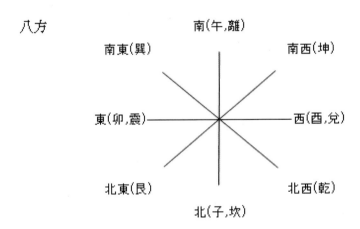

위의 8방은 복희씨의 선천팔괘와 문왕의 후천팔괘를 기준으로 설명
하는 것으로 본다. 정리하면 아래와 같다.

선천팔괘를 일명 복희 선천팔괘라고 한다. 선천8괘는 천지정위天地定位, 뇌풍상박雷風相搏, 산택통기山澤通氣, 수화불상사水火不相射 등의 착괘錯卦로 되어 있다. 복희 팔괘는 만물의 변화 이치를 보여주는 형상이므로 선천팔괘라고 한다. 이것은 만물에 내재되어 있는 근본 원리를 배열한 하도를 기본으로 한다.

후천팔괘를 문왕 후천팔괘라고하며 만물의 변화 원리를 형상화했다. 낙서를 근본으로 했으니 하도를 체體라고 하면 낙서를 용用이라고 한다.

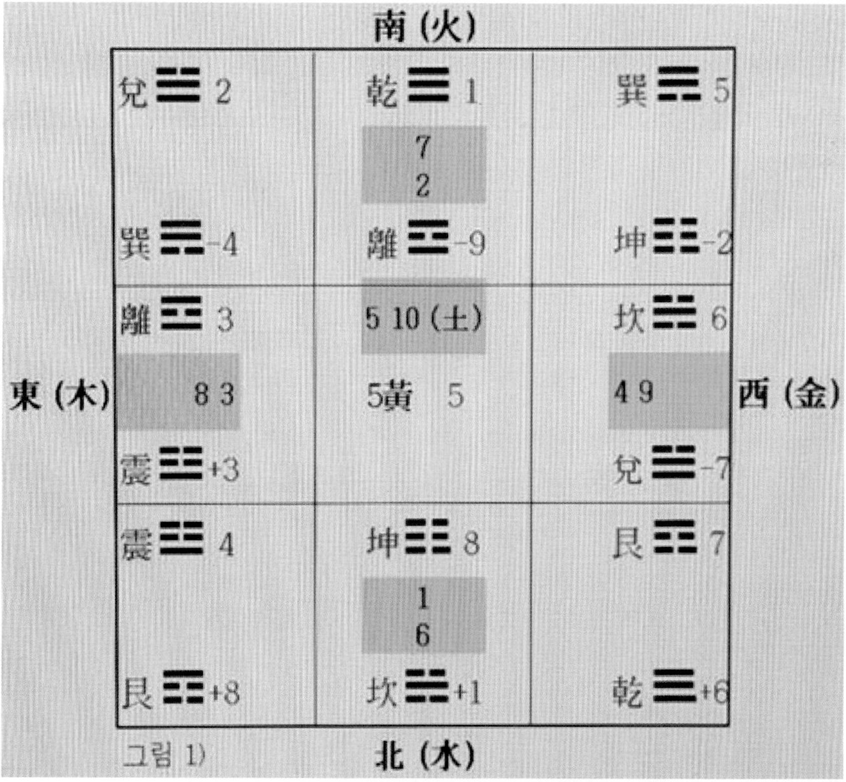

그림 1)

위 부분 : 先天八卦(적색 글씨)

아래 부분 : 後天八卦, 洛書(흑색 글씨)

하도河圖: +1, -6 =水, -2, +7 =火, +3, -8 =木, + = 天, - = 地
　　　-4,+9 = 金,

사세四勢

1)현무玄武(주산主山)

"사신사四神砂 중에서 주체는 현무玄武이며 현무는 혈穴의 뒤편
에 있으므로 후산後山이라고도 하며 종인 청룡靑龍, 백호白虎에 대
해 주主이고 객客인 안산案山에 대해 주인主人인 까닭에 주산主山이
라고도 하며 생기가 흐르는 용龍이기 때문에 본산本山 또는 내용來
龍이라고 말한다. 현무玄武는 혈장穴場 뒤의 산이며 내룡來龍의 용
맥龍脈이 혈장穴場으로 흐를 때 가장 중요한 역할을 한다. 내룡來龍
의 용맥龍脈은 현무玄武를 거쳐 일시적으로 입수入首에 머물다가 혈
장穴場으로 들어온다. 응결되는 기맥氣脈은 용맥龍脈의 발원지인 태
조산太祖山을 거쳐 중조산中祖山, 소조산小祖山, 입수入首, 혈장穴
場의 순서로 혈장에 도달하게 된다. 현무玄武는 혈穴을 맺게 하는 혈
뒤쪽의 높은 산으로 용맥龍脈의 대소大小 혈을 결정하는 주산主山으
로서 외형적인 느낌이 웅장하고 수려하면서 혈을 향해 머리를 조아리
고 있는 수두垂頭의 산세이면 길격吉格이다."

위의 내용은 옮겨온 표현이며 풍수 책마다 내용이 비슷하다. 그러
나 현무는 혈의 종류에 따라 다르며 혈처에서 보이는 것도 있고, 보이
지 않는 곳도 있다. 현무의 모양을 보고 혈처의 오행(木火土金水)을
점치기도 하는데 현무의 모양은 혈처에서 보이는 모양이 아니고 맥이
진행하는 산을 옆에서 보고 판단한다. 앞에서 보이는 것을 정頂이라
하고 옆에서 보이는 것을 봉峰이라고 한다.

맥이 입수하는 모습은 수평을 이루기도 하고 급경사를 이루기도 하며 암반으로 된 곳도 있고 잔돌을 잔뜩 머금은 곳도 있다. 경사지를 오르기도 하는데 이것을 비룡입수飛龍入首한다고 한다. 개울을 건너고 평지를 지나 경사지를 올라 혈을 맺기도 한다. 일반적인 혈은 부드러운 곳으로 가서 혈을 맺지만 대혈大穴은 바위로 맥의 진로를 차단하고 바위 상부에서 맺기도 한다.

2) 주작朱雀(안산案山)

"주작(안산)은 혈장穴場 앞 쪽에 있는 가장 가까운 산을 말한다. 이 주작 역시 주산主山과 마찬가지로 혈장과 가까울수록 혈장이 강력한 기맥氣脈을 발현하므로 길吉격으로 본다. 또한 혈장의 규모나 높이에 비해 주작이 지나치게 높거나 웅장하면 왕성한 주작의 기맥이 오히려 혈장의 생기生氣를 눌러 흉작용凶作用을 한다. 주작이 혈장 규모와 조화를 이루면서 단정하게 마주하고 있으면 자식들이 부모에게 효도하고 형제간에는 우애가 돈독하며 화목하다. 또 사회적으로도 주위 사람들의 신임을 두텁게 받은 큰 인물이 태어난다.

혈장을 둘러싸고 있는 모든 사격砂格들은 혈장의 보조적 기능을 수행하므로 혈장을 향해 정正하게 있어야 하며, 만약 이 주작이 혈장에 대해 배역背逆을 하면 자손끼리 불신이 증폭되고 남으로부터 배신을 당하는 일이 자주 발생한다. 주작의 결여나 파손은 절손絶孫되거나 불구자不具者가 태어난다."

위의 따옴표 내의 문구는 풍수지리서에 적힌 내용을 가져온 것이며, 맥을 실은 용맥이 내려와 혈이 맺히면 안산을 비롯한 주위 보호사들이 균형을 이루게 된다.

혈처 앞이 허하면 자연은 불룩한 크고 작은 자기 안산을 일으켜 전면을 보호한다. 이것이 혈이 맺히는 자연의 이치이다.

앞에서도 소개되었듯이 맥이 진행하다가 멈추어 혈을 맺는 원리는 바람을 스스로 막든지 주위에서 막아 주어 아늑한 곳이다.

안산이 없어도 혈이 맺힌 곳이 있는데 이때는 혈처가 두툼하고 뒤로 물러앉아 아래가 보이지 않고 전순 아래는 둥글고 경사를 이루어 바람을 좌우로 돌리면서 공중으로 날리어 혈처에는 바람의 영향이 미치지 않도록 되어 있다.

3) 청룡靑龍과 백호白虎

"청룡이란 혈장 뒤의 주산主山(현무)에서 왼쪽으로 뻗어 나가면서 혈장을 감싸는 산맥을 말하며 백호는 주산에서 오른쪽으로 뻗어 내리면서 혈장을 감싸는 산맥을 말한다. 이 청룡과 백호는 혈穴에서 가장 가까이 있는 좌우 양쪽의 산으로서 주산主山이나 안산案山보다 혈장에 작용하는 영향력은 크고 중요하다. 혈장으로 침범하는 외부의 거친 바람과 모든 흉기凶氣를 좌우에서 완만한 곡선 형태로 담장을 치듯이 차단하는 용호龍虎의 형세에 따라 혈장의 길흉吉凶이 좌우된다. 혈에 응기凝氣된 내룡來龍의 용맥龍脈이 생룡生龍처럼 보이더라도 청룡, 백호의 장풍 및 기맥氣脈 강화작용을 받을 수 없는 혈장이면 진혈眞穴이 맺히지 않는다. 따라서 용호龍虎의 거리는 혈장과 가까운 곳에서 혈장을 충분히 감싸고 있으면서 등을 돌리는 배역背逆의 산세山勢를 나타내지 않아야 길격吉格이다.

청룡과 백호는 풍수지리에서는 핵심적이며 장풍藏風을 위해서는 필수적이다. 청룡에서 발생되는 생기生氣는 대표적인 자손 번창의 기운氣運, 권력과 지도자의 기운, 재산의 기운을 갖고 있다. 청룡이 이 세 기능을 갖는 지세地勢에서는 사람들이 건강하고 후손들이 고급 공무원이 되거나 재물財物을 모으게 된다. 또한 자손도 번창한다. 이와는 반대의 청룡이면 건강을 잃고 자손이 줄어들고 심한 경우는 절손絶孫된다. 청룡의 형세는 남자들 성격에 그대로 반영되어 청룡의 산세가 강건하면 힘차고 용감한 남자들이 많이 태어나고 청룡의 지세가 약하면 병病으로 고생하는 남자들이 많아진다. 청룡의 산세山勢 상부보다 하부에 높이 뭉쳐 있으면 하극상下剋上이 발생하고, 등을 돌리고 있는 지세地勢에서는 부모에게 불효不孝하고 사회를 등지는 후손後孫들이 태어난다. 또 이런 지세地勢에 거주하는 사람은 주위 사람들로부터 배반을 당하거나 부도를 당한다. 청룡의 끝 부분이 집터를 등지고 멀리 뻗어 나가는 지세이면 형제 관계를 끊고 멀리 떠나는 사람이 생긴다. 청룡의 형세에 따라 자식들의 형편이 달라진다. 청룡을 시작점에서 끝 부분까지를 삼등분하여 맨 위 부분은 형제 중에 장남에게, 가운데 부분은 차남에게, 마지막 부분은 막내아들에게 영향이 미친다. 그래서 상부에 큰 힘이 뭉쳐 있는 지세에서는 장남이 다른 형제보다 많이 번창하고 끝 부분에 힘이 뭉쳐 있으면 막내아들이 많이 번창한다. 백호의 길이도 청룡과 같은 영향을 받는다.

다만 청룡이 남성이라면 백호는 여성이므로, 딸과 며느리에게 그 기운이 전달된다는 것이 다를 뿐이다. 백호에서 발생되는 기운이 재산과 여성의 생명력을 갖고 있다. 그래서 백호 기능이 훌륭한 지역에서는 부자가 나오며 아름답고 훌륭한 여성이 많이 배출된다. 백호의 산세가 유순한 지세에서는 부모에게 효도하며 가문을 위해 정절을 바치는 여성이 나오는 반면 등을 돌리고 있는 산세山勢에서는 딸이나 며느리들이 가출하는 경우가 발생한다.

뒷면을 보이는 배반격背反格인 경우에는 재물을 잃고 어려운 생활을 하게 된다. 청룡과 백호의 모양이 좋고 길이가 같으면 이상적이다. 두 길이가 다른 경우도 혈을 구성하는 경우가 많다. 혈에서 청룡이나 백호까지 거리는 일정하지 않다.

이처럼 용호龍虎의 길이나 지세에 따라 모두 다르게 나타내며 이 길이와 거리의 차이에 의해 혈穴과 명당明堂의 기운氣運도 달라진다. 용호의 길이는 사신사四神砂 기능에 직접 영향을 준다.

주산에서 출발한 청룡이 집터나 묏자리의 왼쪽을 지나 앞쪽에 이르기까지 길고 둥글게 감싸는 경우, 청룡은 혈의 중심으로 현무의 출발점에서 시작해서 혈의 앞쪽까지 180도를 넘게 되면 매우 강한 생기生氣가 발생되어 왕기王氣를 갖게 된다. 혈에서 청룡이나 백호까지 거리는 30m 정도 이상 떨어져 있는 것이 대부분이지만 지세에 따라 짧게는 10m, 길게는 100m 이상 떨어져 있는 것도 있다.

혈에서 청룡이나 백호까지 거리는 발복發福의 시간과 관련된다. 청룡이나 백호가 집터에서 가까운 경우에는 금시발복今時發福이 나타난다. 좋은 청룡과 백호가 집터에서 30m 떨어져 있는 경우에는 그 집에 입주한 날부터 경사스런 일이 발생하기 시작하여 3년 안에 재산, 명예, 건강의 발복이 있다. 반면에 흉기를 지니고 있는 청룡과 백호가 혈에서 이 정도로 가까운 거리에서 감싸고 있으면 이주한 해부터 교통사고나 부도, 질병 같은 불행한 일을 겪게 된다. 청룡 쪽의 거리는 가깝지만 백호 쪽의 거리가 먼 경우는 청룡의 영향은 바로 받게 되지만 백호의 영향은 세월이 지난 후에 받게 된다.”

위의 내용은 다른 곳에서 가져온 것이다. 청룡 백호가 마치 혈처의 발복을 좌지우지하는 것처럼 표현했는데 혈이 맺히면 혈의 역량에 맞게 주위가 형성된다. 맥도 주위가 아늑하고 바람을 갈무리하는 곳에서 멈추어 자리를 잡게 된다.

발복의 영향도 혈처의 역량에 따라 결정된다. 얼마나 국局이 완벽하게 짜였느냐에 따라서, 내룡來龍이 얼마나 강한 기운을 내포하고 있느냐에 따라서 발복의 역량이 주어진다. 예를 들면 내룡이 강한 암반으로 이루어져 있고 혈처의 전순 아래도 샐 틈 없이 바위로 이루어져 있으면 왕후장상과 장군이 줄지어 출出하게 되며 주위는 겹겹이 관쇄를 하여 모든 것이 혈처를 위해 존재하는 것처럼 느껴진다.

夫陰陽之氣 噫而爲風 升而爲雲 降而爲雨 行乎地中 則而爲生氣
부음양지기 희이위풍 승이위운 강이위우 행호지중 즉이위생기

[역]
무릇 음양의 기는 뿜으면 바람이 되고, 오르면 구름이 되고, 내리면
비가 되고, 땅속으로 흘러 돌아다니면 곧 생기가 된다.

[설명]
물은 온도의 영향에 따라 액체, 기체, 고체로 변하는 물질이며 혈이
맺히는 곳에는 어김없이 맥을 호종하는 원진수와 혈을 감싸는 호종수
로 인하여 물이 감지되므로 물을 생기로 여겨 물의 변화를 설명했다
고 보인다. 과학이 발달한 근대에는 바람과 구름이 생기는 이치를 누
구나 알 수 있지만 옛날에는 변하는 현상을 그러려니 상상을 했을 것
으로 본다.
　온도가 높아짐에 따라 공기의 부피는 늘고 밀도는 성글다. 이것은
공기 분자의 운동량이 활발하기 때문이다. 온도가 낮으면 반대 현상
이 일어난다.
　그러므로 찬 곳의 공기는 더운 곳으로 이동하게 된다. 구름은 지구
에서 증발한 증기가 공중의 찬 공기에 부딪히면 뭉치게 되어 중량이
커지면 떠 있지를 못하고 지구의 중력에 의하여 지구로 떨어지는 것
이다. 이러한 내용은 현대인이라면 누구나 다 아는 사실이다.
　땅 속으로 흘러 돌아다니면 생기가 된다고 표현한 것은 맥을 호위
하면서 동행한 원진수가 혈처 주위를 감싸게 되어 맥이 흐르는 곳에
서 수기가 감지되니 이를 두고 생기라 표현했던 것이다. 또 생기가 감
지되는 곳에 수기水氣가 원을 그리고 있었으니 위와 같이 생각하게
되었을 것이다. 책을 쓴 당시에도 수기를 감지했을 것으로 본다. 다우
징을 사용하기 전에는 버드나무 가지 등 어떤 물질로 수기를 감지했

216

을 것이다. 현대는 양자역학이 발견되어 모든 것이 설명되고 있다.

經曰 氣乘風則散 界水則止 古人聚之使不散 行之使有止 故謂之風水
경왈 기승풍즉산 계수즉지 고인취지사불산 행지사유지 고위지풍수

[역]
경에 이르기를 기가 바람을 받으면 흩어지고, 물을 만나면 멈춘다
고 하였다. 옛 사람[고인古人]은 기가 모이고 흩어지지 않는 곳, 기가
행하다가 멈춘 곳을 자고로 풍수風水라고 하였다.

[설명]
氣乘風則散
맥脈이 발원지에서 출발하여 산 능선을 타고 흐르다가 바람을 막
을 수 있는 곳이든지 외부에서 막아주는 조건이 된 곳에서 멈추게 된
다. 결국은 바람을 갈무리할 수 없는 곳에서는 혈이 맺히지 않기 때문
에 기氣는 바람을 받으면 흩어지는 것으로 보았다. 특히 천기혈은 영
향이 크다.

界水則止.
혈穴이 맺히는 곳은 좌우 호종사가 혈처 앞으로 모여 들어 양측 골
짜기의 물이 합쳐서 한 곳으로 빠져가므로 이 모습을 물의 경계로 보
았다. 혈을 중심으로 능선이 휘어지고 물은 능선 따라 돌게 되니 바람
도 자연히 돌게 되어 혈이 맺히는 곳은 아늑한 분위기를 나타낸다. 이
설명은 외형적인 표현이고 땅 속으로는 흐르는 맥의 좌우로 원진수가
맥을 호위하면서 대동하다가 맥이 멈추는 곳에서 원진수는 둥글게 혈
처를 감싼 후 혈처 앞에서 합쳐 지현자之玄字로 흘러간다.

이런 모양을 보고 물이 경계를 이루는 곳에서 멈추는 것으로 보았다. 결국은 물의 경계에서 기가 멈추는 것이 아니고 맥이 멈추니 물이 경계를 이루는 것이다.

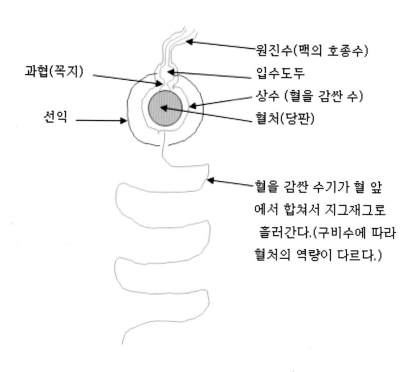

과협(꼭지)

선익

원진수(맥의 호종수)

입수도두

상수 (혈을 감싼 수)

혈처(당판)

혈을 감싼 수기가 혈 앞에서 합쳐서 지그재그로 흘러간다.(구비수에 따라 혈처의 역량이 다르다.)

古人聚之使不散, 行之使有止 故謂之風水.

위에서 설명했듯이 혈이 맺히는 원리는 바람을 스스로 막든지 주위에서 막아주는 곳에서 맥은 멈추게 되며 맥이 멈춘 곳에는 원진수가 경계를 이루니 바람과 물의 영향으로 여겨 풍수風水라 했던 것으로 본다.

風水之法 得水爲上 藏風次之
풍수지법 득수위상 장풍차지

何以言之氣之盛 雖流行 而其餘者猶有止 雖零散 而其深者猶有聚
하이언지기지성 수유행 이기여자유유지 수영산 이기심자유유취

故藏於虐燥者宜淺 藏於坦夷者宜深
고장어학조자의천 장어탄이자의심

[역]

풍수의 법은 득수得水를 먼저하고 장풍藏風은 그 다음이다. 기의 성盛함을 어떻게 말하랴, 비록 (기는) 흘러 다니지만 그 남은 것은 오히려 머무름에 있다. (기라는 것이) 비록 흩어지는 것이지만 그 깊은 곳에는 오히려 모임이 있는 것이다. 그러므로 메마른 학조虐燥한 곳에서 장사지낼 때는 마땅히 낮게 파야 하고, 평평한 탄이坦夷한 곳에서 장사지낼 때는 깊게 파야 한다.

[설명]

風水之法 得水爲上 藏風次之.

풍수의 법은 물을 얻는 것이 먼저고 장풍은 다음이라고 했는데 닭이 먼저냐 달걀이 먼저냐이다. 맥이 머무는 곳은 주위 모든 것이 혈처를 중심으로 에워싸게 되고 철저히 혈을 보호한다. 이런 조건은 혈이 머무니 자연적으로 형성된 것인지, 아니면 자연적으로 형성된 곳에 맥이 멈춘 것인지 모르나 혈처를 에워싼 것은 사실이니 국내局內는 물이 돌고 돌게 되어 있다. 당시에는 이런 외형적인 모양을 보고 판단했던 것이다. 결론은 바람을 갈무리하는 지형에 맥이 머물게 되고 바람을 갈무리하는 지형은 물이 돌고 돌게 되어 있다.

何以言之氣之盛, 雖流行 而其餘者猶有止. 雖零散 而其深者猶有聚.

방건웅 박사의 저서 『기氣가 세상을 움직인다』에서 보면 모든 것은 기氣로 이루어져 있고 기의 작용으로 움직인다고 표현했으며 현대 과학자들이 양자역학을 바탕으로 풍수지리를 설명하고 있다. 풍수지리에서 기는 지기地氣와 천기天氣로 나누고, 생기生氣(양기陽氣)와 오기汚氣(음기陰氣)로 나눈다. 지기는 땅 속에 서 작용하는 기인데 땅 속의 기는 맥기脈氣, 수기水氣가 있으며 맥이 흐르는 좌우에는 수기가 동행을 하며 맥이 흐르는 주위에는 맥의 폭을 벗어난 일정 구간에는 생기生氣가 작용한다. 수기水氣가 감지되는 곳에는 수맥水脈이라고 하여 인체에 나쁜 영향을 미친다. 이런 기운을 오기라고 표현한다.

　금낭경에 있는 한문을 번역하면 "기의 성盛함을 어떻게 말하랴, 비록 (기는) 흘러 다니지만 그 남은 것은 오히려 머무름에 있다. (기라는 것이) 비록 흩어지는 것이지만 그 깊은 곳에는 오히려 모임이 있는 것이다."가 된다. 금낭경을 쓸 당시에는 기氣를 감지할 수 있었지만 발원지에서 출발한다는 사실은 몰랐을 것이다. 그래서 위와 같이 표현했을 것으로 본다.

　맥이 있는 곳에서, 혈이 맺힌 곳에서 생기가 감지되고 맥이 없는 곳에서도 생기가 감지되어 맥이 없는 곳에서 감지된 것은 가두지 못하면 흩어지고, 맥에 의해서 맺힌 혈에서 감지되는 생기로 하여금 '남은 것은 오히려 모임이 있다.'고 표현했다. 발원지에서 발원된 맥이 흘러가서 하나의 혈처만 맺은 곳도 있고 수십 개의 혈처를 맺은 곳도 있다. 또 맥이 없지만 천기를 가두어 혈을 맺는 곳도 있으니 이를 천기혈天氣穴이라고 한다.

　故藏於虐燥者宜淺, 藏於坦夷者宜深.

　"그러므로 메마른 학조(虐燥)한 곳에서 장사지낼 때는 마땅히 낮게 파야 하고, 평평한 탄이坦夷한 곳에서 장사지낼 때는 깊게 파야 한다."고 한문 자체를 해석한 것이다. 장藏자는 시신을 묻는다고 이해를 했는데 문맥을 파악해 보면 기氣가 머무는 조건을 표현한 것으로 본다. 건조하고 마른 곳에 감춰진 곳(불룩한 곳)은 지표면에서 낮게 존재하는 것이고 평탄한 곳에서는 손상을 방지하기 위하여 깊게 맥이 흐른다는 것으로 파악된다.

經曰 淺深得乘 風水自成
경왈 천심득승 풍수자성
夫土者氣之體 有土斯有氣 氣者水之母 有氣斯有水
부토자기지체 유토사유기 기자수지모 유기사유수

[역]

경에 이르기를 낮고 깊은 천심淺深을 알고 기를 받으면, 풍수는 저절로 이루어진다. 무릇 흙이란 것은 기氣의 체體이므로, 흙이 있으면 곧 기가 있는 것이다. 기는 물의 근본[모母]이므로, 기가 있으면 곧 물이 있는 것이다.

[설명]

經曰 淺深得乘, 風水自成.

기氣 흐름의 천심淺深을 깨닫고 편승한다면 바람이 머물고 물이 돌고 돌면서 지하에서 맥을 호위하는 원리를 자연히 알게 되면 이치를 이루게 된다.

夫土者氣之體, 有土斯有氣. 氣者水之母 有氣斯有水

맥이 존재하는 곳에서는 생기가 감지되며 맥이 있는 곳에는 양측으로 호신수가 있게 되는 것이니 기가 존재한다는 것은 마치 물이 있어 이루어진 것으로 파악하고 있다. 생기가 감지되는 곳에서 맥이 주체이고 물은 맥을 호위하는 부속물에 지나지 않는다.

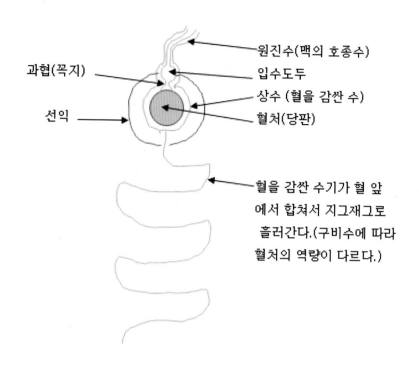

경에 이르기를, 외기外氣가 횡행橫行하여 형形(모양)을 만들고, 내기內氣가 멈추어 생生한다는 것은 대게 이런 것을 말하는 것이다.

經曰 外氣橫形 內氣止生 蓋言此也
경왈 외기횡형 내기지생 개언차야
邱壟之骨 岡阜之支 氣之所隨
구농지골 강부지지 기지소수

[역]

경에 이르기를, 외기外氣가 횡행橫行하여 형形(모양)을 만들고, 내기內氣가 멈추어 생生한다는 것은 대게 이런 것을 말하는 것이다. 구농邱壟(=고산高山)의 골骨(=석石)이든지, 강부岡阜(=척토脊土)의 지支(=무석無石)이든지 기는 따르는 바이다.

[설명]

經曰 外氣橫形, 內氣止生 蓋言此也.

외기外氣가 횡행橫行하여 형형(모양)을 만든다는 말은 혈이 맺히는 위치를 나타낸다고 본다.

이것은 와窩, 겸鉗, 유乳, 돌突을 의미한다. 내기內氣가 멈추어 생한다는 것은 기를 담을 수 있는 그릇이 결정되면 기는 멈추어 혈을 맺는다는 뜻인데 풍수지리는 이를 두고 말하는 것이다.

邱壟之骨, 岡阜之支, 氣之所隨.

구롱지골邱壟之骨은 산의 중심 줄기를 말하는데 맥이 흐르는 기본 산이다. 강부지지岡阜之支는 주 맥선에서 가지로 나온 맥선으로 열매(혈)가 맺히는 마지막 가지인데 혈이 맺히는 곳까지 맥이 흐르는 것이니 기는 당연히 존재한다. 이 글을 쓴 곽박은 대단한 기감 소유자였던 것 같다. 그런데 당시는 교통이 원활하지 못하여 맥이 발원되는 곳까지 갈 수 없어 확인할 수 없었기에 맥을 기氣로 이해를 했고 발원지에서 맥이 발원하여 진행한다는 것은 몰랐던 것 같다. 맥은 석산이든지 흙산을 불문하고 흘러서 혈이 맺힌다. 이를 기가 따른다고 표현했다.

經曰 土形氣行 物因以生

경왈 토형기행 물인이생

蓋生者氣之聚 凝結者成骨 骨者人之生氣 死而獨留

개생자기지취 응결자성골 골자인지생기 사이독유

故葬者 反氣納骨 以蔭所生之法也

고장자 반기납골 이음소생지법야

[역]

경에 이르기를 흙이 형상形象을 이루어 기가 돌아다니면, 만물은 이로 인하여 생명을 얻는 것이다. 대개 생生이라는 것은 기가 모인 것이고, (기가) 응결되어 이룬 것이 골骨이다. 골骨은 사람의 생기로서, 죽으면 (살은 없어지지만) 오직 (뼈만) 남는다. 그러므로 장사葬事라는 것은 기를 반응反應시켜 뼈에 들게 함으로써 살아있는 사람[소생所生]들에게 음덕蔭德을 입히는 법이다.

　[설명]
　당시에 곽박은 청오경에서 언급한 것처럼 기氣를 물의 이동으로 본 것 같다. 물이 증발하여 뭉치면 구름이 되고, 땅으로 떨어지면 비가 되고, 땅으로 떨어져 땅속으로 스며들면 기가 땅속으로 돌아다니는 것으로 보았다. 그래서 혈이 맺힌 곳에서 물이 모인 것으로 보았다. 이를 생기로 표현했다.
　하지만 맥은 발원지에서 출발할 때부터 원진수의 호위를 받으며 맥이 멈춘 곳에서 좌우로 원진수가 감싼 후 합쳐 아래로 지그재그로 흘러간다. 맥이 멈춘 혈처에서 둥글게 수기가 감지되니 수분이 모인 것으로 파악했던 것 같다.
　대개 살아 있다는 것은 기가 모인 것이고 기가 응결하여 형성된 것이 뼈이며 죽어서 남는 것이 뼈인 것이다. 그러므로 장사 시 기가 반응하여 뼈에 들게 하여 산 사람에게 음덕을 입히는 법이라고 생각했다. 이것은 당시의 생각이었다. 사람을 비롯한 생명체는 살았을 때 생체 에너지가 존재하며 인체에 영양을 공급하는 혈액순환계(심혈계), 외부 침입자를 감시하는 면역세포의 순환계(림프계), 신호와 통제를 담당하는 신경계가 존재한다.
　신경계는 의학계에서는 경락이라는 표현을 쓰는데 이 신경관은 처음 발견한 사람은 북한의 학자 김봉한인데 학자의 이름을 따서 봉한관이라고 한다. 봉한관은 살아있을 때에만 존재하며 죽으면 없어진다. 뼈를 제외한 모든 것은 죽은 후에는 모두 없어지므로 옛 사람들은 뼈를 기가 응축된 물체로 보았다.

　사람들은 죽은 사람의 뼈가 무슨 영향을 비칠 것인가 하고 반문하겠지만 명당에 묻힌 유골은 좋은 기운인 생기를 받아서 누런 황골로 변하며, 후손과는 같은 DNA를 유지하므로 선대의 생기 영향이 후손에게 미치어 후손이 잘 살고 출세를 하는 것으로 보아 명당을 무시할 수도 없는 것이다.

　[혈이 맺히는 원리]

　혈은 맥이 발원지에서 흘러 와서 뭉친 지기혈과 하늘 기운이 뭉친 천기혈이 있다. 지기혈처는 천기를 포함하고 있기 때문에 강도가 센 곳이며 천기혈은 주위 여건으로 인하여 천기가 모인 생기 터이므로 지기혈보다는 약하다. 혈이 맺히는 여건은 모두 같다.

　풍수 서적에 장풍득수라는 구절이 있다. 바람과 물의 역할을 강조한 것이다. 맥이 진행하다가 주위에서 바람을 막아 주거나 스스로 막을 조건이 되면 멈추어 혈을 맺는다.

　맥은 좌우에서 맥과 동행하는 원진수의 호위를 받고 진행하다가 맥이 멈추면 원진수는 혈을 둘러싼 후 합쳐져서 혈처 앞에서 기운이 설기되지 않도록 좌우로 여러 구비 돈 후 나아간다.

　풍수지리 서적에 물이 혈처 앞에서 몇 구비로 돌아나가는데 구비 수에 따라 혈의 기운과 발복 규모를 표현한 서적이 있는데 원진수의 구비수를 나타낸 것으로 본다.

　8구비 이상은 장관이 出하고 15구비 이상은 왕이 出한다고 기록되었는데 우리나라 어디에도 지상에는 혈전에 있는 물이 책에 기록된 대로 흐르는 곳은 없다. 필자가 확인한 원진수의 흐름을 한문으로 표현한 고서를 번역한 것으로 본다.

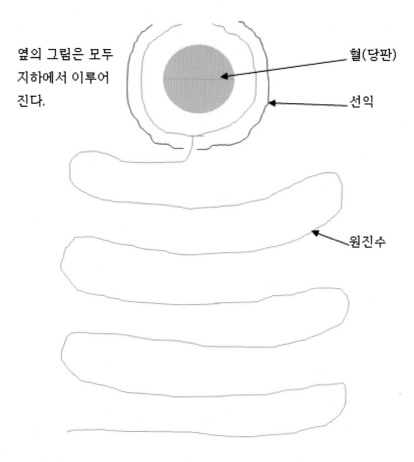

옆의 그림은 모두
지하에서 이루어
진다.

혈(당판)

선익

원진수

[맥의 진행]

필자는 학생 시절에 전국에 뻗어 있는 산맥이 백두산에서 갈리어
전국 각처로 나누어지는 줄로만 알았다. 지금도 대부분 사람들은 백
두대간이라는 개념으로 알고 있을 것으로 본다. 심심찮게 '백두대간
종주'라는 말을 듣게 되고 차를 타고 고개를 넘다 보면 '백두대간 구
간'이라는 팻말을 보게 된다. 필자도 풍수지리를 공부하면서 얼마 동
안은 맥은 백두산에서 출발하여 전국으로 연결되어 있는 줄 알았다.

풍수지리 연구에 깊이 빠져들면서 전국에 산재되어 있는 혈처를 찾기 시작하면서 혈처에서 맥을 따라 능선을 오르다가 맥은 한 곳에서 멈추는 것을 발견했다. 맥이 멈춘 곳은 둥글게 커다란 원을 그렸고, 원에서 다른 곳으로도 맥이 흘러갔다. 따라가서 보니 혈을 맺고 멈추었다. 맥이 흐르면서 맥의 좌우로 맥을 호위하는 수기水氣가 느껴지는데 책에서는 맥을 따르는 양측 수기를 원진수라고 표기했다. 그런데 이 수기가 어디서 왔는지는 기록이 없다. 수기는 맥의 발원지 옆에서 발생하여 맥이 진행하면 함께 진행한다. 맥이 두 곳으로 나가면 수기의 발원도 두 곳이 되고 맥이 한 곳으로 나가면 수기의 발원도 하나이다. 발원지에서 세 곳으로 나가면 수기의 발원지도 세 개가 된다.

(1) 하나의 맥선

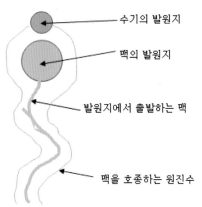

옆의 그림은 맥이 발원지에서 발원하여 한 곳으로 흐르는 그림이다. 한 곳으로 흐르는 맥은 열매를 많이 맺지 못하고, 어느 곳은 맥이 한 곳에 집중적으로 뭉쳐 하나의 혈처를 낳은 곳이 있는데 초대혈이다.

초대혈을 찾아갔던 경험을 소개한다. 지역적으로 가랑비가 내리는 날이였는데 산 입구까지 갈 때는 이슬비가 내리긴 했어도 시야가 나쁘지 않았다.
산에 올라 혈처에 도착하니 안개가 자욱하게 끼기 시작하여 주위를 분간하기 어려웠다. 눈도 내리기 시작하였다. 조용하던 날씨였는데 래룡을 살펴 볼려고 전진하려니 래룡 쪽에서 요란한 바람 소리가 들린다. 바람 소리를 무시하고 봉우리에 올라서니 요란한 바람 소리는 들리지 않았다. 발길을 돌려 혈처에 오니 주위는 조용했고 눈도 그쳤으나 안개는 주위를 덮고 있어서 결국 주위의 아름다운 사격은 보여주지 않았다.

그림 라벨:
- 수기의 발원지
- 맥의 발원지
- 발원지에서 출발하는 맥
- 맥을 호종하는 원진수

(2) 두 개의 맥선

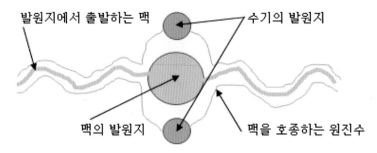

위 그림은 맥이 발원지에서 발원하여 양측으로 진행하는 그림이다.

(3) 세 개의 맥선

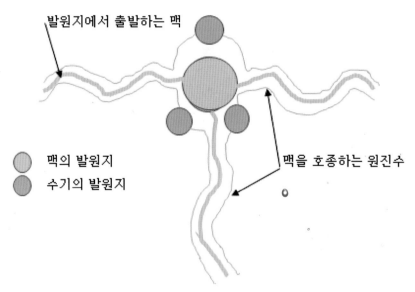

위의 그림은 발원지에서 맥이 발원지에서 발원되어 세 갈래로 나아
가는 그림이다. 수기도 세 곳에서 발원하여 맥을 호종한다. 결국 맥이
란 조금도 홀로 진행하지 않는다. 호종수가 철저하게 감싸고 있으며
맥기(脈氣)가 다른 곳으로 새지 못하도록 하여 혈이 맺히는 곳까지 맥

을 따라가서 혈처를 감싼 후 합치어 혈 앞에서 지그재그(지현자之玄字)로 흘러간다.

  *예전에는 물이 흐르는 모습을 지그재그라는 한문 표현을 몰라서 지자之字, 현자玄字로 표현했다.

  (4) 맥이 진행하다가 나뉘는 경우

  맥이 진행하다가 나누어지는 경우가 있는데 나뉘는 곳에서 맥을 호종하는 원진수에 대하여 설명하고자 한다. 맥은 반드시 좌우에서 원진수의 호종을 받는데 나뉘는 가지 한 쪽에는 호종수가 끊기게 된다. 이때는 새로운 원진수가 발원되어 맥을 호위하게 된다. 이것은 맥선脈線은 더 진행하는데 맥선을 호위하던 호종사가 멈추면 맥선에서 새로운 호종사가 돌출하여 맥선을 보호하는 원리와 같다. 절대로 맥이 혼자 가도록 허용하지 않는다. 이것이 자연의 이치이다.

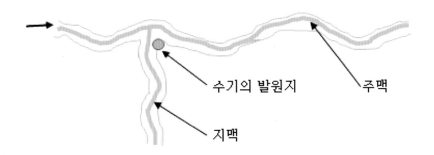

수기의 발원지

주맥

지맥

제2 인세편(因勢編)

五氣行於地中 發而生乎萬物 其行也 因地之勢 其聚也 因勢之止
오기행어지중 발이생호만물 기행야 인지지세 기취야 인세지지
葬者原其起 乘其止
장자원기기 승기지

[역]

오기五氣(목화토금수木火土金水 생기生氣)가 땅속을 흘러 돌아다니다가, 이것이 발하여 만물을 생성한다. 오기의 흐름은 땅의 세勢에 의한 것이고, 오기五氣의 응취凝聚는 세勢가 멈춤으로써 일어난다. 장사를 지낼 때는[장자葬者] 기가 일어나는 곳을 근원으로 하여, 기가 멈추는 곳에다 묻어야[승乘] 한다.

[설명]

동양에서 기氣는 오기五氣(목화토금수木火土金水)로 구분하는데 이 기가 땅속을 돌아다니다가 발하여 만물을 생성하고 오기의 흐름은 세에 의한 것이고 오기의 응취는 세勢가 멈춤으로 일어난다고 했는데 이것은 땅속의 수분을 표현한 것이다. 실제로 맥은 발원지에서 출발하여 발전소에서 전기가 생산되어 도선을 타고 흐르듯이 산 능선을 타고 흐르는데 이것이 땅의 세勢인 것이다. 맥이 흐르다가 바람을 스스로 막거나 주위에서 막아주어 아늑한 곳이 있으면 멈추고 뭉치게 된다. 이것이 세勢의 멈춤인 것이다. 당연히 장사를 지내는 것은 기가 일어나는 곳(혈이 맺힌 곳)을 근원하여 묻어야 한다.

[혈의 생성 원리]

혈穴은 맥이 발원지에서 출발하여 능선을 타고 흐르다가 물을 건너기도 하고 도랑을 건너고 평지를 지나기도 하여 적당한 위치에 머무르는데 책에서는 용진혈적한 것으로 표현한다. 위의 방법을 필자는 지기혈地氣穴이라고 표현한다. 혈이 맺히는 다른 방법으로는 천기를 모으는 천기혈이 있다.

맥이 진행하다가 나누어지는 경우가 있는데 책에서는 주맥主脈과 지맥枝脈으로 분류한다. 주맥은 기운이 세고 용량이 큰 반면 지맥은 주맥보다 작은 것으로 표현했다.

그러나 현장에서 확인한 바에 의하면 그렇지만은 않다. 추상적으로 주맥에서 옆으로 흐른 맥으로 추론하여 지맥이 주맥보다 약할 것이라는 관념일 뿐이다. 혈이 맺힐 수 있는 주위 여건에 따라서 혈의 대소가 달라진다.

(1) 혈이 하나만 맺히는 경우

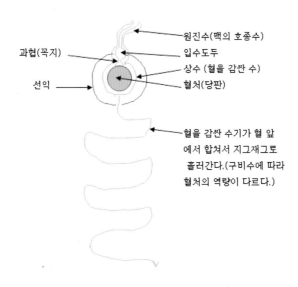

(2) 혈이 상하로 맺히는 경우 (상하 혈처가 떨어진 경우)

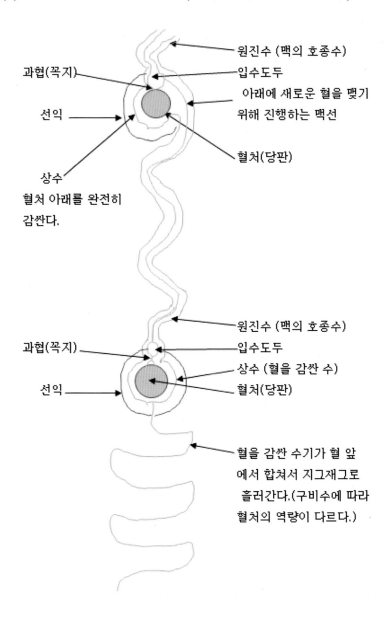

원진수 (맥의 호종수)

과협(꼭지)

입수도두

아래에 새로운 혈을 맺기
위해 진행하는 맥선

선익

혈처(당판)

상수
혈처 아래를 완전히
감싼다.

원진수 (맥의 호종수)

과협(꼭지)

입수도두

상수 (혈을 감싼 수)

선익

혈처(당판)

혈을 감싼 수기가 혈 앞
에서 합쳐서 지그재그로
흘러간다.(구비수에 따라
혈처의 역량이 다르다.)

혈을 맺고 아래에 다른 혈을 맺기 위하여 맥이 입수도두에서 나뉘어져 내려간다. 원진수도 나누어져서 아래로 내려가는 맥을 한 쪽만 호위하고 대신 혈처를 감싼 상수는 더 전진하여 혈처 아래를 완전히 감싼 후 더 길게 감싼 선익 끝을 지나 새로운 맥의 한 쪽을 호위하면서 다음 혈처로 향한다. 두 번째 맺힌 자리는 하나의 혈처에서처럼 완전하게 마무리한다. 맥은 어디에서도 밖으로 노출되지 않고 보호를 받는다. 첫째 자리에서 한쪽 선익 역할은 분기된 맥이 대신한다.

(3) 혈이 상하로 맺히는 경우 (상하 혈처가 붙은 경우)

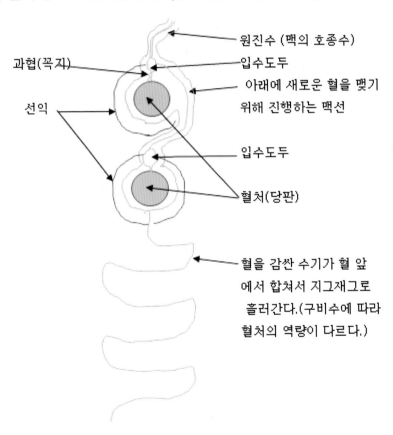

(4) 혈이 상하로 맺히고 아래에 다른 혈을 맺기 위해 진행하는 경우

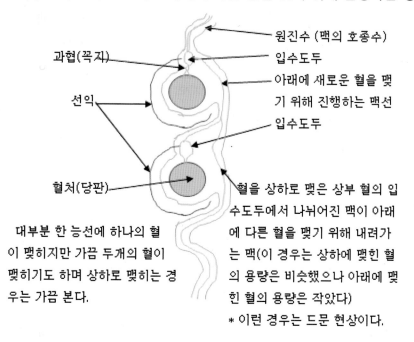

원진수 (맥의 호종수)

입수도두

과협(꼭지)

아래에 새로운 혈을 맺
기 위해 진행하는 맥선

선익

입수도두

혈처(당판)

대부분 한 능선에 하나의 혈
이 맺히지만 가끔 두개의 혈이
맺히기도 하며 상하로 맺히는 경
우는 가끔 본다.

혈을 상하로 맺은 상부 혈의 입
수도두에서 나뉘어진 맥이 아래
에 다른 혈을 맺기 위해 내려가
는 맥(이 경우는 상하에 맺힌 혈
의 용량은 비슷했으나 아래에 맺
힌 혈의 용량은 작았다)
* 이런 경우는 드문 현상이다.

寅申巳亥 四勢也 衰旺繫乎形應
인신사해 사세야 쇠왕계호형응
震離坎兌乾坤艮巽 八方也 來止迹乎岡阜
진이감태건곤간손 팔방야 내지적호강부

[역]
　인방寅方, 신방申方, 사방巳方, 해방亥方은 사세四勢다. 쇠衰하
고 성盛(왕旺)하는 것은 그 형세가 응應하는 것에 달려 있다. 진震(동
쪽), 이離(남쪽), 감坎(북쪽), 태兌(서쪽), 건乾(서북), 곤坤(남서), 간
艮(북동), 손巽(동남)은 팔八방위다. (오기가) 흘러오거나 멈추는 것
은 산과 언덕(강부岡阜=산세=용세)을 따라 이루어지는 것이다.

[설명]

인신사해寅申巳亥 사세四勢를 풀이한 풍수학자들이 이기理氣적 차원에서 쌍산오행으로 설명을 많이 하고 있다. 필자는 이것이 잘못되었다고 본다. 이기는 각 파에 따라 성격을 달리하고 있다. 아래에 다름을 소개한다.

星宿五行: 木-乾坤艮巽, 火-壬子甲卯丙午庚酉, 土-乙辛丁癸, 金-辰戌丑未, 水-寅申巳亥

元空五行: 木-亥癸艮甲, 火-乙丙丁酉, 土-未庚戌丑, 金-乾坤卯午, 水-壬子寅辰巽巳申辛

雙山五行: 木-乾亥甲卯丁未, 火-艮寅丙午辛戌, 金-巽巳庚酉癸丑, 水-壬子乙辰坤申

洪範五行: 木-艮卯巳, 火-乙丙午壬, 土-未坤癸丑, 金-兌丁乾亥, 水-坎寅甲辰巽申辛戌

長生五行: 木-甲木長生-亥, 火-丙火長生-寅, 金-庚金長生-巳,
　　　　　　-乙木長生-午, 　　-丁火長生-酉, 　　-辛金長生-子,
　　　　　水-壬水長生-申
　　　　　　-癸水長生-卯

九宮五行: 乾宮-陽金, 兌宮-陰金, 艮宮-陽土, 坤宮-陰土, 震宮-陽木, 巽宮-陰木, 離宮-陰火, 坎宮-陽水

玄空五行: 木-坤壬辛午申戌, 水-艮庚丁卯巳丑, 金-乾丙乙子寅辰, 火-巽甲癸酉亥未

胡舜申法: 木-艮卯巳, 火-乙丙午壬, 土-癸丑未坤庚, 金-丁酉乾亥, 水-子甲寅辰巽辛申戌

오행五行도 위와 같이 분류되고 좌향坐向도 정음정양법定陰定陽法, 88향법向法, 현공법玄空法, 통맥법通脈法, 구성수법九星水法,

삼합수법三合水法, 격룡입향법格龍入向法 등 여러 법이 있으니 어느 법을 적용해야 할지 난감하다. 필자가 여러 해 동안 산천을 두루 다니면서 터득한 바로는 자연은 이미 정해져 있다는 것이다. 혈이 정해지면 주위 사격과 물의 흐름과 좌향은 이미 정해져 있다는 것이다.

　인신사해寅申巳亥는 사세四勢라고 하는데 사세가 약하거나 성성盛(왕旺)하는 것은 형세가 응應하는 것에 달려 있다는 것은 용맥이 진입하여 맥이 멈추는 것은 안산과 좌우 용호가 완벽하게 바람을 갈무리하는 담장 역할을 하는 것에 달려 있는 것이다.

　진이감태건곤간손震離坎兌乾坤艮巽을 팔방八方이라고 하는데 오고 멈추는 것은 산과 언덕에 따라 이루어진다는 것은 용맥龍脈이 어느 방향에서 오든지 불문하고 맥은 산이든지 언덕이든지 맥의 높이에 맞추어서 높낮이를 달리하여 배치된다. 맥이 높은 곳에 머물면 주위 사격은 높은 산이 되고 낮은 곳에 머물면 주위 보호사는 낮은 언덕이 된다. 낮은 평지에 머물면 주위는 불룩한 둔덕이 되어 혈처를 감싼다.

　地勢原脈 山勢原骨 委蛇東西 或爲南北 千尺爲勢 百尺爲形
　지세원맥 산세원골 위사동서 혹위남북 천척위세 백척위형
　勢來形止 是謂全氣 全氣之地 當葬其止
　세래형지 시위전기 전기지지 당장기지
　全氣之地 宛委自復 回還重復
　전기지지 완위자복 회환중복

[역]
　지세地勢는 맥脈을 근원으로 하고, 산세山勢는 골骨(산의 높이와 형태)을 근원으로 한다. 지세나 산세, 즉 용맥은 뱀처럼 구불구불하게 동서로, 혹은 남북으로 간다. (지세나 산세가) 천척千尺(길고 크면)이

면 세勢(내룡의 맥세)를 이루고 백척百尺(짧고 작으면)이면 형形(혈장의 모양)을 이룬다. 세勢(용세)로 와서 형形(혈장)에 멈추는 것을 완전한 기라고 한다. 완전한 기를 갖춘 땅, 즉 전기지지全氣之地는 당연히 그 (기가) 멈춘 곳에 장사 지내야 한다. 전기지지全氣之地는 굴곡하면서 스스로 돌며, 휘돌아 환포環抱하는 것을 계속 중복重複한다.

[설명]

지세地勢는 맥을 근원으로 하고 산세山勢는 공골(높이와 형태)을 근원으로 하는데, 뱀처럼 동서로 혹은 남북으로 많이 흔들면서 진행한다. 이것은 용맥龍脈이 진행하는 모습을 설명하고 있다. 천척千尺을 세勢라 하고 백척百尺을 형이라고 하는데—척尺은 30.3cm이므로 천척千尺은 300m로 긴 형태를 일컬으니 세勢가 되고 백척百尺은 30m이니 짧고 작으므로 혈장의 모양(와窩, 겸鉗, 유乳, 돌突)을 이룬 것을 말한다. 세勢(용맥)가 와서 형形(혈장)에 멈추는 것을 완전한 기氣라고 한다. 다시 말하면 혈이 맺혔다는 것이다. 생기가 머무는 혈처에 장사지내는 것은 당연하다. 전기지지全氣之地는 굴곡하는 것이 스스로 반복되고 여러 겹으로 감고 돈다. 이것은 혈이 맺히는 지형을 설명한 것인데 용맥이 구불구불 달려오면 주위 보호사들이 여러 겹으로 감고 있는 현상을 설명하는 것이다.

若踞而候也 若攬而有也 欲進而却 欲止而深 來積止聚 沖陽和陰
약거이후야 약남이유야 욕진이각 욕지이심 내적지취 충양화음
土膏水深 鬱草茂林 貴若千乘 富如萬金
토고수심 울초무림 귀약천승 부여만금
經曰 形止氣蓄 化生萬物 爲上地也
경왈 형지기축 화생만물 위상지야

[역]

(전기의 땅은) 마치 웅크리고 있으면서 (무엇을) 기다리는 것 같고, 마치 잡아 당겨서 그곳에 있도록 하는 것과 같다. 나가고자 하면 물리쳐야 하며, 멈추고자 하면 깊어야 한다. (기가) 와서 쌓이고 멈추어 모이면, 음양의 충화沖和(조화)가 일어난다. 흙은 기름지고 물은 깊으며, 풀은 울창하고 숲이 무성하면, 귀는 마치 천승千乘(제후諸侯를 뜻함)에 오르고, 부는 만금萬金에 이를 것이다. 경에 이르기를 형形(혈장)이 멈추어 기를 축적하면, 만물을 생하게 하고 변화하게 하니, (이런 곳을) 상지上地(좋은 땅)라 한다.

[설명]

혈처는 웅크리고 앉아서 기다리는 형상이라는 것은 전순과 좌우가 불룩하고 둥그렇게 뭉친 모양을 이르는 것이고 주위 사격은 잡아당겨 혈처를 보호하는 형국이어야 한다.

다시 말하면 혈처가 좌정하면 주위 보호사가 둥글게 감싼다는 것이다. 세가 전진하고자 하면 솟아야 하고 맥이 머물고자 하면 아늑한 곳으로 내려앉아야 한다는 것은 바람을 갈무리할 수 있는 아늑한 곳으로 맥은 찾아 들어 머물게 된다는 것이다.

주위 산세가 와서 쌓이고 물도 모여들어 멈추면 음양의 충화沖和(조화)가 일어난다. 이 말은 물은 지형 따라 흐르게 되므로 산세가 혈전에 모여들면 물은 자연히 혈전에 모이게 된다. 그러면 명당은 평탄하고 토질은 기름지고 수심은 깊어 수량이 풍부하고 풀은 울창하고 숲은 무성하게 되니 생기가 넘치는 지형이 되어 혈처는 명혈이 되니 귀貴는 천승千乘(제후諸侯)에 오르게 되고 부富는 만금萬金(큰 부자)에 이르게 된다. 형세가 멈추고 기가 축척되어 만물을 변화시키고 생하게 하면 이것이 좋은 땅이 되는 것이다.

토고수심土膏水深 울초무림鬱草茂林, 이 문구는 오해의 소지가 있다. 혈처의 토질은 기름지지 않으며 풀도 우거지지 않는다. 잡초는 자라지 않으며 잔디만 노랗게 잘 자라고 양명한 땅에서 자라는 억새풀은 연두색으로 자란다. 혈처 주위는 수풀이 울창하고 무성하다. 이 문구 때문에 혈처는 비어 있고 혈처 주위에 조장된 무덤은 잡초에 덮여있다. 혈처의 조건은 지기혈이든 천기혈이든 불문하고 조건은 같다.

혈처가 주위와 다른 곳을 몇 곳 소개한다.

혈처의 공통점 1.

벌목하여 주위는 잡초가 무성하지만 혈처에는 잡초 없이 깨끗하다.

혈처의 공통점 2.

잡초 없이 잔디만 깨끗하게 자라고 있다. 윤곽이 뚜렷하게 나타난
다. 대혈을 옆에 두고 가족묘를 조성했다. 조안산이며 국이 아름다우
며 조응하는 길사가 즐비하다. 이것들은 이 혈처를 위해 존재하는 것
인데 사람들은 주위 풍광에 현혹되어 많은 묘지를 조성한다.

혈처의 공통점 3.

쌍분묘 사이에 있는 자리인데 묘지 봉분과 주위에는 키가 큰 잡초들이 무성하지만 혈처에는 잡초 없이 잔디만 깨끗하게 자라고 있다.

혈처의 공통점 4.

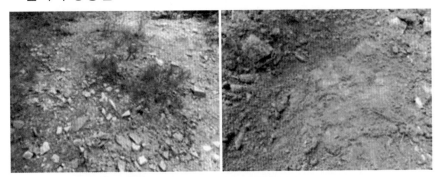

혈처는 잔돌이 깔려 있었지만 잔돌을 헤치니 우측처럼 밝은 혈토가 나타난다. 잔돌은 혈처를 지키기 위하여 자연이 얹어 놓은 것이다.

혈처의 공통점 5.

예전에는 봉분이 잔디로 깨끗했을 터이지만 맥이 잘린 현재는 밭에

천덕꾸러기인 바랭이만 무성하다.

혈처의 공통점 6.

혈처는 깨끗하지만 주위에 있는 나뭇가지에 가려서 잘 보이지 않는다. 혈처 주위에 있는 나뭇잎은 깨끗한 연두색을 띠고 있다. 혈처뿐 아니라 생기가 미치는 곳에 있는 식물의 잎사귀 색깔은 대부분 깨끗한 연두색을 띠고 있다.

혈처의 공통점 7.

이곳은 누구인가 신후지지로 터를 닦은 곳인데 혈장이 깨끗하게 원을 그리고 있다. 그런데 사성을 조성한 것을 보면 혈처를 벗어나게 되어 있다. 사성의 중심에 대나무를 꽂았기에 필자는 대나무를 뽑아 혈장의 중심에 꽂고 떠났다. 혈처의 진정한 임자라면 사성을 다시 조성하고 혈처에 묻힐 것이나 임자가 아니면 실혈하게 될 것이다.

혈처의 공통점 8.

산기슭에 있는 밭으로 된 곳인데 옆에는 한 기의 무덤이 무성한 쑥과 물풀로 덮여 있지만 혈처는 잡초 없이 깨끗한 풀로 되어 있다. 나경을 놓고 사진을 찍고 보니 부옇게 윤곽이 나타난다. 다른 곳과 다른 기운이 있다는 증거이다.

혈처의 공통점 9.

잡초 속에서 혈처는 노란 잔디로 밝게 빛난다.

잔디를 별도로 심지 않았지만 옆에 있는 묘지에서 잔디 씨앗이 날려 와서 자라고 있는 것 같다.

혈처의 공통점 10.

뒤에 가족 묘지를 조성하여 묘지 앞에 잔디가 심겨져 있는 곳인데 인위적으로 표시를 한 것처럼 혈장의 윤곽이 뚜렷하게 나타난다. 확인하니 수맥이 감지되고 내부는 천기가 뭉친 천기혈 터이다.

혈처의 공통점 11.

소나무와 다른 잡목이 어우러져 자라고 있는 곳인데 주위에 잡목과 풀이 무성하게 자라고 있지만 혈처는 깨끗하다.
혈처는 두툼하고 풍만하다.

혈처의 공통점 12.

　밭으로 개간하여 혈처를 지우려 해도 혈처의 흔적은 지울 수 없는 곳이다. 주위는 잡초가 우거져도 혈처는 깨끗하며 혈처 앞은 바위가 받치고 있어 불룩하다. 위의 사진으로 보듯이 혈처는 다른 곳과 다르다. 나무가 없이 풀만 있는 곳은 양명한 곳에서 자라는 풀들의 풀색이 연두색을 띠면서 깨끗하다. 나무가 있는 곳은 혈처에는 나무가 없는 공터이고 풀 없이 깨끗하다. 칡넝쿨 등 잡초가 지저분하게 있는 곳은 혈장 내가 밝고 깨끗하다. 가족 묘원에 잔디가 심겨진 곳은 둥그런 혈장이 확실하게 구분된다. 혹 자리가 의심되거든 잔디를 심고 2~3년을 기다리면 잡초와 잔디 구역이 구별된다.

제3 평지편 平支編

地貴平夷 土貴有支 支之所起 氣隨而始 支之所終 氣隨而鍾
지귀평이 토귀유지 지지소기 기수이시 지지소종 기수이종
觀支之法 隱隱隆隆 微妙玄通 吉在其中
관지지법 은은융융 미묘현통 길재기중

[역]

땅의 귀함은 평평하고 편안한 곳에 있고, 흙의 귀함은 지支(支脈)
에 있다. 지支(지맥)의 일어남은 기를 따라 시작되고, 지支(지맥)의 끝
남은 기를 따라 뭉친 곳[종鍾]이다. 지支(지맥)를 보는 법은, 숨었다가
나타나기를 반복하고, 미묘하고 현통玄通한 것인데, 길함은 그 가운
데에 있다.

[설명]

평탄하고 편안한 곳에 있는 땅은 귀한 땅이고, 흙이 귀한 것은 맥이 타고 내려와서 혈이 맺히어 생기가 머무는 곳이다. 지탱함이 일어나는 곳은 기를 따라 시작되고 지탱함이 끝나는 곳은 기를 따라 뭉치는 것이다. 다시 설명하면 주위가 둥그렇게 되고 그 안쪽은 평탄하면서 아늑하게 된 곳에 우뚝 솟은 흙이 있는데 우뚝한 곳은 일어난 곳이 있으니 맥을 따라 이루어지는 곳이고 우뚝 솟은 곳의 끝에는 맥이 멈추어 기가 뭉치게 된다.

맥이 흐르는 곳은 빗물에 씻기지 않고 주위 흙은 세월 따라 씻기니 맥이 흐르는 곳은 자연히 불룩하게 됨을 표현한 것이다. 우뚝한 곳(불룩한 곳)을 보는 법은 낮았다가 일어나기를 반복하니 미묘하고 현통한 것인데 길함은 그 가운데에 있게 된다.

낮았다가 일어나는 곳에는 일어나기 전에서 평탄한 곳이 있으면 맥은 멈추고 일어난 곳은 자기 안산이 되어 좌우로 팔을 벌려 뒤의 혈처를 보호하기도 하며 낮아지는 곳이 좌우가 두툼하면서 불룩하면 과협혈이 맺히는 경우도 있고 불룩한 정상이 평탄하고 둥글고 넓으면 돌혈突穴이 맺히는 경우도 있다.

經曰 地有吉氣 隨土而起 支有止氣 隨水而比
경왈 지유길기 수토이기 지유지기 수수이비
其法以勢 順形而動 回復終始 法葬其中 永吉無凶
기법이세 순형이동 회복종시 장법기중 영길무흉

[역]

경에 이르기를 땅속에 길기가 있으면 흙을 따라 일어나고, 지지(지맥)에 길기가 있으면 물을 따라 견주어진다. 이 법에 있어서 세勢(용

248

세)는 순하고 형形(혈장)은 (물이) 동하여 시작과 끝이 휘돌아 돌아오니, 이런 곳에 법을 맞추어 장사를 지내면 길함은 영원하고 흉은 없다.

[설명]

땅에 길한 기운이 있으면 따르는 흙은 일어나 불룩한 곳에 기의 그침이 있어(맥이 멈추고 혈이 맺히어) 따르는 물은 모여들게 되고 무리를 이루는 것같이 된다. 물이 흐르는 세가 완만하게 순한 형태로 움직여서 돌아 처음 위치로 돌아오면(혈을 중심으로 감고 돌면) 그 중에 장법이 있어 길은 영원하고 흉은 없다.

다시 말하면 용맥과 물은 동행하는데 혈이 맺히면 주위 세는 혈을 중심으로 감아 돌고 동행한 물도 같이 동행하니 세가 감아 돌면 물도 돌게 되어 바람도 돌아 내부는 아늑하게 된다. 이런 곳에서 장법에 맞게 장사지내면 길吉은 영원하고 흉凶은 없는 것이다.

제4 산세편山勢編

山者 勢險而有也 法葬其所會 乘其所來 審其所廢 擇其所相
산자 세험이유야 법장기소회 승기소래 심기소폐 택기소상
避基所害 禍福不旋日 是以君子 奪神工改天命
피기소해 화복불선일 시이군자 탈신공개천명

[역]

산이란 세가 험하고 높지만 (길혈吉穴은) 있다. 이치에 맞는 장사
는 그 (산세에 기가) 모여드는 곳에 하여야 한다. (장사는) 그 (기)가
오는 바를 타야 한다. 그 폐한(기가 오지 않는 곳) 곳은 자세히 살펴야
한다. 그 상相(서로 잘 어우러진 산세)한 곳은 선택하고, 그 해害가 있
는 곳은 피한다. 화복은 (지나간) 날들을 되돌릴 수 없으므로, 여기서
군자라면 신이 할 수 있는 것을 빼앗고 하늘이 정한 운명을 바꿀 수
있어야 한다.

[설명]

산이란 용세가 험함이 있으니 그런 곳에서 장사를 지내는 법은 세
가 모여드는 곳(주위가 감싸는 곳)이어야 하고 세가 오는 곳(맥이 흐
르는 곳)을 타야 하며 세가 폐한 곳(발원지에서 맥이 오지 않든지 단
절되어 기운이 오지 않는 곳)을 살피고 서로 도움이 되는 곳을 택하고
해가 되는 곳은 피한다. 이 말은 혈이 맺힌 곳을 택하고 무맥지는 피
한다는 것이다. 화복禍福은 지난 일을 되돌릴 수 없으므로 군자라면
신의 공을 빼앗아 천명을 바꾸어야 한다. '탈신공개천명奪神工改天

250

命'은 풍수지리의 목적이기도 할지 모르겠다.

經曰 葬山之法 若呼谷中 言應速也
경왈 장산지법 약호곡중 언응속야
是故 四勢之山 生八方之龍 四勢行氣 八龍旋生 一得其宅 吉慶榮貴
시고 사세지산 생팔방지룡 사세행기 팔룡선생 일득기택 길경영귀

[역]
경에 이르기를 산에 장사를 지내는 법은, 마치 산골짜기 가운데서 소리를 치면, 메아리[언응言應]가 바로 빠르게 돌아오는 것과 같다고 하였다. (즉 산세로 된 혈에 장사를 지내면 그 발복이 매우 빠르다는 것을 설명함.) 그러므로 사세지산(주산, 청룡, 백호, 안산)은 팔방에 있는 용을 생하는데 사세(四勢)에 기가 흘러 다니면, 팔방에는 용이 생겨 돌게 된다. 그 자리에서 하나의 혈처를 얻으면, 길하고 경사스럽고 번영하고 귀하게 된다.

[설명]
산에 장사를 지내는 법은 계곡에서 소리를 지르면 메아리가 되어 돌아오듯이 응함이 있어야 한다. 그러므로 사세(현무, 주작, 청룡, 백호)의 산이 팔방에 있는 용을 생한다는 것은 사세로 인하여 혈이 맺히면 주위 산들이 생겨서 둥글게 호위를 한다는 것이다. 필자가 연구한 바에 의하면 맥은 발원지에서 발원하여 능선을 타고 흘러 머물 수 있는 조건에서 멈춘다는 것이다. 그 조건은 바람을 스스로 막든지 주위에서 막아줄 수 있는 곳이다. 맥에 의한 혈처를 하나만이라도 얻으면 길吉하고 경사스런 일이 생기고 영화롭고 귀貴하게 되는 것이다.

山之不可葬者五 氣因土行 而石山不可葬也 氣因形來 而斷山不可葬
산지불가장자오 기인토행 이석산불가장야 기인형내 이단산불가장

也 氣以勢止 而過山不可葬也 氣以龍會 而獨山不可葬也
야 기이세지 이과산불가장야 기이용회 이독산불가장야

氣以生和 而童山不可葬也
기이생화 이동산불가장야

經曰 童斷石過獨 生新凶 消已福
경왈 동단석과독 생신흉 소이복

[역]

산에 장사를 지내면 안 되는 5가지가 있는데, 기는 흙으로 흘러 다
니는 것이므로 석산(돌산)에는 장사를 지내지 못한다. 기는 형形(용맥
과 혈)을 따라 오는 것이니 단산(맥이 끊긴 산)에는 장사를 지내지 못
한다. 기는 세勢를 멈추어야 하는 것이므로 (용세가 멈추어야 혈을 맺
는 것이므로) 과산(지나가는 용맥)에는 장사를 지내지 못한다. 기는
용이 모여야 하는 것이므로 독산(홀로 떨어진 산)에는 장사를 지낼 수
없다. 기는 생화生化(땅에서 만물이 생기고 자라는 것)를 하여야 하는
것이므로 동산(민둥산)에는 장사를 지낼 수 없다. 경에 이르기를 동
산, 단산, 석산, 과산, 독산은 새로이 흉을 생기게 하고, 이미 있는 복
도 소멸시킨다고 하였다.

[설명]

상기 내용은 청오경青烏經 편에서 자세히 설명했으므로 생략한다.

占山之法 以勢爲難 而形次之 方又次之
점산지법 이세위난 이형차지 방우차지

上地之山 若伏若連 其原自天 若水之波 若馬之馳 其來若奔 其止若

상지지산 약복약연 기원자천 약수지파 약마지치 기래약분 기지약

尸 若懷萬寶而燕息 若具萬饍而潔齊 若橐之鼓 若器之貯 若龍若鸞

시 약회만보이연식 약구만선이결제 약탁지고 약기지저 약용약난

或騰或盤 禽伏獸蹲 若萬乘之尊也

혹등혹반 금복수준 약만승지존야

[역]

　산에 혈을 정하는 법(점산법占山法)은, 세勢(용세)로 하는 것이 가
장 어렵고, 형形으로 하는 것이 다음이며, 방위로 하는 것은 또 그 다
음으로 어렵다. 좋은 땅이 있는 산은 엎드린 듯 이어진 듯 하는데 그
근원은 하늘로부터다. 마치 물결과 같고, 마치 달리는 말과 같으며,
그것(산, 용맥)이 오는 것은 마치 (말이) 달리는 것과 같으며, 그것이
(용맥이) 멈추는 것은 마치 시신처럼 움직이지 않는다. 마치 만개의
보물을 안고 편히 쉬는 듯하고, 마치 만 가지 반찬을 구비하여 깨끗하
고 단정하게 차린 것과 같고, 마치 (가득 찬) 전대 자루를 두드리는 것
과 같으며, 마치 그릇을 쌓아 놓은 것 같고, 마치 용 같고 난새[鸞, 천
자를 상징하는 봉황) 같아서, 혹은 높은 곳으로 오르고 혹은 똬리를
트는 것처럼 밑바닥에 서려 있기도 한다. 날짐승은 엎드리고 길짐승
은 웅크리는 것이, 마치 만승(=천자)의 존엄함과 같다.

[설명]

　산에서 점혈하기 어려운 것은 세勢(용맥)를 찾는 것이 어렵고 형形
(용혈)에서 중심을 정하는 것이 다음이고 방위를 정하는 것이 또 다
음으로 어렵다. 용맥은 모든 산에 다 있는 것이 아니므로 맥이 흐르는
산을 찾는 것이 가장 어렵고 혈처가 정해지면 혈심穴心을 정하는 것
이 다음이고 혈심이 정해지면 좌향이 그 다음이다. 용맥은 눈으로는
확실하게 알 수 없고 추맥법을 동원해야 정확하게 알 수 있다.

흐르는 맥을 찾았다면 혈처를 찾는 것이 중요한데 국내의 명혈은 대부분 비어 있다고 해도 과언이 아니다. 혈심을 정하기 어렵기 때문에 혈처를 비워놓고 혈처 주위에는 많은 묘들이 묵묘이다. 모든 지형에서 혈이 맺히면 좌향은 이미 정해져 있는데 좌향을 잘못 선택하여 낭패를 보는 경우가 있다.

앞에서도 거론했듯이 국내에는 여러 이기법이 존재하므로 신중을 기하여야 한다. 좋은 땅의 산은 발원지에서 발원하여 기복을 반복하면서 이어지고 호위하는 산과 동행하는 것이 파도가 밀려오는 것 같고 말이 달리는 것 같기도 하고 오는 세가 달리다가 머물 때는 시신처럼 움직이지 않는다.

주위 국세局勢를 설명한 것인데 많은 보물을 품고 편히 쉬는 것 같고 많은 반찬을 준비하여 깨끗하고 단정하게 차린 것 같고 가득 찬 전대 자루를 두드리는 것 같기도 하고 그릇을 모아 놓은 것 같기도 하고 용 같기도 하고 난새(봉황) 같아서 날아오르는 것 같기도 하고 가지런히 서려 있는 것 같기도 하다.

혈처에 대해서는 날짐승이 엎드리고 들짐승이 웅크리고 앉아 만승(천자)의 존엄함과 같다.

天光發新 朝海拱辰 四勢端明 五害不親 十一不具 是謂其次
천광발신 조해공진 사세단명 오해불친 십일불구 시위기차

[역]

하늘의 빛이 새롭게 비치고, 바닷물은 별들을 켜 안은 듯하니, 사세(사방의 산세)가 단정하고 밝아, 오해(동산童山, 단산斷産, 석산石山, 과산過山, 독산獨山)가 가까이 할 수 없다. 열중에 한 가지만 갖추지 않았다면, 이는 그 다음이라 일컫는다.

[설명]

하늘빛이 새롭게 비친다는 것은 주위가 넓고 시원스럽게 펼쳐진다는 것이고 바다가 별을 껴안은 듯하다는 것은 명당에 아기자기한 많은 귀사들이 널려 있음을 표현한 것이다. 사세四勢(사방의 산세)가 단정하고 밝으니 오해五害(동동童, 단斷, 석石, 과過, 독산獨山)가 가까이 할 수 없다는 것은 명당 주위에는 흉사가 있을 수 없다는 뜻이다. 열 중에 하나라도 갖추지 않았다면(조그마한 흠이라도 하나 있다면) 격이 한 단계 낮다는 것이다.

제5 사세편四勢編

夫葬 以左爲靑龍 右爲白虎 前爲朱雀 後爲玄武
부장 이좌위청용 우위백호 전위주작 후위현무
玄武垂頭 朱雀翔舞 靑龍宛延 白虎蹲踞
현무수두 주작상무 청용완연 백호준거
形勢反此 法當破死 故虎繞 謂之啣尸 龍踞 謂之嫉主 玄武不垂者
형세반차 법당파사 고호요 위지함시 용거 위지질주 현무불수자
拒尸 朱雀不翔舞者 騰去
거시 주작불상무자 등거

[역]
　무릇 장사를 지내는 데는 좌측은 청룡을 삼고, 우측은 백호를 삼으며, 앞은 주작을 삼고, 뒤는 현무로 삼는다. 현무는 머리를 똑바로 드리우고, 주작은 춤추듯 맑고 밝으며, 청룡은 굽어 감싸 안아 주어 완연하고, 백호는 길들어져 순한 듯 머리를 숙여야 한다. 형세가 이와 반대면, 당연히 (집안이) 망하고 (사람이) 죽음을 당하는 법이다. 그러므로 백호가 두르고 있는 것은 시신을 물어뜯기 위한 것이고 청룡이 웅크리고 있으면 주인을 시기함이며, 현무가 똑바로 드리우지 않는 것은 시신(장사지낼 시신)을 거부하는 것이며, 주작이 춤추듯 맑고 밝지 않으면 높이 날아서 가버린다.

[설명]
　무릇 장지에서 좌측을 청룡靑龍이라 하고 우측을 백호白虎라 하며

256

전면을 주작朱雀이라 하며 혈처 뒤를 현무玄武라고 한다. 풍수지리 서적에 쓰인 표현을 빌리면 사신사四神砂의 형세로서 현무는 정지하는 것이 좋고, 주작은 다가와서 상무翔舞하는 것이 좋고, 청룡은 지렁이처럼 길게 꿈틀거리고 뻗어서 둘러싸이고, 백호는 호랑이가 쭈그리고 앉아 서로 맞는 듯 하는 것이 좋다고 기술하고 있다. 현무가 주인이라면 주작은 객이며, 남편과 아내, 임금과 신하의 관계가 된다. 이것은 음래양수陰來陽受의 원리로서 현무는 머리를 숙이고 들어밀듯 음래陰來로 다가오고 주작은 새가 날개를 펴고 날아오르듯 양수陽受로 받아들이는 형세가 되어야 한다고 책에서 표현하고 있지만 추상적이다. 현장에서는 혈의 종류에 따라 입수하는 내룡來龍의 형태가 다르고 안산도 혈이 앉은 위치에 따라서 천차만별이다. 안산이 다른 곳에서 와서 앞을 막기도 하고 청룡 백호가 혈 앞을 돌아 안산이 되기도 한다. 평지혈에서는 연못이며 호수가 역할을 하기도 한다. 이것은 모두 혈처를 위해 바람을 막는 방법에 따라 형태와 구조가 형성된다. 모두 바람을 처리하기 위한 수단이다.

풍수지리의 이론은 대부분 중국에서 온 것이므로 용어도 그대로 쓰고 있다. 내룡來龍은 마치 뱀이 달려와 거북이 모습을 따서 현무라 했고 안산은 펼친 것이 공작이 꼬리를 펼침 모양을 따서 주작이라고 표현했으며 중국에서 수미산須彌山을 기준으로 좌측은 바다와 접해 있고 용은 물에서 살므로 청룡이라 했고 우측은 대륙이고 호랑이가 산에서 살므로 백호라고 명명했을 것으로 본다. 필자는 현무를 내맥來脈이라 하고 청룡 백호를 좌측 보호사 우측 보호사로 부르고 주작을 전면 보호사로 부르는 것이 옳고 일반인들이 이해하기 쉽다고 본다. 그러나 사회적으로 오랫동안 사용해 왔기에 편리상 혼용하기로 한다.

夫以水爲朱雀者 忌夫湍激 謂之悲泣
부이수위주작자 기부단격 위지비읍

以支爲龍虎者 要若肘臂 謂之回抱

이지위용호자 요약주비 위지회포

朱雀源於生氣 派於已盛 朝於大旺

주작원어생기 파어이성 조어대왕

[역]

무릇 물로서 주작을 삼을 경우는, 저 여울이 격렬하게 물결이 부딪쳐 흐르면서 소리를 내는 곳은 기피하여야 하는데, 슬픈 울음[비읍悲泣]을 가리키는 것이다. 가지[지룡支龍]가 청룡과 백호가 되는 경우는, 만약 팔 뒤꿈치를 구하면, 돌아서 안는 것을 가리키는 것이다. 주작은 기가 생기게 하는 데 근원을 두고 있는 것이니, 나누면 성함이 그치고, 모이면 크게 왕성한다.

[설명]

혈처 앞에 격렬하게 물결이 부딪혀 소리를 내면서 흐른다는 것은 급경사지이고 좁은 계곡이어서 거센 바람이 골짜기를 타고 흐르는 곳이다. 살풍煞風이 부는 곳이므로 이런 곳에서는 기氣가 머물 수 없는 환경이다. 지각이 청룡, 백호가 되는 경우는 팔꿈치를 휘어 둥글게 안는 모양새이어야 한다. 혈처를 중심으로 좌우가 둥그렇게 넓고 혈처 앞에서 좁아지는 것을 설명한 것인데 좁은 곳을 통과한 바람은 넓은 곳에서 부드럽게 되어 주위 국국局을 부드럽고 아늑한 분위기로 만든다. 주작은 국내局內에 생기가 머물도록 근원을 두는 것인데 갈라지고 퍼지면 바람이 새게 되어 생기가 흩어진다. 혈처를 향해 모이고 겹겹이 안아주면 크게 왕성旺盛한다.

澤於將衰 流於囚謝 以返不絶 法每一折 瀦而後泄 洋洋悠悠
택어장쇠 유어수사 이반부절 법매일절 저이후설 양양유유

顧我欲留 其來無源 其去無流
고아욕유 기내무원 기거무유

經曰 山來水回 貴壽而財 山囚水流 虜王滅侯
경왈 산내수회 귀수이재 산수수유 노왕멸후

[역]

　연못의 물은 장차 쇠衰하니, 유수流水는 가둔 다음에 흘러야 한다.
돌아옴은 끊어짐이 없으니, 매번 한 번 꺾이는 것이 법이며, 고였다가
후에 새어 나가야 한다. (물은) 넘치듯 가득 차서 멀리 흘러가면서도,
나를 돌아보고 머물고 싶어 한다. 그 오는 것도 근원이 없고, 그 흘러
가는 것도 없어 보이지 않는다. 경에 이르기를 산이 오고 물이 돌면,
귀하게 되고 장수하고 부자가 된다고 했다. 산이 갇히고 물이 흐르면,
왕은 포로가 되고 제후는 멸망한다.

[설명]

연못의 물은 장차 쇠하는 지형은 보호사 없이 움푹 파인 지형을 이르는 곳이니 산세가 없는 트인 곳이라는 것이다. 흐르는 물은 가둔 다음에 흘러야 한다는 것은 사방에서 들어온 물이 고였다가 나가는 곳은 주위가 잘 감싸주고 명당은 넓고 둥그런 형태를 이룬 곳이므로 생기가 머무는 곳이다. 돌아온다는 것은 끊어지지 않고 매번 휘어지는 법이니 웅덩이에 머물다가 후에 새어 나가는 지형은 물이 혈 앞에서 도는 모습이 돌아오는 것과 같이 보여 혈처 앞이 둥글게 휘어진 모습을 표현한 것이며 마치 웅덩이에 고였다가 출구로 새어나가는 것처럼 보이는 것이니 좁은 파구처이다.

물은 넘치듯 가득차서 멀리 흐르는 것이 나를 돌아보고 머물고자 하는 것처럼 보이는 것은 흐르는 물이 잔잔하여 지대가 평탄한 것을 표현했다. 물이 오는 곳을 모르고 가는 것이 흐름이 없는 것처럼 보여 오고 가는 곳을 모를 정도로 잔잔하고 국세가 완벽하게 감싸고 있음을 표현한 것이다. 산이 오고 물이 돈다는 것은 혈처 앞을 감아 도는 형국이니 도는 안쪽은 고요하고 아늑하여 자연히 혈이 맺히는 지형이 되어 귀하고 장수하며 부자가 되는 곳이다. 산이 갇히고 물이 흐른다는 것은 산은 외롭게 되고 기운은 물 따라 흐르게 되니 바람이 세차게 통과하는 곳이 되어 혈이 맺히지 않는다는 것이다. 이런 곳에는 혈이 맺히지 않으니 장사지내면 당연히 폐절하는 것이다.

제6 귀혈편貴穴編

夫外氣所以聚內氣 過水所以止來龍 千尺之勢 宛委頓息 外無以聚
부외기소이취내기 과수소이지내룡 천척지세 완위돈식 외무이취
內氣散於地中
내기산어지중
經曰 不蓄之穴 腐骨之藏也
경왈 불축지혈 부골지장야

[역]

무릇 외기外氣는 내기內氣를 모이게 하고, 과수過水는 내룡來龍을
멈추게 한다. 천척千尺의 강력한 기세로, 구불거리고 조아리며 먼 거
리를 와 그치더라도, 외기가 모이지 않으면, 내기는 땅속에서 흩어지
는 것이다. 경에 이르기를 기가 축적되지 않은 혈은, 장사지낸 땅속에
서 뼈가 썩는다.

[설명]

외기外氣는 내기內氣를 모이게 한다는 것은 둥그런 보호사로 이루
어진 곳이므로 혈을 맺을 수 있는 조건이 되어 맥은 멈추어 혈을 맺게
된다는 것이다.

과수過水가 내룡來龍을 멈추게 한다는 것은 흐르는 물이 내룡 앞
을 지나면 동행하던 보호사도 앞을 지나게 되어 내룡은 진행을 멈추
고 머물게 되는데 앞을 감싸게 되니 혈을 맺는 조건이 된다는 것이다.
천척千尺의 긴 내룡은 구불거리면서 달려와 머리를 숙이고 머물게 되

어 혈을 맺는 것이니 외기의 모임이 없으면 내기는 지중에서 흩어진다고 했는데 외기의 모임이 없다는 것은 바람을 갈무리할 수 있는 조건이 되지 못한다는 것이고 그러면 혈이 맺히지 않는다는 것이다.

당시에 곽박은 혈이 맺히지 않는 경우를 내기內氣가 지중地中에서 흩어지는 것으로 보았다. 당시에는 맥이 어떻게 이루어지는지를 알지 못한 것 같다. 혈이 맺힐 수 없는 조건에서는 맥이 미치지 못하여 맥이 없더라도 천기마저 모을 수 없는 것이다. 기가 혈에 축적되지 않으면 장사지낸 뼈는 썩는다고 보았다. 지기혈처나 천기혈처가 아닌 비혈지에서는 당연히 뼈는 없어진다. 당연히 혈처에서는 황골黃骨로 변하여 오래 보존되는 것이다.

夫噫氣爲風 能散生氣 龍虎所以衛區穴 疊疊中阜 左空右缺
부희기위풍 능산생기 용호소이위구혈 첩첩중부 좌공우결
前曠後折 生氣散於飄風
전광후절 생기산어표풍
經曰 騰漏之穴 敗槨之藏也
경왈 등누지혈 패곽지장야

[역]
무릇 기가 내뿜어지면 바람이 되는데, 능히 생기를 흩어버리니, 청룡과 백호는 구혈區穴(혈장)을 호위하는 데 소용이 있다. 산(중부中阜)들이 첩첩으로 있어도, 좌우가 비거나 허약하고, (혈) 앞이 툭 터져 넓고 뒤가 끊겨 있으면, 생기는 회오리바람에 흩어지고 마는 것이다. 경에 이르기를 (기가) 세어 위로 올라가는 혈에, 장사를 지내면 곽槨이 흩어져 버린다.

[설명]

바람은 기온과 밀도의 차이로 공기가 이동하는 과정인데 당시에는 기氣가 내뿜어지는 것으로 보았다. 여하튼 바람은 생기生氣를 흩어지게 한다. 바람을 막고 가두는 역할을 하는 것은 청룡, 백호이며 안산인데 이것들은 혈장[구혈區穴]을 보호하는 역할을 한다.

이것들이 여러 겹으로 싸였어도 좌우가 비고 일그러지고 앞은 막음없이 탁 트였으면 보호사 역할을 하지 못하여 생기는 회오리바람으로 흩어지게 된다. 또 내룡이 잘리면 오던 맥이 단절되어 무맥지가 된다. 아예 혈이 맺힐 수 없는 조건이었는데 당시에는 혈에서 기가 새어 날아간 것으로 보았다.

夫土欲細而堅 潤而不澤 裁肪切玉 備具五色
부토욕세이견 윤이불택 재방절옥 비구오색
夫乾如聚粟 濕如刲肉 水泉沙礫 皆爲凶宅
부건여취속 습여규육 수천사력 개위흉택

[역]

무릇 흙은 미세하면서도 단단해야 하며, 윤택하나 습濕(택澤)하지 않고, 옥을 잘라 기름질하는 것처럼, 오색을 갖추어야 한다.

무릇 (흙이) 건조하기가 좁쌀을 모아 놓은 것과 같고, 습하기가 베어 놓은 고기 같으며 샘물이 나오거나 모래와 자갈이 섞여 있으면 모두 흉택凶宅이다.

[설명]

혈토穴土를 설명한 것이다. 흙은 미세하고 견고해야 한다는 것은 혈토는 잘 파지지 않지만 덩어리를 부수면 분가루처럼 부드럽다. 흙은 윤택하지만 습濕하지 않아야 하고 옥을 잘라 기름을 바른 것처럼 윤기가 나야 하며 오색을 갖추어야 한다. 그러나 혈토가 오색을 구비하면 좋겠지만 지역에 따라서 흰색도 있을 수 있고 누런 단색도 있을 수 있으며 누런 바탕에 팥을 뿌려 놓은 것처럼 생긴 것도 있으니 고서는 참고만 하는 것이 옳다고 본다. 무릇 건조하기가 좁쌀을 모아 놓은 것처럼 푸석하고 고기를 잘라 놓은 것처럼 습하거나 물이 나거나 모래나 자갈이 있는 땅은 비혈지이니 이런 곳은 당연히 흉지이다.

皆穴有三吉 葬有六凶 天光下臨 地德上載 藏神合朔 神迎鬼避
개혈유삼길 장유육흉 천광하임 지덕상재 장신합삭 신영귀피
一吉也 陰陽沖和 五土四備 已穴而溫 二吉也
일길야 음양충화 오토사비 이혈이온 이길야
目力之巧 工力之具 趨全避闕 增高益下 三吉也
목력지교 공력지구 추전피궐 증고익하 삼길야

[역]
대개 혈에는 3가지의 길한 것이 있고, 장사를 지내는 데 6가지 흉한 것이 있다. 하늘의 빛은 내려와 비치고, 지덕은 올라가 실리고, 무덤에 있는 귀신이 날[일日, 삭朔 좋은 날 장사하면)과 합하면, 좋은 신은 맞아들이고 나쁜 귀신은 피하는 것이니, 이것이 첫 번째 길한 것이다. 음양이 충화沖和(조화)하고, 오색토五色土 중 네 가지가 구비되면, 이미 혈은 온화할 것이니, 이것이 두 번째 길한 것이다.

눈으로 잘 살피고, 공력으로 (묘지를) 잘 꾸미며, 완전함을 쫓고 부족함을 피하고, 높은 곳은 덧붙이고 낮은 곳을 증가시키는 것이, 세 번째 길한 것이다.

[설명]
대개 혈에는 3가지의 길함이 있고 장사를 지내는 데는 6가지 흉이

있다. 하늘빛은 아래로 비치고 지덕은 위로 실린다는 것은 청오경에서 천기혈을 예로 들면서 자세히 설명했으므로 참고하기 바란다. 좋은 날을 정하여 장사지내면 유익한 신은 받아들이고 나쁜 귀신은 피하게 된다고 하는데 필자는 혈처에 장사지내는 것이 우선이며 장사지내는 날과는 무관하다고 본다. 명당 주위에 있는 묘든지 비혈지에 장법이 잘못된 묘들은 모두 묵묘인데 날을 잘 잡아서 장사를 지냈다면 폐절되지 말았어야 했다. 음양이 충화(조화)하고 5색혈토 중 4가지만 구비되어도 혈은 이미 온화하다고 한 것은 혈이 맺혔음을 나타낸 것이다. 혈이 맺혔는데 길하지 않을 수 없는 것이다.

위에서 혈처를 얻어 길함을 나타냈다면 이 구절에서는 터 닦음을 표현했다. 눈으로 살피고 공력을 구비해서 완전함은 살리고 부족함은 피하여 높은 곳은 다듬어 풍부하고 부드럽게 하며, 낮은 곳은 메워서 불룩하게 하여 인위적으로 천기를 가두도록 해야 한다. 이렇게 하면 장법에서 길하게 되는 것이다.

陰陽差錯爲一凶 歲時之乖爲二凶 力小圖大爲三凶 憑富恃勢爲四凶
음양차착위일흉 세시지괴위이흉 역소도대위삼흉 빙부시세위사흉
僭上偪下爲五凶 變應怪見爲六凶
참상핍하위오흉 변응괴견위육흉
經曰 穴吉葬凶 與棄屍同
경왈 혈길장흉 여기시동

[역]
음양이 어긋나 차이가 생기면 일一 흉이요, 세시(장사지내는 시간)가 어긋나면 이二 흉이며, (소인배들이) 노력은 적은데 큰 것(과분한 대혈)을 도모하는 것은 삼三 흉이고, 부유한 재산을 가지고 권세를 의지하려는 것은 사四 흉이며, 참상僭上(신분이 낮은 자가 화려한 격식

을 갖추어 묘지를 꾸미려는 것)이나 핍하偪下(자기 조상의 묘지를 좋게 하기 위해 타인의 묘지를 음해하는 것)는 오五 흉이고, 변응變應 (정해진 장법에 따르지 않고 아무렇게나 묘지를 만드는 것)과 괴견怪見(괴이하게 보이는 것)은 육六 흉이다. 경에 이르기를 혈은 좋은데 장사지내는 것이 흉하면, 시신을 버리는 것과 같다고 하였다.

[설명]

청오경에서 혈처를 얻었어도 장법이 잘못되면 시신을 버리는 것과 같다고 한 것을 설명한 것이다. 첫째 음양차착陰陽差錯으로 보았는데 음양차착이란 내룡이 생生하면서 와야 길한데 극剋하면서 오는 것을 말한다. 예를 들면 수생목水生木, 목생화木生火, 화생토火生土, 토생금土生金, 금생수金生水로 와야 길吉하다는 것이다. 극하는 것은 수극화水剋火, 목극토木剋土, 화극금火剋金, 금극목金剋木, 토극수土剋水로 오면 흉하다는 것이다. 오행五行은 이법마다 다르므로 어느 법이 맞는다고 단정 지을 수 없다.

星宿五行: 木-乾坤艮巽, 火-壬子甲卯丙午庚酉, 土-乙辛丁癸, 金-辰戌丑未, 水-寅申巳亥

元空五行: 木-亥癸艮甲, 火-乙丙丁酉, 土-未庚戌丑, 金-乾坤卯午, 水-壬子寅辰巽巳申辛

雙山五行: 木-乾亥甲卯丁未, 火-艮寅丙午辛戌, 金-巽巳庚酉癸丑, 水-壬子乙辰坤申

洪範五行: 木-艮卯巳, 火-乙丙午壬, 土-未坤癸丑, 金-兌丁乾亥, 水-坎寅甲辰巽申辛戌

長生五行: 木-甲木長生-亥, 火-丙火長生-寅, 金-庚金長生-巳, -乙木長生-午, -丁火長生-酉, -辛金長生-子, 水-壬水長生-申

266

-癸水長生-卯

九宮五行: 乾宮-陽金, 兌宮-陰金, 艮宮-陽土, 坤宮-陰土, 震宮-陽木,
　　　　巽宮-陰木, 離宮-陰火, 坎宮-陽水

玄空五行: 木-坤壬辛午申戌, 水-艮庚丁卯巳丑, 金-乾丙乙子寅辰,
　　　　火-巽甲癸酉亥未

五行도 위와 같이 분류되고 좌향坐向도 정음정양법定陰定陽法, 88향법向法, 현공법玄空法, 통맥법通脈法, 구성수법九星水法, 삼합수법三合水法, 격룡입향법格龍入向法 등 여러 법이 있으니 어느 법을 적용해야 할지 난감하다.

필자가 여러 해 동안 산천을 두루 다니면서 터득한 바로는 자연은 이미 정해져 있다는 사실이다. 혈이 정해지면 주위 사격과 물의 흐름과 좌향은 이미 정해져 있다는 것이다. 쌍분 자리가 있고 합장 자리가 있고 단장 자리가 있다. 맥은 머리를 관통하지 않도록 되어 있다. 자리는 생기가 집중되도록 해야 하는데 단분이든지 합장 자리에 쌍분을 하면 생기를 분산시키게 되므로 좋은 자리를 버리게 된다.

세시歲時가 맞지 않으면 흉이라고 했는데 장사지내는 연월일과 하관하는 시간을 말하는 것이다. 시중의 일부 풍수지리 서적에는 예부터 사용했던 관습을 기록한 책이 있으니 부록 난을 참고하기 바란다. 요즘은 상喪을 당하면 3일장이 대부분이고 부득이한 경우는 5일장을 치르기도 하는데 일진이 맞지 않는다고 해서 장례를 미룰 수가 없으므로 필자는 일진보다 좋은 자리를 구하는 것이 중요하다고 본다.

흉지에 아무리 좋은 일진을 선택해서 좋은 하관 시간을 정하여 장례를 치렀어도 결과가 좋지 않는 경우가 대부분이다. 잘 관리되는 자리는 혈처가 대부분이고 묵묘인 곳은 대부분 망지이다. 적은 노력으로 큰 것(과분한 대혈)을 도모하는 것을 흉으로 보았는데 대혈은 하늘의 뜻이라고 보기 때문에 인연이 되지 않으면 오히려 비혈지를 얻을 수 있으므로 신중해야 한다고 본다.

필자의 연구에 의하면 명혈은 비어 있고 명혈 주위에는 유난히 많은 묘지가 있으나 모두 묵묘들이었다. 부富를 이용하여 권세를 의지하는 것을 흉이라고 했는데 기본적인 소양을 갖추지 않고 권세를 이용하면 자칫 사회적으로 큰 비난을 받을 뿐 아니라 혈처를 얻을 수 없으니, 그에 맞는 그릇이 되어야 한다는 것이다.

참상僭上(신분이 낮은 자가 화려한 격식을 갖추어 묘지를 꾸미는 것)이나 핍하偪下(자기 조상의 묘지를 좋게 하기 위해 타인의 묘지를 음해하는 것)는 흉이라고 했다. 신분이 낮거나 높거나 불문하고 묘지를 화려하게 꾸미는 것은 흉으로 본다. 자연에 손상을 주는 자체만으로도 미안한 행위인데 화려하게 꾸미는 것은 쓸데없이 더 많은 손상을 주는 것이기 때문에 오히려 묘지에 피해를 준다. 묘지 주위에는 천광이 모이도록 조성해야 하는데 많은 석물은 생기生氣의 회전을 방해하기 때문이다.

자기 조상의 묘지를 좋게 하기 위하여 옆에 있는 타인의 묘지에 피해를 주는 행위는 피해야 한다. 변응變應(정해진 장법에 따르지 않고 아무렇게나 묘지를 만드는 것)은 피해야 한다. 장지는 맥을 타는 혈처를 구하는 것이 이상적이지만 귀하므로 차선책은 천기혈을 구하는 것이다. 그러나 이것도 인구에 비해 많지 않다. 다만 일반인들이 쉽게 할 수 있는 것이 인위적으로 천기를 모우는 것이다.

방법은 바람을 피할 수 있고 수맥이 흐르지 않는 곳에서 아늑한 분위기로 묘지를 조성하는 것이다.

특히 광내로 빗물이 스며들지 않도록 봉분을 잘 다지고 물이 고이지 않고 흐르도록 조치한다. 괴견怪見(괴이하게 보이는 것)은 봉분을 돌로 쌓아 쥐나 뱀 등 작은 동물이 살도록 하면 안 된다. 요즘은 묘지 주변 바닥을 돌로 깔아서 주위에 수기가 감지되도록 한 곳이 있다. 모두 괴이하게 보이는 것들이다.

經曰 穴吉葬凶, 與棄屍同.

  혈은 좋은데 장법이 흉하면 시신을 버리는 것과 같다고 표현했는데 원인은 다음과 같다. 둘레석을 사용하여 빗물을 가두어 시신을 물속에 있게 하고 좌향을 잘못하여 생기를 모으지 못하고, 바람을 가두지 못하여 기운을 흩어지게 하는 것, 비혈지 중 수맥이 있는 곳에 묘지를 조성하는 것이 흉한 장법이다.

  광내에 빗물이 스며들지 않도록 하고 수맥이 없는 곳을 선택하여 장풍이 되도록 하는 것은 길한 장법이다. 이렇게 하면 맥이 흐르지 않더라도 조상을 편안하게 모시게 되고, 후손도 묘지 때문에 받는 고통은 없을 것으로 본다.

제7 형세편形勢編

經曰 勢止形昂 前澗後岡 龍首之藏
경왈 세지형앙 전간후강 용수지장

[역]

장경에 이르기를 용세龍勢(맥세脈勢)가 내려와 혈장穴場에 머물러 그치어서 멈추며, 형상形象이 둥그스럼한 구毬가 솟아 쳐들고, 혈전穴前에서는 계간수溪澗水의 물이 흐르고 혈후穴後로는 의지처로 강岡(언덕, 산등성이)이 있어야 용의 머리를 갈무리할 수 있다. 즉 진기眞氣가 뭉쳐있는 머리(혈처穴處, 입지立地)가 될 수 있는 것이다.

[설명]

혈이 맺히는 과정을 설명한 것인데 용맥이 내려와 멈추고 혈장을 형성하면 앞에는 골짜기 물이 보호사와 함께 돌고 뒤에는 현무가 받치고 있으면 혈처를 바람으로부터 보호하게 되어 용의 머리(혈처)가 되는 것이다.

鼻顙吉昌 角目滅亡 耳致侯王 脣死兵傷
비상길창 각목멸망 이치후왕 순사병상

[역]

용의 코나 이마에 자리하면 길하고 번창하는 것이며, 용의 뿔이나 용의 눈과 같이 한 쪽으로 기울어진 곳에 자리하면 멸망의 자리이며 용의 귀 부위 같이 깊숙한 곳에 자리하면 임금이나 제후에 등극할 자리이고 용의 입술 부위와 같이 엷은 위치에 자리하면 사망하거나 전쟁터에서 크게 상해를 입게 될 자리이다.

[설명]

용의 코나 이마는 유혈乳穴과 돌혈突穴이 되어 전순과 좌우는 두툼하고 넓으며 급경사를 이루어 바람을 하늘로 날리게 되어 맥이 머물게 되는 곳이므로 당연히 길하고 번창하게 된다. 뿔은 뾰족한 능선이므로 좌우 바람이 넘나드는 바람 길이므로 맥이 머물지 못하는 곳이므로 자리가 될 수 없으며 눈은 능선 옆이므로 능선을 타고 도는 좌우 바람을 막을 수 없으며 눈 아래는 바로 급경사를 이루어 기슭을 타고 오르는 바람 길이 되므로 맥이 머물 수 없는 곳이다. 그러므로 당연히 멸망하게 되는 자리이다.

귀처럼 오목한 곳은 혈처 좌우가 불룩하고 두툼하여 능선을 타고 도는 바람을 막을 수 있을 뿐 아니라 혈처 앞은 평판하고 끝은 급경사를 이루며 혈처는 뒤로 물러앉았으므로 공중으로 날리고 남은 여풍마저 약해져서 혈처는 매우 아늑하고 포근하다. 그러므로 극품의 자리가 되는 것은 당연하다. 입술 부위는 능선 아래가 바로 내려다보이는 곳이므로 치고 오르는 바람에 견딜 수 없으며 좌우도 열렸으므로 능선을 타고 도는 바람 길이니 패절敗絶의 자리이다. 혈이 맺히는 곳은 바람을 스스로 막거나 주위에서 막아주는 곳이다.

宛而中蓄曰龍之腹 其臍深曲 必世後福 金穀璧玉 傷其胸脇 朝穴暮哭
완이중축왈룡지복 기제심곡 필세후복 금곡벽옥 상기흉협 조혈모곡
其法滅族
기법멸족

[역]

구불구불 내려오는 용의 중앙에 혈장을 만들어서 기를 응축하게 하는데, 이를 용복龍腹인 용의 배라고 한다. 그 배꼽은 깊고 움푹 들어간 곳이라 반드시 후세에 복을 받아서 금과 곡식과 옥이 가득가득 넘치게 될 것이고, 용의 가슴이나 갈비뼈 부분에 손상(상처)이 있게 되면 이러한 곳에 아침에 장사 지내면 저녁에 곡소리가 날 것이니 이러한 경우에는 가계를 멸족시킬 법이라는 것이다.

[설명]

용맥이 구불구불 내려오는 능선의 중앙에 기가 응축된 곳에 혈이 맺히는데 이를 용의 배라고 표현했으며 그 배꼽은 깊고 곡선을 이룬다고 표현했는데 일반 풍수 책에는 이를 기마혈騎馬穴이라고 표현한다. 이 혈처의 좌우가 불룩하고 혈처는 오목하다. 위에 심곡深曲이라고 표현한 것은 심深은 오목하다는 것이고 곡曲은 좌우左右가 넓고 둥글게 곡선을 나타낸 것이다.

좌우가 넓은 것은 과일에 비유하면 과일의 씨방 주위는 우리가 먹는 씨방을 보호하는 살에 해당하는 것이다. 좌우가 불룩하게 곡선을 이루어 옆에서 부는 바람을 좌우로 돌려 전후의 오목한 곳으로 모여 넘도록 하여 혈처에는 아늑하다. 이곳에 정확하게 점혈하면 반드시 세후世後에 복을 받아 금과 곡식과 옥이 가득하다. 이 문구 때문에 능선에 묘지를 조성하는 경우가 있는데 점혈을 실수하거나 무맥지에 묘지를 조성하여 대부분 묵묘들이다.

용의 가슴이나 갈비뼈 부분에 손상(상처)이 있게 되면 이러한 곳에 아침에 장사지내면 저녁에 곡소리가 날 것이니 이러한 경우에는 가계를 멸족시킬 법이라는 것이라고 한 것은 당연하다고 본다. 용의 가슴이나 갈비뼈라고 표현한 것은 능선 중앙을 벗어난 곳이니, 맥이 능선을 타고 흐를 때 능선 좌우로 몸을 흔들면서 내려오며 용맥 좌우에는 원진수가 동행하기 때문에 원진수 위에 조장할 확률이 높아 수맥의 피해를 보게 된다.

이곳에 있는 묘들은 원진수에 의한 줄 모르고, 예나 지금이나 모두 묵묘로 되어 있었으니 가슴이나 갈비뼈에 있어서 그런 줄 알고 가계를 멸족시킬 법이라고 표현했던 것이다.

夫古人之葬 蓋亦難矣 岡壟之辨 眩目惑心 禍福之差 侯虜有間
부고인지장 개역난의 강롱지변 현목혹심 화복지차 후노유간

[역]
무릇 고인의 장법은 대체적으로 더없이 어려운 것이다. 강岡(산룡)과 농壟(밭두렁, 평양룡)을 분별하려면 눈을 어지럽게 하고 마음을 의심케 할 것이다. 화복의 차이는 공후公侯와 노복奴僕의 차이가 있다는 것이다.

[설명]
위의 글은 야산의 발원지에서 발원한 맥이 흘러가는 곳을 표현한 곳으로 보인다. 맥이 야산의 구릉을 지나 평지로 내려와 논과 밭두렁을 지나 다시 언덕으로 올라 구릉을 타고 지나가서 혈을 맺는다. 아래 사진을 예로 들어 설명하면 논밭으로 개간하기 전에는 맥이 지나는 곳은 약간 불룩했을 것이나 현재는 논밭으로 되어 평탄하다. 산은 그대로 윤곽이 뚜렷하게 나타난다.

맥이 오는 곳에는 좌우로 팔을 벌려 맥을 호위하고 가는 곳도 팔을 벌려 맥을 호위하고 있다. 이 지형을 보면 강롱岡壟을 분별하려면 눈을 어지럽게 하고 마음을 의심케 하지 않을 수 없다.

맥이 논밭을 지나 개울을 건너고 있다.

용맥이 논밭과 개울과 도로를 건너서 반대편 능선을 오르고 있다. 좌우에서 영사迎砂가 호위하고 있다.

　　용맥이 반대쪽 산에서 내려와 논밭과 도로와 개울을 건너서 능선을 오른 후 위의 사진처럼 생긴 가는 능선을 타고 진행하고 있다. 봉峰의 정상에는 무덤이 하나 있는데, 맥이 능선을 타고 오는 줄 알고 맥이 가는 능선을 의지하여 터를 잡았다. 당연히 잘못된 것이다. 맥이 평지에서 올라와 둥그렇게 뭉친 후 머리를 숙인 곳(묘지 뒤)에 혈처가 있으나 맥이 가는 곳을 읽지 못했기 때문에 아무도 쓸 수 없는 것이다. 이를 두고 화복지차禍福之差 후로유간侯虜有間라고 표현했다.

　故山勢盡而擧者爲尾而 占首有疑 其法在耳角目之具 耳角之辨
　　고산세진이거자위미이 점수유의 기법재이각목지구 이각지변

百尺之山 十尺相邇
백척지산 십척상이

[역]
산세가 다할 때쯤 하여 일어나 불끈 솟은 것이 용미龍尾인 꼬리이다. 용두龍頭인 머리에 점혈하고자 할 경우는 의심을 가져보아야 한다. 그 법은 귀, 뿔, 눈을 갖추는데 있는 것이다.

귀와 뿔의 분별에 있어서는 백척의 산에서 십척 정도의 거리를 보다 상세히 구분하는 정도인 것이다.

[설명]
용龍의 머리는 발원지이며 꼬리는 능선의 마지막 부분인데 당시에는 발원지를 몰랐던 것 같다. 그래서 산의 불룩한 부분을 용두龍頭로 표현한 것 같다. 불룩한 부분은 돌처突處로 보아 돌혈突穴을 설명하고자 한 것 같다. 이耳, 목目, 각角, 비鼻에 대해서는 위에 설명했으므로 여기서는 생략한다.

귀와 뿔의 분별에 있어서는 백척의 산에서 십척(약 3m) 정도의 가까운 거리이다. 이 말은 뿔에 점혈하면 패절이지만 귀에 점혈하면 부귀가 따르는 것인데 정확하게 점혈하는 것을 강조한 것이다.

전국 산에서 살펴본 바에 의하면 돌처에 있는 묘지는 대부분 묵묘였다. 혈처를 벗어난 거리는 몇 보(2~5m) 내內였다. 혈이 맺히는 조건은 바람을 피할 수 있는 곳인데 귀와 뿔 중에서 귀에 해당된다. 그런데 오목한 곳을 모두 피했다.

오목한 곳에서 혈처를 피한 곳이 있는데 이유는 뒤로 바짝 붙여 좌우에서 오는 바람을 피해야 되는데 앞에 썼으므로 바람을 피할 수 없었다. 귓구멍에 넣는다는 기분으로 조장해야 한다.

以坎爲首 甲角震耳 八山對求 乾角在癸 龍目宛然 直離之申
이감위수 감각진이 팔산대구 건각재계 룡목완연 직이지신
兌以坎爲鼻 艮以坎爲脣 土圭測其方位 玉尺度其遠邇
태이감위비 간이감위순 토규측기방위 옥척도기원이

[역]

감산坎山으로 머리를 삼았을 경우는 갑甲방향이 뿔이 되고 진震방향이 귀가 되는 것이다. 팔산八山의 방위에서 대對(배配=짝)를 구함에 있어서는 건산乾山의 뿔은 계癸에 있는 것이고 용龍의 눈은 완연히 이산離山의 신申에 있는 것이다. 태산兌山에서는 감坎의 방향으로 코를 삼는 것이고 간艮산에서는 감坎의 방향으로 입술을 삼는 것이다. 토규土圭(고대 나경)로는 그 방위를 측정하고 옥척玉尺으로는 멀고 가까움을 측정하는 것이다.

[설명]

위에서 뿔, 눈, 입술 부분은 안 좋은 곳으로 설명했고 귀는 좋은 곳으로 설명했는데 용맥龍脈이 내려오는 곳에서 쓸 곳과 금해야 될 곳을 설명했다고 본다. 조선시대 풍수지리 교과서로 삼았던 금낭경에 이런 문구가 있으니 맥이 방향을 틀어 자리 잡는 원리를 알지 못하여 명혈이 모두 비어 있는 것이다.

혈穴이란 맥이 진행하다가 바람을 갈무리하는 곳에서 멈추는 것이다. 위에 열거한 대로 혈이 맺히는 곳은 없다고 본다. 형기만으로 판단하는 것은 매우 위험한 것으로 본다. 위 내용 대로 자리를 찾으려고 하니 전국 산에는 묵묘가 대부분이다.

乘金相水穴土印木 外藏八風 內秘五行 龍虎抱衛 主客相迎 微妙在智
승금상수혈토인목 외장팔풍 내비오행 룡호포위 주객상영 미묘재지

觸類而長 玄通陰陽 功奪造化
촉류이장 현통음양 공탈조화

[역]

혈장穴場은 승금乘金(입수도두入首倒頭, 구毬), 상수相水(선익수
蟬翼水), 혈토穴土, 인목印木(전순氈脣, 순전脣氈)으로 되어 있다.
즉 금金을 승乘하면 수水를 상相해야 하고 혈토穴土이면 초목이 이
를 인증해 준다. 밖으로는 팔풍八風을 가두어서 갈무리를 하고 안으
로는 오행五行의 생기를 간직하는 것이다. 청룡 백호가 다정하게 둘
러싸서 안아 호위하고 주산과 객산(조안산)은 서로 영접하여 맞이한
다. 미묘한 지혜가 있으려면 오랫동안 여러 가지 유형의 많은 혈장을
접촉해야 한다. 현묘함은 음양의 이치에 통하는 것이지만 공덕이라는
것은 자연조화의 힘을 뛰어넘을 수도 있는 것이다

[설명]

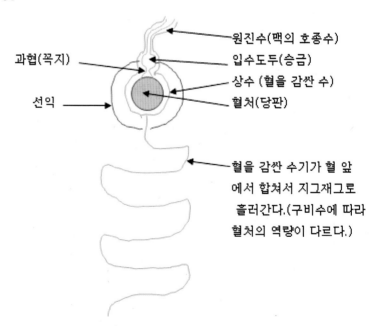

원진수(맥의 호종수)
입수도두(승금)
과협(꼭지)
상수 (혈을 감싼 수)
선익
혈처(당판)

혈을 감싼 수기가 혈 앞
에서 합쳐서 지그재그로
흘러간다.(구비수에 따라
혈처의 역량이 다르다.)

혈처는 위의 그림처럼 이루어지는데 모두 지하에서 이루어진다. 밖으로는 팔풍八風을 가두어 갈무리한다고 한 것은 바람을 스스로 막거나 주위에서 막아주는 조건을 설명한 것이며 내비오행內秘五行이란 혈이 맺히어 생기가 발생된다는 것인데 생기의 오행五行은 현무의 형태에서 이루어진다. 현무가 탐랑형이면 혈은 목木의 기운을 띠고 무곡이면 금金의 기운을 띠고 거문 형태이면 토土의 기운이며 염정 형태이면 화火의 기운을 띠는데 박환하여 부드럽게 변한다.

혈이 맺히면 주위에는 청룡, 백호가 둥글게 감싸서 혈처를 호위하고 앞에는 조안산이 가로막아 내부 기운을 안정되고 아늑하게 하는 것이 자연의 이치이다. 미묘한 지혜가 있으려면 오랫동안 여러 종류의 혈처와 접촉하여야 한다는 것은 현장에서 많은 경험을 쌓아야 한다는 것이다. 현묘함은 음양의 이치(자연의 이치)에 통하는 것이지만 공덕은 자연의 조화를 뛰어넘을 수도 있다는 것은 한마디로 탈신공개천명奪神功改天命인 것이다.

夫葬乾者勢欲起伏而長 形欲闊厚而方 葬坤者勢欲連鶩而不傾
부장건자세욕기복이장 형욕활후이방 장곤자세욕연무이부경

形欲廣厚而長平 葬艮者勢欲委蛇而順 形欲高峙而峻 葬震者勢欲蟠
형욕광후이장평 장간자세욕위사이순 형욕고치이준 장진자세욕반

而和 形欲聳而蛾 葬巽者勢欲峻而秀 形欲銳而雄 葬離者勢欲馳而穹
이화 형욕용이아 장손자세욕준이수 형욕세이웅 장이자세욕치이궁

形欲起而崇 葬兌者勢欲大來而坡 垂形欲方廣而平夷 葬坎者勢欲曲
형욕기이숭 장태자세욕대래이파 수형욕방광이평이 장감자세욕곡

折而長 形欲秀直而昂
절이장 형욕수직이앙

[역]

　무릇 건산乾山에 장사를 지내고자 할 경우는 용세龍勢가 기복하면서 멀리서 오듯 행룡이 길어야 하고 보국의 형국形局은 넓고 넉넉하듯 활후闊厚하면서 반듯하게 방方해야 하는 것이다. 곤산坤山에 장사를 지내고자할 경우는 용세龍勢가 연달아 길게 뻗치듯 행룡이 연무連騖하되 기울어서는 안 되는 것이고 보국의 형국形局은 넓고 넉넉하듯 광후廣厚하면서 널리 평평하듯 장평長平해야 하는 것이다. 간산艮山에 장사를 지내고자 할 경우는 용세龍勢가 위사委砂로 뱀처럼 거스름 없이 순順하게 행룡을 하고 보국의 형국은 높게 우뚝 솟아나듯 고치高峙하고 엄격(준峻)해야만 하는 것이다.

　진산震山에 장사를 지내고자 할 경우는 용세龍勢가 뱀이 몸을 감고 엎드려 있듯이 반반蟠하여 행룡하고 조화(화和)가 이루어져야 하며 보국의 형국이 높이 솟고 높듯 용아聳峨해야 하는 것이다. 손산巽山에 장사를 지내고자 할 경우는 용세龍勢가 높고 엄하며(준峻) 빼어나고 수려하게(수秀) 행룡해야 하는 것이고 보국의 형국은 날카롭게 기세가 있으며(예銳) 웅장(웅雄)해야 하는 것이다.

　이산離山에 장사를 지내고자 할 경우는 용세龍勢가 빠르게 달리는(치馳) 듯하고 크게(궁穹) 행룡해야 하는 것이고 보국의 형국은 우뚝 솟아(기起) 높아야(숭崇) 하는 것이다.

　태산兌山에 장사를 지내고자 할 경우는 용세龍勢가 크게 달려와 고개(파坡)를 드리우고(수垂), 즉 과협하면서 행룡해야 하는 것이고 보국의 형국은 반듯하게(방方) 넓고(광廣) 평평하면서(평平)도 온화(이夷)해야 하는 것이다.

　감산坎山에 장사를 지내고자할 경우는 용세龍勢가 굴곡(곡曲)하고 꺾어(절折)지며 길게(장長) 행룡해야 하는 것이고 보국의 형국은 수려(수秀)하면서 바르고(직直) 높아야(앙昂)만 하는 것이다.

[설명]

위의 내용은 세勢를 먼저 살피고 형形을 살피라는 것이다. 자연에서는 위에서 설명한 대로 된 곳이 없고 지역에 따라서 천차만별이다. 똑같은 곳은 한 곳도 없다. 전국의 각 지역에서 발원하는 발원지도 제각각이며 맥이 흘러가서 머무는 곳도 같은 형태가 아니다.

공통점은 바람을 갈무리할 수 있는 분위기의 형국에서 맥은 멈춘다는 것이다. 혈을 많이 맺든지 하나만 맺든지 불문하고 대혈은 일반인들이 알아보지 못하도록 교묘하게 은폐를 한다. 이를 일컬어 책에는 천장지비라고 쓰여 있다.

夫牛臥馬馳鸞舞鳳飛騰蛇委蛇 黿鼉魚鱉 以水別之 牛富鳳貴 騰蛇凶危
부우와마치난무봉비등사위사 원타어별 이수별지 우부봉귀 등사흉위
形類百動 葬皆非宜 四應前案 法同忌之
형류백동 장개비의 사응전안 법동기지

[역]

무릇 소가 누운 듯 말이 달리는 듯 난새가 춤을 추는 듯 봉황이 위로 오르는 듯 뱀이 구불구불 위곡을 하는 듯. 자라나 악어 그리고 금계 등의 물고기는 물로써 이들을 구별하는 것이다. 소는 부富를 봉황은 귀貴를 뜻하는 것이다. 등사는 흉한 것이니 즉 죽은 뱀과 같이 직선으로 뻗은 등사는 흉하고 위험한 것이다. 물형이 백 가지의 유형인데 이것들이 난동하듯이 움직이게 되면 장사에는 합당치 않다.

사신사, 즉 사방에 응하는 산과 혈전에 있는 안산도 난동하듯이 어지럽게 움직이면 기가 모이지 않고 흩어지기 때문에 똑같은 이치로 장사를 금하고 피해야만 하는 것이다.

[설명]

소가 누운 것 같은 곳은 능선 한 쪽이 기운 듯한 곳이다. 그래서 맥이 진행하다가 방향을 틀어 배 위에 자리를 잡는다. 또 하나의 맥은 머리까지 올라 방향을 틀어 돌처에서 오목한 귀 부분에 자리를 잡기도 한다. 말이 달리는 듯한 능선에서는 바람을 막을 방법이 없으므로 맥이 머물 수 없다.

간혹 돌처의 양측 귀처럼 생긴 바위가 서 있고 평탄한 곳에서 비룡입수가 막 끝나는 곳에 혈을 맺기도 하는데 초대혈이다. 난새가 춤을 추듯 한 곳은 두툼한 혈처의 좌우가 불룩하여 좌우에서 오는 바람을 막고 자기 안산을 세워 전면을 보호하는 지형이다. 뱀이 오르는 듯 지형은 가는 능선이 경사를 이루면서 내려오는 곳이며 이런 곳에서는 바람을 막을 수 없으므로 혈을 맺을 수 없는 곳이다.

뱀이 구불구불 위곡을 하는 듯한 곳은 수평으로 가늘게 마치 뱀이 기어가는 듯 능선 끝에서 둥그렇게 뭉치게 되는데 풍수서에 사두혈蛇頭穴이라고 적고 있다. 능선 주위는 평탄한 농경지이며 주위가 둥그런 국局을 이룬다.

자라나 악어 등 물에서 사는 동물처럼 생긴 지형은 평탄한 농경지에서 약간 불룩하게 솟은 곳에 맺힌 혈처이다. 맥은 높은 산에만 흐르는 것이 아니고 낮은 지형에도 흐르는데 높은 곳에 있다고 하여 강한 것이 아니며 낮은 지형에 있다고 하여 약한 것도 아니다. 혈이 맺히는 지형은 기가 흩어지지 않도록 아늑하게 보호사가 감싸게 되며 보호사가 둥글게 감싸는 곳은 물은 보호사를 따라 돌게 되며 바람도 보호사 따라 맴돌게 되니 아늑한 분위기가 아닐 수 없다.

제8 취류편取類編

夫重岡疊阜 群壟衆支 當擇其特 情如伏尸 大則特小 小則特大
부중강첩부 군농중지 당택기특 정여복시 대칙특소 소칙특대
參形雜勢 主客同情 所不葬也
참형잡세 주객동정 소불장야

[역]

무릇 산[강岡]과 언덕[부阜]이 중첩重疊하고, 산룡[롱壟]과 평양룡
[지支]이 무리를 지어 있어도, (그 중에서) 당연히 특이한 것을 택하
여, 시신을 묻어야[복시伏尸] 정情이 있다. (산이) 크면 작은 곳이 특
이한 곳이고, (산이) 작으면 큰 곳이 특이한 곳이다. (용맥의) 형세形
勢가 불규칙하고 번거로우며, 주(주산)와 객(주변 사격)이 (특이하지
않고 대소大小가 똑같으면 장사 지낼 수 없는 장소다.

[설명]

산과 언덕이 중첩하고 산룡과 평양룡이 무리지어 있어도 당연히 그
특이한 곳을 선택하여 시신을 묻어야 함을 유의해야 하는 것이다. 특
이한 것으로 대소大小를 예로 들었는데 이것은 예를 든 것이지 꼭 그
런 것은 아니다. 특이한 것은 지형이 푹 꺼지거나 불룩하게 솟기도 하
며 한 쪽으로 치우쳐 함몰된 것처럼 생긴 곳도 있다. 이러한 형상들
은 지형에 따라 바람을 피하고 막기 위한 수단이다. 지형이 가지런하
지 못하고 난잡한 곳은 바람을 막지 못하는 지형이며 간혹 주위가 패
이고 골이 생겨 어수선하게 보이는 곳이 있는데 자세히 살펴보면 혈

처를 중심으로 가지런히 혈처를 향하여 모여드는 곳이다. 참형잡세參
形雜勢라는 이 문구 때문에 지형이 패여 불규칙한 것으로 오인하여
거들떠보지도 않은 곳이 있다.

주객동정主客同情이라는 말은 변화 없이 밋밋한 지형이며 보호사
가 낮아 양측 골짜기가 넘겨다보이는 곳을 이르는 말이다. 이런 곳은
바람을 피할 수 없기 때문에 혈이 맺히지 않는 곳이다.

夫支欲起於地中 壟欲峙於地上 支壟之前 平夷如掌
부지욕기어지중 농욕치어지상 지농지전 평이여장
故支葬其巓 壟葬其麓 卜支如首 卜壟如足
고지장기전 농장기록 복지여수 복농여족

[역]
무릇 평양룡[지支]은 땅 속에서 융기隆起하여야 하고, 산룡[롱壟]
은 지상에서 높이 솟아야 한다. 평양룡이나 산룡의 앞은 손바닥처럼
평탄하고 아늑해야 한다. (註: 용의 바로 앞은 행룡行龍이 끝나는 용
진처龍盡處다. 기를 모아 혈을 맺으려면 평탄하고 아늑해야 한다.)
그러므로 평양룡[지支]에 장사지낼 때는 그 꼭대기 부분 머리[전巓]
에 하고, 산룡[롱壟]에 장사지낼 때는 그 기슭[록麓]에 한다. 평양룡에
서 혈을 쓸 때는 (복지卜支) 머리 부분에 하고, 산룡에서 혈을 쓸 때는
(복롱卜壟) 발 부분인 기슭에 한다.

[설명]
평지룡은 지중地中에서 융기隆起하여야 한다는 것은 평지에서 불
룩하게 솟았으니 형기적으로 일어난 것으로 보았다. 나지막한 야산
이 발원지가 되어 맥이 흘러 과협을 이루고 불룩하게 되는 모습이 마
치 평지에서 일어나는 것처럼 보이는 것이다. 그러므로 평지룡에 장

사지낼 때는 산꼭대기[전巓]에 한다고 했다. 이런 문구 때문에 야산에 있는 묘들은 대부분 불룩한 부분에 장사하여 바람에 노출되어 묵묘로 되었다. 산룡은 지상에서 높이 솟아야 한다고 했는데 당연한 말이다. 이곳에 장사지낼 때는 산기슭[록麓]에 한다고 했다. 이곳에서는 발[족足]이라고 표현했는데 산의 낮은 부분이다. 이 문구 때문에 높은 산에 있는 혈처는 모두 빈터로 남아 있게 된 것으로 본다. 혈처는 산룡이나 평지룡을 불문하고 바람을 스스로 막든지 주위에서 막아주어 아늑한 분위기가 형성된 곳에서 높낮이에 구분하지 않고 맺혔다. 이런 분위기에서는 맥이 흐르지 않더라도 천기를 모은 천기혈이 맺혔다.

形勢不經 氣脫如逐 形如仰刀 凶禍伏逃 形如臥劍 誅夷逼僭
형세불경 기탈여축 형여앙도 흉화복도 형여와검 주이핍참
形如橫几 子滅孫死 形如覆舟 女病男囚 形如灰囊 災舍焚倉
형여횡궤 자멸손사 형여복주 여병남수 형여회낭 재사분창
形如投檄 百事昏亂 形如亂衣 妬女淫妻
형여투산 백사혼난 형여난의 투여음처

[역]

형세가 경經(장경)에 맞지 않으면, 기는 축출되듯이 이탈한다. 형세가 마치 칼날을 위로 보도록 세워놓은 것 같이 등[척脊]이 좁고 날카로우면, 흉화凶禍를 당하거나 숨어 달아 다니는[복도伏逃]의 일이 생긴다. 형세가 눕혀놓은 긴 칼과 같이 좁고 길면, 처참한 죽임인 주륙誅戮을 당하거나 참담한 일이 닥쳐오는 핍참逼僭함을 겪는다. 형세가 마치 제사 때 옆으로 가로놓은 제사상인 횡궤橫几 같아 (맥이 잘리면) 자손이 멸망하고 죽는 화를 당한다. 형세가 마치 뒤집혀져 있는 배 같으면, 여자는 병이 들고 남자는 감옥에 갇히는 일이 생긴다. 형세가 재를 담는 주머니 같으면, (화재를 당하여) 집이 불타고 창고가

잿더미가 되는 화를 입는다.

형세가 마치 산가지를 이리저리 흩어놓은 것 같으면, 모든 일이 혼란에 빠져 어지럽게 된다. 형세가 마치 옷가지를 이리저리 흩어놓은 것 같으면 여자가(딸들은) 질투심이 많고 처(아내)는 음란하다.

[설명]

위에 열거한 형태의 땅에서는 맥이 머물 수 없으며 바람을 막지 못하는 지형이므로 어떠한 혈도 맺지 못한다. 맥이 흐르다가 멈추어 혈이 맺히면 혈처는 두툼하고 풍만하며 주위에서 혈을 향하여 에워싸서 보호를 한다. 모든 골짜기의 물은 혈전에 모이게 되고 혈처를 감싸고 돌게 된다. 주위 여건이 혈처를 위해 존재하는 것처럼 보인다.

形如植冠 永昌且歡 形如覆釜 其巔可富
형여식관 영창차환 형여복부 기전가부
形如負扆 有壟中峙 法葬其止 王侯崛起
형여부의 유농중치 법장기지 왕후굴기
龍遶虎踞 前案如戶 貴不可露 形如燕巢 法葬其凹 胙土分茅
용요호거 전안여호 귀불가로 형여연소 법장기요 조토분모
形如側罍 後岡遠來 前應曲回 九棘三槐
형여측뢰 후강원래 전응곡회 구극삼괴

[역]

형세가 마치 관모冠帽를 단정하게 쓰고 있는 것 같으면, 영원히 창성昌盛하고 또한 기쁠 것이다. 형세가 마치 엎어놓은 가마솥 같고, 그 꼭대기 부분에 장사지내면 가히 부자가 될 것이다. 형세가 마치 둘러쳐놓은 병풍[부의負扆] 같은데 높이 솟은 산봉우리 내에서 내려온 산룡[롱壟]이 있으며, 그것이 그쳐 멈추는 곳에 법에 맞추어 장사를 지

286

내면 왕후王侯와 같이 우뚝 솟아 일어난 인물이 나온다. (형세가) 청룡이 두른 듯 감싸 안아주고 백호는 웅크린 듯 하며, 앞에 안산은 집과 같으면, 귀貴는 이슬 맞는 일(명예가 실추되거나 벼슬에서 쫓겨나는 일)이 없을 것이다.

형세가 제비집[연소燕巢] 같은데, 그 움푹한 부분[와窩]에 법에 맞추어 장사를 지내면, 제후가 된다. (조토분모胙土分茅: 토지로 녹을 받고 집을 분배받는 것이므로, 제후가 되는 귀한 현상을 말한다.) 형세가 마치 술독이나 대야를 옆에 놓은 것 같고, 뒤의 용맥은 멀리서 오고 (용이 장원長遠하고), 앞에는 산과 물이 곡선으로 둘러 감싸 안아 주면서 응대하면, 삼공三公(삼괴三槐)과 구경九卿(구극九棘) 등 귀하고 높은 벼슬이 난다.

[설명]

이곳에서는 귀사貴砂에 대해 설명하였다. 형세가 반듯한 관모 같다고 표현했는데 반듯한 형세를 총괄적으로 이르는 말이며 형기적으로 관모 형태는 좌보성左補星의 일종으로 보면 이해가 빠를 것이다. 경사지가 끝나는 부분에서 뒤로 바짝 붙여 혈이 맺혔으며 앞은 약간 불룩하여 자기 안산을 이루어 전후좌우에서 오는 바람을 차단하여 아늑한 자리를 이루었다. 형세가 가마솥을 엎어 놓은 것 같다는 것은 사방이 두툼하게 원형을 이룬 무곡 금성체이다. 산꼭대기에 돌혈突穴로 자리를 잡았다. 멀리서 보면 솥을 엎어 놓은 것처럼 보이지만 혈처에서 보면 널찍한 찐빵처럼 생겼다. 말로는 쉽게 표현하지만 점혈하기 까다롭다고 본다. 형세가 마치 둘러쳐 놓은 병풍 같고 가운데 높이 솟은 곳에서 내려온 산롱山壟의 혈이 맺힌 곳에 장법에 맞게 장사를 지내면 극귀의 인물이 나온다고 했다. 병풍의 가운데에서 내려오는 용맥을 풍수서에서는 개장천심開帳穿心이라고 표현했다.

청룡이 감싸 안아주고 백호가 웅크린 듯하며 안산은 집과 같다고 표현한 것은 청룡이 혈 앞을 완전하게 감아 돌아 백호까지 가서 파구를 형성하니 파구를 통과한 바람은 백호를 타고 올라가므로 혈처는 조용하지 않을 수 없다. 안산은 집과 같다고 표현한 것은 안산은 기운 곳 없이 반듯한 형체를 이르는 말이다.

실제로 집처럼 생긴 안산이라면 거문 토체를 나타낸 것이다. 풍수서에는 거문 토체가 혈전에 있으면 극귀의 후손이 나온다고 표현하고 있는데 전안여호前案如戶의 문구를 근거로 한 것 같다.

형세가 제비집 같다고 표현한 것은 경사진 능선에 있는 오목한 곳인데 좌우가 불룩하고 혈심은 뒤로 바짝 붙었으며 전순 아래는 급경사를 이루어 능선을 타고 도는 바람의 영향도 없고 앞에서 능선을 타고 오르는 바람은 공중으로 날고 여분의 바람만 혈처에 닿으니 분위기가 온화하지 않을 수 없다.

그러나 실제로는 실혈한 곳이 대부분이다. 내룡來龍이 멀리서 와서 형세가 술독을 엎어 놓은 것 같고 혈전은 산과 물이 곡선으로 감아 돈다는 것은 멀리서 달려온 행룡이 비룡입수하여 평탄한 지형을 이루고 가운데에 자리를 잡으니 내룡을 호위하면서 동행한 보호사가 주위를 감싼다.

물은 지형 따라 돌게 되고 바람도 물 따라 도니 둥근 국내局內는 생기로 가득하지 않을 수 없다. 당연히 귀한 후손이 나지 않을 수 없는 것이다. 이 장章에서는 혈이 맺히는 조건을 설명한다.

勢如萬馬 自天而下 其葬王者 勢如巨浪 重嶺疊障 千乘之葬
세여만마 자천이하 기장왕자 세여거낭 중영첩장 천승지장
勢如降龍 水繞雲從 爵祿三公 勢如雲從 璧立雙峯 翰墨詞鋒
세여강용 수요운종 작녹삼공 세여운종 벽입쌍봉 한묵사봉
勢如重屋 茂草喬木 開府建國
세여중옥 무초교목 개부건국

[역]

 (산)세가 만 마리의 말이, 하늘에서 내려오는 것 같으면, 그 묘 터는
왕이 만나는 곳이다. (산)세가 거대한 파도와 같고, 잇달아 뻗어 있는
산봉우리들이 중첩重疊으로 가로막고 감싸 보호해주면, 천자[천승千
乘]가 날 묘 터다. (산)세가 하늘에서 힘차게 내려오는 용 같고, 물이
에워 감싸주고 (모든 산들의 모습이 마치) 구름이 (용을) 따르듯 하면,
작록爵祿(벼슬과 녹봉)이 삼공三公에 이른다. (산)세가 구름이 따르
는 것 같고, 두 개의 봉우리가 옥처럼 아름답게 서 있으면, 글 잘하고
[한묵翰墨, 한림학사] 직언을 아끼지 않는 충신[사봉詞鋒, 사간원]이
나온다. (산)세가 마치 많은 집들을 겹쳐놓은 것 같고, 풀이 무성하고
나무가 곧고 높이 자라는 곳이면 (지기가 왕성하다는 뜻), (관청의) 부
처를 만들거나 나라를 세울 수 있는 곳이다. (즉 한 나라를 세울 수 있
는 큰 인물이 나오는 땅이다.)

[설명]

 만 마리의 말이 하늘에서 내려오는 것 같다는 표현은 웅장하고 힘
있게 여러 겹으로 호위를 받으면서 내려오는 용맥의 모습을 표현한
것이다. 산세가 거대한 파도와 같고 산봉들이 중첩으로 가로막아 감
싸준다는 것은 용맥 좌우에는 여러 겹으로 보호사가 보호를 하고 주
위에 펼쳐지는 보호사들이 마치 파도가 밀려오는 것처럼 겹겹이 물결
을 이루는 모습을 표현한 것이다.
 세가 용이 하늘에서 내려오는 것 같고 물이 에워 감싸주고 구름이
용을 따르듯 한다는 것은 용맥이 높은 산에서 힘 있게 내려와 낮은 곳
에 이르고 용맥을 따라 오던 물이 혈처 앞을 돌아 감싸 준다는 것은
보호사가 앞을 감싼다는 것이며 그 모습이 구름이 놓인 것처럼 겹겹
이 싸였다는 것이다.
 세가 구름이 따르는 것 같고 두 개의 봉우리가 옥처럼 서 있다는 것

은 내룡(來龍) 좌우로 여러 겹의 보호사가 구름처럼 겹겹이 호위를 하고 주위에 고축사가 서 있음을 표현한 것이다.

세가 많은 집들을 펼쳐놓은 것 같고 풀이 무성하고 나무가 곧게 자라는 곳이라는 것은 낮은 귀봉들이 겹겹이 놓여 있고 평탄한 들판을 이루고 있는 지형을 표현한 것이다.

위와 같은 지형으로 된 곳에는 어김없이 많은 묘들이 있게 되는데 명혈 주위에 있는 묘들은 모두 묵묘들이다. 무초교목茂草喬木의 표현 때문에 수풀이 무성하게 우거진 곳에 장사지낸 결과인 것이다. 실제 혈처는 잡초 없이 깨끗하다. 잔디만 깨끗하게 잘 자란다. 주위에 있는 아름다운 사격들은 하나의 명혈을 위한 것인데 사람들은 모두 영향을 받는다고 생각들을 하는 것 같다.

勢如驚蛇 屈曲徐斜 滅國亡家 勢如戈矛 兵死刑囚
세여경사 굴곡서사 멸국망가 세여과모 병사형수
勢如流水 生人皆鬼
세여유수 생인개귀

[역]
(산)세가 마치 놀란 뱀처럼, 이리저리 삐뚤어지면서 서서히 기울어져 있으면, 나라나 가정이나 멸망한다. (산)세가 마치 날카롭고 딱딱한 긴 창 같으면, 군대에 가 죽거나 형벌刑罰로 죄수罪囚가 된다. (산)세가 마치 (무정하게) 흐르는 물과 같으면, 산 사람이 모두 괴귀怪鬼(귀신에 홀린 듯 미쳐버림)해진다.

[설명]
세勢가 놀란 뱀처럼 이리저리 굴곡하면서 서서히 기울어진다는 것은 가는 능선이 보호사 없이 내려오는 것이기 때문에 맥을 실을 수 있

는 용량이 되지 못하므로 무맥지이다. 간혹 좌우에 보호사를 대동하고 풍만하게 불거진 곳이 있어 바람으로부터 보호를 받을 수 있는 곳이 있으면 혈이 맺힐 수 있다.

세가 날카롭고 딱딱한 창 같은 산이면 가늘고 암반으로 된 산으로 되었기 때문에 맥이 흐를 수 없으며 거친 능선이므로 좌우로 능선을 넘나드는 바람 때문에 혈이 맺힐 수 없는 곳이다. 간혹 삼지창처럼 생긴 능선에는 가운데 능선에 넓고 두툼한 곳이 있으면 혈이 맺힐 수 있으며 좌우에 있는 능선은 보호사가 되어 혈을 보호하게 된다.

세가 흐르는 물과 같다는 것은 변화 없이 밋밋하게 이루어진 능선을 뜻한다. 이런 곳에서는 혈이 머물 수 없는 곳이지만 가끔 두툼한 능선에서 완만하게 깔리는 듯한 능선에 좌우에 호위사가 있고 앞을 막아주는 곳이 있으면 손바닥처럼 생긴 장심혈掌心穴이 맺히는 경우가 있다. 위의 문구 때문에 명혈이 맺혀 있음에도 사람들은 아예 관심이 없다. 야산 및 평지에 있는 혈이기 때문에 좋게 표현되었다면 오늘까지 명혈은 보존되지 않았을지 모른다.

夫勢與形順者吉 勢與形逆者凶
부세여형순자길 세여형역자흉
勢凶形吉 百福希一 勢吉形凶 禍不旋日
세흉형길 백복희일 세길형흉 화불선일

[역]
세勢와 형形이 같이 순順(이치에 맞으면)하면 길한 것이고, 세勢와 형形이 같이 역逆(이치에 맞지 않으면)하면 흉한 것이다. 세는 흉한데 형이 길하면, 백가지 복중에서 오직 하나만 좋고, 즉 다흉소복多凶小福하고, 세는 길하고 형이 흉하면, 불행[화禍]이 날[일日]을 돌이키지 않으므로 화禍가 매우 빠르게 닥쳐온다.

[설명]

형세가 순順(이치에 맞으면)하면 길吉한 것이고 형세가 역逆(이치에 맞지 않으면)하면 흉하다고 한 것은 자연의 이치를 한 마디로 요약한 것이다. 혈이 맺히는 원리는 바람을 스스로 막거나 주위에서 막아주어 아늑한 분위기를 형성한 곳에 맥은 멈추게 된다. 혈이 맺히면 좌우에서 보호하고 앞에서 가로막고 물이 빠져 나가는 곳(바람이 통과하는 곳)은 좁게 관쇄를 한다. 좌향도 이미 정해져 있으므로 갖가지 이기理氣가 필요하지 않다. 균형이 맞는 곳으로 향을 정하면 된다. 이것이 자연의 이치인 것이다.

세가 흉하고 형이 길하다는 것은 혈이 맺혔다는 것을 의미하고 세는 길한데 형이 흉하다고 한 것은 아무리 좋은 국세를 이루었다고 하더라도 비혈지에 쓰게 되면 화가 빠르게 닥쳐온다는 것이다. 앞에서 많은 것을 언급하여 설명을 했어도 혈처를 찾아 정확하게 점혈하는 것이 중요하다는 사실을 최종적으로 강조한 것이다.

감룡경 撼龍經

수미산須彌山과 중국용맥中國龍脈

須彌山是天地骨 中鎭天地為巨物 如人背脊與項梁 生出四肢龍突兀
수미산시천지골 중진천지위거물 여인배척여항량 생출사지룡돌올
四肢分出四世界 南北東西為四派 西北崆峒數萬程 東入三韓隔杳冥
사지분출사세계 남북동서위사파 서북공동수만정 동입삼한격묘명
惟有南龍入中國 胎宗孕祖來奇特 黃河九曲為大腸 川江屈曲為膀胱
유유남룡입중국 태종잉조래기특 황하구곡위대장 천강굴곡위방광
分肢擘脈縱橫去 氣血勾連逢水住 大為都邑帝王州 小為郡縣君公侯
분지벽맥종횡거 기혈구련봉수주 대위도읍제왕주 소위군현군공후
其次偏方小鎭市 亦有富貴居其中
기차편방소진시 역유부귀거기중

[역]
수미산이 천지의 골이다. 사람의 척추와 목처럼 천지를 제압하는 거
물이다. 또한 사지룡四肢龍를 만들어 우뚝 솟구친다. 사지四肢는 4세
계로 분출되고, 동서남북 4맥派이 된다. 서북 공동산으로 수만리 뻗
어 있고, 동으로는 삼한으로 깊이 들어가서 떨어졌다. 오로지 남룡만
이 중국으로 들어왔다. (남룡은) 조종을 잉태하고 오니 매우 기이하다.
황하는 구곡을 치고 대장大腸이 되어 있고, 천강은 굴곡하여 방광膀
胱이 된다. (남룡은) 분지벽맥分肢擘脈하여 종횡으로 가고, 기혈을 뽑
아서 만든 연봉은 수水를 만나니 머문다. 이 경우 큰 곳은 도읍이 되어
황제가 거하고, 작은 곳은 군현으로서 왕과 제후가 거한다. 그 다음 구
석진 곳은 작은 도시가 되어 역시 부귀한 사람이 그 곳에 산다.

294

[설명]

수미산(카일라스 산)은 불교도와 힌두교도들이 우주의 중심으로 생각하여 수메루Sumeru, 즉 수미산이라 불렀다고 한다. 불교도들에게 카일라스의 정상에는 인간 의식을 초월한 보이지 않는 사원이 있고 그곳이 선성불의 성소라고 알려졌다. 힌두교들에게는 시바신의 보좌로 경배되었다고 한다.

아시아 대륙의 문명이 발원한 인더스, 설테지, 카날리, 창포 등의 4대강도 이 산에서 첫 흐름을 시작한다. 당시의 사람들에게 카일라스는 천상을 뚫고 선, 신앙의 중심지였다. 삼라만상을 순환하게 하는 으뜸 산이요. 세계의 기둥으로 숭앙되었다고 한다. 그러므로 수미산이 천지의 골骨이며, 사람의 등뼈와 목처럼 천지를 제압하는 거물이라고 표현한 것으로 본다.

수미산에서는 4줄기로 능선이 뻗어나가는데 남으로 뻗은 능선이 중국으로 들어와 황하를 끼고 번영한다. 넓은 공간과 기름진 땅의 영향으로 많은 사람이 살기에 적합한 조건을 가졌으므로 큰 국가를 세울 수 있었다고 본다. 세계적으로 분석을 해보아도 많은 사람을 품을 수 있는 조건에서 크고 작은 도시를 형성하고 있다. 특히 큰 강을 끼고 있으며 담장을 두르고 있는 것이 공통적이다. 담장의 대소에 따라 규모의 차이가 있다. 인물이 탄생하는 조건과는 다른 차원이다.

용龍과 성진星辰

大率龍行自有真 星峰磊落是龍身 高山須認星峰起 平地龍行別有名
대솔룡행자유진 성봉뢰락시룡신 고산수인성봉기 평지룡행별유명
峰以星名取其類 星辰下照山成形 龍神二字尋山脈 神是精神龍是質
봉이성명취기류 성진하조산성형 용신이자심산맥 신시정신룡시질

[역]

크게 다른 용들을 통솔하면서 행룡하는 용은 스스로 참되고, 성봉이 높게 솟아서 떨어지는 것이 용신龍身이다. 고산은 반드시 성봉이 기봉한 것으로 인식해야 한다. 평지룡은 다른 이름이 있다. 봉우리는 별 이름으로 그 종류를 취한다. 성진이 아래로 산을 비추어서 그 모양을 형성하기 때문이다. 용신 두 글자로 산맥을 찾는다. 신神은 정신이요, 용은 질質이다.

[설명]

발원지에서 맥이 발원하여 진행함에 홀로 외롭게 진행하지 않는다. 맥의 좌우로 원진수가 대동하고 용맥의 좌우에서는 보호사가 동행한다. 보호사가 동행하다가 멈추면 맥선에서 새로운 보호사가 생겨 맥을 보호하여 혈처보다 더 나아가서 멈춘다. 맥을 실은 용맥은 기복起伏을 반복하면서 나아가는데 성봉이 높이 솟았다가 떨어지는 곳에서 혈이 맺히기도 하고, 앞에 봉을 세운 뒤에서 혈이 맺히기도 하며, 평지로 떨어져서 혈이 맺히기도 한다. 봉우리는 별 이름으로 그 종류를 취한다고 하였는데 이것은 탐랑, 거문, 녹존, 문곡, 염정, 무곡, 파

군, 보필(좌보, 우필)을 의미하는 것이다. 이것은 뒤에서 자세히 설명한다. 용신 두 글자로 산맥을 찾는다. 신神은 정신이요, 용은 질質이다고 한 것은 신神은 생기이고 용龍은 생기를 띠는 능선이니 맥이 흐르는 능선을 찾는 것이다.

평양용국平洋龍局

莫道高山方有龍 卻來平地失眞蹤 平地龍從高脈發 高起星峰低落穴
막도고산방유룡 각래평지실진종 평지룡종고맥발 고기성봉저락혈
高山旣認星峰起 平地兩傍尋水勢 兩水夾處是眞龍 枝葉周回中者是
고산기인성봉기 평지량방심수세 양수협처시진룡 지엽주회중자시
莫令山反枝葉散 山若反兮水散漫 外山百裏作羅城 此是平洋龍局段
막령산반지엽산 산약반혜수산만 외산백리작라성 차시평양룡국단
星峰頓伏落平去 外山隔水來相顧 平中仰掌似凹窠 隱隱微微立丘阜
성봉돈복락평거 외산격수래상고 평중앙장사요과 은은미미립구부
傾從丘阜覓凹窠 或有勾夾如旋螺 勾夾是案螺是穴 水去明堂聚氣多
경종구부멱요과 혹유구협여선라 구협시안라시혈 수거명당취기다
四傍繞護如城郭 水繞山還聚一窩 霜降水涸尋不見 春夏水高龍背現
사방요호여성곽 수요산환취일와 상강수학심불견 춘하수고룡배현
此是平洋看龍法 過處如絲或如線 高水一寸卽是山 低水一寸水回環
차시평양간룡법 과처여사혹여선 고수일촌즉시산 저수일촌수회환
水纏便是山纏樣 纏得眞龍如仰掌 窠心掌裏或乳頭 端然有穴明天象
수전편시산전양 전득진룡여앙장 과심장리혹유두 단연유혈명천상
水繞山纏在平坡 遠有岡陵近有河 只愛山來抱身體 不愛水返去從他
수요산전재평파 원유강릉근유하 지애산래포신체 불애수반거종타
水抱應知山來抱 水不抱兮山不到 莫道高山龍易識 知到平洋失蹤跡
수포응지산래포 수불포혜산불도 막도고산룡역식 지도평양실종적
藕斷絲連正好尋 退卸愈多愈有力 高龍多下低處藏 四沒神機便尋得
우단사련정호심 퇴사유다유유력 고룡다하저처장 사몰신기편심득

祖宗父母數程遙 誤得時師皆不識 凡到平地莫問蹤 只觀環繞是真龍
조종부모수정요 오득시사개불식 범도평지막문종 지관환요시진룡

念得龍經無眼力 萬卷眞藏也是空
염득룡경무안력 만권진장야시공

[설명]

 높은 산에만 용이 있다고 말하지 말라. 평지에 오면 참된 종적을 잃어버린다고 한 것은 높은 산은 윤곽이 뚜렷하게 나타나지만 평지에서는 윤곽을 볼 수 없는 것을 형기적으로 표현한 것이다. 맥의 발원지는 높은 곳이므로 평지룡은 높은 곳을 근원으로 삼으며 낮은 곳으로 떨어져 혈이 맺힌다. 높은 산은 높은 성봉을 일으키므로 인정되지만 평지에서는 양측 수세를 보고 알 수 있다. 양측 물 사이에 있는 것이 참된 용인 것이다.

 (개발되지 않은 자연 그대로 된 지형에서는 가능한 것이지만 현대 문명사회에서 개발되어 흔적을 지워버린 곳에서는 설명이 안 된다.)

 용맥을 호위한 가지가 주위를 도는 것이 참된 용이다. 산이 배반하고 가지가 흩어지지 말아야 하며 산이 배반하고 물이 흩어져 산만한 곳에는 혈이 없는 것이다. 다시 말하면 담장처럼 둥글게 감싼 곳에서 바람을 갈무리할 수 있지, 산이 배반한 곳에서는 바람이 흩어지므로 혈이 맺히지 않는다. 밖으로 산이 백리 나성을 이루는 것(여러 겹으로 둥글게 감싼 곳)이 평양용국이 되는 것이다. 성봉이 머리를 조아리고 평지로 떨어져 엎드려 가고 외산 사이로 물이 와서 서로 돌아보는 것이다. 평지 중에 손바닥처럼 오목한 새집 같으며 은은하고 미미한 언덕을 이룬다. 언덕을 따라 경사진 곳에서 새집처럼 오목한 곳을 찾으면 혹 소라처럼 구부러진 골짜기가 있다. 구부러진 골짜기는 안산이 되고 소라(오목한 안 쪽)는 혈(와혈)이 된다.

 물이 명당으로 흐르면 많은 기가 모인다는 것인데 물이 둥글게 흐

른다는 것은 지형이 둥글게 형성되어 있다는 것이고 둥근 지형 안쪽에는 기운(생기)이 모이기 때문이다. 맥이 없는 곳에서도 좋은 기운을 모을 수 있다. 사방이 성곽처럼 감아 돌고 물이 감고 산이 돌면 하나의 오목한 형태를 취하게 된다. 서리가 내리고 물이 마르면 찾지만 보이지 않으나 봄과 여름이 되어 수위가 높아지면 용의 모습이 보인다. 이것이 평양룡의 간룡법이다. 용이 지나는 곳은 실 같고 선 같다. 물보다 1촌 높으면 산이 되고 1촌 낮으면 물은 돌면서 흐르게 된다. 산이 도는 모양 따라 물도 따라 돌며, 돈다는 것은 손바닥을 엎어 놓은 것처럼 용이 참되게 된다.

손바닥 속처럼 오목한 곳(와혈)이 있고, 젖통처럼 불룩한 곳이 있으니 하늘의 형상(하늘처럼 둥근 젖통 같은 유두혈)을 비추는 혈이 있는 것이다. 물이 감고 산이 도는 것은 평탄한 언덕이 있으며 멀리는 산이 있고 가까이는 시냇물이 있다. 혈은 산이 와서 자기 몸을 감싸는 것을 좋아하고 물이 반배하여 따라 가는 것을 좋아하지 않는다. 물이 둥글게 안는 형태를 이루면 산도 와서 둥글게 안는 형태를 이루나 물이 환포하지 않으면 산도 이르게 되지 않는다.

고산룡을 쉽게 식별할 수 있다고 말하지 말라는 것은 높은 산이라고 모두 맥이 있는 것이 아니라는 것이다. 평지에 이르면 종적을 잃게 된다는 것은 맥이 흐르는 곳이 보이지 않아 구별할 수 없다는 것이다. 그러나 연뿌리를 자르면 가는 실이 연결되듯이 맥이 얽혀 있으니 많이 얽히어 연결된 곳을 찾아야 하며 얽힘이 많으면 많을수록 힘이 있다. (얽힘이 많다는 것은 주위를 여러 겹으로 많이 감고 있는 것을 표현한 것이다. 주위를 많이 감은 곳에 혈이 맺히기 때문이다.) 많은 고산룡은 아래의 낮은 곳에 혈을 숨긴다. (높은 곳에서는 몸을 보호할 수 없는 조건이기 때문에 맥은 낮은 곳으로 내려와서 바람을 스스로 막든지 주위에서 막아주는 조건에서 머문다.)

사방의 낮은 곳에서 신기를 익혀 깨달아 찾으라는 것은 추맥법을 이용하여 혈을 찾으라는 것이다. (이 문구로 보아서는 당시 양균송 선사는 형기뿐 아니라 대단한 기감의 소유자였음을 알 수 있다. 결국 풍수지리에서는 기감을 모르고서는 정확하게 혈처를 찾을 수 없다는 것이다.) 조종부모산은 수리가 떨어져 멀리 있다. 시사들은 잘못 깨달아 대개 알지 못한다. 무릇 평지에 이르러 종적을 묻지 말고 둥글게 감싼 곳을 보고 진룡이 있을 것이라는 것을 알아야 한다. 안력 없이 용경을 읽고 깨닫는다고 생각한다면 만권의 좋은 장서는 헛될 뿐이다. (현장경험으로 혈이 맺히는 원리를 깨우치지 못하면 시간 낭비일 뿐이며, 모두가 헛된 것이 된다는 뜻이다.)

북극성北極星과 구성九星

北辰一星中天尊 上相上將居四垣 天乙太乙明堂照 華蓋三臺相後先
북진일성중천존 상상상장거사원 천을태을명당조 화개삼대상후선
此星萬裏不得一 此龍不許時人識 識得之時不用藏 留與皇朝鎮家國
차성만리불득일 차룡불허시인식 식득지시불용장 유여황조진가국
請從垣外論九星 北門星宮系幾名 貪巨武星並輔弼 祿文廉破地中行
청종원외론구성 북두성궁계기명 탐거무성병보필 록문렴파지중행
九星人言有三吉 三吉之余有輔弼 不知星曜定錙銖 禍福之門教君識
구성인언유삼길 삼길지여유보필 불지성요정치수 화복지문교군식

[설명]

북극성이 중천의 지존이라고 하는 것은 지구가 지축을 중심으로 자전을 할 때 북극성은 정북에 있으므로 지구가 자전을 해도 위치가 변함이 없으니 중천의 지존으로 보았다. 상상上相과 상장上將은 4원에 거하고 천을태을은 명당을 비추며 화개삼대는 앞뒤로 서 있다는 것은 지존(혈처) 주위에 여러 사격들이 둥글게 나열되어 있음을 표현한 것이다. 이 별(혈처)은 만 리를 가도 하나도 얻지 못한다는 것은 아주 귀하다는 것이다. 이 용은 세상 사람들이 알아보는 것을 허락하지 않는다(천장지비天藏地秘한다는 것이다). 알아서 얻었을 때는 사용하지 말고 감추고 남겨놓아서 황조 수립을 베풀어 국가를 다스리게 한다(이 말 때문에 풍수지리 분야에서 불문율이 되었다).

지존(혈)이 머무는 원외를 쫓아 구성을 논하면 북두칠성은 몇 개의

이름으로 나뉜다. 탐랑, 거문, 무곡, 보필과 녹존, 문곡, 염정, 파군은 지중으로 행한다. 구성 중에 사람들은 삼길이 있다고 말하고 삼길 다음으로 남는 것이 좌보, 우필이다. 성요를 알지 못하면서 작고 미세한 (길흉)을 정하는데 화복의 문을 그대에게 가르쳐 알게 할 것이다. 앞으로 구성에 대하여 설명하고자 한다.

　*풍수지리에서 천하 명혈을 북극성에 비유했고 주위를 둥글게 포진하는 사격을 북극성을 중심으로 돌고 있는 대표적인 별자리인 북두칠성으로 보았다. 혈처 주위에 서있는 사격을 9개의 별(북두칠성)로 나누어 길성吉星 흉성凶星으로 설명하고 있다. 명혈이 맺히면 주위는 둥글게 감싸는 것이 기본이며 길성은 포진하고 혈처는 국局의 중심에 있게 된다.

탐랑성貪狼星

貪狼頓起筍生峰 若是斜枝便不同 斜枝側頂為破面 尖而有脚號乘龍
탐랑돈기순생봉 약시사지편불동 사지측정위파면 첨이유각호승룡
脚下橫拖為帶劍 文武功名從此辨 橫看是頂側是峰 此是貪狼出陣龍
각하횡타위대검 문무공명종차변 횡간시정측시봉 차시탐랑출진룡
側面成峰身直去 不是為朝便不住 莫來此處認高峰 道是玄武在其中
측면성봉신직거 불시위조편불주 막래차처인고봉 도시현무재기중
亦有高峰是玄武 玄武落處四獸聚 聚處方為龍聚星 四獸不顧只成空
역유고봉시현무 현무락처사수취 취처방위룡취성 사수불고지성공
空亡龍上莫尋穴 縱然有穴易歇滅
공망룡상막심혈 종연유혈역헐멸

[설명]

탐랑은 죽순처럼 뾰족하다는 것을 표현한 것이며 가지 한편으로 경사진 것은 탐랑으로 보지 않으며 가지가 기울어진 옆 꼭대기는 면이 깨진 것이다. 뾰족하고 다리가 있는 것은 승룡乘龍이라고 부른다. 다리 아래 횡으로 끌고 가는 것을 대검帶劍이라고 하는데 긴 칼처럼 생겼다는 것이다.

문무공명은 이것으로 판단한다고 하는데 필자가 살펴본 바로는 일단 혈이 맺힌 후에 논할 것이며 무맥지에서는 거론할 가치가 없다. 무관이 출하는 곳은 내룡이 암반으로 이루어진 맥에서 관찰되었다.

능선이 진행하는 앞에서 보면 정頂이 되고 측면에서 보면 봉峰이 된다. 이것이 탐랑의 출진룡出陣龍이다. 측면에서 봉을 이루어 몸이 똑바로 나아간다. 그렇지 않은 것은 조산이 되어 머물지 않는 편이다. 이곳에 와서는 고봉을 식별하려고 하지 마라. 현무가 그 가운데 있다고 한다. 역시 현무가 되는 고봉高峰이 있다. 현무가 떨어진 곳에는 사수四獸(현무, 청룡, 백호, 주작)가 모여든다(혈이 맺혔으니 혈을 보호하는 보호사가 나열된다는 것이다).

사수가 모인 곳에는 성星(탐랑, 거문, 녹존, 문곡, 염정, 무곡, 파군, 좌보, 우필)이 모여 용이 된다(여러 봉우리들이 사수에 배치된다). 사수가 돌아보지 않으면 공망을 이룬다는 것은 사수가 혈처를 중심으로 안으로 오므라들지 않고 비주한다는 것이다.

안으로 모여들지 않는 곳에서는 혈을 찾지 말 것이며, 이런 지형은 바람을 갈무리하지 않는 지형이므로 혈이 머물지 않는다. 비록 혈이 있다고 할지라도 쉽게 혈멸된다.

或爲關峽似龍形 正身潛在峽中行 時師多向峽中覓 不識眞龍斷續情
혹위관협사룡형 정신잠재협중행 시사다향협중멱 불식진룡단속정
貪狼自有十二樣 尖圓平直小爲上 欹斜側巖倒破空 禍福輕重自不同

탐랑자유십이양 첨원평직소위상 의사측암도파공 화복경중자불동

敧側傾斜斜似側 平似乘龍側似直 貪狼似巨倒似空 空似虛巖即似石
의측경사사사측 평사승룡측사직 탐랑사거도사공 공사허암즉사석

問君來此如何觀 我道貪狼非一般 敧是崩崖破是折 斜是邊有邊不同
문군래차여하관 아도탐랑비일반 의시붕애파시절 사시변유변불동

側是面尖身直去 空是巖穴多玲瓏 倒是飛峰偏不正 七者未是貪狼龍
측시면첨신직거 공시암혈다령롱 도시비봉편불정 칠자미시탐랑룡

平地卓然頓起筍 此是尖狼本來性 圓無敧側四面同 平若臥蠶在高頂
평지탁연돈기순 차시첨랑본래성 원무의측사면동 평약와잠재고정

直如決脊引繩來 小似筆頭插高塔 五者方爲貪正形 吉兇禍福要詳明
직여결척인승래 소사필두삽고탑 오자방위탐정형 길흉화복요상명

[설명]

또는 (사수가 없는 곳은) 용의 형상과 유사한 관협이 된다. 정신正身은 관협 가운데 숨어서 행한다. 시사들은 대부분 관협 가운데를 향하여 (용을) 찾는다. 진룡이 (행룡 시) 끊어졌다가 연결되는 정황을 인지하지 못한다. 탐랑은 그 자체로 12 형태가 있다.

첨尖·원圓·평平·직直·소小가 상上이 되고, 의敧·사斜·측側·암巖·도倒·파破·공空은 (하下가 된다). 화복은 경중에 있어서 서로 다르다. 의敧는 측側, 경傾은 사斜, 사斜는 측側과 유사하다. 평平은 승룡乘龍과 비슷하고 측側은 직直과 유사하다.

탐랑貪狼은 거문巨門과 비슷하고 도倒는 공空과 유사하다. 공空은 허虛와 비슷하고 암巖은 석石과 유사하다. 그대에게 묻건대 이곳에 오면 어떻게 볼 것인가? 나는 탐랑을 같은 것으로 말하지 않는다. 의敧는 무너져 절벽이 된 것이고, 파破는 꺾어진 것(절折)이다. 사斜는 변邊이 있되, 변邊이 동일하지 않다. 측側은 면面이 있되 돌신尖身이 곧바로 나간다. 공空은 영롱한 암혈巖穴이 많다. 도倒는 비봉飛峰이

똑바르지 않고 한편으로 치우쳐 있다. 일곱은 탐랑룡이 아니다. 평지에서 높이 솟아 죽순을 일으켜 머리를 조아리는 것이 당연하다.

이것은 첨탐랑인데 본래 성격을 띤다. 원탐랑은 기울어짐 없이 사면이 같다. 평탐랑은 높은 정수리에 있는데 누에가 누운 것 같다. 직탐랑은 줄을 끌고 오는 척추와 같다. 소탐랑은 높은 탑에 붓끝을 꽂은 것과 비슷하다. 다섯은 바른 탐랑 형태이다. 길흉화복을 상세히 밝힐 필요가 있다.

[추가 설명]

탐랑성은 오행으로 목木의 성격을 띠며 종류로는 끝이 붓끝처럼 뾰족한 첨탐랑尖貪狼, 끝이 둥근 원탐랑圓貪狼, 끝이 평평한 평탐랑平貪狼(거문 토체土體처럼 생겼는데 토체의 끝에서 혈이 맺히든지 맥이 계속 진행하는 형태의 산), 들판이나 평지에 누워 있는 직탐랑直貪狼, 끝이 둥글거나 평탄한 산 가운데 뾰족 단정 수려한 산인 소탐랑小貪狼으로 구분한다. 길사로 분류하며 유두혈乳頭穴을 주로 맺는다고 한다. 그러나 필자는 꼭 그렇지는 않다고 보는데 참고하기 바란다.

말로 표현하기보다 직접 눈으로 봄으로써 이해를 돕고자 아래에 혈처 주위에 있는 사격들의 사진을 첨부한다.

①소탐랑

소탐랑은 둥근 무곡 금성체의 중간이나 거문 토체의 평탄한 가운데에 조그맣게 솟은 봉우리를 일컫는다. 무곡 금성체에 솟은 봉우리를 책에서는 관모사라고 적고 있기도 하다. 토체의 양측 끝이 솟은 봉우리를 고축사라고 하는데, 책에서는 고축사의 가운데에서 솟은 봉우리를 화개삼태사라 적기도 한다.

②첨탐랑

③원탐랑

④평탐랑

 평탐랑은 거문성의 토체처럼 생겼는데 토체의 중앙에 혈이 맺히든지 토체의 중간에서 맥선이 내려와 혈을 맺을 때 거문 토성이라고 말하며 맥이 토체 끝에서 혈이 맺히든지 아니면 맥이 계속 흐르는 것을 평탐랑이라고 한다. 수평으로 짧게 능선이 되어 있든지 길게 되어 있든지 불문하고 토체처럼 생긴 능선을 평탐랑이라고 한다. 일부 책에는 산 정상이 수평으로 되어 있으면 모두 거문 토체로 설명하고 있다. 필자가 검증을 해보면 확실하게 구분된다. 책에는 토체를 군왕사라고 표현하지만 군왕이 출하는 곳은 토체가 없어도 출할 수 있음을 확인했다. 혈의 크기는 내맥의 강도에 따라 결정되며, 혈의 크기가 결정되면 주위 국과 포진하는 사격이 그에 합당한 균형을 이룬다.

⑤직탐랑

　직탐랑은 들판의 야산에 길게 누워 있는 모습이다. 직탑이 길게 된 모습이 혁대처럼 생겼으므로 요대사 또는 옥대사라고 책에 기록하기도 한다. 누운 탑랑이므로 오행은 목木이다. 맥이 흐르지 않을 때는 혈처 주위에서 안산이 되는 경우가 많다. 이것은 담장이 되어 온화한 분위기를 만들기 위한 수단이다. 일부 사람들은 수성산水星山으로 알고 있지만 수성산은 얕은 기복이 있으며 물이 흘러가는 것처럼 연속적으로 이어진다. 직탐랑은 평탄하며, 평탄한 것이 물처럼 연결되어 흐르지 않는 것이 수성산과 다르다.

火星要起廉貞位 生出貪狼由此勢 若見火星動焰時 看他蹤跡落何處
화성요기렴정위 생출탐랑유차세 약견화성동염시 간타종적락하처

此龍不是尋常貴 生出貪狼向亦奇 火星若起廉貞位 落處須尋一百裏
차룡불시심상귀 생출탐랑향역기 화성약기렴정위 락처수심일백리

中有貪狼小小峰 有時回顧火星宮 世人只道貪狼好 不識廉貞是祖宗
중유탐랑소소봉 유시회고화성궁 세인지도탐랑호 불식렴정시조종

貪狼若非廉作祖 為官也不到三公 高山頂上如平掌 中分細脈如蛇樣
탐랑약비렴작조 위관야불도삼공 고산정상여평장 중분세맥여사양

貴龍多是穿心出 富龍只從傍生上 高山如帳後面遮 帳裏微微似帶斜
귀룡다시천심출 부룡지종방생상 고산여장후면차 장리미미사대사

帶舞來下如鼠尾 此是貪狼上嶺蛇 帶舞下來伸鶴頸 此是貪狼下嶺蛇
대무래하여서미 차시탐랑상령사 대무하래신학경 차시탐랑하령사

上嶺解生朱紫貴 下嶺須為朽腐家
상령해생주자귀 하령수위후부가

[역]

화성은 염정위廉貞位를 일으킨다. 이러한 기세로부터 탐랑을 생출生出한다. 만일 화성이 움직여 때때로 불꽃을 일으키는 것을 본다면 그것의 종적이 어떠한 곳에 떨어졌는지를 살핀다. 이 용은 심상치 않은 귀한 용이다. 탐랑을 생출하니 원래부터 기이하기도 하다. 화성이 만약 염정위를 일으키면, (염정) 낙처落處로부터 반드시 일백 리 주변을 찾아라. 그 가운데 탐랑의 작은 봉우리가 존재한다. (탐랑은) 때때로 화성궁을 돌아다본다. 세상 사람들은 무릇 탐랑이 좋은 용이라고 이야기하고 염정이 (탐랑의) 조종祖宗인 것은 알지 못한다. 만약 탐랑이 염정을 조종으로 삼지 않았다면 관官은 삼공三公에 이르지 못한다. (탐랑) 고산 정상은 평평한 손바닥과 같이 생겼으며, 중간에 나누어진 세맥細脈은 뱀 모양처럼 생겼다. 귀룡貴龍은 대부분 천심穿心을 뚫고 나온다. 부룡富龍은 옆으로부터 생하여 나아간다. 장막과 같은 (탐랑) 고산高山은 후면이 막혀 있다. 장막 속에는 미미하게 경사를 대동하고 있다. 대사帶斜는 쥐꼬리처럼 춤추면서 아래로 내려온다. 이것이 탐랑貪狼의 상령사上嶺蛇이다. 춤추면서 아래로 내려오는 펼쳐진 학의 목과 같은 것이 있다. 이것이 탐랑貪狼의 하령사下嶺蛇이다. 상령사는 붉은 자줏빛 극귀의 귀를 하지만, 하령사는 반드시 국가를 썩고 부패시키는 인물을 탄생시킨다.

[설명]

첨탐랑과 염정은 모양이 비슷하지만 염정은 불규칙으로 불꽃처럼 뾰족하고 탐랑은 반듯한 붓끝처럼 가지런하다. 그러므로 염정은 흉사로 분류하고 탐랑은 길사로 분류한다. 하지만 염정은 조종사가 되어 힘이 큰 것으로 인식하였고 탐랑이 힘 있는 조종산에서 내려왔다고 여겼으므로 발복이 크다고 보았다. 맥을 실은 용맥이 행룡할 때는 흐트러짐 없이 위이와 기복을 반복하므로 아름답게 보인다. 행룡하다가 높은 산 정상이 평탄한 곳이 있어 바람을 갈무리할 수 있는 곳이 있으면 돌혈을 맺기도 하고 뱀처럼 생긴 곳에서는 머리 부분에서 유혈을 맺기도 하며 개장천심開帳穿心으로 내려온 용맥은 뒤가 휘장을 두른 듯하고 완만한 경사를 이루기도 한다. 좌우로 많이 흔들면서 내려오는 모습이 마치 춤을 추는 것 같다.

장막 속에서 춤추면서 내려오는 모양이 쥐꼬리 같다는 것은 경사지에서 완만한 능선을 표현하고 있는데 혈처는 경사가 끝나는 완만한 능선이 시작되는 곳에 바짝 붙게 되니 좌우는 쥐의 엉덩이처럼 불룩하고 앞은 수평부분이 길므로 좌우의 바람을 차단하고 전면의 바람도 차단하는 구조가 되어 혈이 맺히는 것이다. 경사를 띤 능선이 춤을 추면서 아래로 내려오는 모습이 펼친 학의 목 같다고 한 것은 몸통에서 떨어진 돌출된 능선이므로 바람이 능선을 넘나들고 앞도 열렸으므로 혈을 맺지 못한다. 그러므로 발복의 영향이 다르다.

大山特起小為貴 小山忽起大為勢 高低大小斷續行 此是貪狼真骨氣
대산특기소위귀 소산홀기대위세 고저대소단속행 차시탐랑진골기
大抵九星有種類 生子生孫巧相似
대저구성유종류 생자생손교상사

[설명]
큰 산이 특별히 일어나면 작은 탐랑이 귀하게 된다는 것은 큰 산 아래 작은 탐랑이 있으면 큰 산에서 작은 탐랑을 호위하는 능선이 동행을 하니 혈이 맺힌다는 것이고 작은 산이 홀연히 일어나 큰 산이 되는 것은 맥이 진행하는 세가 되는 것이다. 높고 낮고 크고 작은 탐랑이 끊어지다가 다시 행룡하면 그것이 탐랑의 진정한 골기가 된다는 것은 기복을 반복하면서 맥이 진행하는 것을 설명한 것이며, 대략 구성은 종류가 있는데 탐랑은 구성 중 귀룡에 속하는 것이며 자손을 생하는

것은 공교롭게도 서로 유사하다.

거문巨門

巨門尊星性端莊 才離祖宗即高昂 星峰自與衆星別 不尖不圓其體方
거문존성성단장 재리조종즉고앙 성봉자여중성별 불첨불원기체방

高處定為頓笏樣 但是無脚生兩傍 如此星峰止一二 方岡之下如驅羊
고처정위돈홀양 단시무각생량방 여차성봉지일이 방강지하여구양

方岡或如四角帳 帳中出帶似飛揚 飛揚要得穿帳去 帳中兩角隨身張
방강혹여사각장 장중출대사비양 비양요득천장거 장중량각수신장

枝葉不多關峽少 卻有護衛隨身傍 帶旌帶節來擁護 旌節之峰多是雙
지엽불다관협소 각유호위수신방 대정대절래옹호 정절지봉다시쌍

更有刀劍同護送 刀劍送後前圓岡 離蹤斷多處失脈 拋梭馬跡蛛絲長
경유도검동호송 도검송후전원강 리종단다처실맥 포사마적주사장

梭中自有絲不斷 蜂腰過處多趨蹌
사중자유사불단 봉요과처다추창

[설명]
거문존성의 성정은 단장端莊하다. 조종을 떠나면 높고 우러러 보
는 모양이다. (거문) 성봉星峰은 스스로 다른 성봉과 구별된다. 뾰족
하지 않고 둥글지 않고 그 모양이 네모졌다. 높은 곳에서 조아리는 홀
笏(임금 앞에서 신하가 들고 있는 사각형 패) 모양을 갖추었다. 다만
양편을 생하여 주는 다리가 없다. (거문) 성봉이 1~2개에 그친다면,
(이 성봉은) 네모난 언덕 아래로 양떼를 모는 것과 유사하다. (거문성)
은 네모진 언덕, 그렇지 않으면 4각 장막과 같으며, 장막 가운데 미미
한 비양飛揚(날아오르는 것)을 대동하면서 나온다.

비양飛揚은 장帳을 뚫으면서 나가야 한다. 장帳 가운데 양각兩角은 몸을 따라서 나아간다. (용의) 지엽枝葉은 많지 않고 관협關峽(협곡)도 적다. 오히려 몸을 따라 곁에서 호위해주는 (사격들이 있다.) 깃발과 같은 산과 높이 솟은 산들이 와서 (거문성을) 옹호해준다. 깃발산과 높은 산들은 대부분 쌍을 이룬다. 또한 (거문성을) 마찬가지로 호송하는 도검刀劍(산)도 있다. 도검刀劍(산)이 (거문성을) 호송하는 전후로 둥근 언덕이 존재한다. (행룡의) 흔적이 멀어지고 끊어진 많은 곳에서는 맥을 잃어버린다(능선이 평지로 변하는 곳에서는 형기적으로 맥을 알아 볼 수 없다).

포사拋梭(베틀에서 실이 뽑혀져 있는 형상), 마적馬跡(말발굽처럼 돌이 놓여 있는 모양), 주사蛛絲(거미줄처럼 얽혀있는 모양)가 길게 늘어져 있다. 베틀 속에 스스로 존재하는 실은 끊어지지 않는다. (땅속에 있는 맥은 은맥으로 존재한다), 봉요蜂腰가 지나가는 곳에서는 대부분 비틀거리면서 나아간다(좌우로 몸을 흔들면서 나아간다).

自是此星性尊貴 護送此星來就體 每逢跌斷過處時 兩傍定有衣冠吏
자시차성성존귀 호송차성래취체 매봉질단과처시 량방정유의관리
衣冠之吏以圓峰 兩傍有脚衛真龍 若是獨行無護衛 定作神祠佛道宮
의관지리이원봉 량방유각위진룡 약시독행무호위 정작신사불도궁
平行穿珠行數量 忽數又作方峰起 方峰直去如橋扛 背長頗類平尖貪
평행천주행수량 홀수우작방봉기 방봉직거여교강 배장파류평첨탐
平尖貪狼如一字 生在山頂如臥蠶 武曲倒從身中出 貪狼直去如僧參
평첨탐랑여일자 생재산정여와잠 무곡도종신중출 탐랑직거여승참
夾輔護龍次第列 正龍在內左右函 此龍住處無高壟 間生窩穴隱深潭
협보호룡차제렬 정룡재내좌우함 차룡주처무고롱 간생와혈은심담
獨在山峽中間者 穴落高岡似草庵 四圍要高來朝護 前案朝迎亦高舞
독재산협중간자 혈락고강사초암 사위요고래조호 전안조영역고무

卻作高穴似人形 按斂端嚴似真武
각작고혈사인형 안렴단엄사진무

(설명)

자고로 거문성 성정은 존귀하다. 여러 겹으로 호위하면서 나아가
는 모양을 지녔다. 매번 끊어지거나 과협을 만날 때는 양 편에 의관리
衣冠吏를 둔다. 의관리衣冠吏는 둥근 봉으로 이루어졌다. 양편에 있
는 각脚은 진룡을 호위한다. 만약 (거문성이) 호위 없이 홀로 간다면
신단, 불도궁佛道宮 등을 지어야 한다. 구슬을 꿰듯이 평행으로 수리
를 가서 홀연히 네모진 봉우리를 만들어 일으킨다. 방봉方峰이 교각
처럼 곧바로 간다면 배背는 길고, 평첨탐랑平尖貪狼(평평하고 각진
탐랑)을 상당히 닮았다. 일자一字처럼 생긴 평첨탐랑(거문성)이 누워
있는 누에 같은 산 정상에 만들어진다. 무곡성이 거문성체 가운데로
부터 나오고, 탐랑성은 승려가 예불하듯이 곧바로 나아간다.

(평탐랑성과 거문성은 모양이 비슷한데 방체方體의 중간에 혈이
맺히든지 중간에서 용맥이 내려와 혈을 맺는다면 거문성이고 용맥이
흘러서 토체의 끝에서 혈이 맺히든지 능선이 계속 진행하여 혈이 맺
히면 평탐랑으로 보면 된다.)

옆에서 끼어서 돕고 보호하는 용들이 차례로 도열한다. 바른 용은
좌우 상자 안에 존재한다(진룡 좌우로 호위사들이 도열한 모습이 마
치 상자처럼 에워싼다). 이 용이 머무는 곳(혈)에는 높은 언덕이 없고,
사이사이 깊게 숨은 와혈窩穴을 만든다(실제는 와혈은 비워놓고 주
위가 불룩한 곳에 고총이 많이 있다). 홀로 산골짜기 중간에 있는 (용
에는) 혈이 초가집과 같은 높은 언덕에 떨어져 있다.

(좌우 보호사가 호위하는 골짜기 중간에 있는 평탄한 능선에는 혈
이 능선 중간에 맺히는데 전면의 골짜기에서 불어오는 바람을 좌우로
가르고 뒤로 물러앉은 것이다.)

사방은 높게 와야 하고 조산이 보호해주어야 한다. 앞에 있는 조안
朝案은 역시 높은 곳에서 춤추듯이 이루어져야 한다(좌우로 벌려야
한다). 사람 모습과 같은 고혈高穴(높은 돌혈突穴)을 지었다면 참된
무인武人처럼 단엄端嚴한지를 조사해 보라(가운데 맺힌 돌혈의 혈처
를 위해서 사방이 완벽하게 호위하고 있는 모습을 설명한 것이다).

此龍若行三十裏 內起方峰止三四 峰峰端正方與長 不肯欹斜失尊體
차룡약행삼십리 내기방봉지삼사 봉봉단정방여장 불긍의사실존체

峰上忽然生摺痕 此與廉貞何以異 凡起星辰不許斜 更嫌生腳照他家
봉상홀연생접흔 차여렴정하이이 범기성진불허사 경험생각조타가

端峰若生四花穴 花穴端嚴要君別 真龍直去向前行 四向護成龍虎穴
단봉약생사화혈 화혈단엄요군별 진룡직거향전행 사향만성룡호혈

此是武曲鉗峽來 間氣來此偶生峽 此龍誤了幾多人 定來此處說真形
차시무곡겸협래 간기래차우생협 차룡오료기다인 정래차처설진형

要說四花穿心過 但看護衛不曾停 尊星自有尊星體 方正為屏將相位
요설사화천심과 단간호위불증정 존성자유존성체 방정위병장상위

巨門行龍少鬼劫 蓋緣兩傍多羅列 水界分處夾龍行 不肯單行走空缺
거문행룡소귀겁 개연량방다라렬 수계분처협룡행 불긍단행주공결

水界分及亂生枝 枝葉雖多夾水隨 護龍亦自有背面 背後如壁面平夷
수계분급란생지 지엽수다협수수 호룡역자유배면 배후여벽면평이

平夷便是貼龍體 龍過之時形怪異 不起尖圓即馬旗 攢劍糸番龍歸此地
평이편시첩룡체 룡과지시형괴이 불기첨원즉마기 찬검멱번룡귀차지

護衛纏繞如打圍 重重包裹外山歸 至令巨門少關峽 護送無容左右離
호위전요여타위 중중포과외산귀 지령거문소관협 호송무용좌우리

明堂斷定無斜瀉 橫案重重拜舞低 平貪覆巨圓武曲 尖圓方整不能齊
명당단정무사사 횡안중중배무저 평탐복거원무곡 첨원방정불능제

三星尖圓方整處 向此辯別無狐疑 識龍須識辨疑處 識得真龍是聖師
삼성첨원방정처 향차변별무호의 식룡수식변의처 식득진룡시성사

삼성첨원방정처 향차변별무호의 식룡수식변의처 식득진룡시성사

[설명]

이 용이 만약 30리를 간다면 그 안에 3~4개의 방봉方峰을 일으켜
서 멈춘다. 봉우리마다 단정하게 네모지고 길게 뻗어 있다. 기울어져
서 존체尊體의 성정이 상실되는 것을 좋아하지 않는다. 봉우리 위에
는 홀연히 접힌 흔적(골이 생김)이 있다. 이것은 염정과 어떠한 차이
가 있는가? 무릇 솟은 성봉은 기울어지는 것을 허락하지 않는다(단정
하다). 또한 생겨난 각脚이 다른 용을 비추는 것을 싫어한다(거문성은
보호사가 되지 않는다).

만약 단정한 봉우리가 사화혈四花穴(진혈眞穴)을 맺는다면 화혈花
穴의 단엄端嚴을 그대는 구별해야 한다. 진룡眞龍이 앞으로 똑바로
나아간다면 4방이 넓고 용호를 이루고 혈을 맺는다. 이것이 무곡을
사이에 두고 이루는 골짜기이다. 기가 이곳에 오는 사이에 양측으로
골짜기가 짝을 이룬다. 이 용을 많은 사람들이 오인한다.

이곳에 와서 진형眞形을 설명해야 한다. 사화四花(진혈眞穴)가 중
심을 뚫고 지나가는 것으로 설명해야 한다. 그렇지만 호위하는 것을
본다면 거듭 머물지는 않는다(혈은 하나만 맺는다). 거문존성巨門尊
星은 그 자체로 존성체尊星體이다. 방정方正한 것이 병풍이 되고 장
상위將相位가 된다. 거문 행룡은 귀겁鬼劫이 적다. (능선 옆에 혹처
럼 불거진 것이 적다. 일반적으로 혈이 맺히면 바람을 차단하기 위하
여 불거진 것이 있는데 거문성은 주위가 잘 감싸고 자체적으로 완벽
하게 바람을 차단하므로 전연 없을 수는 없고 적다.)

대개 양 옆으로 많은 호위사들이 나열되어 있기 때문에 물의 경계
가 분명한 곳에서는 용龍을 끼고 지나간다. 홀로 행룡하면서 공결되
어 있는 것을 좋아하지 않는다. (완벽하게 호위를 받는다는 것이다.
용맥이 지날 때는 지하에서 원진수가 맥 좌우로 흐르고, 지상에서는

좌우로 보호사가 호위하면서 나아간다.) 수水의 경계가 분명하면 가지를 만들어 다스린다.

　(간혹 좌우 보호사의 한 곳이 멈추면 내룡에서 지각을 내어 혈이 맺힐 때까지 호위를 하는데 수水의 경계가 분명하면 가지를 내어 다스린다는 것은 맥의 손상이 없어야 가지를 만들어 다스린다는 것이다. 이것으로 양공은 원진수의 흐름을 파악한 것으로 본다.)

　지엽枝葉이 아무리 많아도 협수夾水는 따른다. 호룡護龍(보호사) 역시 자체로 배면背面이 있다. 배후背後는 벽면과 같이 평이하다. 평이한 것은 바로 용체龍體에 붙어 있는 것이다. 용이 지나갈 때의 모양은 괴이하다. 첨원尖圓, 즉 마기馬旗를 일으키지 않지만, 드물게 검처럼 모인 삐죽삐죽 솟은 용(번룡番龍)이 이곳으로 돌아온다.

　호위護衛 용은 주변을 모는 것처럼 둘러싼다. (호위護衛 용룡龍이) 겹겹이 휘감아 싸니 외산外山이 돌아오고, 거문으로 하여금 흉호兇豪를 배출한다. 평민을 작은 관협關峽(좁은 파구처)에 이른다. 호위護衛 용龍은 좌우가 분리되는 것을 허용하지 않고 명당은 단연히 경사져서 쏟아짐(사사斜瀉)이 없어야 한다. 횡으로 놓인 안산은 여러 겹으로 춤추면서 아래로 굽어져 있다. 평탐랑平貪狼이 되풀이되고 거문巨門과 둥그런 무곡武曲(이 그렇다.) 뾰족하고 둥글고 각진 것이 가지런하지만 능히 같지는 않다.

　탐랑, 무곡, 거문이 가지런한 삼성이 있는 곳에서 향向(안산)에는 누구나 의심 없이 이것을 식별한다. 용을 아는 것은 반드시 의심이 가는 곳을 판별하여 깨닫는 것이다. 진룡을 깨달아 알게 되면 성사聖師(성스런 스승)가 된다. 거문 토체土體와 평탐랑平貪狼은 모양이 비슷한데, 거문巨文 토체土體는 맥이 중앙으로 흘러 아래에서 혈을 맺기도 하고 토체의 중간에서 돌혈로 혈이 맺히기도 한다. 반면 평탐랑平貪狼은 맥脈이 토체 끝부분으로 흘러 내려가 혈을 맺기도 하고 토체의 끝에서 돌혈로 혈을 맺기도 한다. 거문이 행룡할 때 생生, 왕旺에

318

는 좋은 성星인 탐랑, 무곡을 만든다. 거문성은 조응사에 많으며, 맥은 없고 다른 혈처를 호위하고 조응을 하기도 한다. 맥이 흘러 능선 끝으로 행할 때는 목木의 성격을 띤 평탐랑으로 변한다. 거문성에는 와혈이며 저지대에 많다고 했는데 바람을 받으면 혈이 맺지 못하기 때문에 자체적으로 자기 몸을 보호하기 위함이다.

책에서 거문성에는 겸차혈(겸혈)이 대표적이라고 적고 있으나 꼭 그렇지는 않고 혈 후면에 있는 토체가 병풍을 두른 것처럼 보이므로 이를 옥병사玉屛砂라 적기도 한다. 우리나라 풍수지리 단체에서는 구미에 있는 박정희 전 대통령 선영을 찾는 것이 보편화되어 있는데 멀리 보이는 안산이 거문 토체로 되어 있다. 이구동성으로 박정희가 대통령이 된 것은 토체로 된 안산의 영향이 크다고들 말한다.

그러나 큰 인물이 태어나는 것은 어디까지나 혈처의 역량이 좌우하는 것이지 주위에서 조응하는 사격의 영향이 아니다. 다만 주위의 사격은 암시를 한다고 보면 된다.

녹존祿存

祿存之形如頓鼓 下生有脚如瓜瓠 瓜瓠頭前有小峰 此是祿存帶祿處
녹존지형여돈고 하생유각여과호 과호두전유소봉 차시록존대록처

大如螃蟹小蜘蛛 此是祿存帶殺處 殺中若有橫磨斂 此是權星先出武
대여방해소지주 차시록존대살처 살중약유횡마렴 차시권성선출무

大龍大峽百十程 寶殿龍樓去無數 (峽口微平曰殿) 忽履仁等入長垣
대룡대협백십정 보전룡루거무수 (협구미평왈전) 홀리인등입장원

(長垣如城) 萬仞不圍君莫顧 癡師偸眼傍睥睨 曉者默然佯不睹
(장탄여성) 만인불위군막고 치사투안방비예 효자묵연양불도

若然尖脚亂如茅 喚作蚩尤旗爪距 (天上有蚩尤旗星)
약연첨각란여모 환작치우기조거 (천상유치우기성)

小圓帶祿圍本身 將相公侯出方虎
소원대록위본신 장상공후출방호

[설명]

녹존은 조아리는 북과 같은 형태이다. 오이와 표주박 같은 다리가
아래로 생긴다. 오이와 표주박 머리 앞은 작은 봉峰이 있는데 이것은
녹존의 대록처(녹을 두른 곳)이다(풍만한 능선이 아래로 생기는데 가
운데 한 능선은 맥을 싣고 좌우 능선은 보호사이다). 큰 것은 방게처
럼 다리에 비하여 위가 넓고 작은 것은 거미 몸통처럼 작다. 이것은
녹존의 대살처(살을 두른 곳)이다. (방게나 거미 다리처럼 마른 능선
이 아래로 생기는데 능선 사이가 벌어지고 감싸주는 곳이 없으니 맥
이 머물지 못한다.) 살 중에 횡으로 검 같은 능선이 있다면 이것은 먼
저 무武를 출하는 권성이 된다. (방게나 거미는 먹이를 먹을 때 앞발
을 횡으로 오므리게 되는데 이마에 혈이 맺히고 안산이 검처럼 보이
는 것이다. 권성은 혈이 맺힐 때 가능한 것이다.)

큰 용과 큰 골짜기가 멀리 간다면 용루보전이 수없이 뒤쫓아 간다는 것은 혈이 맺힐 때까지 뒤를 거듭 받쳐준다는 것이다. (골짜기와 입구가 완만하게 평탄한 것을 전殿이라고 하는 것은 보국이 넓음을 표현한 것이다.) 홀연히 성 같은 기다란 국내로 들어갈 때까지 어질게 (여유롭게) 밟는다. (길게 평탄한 것은 성城과 같다는 것은 보국이 둥그렇게 감싸고 있다는 것.) 만 길처럼 그대 주위를 에워싸지 않았으면 돌아보지 마라. (이 말은 녹존은 골짜기가 많은 것이 특징이니 각 골짜기에서 흘러오는 물도 많은 것이니 넓은 들이 펼쳐진다는 것이다.)

어리석은 지사는 평탄하고 넓은 곳이니 이해하지 못하고 곁눈으로 훔쳐보고 무시하는 것이다. 깨달았다고 하는 사람은 묵묵히 이것을 보지도 않고 사실이 아닌 것을 사실같이 말한다. (사람들은 모르면서 장황하게 미사여구로 설명을 하면서 그럴 듯하게 설명을 하니 모르는 사람들은 믿지 않을 수 없다.) 만약 뾰족한 각이 띠풀처럼 어지럽게 되었다면(가지런하지 않고 무질서하게 되었다면) 치우기가 손톱과 발톱을 만들었다고 말한다는 것은 감싼 곳이 없이 뻗었으므로 바람을 갈무리할 수 없기 때문에 혈이 맺힐 수 없음을 나타낸 것이다. (하늘에는 치우기성이 있다.) 치우기는 인터넷 참조. 녹존 본신 주위가 작은 원으로 되었다면 장상공후가 출出해도 호랑이처럼 된다는 것은 받드는 사람 없이 외롭게 되어 장구하지 못한다는 것이다.

大抵星辰嫌破碎 不抱本身多作怪 端正龍神須無破 醜惡龍神多破敗
대저성진혐파쇄 불포본신다작괴 단정룡신수무파 추악룡신다파패
怪形異穴出兇豪 殺戮平民終大壞 草頭作亂因此山 赤族誅夷償命債
괴형이혈출흉호 살육평민종대괴 초두작란인차산 적족주이상명채
只緣龍上有槍 賊旗倒仄非旌幢 旌幢對對端正立 獨立欹仄名橈槍
지연룡상유창 적기도측비정장 정당대대단정립 독립의측명요창
頓鼓微方似武曲 武曲端正下無足 有足周圍眞祿存 圓盡方爲武曲尊

돈고미방사무곡 무곡단정하무족 유족주위진록존 원진방위무곡존

龍家最要仔細辯 疑似亂真分背面 背似面非豈有真 此是祿存大移轉

용가최요자세변 의사란진분배면 배사면비기유진 차시록존대이전

凹處是面凸是背 作穴分金過如線 凡看星辰看轉移 轉移須教母顧兒

요처시면철시배 작혈분금과여선 범간성진간전이 전이수교모고아

枝分派別有真種 忽作瓜蔓無東西 十裏半程無岡嶺 平陽砂磧煙塵迷

지분파별유진종 홀작과만무동서 십리반정무강령 평양사적연진미

到處君須看水勢 水勢莫問江與溪 只要兩源相夾出 交瑣外結重重圍

도처군수간수세 수세막문강여계 지요량원상협출 교쇄외결중중위

祿存好處落平洋 大作方州小鎮縣 坪中時復亂石生 或起橫山或梭面

녹존호처락평양 대작방주소진현 평중시부란석생 혹기횡산혹사면

此處或有輔弼形 輔弼無枝祿生辨 祿是帝車第二星 也主為文也主兵

차처혹유보필형 보필무지록생변 녹시제차제이성 야주위문야주병

[설명]

대체로 녹존 성진星辰은 파쇄破碎되는 것을 싫어한다. 녹존 본신을 회포하지 않으면 대부분 기괴한 모습을 지닌다. 단정한 용신은 반드시 파쇄되어서는 안 된다. 추악한 용신은 대부분 파쇄되어 패절한다. 괴형이혈怪形異穴은 흉호兇豪를 배출한다.

평민을 살육하고 마침내 크게 패망한다. 이 산(녹존) 때문에 백성들이 난을 일으키고, 적족赤族이 오랑캐를 죽여 부채를 목숨을 대가로 받았다. (녹족은 지각이 많은 것이 특징이므로 파쇄된 것도 녹존으로 판단하기 쉽다. 녹존은 구성의 일종이므로 단정한 것이므로 파쇄되어 추악한 모습이면 용이 깨진 것이므로 당연히 패절되는 것이다. 이것을 구별하지 못하고 녹존으로 착각하여 사용하면 흉악한 인물이 출出할 수 있다.)

(녹존) 용상龍上에 창창槍이 있다면 적기賊旗(그르친 기)가 뒤집어져

서 기울어진 것이지 깃발이 아니다. 깃발이 서로 마주보고 바르게 서 있기도 하다. 독립적으로 기울어져 있는 것은 이름 하여 요창橈檜으로 불린다. (깃발이 나부끼는 형체는 파군성인데 뒤집혀 기운 듯한 것은 깃발이 아니며 깃발이 서로 바라보면서 바르게 서 있어야 한다.) 머리를 조아리면서 약간 방정하여 무곡처럼 생긴 것은 다리가 없다면 무곡이지만 주위가 다리가 있다면 참된 녹존이다.

녹존은 자세히 살펴보아야 한다. 둥글고 모진 것이 무곡존체이다. 용의 무리들은 가장 자세히 변별할 것이 요구된다. (용을) 의심하는 것은 배背와 면面을 어지럽히지만 참되게 분별하는 것이다. 배背와 면面이 비슷하다면 참된 용으로 보아야 한다.

이것이 녹존의 대이전大移轉이다. 오목한 곳은 면面이고 볼록한 곳은 배背이며, 혈에다 실처럼 지나가는 분금을 놓기 위해서 성진星辰을 보고 전이轉移(용맥의 흐름)를 살펴야 한다. 전이轉移는 반드시 모체가 나뉘어져 나간 용맥을 생각하도록 가르쳐야 한다. 지지枝가 파별로 나뉘어져서 참된 진종眞種이 된다. 동서를 불문하고 맥은 뻗어 간다. 십오 리를 가도 언덕과 고개가 없고 평양에서 모래와 자갈밭에 연기와 먼지만 아득한 곳에 도달하면 반드시 수세水勢를 살핀다.

수세水勢는 강江과 계곡溪谷을 따지지 않는다. 오로지 (수水의) 양쪽이 서로 협출夾出할 것을 요要한다. 교쇄되어 밖과 단절되고 있으며 겹겹이 주변을 에워싸고 있다.

녹존이 좋다면 평양平洋에 떨어진다는 것은 골짜기가 많아 흐르는 물이 많아져 들을 이루어 겹겹이 감싸게 되니 맥은 바람을 갈무리할 수 있는 낮은 곳에 머물게 된다는 것이다. 크게는 방주方州를 짓고, 작게는 진현鎭縣을 만든다. 평탄한 가운데에 때때로 어지럽게 돌이 생겨 덮여 있기도 하다.

또는 횡산橫山을 만들거나 사면梭面(베틀 북의 면과 같은 깎아지른 경사면)을 일으키기도 한다는 것은 용맥이 물길 따라 흐르다가 평지에 이르러 오랜 세월 속에 풍파에 흙은 깎이어 날아가고 바위산을 이룬 것을 표현했다.

이곳에는 경우에 따라 보필성 모양의 산이 있기도 한데 보필輔弼은 가지가 없고 녹존은 가지를 만드는 것으로 식별한다. 녹존은 제거帝車(천문)의 제2성이다. 주로 문文을 이루거나 무武를 이루기도 한다는 것은 학자나 무관이 태어난다는 것이다.

녹존성 첨탐랑

녹존성 원탐랑

녹존성 직탐랑

녹존성 평탐랑

녹존 거문

녹존성 거문은 상부는 토체이고 골이 많이 생겼다. 녹존성 거문은 맥이 흘러갈 때는 목성을 띠고 가운데로 맥이 흐를 때는 토성을 띤다. 맥이 흐르지 않고 혈처의 보호사가 되든지 조응사가 될 때는 토체로 여기게 된다.

녹존 무곡

녹존은 골이 많은 것이 특징이다. 골이 많은 횡으로 맥을 실은 능선이 내려오고 좌우로 여러 겹으로 내려오는 능선은 여러 겹의 보호사가 된다. 이런 모습이 얼레빗처럼 생겼다고 해서 형기적으로 소치혈이라고 부른다. 삼지창처럼 생긴 것을 보고 형기적으로 첨창혈이라고 부른다. 이런 형태를 취하는 것은 모두 바람을 막기 위한 수단이다.

九星行龍皆要祿 最要夾貪兼巨軸 或從武曲左右起 此等貴龍看不足
구성행룡개요록 최요협탐겸거축 혹종무곡좌우기 차등귀룡간불족
若逢此星遠尋穴 莫向高山尋促局 若遇九星相夾行 只分有足並無足
약봉차성원심혈 막향고산심촉국 약우구성상협행 지분유족병무족
燕雲下嶺出九關 中帶祿存三吉山 高山峽裏多尖秀 也有圓祿生孱巖
연운하령출구관 중대록존삼길산 고산협리다첨수 야유원록생잔암
君看山須分種類 亂指橫山作正班 祿破二星形無數 也有正形落低處
군간산수분종류 란지횡산작정반 록파이성형무수 야유정형락저처
也有低形上壟頭 雜亂分形君莫誤 形在高嶺為高形 山頂上生祿存星
야유저형상롱두 잡란분형군막오 형재고령위고형 산정상생록존성
形在平洋山卓立 頂矮腳手亦橫平 頂上生形頂必正 平地生形腳亂行
형재평양산탁립 정왜각수역횡평 정상생형정필정 평지생형각란행
請君看我細排列 禍福皆從龍上生
청군간아세배렬 화복개종룡상생

[설명]

구성九星이 행룡할 경우에는 모두 녹존을 필요로 한다는 것은 행룡을 하는 능선 좌우에 지각이 있음을 표현한 것이다. 탐랑을 끼고 거문을 축으로 모이고 무곡이 좌우에서 기봉하는 것을 요하지만 이와 같은 귀룡은 만족스럽게 볼 수 없다. 만약 이와 같은 성봉을 만났다면 멀리서 혈을 찾아야 한다. 고산에서는 비좁은 국국을 찾지 말라는 것은 녹존은 발이 많으므로 바람을 감쌀 수 없기 때문이다. 만약 구성九星이 서로 끼고 행룡하는 것을 만났다면 오로지 (녹존은) 다리의 유무로 분간해야 한다.

연운燕雲(하북 지방) 아래쪽 산맥은 구관九關(9개의 산 입구)을 만든다. 그 가운데 녹존을 두른 삼길산三吉山이 있다. 고산高山곡 속에는 많은 첨수尖秀한 산봉이 있다.

둥근 녹존이 험한 바위산을 만들기도 한다. 그대는 산을 살필 때 반드시 그 종류를 분간해야 한다. (그 종류를 알지 못하고) 횡산橫山이 올바른 무리를 이루었다고 어지럽게 가리킨다.

녹존과 파군의 형태는 무수하게 많다. 정형正形은 낮은 곳에 떨어지기도 한다. 낮은 형태는 높은 언덕의 꼭대기에도 있다. 그대는 잡다하고 어지럽게 나누어진 형태를 (녹존으로) 오인하지 말라. 높은 산에 있는 형태는 고형高形이 되어서 산 정상에서 녹존성을 생한다.

평양산平洋山에 있는 형태는 우뚝 솟아 있다. 정수리는 작고 각수脚手는 역시 옆으로 평평하다. 정상에서 녹존 형태를 만들면 산정山頂은 반드시 반듯하다. (그러나) 평지에서 형태를 만들면 그 각脚은 어지럽게 나아간다. 그대에게 청컨대 본인이 직접 배열한 것을 자세하게 살펴야 한다. 화복은 모두 용상으로부터 만들어진다.

第一祿存如頓鼓 脚手對對隨身去 平行有脚如劍芒 旌節幡幢排次序
제일록존여돈고 각수대대수신거 평행유각여검망 정절번당배차서

此等星辰出大江 中有小貪並小巨 輔弼侍從左右生 隔岸山河遠相顧
차등성진출대강 중유소탐병소거 보필시종좌우생 격안산하원상고
此是龍身作州縣 雄據十州並一路 忽然諸山作垣局 更求吉水為門戶
차시룡신작주현 웅거십주병일로 홀연제산작원국 경구길수위문호
若得吉水為門戶 萬水千山不須做
약득길수위문호 만수천산불수주

[설명]

제일녹존第一祿存은 돈고頓鼓(머리를 조아리는 북)와 같다. 각수
脚手(좌우 지각)는 서로 마주보면서 몸을 따라 나아간다. (행룡하는
능선의 좌우에는 많은 지각이 붙어 있는데 맥을 실은 능선을 보고 책
에는 내팔거팔來八去八로 표현했다.) 평평하게 나가는 능선에는 검
끝과 같은 다리(각脚)를 지니고 있다. 번당幡幢(불당을 장식하는 기
旗)을 다는 깃대가 차례로 배열되어 있다. (마디가 있는 대나무 같은
능선이 길게 늘어선 모양을 표현했다.) 이와 같은 성진은 큰 강으로
나아간다. 그 가운데에는 작은 탐랑과 작은 거문성을 가지고 있다. 보
필輔弼은 (녹존을) 생하면서 좌우를 시종하고 있다. 언덕을 사이에 두
고 산과 강은 멀리에서 서로 쳐다본다. 이것이 주현州縣를 만드는 용
신이다. (이 경우) 십주十州와 온통 도로가 웅장하게 자리 잡는다. 홀
연 여러 산들이 원국垣局을 만들면 길수吉水가 문호門戶가 되는 것
이 요구된다. 만약 길수가 문호가 될지라도 만수천산萬水千山이 반
드시 생성되는 것은 아니다.

第二祿存如覆釜 脚尖如戟周回布 有脚方為真祿存 無脚方為祿堆巨
제이녹존여복부 각첨여극주회포 유각방위진록존 무각방위록퇴거
此星定是有威權 白手成家積巨富
차성정시유위권 백수성가적거부

[설명]

제이녹존第二祿存은 복부覆釜와 같다. 각脚은 주위가 돌아가면서 분포되어 있는 미늘 창과 같이 뾰족하다. 각脚이 모가 나 있으면 참된 녹존성이다. 각이 모가 나 있지 않으면 녹존이 거문에 올라타고 있는 것이다. 이 성은 바로 권위를 지닌 것이고 맨손으로 자수성가하여 큰 부를 이룬다.

第三祿存鶴爪布 兩短中長龍出露 出露定爲低小形 隱隱前行忽蹲踞
제삼녹존학조포 양단중장룡출로 출로정위저소형 은은전행홀준거
有穴必生龍虎巧 醜陋穴形龍不住
유혈필생룡호교 추루혈형룡불주

[설명]

제삼녹존第三祿存은 학의 손톱(학조鶴爪)이 펼쳐 있는 것이다. 2개의 짧은 학조鶴爪 가운데 길게 뻗은 용이 그 모습을 드러낸다. 그 모습을 드러낸 용은 반드시 낮고 작은 형태가 된다. 은은히 앞으로 나아가다가 홀연히 웅크리고 앉는다. 혈이 있다면 반드시 용호龍虎를 교묘하게 만든다. 누추한 혈 모양에는 용이 머물지 않는다.

第四祿存肋扇具 脚手又似扛絲勢 此龍只好結神壇 另有星峰生秀氣
제사록존륵선구 각수우사강사세 차룡지호결신단 령유성봉생수기

[설명]

제사녹존第四祿存은 갈비뼈가 부채 살처럼 되어 있는 곳에 있다. 각수脚手는 실을 매고 가는 형세와 유사하다. 이 용이 좋을 경우 단지 신단神壇을 만들 따름이다. 또한 수기秀氣를 생하는 성봉도 있다. (맥은 바람을 갈무리할 수 있는 곳이면 어디든지 달려가서 머문다. 갈

비뼈와 부채 살처럼 생긴 곳에서는 바람을 가두지 못하지만 양측 갈비뼈와 부채 살이 모두 안으로 휘어져 감고 있는 곳에서는 맥이 멈추어 혈이 맺힌다.)

第五祿存如懸鶉 破碎箕帚摺無數 此星便是平行星 星平生枝自頂分
제오록존여현순 파쇄기추접무수 차성편시평행성 성평생지자정분
此龍只去平中作 橈掉回來斬關做 高山大峽開三路
차룡지거평중작 요도회래참관주 고산대협개삼로

[설명]

제오녹존第五祿存은 현순懸鶉(메추라기를 매달아 놓은 것)과 같다. 파쇄된 두 다리를 쭉 뻗고 앉은 빗자루가 꺾여서 겹친 것이 수도 없다. (파쇄된 많은 지각이 쭉 뻗어 있고 빗자루처럼 생긴 지각이 무질서하게 접혀 있는 것처럼 되어 있다는 것이다.) 이 성星은 (앞으로 평행으로 나아가는) 평행성平行星이 되기도 한다. 평행으로 나가면서 가지를 만드는 녹존은 스스로 정상에서 (여러 가지로) 나누어진다. 이 용은 평행으로 나아가는 가운데 (혈을) 만들기도 한다. 요도橈掉가 돌아와서 참관斬關(한 곳을 베어 이루어진 것처럼 요도가 돌아와서 만든 파구)을 만들고 고산과 커다란 골짜기가 3개의 길을 연다. (평행으로 나가는 중에 혈을 맺기도 하는데 능선 좌우로 뻗은 능선[요도]은 혈처 쪽으로 감고 혈을 실은 능선은 멈추고 좌우 보호사가 관쇄를 이루니 3개의 길이 열린 것처럼 보인다.)

第六祿存落平洋 勢如巨浪橫開張 他星亦有落平者 此星平地亦飛揚
제륙녹존낙평양 세여거랑횡개장 타성역유락평자 차성평지역비양
脚擺時復生巨石 石色只是黑與黃 兩傍請看隨龍峽 長短大小宜推詳
각파시부생거석 석색지시흑여황 양방청간수룡협 장단대소의추상

護龍轉時看他落 落處當隨水斟酌 右轉皆右不參差 左轉皆左無駁雜
호룡전시간타락 낙처당수수짐작 우전개우불참차 좌전개좌무박잡
朝迎指正眞穴形 左右高低君莫錯 祿存鬼形如披發 雖曰眾多勢如掠
조영지정진혈형 좌우고저군막착 녹존귀형여피발 수왈중다세여략.

[설명]

제육녹존第六祿存은 평양平洋에 낙맥한다. 그 세勢는 커다란 파도
가 횡으로 길게 뻗어 나가는 것과 같다. 다른 성성도 역시 평지에 낙
맥하는 것도 있다. 이 성(녹존)은 평지에 낙맥하면서 비양飛揚한다(봉
을 세운다). 각脚이 벌여질 때는 다시 커다란 돌을 생성한다. 석색石
色은 검고 누런 색이다. 양방에서 (호종룡護從龍이) 용협龍峽을 따
라 오는지를 살펴보아야 한다. (호종룡의) 장단대소長短大小를 세밀
하게 추론해야 한다. 호룡護龍(보호사)이 몸을 돌릴 때 다른 곳으로
떨어지는지를 살펴야 한다. 낙처落處에 호룡이 따라오는지를 마땅히
헤아려 참작한다. 우편右便으로 몸을 돌리면 우편에는 모두 뒤섞이
지 않고 가지런하고, 좌편으로 몸을 돌리면 좌편 모두에 박잡함이 없
다. 조산朝山이 환영하면 바르고 참된 혈이 모양을 갖추었다는 것을
가리킨다. 그대는 좌우고저左右高低를 그르치지 말라(바르게 판단하
여 현명하게 처신하라는 것이다). 녹존祿存의 귀형鬼形은 속에 있는
것을 드러나게 하는 것과 같다(혈이 맺혔음을 암시하는 것이다). 오직
매질하는 것처럼 엄청난 기세를 지칭한다(보호사가 여러 겹으로 겹쳤
음을 나타낸 것이다).

第七祿存如長蛇 左右無護無攔遮 此龍目作貴龍從 枕在水邊自橫斜
제칠록존여장사 좌우무호무란차 차룡목작귀룡종 침재수변자횡사

[설명]

제칠녹존第七祿存은 장사長蛇와 같다. 좌우로 호룡護龍이 없고, 행룡을 가로 막는 것도 없다. 이 용龍이 귀룡貴龍을 만드는지를 살펴보고, (이 용을) 쫓으면, 물가에 임하여 스스로 횡으로 경사를 이루고 있다. (호위사도 없고 앞을 막는 사격도 없이 뱀처럼 나아가다가 물을 만나 나아갈 수 없으니 횡으로 베개가 놓인 것처럼 되어 있다.)

第八祿存在高頂 如載兜鍪有肩領 漸低漸小去作穴 定作窩鉗極端正
제팔록존재고정 여재두무유견령 점저점소거작혈 정작와겸극단정
此龍號爲八貴龍 捉穴真時最昌盛
차룡호위팔귀룡 착혈진시최창성

[설명]

제팔녹존第八祿存은 높은 산에 있다. 마치 어깨에 투구를 이고 있는 것과 같다. 점차 아래로 내려와서 점점 작게 행룡하다가 혈을 만들면, 당연히 매우 단정한 와혈窩穴과 겸혈鉗穴을 작혈한다. 이 용龍은 팔귀룡八貴龍으로 불린다. 혈穴을 바르게 잡는다면 극도로 창성昌盛한다. (호위사가 많으니 많은 바람으로부터 보호를 받게 되어 참된 혈이 맺히게 되니 정혈에 정확하게 점혈하면 크게 발복을 받는다.)

第九祿存如落花 片片段段水夾砂 不作蛟潭爲鬼穴 定作羅星水口遮
제구록존여락화 편편단단수협사 불작교담위귀혈 정작라성수구차

[설명]

제구녹존第九祿存은 낙화落花와 같다. 송이송이 하나씩 낙맥하고 물은 사격을 끼고 있다. (이어진 능선이 아니고 꽃이 떨어진 것처럼 들판에 놓인 섬 같은 모습이다. 그 사이로 물이 흐르고 있다.) 교룡이

사는 연못을 만들지 않으면 귀혈鬼穴이 된다. (악어의 무리와 같은 섬이 아니면 능선에 붙어 있는 귀룡鬼龍이 된다.) 나성수구羅星水口를 만들어서 관쇄한다.

天下山山有祿存 或兇或吉要君分 莫道祿存全不善 大爲將相公侯門
천하산산유록존 혹흉혹길요군분 막도록존전불선 대위장상공후문
要知五嶽眞龍落 半是祿破相參錯 大行頂上馬耳峰 祿存身上貪狼龍
요지오악진룡락 반시록파상참착 대행정상마이봉 녹존신상탐랑룡
泰山頂上有石觀 上有月亭高一半 此是祿存上有貪 如此高峰孰能判
태산정상유석관 상유월정고일반 차시록존상유탐 여차고봉숙능판
海中洲渚亦有山 君如論脈應難言 不知地脈連中國 遠出山形在海間
해중주저역유산 군여론맥응난언 불지지맥련중국 원출산형재해간
集出靑齊爲東嶽 過盡平陽大江壑 地絡連延氣勢生 澗水止龍君莫錯
집출청제위동악 과진평양대강학 지락련연기세생 간수지룡군막착
我觀破祿滿天下 九星分變無識者 君如識得祿存星 珍寶連城貴無價
아관파록만천하 구성분변무식자 군여식득록존성 진보련성귀무가

[설명]
천하의 산들에는 녹존이 있다. 사람들은 (녹존의) 길흉을 구분해야 한다. 녹존이 모두 나쁘다고 말하지 말라. 크게는 장상將相과 공후公侯가 되는 문문門이 된다. 오악五嶽에 진룡이 낙맥했는지를 알아야 한다. 반半은 녹존과 파군이 뒤섞여서 가지런하지 못한 것이다. 크게 행룡하는 녹(존) 정상에 마이봉馬耳峰이 있다. 녹존 신상身上에 탐랑봉인 것이다. 태산泰山 정상頂上에 석관石觀(돌의 경관)이 있다.

(석관) 위에 월정月亭의 높이가 1길 반이다. 이것도 녹존 위에 탐랑이 있는 것이다. 이와 같은 고봉高峰을 누가 판별할 수 있겠는가? 바다 가운데 모래톱 역시 산이다. (여기에서) 사람들이 맥脈을 논한다

면 말하기가 어려운 것은 당연하다. (이것의) 지맥이 중국에 연결되어 있는 것을 알지 못한다. 멀리 솟아 있는 산 모양도 바다 사이에 존재하면서 집단적으로 푸르고 가지런하게 솟아나서 동악東嶽이 되었다. (그 지맥은) 평양꾸陽의 큰 강 골짜기를 지난다. 땅은 그물처럼 연결되어서 기운을 확장시키고 세력을 생한다.

사람들은 산골 물에 행룡이 멈추었다고 오인하지 말라. 나는 파군과 녹존이 만천하에 있음을 관찰한다. 구성九星이 나뉘어져서 변하는 것을 알지 못하는 사람이 있다. 사람들이 녹존성을 인식했다면, 보배가 연달아 성을 이루고 그 귀함은 가치를 형용할 수가 없을 것이다. (시중의 풍수 서적에는 길성吉星을 탐랑, 거문, 무곡, 보필성으로 구분하고 녹존은 흉성 중 하나로 나누어 놓았다.)

그러나 위에서 설명했듯이 녹존은 천하의 산야에 존재하며 길흉은 반반이며 큰 것은 장상 공후급도 있다. 지맥이 중국에 연결되어 있는 것을 알지 못하는 것은 당연한 것이라고 했는데 당시 중국을 중심으로 생각했던 것이고, 맥이라는 것은 각 지역마다. 발원지가 있어서 발원지에서 발원되어 각처로 흘러가는 것이다. 간수지룡군막착澗水止龍君莫錯(산골 물에 행룡이 멈추었다고 오인하지 마라)은 맥은 주위 호위사가 없으면 낮은 곳으로 내려와서 개울을 건너기도 하고 평지를 지나기도 한다는 것을 당시에도 깨우친 것이다.

중요한 것은 맥이 흘러가다가 바람을 스스로 막거나 막아주는 조건이 되면 멈추어 혈을 맺는다는 이치를 깨닫고 천하에 녹존이 많이 존재하는데 선입견으로 녹존성을 부정하지 말고 정확한 지식을 갖는다면 보배가 연달아 성을 이루고(큰 부를 이루고) 그 귀함은 가치를 형용할 수가 없다는 것을 알게 될 것이다.

문곡文曲

文曲正形蛇行樣 若作淫邪如撒網 此星柔順最高情 形神恰似生鱔樣
문곡정형사행양 약작음사여살망 차성유순최고정 형신흡사생선양

問君如何生此山 定出廉真絕體上 問君如何尋絕體 本宮山上敗絕氣
문군여하생차산 정출렴진절체상 문군여하심절체 본궁산상패절기

問君如何尋本宮 寶殿之下初出龍 認得星峰初出面 看得何星細推辨
문군여하심본궁 보전지하초출룡 인득성봉초출면 간득하성세추변

九星皆挾文曲行 若無文曲星無變 變星便看何星多 多者為主分惡善
구성개협문곡행 약무문곡성무변 변성편간하성다 다자위주분악선

文曲星柔最易見 每遇旺方生側面 側面成峰身直行 直去多如絲雜線
문곡성유최역견 매우왕방생측면 측면성봉신직행 직거다여사잡선

此星山骨少星峰 若有星峰輔弼同 平地蛇行最為吉 半頂娥眉最得力
차성산골소성봉 약유성봉보필동 평지사행최위길 반정아미최득력

若有此星連接生 女作宮嬪後妃職 男家因婦得官班 又得資財並美色
약유차성련접생 여작궁빈후비직 남가인부득관반 우득자재병미색

凡起星峰必有情 自然連接左右生 若是無峰如鱔樣 死龍散漫空縱橫
범기성봉필유정 자연련접좌우생 약시무봉여선양 사룡산만공종횡

縱饒住處有穴形 社壇神廟血食腥 若是作墳並建宅 女插花枝逐客行
종요주처유혈형 사단신묘혈식성 약시작분병건댁 여삽화지축객행

男人破家因酒色 女人內亂公訟庭 變出瘵癆鬼怪病 令人冷退絕人丁
남인파가인주색 여인내란공송정 변출채로귀괴병 영인랭퇴절인정

[설명]

문곡文曲의 바른 형태는 뱀이 움직이는 모양인데 그물을 뿌리는 것처럼 정도가 지나칠 정도로 한 쪽으로 기울어진 것 같다. 이 성星은 유순하고 극히 정情이 많다. 형신形神(산 능선의 모양)은 생선 모양

과 흡사하다. 어떻게 이 문곡이 생성되었는지를 묻는다. 염정의 끊어진 몸(절체絶體)으로부터 반드시 생성된다. 어떻게 절체絶體를 찾을 수 있는가? 본궁산本宮山에서 기기氣가 끊어지면 패하는 것인데 어떻게 본궁本宮을 찾을 수 있는가? 본궁本宮은 보전寶殿(염정)의 아래에서 처음으로 나아가는 용龍이다. 성봉星峰이 처음 나아가는 면面을 깨달아 인지하고 어떠한 성星인지 보고 깨달아 세밀하게 추리하여 분별하라. 구성九星은 모두 문곡을 끼고 행룡한다. 만약 문곡이 없으면 성星도 변화하지 않는다. 변성變星은 바로 어떠한 성봉星峰이 많은지를 살피는 것이다. (변해서 이루어진) 많은 성봉이 주가 되고 선악善惡을 구분한다. 문곡성文曲星은 부드럽고 쉽게 눈에 띈다.

문곡이 매번 왕방旺方을 만나면 측면側面에서 이루어진다는 것은 기기氣를 모을 수 있는 지형조건을 거론한 것인데 측면이 바람을 갈무리할 수 있는 아늑한 조건임을 나타낸 것이다. 측면側面이 봉峰을 이루면 몸은 곧게 나아간다. 실의 잡다한 선을 이루는 것처럼 대부분 똑바로 나아간다. 문곡의 산골山骨은 작은 성봉星峰으로 이루어졌고, 만약 이 작은 성봉이 있으면 마치 좌보, 우필성과 동일하다. 문곡성은 평지에서 뱀이 움직이는 것이 가장 길吉하다. (문곡) 정수리가 아미蛾眉(누에눈썹)처럼 되어 있으면 커다란 힘을 얻는다. 만약 이 성星이 연이어 접하여 생기게 되면 여자는 궁에서 빈嬪이나 후비後妃가 된다. 남자는 부인 때문에 관원이 되고 자재와 미색을 겸비한 부인을 얻는다. (이 경우) 성봉을 일으키면 반드시 유정有情하다. 자연적으로 연접하여 좌우에서 생긴다. 만약 성봉이 없이 생선과 같다면, 사룡死龍이 되어서 산만하고 전후좌우가 감싸지 못하고 비었다. 종으로 풍요롭게 머물러 혈형이 있을지라도 피와 날고기 음식을 바치는 신묘神廟와 사단社壇(을 지을 뿐이다.)

만약 분묘와 양택을 만들면 여자가 (머리에) 꽃가지를 꽂고 객客을 따라 도망간다. 남자는 주색으로 파가破家한다. 여자는 내란을 일으

338

켜서 법정에서 소송을 당한다. 폐결핵 같은 기괴한 병을 앓는 변고가
생긴다. 사람들은 스산해지고 점차 줄어들어서 대가 끊어지게 된다.
이곳에서는 문곡으로 인하여 잘못된 것으로 설명했는데 근본적인 이
유는 무맥지를 사용했기에 잘못되는 것이다.

困龍坪下數十裏 忽然卓立星峰起 左右前後忽逢迎 貪巨武輔取次生
곤룡평하수십리 홀연탁립성봉기 좌우전후홀봉영 탐거무보취차생
只得一峰龍便活 娥眉也變輔弼形 平行雖雲變輔弼 只是低平少威力
지득일봉룡편활 아미야변보필형 평행수운변보필 지시저평소위력
若得尊星生一峰 便使柔星爲長雄 男人端貌取科第 女人主家權勝翁
약득존성생일봉 편사유성위장웅 남인단모취과제 여인주가권승옹
大抵尋龍少全格 雜出星峰多變易 弼星似巨輔似文 長短高低細辨識
대저심룡소전격 잡출성봉다변역 필성사거보사문 장단고저세변식
莫道兇龍不可裁 也有兇龍起家國 蓋緣未識間星龍 貪中有廉文有弼
막도흉룡불가재 야유흉룡기가국 개연미식간성룡 탐중유렴문유필
武有破軍間斷生 祿存或有巨武力 十裏之中卓一峰 小者成大弱成雄
무유파군간단생 녹존혹유거무력 십리지중탁일봉 소자성대약성웅
此星龍家間星法 大頓小伏爲眞蹤 一山便斷爲一代 看在何代生間斷
차성룡가간성법 대돈소복위진종 일산편단위일대 간재하대생간단
便向此星定富貴 困弱生旺隨星峰 困弱這龍無氣力 死鱔煙炮入砂礫
편향차성정부귀 곤약생왕수성봉 곤약저룡무기력 사선연포입사력
千裏百裏無從山 獨自單行少收拾 君如識得間星龍 到處鄉村可尋覓
천리백리무종산 독자단행소수습 군여식득간성룡 도처향촌가심멱
龍非久遠少全氣 易盛易衰非人力
용비구원소전기 역성역쇠비인력

[설명]

　곤궁한 용이 평지 아래로 수십 리를 가면 홀연히 우뚝 솟은 성봉을 일으킨다. 좌우전후에서 홀연히 산들이 맞이하고, 탐랑, 거문, 무곡, 보필성을 취하여 순차적으로 생긴다. 무릇 (곤궁한) 용도 산봉 하나를 얻으면 곧 활기를 얻고, 문곡의 아미娥眉도 변해서 좌보성과 우필성이 된다. 비록 구름처럼 평평하게 행하다가 보필의 형태로 변하여 단지 저평低平하고 작지만 위력이 있다. 만약 존성을 얻어 하나의 봉우리가 생기면, 곧바로 부드러운 성星은 장웅長雄해진다. (이 경우) 남자는 모습이 단정하여 과거에 급제하고 여자는 시아버지도 좌지우지하는 가권家權을 잡는다. 대략 작더라도 완전하게 격식을 갖춘 용을 찾는다. 가지런하지 않고 산란하게 나타난 성봉은 대부분 쉽게 변한다. 우필성은 거문성과 유사하고 좌보성은 문곡성과 비슷하다.

　길고 짧고 높고 낮음을 세밀하게 구별하고 인식하라. 흉하게 생긴 용龍은 쓸 수 없다고 말하지 말라. 흉룡兇龍도 국가를 세울 수 있다. 대개 사람들은 간성룡間星龍을 인지하지 못한다. 탐랑 가운데 염정이 있고 문곡 가운데 우필성이 있다. 무곡은 파군성 사이에서 끊어졌다가 생성되기도 한다.

　녹존성은 간혹 거문과 무곡의 힘을 받는다. 십리를 가는 가운데 일봉一峰을 우뚝 세운다. 작은 봉우리는 큰 봉을 만들고, 약한 봉우리는 웅대한 봉우리를 만든다. 이것이 용들의 간성법間星法이다. 크게 조아리고 작게 엎드리는 것이 (용의) 참된 행적이다. 일산一山이 절단되면 일대一代(용)가 된다. 어떤 대代에서 (용들이) 생기고 사이사이 끊어지는지를 살펴라. 이 (새롭게 생성된) 성봉星峰에 따라 부귀富貴가 정해진다. 곤약생왕困弱生旺은 성봉星峰에 달려 있다. 곤약困弱한 그러한 용이 무기력하다면 죽은 생선이 연기에 그을어져서 모래와 자갈에 버려져 있는 것과 같다. 천리백리를 가도 호종산이 없으면 독자적으로 외롭게 행룡하여 약간 정돈되는 것이다.

사람들이 간성룡間星龍을 깨달아 인식하게 된다면, 향촌鄕村 곳곳에서 이것을 찾아보게 될 것이다. 용이 오랫동안 멀리 떨어져 작지만 완전한 기운을 갖추지 못하는 것은 쉽게 성하고 쉽게 쇠하는 것을 인력으로 되는 것이 아니다.

염정성廉貞星

廉貞如何號獨火? 此星得形最高大 高山項上石嵯峨 傘摺犁頭裂絲破
염정여하호독화? 차성득형최고대 고산항상석차아 산접리두렬사파
只緣尖焰聳天庭 其性炎炎號火星 起作龍樓並寶殿 貪巨武曲因此生
지연첨염용천정 기성염염호화성 기작룡루병보전 탐거무곡인차생
古人深識廉貞體 喚作紅旗並曜氣 此星威烈屬陽精 高焰赤黑峰頭起
고인심식렴정체 환작홍기병요기 차성위렬속양정 고염적흑봉두기
高尖是樓平是殿 請君來此細推辨 亂峰頂上亂石間 此處名為聚講山
고첨시루평시전 청군래차세추변 난봉정상란석간 차처명위취강산
聚講既成即分去 分宗拜祖迢迢路 尋蹤尋跡更尋兒 龍來此處最堪疑
취강기성즉분거 분종배조초초로 심종심적경심아 용래차처최감의
卻來此處橫生嶂 形如帳幕開張樣 二重入帳一重出 四重五重如巨浪
각래차처횡생장 형여장막개장양 이중입장일중출 사중오중여거랑
嶂中有線穿心行 帳不穿心不入相 帳幕多時貴亦多 一重只是富豪樣
장중유선천심행 장불천심불입상 장막다시귀역다 일중지시부호양
兩帳兩幕是真龍 帳裏貴人最為上 帳中隱隱仙帶飛 帶舞低垂主興旺
양장량막시진룡 장리귀인최위상 장중은은선대비 대무저수주흥왕
天關地軸兩邊迎 異石龜蛇過處往
천관지축량변영 이석구사과처왕

[설명]

염정은 어찌하여 독화獨火로 불리는가? 염정성廉貞星은 최고로 높고 큰 산의 모양을 갖춘다. 고산高山의 정상項上에는 돌이 우뚝 솟아 있다. 접은 우산 모양이기도 하고 파열된 쟁기 모양이기도 하고 어수선하게 실처럼 널려 있는 모양 같기도 하며, 하늘 높이 치솟은 불길 같은 모양이기 때문에 화성火星으로 불린다. (염정성廉貞星은) 용루龍樓(높고 뾰족한 것을 용루라 한다)와 보전寶殿(평평한 것을 보전이라고 한다)을 만들고, 탐랑, 거문, 무곡은 화성으로 인해 생긴다.

(이 글을 쓴 당시에 탐랑, 거문, 무곡성이 연결된 산이 화성으로 되어 있었을 것으로 본다. 맥의 발원지가 지역마다 분포되어 있고 부드러운 산으로 이루어진 곳도 있다는 것을 몰랐던 것 같다.)

고인古人은 염정체廉貞體를 깊이 인식하여 붉은 깃발과 빛나는 기운을 만든다고 말하였다. 이 성星은 위엄 있고 세차서 양정陽精에 속하고 높이 솟은 불길이 흑적黑赤색 산머리를 일으킨다. 뾰족하면 용루龍樓이고 평평하면 보전寶殿이다. 우리는 이러한 것을 세밀히 추론하고 식별해야 한다. 난봉정상亂峰頂上에는 난석亂石이 사이사이 있는데 이곳은 취강산聚講山이라고 불린다. 이미 이루어진 취강산은 나뉘어져 나아가는데 조종산이 되어 멀리멀리 나아간다. (용의) 종적을 찾는 것은 (용의) 자식을 찾는 것이다. 용이 이곳에 오면 아주 많은 의심이 들 만하다. (염정이) 이곳에 오면 횡으로 높고 가파른 병풍처럼 우뚝 솟은 봉우리를 만든다. 그 모양은 장막이 개장開張하는 모습과 유사하다. 이중으로 장막으로 들어오면 한 산은 멈춤 없이 출장한다. 사중四重 오중五重인 것은 큰 파도와 같다.

장嶂 중에는 중심을 뚫고 나가는 선선이 있다. 장막 가운데를 천심穿心하지 않으면 상신相臣이 되지 못한다. (이 말은 좌우로 호종사를 이루지 못함은 맥을 실은 중심 용맥이 되지 못한다는 말이다.) 장막이 많으면 귀貴 역시 많고 한 겹에 지나지 않으면 부호富豪가 되는 형상이고, 2개의 장막(호종)을 지녔으면 참된 용龍이고, 장帳 속에 귀인봉貴人峰이 최고 상격上格이 된다. 장帳 중에서 은은하게 선대仙帶가 날아오르고 춤을 추면서 아래로 내려오면 주로 흥왕興旺한다. 천관天關과 지축地軸이 양변에서 환영하고(양변에서 샐 틈 없이 관쇄를 하고 주위를 돌아 에워싸고) 이석異石과 거북 등처럼 평평하고 뱀처럼 구불구불 기면서 지나는 능선에는 맥이 머물게 된다.

高山頂上有池水 兩邊夾得真龍行 問君高頂何生水 此是真龍頂上氣
고산정상유지수 양변협득진룡행 문군고정하생수 차시진룡정상기
樓殿之上水泉生 水還兩處兩邊迎 真龍卻向泉中過 也有單池在傍抱
누전지상수천생 수환량처량변영 진룡각향천중과 야유단지재방포
單池終不及兩池 池若傾崩反生禍 池平兩水夾又清 此處名為天漢星
단지종불급량지 지약경붕반생화 지평량수협우청 차처명위천한성
天漢天潢入閣道 此星入相居天庭 更有衛龍在高頂 水貼龍身入深井
천한천황입각도 차성입상거천정 경유위룡재고정 수첩룡신입심정
更無水出可追尋 或有蒙泉如小鏡
경무수출가추심 혹유몽천여소경。

[설명]

고산高山 정상에는 지수池水가 있다. 양변에 지수를 끼고 진룡眞龍이 행룡한다. 높은 봉우리 꼭대기에서 어찌하여 물이 생기는가? 이것은 진룡 정상에는 기氣가 있기 때문이다. (발원지 정상을 묘사한 것으로 본다. 높은 산 정상에서 맥이 발원하면 물도 발원지 옆에서 발원하여 맥을 호종하게 된다. 진룡 정상에 기氣가 있기 때문이라고 한 것은 발원하는 맥기脈氣를 의미하는 것이다.)

용루와 보전 위에 샘물이 생겨 물은 양편을 둥글게 싸안고 양변 물이 용을 영송迎送한다. (발원지 옆에서 발원한 물이 발원지를 감싼 후

맥을 호종하면서 출발하는 과정이다.) 참된 용은 앞으로 물러나 샘물 가운데를 지나간다. (맥이 양쪽 호종수를 거느리고 진행하고 있다. 이 것은 모두 지하에서 이루어지는 과정이다.) 옆을 품고 있는 단지單池 가 있는데 단지單池는 결국 양지兩池에 미치지 못한다. (이 표현은 지하의 원진수인 수맥을 표현한 것이라면 잘못되었다. 맥이 발원지에 서 출발할 때부터 원진수는 맥을 양쪽에서 호위하며 혈이 맺힐 때까 지 변함이 없다. 원문의 표현은 원진수가 터져 나와 이루어진 현상을 표현한 것으로 본다.) 연못이 만약 경사져 무너져 내린다면 오히려 화 禍를 생성한다. (능선 한 쪽이 무너져서 원진수가 맥을 호종하지 못하 는 경우가 발생되면 맥도 진행하지 못한다. 그러므로 혈처도 생기를 잃게 되어 화禍가 발생한다.)

연못은 평평하고 양수兩水로서 용을 끼고 맑아야 한다. (맥을 실은 능선 옆 계곡에는 원진수가 진행하면서 흘러나오는 물이 있는데 계곡 을 내려가면서 수량이 점점 많아지니 이것을 용을 끼고 있다고 표현 한 것 같다.) 이곳은 천한성天漢星으로 불린다.(천한天漢은 양쯔강의 지류인데 양쯔강의 발원지[천한성天漢星]로 불린다.) 천한天漢(양쯔 강의 지류) 또는 천황天潢(저수지)이면 입각入閣한다고 말한다. (발 원지에서 흘러온 용맥에 혈이 맺힌 곳이나. 큰 저수지 전前에서 멈춘 혈에 의하여 인물이 태어나 궁궐에 들어가게 된다.)

이 혈처로 바탕이 되어 궁궐에 있게 된다. 높은 정상에 있는 용을 호위하면서 통과하는 것이 있다. (지하에서 맥의 발원지 옆에서 수원 이 발원하여 용을 호위하면서 진행함을 설명한 것이다. 첫 줄에서 지 池는 원진수의 양이 많아서 흘러나와 고인 곳을 나타냈다. (우리나라 발원지에서는 지池를 보지 못했다.)

물이 용신에 붙어서 깊은 우물로 들어가서 어떠한 물도 나오지 않 는다면 쫓아가서 찾아본다. 혹은 작은 거울과 같은 몽천蒙泉(작은 샘 물)이 있다. (맥을 실은 능선 옆에 물이 나오는 곳이 있는데 이 물이 땅 속으로 스며들어 혈을 맺은 능선 한참 아래에서 흘러나오는 경우가 있다. 이것을 나타낸 것으로 본다.)

　*높은 산山의 정상에 지수池水가 있다고 표현하면서 진룡은 샘물 가운데를 지나간다고 표현했는데 높은 산꼭대기에서 맥이 발원하면 물도 발원지 옆에서 발원하여 맥을 호종하게 된다. 맥이 한 곳으로 흐르면 수원도 하나가 되고 맥이 두 곳으로 흐르면 수원도 두 곳이 되며 맥이 세 곳으로 흐르면 수원도 세 곳이 되어 맥을 호종한다.

　높은 산 위에 지수池水가 있을 수 있는 것은 맥을 호종하는 원진수가 터져 나와 지하에 암반이 받치고 있는 곳에 고일 수 있는 물이라고 보며 저지대의 물속으로는 맥이 지날 수 있으며 높은 산의 샘물이 흐르는 곳으로도 맥이 지날 수 있다고 보이지만 샘물이 고여 있는 가운데로 맥이 지나는 것은 잘못 표현한 것으로 본다.

　필자가 전국을 돌면서 높은 곳에 물이 고여 있는 곳을 본 적이 있었는데 맥은 못 옆의 높은 능선을 타고 흐르고 있었다. 맥이 흐르는 능선 좌우로 원진수가 새어 양쪽 계곡으로 흐르는 것을 보고 진룡이 샘물 가운데로 지나가는 것으로 표현했다.

　결국은 맑은 물이 흐르는 계곡 사이에 있는 능선은 진행을 멈추고 맥이 흘러 혈이 맺히게 되니 벼슬하여 귀하게 된다. 계곡의 샘물은 흐르다가 암반 틈사이로 스며들어 물길이 이어지지 않고 한참 아래에서 흘러나오는 경우가 있는데 이것을 몽천蒙泉(작은 샘물)이라고 표현하면서 자세히 살펴보라고 강조했다.

看他辭樓並下殿 出帳聳起生何形 應星生處別立形 此是分枝劈脈證。
간타사루병하전 출장용기생하형 응성생처별립형 차시분지벽맥증
祖宗分了分兄弟 來此分貪識真性 分貪之處莫令差 差謬一毫千裏迥
조종분료분형제 내차분탐식진성 분탐지처막령차 차류일호천리형

筍峰貪狼縱橫計 鐘釜枕梭武輔弼 方峰是為巨門程 最要來辨嫡庶行
순봉탐랑종횡계 종부침사무보필 방봉시위거문정 최요래변적서행

嫡庶不失出帳形 便是龍家五吉星 廉貞惡石眾所畏 不曉真陽火裏精
적서불실출장형 편시룡가오길성 염정악석중소외 불효진양화리정

此龍多向南方落 北上眾山驚錯愕 低頭斂衽山朝來 莫向他方妄參錯
차룡다향남방락 북상중산경착악 저두렴임산조래 막향타방망참착

凡是星峰皆有石 若是土山全無力 廉貞獨火氣沖天 石骨棱層平處覓。
범시성봉개유석 약시토산전무력 염정독화기충천 석골릉층평처멱

[설명]

　어떤 다른 것이 우뚝 솟은 곳을 떠나 아래 평평한 곳으로 가는지 살핀다. 장막을 나와 높이 일어나 어떤 형태를 생한다. 응성이 생生하는 곳은 특별히 서 있는 형태이다. 이것이 가지를 나누고 맥이 분리되는 증거이다. 조종祖宗이 나뉘어져 마침내 형제兄弟로 분리된다. 이곳으로 행룡하여 분리된 탐랑은 참된 성정을 인식시킨다. 분리된 탐랑이 있는 곳은 차별이 없다. 털끝만큼 그릇된 오차는 천리를 가면 크게 벌어진다. 죽순처럼 뾰족한 탐랑봉은 계획한 것처럼 종횡縱橫으로 있고 종부와 침사는 무곡과 보필이다. 방봉方峰은 거문이 되는 것이다. 가장 요하는 것은 적서嫡庶(중심적인 능선과 부수적인 능선)로 나아가는 것을 판별하는 것이다. 적서는 장막을 나올 때 형태를 잃지 않는다는 것은 이미 정해져 있다는 것이다.

　이 용들에는 오길성五吉星(탐랑, 거문, 무곡, 좌보, 우필)이 있다. 염정악석廉貞惡石이 무리지어 있는 곳을 사람들은 두려워하지만 진양화眞陽火(참되고 양명한 불꽃 봉우리-참된 염정)의 속정신은 깨닫지 못한다. 이 용은 대부분 남방으로 낙맥하여 향해 가고 북쪽에 있는 많은 산들은 뒤섞여 경악스럽다. 머리를 낮추면서 옷깃을 가지런한 듯한 산은 와서 조산이 되기도 한다. 다른 방위를 향하여 망령되게 가

지런하지 않고 뒤섞여 있다고 말하지 않는다. 무릇 이 산은 모두 암반으로 되어 있고 토산은 무력하다면, 염정 독화獨火의 기기氣는 하늘 높이 오르고 석골 모서리 층이라면 평평한 곳을 찾는다.

(토산은 무력해서 암반으로 된 산에서는 평평한 곳에서 혈을 찾는다는 것이다. 바위산에 맺힌 혈처는 부드러운 혈토 층이다. 시중의 어떤 풍수서적에는 암반으로 된 산에서는 혈을 찾지 말라고 쓰여 있으나 필자가 전국을 답산하면서 본 바로는 천하 대혈은 암반으로 이루어진 곳에서 잠자고 있었다. 어떤 곳은 혈처 위에 돌로 눌러 놓은 곳도 있었다. 바위산의 혈처 주위에 있는 돌들은 모두 혈처를 향해 면面으로 되어 있다. 어느 곳에서는 맥을 따라 가다가 맥이 멈춘 곳이 있었는데 갑자기 소름이 끼치면서 오싹하는 느낌이 들어 주위를 살피니 서 있는 돌들의 모서리가 날카로운 모서리로 되어 모두 혈심을 향하고 있었다.)

廉貞不生吉星峰 , 定隔江河作應龍。 朝迎必應數百裏 , 遠望鼓角聲冬冬。
렴정불생길성봉 , 정격강하작응룡。 조영필응수백리 , 원망고각성동동。

凡見廉貞高聳石 , 便上頂頭看遠跡。 細認真龍此處生 , 華蓋穿心正龍出。
범견렴정고용석 , 편상정두간원적。 세인진룡차처생 , 화개천심정룡출。

此龍最貴難尋覓 , 五吉要聳華蓋出。 此等真龍不易逢 , 華蓋三峰品字立。
차룡최귀난심멱 , 오길요용화개출。 차등진룡불역봉 , 화개삼봉품자립。

兩肩分作兩護龍 , 此是兄弟同祖宗。 兄弟便為纏護龍 , 前迎後送生雌雄。
량견분작량호룡 , 차시형제동조종。 형제편위전호룡 , 전영후송생자웅。

雌若為龍雄作應 , 雄若為龍雌聽命。 問君如何辨雌雄 , 高低肥瘠瘦不同。
자약위룡웅작응 , 웅약위룡자청명。 문군여하변자웅 , 고저비척수불동。

低肥為雌雄高瘠 , 只求此處識蹤跡。
저비위자웅고척 , 지구차처식종적。

(설명)

염정은 길흉한 성봉星峰을 만들지 않고 강과 하천을 사이에 두고 응룡應龍으로 작용한다. 조산朝山을 맞이하는 것도 수백 리에서 응應한다. 멀리서 고각鼓角이 동동 소리 내기를 바란다. (위의 내용은 염정이 직접 혈을 맺는 길성보다 국局을 형성하는 담장 역할을 하는 것을 표현했다고 본다.)

염정은 높이 솟은 암석을 보게 되는데 위 정수리에서 멀리 뻗어나간 종적을 본다. 이곳에서 참된 용이 생겨나는지를 자세히 인식한다. 화개華蓋 중심을 뚫고 정룡正龍이 나온다. 이 정룡이 가장 귀하고 찾기 어렵다. 오길五吉은 우뚝 솟은 화개봉이 나오기를 바란다. 이런 종류의 진룡은 만나기 쉽지 않다. 화개삼봉華蓋三峰은 품品자로 섰다.

(위 내용은 암반으로 이루어진 산꼭대기에서 멀리 뻗어 내린 용맥을 살펴 진룡이 화개의 중심을 뚫고 나오는 모습을 표현한 것이다. '화개삼봉품자립華蓋三峰品字立'의 문구로 인하여 묘지 조성을 품자品字로 한 곳을 가끔 보게 된다. 혈심을 가운데 두고 세 묘는 수맥 위에 놓여 있게 되니 결과는 가히 짐작하게 한다.)

양측 어깨에서 나뉘어져 양측 호룡護龍(청룡, 백호)을 만든다. 이것은 형제이고 조종과 같다. 형제룡兄弟龍은 전 호룡이 되어 앞에서는 맞이하고 뒤에서는 보내어 자웅雌雄을 이룬다. 만약 자雌가 용龍이 되면 웅雄은 응應하게 되고 만약 웅雄이 용龍이 되면 자雌는 명命을 듣는다. 높고 낮고 살찌고 수척함은 같지 않은데 자웅을 어떻게 판단할 것인가. 낮고 살찐 것이 자雌가 되고 높고 수척한 것이 웅雄이 된다. 이런 것에서 종적을 인식하여 구한다.

(위의 내용은 천심을 뚫고 용맥이 내려가면 양쪽에서 보호사가 생겨 용맥을 호종하는 모습을 표현했다. 용맥이 내려갈 때는 팔을 벌려 내려가는 용맥을 보호하고 용맥이 언덕을 오를 때는 팔을 벌려 영접하듯이 용맥을 보호한다. 이것을 풍수서적에는 내팔거팔來八去八로

표현하고 있다. 용맥이 진행하면 용맥이 외롭게 진행하도록 내버려
두지 않는 것이 자연의 이치이다.)

隨龍身上有正峰 時作星峰拜祖宗 但看護送似回龍 又有迎龍如虎踞
수룡신상유정봉 시작성봉배조종 단간호송사회룡 우유영룡여호거
隨龍山水皆朝揖 狐疑來處失蹤跡 水口重重生異石 定有羅星當水立
수룡산수개조읍 호의래처실종적 수구중중생이석 정유라성당수립
羅星外面有山關 上生下生細尋覓 蓋緣羅星有真假 真假天然非人力
나성외면유산관 상생하생세심멱 개연라성유진가 진가천연비인력
羅星旁水便生石 羅星端正最高職
나성방수편생석 나성단정최고직

[설명]
　따르는 용신상龍身上에 바른 봉우리가 있다. 때로는 성봉을 만들
어 조종祖宗에 알현한다. 단지 호송룡은 회룡과 유사함을 보게 된다.
범이 웅크리고 있는 것 같은 영룡迎龍(맞이하는 능선)이 있다. 수룡
隨龍(따르는 능선)의 산수는 모두 혈처 앞에서 조읍한다. 여우의 의심
이 생기는 곳(확실한 윤곽 없이 애매한 곳)에서는 맥의 흐름을 육안으
로는 보이지 않는다. 수구는 겹겹이 기이하게 생긴 돌이 생기기도 하
고, 수水에 맞서서 서 있는 나성이 있는 것은 정해져 있다. 나성 밖에
는 관쇄하는 산이 있는데 위에서 생기는지 아래에서 생기는지 상세하
게 살펴본다. 대개 나성에는 진가(참과 거짓)가 있으니 진가는 천연적
(자연적)이지 인력이 아니다. 나성 옆의 물이 흙을 모두 깎아 암석만
남긴다. 나성은 단정한 것이 최고로 제격이다.

廉貞多生顧祖龍 祖龍遠遠是朝峰 更有鬼脚回顧處 護送須生十數裏
염정다생고조룡 조룡원원시조봉 경유귀각회고처 호송수생십수리

送龍之山短有後 抱山不抱左右手 纏龍纏過龍虎前 三重五重福延綿

송룡지산단유후 포산불포좌우수 전룡전과룡호전 삼중오중복연면

纏多不許外山走 那堪長遠作水口 護送托龍若十全 富貴雙全眞罕有

전다불허외산주 나감장원작수구 호송탁룡약십전 부귀쌍전진한유

尋龍千萬看纏山 一重纏是一重關 關門若有千重鎖 定有王侯居此間

심룡천만간전산 일중전시일중관 관문약유천중쇄 정유왕후거차간

廉貞已具貪狼內 更述此篇爲詳載 有人曉得紅旗星 遠有威權近兇怪

염정이구탐랑내 경술차편위상재 유인효득홍기성 원유위권근흉괴

權星斬砍得自由 不統兵權不肯體 若遇廉貞不起石 脚下也須生石壁

권성참감득자유 불통병권불긍체 약우염정불기석 각하야수생석벽

石壁是背面是平 平處尋龍出蹤跡 貪巨武輔弼星行 出身生處是眞星

석벽시배면시평 평처심룡출종적 탐거무보필성행 출신생처시진성

博龍換處有九段 此是公侯將相庭 紅旗氣雄威武在 行兵出師駭妖怪

박룡환처유구단 차시공후장상정 홍기기웅위무재 행병출사해요괴

權星威福得自轉 縱入文階亦武威 廉良一變貪巨武 文武全才登宰輔。

권성위복득자전 종입문계역무위 염량일변탐거무 문무전재등재보

廉貞不作變換星 潔身亂倫弑君父。

염정불작변환성 결신란륜시군부

[설명]

염정은 대부분 조종산을 돌아보도록 생겼다. 조종산이 멀리 나아
가 안산 너머에 있는 조산朝山이 된다. 다시 돌아 뒤돌아보는 귀각鬼
脚이 있다. 호송護送은 반드시 십 수 리 공간을 이룬다. 송룡送龍(맥
을 실은 산)은 짧고 뒤에 있고 안는 산은 좌우 손을 감싸지 않는다. 얽
힌 산은 얽히면서 청룡 백호가 되어 앞을 지나간다. 얽힌 것이 삼중三
重 오중五重이면 복록이 끝없이 이어진다. 얽힘은 대부분 밖으로 산
이 달아나는 것을 허용하지 않으며 길고 멀리 수구를 이룬다. 용을 호

위하면서 보내고 몸을 의지하는 것이 만약 십분 완전하면 부귀쌍전하지만 참 보기 드문 것이다(흔하지 않다는 것이다). 용을 찾는 것에서 수없이 얽혀 있는 산을 살펴본다. 한 번 얽힘은 한 번 관쇄가 된다. 만약 관문(파구)이 수없이 관쇄되어 있다면 왕후가 태어나는 혈처가 그 사이에 있다는 것을 입증하는 것이다.

염정은 이미 탐랑이 안에 갖추어져 있다. 이것에 대한 서술은 상세하게 게재했다. 홍기성紅旗星을 깨달아 아는 사람이 있는데, 멀리 있으면 위권威權이요 가까이 있으면 흉괴兇怪이다. 권성이 쪼개지고 깨진 것이 자유롭다면 병권을 통솔하지 못하고 체계를 유지하지 못한다. (위엄 있게 생긴 능선이 체계적으로 짜이지 않고 마구 쪼개지고 깨졌다면 맥이 흐르지 않는 곳이므로 큰 인물이 날 수 없다는 것이다.) 만약 염정이 바위를 세우지 못함을 만난다면 능선 끝부분 아래는 반드시 석벽石壁이 생긴다. 석벽은 등이 되고 면面은 평평하다. 평평한 곳에서 용을 찾아보면 종적을 나타낸다.

탐랑, 거문, 무곡, 보필성이 나아가면서 몸이 나타나 생긴 곳은 참된 용이 된다. 용이 박환하는 곳은 9단이 있는데 이것은 공후장상이 나는 곳이다. 홍기의 기운은 위엄 있는 무장이 나는데 병사가 나타나서 나아가면 요괴도 놀란다. 권성의 위복은 자연적으로 얻게 되며 문관으로 입성해도 역시 무관의 위엄이다. 염정이 탐랑, 거문, 무곡으로 한 번 변하면 문무를 겸전하여 왕을 보필하는 재상이 되며 염정이 탐랑, 거문, 무곡으로 변하지 못하면(날카로운 바위가 둥글둥글하게 변하지 못하면) 고결한 몸은 윤리를 어지럽히고 임금과 아버지를 살해하게 된다(명혈이 맺힌 곳은 부드러운 바위산이었다).

이 장章에서는 염정성의 영향에 대하여 설명했다. 염정은 타오르는 불꽃처럼 바위로 이루어진 산이지만 혈을 맺을 때는 둥글둥글한 바위산으로 변해야 하고 혈을 맺은 곳은 여러 겹으로 관쇄하여 완벽하게 바람을 차단하는 형국임을 설명했다. 전국 산천을 살펴보면 무관을 비롯한 왕후장상이 태어나는 혈처는 바위산으로 이루어져 있었으며 대단한 기운을 풍기고 있었다. 이 장에서는 이것을 설명한 것이다.

무곡성武曲星

武曲星峰覆鐘釜 鐘釜之形有何故 鐘高釜矮事不同 高即爲武矮爲輔
무곡성봉복종부 종부지형유하고 종고부왜사불동 고즉위무왜위보

二者雖然皆吉星 大小不容有差互 武曲端嚴富貴牢 輔弼隨龍厚薄取
이자수연개길성 대소불용유차호 무곡단엄부귀뢰 보필수룡후박취

眞龍若行五六程 臨落之時剝輔星 如梭如印如皎月 三三兩兩牽聯行
진룡약행오륙정 임락지시박보성 여사여인여교월 삼삼량량견련행

前關後峽相引從 峽若多時龍猛勇 博到輔星三四重 仔細來此認龍蹤
전관후협상인종 협약다시룡맹용 박도보성삼사중 자세래차인룡종

貪巨若無輔弼落 高嶺如何住得龍 雖然輔弼是入穴 作穴隨形又不同
탐거약무보필락 고령여하주득룡 수연보필시입혈 작혈수형우불동

穴隨土峰作鉗乳 形神大小隨龍宗 圓龍忽然長拖脚 恐是鬼龍如覆杓
혈수토봉작겸유 형신대소수룡종 원룡홀연장타각 공시귀룡여복표

覆箕仰掌是鬼龍 莫來此處失眞蹤 請君細認前頭穴 莫使參前失後空
복기앙장시귀룡 막래차처실진종 청군세인전두혈 막사참전실후공

[설명]

무곡성봉武曲星峰은 종과 가마솥을 엎어 놓은 모습이다. 종부鐘釜의 형태는 어떻게 구분할 수 있을까. 종鐘은 불룩하게 높게 솟은 것이고 부釜는 펑퍼짐하게 낮은 것이어서 같지 않다. 높은 것은 무곡이고 낮은 것은 보필성이 된다. 둘(종부鐘釜)은 모두 길성이 되지만 길吉의 크고 작은 상호간 차이는 받아들이지 못한다(별다른 차이가 없다).

무곡은 단정하고 엄격하고 부귀는 견고하다. 보필은 용을 따라 후厚하고 박薄함을 취한다. 참된 용이 5~6리를 행룡하여 낙맥할 때 보성으로 탈바꿈하는 데 베틀 북과 같고 인장 같고 밝은 달과 같기도 하며 세 쌍 두 쌍으로 연이어 나아간다.

앞에는 관쇄하여 막아주고 뒤는 골짜기 되어 서로 견인하면서 쫓는다. 골짜기가 많을 때는 (여러 겹으로 호위할 때는) 용은 용맹해지고 (용맥의 기운이 세어지고) 보성으로 박환하여 3~4중으로 관쇄한다. 이곳에 와서 자세하게 용의 종적을 인지한다. 탐랑 거문이 만약 보필성 없이 낙맥한다면 높은 산맥이 어떻게 머물러 진룡을 얻겠는가. (위의 내용은 용맥이 진행하여 단정한 봉우리가 되어 머리를 숙여 혈이 맺히는 과정을 설명했다.) 보필로 혈이 맺힌다고 하더라도 형태에 따라 혈을 짓고 같지는 않다. (지형의 생김새에 따라 혈이 맺히지만 혈의 모양은 같은 것은 하나도 없다.)

혈은 토봉土峰에 따라 겸혈과 유혈로 맺히고 형신形神의 대소大小는 용종龍宗에 따른다. (용맥의 역량에 따라 형신形神[혈이 품고 있는 생기生氣]의 크고 작음이 정해진다는 것이다.) 둥근 능선이 홀연히 길게 다리를 끌고 나가면 두려운 것은 엎어 놓은 자루와 같은 귀鬼(음陰의 신령)룡龍이다. (보호사 없고 변화 없는 무맥지의 길쭉한 능선이다.) 엎어 놓은 키와 손바닥의 높은 부분이 귀룡鬼龍(바람을 갈무리할 수 없는 불룩한 곳에서 맥이 머물 수 없는 능선)인데, 이곳에 와 참된 용의 종적을 잃지 않도록 한다. 전두혈前頭穴(불룩한 곳에서 머리를 숙인 곳에 있는 혈)을 상세히 인지하도록 하라. 앞은 경사를 이루고 뒤는 허공임을 헤아려 사용함이 없도록 한다.

(자루처럼 생긴 능선에는 바람이 넘나드는 바람 길이므로 혈이 맺힐 수 없으니 두렵다고 표현하면서 맥이 방향을 틀어 키처럼 좌우가 일어나고 오목한 와혈을 맺고 엎어놓은 손바닥처럼 좌우가 두툼한 와혈을 맺는 것인데 반대로 키를 엎어 놓은 모습과 손바닥의 높은 부분

은 불룩하여 바람 길이므로 맥이 머물 수 없는 조건이 되어 맥이 내려오는 방향으로 보면 용의 종적을 잃는다고 표현하면서 능선 끝은 앞이 경사를 이루고 뒤도 받쳐주지 않아 공空하다고 하면서 아는 사람만이 쓰도록 했다.)

파군성破軍星

破軍星峰如走旗 前頭高卓尾後低 兩傍失險落坑陷 壁立反裂形傾欹
파군성봉여주기 전두고탁미후저 양방실험락갱함 벽립반렬형경의
不知此星出六府 上有三臺遠為祖 然後生出六曜星 貪巨祿文廉武輔
불지차성출륙부 상유삼대원위조 연후생출륙요성 탐거록문렴무보
三臺星辰號三階 六星兩兩魚眼挨 雙尖雙圓如貪巨 卻在絕頂雙安排
삼대성진호삼계 육성량량어안애 쌍첨쌍원여탐거 각재절정쌍안배
雙尖定出貪狼去 雙圓生出武曲來 上臺中臺下臺出 行到六府文昌臺
쌍첨정출탐랑거 쌍원생출무곡래 상대중대하대출 행도륙부문창대
文昌六星如偃月 穿星六星似環 平頃上頭生六星 六處微堆作凹凸
문창륙성여언월 천성륙성사환 평경상두생륙성 육처미퇴작요철
凹中微起似六星 生出九星若排列
요중미기사륙성 생출구성약배렬

[설명]

파군성봉破軍星峰은 달리는 깃발과 같다. 앞머리는 높이 솟아 있고 꼬리 뒤는 낮다. 양측 옆은 상실하여 험준하고 떨어져 움푹 패거나 함몰되어 있다. 장벽을 세우지만 반대편은 형태가 경사지고 기울어졌다. 그래서 사람들은 이 파군성이 육부六府(6부 대신)가 태어난다는 것을 알지 못한다. 파군성 위에는 삼대三臺가 있고 멀리에 있으면 조

산조山祖山이 된다. 그런 다음은 육요성六曜星을 생출한다. 육요성은 탐랑, 거문, 녹존, 문곡, 무곡, 보필이다. 삼대三臺 성진星辰은 삼계三階로 불린다. 육성六星은 고기 눈처럼 둘로 붙어 있다. 탐랑, 거문과 같은 쌍으로 뾰족하고 쌍으로 둥근데 절정絶頂(두 동강이를 낸 봉우리)에 쌍으로 안배되어 있다. 쌍으로 뾰족하면 탐랑이 만들어져 나아가고 쌍으로 둥글게 생겼으면 무곡이 만들어져 달려온다. 상대, 중대, 하대가 생성되어 육부六府 문창대文昌臺에 도달한다. 문창육성文昌六星은 반월과 같고 천성육성穿星六星은 둥근 고리와 같다. 약간 기울어진 상두上頭는 육성六星을 낳고 육처六處는 약간 언덕을 이루어 요철을 만든다. 오목한 중에 약간 일어난 것은 육성六星과 같고 배열된 것과 같은 구성九星을 생출한다. 파군성봉은 달리는 깃발 같은 것이 특징인데 변하여 혈이 맺히는 과정을 설명했다고 본다.

破軍皆受九星變　逐位生峰形象現　山形在地水在天　真氣下感禍福驗
파군개수구성변　축위생봉형상현　산형재지수재천　진기하감화복험
尊星頓起真形了　枝葉皆是祿存占　尊星雖雲有三吉　三吉之餘有輔弼
존성돈기진형료　지엽개시록존점　존성수운유삼길　삼길지여유보필
不知三吉不常生　有處觀來無一實　蓋緣不識破軍星　星說走旗拖尾出
불지삼길불상생　유처관래무일실　개연불식파군성　성설주기타미출
走旗拖尾是真形　若出尊星形變生　與君細論破軍體　逐一隨星種類名
주기타미시진형　약출존성형변생　여군세론파군체　축일수성종류명
貪狼破軍如頓起　一層一級名天梯　頂尖沖前有巖穴　伸頂猶如雞作啼
탐랑파군여돈기　일층일급명천제　정첨충전유암혈　신정유여계작제
頂頭有帶下巖去　引到平處如蛛絲　欲斷不斷馬跡過　東西有顯梭中絲
정두유대하암거　인도평처여주사　욕단불단마적과　동서유현사중사
三吉之星總如此　此處名為吉破地　過坪過水皆如是　定有泉塘兩夾隨
삼길지성총여차　차처명위길파지　과평과수개여시　정유천당량협수

貪下破軍巨門去 去爲垣局不須疑
탐하파군거문거 거위원국불수의

[설명]
　파군은 구성九星을 받아들이고 변한다. 위치에 따라 봉이 생기고 형상形象이 나타난다. 산형山形은 땅에 있고 물은 하늘에 있다. (이 것은 산 형태는 고정적이므로 땅에 있다고 표현했고 눈비가 하늘에서 내리니 물은 하늘에 있다고 한 것 같다.) 진기眞氣가 아래로 내려와 화복禍福을 감지하고 경험한다(이것은 명당의 영향을 나타낸 것이 다). 존성이 머리를 조아려 참한 형태를 일으키고 지엽枝葉은 모두 녹 존이 차지한다(이것은 길성이 혈을 맺으면 주위를 보호하는 것은 녹 존이 주를 이룬다는 것이다). 존성이 비록 삼길三吉로 있게 되는 것이 많지만 삼길三吉의 나머지는 보필輔弼이다. 삼길이 항상 생기지 않 는다는 것을 알지 못한다. 어떤 곳에서 보면 참된 것은 하나도 없다. 파군성을 인식하지 못하기 때문이다. 파군성은 달리는 깃발이고 꼬리 를 끌고 가는 것으로 설명된다. 달리는 깃발과 꼬리를 끄는 것(주기타 미走旗拖尾)이 참된 파군의 형태이다. 형이 변해 생겨 존성이 나타날 수 있다면 파군체破軍體를 상세하게 논해보자. 일일이 쫓아서 성星 의 종류에 따라 이름 짓는다(정한다).
　탐랑파군은 머리를 조아리면서 일어나는 것 같은데 단계적인 것을 천제天梯라 한다. 정수리가 뾰족하고 온화한 앞에는 바위 혈이 있다. (석중혈이다. 자기 안산을 세우며 혈처는 부드러운 혈토이다.) 펼쳐진 정수리는 닭이 울 때 목을 앞으로 쭉 뺄 때의 모습과 같다. 정두頂頭 (산의 능선 꼭대기)는 아래로 바위로 되어 나아간다.
　평평한 곳에 이르러서는 거미줄과 같다. 끊어진 것 같지만 끊어지 지 않고 말의 발자국처럼 지나간다. 동서東西로 북 가운데 실로 나타 나 있다. (평지 가운데로 용맥이 하나의 실처럼 가늘게 말발자국처럼 좌우로 몸을 흔들면서 지나가는 모습을 표현했다. 책에는 보필輔弼이라고 기록되어 있다.)

삼길三吉의 성星은 총체적으로 이와 같다. 이곳의 이름은 길한 파군의 땅이 된다. 평원을 지나고 물을 지나는 것이 이와 같은데 양 옆을 끼고 따르는 샘과 제방이 있도록 정해져 있다. (평지를 자나는 맥의 좌우로는 물이 동행하고 높은 산의 보호사처럼 좌우로 불룩한 제방이 따르도록 되어 있으나 오랜 세월 속에 개발로 인하여 평지 혈은 샘과 제방의 흔적이 지워져서 형기적으로 나타나지 않은 곳도 있으나 지하로는 맥이 살아 있다면 원진수를 반드시 대동한다. 그러나 현재 대도시에서는 대부분 맥이 잘린 것으로 추측한다.) 탐랑처럼 뾰족한 아래는 파군과 거문이 나아간다. 나아가서 담장을 두른 듯한 국局이 되는 것은 의심의 여지가 없다.

巨門破軍裂十字 頂上微圓欹側取 勢如啄木上高枝 直上高崖石觜露
거문파군렬십자 정상미원의측취 세여탁목상고지 직상고애석자로
此星出龍生鼎足 瓜甲巉巖若雞距 此龍富貴生王侯 五換六移出宰輔
차성출룡생정족 과갑참암약계거 차룡부귀생왕후 오환륙이출재보

[설명]
거문 토체와 같은 파군은 십자十字로 갈라졌다. 정상은 약간 둥글고 기울고 경사졌다. 그 세는 나무 위 높은 가지를 쪼아 놓은 것 같다. 수직의 상부 높은 낭떠러지 바위는 새부리처럼 드러나 있다. 이 성星은 용을 돌출시켜 솥의 발처럼 생겼다. 오이 껍질처럼 가파른 바위가 닭이 웅크리고 있는 것 같다. (위의 내용은 바위 절벽 위에 있는 혈처를 설명했다. 국내에서 필자가 본 절벽 위에 있는 혈처는 평평하고 약간 오목했다. 바람이 절벽에 부딪히면 하늘로 날아오르므로 혈처에는 조용하고 아늑하다.) 이 용龍은 부귀는 물론 왕후王侯가 난다. 다섯

번 변하고 여섯 번 이동하여 재상이 나는 것을 돕는다. (이것은 암반으로 된 석맥이 여러 번 부드럽게 박환하여 명혈을 이룬다는 것이다.)

祿存破軍在平頂 兩脅蛇行肋微露 前如大木倒平洋 生幹生枝葉無數
녹존파군재평정 양협사행륵미로 전여대목도평양 생간생지엽무수
葉中生出嫩枝條 又作高峰下平地 當知爲穴亦不遠 護送不來作神宇
엽중생출눈지조 우작고봉하평지 당지위혈역불원 호송불래작신우

[설명]
　녹존 파군은 정상이 평평한 곳에 있다. 양 옆으로 뱀이 지나가는 것처럼 갈비뼈가 약간 노출되었다. (이것은 능선에 지각이 많은 것을 표현했다.) 앞은 큰 나무가 평지에 넘어진 것 같다. 줄기와 가지가 생기고 잎은 수없이 많다. 많은 잎 가운데 잔가지들이 나 있다. (능선에 지각이 많고 주위가 불규칙하고 어지럽게 패였다는 것이다.) 또 높은 봉우리를 만들고 평지로 내려오면 당연히 혈은 멀지 않은 곳에 있다는 것을 역시 알아야 한다. 호송룡이 오지 않으면 신당을 짓는다. (보호사 없이 이루어진 곳은 혈이 맺힐 수 없다는 것이다.)

武曲破如破櫥櫃 身形臃脹崩形勢 前頭走出雞伸頸 嶺上下來如象鼻
무곡파여파주궤 신형옹창붕형세 전두주출계신경 영상하래여상비
一高一下脚不尖 作穴乳頭出富貴 破軍廉貞高崔嵬 水流關峽聲如雷
일고일하각불첨 작혈유두출부귀 파군렴정고최외 수류관협성여뢰
輔星破軍如襆頭 兩傍有脚如拋球 弼星破軍如鯉躍 行到平中一時卓
보성파군여복두 양방유각여포구 필성파군여리약 행도평중일시탁
三三兩兩平中行 直出身來橫布脚 爲神爲廟爲富貴 只看纏護細斟酌
삼삼량량평중행 직출신래횡포각 위신위묘위부귀 지간전호세짐작
纏多便是富貴龍 纏少只爲鐘鼓閣

전다편시부귀룡 전소지위종고각

[설명]

무곡 파군은 부엌에 세워 놓은 찬장이 파괴된 것과 같으며 형체는
종기가 곪았다가 터져서 가라앉은 형세이다. 앞머리는 닭이 목을 쭉
펴고 달리며 고개 위에서 아래로 내려오는 것은 코끼리 코와 같다.
(위의 내용을 다시 설명하면 둥근 봉우리 한 쪽이 기울어졌고 형상은
종기가 나면 불룩한 것처럼 생긴 능선이 곪아터져서 가라앉아 홀쭉
해진 모양인데 능선은 완만한 경사를 이루고 있다.) 한 쪽이 높은 곳
에서 아래로 내려온 능선은 뾰족하지 않아 유두혈乳頭穴을 짓고 부
귀富貴가 나온다. 염정 파군은 높이 솟고 험준한데 계곡물이 좁은 골
짜기로 흐르면서 나는 소리는 우레와 같다. (암반으로 된 협곡 절벽이
다.) 보성輔星 파군은 머리에 쓴 두건 같은데 양측 지각이 공을 던지
면 그려지는 포물선과 같다. 필성弼星 파군은 물고기가 수면 위로 뛸
때 휘어지는 몸과 같은데 행룡하여 평지 중에 이르러 때때로 불룩한
둔덕을 이룬다. 3쌍, 2쌍씩 평지를 가로 질러 행룡하며 똑바로 나온
능선은 횡으로 지각을 펼치면서 오는데 신묘神廟가 되기도 하고 부귀
지富貴地가 되기도 한다. 다만 둘러 감싼 것을 보고 세심히 생각해야
한다. 보호사가 많으면 부귀룡富貴龍이 되고 보호사가 적으면 다만
종鐘과 북이 매달린 누각이 있는 신묘神廟가 된다. (맥은 바람을 갈무
리하는 곳에 머물기 때문이다.)

九星皆有破祿文 三吉之形輔弼尊 平行穿珠巨貪祿 闌掉尖拖是破軍
구성개유파록문 삼길지형보필존 평행천주거탐록 난도첨타시파군
吉星之下無不吉 兇星之下兇所存 況是兇龍爲不穴 只是閑行引過身
길성지하무불길 흉성지하흉소존 황시흉룡위불혈 지시한행인과신
縱然有穴必是假 假穴如何保久存 時師只來尋龍脈 來此峽內空低蹲

종연유혈필시가 가혈여하보구존 시사지래심룡맥 내차협내공저준
便指纏護為真氣 或有遠秀出他村 便說朝山朝水好 下了兇事自入門
편지전호위진기 혹유원수출타촌 편설조산조수호 하료흉사자입문
只緣不識真龍出 前面必出星辰尊 尊星沾了死龍骨 換了破軍廉祿文
지연불식진룡출 전면필출성진존 존성첨료사룡골 환료파군렴록문
破軍忽然橫開張 帳裏戈旗出生旺 此龍出作將軍形 前遇溪流為甲仗
파군홀연횡개장 장리과기출생왕 차룡출작장군형 전우계류위갑장
破祿形象最為多 枝蔓懸延氣少平 不為尖刀即劍戟 不作蛇行即擲梭
파록형상최위다 지만현연기소평 불위첨도즉검극 불작사행즉척사
出逢六秀方位上 上與六氣橫天河 六氣變而生六秀 兇星到此亦消磨
출봉륙수방위상 상여륙기횡천하 육기변이생륙수 흉성도차역소마
兇星消磨生吉氣 定有星辰巨浪波 此是神仙絕妙法 不比尋常格地羅
흉성소마생길기 정유성진거랑파 차시신선절묘법 불비심상격지라

[설명]

구성九星은 모두 파破·록祿·문文이 있다. 삼길三吉의 형태는 보필과 존성이다. 평행으로 구슬을 꿰는 것이 거문, 탐랑, 녹존이다. 몸을 마구 흔들면서 뾰족하게 끌고 가는 것이 파군이다. 길성 아래는 길吉하지 않는 것이 없다. 흉성 아래는 흉兇이 존재한다. 하물며 흉룡兇龍은 혈穴을 맺지 못한다. 단지 한가로이 몸을 끌면서 지나간다. 혈이 있을지라도 반드시 가짜이다.

(여기서 혈穴은 형기적으로 판단한 것이다. 혈穴은 주거住居를 본뜬 모양으로 사람이 살거나 시신을 넣기 위한 굴, 구멍의 뜻이 있다. 풍수지리에서는 혈穴이라고 하면 맥이 머문 곳을 의미하기 때문에 가짜 혈을 혈穴이라고 하면 옛날에는 통용되었을지 모르지만 오늘날은 잘못된 표현이라고 본다.) 가혈假穴 같은 것이 어떻게 오래 보존하는가. (비혈지의 묘들이 오래도록 잘 관리되고 있는 것은 무리 중에 명

당에 있는 묘가 있기 때문에 덤으로 관리되는 것이다.)

　일반 지사는 용맥龍脈을 찾으러 이 골짜기에 와서 내부가 빈 공터에 주저앉아 둥글게 감싼 곳을 가리키면서 참된 기운이 있다고 한다. 혹은 멀리 다른 곳에 있는 수려한 봉을 보고 조산 조수가 좋다고 설명한다. 장례를 치른 후 흉한 일들이 스스로 문으로 들어온다(흉사兇事가 끊이지 않는다). 참된 용이 나는 것을 알지 못하기 때문이다. 전면에 반드시 존성이 나타나야 한다. 존성이 사룡의 골을 적시면(존성이 맥을 지니지 못하면) 파군, 염정, 녹존, 문곡으로 변한다. 파군이 홀연히 횡으로 개장하면 장帳 속에 창과 같은 깃발이 나타나 생기가 왕성하다. 이 용이 나타나면 장군 형을 만든다.

　앞에 흐르는 시냇물을 만나면 갑장甲仗(무관)이 된다. 녹존 파군 형상이 가장 많은데 가지 넝쿨이 길게 늘어지면 기는 적고 평이하여 뾰족한 칼, 검, 미늘창을 만들지 못하고 뱀이 기어가는 것처럼 되어 있지 않고 북을 던지는 것처럼 행룡한다. (녹존 파군이라는 것은 지각이 많아 감싸 안아서 기운을 응축해야 하는데 지각이 늘어지면 뱀이 기어가는 것처럼 연결되지 못하고 북을 던지듯이 끊어진 것도 있어서 기운을 가두지 못한 형세를 표현한 것이다.)

　육수六秀 방위(간艮, 손巽, 병丙, 정丁, 태兌, 신辛)상에 봉우리를 만들면 봉우리 위의 육기六氣는 천하天河를 횡행橫行한다. 육기가 변하여 육수를 낳는다. 흉성이 이곳에 도달하면 소멸되어 없어진다. 흉성 기운이 소멸하여 없어지면 길한 기운이 생기는데 성진星辰은 커다란 파도와 같다. 이것은 신선의 절묘한 법인데 땅의 얽혀진 법과 격식으로 찾는 것과 비교하지 말라. (자연의 이치는 이미 정해진 것인데 얽혀진 이기법과는 비교하지 말라는 것이다.)

　　與君略擧大形勢 擧目一望皆江河 天下江山幾萬重 我見破軍到處是
　　여군략거대형세 거목일망개강하 천하강산기만중 아견파군도처시

祿存文曲輔弼星 低小山形總相類 只有高山形象殊 略舉大綱與君議
녹존문곡보필성 저소산형총상류 지유고산형상수 약거대강여군의

昆侖山腳出閭顏 只只腳是破軍山 連綿走出瀚海北 風俗強悍人粗頑
곤륜산각출전안 지지각시파군산 연면주출한해북 풍속강한인조완

生兒三歲學騎射 骨鯁剛方是此間 山來隴石尖如削 盡是狼峰更高卓
생아삼세학기사 골경강방시차간 산래롱석첨여삭 진시랑봉경고탁

此處如何不出文 只為峰多反成濁 高山大隴峰多尖 不似平原一錐卓
차처여하불출문 지위봉다반성탁 고산대롱봉다첨 불사평원일추탁

行行退卸大散關 百二山河在彼間 大纏大護到函谷 水出黃河如關環
행행퇴사대산관 백이산하재피간 대전대호도함곡 수출황하여관환

低平漸漸出熊耳 萬裏平陽漸漸低 大梁形勢亦無山 到此尋龍何處是
저평점점출웅이 만리평양점점저 대량형세역무산 도차심룡하처시

識得星峰是等閑 平處尋龍最是難 若無江流與淮水 渺渺茫茫不見山
식득성봉시등한 평처심룡최시난 약무강류여회수 묘묘망망불견산

河流沖決山斷絕 又無石骨又無脈 君若到彼說星峰 一句不容三寸舌
하류충결산단절 우무석골우무맥 군약도피설성봉 일구불용삼촌설

黃河在北大江南 兩水夾行勢不絕 行到背脊忽起峰 兗州東嶽插天雄
황하재북대강남 양수협행세불절 행도배척홀기봉 연주동악삽천웅

分枝劈脈鐘靈氣 聖賢多在魯邦中 自古英雄出西北 西北龍神少人識
분지벽맥종령기 성현다재로방중 자고영웅출서북 서북룡신소인식

紫微垣局太微宮 天市天苑太行東 南龍高枝過總頂 黑頂二山雪峰盛
자미원국태미궁 천시천원태행동 남룡고지과총정 흑정이산설봉성

分出泰川及漢川 五嶺分星入桂連 山行有斷脈不斷 直至江陰大海邊
분출태천급한천 오령분성입계련 산행유단맥불단 직지강음대해변

海門旺氣連閩越 南水兩夾相交纏 此是海門南脈絡 貨財文武相交錯
해문왕기련민월 남수량협상교전 차시해문남맥락 화재문무상교착

何處是貪何處文? 何處辨認武曲尊? 尋龍望氣先尋脈 雲霧多生是龍脊
차처여하불출문 지위봉다반성탁 고산대롱봉다첨

하처시탐하처문? 하처변인무곡존? 심룡망기선심맥 운무다생시룡척

春夏之交與二分 夜望雲霓生處覓 雲霓先生絕高頂 此是龍樓寶殿定

춘하지교여이분 야망운예생처멱 운예선생절고정 차시룡루보전정

大脊微微雲自生 霧氣如嵐反難證 生尋霧氣識正龍 卻是枝龍觀遠應

대척미미운자생 무기여람반난증 생심무기식정룡 각시지룡관원응

此是神仙尋地法

차시신선심지법

[설명]

대형세大形勢를 대략 거론해 보고자 한다. 눈을 들어 모든 강하江河를 한 번 바라 보자. 천하강산天下江山은 수만 겹으로 되어 있는데 나는 이곳에 이르러 파군을 발견한다. 녹존, 문곡, 보필성이 낮고 작은 산형山形은 총체적으로 비슷한 종류이다. 다만 높은 산 형상은 다르다. 대략 대체의 줄거리를 함께 거론하고 의논해 보자. 곤륜산 아래에 전안(신강 위구르 지역)이 생겼고 오로지 다리는 파군산이다.

연이어 달려 넓고 큰 바다 북쪽에 다다랐다. 풍속은 사람들이 강하고 사납고 거칠다. 남자 아이는 생후 세 살이 되면 말 타기와 활쏘기를 배운다. 골골骨骨(용의 골격)과 경리鯁鯉(생선뼈처럼 옆으로 뻗은 지각)이 강하고 모난 것이 이 사이에 있다. 오는 산 고개 돌은 깎은 것처럼 뾰족하다. 또한 탐랑봉이 높게 솟아 있다.

이곳이 어떻게 문사文士를 배출하지 않겠는가? 다만 반면에 탁기濁氣를 지닌 봉우리가 많다. 고산高山과 높은 고개 봉우리는 대부분 뾰족하지만 평원平原에 송곳처럼 솟아 있는 봉우리와 유사하지 않다. 행룡하고 뒤로 물리면서 크게 흩어져 관쇄를 한다.

백이산하百二山河(넓고 다른 산과 하천)가 저 사이에 존재한다. 크게 감고 크게 호위하면서 상자와 같은 계곡(주위를 완전히 감싼 계곡)에 당도하는데 물은 둘러 산 관문처럼 황하로 나간다. 점차 아래 평지

로 가면 곰의 귀 같은 형태가 나타난다. 만리 평양平陽(광활한 평지)이 점차 낮아진다. 커다란 대들보와 같은 형세이나 산은 없다. 이곳에 도달하면 어느 곳에서 용을 찾으리오. 성봉星峰을 알아보는 것을 등한시하면 평지에서 용을 찾는 것이 아주 어렵다. 만일 강이 회수淮水와 함께 흘러 나가지 않는다면, 아득하고 망망하여 산을 발견하지 못한다. 강의 흐름은 비고(물이 마르고) 둑이 터지고 산은 단절되고 또 석골石骨(암반)도 없고 맥脈도 없다. 일반인은 만약 저 곳에 당도하여 성봉星峰을 설명한다면 세 치 혀로 한 구절도 묘사하지 못할 것이다.

황하黃河는 북쪽에 존재하고 큰 강江(양자강)은 남쪽에 존재한다. 양쪽으로 물을 끼고 행行하면 세勢가 끊어지지 않는다. 행함이 등의 척추에 이르면 홀연 봉우리를 일으킨다. 연주兗州 동쪽에 큰 산이 우뚝 솟아 하늘에 꽂았고, 나누어진 가지와 쪼개진 맥이 신령스런 기운을 집중시켰다. 성현聖賢은 대부분 노魯나라 가운데서 나온다. 옛날부터 영웅은 서북지방에서 나왔다. 서북용신西北龍神은 소수의 사람들만 인식한다. 자미원국紫微垣局, 태미궁太微宮을 이루고, 천시천원天市天苑 등이 크게 동편으로 행行한다. 남룡의 높은 가지들은 정頂(산봉우리)을 거느리면서 지나간다. 꼭대기가 검은 두 산은 눈이 덮인 봉우리이다. 태천泰川과 한천漢川을 나누어 만들고, 다섯의 영嶺은 성봉을 나누어서 계桂(광서성 이름)로 들어가고 연이어서 행룡한다.

산은 행룡하면서 끊어짐이 있지만 맥은 끊어지지 않는다. 곧바로 강음江陰(장강의 남쪽에 위치한 현)에 이르고 큰 바닷가에 도달한다. 해문海門의 왕성한 기운은 민월閩越(중국 남부지방, 지금 베트남)에 이어져 있고, 양쪽을 끼고 있는 남수南水는 서로 교차하고 휘감는다. 이것이 해문海門의 남맥락南脈絡이다. 재물과 문무文武 벼슬이 서로 섞여 있다(골고루 난다). 어떠한 곳이 탐랑이 되고 어떠한 곳이 문곡이 되는가. 어떠한 곳에서 무곡과 거문존성을 인식하여 분별할 수 있는가. 심룡망기尋龍望氣는 먼저 맥을 찾아야 한다. 구름과 안개가 많이 생기는 곳은 용龍의 등마루이다.

봄여름이 교차하거나 나누어지는 시기의 밤에 구름을 바라보고 무지개가 어느 곳에서 생기는지를 찾아본다. 구름 무지개를 선사들은 아주 높은 정상에서 살펴보았다. 이것이 용루龍樓와 보전寶殿으로 정해진 것이다. 커다란 등뼈에서 미미하게 구름이 만들어진다. 반대로 안개는 산 기운과 비슷해서 입증하기가 어렵다.

안개의 기운이 생기는 것을 찾는 것이 정룡正龍의 기기氣를 아는 것이다. 물러나서 지룡枝龍이 멀리서 응應하는지를 살펴본다. (인터넷에서 지도를 보고 기운이 응하는지를 확인하고 눈에 보이는 능선을 보고 기운이 응하는지를 살펴서 맥의 유무를 확인하는데, 예전에도 확인했다는 것이다.) 이것이 신선神仙 심지법尋地法이다.

百裏羅城不為遠 知此然後論九星 要識九星觀正形 因就正龍行腳處
백리라성불위원 지차연후론구성 요식구성관정형 인취정룡행각처
認取破祿中間行 天下山山有破祿 破祿交橫有地軸 祿存無祿只為關
인취파록중간행 천하산산유파록 파록교횡유지축 녹존무록지위관
破軍不破只為關 關關之山作水口 必有羅星在水間 大河之中有砥柱
파군불파지위란 관관지산작수구 필유라성재수간 대하지중유지주
四川之口生灩 大姑不姑彭蠡前 采石金山作門戶 更有焦山羅殺石
사천지구생염 대고불고팽려전 채석금산작문호 경유초산라살석
雖是羅星門不固 此是大尋羅星法 識者便知愚未悟 吾若論及破軍星
수시라성문불고 차시대심라성법 식자편지우미오 오약론급파군성
多是引龍兼作護 大龍雖要大破軍 小龍夾亂破祿文 廉貞多是作龍祖
다시인룡겸작호 대룡수요대파군 소룡협란파록문 염정다시작룡조
輔弼隨龍富貴生 廉貞若高龍不出 只是為應廉為門 請君看此州縣間
보필수룡부귀생 염정약고룡불출 지시위응렴위문 청군간차주현간
何處不生水口山 水口關關皆破祿 無腳交牙如疊環 或有橫山如臥虎

하처불생수구산 수구관란개파록 무각교아여첩환 혹유횡산여와호
或作重重如瓜瓠 禹鑿龍門透大河 便是當時關水處 大行走出何中府
혹작중중여과호 우착룡문투대하 편시당시관수처 대행주출하중부
河北河南關兩所 大河北來曲射東 西山作水如眠龍 馬耳山枕大江口
하북하남관량소 대하북래곡사동 서산작수여면룡 마이산침대강구
絶無腳手為神妙 靈壁山來截淮河 更無一腳如橫過 海門二山鎭二浙
절무각수위신묘 영벽산래절회하 경무일각여횡과 해문이산쇄이절
兩山相合如環缺 文廉生腳鎭縋流 橫在水中為兩截 大關大鎭龍千裏
양산상합여환결 문렴생각쇄치류 횡재수중위량절 대관대쇄룡천리
定有羅星橫截氣 截住江河不許流 關住不知多少地 小羅小鎭及小關
정유라성횡절기 절주강하불허류 관주불지다소지 소라소쇄급소관
一州一縣須有關 十闌十鎭百十裏 定有王侯居此間 鄉落羅星小關鎭
일주일현수유란 십란십쇄백십리 정유왕후거차간 향락라성소관쇄
枕水如戈石橫臥 但看無腳是關闌 重數多少分將佐 君如能識水口山
침수여과석횡와 단간무각시관란 중수다소분장좌 군여능식수구산
便識天戈並祿破
편식천과병록파

[설명]

　백리百裏 나성羅城이 멀리 있지 않다. 이것을 안 후에 구성九星을 논한다. 바른 형태를 보기 위해서 구성九星을 식별해야 한다. 정룡正龍이 나아감으로 말미암아 지각이 행하는 곳에서는 녹존 파군이 중간에 행한다는 것을 인지해야 한다. 천하의 산야에는 파군 녹존이 있다. 파군 녹존이 횡으로 교차하는 데는 지축이 있다. (이것은 지각이 많은 파군이 깊숙이 교차하면 내부 기운이 돈다는 것이다.) 녹존이 녹이 없으면 단지 빗장만 될 뿐이다. 파군이 깨지지 않으면 다만 가로막음이 된다. 관쇄하고 가로 막는 산이 수구水口를 만들면 반드시 나성羅星

이 있는 사이에 물이 있다.

큰 강 가운데 오랜 세월 동안 깎여 다듬어진 돌기둥이 있다. 이것을 책에서는 화표라 적고 있다. 사천四川의 수구는 물결로 넘실거린다. 대고大姑(대략 일시적인 것)는 팽려彭蠡(사천성 호수가 있는 지명) 앞에서는 일시적인 것이 아니다. 금산金山에서 돌을 깨어 문호門戶를 만든다. 다시 부서진 돌을 나열한 초산焦山(돌을 쌓은 돌무더기 산)이 있다면 비록 나성羅星이 있을지라도 문이 견고하지 못하다. 이것이 나성을 확실하게 찾는 법이다. 이것을 아는 사람은 깨달음이 없는 어리석음을 안다.

나는 이렇게 파군성까지 논하였다. 대개 용을 이끌면 보호 사격을 대동한다. 대룡大龍은 비록 대파군大破軍을 필요로 하지만, 소룡小龍은 파군, 녹존, 문곡을 어지럽게 끼고 행룡한다. 염정廉貞은 대부분 조종祖宗 용龍을 만든다. 용을 따라 오는 보필輔弼은 부귀富貴를 낳는다. 염정廉貞이 만약 고룡高龍을 만들지 못한다면 단지 응렴應廉이 되어 문호가 된다. 이것으로 인해 주현 사이를 살펴보기 바란다. 어떤 곳이 수구산을 만들지 못하는가. 수구를 관쇄하는 것은 대개 녹존파이다. 다리가 없이 어금니가 첩첩이 둘러싼 것처럼 교쇄하거나 옆으로 놓인 산이 호랑이가 누운 것처럼 되어 있다. 혹은 오이와 박 넝쿨처럼 여러 겹으로 수구를 만든다.

우禹(하남성 지역 이름)에서는 용문龍門을 뚫어서(터널을 만들어서) 큰 강으로 연결시켜서 당시의 관수처關水處가 되었다. 큰 행룡이 어느 중심부로 달려 하북河北과 하남河南 양 쪽을 관쇄하게 되었다. 큰 강이 북으로부터 와서 동東으로 구불구불 나아가고, 서산西山에서 면룡眠龍처럼 수구를 만든다. 마이산馬耳山이 대강大江 입구入口에 놓이니 각수脚手없이 끊어질듯 솟아있는 모양이 신기하고 예쁘다. 영벽산靈壁山이 와서 회하淮河를 자르니 다시 다리도 하나 없는 것이 횡으로 지나가는 것 같다. 해문海門 이산二山이 이절二浙을 관쇄하고 두 산이 서로 합하여 에워싸는 것 같다.

문곡과 염정이 다리를 만들어서 검게 흐르는 물을 관쇄한다. 물 가운데 횡으로 존재하는 것이 양편을 가른다. 천리를 달려와 크게 관쇄하는 용은 횡으로 나성羅星이 되어 기氣의 흐름을 차단하도록 되어 있다. 강하江河를 절단하고 머물면서 기의 흐름을 허락하지 않는다. 사람들은 관쇄하고 기氣가 머무는 것이 많고 적은 땅인지를 알지 못한다. 국국을 이루는 나성羅星과 관쇄關鎖가 적은 땅이 있다. 주현州縣은 반드시 가로막는 산이 있다. 10중으로 관쇄가 백십 리를 이루면 반드시 그곳에 왕후王侯가 나게 된다. 향촌에는 나성과 관쇄가 적다. 물가에 창 모양의 바위가 횡으로 누워 있는 것처럼 놓여 있는데 단, 각脚이 없이 관란이 되어 있는지를 살펴본다.

겹수의 많고 적음이 장군과 고급 무관을 구분한다. 누구나 능숙하게 수구산水口山을 식별하고 천과天戈(나성羅星)와 녹존祿尊, 파군破軍(관쇄)을 자연스럽게 식별해야 한다. (관쇄와 나성의 중요함을 강조하면서 이루어지는 과정을 자세히 설명을 하고 있다. 나성은 기의 흐름을 차단하고 여러 겹의 관쇄는 발복의 대소를 강조하고 있다.

보필성輔弼星

左輔正形如襆頭 前高後低大小球 伸舒腰長如杖鼓 後大前小駝峰佯
좌보정형여복두 전고후저대소구 신서요장여장고 후대전소타봉모

下有兩腳平行去 或在武曲左右遊 此龍如何近武曲 自是分宗為伯叔
하유량각평행거 혹재무곡좌우유 차룡여하근무곡 자시분종위백숙

分宗定作兩貴龍 此與他星事不同 武曲兩傍必生輔 不似他星變形去
분종정작량귀룡 차여타성사불동 무곡량방필생보 불사타성변형거

左輔自有左輔形 方峰之下如卓斧 此是武曲輔星形 若是真輔不如此
좌보자유좌보형 방봉지하여탁부 차시무곡보성형 약시진보불여차

좌보자유좌보형 방봉지하여탁부 차시무곡보성형 약시진보불여차

真龍自作貴龍身 襆頭橫腳高低去 高頂高峰圓落肩 忽然堆起如螺卵

진룡자작귀룡신 복두횡각고저거 고정고봉원락견 홀연퇴기여라란

又如梨栗堆簇繁 頂上累累山結頂 斷定前送深入垣

우여리률퇴족번 정상루루산결정 단정전송심입원

[설명]

좌보성左輔星의 바른 형形은 머리를 보자기로 싼 것과 같다. 앞은 높고 뒤가 낮은 크고 작은 공처럼 둥글다. 활짝 편 허리는 장고杖鼓 처럼 길다. 뒤가 크고 앞이 낮은 것이 낙타 등과 비슷하다. 아래로는 양각兩脚이 평행으로 나아간다. 경우에 따라서는 좌우에서 동행하는 무곡이 있다. 이 용(좌보左輔)은 어찌 하여 근처에 무곡을 두고 있는 가? 스스로 가족이 나뉘어져서 백부와 숙부가 된 것처럼 닮았다. 분 종分宗은 반드시 두 개의 귀룡貴龍을 만든다. 이것은 다른 성진에 있 어서는 같지 않은 것이다. 무곡은 양편에서 반드시 좌보성을 낳는다. 다른 성진이 형形이 변하여 가는 것과 같지 않다. 좌보左輔는 스스로 좌보형左輔形을 가지고 있다. 네모진 봉우리 아래에 우뚝 솟은 도끼 와 같다. 이것이 무곡좌보형武曲輔星形이다. 만약 참된 좌보성左輔 星이라면 이것과 같지 않다.

진룡真龍(원래의 좌보성)은 스스로 귀룡신貴龍身을 만든다. 보자 기로 싼 머리는 횡으로 된 다리가 높은 곳으로부터 낮은 곳으로 나아 간다. 높은 정수리와 높은 봉峰은 둥글게 어깨로 떨어져 홀연히 소라 와 새알처럼 생긴 언덕을 일으킨다. 또는 배와 밤과 유사한 작은 산들 이 많이 모인다. 정상에는 여러 번 걸쳐 산들이 꼭대기를 만든다. (좌 보성左輔星은) 앞으로 나가서 원국으로 깊숙이 들어가 자리 잡는지 를 가지고 판단한다.

(자기 안산을 일으키고 좌우로 선익을 내리고 좌우로 보호사를 대

동하면서 앉은 과협혈이 맺힌 형국을 설명한 것으로 본다.)

要知此星名侍衛 入到垣中最為貴 東華西華門水橫 水外四圍列峰位
요지차성명시위 입도원중최위귀 동화서화문수횡 수외사위렬봉위
此是垣前執法星 卻分左右為兵衛 方正之垣號太微 垣有四門號天市
차시원전집법성 각분좌우위병위 방정지원호태미 원유사문호천시
紫微垣外前後門 華蓋三臺前後衛 中有過水名禦溝 抱城屈曲中間流
자미원외전후문 화개삼대전후위 중유과수명어구 포성굴곡중간류
紫微垣內星辰足 天市太微少全局 朝迎未必皆真形 朝海拱辰勢如簇
자미원내성진족 천시태미소전국 조영미필개진형 조해공진세여족
千山萬水皆入朝 入到懷中九回曲 入垣輔弼形微細 隱隱微微在平地
천산만수개입조 입도회중구회곡 입원보필형미세 은은미미재평지
右衛左衛星傍羅 輔在垣中為近侍
우위좌위성방라 보재원중위근시

[설명]

좌보성이 시위侍衛로 불리는 것을 알아야 한다. 원국 가운데로 들어와 이르는 것이 가장 귀貴하다 동화東華, 서화문西華門으로 물이 횡으로 흐르고 물 밖 네 방향으로 봉우리들이 서 있다. 이것이 원국 앞의 집법성執法星이다. 집법성은 좌우로 분리되어 병위兵衛가 된다. 방정方正한 원국은 태미원太微垣으로 불리고 태미원은 천시天市로 불리는 사문四門을 지녔다. 자미원紫微垣은 전후前後에 밖으로 통하는 문이 나 있는데, 화개삼대華蓋三臺가 전후문前後門을 호위하고 있다. 가운데에는 어구禦溝로 불리는 흐르는 물이 있는데, 과수過水는 성성城城을 둘러싸고 굴곡하면서 중간으로 흐르고 있다. 자미원紫微垣 내에는 성진星辰이 매우 많다.

천시天市, 태미太微가 작은 전국全局을 이루고 있고, 조영朝迎은

없지만 대개 반드시 진형眞形(참된 형태)을 갖추고 있다. 조해朝海(물결이 밀려오는 듯한 조산)는 부족처럼 에워싸고 집단적으로 세를 떨친다. 천산만수千山萬水가 모두 조朝로 들어온다. 원국으로 들어온 물은 9번 돌고 돈다. 원국으로 들어온 보필輔弼의 형태形態는 미세하다. 은은하고 미미하게 평지에 있다. 좌우左右로 호위하는 성星이 옆에 나열되어 있고 담장 가운데 있는 좌보성左輔星은 근시近侍(가까이서 시중들다)가 된다. (방정方正한 원국 내에서 혈이 맺힌 곳의 주위 사격과 감고 도는 물을 설명하면서 혈처 가까이서 시중드는 것처럼 혈처를 호위하는 모습을 설명하고 있다.)

右弼一星本無形 是以名為隱曜星 隨龍博換隱跡去 脈跡便是隱曜行
우필일성본무형 시이명위은요성 수룡박환은적거 맥적편시은요행
只緣飛宮有九曜 因此強名右弼星 天下尋輔知幾處 河北河南只三四
지연비궁유구요 인차강명우필성 천하심보지기처 하북하남지삼사
更有終南泰華龍 出沒為垣盡如此 南來莫錯認南嶽 雖有弼星垣氣弱
경유종남태화룡 출몰위원진여차 남래막착인남악 수유필성원기약
卻有回龍輔大江 水口三峰卓如削 此龍俗雲多輔星 又隨塞垣入沙漠
각유회룡보대강 수구삼봉탁여삭 차룡속운다보성 우수색원입사막
兩京嵩山最難尋 已被前人曾妄作 東西垣局並長江 中有黃河入水長
양경숭산최난심 이피전인증망작 동서원국병장강 중유황하입수장
後山屏帳如負 下瞰泰淮枕水鄉 輔弼隱曜入大梁 卻是英雄古戰場
후산병장여부 하감태회침수향 보필은요입대량 각시영웅고전장
大河九曲曲中有 輔弼九曲分入首
대하구곡곡중유 보필구곡분입수

[설명]

우필성右弼星은 본래 형체形體가 없으므로 은요성隱曜星으로 불

린다. 용을 따라 넓게 변해서 자취를 숨기면서 나아간다. 맥脈의 흔적痕跡은 은요행隱曜行이다. 비궁飛宮(구궁九宮)에 구요九曜가 있기 때문에 이것으로 인해 강명强名이 우필성右弼星이다. 천하에서 보성을 찾는데 어딘지를 아는가? 하북河北과 하남河南에 단지 3~4곳이다. 다시 남쪽으로 태화룡泰華龍에서 끝난다. 나고 없어지는 원진은 이와 같다. 남으로 오는 용을 남南의 높은 산으로 착각하지 말라. 비록 필성弼星이 있으면 원국의 기운이 약하지만 오히려 보성은 용龍이 도는 대강大江에 있다. 수구삼봉水口三峰이 깎아지를 듯이 우뚝 솟아 있다. 이 용은 세상 사람들이 대부분 보성輔星으로 부른다. 또는 꽉 막힌 원국을 따라 사막沙漠으로 들어가기도 한다.

양경兩京의 높은 산山에서 (보성輔星을) 찾기가 가장 어렵다. 이미 일반적인 앞의 사람들이 일찍이 망령되이 보성輔星이라고 이름을 지었다. 동서로 이루어진 원국은 장강長江과 나란히 하고 가운데에는 물이 길게 흘러 들어오는 황하黃河가 있다.

후산後山은 병풍을 맨 것과 같다. 아래로 태산泰山과 회수淮水을 굽어보고 물 가 가까이 향촌이 있다. 보필輔弼 은요성隱曜星이 대량大梁으로 들어서니 이곳이 영웅들이 옛날에 전투를 했던 전쟁터다. 큰 강이 중심부로 구불구불 흐르고 있는데 보필輔弼도 구불구불 행룡하다가 나뉘어져서 머리를 들이 민다. (중국의 하북河北과 하남河南에 있는 은요성을 보고 보필성이 있는 지형을 설명하고 있다. 우리나라에도 몇 곳이 있는데 평평한 지형에 은맥으로 흘러 혈이 맺혔으니 일반인들은 알아보기 어렵다고 본다.)

夫人識得左輔星 識得之時莫開口 如何識得左輔星 次第生峰無雜形
부인식득좌보성 식득지시막개구 여하식득좌보성 차제생봉무잡형
天門上頭生寶殿 寶殿引生鳳樓橫 樓中千萬尋池水 水是真龍樓上氣
천문상두생보전 보전인생봉루횡 누중천만심지수 수시진룡루상기

兩池夾出龍脊高 池中崩傾非大地 地中實是輔弼星 只分有跡與無形
양지협출룡척고 지중붕경비대지 지중실시보필성 지분유적여무형
有形便是眞左輔 無跡便是隱曜行 縱然不大也節鉞 巨浪重重不堪說
유형편시진좌보 무적편시은요행 종연불대야절월 거랑중중불감설
巨浪是帳帳有扛 扛曲星峰巧如缺 扛星便是華蓋橫 曲處星峰不作證
거랑시장장유강 강곡성봉교여결 강성편시화개횡 곡처성봉불작증
證出貪巨祿文廉 武破周而復始定 天戈直指破軍路 此是天門龍出序
증출탐거록문렴 무파주이부시정 천과직지파군로 차시천문룡출서
若出天門是正龍 不出天門形不眞 一形不具便減力 次第排來君莫誤
약출천문시정룡 불출천문형불진 일형불구편감력 차제배래군막오
自貪至破爲次第 顚倒亂行龍失序
자탐지파위차제 전도란행룡실서

[설명]

무릇 사람들이 좌보성左輔星을 알게 되는데 (좌보성左輔星을) 알
게 될 때 함부로 입을 열지 말라. 어떻게 좌보성을 알게 될까? 차례
차례로 봉우리를 세우고 잡다한 형태가 없다. 천문상의 머리 부분에
서 보전寶殿을 만들고 보전을 인도하여 횡으로 봉각鳳閣과 용루龍樓
을 만든다. 용루 가운데에서 천만 번이나 지수池水를 찾는다. 물은 참
된 용루상龍樓上의 기氣이기 때문이다. 두 개의 연못을 끼고 나오는
용의 척추는 높다. (두 개의 연못이라는 것은 발원지 양측에 지하에서
수기가 발원되는 것을 표현했다고 본다.) 양 연못 사이 척추가 붕괴되
어 경사져 있으면 대지大地가 아니다. (발원지 중앙은 둥글고 전후좌
우가 균형을 이루는데 붕괴되고 경사져 있으면 발원지가 아니다.) 땅
중에 맺혀 있는 열매가 보필성輔弼星이다. 단지 종적이 있고 형태가
없다는 것으로 구분한다.

　형태가 있으면 참된 좌보성左輔星이다. 종적이 없는 것은 은은하

게 빛내며 나아간다. 설사 크지 않을지라도 마디가 도끼 모양이다. 큰 물결이 여러 겹으로 되어 있다고 능히 말하지 않는다. 거랑巨浪은 장막이고 장막은 마주 듦이 있다. (이 구절의 뜻은 우필성이 평지에 있으니 큰 물결이 장막 역할을 하고 장막 내에 내룡이 있음을 나타낸 것이다. 마주 듦은 좌우 보호사이다.) 강扛(마주 드는 장막)은 굽어지고 성봉星峰(우필 성봉)은 어그러져 있는 것처럼 교묘하다. 강성扛星은 바로 화개華蓋가 횡橫으로 이루어진 것이다. 굽어진 곳에서는 성봉이 이루어진다고 입증할 수 없다. 이것은 탐랑, 거문, 녹존, 문곡, 염정 등으로 나오는 것으로 입증된다. 무곡과 파군이 주위를 돌아와 시작하는 것으로 정해져 있다.

천과天戈(뾰족하게 높이 솟은 봉우리)가 똑바로 있으면 파군의 행로를 가리키니, 이것이 천문(맥의 발원지)상에서 용이 나오는 순서이다. 만약 천문으로부터 나왔다면 정룡正龍이 되고 천문으로부터 나오지 않았다면 그 형태는 참되지 않다. (발원지에서 나온 능선은 바른 용이 되고 발원지가 아닌 봉우리에서 나온 능선은 참되지 않으나 맥선을 호위하는 보호사가 되니 이 또한 없어서는 안 된다.) 형태가 갖추어지지 않은 것은 힘이 적게 된다. 차례대로 나와 배치되는 것이니 오인하지 말아야 한다. 탐랑으로부터 파군까지 차례가 되는데 전도되어 어지럽게 행룡하면 질서를 잃게 된다. (크고 높은 산에서 발원되는 곳을 나타냈는데 발원지는 낮은 곳도 있고 부드러운 흙으로 된 곳도 있다. 이런 곳에서 맥이 나아갈 때 위에서 표현한 첫 봉이 탐랑이 아닌 곳도 있으며 파군성이 없는 곳도 있다.)

一剝一換尋斷處 斷處兩傍生擁護 旌幢行有蓋天旗 旗似破軍或斜去
일박일환심단처 단처량방생옹호 정당행유개천기 기사파군혹사거
看他橫帶如巨浪 浪滾一峰名出帳 帳中過去中央行 不出中央不入相
간타횡대여거랑 낭곤일봉명출장 장중과거중앙행 불출중앙불입상

星形備具入坦行 怪怪奇奇入天象 我到京師驗前說 帝垣果有星羅列
성형비구입탄행 괴괴기기입천상 아도경사험전설 제원과유성라렬

前星儼若在南上 周召到此觀天象 上了南岡望北岡 聖人蔔宅分陰陽
전성엄약재남상 주소도차관천상 상료남강망북강 성인복댁분음양

北岡峙立天門上 分作長垣在兩傍 垣上兩邊分九個 兩垣夾帝中央坐
북강치립천문상 분작장원재량방 원상량변분구개 양원협제중앙좌

要識坦中有帝星 皇都坐定甚分明 君若要識左輔宿 凡入皇城辨坦局
요식탄중유제성 황도좌정심분명 군약요식좌보숙 범입황성변탄국

重重圍繞八九重 九重之外九重復 重出復嶺看輔星 高山頂上襆頭橫
중중위요팔구중 구중지외구중부 중출부령간보성 고산정상복두횡

低處恰如千官入 載弁橫班如覆笠 仔細觀來真不同 應是為垣皆富局
저처흡여천관입 재변횡반여복립 자세관래진불동 응시위원개부국

輔為上相弼次相 破祿宿衛廉次將 文昌分明是後宮 武曲貪狼帝星樣
보위상상필차상 파록숙위렴차장 문창분명시후궁 무곡탐랑제성양

更有巨門最尊貴 喚作極星事非誑 三垣各有垣內星 凡是星峰皆內向
경유거문최존귀 환작극성사비광 삼원각유원내성 범시성봉개내향

垣星本不許人知 若不明言恐世迷 只到京師君便識 重重外衛內垣平
원성본불허인지 약불명언공세미 지도경사군편식 중중외위내원평

此龍不許時人識 留與皇家鎮國家
차룡불허시인식 유여황가진국가

[설명]

한 번 박환하면 끊어진 곳(과협처)을 찾아본다. 단처斷處 양편에는 호위하는 사격을 거느린다. 깃발이 가면 대개 천기天旗(큰 깃발)가 있다. 기旗는 파군과 유사하거나 비스듬히 나아간다. 큰 물결과 같은 횡대橫帶를 살펴본다. 파도가 흐르는 것과 같은 봉峰을 출장出帳이라고 부른다. 장帳 가운데를 지나가서 중앙으로 나간다. 중앙에서 나오

지 못하면 형상에 들지 못한다. 성형星形을 갖추어 평평한 곳으로 들어와 행하니 기괴하게 천상天象으로 들어간다(기괴하게 높이 솟은 형상으로 되어 있다).

나는 경사京師에 당도하여 앞에서 설명한 것을 경험하였다. 조화로운 담장이 수행하는 것(제원과帝垣果)은 성진이 나열되어 있다.

앞에 성진이 의젓하게 남방에 있으면 주소周김(주周나라의 주공단周公旦과 소공석김公奭. 모두 성왕成王을 도운 사람임)이 이르러 이곳 천상天象(높이 솟은 형상)를 관람한다. 위로 남강南岡에서 북강北岡을 바라본다. 성인聖人이 집을 점치기 위해 음양을 나누었다. 북강北岡이 하늘 높이 우뚝 솟아 있고, 나누어 양편에 있는 긴 담장을 이루었다. 원국상垣局上에서 양변은 9개로 나뉘고 양 원국을 끼고 있는 제좌帝座(혈처)는 중앙에 좌정하고 있다. 평탄한 가운데 제성帝星(혈처가 머문 봉우리)이 있는지 알아보기 바란다. 황도皇都 자리(군왕이 나는 혈 자리)는 더욱 분명하게 정해져 있다. 만약 좌보左補 별자리를 알기 바란다면, 무릇 황제가 있는 성城(혈처가 있는 둥근 원국)으로 들어가서 평탄한 부분인지 알아보아야 한다. (원국垣局은) 몇 겹으로 호위하고 8중 9중으로 감쌌다. 아홉 겹을 감싼 밖에 다시 아홉 겹으로 휘감고 있다. 이중으로 출진하여 다시 돌아오는데 고개에서 좌보성左補星을 살펴보라. 높은 산山의 정상頂上에는 복두襆頭가 횡으로 있고 낮은 곳에서는 천개의 관성官星이 들어오는 것과 흡사하다. 삿갓을 쓴 것같이 고깔이 횡橫으로 널려 있다. 오는 것을 자세하게 관찰하면 참된 것은 같지 않다. 응하는 것이 둥그렇게 담장을 이루는 것은 대개 부국富局을 이룬다. 보성輔星은 상격上格 모습이고 필성弼星은 차격次格 모습이 되어 파군과 녹존이 머무는 위치가 되고 염정廉貞은 다음으로 나아간다.

문곡文曲이 창성하고 분명分明한 것은 후궁後宮이다. (문곡의 일종인 아미사가 있으면 왕비가 난다고 한다.) 무곡과 탐랑은 제성帝星

의 모양을 지니고 있다. 다시 말하면 거문은 가장 존귀하다. 제위성을 만드는 일은 속일 것이 아니다. 삼원三垣[자미紫微(해방亥方), 태미太微(병방丙方), 천시원天市垣(간방艮方)]은 각각 원내垣內에 있는 성星이다. 무릇 이 성봉星峰은 대개 안쪽을 향하고 있다(혈처를 향하여 끝을 돌린다). 원성垣星은 원래 사람들이 아는 것을 허락하지 않는다(주인이 정해져 있으니 이를 천장지비天藏地秘라 한다). 만약 분명하게 말하지 않는다면 세상을 혼미하게 만들까 두렵다. 오로지 수도에 와서 선생이 되어 지식을 전한다. 여러 겹으로 외부를 호위하고 담장 내부는 평탄하다. 이 용은 세상 사람들이 식별하는 것을 허락하지 않는다. 황가皇家가 국가를 진압하여 머문다(황제가 나라를 통치한다).

請從九曜尋剝龍 剝盡粗龍尋細跡 要識真龍真輔相 只看高低襆頭樣
청종구요심박룡 박진조룡심세적 요식진룡진보상 지간고저복두양

若是輔星自作龍 隱行不識真形象 若還三吉去作龍 隨龍變形卻不同
약시보성자작룡 은행불식진형상 약환삼길거작룡 수룡변형각불동

貪狼多類品字立 武巨圓方三個峰 三峰節節隨身轉 中有一峰是正面
탐랑다류품자립 무거원방삼개봉 삼봉절절수신전 중유일봉시정면

兩傍夾者是輔星 大小尖圓要君辨 此龍初發在高山 高處生峰亦生瓣
양방협자시보성 대소첨원요군변 차룡초발재고산 고처생봉역생판

肩瓣須明似襆頭 衰衰低來是輥球 平行鯉鯽露背脊 有腳橫排如覆笠
견판수명사복두 곤곤저래시곤구 평행리즉로배척 유각횡배여복립

若是降樓並下殿 節節如樓下剝換 貪下剝換如拋球 尖處帶腳如龜浮
약시강루병하전 절절여루하박환 탐하박환여포구 첨처대각여구부

此是下嶺方如此 上嶺逆行推覆舟 尖圓若是品字立 世人誤作三臺求
차시하령방여차 상령역행추복주 첨원약시품자립 세인오작삼대구

祿存剝換蜈蚣節 微微短腳身邊立 文曲梭中帶線行 曲曲飛梭草藏跡
녹존박환오공절 미미단각신변립 문곡사중대선행 곡곡비사초장적

廉下變爲梳齒形 梳齒中央引龍脊 徘徊襆頭如改換 行當平中斷復斷
염하변위소치형 소치중앙인룡척 배회복두여개환 행당평중단부단
破軍之下夾兩槍 若作天戈如走電 亂行失序出頭來 又似虎狼行帶箭
파군지하협량창 약작천과여주전 난행실서출두래 우사호랑행대전
纏多便作斷吉龍 若是無纏爲道院
전다편작단길룡 약시무전위도원

[설명]

청컨대 구요성九曜星(구성九星)을 따라 용의 박환剝換을 찾는다.
거친 용이 박환하여 참하게 됐는지 세밀히 흔적을 찾는다. 진룡眞龍
과 참된 보성輔星의 생김새를 식별해야 한다. 높고 낮게 보자기로 머
리를 싼 모양인지를 살핀다. 만약 좌보성 스스로 용을 만든다면 은밀
하게 행룡하므로 참된 형상을 알지 못한다. 만일 여전히 삼길三吉(탐
랑, 무곡, 거문)로 돌아 나가 용龍을 만든다면 용을 따르는 변화된 형
상은 같지 않다. 탐랑은 대부분 품자品字로 서 있다. 무곡과 거문은
둥글고 모난 삼개봉三個峰으로 이루어지는데 삼봉三峰은 마디마다
용신 따라 돈다. 가운데 있는 한 봉우리가 정면正面이 되고 양 쪽을
끼고 있는 것이 보성輔星이 된다. 크고 작거나 뾰족하고 둥근 것을 변
별해야 한다. 이 용은 처음에 높은 산山에서 발진한다. 높은 곳에서
만들어진 봉우리는 또한 오이 씨와 유사한 모양이다. 오이 씨처럼 생
긴 끝 부분은 밝고 머리에 보자기로 머리를 싼 모양과 유사하다. 연이
어 아래로 내려오는 것이 공을 튕기면 오르는 궤적 같다. 평평한 곳을
행하는 용은 잉어와 붕어가 등을 드러내는 것 같다. 각脚이 있다면 삿
갓을 쓴 것처럼 횡으로 배열된 것처럼 보인다. 만약 용루가 하강하여
아래 보전이 되면 마디마다 용루 아래가 박환되는 것과 같다. 탐랑 아
래에서의 박환剝換은 공을 던지면 그려지는 포물선과 같고, 뾰족한
곳에서 다리를 띠는 것은 거북이가 물속에서 떠 있는 것 같다. 이것이

이와 같은 하령방下嶺方(능선 아래가 가늘어지는 것)이다.

상령上嶺(위가 가늘어 지는 것)은 역행하는 것이니 뒤집어진 배 모양으로 추론한다. 뾰족하게 둥근 것이 품자品字로 서 있다면 세인世人들은 세 개의 돈대를 만든 것으로 오인하여 찾는다. 녹존이 박환하면 지네 마디처럼 되어 미미하고 작은 다리가 몸에 붙어 있다. 문곡은 실틀 북 가운데 선線을 띠고 나간다. 굽이굽이 날아가는 실틀의 모양은 풀 속에 종적을 감춘다. 염정 아래에서 변한 용은 소치형梳齒形을 이룬다. 소치 중앙中央으로 용의 척추(맥을 실은 중심된 능선)를 끌고 나간다. (나머지 빗살 능선은 보호사이고 맥선을 향해 휘어져 있다.) 복두가 배회하는 것은 개환改換(성진을 변화시킴)한 것과 같다. 행룡하다가 평지 가운데서는 용은 끊어지고 다시 이어지고 또 끊어진다. 파군 아래에서는 양 쪽으로 창 같은 능선을 끼고 있다. 만약 빠르게 달리는 번개처럼 천과天戈(변화 없이 높게 쭉 뻗은 능선)를 만들었다면 어지럽게 행룡하여 질서를 잃어버리고 와서 머리를 내민다. (혈처를 중심으로 질서 있고 가지런하게 혈처를 감싸야 하는데 어지럽게 널려있는 모양을 나타낸 것이다.) 범과 이리가 화살처럼 빠르게 나가는 것과 유사하다. (보호사 없이 직선으로 나아가는 능선을 이르는 말이다). 한편 감싸주는 것이 많으면 길룡吉龍을 만들었다고 판단된다. 만약 감싸주는 것이 없으면 도원道院이 된다. (이것은 혈을 맺지 못하는 곳이니 쓸쓸하고 외로워 번창하지 못한다는 것이다.)

弼星本來無正形 形隨八曜高低生 要識弼星正形處 八星斷處隱藏處
필성본래무정형 형수팔요고저생 요식필성정형처 팔성단처은장처

隱藏是形名隱曜 此是弼星最要妙 拋梭馬跡線如絲 蜘蛛過水上灘魚
은장시형명은요 차시필성최요묘 포사마적선여사 지주과수상탄어

驚蛇入草失行跡 斷脈斷跡尋來無 脈是尊名右弼星 左右隨龍身上行
경사입초실행적 단맥단적심래무 맥시존명우필성 좌우수룡신상행

行龍之時有輔弼 變換隨龍看蹤跡 君如識得右弼星 每到垣中多失跡
행룡지시유보필 변환수룡간종적 군여식득우필성 매도원중다실적

博龍失脈失跡時 地上朱絲琴背覓 若識弼星隱曜宮 處處觀來皆是吉
박룡실맥실적시 지상주사금배멱 약식필성은요궁 처처관래개시길

此星多吉少傍兇 盖為藏形本無實 藏形之時神殺藏 卻是地中暗來脈
차성다길소방흉 개위장형본무실 장형지시신살장 각시지중암래맥

此地平陽千百程 不然彼處卻是弼 坪中還有水流坡 高水一寸即是阿
차지평양천백정 불연피처각시필 평중환유수류파 고수일촌즉시아

只為時師眼力淺 到彼茫然無奈何 便雲無處尋蹤跡 直到有山方認得
지위시사안력천 도피망연무내하 편운무처심종적 직도유산방인득

如此之人豈可言? 有穴在坪原自失 只來山上覓龍虎 又要圓頭始雲吉
여차지인기가언? 유혈재평원자실 지래산상멱룡호 우요원두시운길

不知山穹落平去 穴在坪中貴無敵 癡師誤了幾多人 又道葬理畏卑濕
불지산궁락평거 혈재평중귀무적 치사오료기다인 우도장리외비습

不知穴在水中者 如此難憑山泉濕 盖緣水漲在中央 水退即同乾地力
불지혈재수중자 여차난빙산천습 개연수창재중앙 수퇴즉동건지력

且如兩淮平似掌 也有州軍落巢瀝 也有英雄在彼中 豈無墳墓與宮室?
차여량회평사장 야유주군락소력 야유영웅재피중 기무분묘여궁실?

只將水註與水流 兩水夾流是龍脊 非惟弼曜在其中 八曜入坪皆有蹤
지장수주여수류 양수협류시룡척 비유필요재기중 팔요입평개유종

前篇有時說平處 平裏貪狼皆一同 時師識盡真龍胍 方知富貴與豐隆
전편유시설평처 평리탐랑개일동 시사식진진룡고 방지부귀여풍륭

[설명]

필성弼星은 본래 오는 것이 바른 형상이 없다. 그 모양은 팔요성八
曜星에 따라 높거나 낮게 만들어진다. (필성弼星을 인지하기 위해서
는) 필성의 정형正形이 있는 곳을 알아야 한다. 팔성八星(탐, 거, 녹,

문, 염, 무, 파, 좌보)이 사라진 곳은 은밀하게 감춰진 곳이다. 은장隱藏은 형태形態이고 이름은 은요隱曜이다. 이것이 필성弼星인데, 가장 묘妙함을 요한다. 포사마적抛梭馬跡(북처럼 완만한 곡선과 말 발자국) 선線이 실과 같고 거미가 여울물에서 물고기가 노는 물 위를 지나가는 것 같다. 놀란 뱀이 풀 속으로 들어가니 행적을 잃었다(눈에 보이는 것을 표현한 것이다). 끊어진 맥과 자취가 없이 오는 것을 찾는다. 맥은 존귀한 것인데 우필성右弼星이라고 부른다. 좌우左右로 용신을 따라 위로 나아간다. 행룡할 때 보필輔弼이 있는데 용에 따라서 변환하는 것은 그 종적을 살핀다. 우필성을 인식하여 깨달음과 같은 것은 담장 안에 도착할 때마다 대부분 자취를 잃는 것이다. 용이 박환搏換하여 맥과 자취를 찾지 못할 때는 거문고 등처럼 평탄한 지상에서 붉은 실을 찾는다. 만약 은요궁隱曜宮에 있는 필성弼星을 인식한다면 곳곳에서 오는 용이 대개 길하다는 것을 보게 된다. 이 성星은 대부분 길하지만 곁의 흉도 적다. 대개 형체를 감추고 근본적 실체가 없다. 형체를 감출 때는 신살神殺도 감춘다. 각설하고 지중地中으로 숨어 오는 맥이다. 이 땅은 평하게 수백 리로 드러나 있다(넓은 중국 대륙을 표현했다). 그렇지 않으면 다른 곳이 필성이 된다. 평원坪原 가운데를 돌아오는 물이 흐르는 고개가 있다. 물보다 일촌 더 높은 것은 언덕이다. 단지 시사들의 안력이 짧아서 저곳이 오면 망연자실하여 어찌할 줄을 모른다. 구름이 없는 곳에서 종적을 찾는데 산이 있는 방향에 도착한 즉시 깨달아 인정한다. 이와 같은 사람이 어떻게 옳은 말을 할 수 있겠는가? 평원에 있는 혈은 스스로 잃는 경우도 있다. 다만 내룡 산 위에서 청룡 백호를 찾고 구름이 이는 길한 둥근 봉우리를 구한다. 높은 데서 떨어져 평지로 가는 산을 알지 못한다. 평원 중에 존재하는 혈은 그 귀함이 대적할 수 없다. 어리석은 풍수사들이 많은 사람들을 잘못되게 했다. 또한 장사葬事를 지내는 것이 습濕으로 하여금 두렵다고 말한다. 혈이 수중水中에 있다는 것을 알지 못하는 사람은 샘이 습하여 산에 의지하기도 어렵다고 하는 것과 같다. 무릇 물이 중앙에서 불어나므로 물이 물러나면 마찬가지로 지력地力이 마른다. 양측 회수淮水가 손바닥처럼 평평하게 생겼다면 주군州軍이 새집처럼 생긴 곳에 떨어져서 물기를 머금기도 하고 영웅이 저 가운데 있기도 하는데, 어찌하여 분묘墳墓와 궁실宮室이 없겠는가? 무릇 물이 흘러간다면 양측 물을 끼고 흐르는 것이 용의 척추이니 필요성弼曜星이 그 가운데 있다고 생각하지 않겠는가?

팔요성八曜星(우필을 제외한 다른 성진)이 평원坪原으로 들어오면 모두 종적이 있다. 전편前篇에서 평처平處에 대하여 이야기한 적이 있다. 평평한 곳의 속으로 들어온 탐랑도 대개 한 가지이다. 시사時師가 진룡맥真龍脈을 식별하는 데 최선을 다하면 비로소 부귀富貴와 풍륭豊隆을 아는 것이다.

위에서 우필을 설명했는데 우리나라에서 찾는다면 경주 반월성으로 오는 맥이다. 반월성으로 오는 맥은 남산에서 오는데 들판을 지나 개울을 건너기도 한다. 논밭으로 개간하기 전에는 평지에 종적이 있었을 터인데 이제는 눈으로는 볼 수 없다. 이 맥에서 평지에 여러 개의 혈을 맺었다.

결結

貪狼作穴是乳頭 巨門作穴窩中求 武曲作穴釵鉗覓 祿廉梳齒犁辟頭
탐랑작혈시유두 거문작혈와중구 무곡작혈채겸멱 녹렴소치리벽두
文曲穴來坪裏作 高處亦是掌心落 破軍作穴似戈矛 兩傍左右手皆收
문곡혈래평리작 고처역시장심락 파군작혈사과모 양방좌우수개수
定有兩山皆護衛 不然一水過橫流 輔星正穴燕巢仰 若在高山掛燈樣
정유량산개호위 불연일수과횡류 보성정혈연소앙 약재고산괘등양

落在低平是雞巢 縱有圓頭亦凹象 此是博換尋星穴 尋穴隨龍細辨別
낙재저평시계소 종유원두역요상 차시박환심성혈 심혈수룡세변별
龍若真兮穴亦真 龍不真兮少真穴 尋龍雖易裁穴難 只為時人昧剝山
용약진혜혈역진 용불진혜소진혈 심룡수역재혈난 지위시인매박산
剝龍換骨星變易 識得疑龍穴不難 古人望龍知正穴 蓋將失龍尋換節
박룡환골성변역 식득의룡혈불난 고인망룡지정혈 개장실룡심환절
識得龍家換骨星 富貴令人無歇滅
식득룡가환골성 부귀령인무헐멸

[설명]
탐랑이 작혈하면 유두혈乳頭穴(여자의 젖통처럼 불룩한 혈)이 된
다. 거문巨門이 와혈窩穴(오목한 혈)을 만드니 (와窩의) 가운데를 구
하라고 하지만 지형에 따라 혈심穴心은 같지 않으니 현장에서 정한
다. (이 문구 때문에 국내의 와혈에 묘지를 조성한 곳은 대부분 묵묘
들이다. 뒤로 붙여서 능선을 타고 도는 바람을 피할 줄 몰랐다. 이 묵
묘 때문에 와혈의 좌우 불룩한 현능사에 조장을 했으므로 모두 묵묘
로 변했다.) 무곡武曲이 작혈作穴하면 채겸혈釵鉗穴(비녀와 칼처럼
길게 뻗은 능선에 맺힌 혈)을 찾는다. 녹존은 소치혈梳齒穴(녹존은
다리가 많은 것이 특징이므로 많은 다리가 빗처럼 보이며 그 중 한 능
선이 맥선이고 좌우 능선은 보호사이다), 염정은 리벽혈穴(소쟁기의
보습처럼 생긴 혈. 회룡 고조혈이 대표적이다.)이다. 문곡혈文曲穴
은 평지 속에서 만들어진다(와혈窩穴이 대부분이다). 높은 곳에는 역
시 장심혈掌心穴(오목한 손바닥처럼 생긴 혈)이다. 파군破軍이 작혈
作穴하면 과모戈矛와 같은 혈이다. 양측에 있는 좌우의 수手는 모두
보호사이다(청룡과 백호가 유정하게 감싼다는 의미). 양산兩山(청룡
과 백호)은 모두 호위사護衛砂이다. 그렇지 않으면 일수一水가 횡橫
으로 흘러 지나간다. 보성輔星의 정혈正穴은 경사처에 맺히는 연소

혈燕巢穴(경사지에 제비집처럼 생긴 오목한 혈)이다. 만약 고산高山에 있다면 괘등掛燈(급경사지에 매달린 혈)과 같은 모양이다. 낮은 평처에 낙맥했다면 계소혈雞巢穴(닭둥지처럼 생긴 혈)이다. 설사 둥그런 봉우리라도 오목한 형상이다. 이것은 박환된 각 성星의 혈穴을 찾는 것이다. 용을 따라서 혈을 찾는 것을 세밀하게 판별한다. 만약 용이 참되면 혈도 역시 참되다. 용이 참되지 않으면 혈도 역시 참됨이 적다. 혈을 찾는 것은 비록 쉬울지라도 재혈裁穴은 어렵다. 단지 세상 사람들은 박환하는 산에 대해서 눈이 밝지 못하다. 용이 박환剝換되면 성星도 쉽게 변한다. 용을 헤아리는 것을 깨달아 알게 되면 혈을 찾는 것은 어렵지 않다. 옛날 사람들은 용을 바라보고 정혈正穴을 알았다. 만약 용을 찾지 못했다면 환절換節(용의 성진이 변환된 龍節)을 찾는다. 용들의 박환된 성진을 깨달아 알 수 있다면 부귀富貴가 사람들에게 끊어지지 않을 것이다.

尋龍且用依經訣 好把星峰細辨別 龍行上應三吉星 兒孫世代産賢哲
심룡차용의경결 호파성봉세변별 용행상응삼길성 아손세대산현철

次第發出有尊卑 初龍小巧真龍拙 一起一伏名差殊 變換之中分骨節
차제발출유존비 초룡소교진룡졸 일기일복명차수 변환지중분골절

有乳有節足安墳 氣候潛藏尋取穴 吉星之下節目奇 兇星之下節目劣
유유유절족안분 기후잠장심취혈 길성지하절목기 흉성지하절목렬

崩洪節目最為強 氣脈相連無斷絶 龍星自有真峰應 雌山低弱雄山勝
붕홍절목최위강 기맥상련무단절 용성자유진봉응 자산저약웅산승

行龍雖貴骨節奇 入穴須教骨節稱 不欲山曲如反弓 不欲山直如伸頸
행룡수귀골절기 입혈수교골절칭 불욕산곡여반궁 불욕산직여신경

吉星吉兮兇星兇 不由人使由天定 時師未識七星形 為作歌兮切須聽
길성길혜흉성흉 불유인사유천정 시사미식칠성형 위작가혜절수청

[설명]

또한 경결經訣에 의해 심룡尋龍을 할 경우 성봉을 파악하는 데 세밀하게 판별해야 한다. 용이 행룡하여 삼길성三吉星(탐랑, 무곡, 거문)이 응하면, 후손 대대로 현인과 철인이 배출된다. 삼길성 그 다음의 성봉星峰에서는 높고 낮은 인물이 배출된다. 처음 용龍이 교묘함이 작으면 진룡眞龍이 졸렬하다. 한 번 일어나고 한 번 엎드리는 것을 차수差殊(조금 뛰어 남)라고 부른다. 변환變換하는 가운데 골절骨節이 나누어진다. 유혈乳穴이고 용절이 있으면 만족하고 편안한 분묘이다. 기운이 감지되고 있는 곳을 찾아서 혈을 취한다. 길성吉星 아래의 절목節目(용절조항)은 기묘하고, 흉성兇星 아래에서는 저열하다. 산이 무너지고 쏟아져 내리는 용절은 모두 억지다. 기맥은 서로 연결되어 있고 단절되어 있지 않다. 용龍의 성진星辰에는 스스로 진봉眞峰이 응한다. 자산雌山은 저약低弱하고 웅산雄山은 일어난다. 비록 행룡이 귀하면 용의 골절骨節이 기이하다. 입혈入穴은 반드시 골절이 맞는지를 놓고 가르쳐야 한다. 산이 반궁反弓처럼 굽는 것을 원하지 않는다. 산이 쭉 뻗은 목처럼 곧아서도 안 된다. 길성吉星은 길吉하고 흉성兇星은 흉兇하다. (이것은) 사람에 의해서가 아니라 하늘에 의하여 정해지는 것이다. 사람들은 칠성형七星形을 식별하지 못한다. (이에 관한) 시가詩歌를 만들었으니 반드시 간절하게 들어라.

貪狼一木勢尖強 鬼星秀麗足文章 或然丫角牙丫起 明經魁選細推詳
탐랑일목세첨강 귀성수려족문장 혹연아각아아기 명경괴선세추상
七峰八峰磊落去 龍圖學士富文章 左穿右博烈筆陣 行龍旌節如旗搶
칠봉팔봉뢰락거 용도학사부문장 좌천우박렬필진 행룡정절여기창
其間定有神靈應 或然世代生王侯 若作天馬騰躍起 富雖不巨盈千倉
기간정유신령응 혹연세대생왕후 약작천마등약기 부수불거영천창
若作牙筍攢地面 文武官顯居朝堂 不世富貴馳聲譽 更兼福祿壽而昌

약작아순찬지면 문무관현거조당 불세부귀치성예 경겸복록수이창

[설명]

 탐랑貪狼은 일명 목木인데 세勢는 뾰족하고 강強하다. 귀성鬼星이 수려하면 문장가가 난다. 혹연 뾰족한 각角이나 뾰족한 봉峰을 일으킨다. 명경(문관)에 장원급제하는지를 세밀하게 미루어 헤아려 본다. 7봉~8봉이 솟았다가 떨어져 가면 천자를 모시는 학사學士, 부富, 문장文章가가 난다. 좌편을 꿰고(여러 겹으로 나열하고) 우편은 넓고 아름다운 문필봉이 무리지어 있다. 깃발과 창과 유사한 기절旗節(나열된 탐랑 무리)로 된 용이 나아가면 그 사이에 반드시 신령神靈이 응한다. 혹 그러면 세대世代에 걸쳐서 왕후王侯가 난다. 만약 천마天馬를 만들어서 솟구치고 뛰듯이 일어난다면 부富가 비록 크지 않을지라도 천개의 창고를 채울 만하다. 만약 코끼리의 어금니와 죽순 같은 봉을 만들어서 지면地面에 모인다면 문무관이 나타나서 조정에 드나든다. 세상에 드문 부귀와 명예가 후대에 전해진다. 또한 복록福祿과 수壽를 겸해서 번창한다.

巨門一土少人知 端正秀麗如蛾眉 有時覆月出天外 有時隱隱生平夷
거문일토소인지 단정수려여아미 유시복월출천외 유시은은생평이
挺生英傑事明主 忠良正直如皐夔 懸鍾頓起高聳起 富貴兼全聲聞美
정생영걸사명주 충량정직여고기 현종돈기고용기 부귀겸전성문미
牛奔象舞勢勇猛 授鉞閫外無復疑 忽然壘壘空碧 小更良兮高更奇
우분상무세용맹 수월곤외무부의 홀연루루공벽 소경량혜고경기
斯地勿論富與貴 神仙出世同安期 肥厚遙長子孫遠 勢若短尖多虧盈
사지물론부여귀 신선출세동안기 비후요장자손원 세약단첨다휴영

[설명]

386

거문巨門은 일명 토土라는 것을 소수의 사람들만 알고 있다. 아미
蛾眉(누에눈썹)처럼 단정하고 수려하다. 때로는 뒤집어진 달이 하늘
밖으로 나타나고, 때로는 은은하게 평평한 곳을 만들기도 한다. 빼어
난 영웅호걸이 태어나고 사리에 밝은 군주가 난다. 고기皐夔(요순시
대 명신)와 같은 선량하고 정직한 충신이 난다. 종을 매달아 놓듯이
조아리고 높이 솟구쳐 오르면, 부귀富貴 겸전兼全하고 아름다운 명
성을 듣게 된다. 소나 코끼리가 춤추듯이 분주하게 움직이고 그 세가
용맹스러우면 규문 밖에서 무술을 가르치는 것은 다시 의심의 여지가
없다(무관이 태어난다). 홀연 푸른 공간에 첩첩이 쌓은 보루이면 작은
것은 현량이고 높으면 기이하다. 이 땅은 부와 귀를 논할 필요도 없
다. 신선神仙으로 출가하여 평안한 세월을 보낸다. 비후肥厚하면 장
자손長子孫의 발복이 요원하다. 세勢가 만약 짧고 뾰족하다면 대부
분 (복록이) 이지러지기도 하고 채워지기도 한다.

武曲之星號一金 卓圭立笏高千尋 定主兵權富韜略 登壇既拜夷狄飮
무곡지성호일금 탁규립홀고천심 정주병권부도략 등단기배이적음
棱層高聳立屏障 文華秀發稱儒林 簇簇樓臺高且壯 危巖古怪當天地
능층고용립병장 문화수발칭유림 족족루대고차장 위암고괴당천지
此地葬之勿猶豫 世代榮貴輝古今 便以方冠淸且巧 三五相連羅碧岑
차지장지물유예 세대영귀휘고금 편이방관청차교 삼오상련라벽잠
子孫聰明復秀麗 芝蘭庭砌何森森
자손총명부수려 지란정체하삼삼

[설명]
무곡성은 일명 금金으로 불린다. 높이 서있는 홀의 높이가 천심千
尋(1심= 8척)이 된다. 반드시 병권을 주재하고 도략韜略(병법에 관한
책, 육도六韜와 삼략三略을 줄인 말)이 풍부하며 높은 자리에 올라

오랑캐의 절을 받고 음식을 즐기는 장수가 태어난다. 모가 나게 층층이 높이 솟구쳐서 서있는 병장屛障이며 문화文華(문필 및 문장가)가 빼어나고 유림儒林으로 칭하는 인물이 태어난다. 조릿대처럼 빽빽하게 서있는 누대樓臺가 높고 장엄하며 위엄 있는 바위가 기괴한 것이 천지를 대적할 만하다면, 이곳에 장사지내는 것을 머뭇거리지 않는다. 세대世代에 걸쳐 영화와 부귀가 고금古今에 빛날 것이다. 방관方冠(모난 모자)처럼 생긴 봉우리가 맑고 정교하게 생기고 삼삼오오 푸른 봉우리가 서로 연결되어 얽혀 있으면 자손이 총명하고 수려하며 지초와 난초가 정원 섬돌에서 어찌 무성하지 않겠는가. (옛날에 난초 지초를 정원에 빽빽하게 가꾸면서 산다는 것은 여유 있고 부유하게 삶을 산다는 것이다.)

祿存一土君切忌 醜惡崩欹不綿媚 高峰孤起如拈拳 低山卑濕如牛鼻
녹존일토군절기 추악붕의불면미 고봉고기여념권 저산비습여우비
或若棺材隨水流 或若死屍臥平地 自然虧缺不足看 疾病顚狂遭劓刈
혹약관재수수류 혹약사시와평지 자연휴결불족간 질병전광조의예
兒孫傭懶走他州 淫欲奸偸總連累
아손용라주타주 음욕간투총련루

[설명]

녹존祿存은 일명 토土이며 절대로 꺼린다. 추악하게 붕괴되고 경사져서 아름답지 못하다. 고봉高峰이 외롭게 주먹을 잡은 모양처럼 솟아 있거나 낮은 산이 소의 코끝처럼 비습卑濕하며 혹 관이 흐르는 물 따라 있는 것 같고 혹 죽은 시체가 평지에 누워 있는 것과 같아 (이 같은 자리는) 자연히 이지러지고 결함이 많아 만족스럽게 보이지 않는다. 질병에 걸려서 미치고 코를 베이는 형을 당한다. 고용된 자손이 게으름을 피워서 다른 지역으로 달아난다. 음욕으로 간통하고 물건을

훔치는 것이 모두 연달아서 연계되어 있다.

文曲一水何孤單 生枝生足如蜒蚰 亂花丘壟不接續 三三五五飛翩翩
문곡일수하고단 생지생족여연유 난화구롱불접속 삼삼오오비편편
也似驚蛇初出草 也如鵝頸榨流泉 坑溪反背無收拾 縱然收拾還攣拳
야사경사초출초 야여아경자류천 갱계반배무수습 종연수습환련권
此地葬這主遊蕩 男不忠兮女不賢
차지장저주유탕 남불충혜녀불현

[설명]

문곡文曲은 일명 수水인데 어찌하여 외롭고 단순한가? 연유蜒蚰 처럼 지족枝足이 생긴다(연체동물처럼 지각이 약하고 단순하다). 언덕에 어지럽게 피어 있는 꽃처럼 서로 연결되어 있지 않고 삼삼오오 침착하지 못하고 떠돈다(가지런히 연결되지 못하고 무질서하다). 풀 밖으로 처음 나온 놀란 뱀과 유사하고 거위가 흐르는 샘물에서 목을 길게 빼는 것 같기도 하다. 시냇물 웅덩이에서 정돈되지 않은 채 등을 거꾸로 하고 있는 모양이다. 설령 정돈되었다고 할지라도 주먹을 둥글게 오그리고 있는 모양이다 (보호사 없이 단순하고 바람을 가두지 못하는 반궁수 모양을 설명했다). 이곳에 장사를 지내면 주로 놀기를 좋아하고 방탕하다. 남자는 불충하고 여자는 현숙하지 못하다.

廉貞獨火大兇災 高尖醜惡空崔嵬 生枝發足桃符起 首尾分張兩畔開
염정독화대흉재 고첨추악공최외 생지발족도부기 수미분장량반개
形似垛甲勢分列 質不清兮濁似血 毛髮焦枯氣脈散 水流滯急聲如雷
형사타갑세분렬 질불청혜탁사혈 모발초고기맥산 수류체급성여뢰
瘟死盡兼官禍 敗國亡家真可哀
온사진겸관화 패국망가진가애

[설명]

염정廉貞은 외로운 불인데 대흉이고 재앙이다. 높게 뾰족하고 추악하고 공중으로 높고 험하게 솟아 있다. 지족枝足을 만들고 도부桃符(복숭아나무로 만든 부절, 즉 붉은 부절符節)을 일으킨다. 수미首尾가 나뉘어서 뻗어나가고 양 가장자리가 열린다. 염정의 형체는 성문에서 툭 튀어나온 부분(타垛: 문 옆에 나뭇가지가 늘어지듯 뻗은 방房의 뜻)과 같고 세勢는 분열된다. 질은 맑지 못하고, 피처럼 혼탁하다. 용의 모발毛發(좌우로 뻗은 지각)은 그슬리고 마르며(암반이므로 수목이 없는 거무튀튀한 모양을 표현) 기맥氣脈은 흐트러져 있다. 물은 우레와 같은 소리를 내면서 급하게 흘러간다(급경사를 표현함). 염병에 걸려 죽거나 관화官禍(옥살이와 사형)를 당하기도 한다. 국가를 패망시키고 가정을 망치니 참으로 애석하다.

破軍二金招兇惡 山猛陰陽各差錯 峰巒突兀亂石岡 不然破碎連基鑿
파군이금초흉악 산맹음양각차착 봉만돌올란석강 불연파쇄련기착
也作竹篙馬鞭勢 也作兵戈與繩索 左崎右險擧頭看 入穴葫蘆塊然落
야작죽고마편세 야작병과여승색 좌기우험거두간 입혈호로괴연락
明堂傾陷水潺潺 龍虎二山伸兩脚 若犯此星甚乖張 當代兒孫見銷鑠
명당경함수잔잔 용호이산신량각 약범차성심괴장 당대아손견소삭

[설명]

파군破軍은 이금二金(정련되지 않은 쇠)인데 흉악兇惡한 것을 초래한다. 산이 용맹하여 음양차착陰陽差錯(음양이 뒤섞여 어긋나 있음)에 걸려 있다. 산봉들이 우뚝 솟아 있고 어지러운 암석이 언덕을 이룬다. 그렇지 않으면 파쇄된 것이 연결되어 있거나 터가 구멍이 나 있다. 죽고竹篙(대나무로 만든 상아대)를 만들거나 마편馬鞭(말채찍)과 같은 형세를 이루기도 한다. 창이나 밧줄을 만들기도 한다(지각없

이 밋밋하게 똑바로 뻗은 능선). 좌우가 험악하고 머리를 들고(우뚝 솟은 봉우리) 있는지를 보게 된다. 입혈入穴하면 호로葫蘆(표주박)와 같은 땅에 자연스럽게 낙맥하며 명당은 경사지고 움푹 들어가고(경사 지 와혈), 물 흐르는 소리가 난다. 용호龍虎는 양각兩脚을 펼치고 있 다(혈처 좌우로 보호사가 용맥龍脈과 동행하여 안으로 휘면서 보호 하지 않고 길게 퍼져 있다). 만약 파군이 매우 어그러짐을 범하면 당 대 자손이 쇄락함을 보게 된다.

輔弼常隨七星轉 多在明堂左右見 有時脫體醮淸波 形勢或作闌圈西
보필상수칠성전 다재명당좌우견 유시탈체초청파 형세혹작란권서
或見龜蛇或見魚 迎山連接如絲線
혹견구사혹견어 영산련접여사선

[설명]
보필輔弼은 항상 칠성七星(보필을 제외한 7성)을 따라서 몸을 돌린다. 명당이 있는 좌우에서 많이 보게 된다. 때로는 (7성으로부터) 몸을 이탈하여 푸른 물결(바닷가)에 접하기도 한다. 세력을 형성하거나 가로막아 한정된 지역을 만들기도 한다. 혹은 거북이 및 뱀을 보는 듯하고 물고기를 보는 듯하다(필성弼星이 행하는 모양을 나타냄). (보필輔弼은) 영산迎山이 사선絲線처럼 연접連接하기도 한다.

山厚山肥人多豐 山薄山走人奸賤 須敎閉密不通風 莫令大開水流濺
산후산비인다풍 산박산주인간천 수교폐밀불통풍 막령대개수류천
三蓋吉星隨龍入 磊落巖形卓立 或作高峰勢揷天 或在明堂皆頓集
삼개길성수룡입 뇌락암형탁립 혹작고봉세삽천 혹재명당개돈집
或在水口相擧連 或在輔弼山頭立 或然隱隱在溪坑 胎息成龍勢藏蟄
혹재수구상거련 혹재보필산두립 혹연은은재계갱 태식성룡세장칩

大成州郡産英豪 小作鄕村兼鎭邑 定知世代祿綿綿 文韜武略精傳習
대성주군산영호 소작향촌겸진읍 정지세대록면면 문도무략정전습

[설명]

　산이 후덕하고 살찌면 사람들도 대부분 풍요롭고, 산이 엷고 달아
나면 사람들도 간사하고 천하다. 반드시 밀폐되고 바람이 통하지 않
도록 하라. (바람이 통하지 않을 정도로 주위를 에워싼 지형을 택하라
는 말이다. 그리고 바람을 스스로 막도록 조치를 하라는 것이다.) 수
문을 크게 열어서 물이 주변에 튈 정도로 흐르지 않게 하라. [파구가
감싸지 못하고 물이 튈 정도의 파구처(곧고 경사가 심한 계곡)이면 바
람이 계곡을 따라 세차게 부는 곳이므로 피하라는 것이다.] 삼길성三
吉星의 길성吉星이 용을 따라(원국 내로) 들어오면 높이 솟구쳐 낙맥
한 바위 형상이 높이 서 있다. 혹 하늘에 꽂을 듯한 기세의 높은 봉우
리를 만들기도 한다. 혹은 명당이 있으면 모두 머리를 조아리고 모여
있다. 혹은 수구가 있으면 머리를 들고 서로 연결되어 있다. 혹은 보
필輔弼성이 있으면 산봉우리가 서 있기도 하다. 혹은 은은한 계곡에
물웅덩이가 있다. 현무봉에서 입수도두까지 내룡을 이루면 세력도 감
추어지고 숨게 된다(혈을 맺는다). 그러면 크게는 주군州郡을 이루고
영웅호걸을 배출한다. 작게는 향촌鄕村과 진읍鎭邑을 만든다. 반드
시 대대로 복록이 끊임없이 이어질 것을 알게 된다. 문도무략文韜武
略(문文을 보호하고 무武를 꾀함)의 정기를 전하도록 습득한다.

七星變化無窮極 體樣相同人未識 四維八幹十二枝 博換化身百千億
칠성변화무궁극 체양상동인미식 사유팔간십이지 박환화신백천억
本自二源分派殊 不得明師述大惑 但將分受細推尋 何用勞心更勞力
본자이원분파수 불득명사술대혹 단장분수세추심 하용로심경로력
兇禍之星兇禍生 福德之星招福德 造化元來指掌間 此是神仙真法則

흉화지성흉화생 복덕지성초복덕 조화원래지장간 차시신선진법칙

[설명]

칠성변화七星變化는 지극히 무궁하다. 성체星體의 모양이 서로 같다는 것을 사람들은 알지 못한다. 사유四維(건乾, 곤坤, 간艮, 손巽) 팔간八幹(임壬, 계癸, 갑甲, 을乙, 병丙, 정丁, 경庚, 신辛) 십이지十二枝(자子, 축丑, 인寅, 묘卯, 진辰, 사巳, 오午, 미未, 신申, 유酉, 술戌, 해亥) (24산)으로 박환하여 만들어진 용의 몸이 백천억百千億 개나 된다. 본래 2종류의 근원으로부터 만들어진 분파(길성과 흉성)는 다름이 있다. 명사明師를 얻지 못하면 큰 의혹만을 말할 뿐이다. 단지 용을 나누어 세심하게 추론하면서 찾는다. 어떻게 마음을 쓰고 노력을 하는가이다. 흉화지성兇禍之星은 흉화兇禍를 만들고, 복덕지성福德之星은 복덕福德을 초래한다. 조화는 원래 지장指掌간에 있는데, 이것이 신선神仙의 참된 법칙이다(조화원래지장간造化元來指掌間 차시신선진법칙此是神仙真法則)

손에 24방위가 있고 길흉화복을 점칠 수 있으며, L-Rod로 모든 기운(지맥, 수맥, 생기, 오기, 심지어 전생도 알 수 있음)을 감지할 수 있는데 당시 양균송 선사는 이러한 것을 터득했던 것으로 보인다. 이것을 이용하여 납기처納氣處를 소개하고 가난을 벗어나도록 도와 양구빈이라는 별명을 얻었던 것 같다.

참고사항; 귀鬼

問君何以知我落 看他尾後圓峰作 問君知我如何行 尾星搖動不曾停
문군하이지아락 간타미후원봉작 문군지아여하행 미성요동불증정
前官後鬼須細辨 鬼克我身居後面 官星克我在前朝 此是龍家官鬼現

전관후귀수세변 귀극아신거후면 관성극아재전조 차시룡가관귀현
真龍落處陰陽亂 五行官鬼無相戰 水龍博到火龍出 鬼在後頭官出面
진룡락처음양란 오행관귀무상전 수룡박도화룡출 귀재후두관출면
坎山來龍作午丁 卻把地羅差使轉 此是陰陽雜五行 不是龍家官鬼辨
감산래룡작오정 각파지라차사전 차시음양잡오행 불시룡가관귀변
龍家不要論五行 且從龍看分脈上 龍奪脈時是鬼氣 鬼氣不歸龍上行
용가불요론오행 차종룡간분맥상 용탈맥시시귀기 귀기불귀룡상행
大抵正龍無鬼山 有鬼不出半裏間
대저정룡무귀산 유귀불출반리간

[설명]
　그대는 내가 (혈穴이) 어떻게 떨어졌는지를 아는가? (혈이 어떻게
맺혔는지 아는가?) 혈처 꼬리 뒤에 둥근 봉우리가 다르게 있는지를
살펴본다. 혈이 어떻게 다니는지를 아는가? 꼬리가 있는 용(미성尾
星)이 요동치면서 머물러 있지 않기 때문이다. 반드시 앞에 있는 관官
과 뒤에 있는 귀鬼를 자세하게 판별한다. 귀鬼는 혈 후면에 있으면서
아我(혈처)를 적으로부터 보호한다. 관성官星은 앞의 조산朝山에 있
으면서 혈처를 적으로부터 보호한다. 이것이 용들의 관귀官鬼가 나
타나는 것이다. 참된 용이 떨어진 곳에는 음양陰陽이 뒤섞여 있다. 관
귀官鬼는 오행五行이 서로 싸우지 않는다(오행이 어긋나지 않는다).
수룡水龍(오행상 수水에 해당되는 산)이 두루 도달하면 화룡火龍이
나타난다. 귀鬼는 혈처의 후두後頭(혈처 뒤 불룩한 곳)에 있고 관官
은 혈처의 앞에 있다. 감산坎山에서 온 용龍이 오정午丁 용을 일으킨
다(용맥龍脈이 내려오면 앞에는 자연히 산이 와서 가로 막게 됨을 나
타내었다). 땅이 그물처럼 얽혀 어긋남이 돎으로써 잡힌다. 이것이 음
양과 오행이 뒤섞인 것이다. 뒤섞임이 아닌 것은 용들의 관귀官鬼를
분별하는 것이다. 용들은 오행을 논할 필요가 없다. 용을 쫓으면서 분

맥 위에서 (관귀를) 살핀다. 용이 맥을 잃을 때(더 이상 맥이 흐르지 않을 때) 기기氣가 귀鬼이다. (용맥이 더 이상 진행하지 않고 멈추었을 때 귀鬼가 생기고 맥은 방향을 돌린다.) 귀기鬼氣는 용이 위로 지나 가면 돌아오지 않는다. (맥이 계속 진행하면 맥이 방향을 돌리지 않기 때문에 혈이 맺히지 않으므로 귀기鬼氣는 없다.) 대략 정룡正龍(머물지 않고 바르게 흘러가는 용龍)은 귀산鬼山이 없다. 귀산鬼山은 반리 半裏(250m) 사이에는 나타나지 않는다.

  *귀鬼라는 것은 맥이 흐르다가 방향을 돌려 멈추는 뒤편에 불거진 사격이다. 맥이 방향을 돌리는 곳은 흐르는 물이 갑자기 막힘이 생기 면 뭉침이 생기듯이 불룩하게 되고 뒤도 불룩하게 된다. 이것을 풍수 지리에서는 귀鬼라고 한다. 횡룡橫龍 입수入首에는 반드시 있다.

横龍出穴必有鬼 送跳翻身穴後環 鬼山若長奪長氣 鬼短貼身如抱攔
횡룡출혈필유귀 송도번신혈후환 귀산약장탈장기 귀단첩신여포란

問君如何謂之鬼 主山背後撐者是 分枝劈脈不回頭 奪我正身少全氣
문군여하위지귀 주산배후탱자시 분지벽맥불회두 탈아정신소전기

真龍穴後如有鬼 山短枝多爲雉尾 此是真龍穴後星 星辰亦有尖圓體
진룡혈후여유귀 산단지다위치미 차시진룡혈후성 성진역유첨원체

正龍穴後若有鬼 只只回頭來護衛 若不回頭衛本身 此是空亡歇滅地
정룡혈후약유귀 지지회두래호위 약불회두위본신 차시공망헐멸지

問君何者是空亡 穴後卷空仰瓦勢
문군하자시공망 혈후권공앙와세

[설명]
  횡룡橫龍에 혈을 맺으면 반드시 귀鬼가 있다. (맥을) 보내고 뛰고 몸을 뒤집어서 (맥이 방향을 틀면) 혈穴 뒤가 둥글다. 귀산鬼山이 만 약 길면 긴 기운을 탈취한다. 귀鬼가 짧으면 포란抱攔(에워싸서 막

음)하는 것처럼 몸에 붙어 있다(귀를 향하여 좌우에서 둥글게 감싼다). 어떻게 귀鬼에 대하여 설명하겠는가? 귀는 주산主山 등 뒤를 받치고 있는 것이다. 분지分枝하고 맥을 쪼개어 머리를 돌리지 않으면, 나(혈처)의 정신正身을 탈취하여 온전한 기氣는 적다(귀鬼는 맥이 방향을 돌리면서 맥이 뒤로 흐르지 않도록 받쳐주는 역할을 한다). 진룡혈후穴後에 귀鬼가 있으면 산은 짧고 가지가 많아서 꿩 꼬리와 같다.(귀鬼는 짧고 불룩한데 좌우로 호위하는 지각이 생겨서 여러 겹으로 감싸는 모습을 설명한 것이다.) 이것이 참된 용의 혈후성穴後星이다. 성진星辰에는 또한 뾰족하기도 하고 둥근 형체인 것이 있다. 반듯한 용혈 뒤에 귀鬼가 있다면 능선 끝을 돌리고 와서 혈을 호위한다. 만약 회두하지 않고 본신을 호위한다면 이것이 공망된 혈멸지歇滅地(쓸모없는 멸망지)이다. 어떠한 것이 공망이냐 하면 혈 뒤가 말려 비어서 지붕을 쳐다보는 것 같은 형세形勢이다. (종이를 마는 형태이서 불거지지 않고 평평하게 경사를 이루는 형세이며, 지붕을 쳐다보는 것 같다는 것은 평평한 벽면 같다는 것이다.)

 *횡혈에서 천장지비혈은 뒤에 불거진 곳에서 사선으로 입수되어 혈처 바로 뒤에 귀가 없는 것처럼 보이는 곳이 있으니 잘 살펴보아야 한다.

便從鬼上細尋覓 鬼山星峰少收拾 真龍身上護衛多 山山多情來拱揖
편종귀상세심멱 귀산성봉소수습 진룡신상호위다 산산다정래공읍
護衛貼體不敢離 中有泉池暗流入 要識真龍鬼山短 緣有纏龍在後股
호위첩체불감리 중유천지암류입 요식진룡귀산단 연유전룡재후고
旣有纏龍貼護身 不許鬼山空散漫
기유전룡첩호신 불허귀산공산만

[설명]

한편 귀鬼 위를 따라서 자세히 살펴본다. 귀산鬼山의 성봉星峰은 적은 모양이다. 참된 용신상龍身上에는 호위사護衛砂가 많이 있다. 산마다 다정하게 와서 공손히 조읍한다. 호위사는 몸에 붙어서 감히 떨어지지 않고, (호위사는 좌우로 바짝 붙어서 호위를 한다.) 국국局의 명당 중간으로 샘물과 연못이 은밀히 흘러 들어온다. 진룡眞龍의 귀산鬼山은 짧다는 것을 알아야 한다. 이것은 용龍을 감싸는 뒤쪽 능선이 있기 때문이다. 이미 전룡纏龍(감은 능선)이 몸에 붙어서 보호하기 때문에 귀산鬼山은 공空하거나 산만散漫하지 않은 것이다.

鬼山直去投江海 眞龍氣絶散漫多 如戟如矛亂走去 包裹無由奈他何
귀산직거투강해 진룡기절산만다 여극여모란주거 포과무유내타하
龍若無纏又無送 縱有眞龍不堪用 護纏多愛到穴前 三重五重福綿延
용약무전우무송 종유진룡불감용 호전다애도혈전 삼중오중복면연
一重護衛一代富 護衛十裏宰相地 兩重亦作典磚城 一重只出丞簿尉
일중호위일대부 호위십리재상지 양중역작전전성 일중지출승부위

[설명]
귀산鬼山이 곧바로 나아가서 강과 바다에 빠지면, 진룡眞龍의 기氣는 끊어지고 산만散漫함이 많다. 귀산鬼山이 미늘창처럼 어지럽게 달려 나아가니 다른 어떤 것을 어찌 이유 없이 둘러싸서 품겠는가? 용龍이 만약 감아주는 것도 없고 따르는 호송사도 없다면 설령 참한 용龍일지라도 사용할 수 없다. 보호하고 감싸는 사격은 대부분 혈 앞에 이르도록 되어 있다. 3중, 5중으로 감싸면 복福이 끊이지 않는다. 한 겹으로 호위護衛되어 있으면 1대의 부지富地요. 호위護衛가 10리(1리는 약 500m)이면 재상宰相이 나는 땅이다. 양 겹으로 둘러싸면 또한 전전성典磚城(법을 관장하는 장소)을 이루고(법관이 태어나고.) 한 겹이면 궁궐에서 기록을 돕는 벼슬을 하는 사람(서기관)을 배출한다.

鬼山亦自有眞形 形隨三吉輔弼類 九星皆有鬼形樣 不類本身不入相
귀산역자유진형 형수삼길보필류 구성개유귀형양 불류본신불입상
貪狼鬼星必尖小 武曲鬼星枝葉少 多作圓峰覆杓形 撑住在後最爲妙
탐랑귀성필첨소 무곡귀성지엽소 다작원봉복표형 탱주재후최위묘
巨門墜珠玉枕形 貪作天梯背後生 一層一級漸低小 雖然有脚無橫行
거문추주옥침형 탐작천제배후생 일층일급점저소 수연유각무횡행
巨門多爲小橫嶺 托後如屏玉幾正 弼星作鬼如圍屏 或從龍虎後橫生
거문다위소횡령 탁후여병옥기정 필성작귀여위병 혹종룡호후횡생
橫生瓜瓠抱穴後 金鬥玉印盤龍形 輔星多爲獨節鬼 三對平如寫王字
횡생과호포혈후 금투옥인반룡형 보성다위독절귀 삼대평여사왕자
三對兩對相並行 曲轉護身皆有意 廉文破祿本是鬼 不必問他穴後尾
삼대량대상병행 곡전호신개유의 염문파록본시귀 불필문타혈후미
破祿廉文多作關 近關太闊爲散關 關門是局有大小 破祿三星多外攔
파록렴문다작관 근관태활위산관 관문시국유대소 파록삼성다외란
祿星無祿作神壇 破星不破爲近關 善論大地論關局 關局大小水口山
녹성무록작신단 파성불파위근관 선론대지론관국 관국대소수구산
鬼山形向橫龍作 正龍多是平地落 平地勢如蜈蚣行 卻長便如橈棹形
귀산형향횡룡작 정룡다시평지락 평지세여오공행 각장편여요도형
停棹向前穴即近 發棹向後龍未停 橈棹向後忽峰起 定有眞龍居此地
정도향전혈즉근 발도향후룡미정 요도향후홀봉기 정유진룡거차지
只看護托回轉時 朝揖在前拜眞氣 大抵九星皆有鬼 相類相如各有四
지간호탁회전시 조읍재전배진기 대저구성개유귀 상류상여각유사
四九三十六鬼形 識鬼便是識眞精
사구삼십륙귀형 식귀편시식진정

[설명]
귀산鬼山[귀산은 혈처 뒤에 붙어 있는 귀鬼가 아니고 혈처 뒤를 호

위하는 산(낙산樂山)이다] 역시 스스로 진형眞形이 있다. 진형은 삼길三吉(탐랑, 거문, 무곡)과 좌보성과 우필성 등을 따른다. (귀산鬼山의) 구성九星은 모두 귀형鬼形의 모양을 갖추고 있다. (귀산의 모양이) 본신용과 유사하지 않으면 도움이 되지 못한다. 탐랑귀성貪狼鬼星은 반드시 약간 뾰족해야 하고, 무곡귀성武曲鬼星의 지엽枝葉은 적어야 하고 대부분 자루 형태를 엎어 놓은 둥근 봉우리를 이룬다. 뒤에서 버티면서 머물러 있는 것이 가장 묘하다. (거문귀성巨門鬼星은) 떨어진 구슬을 베고 있는 옥침형玉枕形(평평하면서 각진 모양)이다. 탐작귀성貪作鬼星은 천제天梯가 혈의 배후背後에서 생긴다. (천제天梯란 양측이 똑같이 경사를 이루어 공중으로 솟아 있는 모습이다.) 층층이 점점 낮아지는 것이 작다(이것은 아래로 내려올수록 경사가 완만해짐을 뜻한다). 비록 각脚이 있을지라도 횡행橫行하지 않는다. 거문귀성巨門鬼星은 대부분 횡으로 된 작은 고개이고, 옥으로 된 병풍처럼 뒤에서 거의 바르게 의지한다. 필성귀성弼星鬼星은 병풍을 두른 것처럼 귀성을 만든다. 혹은 청룡과 백호를 좇아 뒤에서 횡橫으로 생긴다. 횡으로 만들어진 오이와 박 넝쿨이 혈 뒤를 둘러싸서 금문옥인반金鬥玉印盤과 같은 용형龍形이다. 보성귀성輔星鬼星은 대부분 외마디 귀鬼이다. 3짝의 보성귀輔星鬼는 평평하고 왕자王字와 비슷하다. 3짝, 2짝으로 서로 병행한다. 곡선으로 돌면서 호위하는 몸은 모두 의미가 있다. 염정, 문곡, 파군, 녹존은 원래 귀鬼인데, 그 혈의 뒤편을 따로 물을 필요가 없다. 파군, 녹존, 염정, 문곡은 대부분 관關(파구처)을 만든다. 가까운 관이 아주 넓은 것은 산관散關이 된다. 관문關門이 원국垣局을 이루고 크고 작은 관문關門이 있다.

파군, 녹존은 대개 삼성三星(무곡, 거문, 탐랑)의 외부를 막아주는 역할을 한다. 녹존이 대록처가 없으면 신단을 짓는다. (외롭고 쓸쓸하여 사람이 살 수 없는 곳, 좌우를 감싸는 호위사가 없으므로 바람을 갈무리할 수 없기 때문에 혈이 맺히지 못한다.) 파군이 파괴되지 않았다면 가까이서 관문이 된다. 먼저 대지大地를 논한 다음, 관국關局을 논한다. 관국關局이 크면 작은 수구산이 존재한다. 귀산鬼山의 형태도 횡룡橫龍 방향으로 만들어진다. 정룡正龍(바로 가는 용龍)은 대부분 평지에 낙맥한다. 평지에서 행룡하는 기세는 마치 지네가 나아가는 것과 같다. 길게 나아가면 마치 노를 저어 가는 것과 같다. 향전向前에서 노가 머물면(지각이 감싸면) 혈穴이 바로 가까이 있다. 지각의 방향이 뒤로 되어 있으면 용龍은 머물지 않는다. 지각이 향한 후에 홀연 봉을 일으키면 이곳에 진룡이 머물게 되는 것은 당연하다(이곳에 혈이 맺히는 것은 당연하다). 호종사가 회전回轉하는 것을 보면 앞에는 조산이 읍하고 진기眞氣를 지니고 절을 한다. (호종사가 주위를 두르면 조안산이 파도가 밀려오는 것처럼 포진하고 혈은 절하듯이 머무는 것이 자연의 이치이다.)

　대략 구성九星은 모두 귀가 있는데 서로 비슷하고 같은 것이 각각 4개씩 있다. 따라서 9성의 귀는 36개의 귀형鬼形이 있다. 귀鬼를 안다는 것은 참된 용의 정신精神을 아는 것이다. 각 성星마다 귀鬼가 4개씩 있다고 했는데 설명하면 다음과 같다. 맥이 능선의 불룩한 곳에 이르기 전에서 꺾이어 사선斜線으로 들어가서 횡橫으로 내려가는 능선을 타는 것이 첫 번째이고, 맥이 능선에서 수직으로 방향을 틀어서 횡橫으로 내려가는 능선을 타는 것이 두 번째이고, 맥이 수직 부분을 지나서 맥이 오는 방향으로 몸을 돌려 사선으로 진입하여 횡으로 내려가는 능선을 타는 것이 세 번째 경우이다. 네 번째는 횡으로 내려가는 능선 뒤에 쌍귀雙鬼로 되어 있는 경우이다. 귀鬼는 맥이 방향을 돌려서 내려가는 선線의 뒤를 받쳐서 맥이 뒤로 밀리지 않도록 받쳐주는 역할을 한다. 그러므로 사람들은 횡으로 내려가는 능선 뒤에 있는 귀는 아니까 이것으로 귀를 인정하기 때문에 사선으로 들어가는 원리는 모르므로 횡혈로 맺힌 혈처는 놓치고 있는 실정이다.

참고사항: 관官·명당明堂

問君如何謂之官? 朝山背後逆拖山 此是朝山有餘氣 與我穴後鬼一般
문군여하위지관? 조산배후역타산 차시조산유여기 여아혈후귀일반

官星在前鬼在後 官要回頭鬼要就 官不回頭鬼不就 只是虛抱無落首
관성재전귀재후 관요회두귀요취 관불회두귀불취 지시허포무락수

龍穴背後有衣裙 此是關欄多舞袖 雖然有袖穴不見 官不離鄉任何愛
용혈배후유의군 차시관란다무수 수연유수혈불견 관불리향임하애

真氣聚處看明堂 明堂裏面要平陽 明堂裏面停豬水 第一寬平始為貴
진기취처간명당 명당리면요평양 명당리면정저수 제일관평시위귀

側裂傾堆撞射身 急瀉崩騰非吉地 請君未斷左右山 先向明堂觀水勢
측렬경퇴당사신 급사붕등비길지 청군미단좌우산 선향명당관수세

明堂亦有如鍋底 橫號金船龍虎裏 直號天心曲禦階 馬蹄直兮有曲勢
명당역유여과저 횡호금선룡호리 직호천심곡어계 마제직혜유곡세

明堂要似蓮花水 蕩歸左位長公起 蕩歸右處小公興 若居中心諸位貴
명당요사련화수 탕귀좌위장공기 탕귀우처소공흥 약거중심제위귀

大抵明堂橫為貴 其次之玄關鎖是 蕩蕩直去不回頭 雖似禦階非吉地
대저명당횡위귀 기차지현관쇄시 탕탕직거불회두 수사어계비길지

明堂要如衣領會 左紐右襖方為貴 或是曰隴與山腳 如此關欄真可喜
명당요여의령회 좌뉴우궤방위귀 혹시왈롱여산각 여차관란진가희

忽然橫前無關鎖 地劫風吹非吉利 請君來此細消詳 更分前官並後鬼
홀연횡전무관쇄 지겁풍취비길리 청군래차세소상 경분전관병후귀

[설명]

어떠한 것을 관官이라고 하는가? 조산朝山의 배후背後에 역으로
산을 끌고 가는 것이다. 이것은 조산朝山이 여기餘氣를 지니고 있는
것이다. 내가 서 있는 혈 뒤에 있는 귀鬼와 엇비슷하다. 관성官星은

앞에 있고 귀鬼는 뒤에 있는 것이다. 관官은 회두回頭해야 하고 귀鬼는 뒤에 바로 붙어야 한다. 관官이 회두하지 않고 귀鬼가 바로 뒤에 붙어 있지 않으면, 혈처를 감싸는 것이 허사이고, 맥이 떨어져서 맥이 입수되지 않는 것이다.

(귀鬼는 횡혈 뒤에서 맥이 뒤로 밀리는 것을 막아주고 관官은 조산 뒤에서 조산이 돌도록 받쳐주는 역할을 하며, 용호龍虎와 조안산朝安山은 혈처를 호위하는 담장이 되어 바람을 갈무리하는 역할을 하는 것인데 혈처를 감싸주지 못하면 기운이 흩어지게 되어 맥이 머물 수 없는 것이다.)

용혈龍穴의 배후背後에는 의군衣裙(몸을 보호하는 의상처럼 혈처를 보호하는 보호 사격)이 있다. 이것이 춤추는 옷소매 같은 많은 사격이 달려 있는 관란關攔이다(부드러운 능선이 관쇄하여 막아주는 것이다). 비록 옷소매(부드러운 좋은 사격)가 있다고 하더라도 혈穴에서 보이지 않는다면, 관성官星이 고향을 떠나서 어찌 사랑을 받을 수 있겠는가? 진기가 모인 곳(혈穴)에서 명당을 살펴본다. 명당 내면은 평탄하고 양명해야 한다. 명당 내면에는 물이 고인 방죽이 있다. 첫째 관평한 명당이 비로소 귀한 것이다. 옆이 파열되고 기울어지고 쌓여 혈처(혈이 맺힌 곳이 아닌 곳에 있는 무덤)를 치거나 쏘며, 급하게 쏟아져 내리고 무너지고 솟구쳐 오르는 곳은 길지吉地가 아니다(이런 곳으로는 맥이 내려오지도 않으니 혈이 맺힐 수도 없다). 좌우 산(좌우 보호사)으로서 판단하지 않기를 바란다. 먼저 앞에 있는 명당의 수세水勢를 살핀다. 명당明堂이 역시 노구솥처럼 오목한 곳이 있다.

횡橫으로 된 명당은 청룡과 백호 속에 있는 금선金船으로 불린다. 똑바로 된 것은 천심곡어계天心曲禦階로 불린다. 말발굽처럼 곧기도 하고 곡세曲勢를 이루기도 한다. 명당明堂은 연화수蓮花水(연꽃이 피는 둥근 연못)와 유사하게 생겨야 한다. 좌편이 넓게 돌면 장방長房이 일어나고 우편이 넓게 돌면 소방小房이 발흥한다. 명당이 중심을 차지하고 있으면 모든 방房이 귀하게 된다. 대략 명당은 횡橫으로 된 것(혈처 앞을 좌우 가로 지른 것)이 귀한 명당이다. 그 다음으로 현관 玄關(현자玄字처럼 어긋난 관쇄)으로 관쇄되어야 한다. 명당이 횡하니 넓게 열려 곧바로 나가고 회두하지 않으면 어계禦階(막는 층계)와 유사할지라도 길지吉地가 아니다. 명당은 마치 여러 옷깃이 모이는 것과 유사해야 한다. 좌편 묶음, 우편 옷고름 방(모든 자손)이 모두 귀하게 된다. 혹시 말하기를 고개나 산각山脚(좌우로 뻗은 지각)이 이것처럼 관쇄되어 가로 막고 있으면 정말 기쁜 일이다. 홀연 횡전橫前에 관쇄되어 있지 않으면(전면이 열려 있으면) 땅을 위협하고 바람이 불어서 기를 흩어지게 하므로 길하고 이로움을 주는 곳이 아니다. 누구든지 이런 환경에 오면 세밀하고 소상하게 살펴보아야 한다. 다시 앞에 있는 관성官星과 뒤에 있는 귀성鬼星을 분별해 보아야 한다.

참고사항: 사대귀賜帶鬼

左脅生來笏樣 右脅生來魚袋形 方長為象短為水 小巧是金肥是銀
좌협생래홀양 우협생래어대형 방장위상단위수 소교시금비시은
看此樣形臨局勢 中間乳穴是為真 賜帶鬼形如瓜瓠 二條連移左轉去
간차양형림국세 중간유혈시위진 사대귀형여과호 이조련이좌전거
回頭貼來侍從官 前案橫交金玉盤 玉盤賜將金盤相 左右在人心眼上
회두첩래시종관 전안횡교금옥반 옥반사장금반상 좌우재인심안상
重數如多賜亦多 一重數是金屏帶 二重是屏三金帶 橫轉穴前官轉大
중수여다사역다 일중수시금병대 이중시병삼금대 횡전혈전관전대
子孫三代垂魚袋 右上三魚虎身外 三代子孫賜金帶 三重橫盤龍外生
자손삼대수어대 우상삼어호신외 삼대자손사금대 삼중횡반룡외생
四重即是賜金玉 重數如多福最深 此是龍家賜帶鬼 莫將龍向左邊臨
자손삼대수어대 우상삼어호신외 삼대자손사금대 삼중횡반룡외생

사중즉시사금옥 중수여다복최심 차시룡가사대귀 막장룡향좌변림

玉幾方屛武曲形 身後是幾幾外屛 幾屛須要問先後 未有屛先幾後生

옥기방병무곡형 신후시기기외병 기병수요문선후 미유병선기후생

幾屛如在後頭托 此是公侯將相庭

기병여재후두탁 차시공후장상정

[설명]

좌편에서 끼고 와서 홀笏(조선 시대에 벼슬아치가 임금을 만날 때 손에 들고 있던 물건)모양으로 생기고, 우편에서 끼고 와서 어대魚袋 (물고기를 담은 부대자루) 형상으로 생긴다. 사각형 모양으로 길면 코끼리 등처럼 약간 불룩하고 짧으면 물처럼 평평하다. 조금 교묘한 것은 금金이요, 살찐 것은 은銀과 같은 가치를 지녔다. 이 형상이 임한 국세를 보라. 중간에 있는 유혈乳穴이 참된 혈이다. 사대귀賜帶鬼의 형태는 과호瓜瓠(오이와 표주박)와 유사하며, 두 조가 연달아 좌편으로 이동하면서 몸을 돌려 나아가고, 머리를 돌려붙어서 오니 (혈을 보호하는) 시종관侍從官이 된다. 앞의 안대가 가로질러 교차하면 금옥반金玉盤이 된다. 옥반玉盤은 장군을 배출하고 금반金盤은 재상宰相이 난다. 좌우는 사람들의 심안心眼에 달려 있다(사람들이 어떻게 생각하느냐에 달려 있다).

(금옥반金玉盤이) 많으면 많을수록 베풀어줌이 많다. 한 겹의 금옥반金玉盤은 금병대金屛帶(금金으로 만든 병풍이 띠처럼 두르고 있는 것)가 되고, 두 겹의 금옥반은 병삼금대屛三金帶(금으로 된 띠가 세 겹으로 두른 병풍)가 된다. (사대귀賜帶鬼가) 횡으로 몸을 돌리면 혈 앞의 관성官星도 크게 몸을 돌린다. (이 경우) 자손삼대子孫三代를 걸쳐서 어대魚袋(조정 관리가 옷에 찼던 장식물)를 찬다. 우측 위 우백호 밖으로 3개의 어대魚袋(사대귀賜帶鬼의 일종)가 있으면, 삼대三代에 걸쳐 자손子孫이 금대金帶를 하사받는다. 세 겹의 횡반橫盤

404

이 좌청룡 밖에서 생기거나 네 겹의 횡반橫盤이 있으면 금옥金玉을 하사받는다. 겹 수가 거듭될수록 복福이 매우 깊다. 이것이 용들의 사대귀賜帶鬼이다. 용이 장차 좌변을 향하여 임臨하지 않도록 한다. 옥玉은 각진 병풍이며 무곡성 형태이다. 용신 뒤 부분은 매우 가깝고 밖에는 병풍을 친 것 같다. 거의 병병屛은 반드시 선후先後를 묻기를 요하는데 병屛이 먼저 있고 거의 나중에는 생하지 않는다. 거의 병풍이 후두後頭에 의탁한 것처럼 되어 있으면 이것은 공후장상公侯將相이 있는 뜰이다(공후장상이 나는 자리이다).

참고사항: 박환剝換

剝換方知骨氣真 剝換不真皆不是 一剝一換大生小 從大剝小最奇異
박환방지골기진 박환불진개불시 일박일환대생소 종대박소최기이
剝換退卸見真龍 小峰依然貪狼起 剝小如人換好裳 如蟬退殼蠶退筐
박환퇴사견진룡 소봉의연탐랑기 박소여인환호상 여선퇴각잠퇴광
或從大山落低小 或從高峰落平洋 退卸剝換成幾段 十條九條亂了亂
혹종대산락저소 혹종고봉락평양 퇴사박환성기단 십조구조란료란
中有一條卻是真 若是真時斷了斷
중유일조각시진 약시진시단료단

[설명]

　박환剝換이 된 곳은 (용의) 골기骨氣가 참되다는 것을 인지한다. 박환剝換이 참되지 않으면 대개 옳지 않은 것이다. 박환을 하면서 큰 산은 작은 산을 낳는다. 큰 산을 따라 박환된 작은 산은 아주 기이하게 된다. 박환(바위가 흙이 됨)되고 퇴사(강한 것이 부드럽게 됨)하면 참된 용龍이 된다. 소봉小峰은 의연하게 탐랑을 일으킨다. 박환된 작

은 봉우리는 사람이 좋은 옷으로 갈아 입는 것과 같고 매미가 껍질을 벗고 누에가 누에고치를 벗는 것과 같다. 혹은 큰 산을 따라 떨어진 낮고 작은 산이 되거나 혹은 높은 봉우리에서 떨어진 평양용이 되기도 한다. 퇴사박환退卸剝換은 몇 단계로 이루어진다. 10조 중 9조는 어지럽고, 그 중 1조만 참된 박환이다. 만일 박환이 참될 경우는 끊어지고 끊어진다. (과협過峽이 많다는 것이다. 과협처過峽處에서 맥토脈土가 노출되어 볼 수 있는 곳도 있다.)

참고사항: 나성羅星

亂山回抱在面前 不許一條出外邊 只有真龍在帳內 亂山在外卻為纏
난산회포재면전 불허일조출외변 지유진룡재장내 난산재외각위전

此龍多從腰裏落 回轉余枝作城廓 城廓彎環生捍門 門外羅星當腰著
차룡다종요리락 회전여지작성곽 성곽만환생한문 문외라성당요저

羅星要在羅城外 此與火星常作案 火星龍始有羅星 若是羅星不居內
나성요재라성외 차여화성상작안 화성룡시유라성 약시라성불거내

居內名為抱養瘡 又為病跟墮胎山 羅星若生羅城口 城口皆為玉筍班
거내명위포양관 우위병근타태산 나성약생라성구 성구개위옥순반

羅城恰似城墻勢 龍在城中聚真氣 羅星借在城闕間 時師喚作水口山
나성흡사성장세 용재성중취진기 나성차재성궐간 시사환작수구산

欲識羅星真妙訣 一邊枕水一邊田 田中有骨脈相連 或為頑石焦土間
욕식라성진묘결 일변침수일변전 전중유골맥상련 혹위완석초토간

此是羅星有余氣 卓立為星在水邊 貪巨羅星方與尖 輔弼武曲員匾眠
차시라성유여기 탁립위성재수변 탐거라성방여첨 보필무곡원편면

祿存廉貞多破碎 破軍尖破最為害 只有尖圓方匾星 此是羅星得正形
녹존렴정다파쇄 파군첨파최위해 지유첨원방편성 차시라성득정형

忽然四面皆是水 兩冊環合郁然青 羅星亦自有種類 浪說羅星在水邊
홀연사면개시수 양책환합욱연청 나성역자유종류 낭설라성재수변

[설명]

난산亂山이 면전에서 돌아 감싸주면 일조의 산들도 외변으로 나가
는 것을 허락하지 않는다. 다만 진룡이 장내帳內에 있다면 밖에 있는
난산은 전纏(둘러싼 사격)이 된다. 이 용(난산)은 대부분 허리부분으
로부터 안으로 떨어지고 회전하고 남은 가지가 성곽城廓을 만든다.
성곽城廓은 둥글게 돌아 한문捍門(파구처에서 양측에 서 있는 기둥)
을 만든다. 문밖의 나성羅星은 허리 부분 정도로 드러나야 한다. 나성
羅星은 나성羅城 밖에 존재해야 한다. 이것은 화성火星과 더불어 항
상 안案을 만드는데 화성룡火星龍이 비로소 나성羅星이 있는 것이
다. 이것은 나성이 원국 내부에 있지 않는 것과 같다. 원국 내부의 나
성羅星은 포양관抱養瘝(양자로 발생하는 병病)이라 불린다. 또는 병
이 따라다니는 타태산墮胎山으로 불린다(대가 끊어지는 절손絶孫을
의미). 나성羅星이 만약 나성구羅城口(수구)를 만든다면, 성구城口
(파구처)는 모두 옥순玉筍(탐랑) 무리가 된다. 나성羅城은 성城의 담
장과 같은 기세와 흡사하다. 성城 가운데 있는 용은 진기를 모은다.
나성羅星이 가령 성城과 문 사이에 있다면 시사들은 수구산水口山을
만들었다고 말한다. 나성羅星의 진묘결眞妙訣을 알고자 한다면 한쪽
변은 물에 잠기고 한쪽 변은 밭으로 되어 있다. 밭 가운데에는 골맥骨
脈이 서로 연결되어 있거나 초토焦土(불에 타고 그을린 땅, 수목이 없
는 민둥산) 사이에 완고한 돌로 되어 있다. 이것이 여기餘氣를 지니고
있는 나성羅星이다. 높이 서 있는 산이 수변水邊에 있다면 탐랑과 거
문 나성은 각지고 뾰족하다. 보필과 무곡은 둥글고 네모졌다. 녹존과
염정은 대부분 파쇄破碎되어 있다. 파군이 뾰족하고 파쇄되는 것은
아주 큰 해害가 된다. 단지 뾰족하고, 둥글고, 각지고, 모난 산이 있는

것은 나성羅星이 바른 형태를 얻은 것이다. 홀연히 사면四面이 모두 물이거나 양산이 둥글게 합하여 세운 것이 무성하게 푸르다면 나성은 또한 그 자체로 종류가 있다. 나성羅星이 수변에 존재한다는 것은 터무니없는 말이다.

의룡경疑龍經

의룡경疑龍經

의룡경 상편上篇

疑龍何處最難疑 尋得星峰却是枝 關峽從行幷護托 矗矗槍旗左右隨
의룡하처최난의 심득성봉각시지 관협종행병호탁 촉촉창기좌우수

幹上星峰全不作 星峰龍法近虛詞 與君少釋狐疑事 幹上尋龍眞可據
간상성봉전부작 성봉용법근허사 여군소석호의사 간상심룡진가거

幹龍長遠去無窮 行到中間陽氣聚 面前山水又可愛 背後護龍皆反背
간룡장원거무궁 행도중간양기취 면전산수우가애 배후호룡개반배

君如就此問疑龍 此是幹龍迎送隊 譬如齎糧適千里 豈無頓宿分內外
군여취차문의룡 차시간룡영송대 비여재량적천리 기무돈숙분내외

[설명]

어떤 곳이 용을 헤아리기 가장 어려운가? 성봉에서 물러난(떨어진) 가지를 찾아야 한다. 골짜기를 따라 나아가 관쇄한 것이 아우르고 호위하고 밀어주며 무성히 창과 깃발 같은 봉峰들이 좌우를 따른다. 줄기 위의 성봉은 온전하게 만들지 않고 성봉의 용법은 빈 말에 가까워 그대가 조금 풀이하여 여우처럼 일을 의심하면서 줄기 위에서 용을 찾는 것에 의지하는 것은 참되고 옳은 것이다. 줄기룡은 길고 멀리 나가서 무궁하고 행룡하는 중간에 이르러 양기가 모인다. 면전의 산수가 또한 아름다우나 뒤에서 호위하는 용이 모두 등을 돌린다면 그대가 이와 같이 나아가 용을 의심하여 묻는데 이것은 간룡幹龍이 맞이하고 보내는 무리이다. 비유컨대 양식(혈처의 기운)을 가져가 천리에

410

이른다. (목적지에 이르는 중간 과정을 설명한 것이다.) 어찌 머리를 조아리고 머물지 않는데(균형이 잡히고 아담한 위치에 맥脈이 머물지 않는데) 안과 밖으로 나뉘는가?

龍行長遠去茫茫 定有叅隨部伍長 凡有好山爲幹去 枝龍盡處有旗鎗
룡행장원거망망 정유참수부오장 범유호산위간거 지룡진처유기창

旗鎗也是星峰作 圓淨尖方高更卓 就中尋穴穴却無 幹去未休枝早落
기창야시성봉작 원정첨방고경탁 취중심혈혈각무 간거미휴지조락

枝龍身上亦可裁 半是虛花半是胎 若是虛花無朝應 若是結實護送回
지룡신상역가재 반시허화반시태 약시허화무조응 약시결실호송회

護纏尚要觀疊數 一疊回來龍身顧 莫便將爲眞實看 此是護龍葉交互
호전상요관첩수 일첩회래룡신고 막편장위진실간 차시호룡엽교호

三重五重抱回來 此就枝龍腰上做 幹龍尤自隨水去 護送迢迢不回顧
삼중오중포회래 차취지룡요상주 간룡우자수수거 호송초초불회고

[설명]
용은 길고 멀리 나아가서 아득하고, 참여하여 무리를 따르는 것이 정해져 대오가 길다. 무릇 산은 줄기가 가는 것을 좋아하고, 지룡이 끝나는 곳에 기와 창이 있다. 기와 창은 성봉을 만든 것이고, 둥글고 깨끗하며, 뾰족하고 모난 것이 높고 또 높다. 나아가는 가운데서 혈을 찾는데 혈은 물러나 없다. (맥이 흐르는 능선 상에는 혈이 맺히지 않는다. 그러나 간혹 바람을 갈무리할 수 있는 조건이 되면 혈을 맺기도 하는데 이를 기마혈騎馬穴이라고 한다.) 줄기가 가서 쉬지 않으면 가지는 일찍 떨어진다. (짧은 지룡이 시작하는 부분, 즉 머리를 숙이는 곳에 혈이 맺힌다.) 가지룡에서는 역시 재혈할 수 있는데, 반은 허화(비혈)이고 반은 태(혈)이다. 만약 허화이면 조응이 없고, 만약 결실하면(혈이 맺히면) 호송하면서 돈다. 호전은 오히려 여러 겹으로 포개져

보여야 하는데 하나가 겹쳐 돌아와 용신을 돌아본다. 편하게 참된 열매(혈처)를 보려 하지 말라. 이것은 용을 호위하는 것이고 가지가 서로 교차하는 것이다. 삼중 오중으로 감싸고 돌아와서 이것이 지룡을 이루고 허리 위에 짓는다. 간룡은 더욱 스스로 물을 따라 가고 호송護送은 아득히 멀어지면서 되돌아보지 않는다.

正龍身上不生峰 有峰皆是枝葉送 君如見此幹龍身 的向幹龍窮處覓
정룡신상부생봉 유봉개시지엽송 군여견차간룡신 적향간룡궁처멱
君如尋得幹龍窮 二水相交穴受風 風吹水劫却非穴 君如到此是疑龍
군여심득간룡궁 이수상교혈수풍 풍취수겁각비혈 군여도차시의룡
請君看水交纏處 水外有山來聚會 翻身顧母顧祖宗 此是回龍轉身處
청군간수교전처 수외유산래취회 번신고모고조종 차시회룡전신처
宛轉回龍是掛鉤 未作穴時先作朝 朝山皆是宗與祖 不拘千里遠迢迢
완전회룡시괘구 미작혈시선작조 조산개시종여조 부거천리원초초
穴前諸官皆拜揖 千源萬派皆朝入 此是尋龍大法門 兩水夾來皆轉揖
혈전제관개배읍 천원만파개조입 차시심룡대법문 양수협래개전읍

[설명]

정룡正龍(똑바로 지나가는 능선)의 위에는 봉우리가 생기지 않고, 봉우리가 있으면 모두 지엽을 보낸다. 이러한 간룡幹龍의 용신을 보면, 적실한 것은 간룡이 향하는 궁처를 찾아야 한다. 간룡의 궁처(줄기룡의 그침)를 찾으면 두 물이 서로 교차하고 혈이 바람을 받는다. (두 물이 교차하는 곳은 간룡幹龍 양측 물이 만나는 곳이기 때문에 골짜기의 끝이므로 골바람을 받는다는 뜻이다.) 바람이 불고 물이 위협하면 혈이 아니니 뒤로 물러나야 한다. (앞이 열리든지 바람이 불고 물이 위협하는 곳에서는 뒤로 물러앉아서 능선을 타고 오르는 바람을 하늘로 날려야 하고 능선에 바짝 붙어서 능선을 타고 도는 바람을 피

해야 한다. 이런 곳에 맺힌 혈처는 오목한 와를 이루고 좌우가 불룩하다.) 사람들은 이 같은 곳에 이르면 용을 헤아리려야 한다. (혈이 맺히는 원리를 알아서 혈이 맺혔는지를 파악해야 한다.) 물이 서로 감는 곳을 바라보기 바란다. 물 밖에 산이 와서 모여듦이 있고, 용신을 뒤집어 모태인 조종산을 돌아보는데 이것이 회룡전신처이다. (이것이 풍수서에 기재된, 발원지를 바라보는 회룡고조혈回龍顧祖穴이다.) 굽어 도는 용은 걸린 갈고리 같고, 혈을 만들지 않은 때에는 먼저 조朝를 만드는데 조산朝山은 모두 종宗과 조祖이다. 천리를 불구하고 아득히 멀다. 혈 앞의 모든 관官은 절하고 읍하며, 천개 근원과 만개의 물결이 모두 조산朝山 사이로 들어오는데 이것이 용을 찾는 대법문大法門이다. 양측으로 물을 끼고 오면 모두 돌아 읍한다. (용맥 양측으로 물을 끼고 온다는 것은 좌우에 보호사를 대동한다는 것이므로 혈이 맺히게 되니 주위 사격들이 감아 돌고 앞에 물이 모여들며 모두 머리를 조아리게 된다는 것이다.)

尋龍何處使人疑 尋得星峯却是枝 枝葉亂來無正穴 眞龍到處又疑非
심룡하처사인의 심득성봉각시지 지엽난래무정혈 진룡도처우의비
只緣不識兩邊護 却愛飛峰到脚隨 飛峰斜落是龍脚 脚上生峰一邊卓
지연부식양변호 각애비봉도각수 비봉사락시룡각 각상생봉일변탁
眞龍平處無星峰 兩邊生峰至難捉 背斜面直號飛峰 此是眞龍夾從龍
진룡평처무성봉 양변생봉지난착 배사면직호비봉 차시진룡협종룡
一節生峰一節揷 兩節雖長號寬峽 峽長繞出眞龍前 背後星峰又可憐
일절생봉일절삽 양절수장호관협 협장요출진룡전 배후성봉우가련
到此狐疑不能識 請向正龍尋兩邊 兩邊起峰爲護從 正龍低平最貴重
도차호의부능식 청향정룡심양변 양변기봉위호종 정룡저평최귀중
星峰兩邊轉前揖 揖在穴前爲我用 問君州縣正身龍 大浪橫江那有峰
성봉양변전전읍 읍재혈전위아용 문군주현정신룡 대랑횡강나유봉

起峰皆是兩邊脚 去爲小穴爲村落 如此尋龍看兩邊 兩邊生脚未嘗偏
기봉개시양변각 거위소혈위촌락 여차심룡간양변 양변생각미상편

正身遶却中央去 祿破文廉多作關 關門是爲有大小 破祿二星外爲攔
정신요각중앙거 록파문염다작관 관문시위유대소 파록이성외위란

祿存無祿作神壇 破軍不破作近關 要尋大地尋關局 關局大小水口山
녹존무록작신단 파군부파작근관 요심대지심관국 관국대소수구산

[설명]

어디에서 용을 찾는지 사람으로 하여금 헤아리게 하니 성봉에서 뒤로 물러난 가지를 찾는다. 가지와 잎(좌우에 내린 지각)이 어지러이 오면 정혈이 없고, 진룡이 이르는 곳은 또한 의심하지 않는다. 단지 양변 호위함을 알지 못함으로 말미암아 뒤로 물러난 가지는 지각을 따라 이르는 비봉을 좋아한다. 비스듬히 떨어진 비봉은 용각(주 능선의 가지)이다. 각脚(가지 능선) 위에 봉우리가 생기면 한 쪽 옆이 높이 일어난다. 진룡이 평평한 곳은 성봉이 없고, 양쪽 가에 봉우리가 생기는 것은 잡기가 어렵다. (맥이 흐르는 능선은 좌우로 호위사를 대동하는데 호위사를 대동하는 능선은 많지 않다는 것이다.) 등(산 능선)이 비탈지고 앞이 곧은 것을 비봉이라고 부르는데 이것은 쫓는 용龍(좌우 호위사, 청룡, 백호를 일컬음)을 낀 진룡이다. 한 마디가 생기는 봉우리는 한 마디를 끼워 넣은 것인데 양 마디가 비록 길면 관협이라고 한다. 골짜기가 길게 둘러서 진룡 앞으로 나가면 등 뒤의 성봉은 또한 가히 어여쁘다. (좌우 보호사가 가운데 맥을 실은 능선을 에워싸고 진룡 앞을 관쇄하는 것을 표현했다.) 이곳에 이르러 앞이 좁고 뒤가 커다랗게 부푼 모양인 것을 헤아리는 것을 능히 알지 못한다. 용이 바르게 나아가는 것을 원해서 양 변을 찾는다. 양변에 일어나는 봉우리는 따르는 보호사가 되는 것이니 바른 능선이 낮고 평평함은 가장 귀중한 것이다. 성봉 양 변이 돌아 앞에서 읍하니 혈처 앞에 읍하는 것이

있는 것은 나(혈)를 쓰게 된다. (좌우에서 호위하고 안산이 있어 혈이 맺힌 것이다.) 주현에는 바른 줄기의 능선이 있으며 큰 물결의 강이 횡으로 흐르고 봉우리가 많이 있다. 일어난 봉우리는 모두 양변의 지각이고, 나아가서 작은 혈이 되고 촌락이 된다.

이와 같이 용을 찾고 양변을 본다. 양변에 생긴 지각은 항상 치우치지 않는다. 바른 줄기가 물러나 두르고 가운데로 가니 녹존, 파군, 문곡, 염정은 대부분 관문을 만든다. 관문은 대소가 있으니 파군, 녹존 두 성星은 밖의 관문이 된다. 녹존이 없는 녹존성은 신단을 만들고(지각이 없어 호위하지 않음은 자리가 될 수 없다), 깨지지 않은 파군은 가까운 곳에 관문이 된다. 대지를 찾을 때 바라는 것은 관국을 찾는 것이다. 관국은 크고 작은 수구산이다.

大凡尋龍要尋幹 莫道無星又無換 君如不識枝幹龍 每見幹龍多誕謾
대범심룡요심간 막도무성우무환 군여부식지간룡 매견간룡다탄만

不知幹長纏亦長 外山外縣山爲伴 尋龍千里遠迢遞 其次五百三百里
부지간장전역장 외출외현산위반 심룡천리원초체 기차오백삼백리

先就輿圖看水源 兩水夾來皆有氣 水源自是有長短 長作軍州短作縣
선취여도간수원 양수협래개유기 수원자시유장단 장작군주단작현

枝上節節是鄕村 幹上時時斷復斷 分枝劈擘散亂去 幹中有枝枝復幹
지상절절시향촌 간상시시단부단 분지벽벽산난거 간중유지지부간

凡有枝龍長百里 百里周圍作一縣 百里各有小幹龍 兩水峽來尋曲岸
범유지룡장백리 백리주위작일현 백리각유소간룡 양수협래심곡안

曲巘有水抱龍頭 抱處好尋氣無散 到此先看水口山 水口交牙內局寬
곡암유수포룡두 포처호심기무산 도차선간수구산 수구교아내국관

便就寬容平處覓 左右周圍無空間 斷然有穴在此處 更看朝水與朝山
편취관용평처멱 좌우주위무공간 단연유혈재차처 경간조수여조산

朝水與龍一般遠 共祖同宗來作伴 客山千里來作朝 朝在面前爲近案

조수여룡일반원 공조동종래작반 객산천리래작조 조재면전위근안
如有朝迎情性眞 將相公侯立可斷
여유조영정성진 장상공후립가단

[설명]

무릇 용을 찾을 때에 줄기를 찾는 것이 중요한데 성봉이 없고 또 박환도 없다고 말하지 말라. 사람들은 가지 능선과 줄기 능선을 알지 못할 것 같으면 줄기 능선을 볼 때마다 속임이 많다. 줄기가 길면 얽힘도 역시 길다는 사실을 알지 못하는 것은 외산은 밖에 있는 마을 산이 동행한다는 사실을 알지 못하는 것이다. 천리용을 찾아 아득히 멀다고 바꾸면 그 다음은 오백 삼백 리이다. (천리룡을 찾아 멀다고 하면 그 다음은 500~300리 용도 멀다고 할 것이다. 이것은 발원지가 먼 곳도 있고 가까운 곳도 있으니 발원지에서 먼 곳에서도 혈이 있고 가까운 곳에서도 혈이 있음을 이르는 말이다.) 먼저 가서 많은 것을 꾀하여 물의 근원을 보면 두 물을 끼고 오는 것은 대개 기가 있다. 수원에는 자연스럽게 장단이 있는데, 길면 군주가 되고 짧으면 마을을 이룬다. 가지의 마디마디 향촌이고, 줄기 위는 때때로 끊어지고 다시 끊어지는 과협처를 이룬다. 가지가 엄지손가락처럼 쪼개고 나뉘어져 흩어지고 어지럽게 나가면 줄기 위에 가지가 있고 가지는 다시 줄기로 된다. 무릇 지룡은 길이가 백리이고, 백리 주위에 하나의 현을 일으킨다. 백리에 각 작은 줄기룡이 있으니 두 골짜기 물이 오는 굽은 언덕을 찾는다. 굽은 언덕은 물이 용두龍頭를 감싸고 있고, 감싸는 곳은 찾기 좋으며 기氣가 흩어지지 않는다. 이 곳에 이르러 먼저 수구산을 보고 수구가 어금니 같이 교차하고 안의 국이 넓다. 한편 넓은 모양으로 나아가면 평평한 곳을 구하고, 좌우 주위에 뚫린 곳이 없어야 한다 (관쇄가 잘 되어야 한다). 단연 이런 곳이 있는 곳에는 혈이 있으니 다시 조수와 조산을 보아야 한다. 조수와 용은 일반적으로 멀다. 같은

조와 같은 종에서 와서 짝을 이룬다. 객산이 천리를 와서 조를 이루고, 조가 면전에 있으면 가까운 안산이 된다. 조가 맞이하고 있는 것 같으면 성정이 참되고, 장상 공후가 정해짐을 가히 단정할 수 있다.

尋得眞龍不識穴 不識穴時總空説 識龍識穴始爲眞 下着眞龍官不絶
심득진룡부식혈 부식혈시총공설 식룡식혈시위진 하착진룡관부절

眞龍隱拙穴難尋 惟有朝山識倖心 朝若高時高處點 朝若低時低處針
진룡은졸혈난심 유유조산식행심 조약고시고처점 조약저시저처침

朝山亦自有眞假 若是眞時特來也 若是假時山不來 徒愛尖圓巧如畵
조산역자유진가 약시진시특래야 약시가시산부래 도애첨원교여화

若有眞朝來入懷 不必尖圓如龍馬 惟要低昂起伏來 不愛尖傾直去者
약유진조래입회 부필첨원여룡마 유요저앙기복래 부애첨경직거자

直去名爲墜朝山 雖見尖圓也是閒 譬如貴人背面立 與我情意不相關
직거명위추조산 수견첨원야시한 비여귀인배면립 여아정의부상관

亦有橫列爲朝者 若是橫朝似衙喏 前山橫過脚分枝 枝上作朝首先下
역유횡열위조자 약시횡조사아야 전산횡과각분지 지상작조수선하

首下作峰或尖圓 隻隻來朝列我前 大作排牙小作列 如魚駢頭蠶比肩
수하작봉혹첨원 척척래조열아전 대작배아소작렬 여어병두잠비견

朝餘却去作水口 與我後纏兩相湊 交牙護斷水不流 不放一山一水走
조여각거작수구 여아후전양상주 교아호단수부류 부방일산일수주

到此尋穴定明堂 明堂橫直細推別 橫城寬抱有垣星 更以三垣論交結
도차심혈정명당 명당횡직세추별 횡성관포유원성 경이삼원론교결

交結多時垣氣深 交結少時垣局洩 長垣便是橫朝班 局心便是明堂山
교결다시원기심 교결소시원국설 장원편시횡조반 국심편시명당산

鈎鈴垂脚向垣口 北面重重尊聖顔 大抵山形雖在地 地有精光屬星次
구령수각향원구 북면중중존성안 대저산형수재지 지유정광속성차

體魂在地光在天 識得星光眞精藝 明堂惜水如惜血 穴裏避風如避賊
체혼재지광재천 식득성광진정예 명당석수여석혈 혈리피풍여피적

체혼재지광재천 식득성광진정예 명당석수여석혈 혈리피풍여피적

莫令穴缺被風吹 莫使溜牙遭水劫

막령혈결피풍취 막사유아조수겁

[설명]

　참된 용을 찾더라도 혈을 알지 못하고, 혈을 알지 못할 때에는 모두 부질없는 말이다. 용을 알고 혈을 알면 비로소 참되게 되고, 아래에 이르는 참된 용은 벼슬이 끊이지 않는다. 참된 용이 숨어 못 생기면 혈을 찾기 어렵고,(아주 큰 대혈은 숨고 못 생겨 사람들이 찾기 어려운데 사람들은 이를 일컬어 천장지비天藏地秘했다고 말한다) 오직 조산이 있으면 요행스럽다는 것을 알아야 한다. (조산이 있다는 것은 혈이 있음을 암시하는 것이다.) 높을 때는 높은 곳에 점혈하고 조산이 만약 낮은 때에는 낮은 곳에 정침한다. 조산 역시 참과 거짓이 있으니 만약에 참된 때는 특별하게 오지만 만약 거짓일 때는 산은 오지 않는데 사람들은 뾰쪽하고 둥글어 그림과 같은 것을 공교롭게 좋아한다. 만약 참된 조산이 와서 품안(국내)에 들어오면 용마처럼 뾰족하고 둥글 필요는 없다. 오직 바라는 것은 낮고 높게 기복하면서 와야 한다. 사랑스럽지 못한 것은 뾰쪽하고 기울고 곧게 가는 것이다. 곧게 가는 것을 이름 하여 '추조산'이라 하는데 비록 첨원하여 이것이 막은 것으로 보이지만 비유하면 귀인이 등을 돌려 서 있는 것 같고 내 뜻과 더불어 서로 관계없는 것이다. 역시 가로 펼쳐 있으면 조산이 되는데 만약 가로놓인 조산이라면 관청에 인사하는 것 같다. 앞산이 가지로 나누어진 능선이 가로로 지나가면 가지 위에 조산을 만들고 머리는 먼저 아래로 나간다. 머리 아래에 봉우리를 만들어 혹 첨원하고, 하나하나 조산이 와서 혈의 앞에서 펼친다. 크면 배아排牙(대장大將이 있는 내성內城)를 만들고 작으면 열렬列을 만드는데 마치 물고기가 머리를 나란히 하고 누에가 어깨를 견줌과 같다. 여유가 있는 조산(긴 조산)

이 나에게서 물러나서 수구를 만들고 혈처 뒤를 감은 것과 더불어 서로 모인다. 송곳니처럼 교차하여 호위하면 물이 끊겨 흐르지 않는데 한 산이라도 놓아주지 않으면 하나의 물은 달아난다. (혈처를 호위하는 능선을 따라 물이 흐르는데 물이 나가는 곳을 열어주지 않으면 물은 혈처를 감아 돌지 않고 엉뚱한 곳으로 달아난다는 것이다.)

이곳에 이르러 혈을 찾고 명당을 정하는데 명당을 가로질러 똑바로 되었는지 자세히 헤아려 분별한다. 횡성이 넓게 감싸는 원성이 있으면 다시 삼원으로써 서로 얽혀 있는지 논한다. 교결(서로 얽힘)이 많을 때 원기가 깊고, 교결이 적을 때에는 원국의 기는 새나간다. 원국이 긴 편일 때는 횡으로 된 조산은 나누어지고 당국의 중심이 편안하면 밝고 당당한 산이다. 갈고리와 방울을 드리운 각(갈고리처럼 둥글게 감싸고 방울처럼 둥근 지각)이 국원의 입구를 향하고, 북면이 여러 겹으로 감싸면 높고 성스런 빛이다.

대저 산의 모양은 비록 땅에 있지만 땅에 정광(생기生氣)이 있고 성星(길성吉星)은 그 다음에 속한다. 체혼(지맥地脈의 기운)이 땅에 있고 빛은 하늘에 있으니 산이 광光(기운)을 얻으면 참된 정기를 심음을 알게 된다(혈穴이 맺혔음을 알게 된다). 명당이 물을 아끼는 것은 피를 아끼는 것과 같고(맥의 좌우에는 물이 호위를 하고 혈이 맺힐 때는 물이 감싸는 것이니 물이 없으면 맥이 흐르지 못하고 물이 없으면 혈을 맺을 수 없으므로 몸에 존재하는 귀중한 피에 비유한 것이다.) 혈안이 바람을 피하는 것은 적을 피하는 것과 같다. (혈은 주위에서 바람을 막아 주든지 스스로 바람을 막을 수 있는 곳에 머문다. 그러므로 혈이 맺히는 데는 바람 막음이 매우 중요하다.) 혈은 이지러져 부는 바람을 받지 말아야 하고 똑바로 흐르는 물로 하여금 수겁을 만나지 말아야 한다. (물은 지형을 따라 낮은 곳으로 흐르므로 지형 따라 흐르는 바람 길이기도 하다. 똑바로 흐르는 물 때문이 아니라 세찬 바람이 똑바로 혈처를 때리므로 맥이 머물지 못한다.)

問君如何辨明堂 外山抱裏内平洋 也有護關亦如此 君若到此細推詳
문군여하변명당 외산포이내평양 야유호관역여차 군약도차세추상
時師每到關峽裏 山水周圍秀且麗 躊躇四顧說明堂 妄指橫山作眞地
시사매도관협이 산수주위수차려 주저사고설명당 망지횡산작진지
不知關峽自周圍 只是護關堂洩氣 洩氣之法妙何觀 左右雖回外無攔
부지관협자주위 지시호관당설기 설기지법묘하관 좌우수회외무란
此是正龍護關峽 莫將堂局此中看 與君細論明堂樣 明堂須要之玄放
차시정룡호관협 막장당국차중간 여군세론명당양 명당수요지현방
明堂遶曲如遶繩 遶在穴前須内向 内向之水抱身橫 對面抱來弓帶象
명당요곡여요승 요재혈전수내향 내향지수포신횡 대면포래궁대상
上山下來下山上 中有吉穴隨形向 形若眞時穴始眞 形若不眞是虛誑
상산하래하산상 중유길혈수형향 형약진시혈시진 형약부진시허광

[설명]

사람들은 명당을 어떻게 분별하는가? 밖의 산이 안을 감싸고 내부는 평평한 곳이다. 호위함과 관쇄함이 역시 이와 같이 있으면 이곳에 이르러 자세히 미루어 살핀다. 사람들은 관쇄된 골짜기 안에 이를 때마다 산수의 주위가 빼어나고 아름다우면 머뭇거리며 사방을 돌아보고 명당이라 말하고 횡산을 실없이 가리키면서 참한 땅이라고 한다. 주위로부터 관쇄한 골짜기를 주재하지 못하는(완전하게 갈무리를 못하고 열려 있는 곳이 있다는 것이다) 이런 호위와 관쇄된 명당은 기운이 새어나가게 된다. 설기의 법은 어떻게 보는가가 묘하다. 좌우가 비록 돌아도 밖은 막아섬이 없으니 여기서 바른 용을 호위하고 관쇄된 골짜기라고 해서 보이는 이러한 중간에 당국을 정하지 말라. 명당의 모양을 자세히 말하노니, 명당은 모름지기 지현자로 물이 나가는 것을 요한다. 명당은 곡선으로 두른 것이 둘러싼 포승줄 같아야 한다. 혈 앞을 둘러쌈이 있는 것은 모름지기 안으로 향해야 한다. 안으로 향

하는 물은 혈처를 가로로 감싸고, 활 모양을 띠고 와서 앞면을 감싼다. (이런 물을 책에서는 궁체수弓體水라 적고 있다.) 위의 산은 아래로 오고 아래 산은 위로 가는 가운데에 길혈이 있으니 형세를 따라 향한다. 형세가 만약 참된 때는 혈도 비로소 참되고, 형세가 만약 참되지 않으면 비어 속이는 것이다. (책에서는 허화虛花라고 적고 있다.)

虛誑之山看兩邊 兩邊噓穴亦如然 外纏不轉內托返 此是貴龍形氣散
허광지산간양변 양변허혈역여연 외전부전내탁반 차시귀룡형기산
龍虎背後有衣裾 此是官闌拜舞袖 雖然有袖穴不見 官不離鄕任何受
용호배후유의거 차시관(란)배무수 수연유수혈부견 관부리향임하수

[설명]

비어서 속이는 산(허화虛花)은 양변을 보라. 양변이 비면 혈도 역시 그러하다. 밖의 감쌈이 돌지 않으면 안의 의지함이 되돌아온다(기운이 흩어져 없다는 것이다). 이것은 귀룡의 형기가 흩어졌다. 청룡 백호 뒤에 옷자락이 있다는 것은 소매 없이 절을 하니 벼슬이 막힌다(안으로 감지 않고 비주함을 이르는 말이다). 그러하나 소매가 있다 하여도 혈이 보지 못하면(청룡, 백호가 있다고 하여도 혈처의 아래에 있어서 역할을 못하면) 관청은 마을을 떠나지 않는다 해도 맡겨도 어떻게 받겠는가? (혈처가 아닌 곳에 장사지내면 벼슬할 만한 인물이 나지 않는다는 것이다.)

貴龍行處有氈褥 氈褥之龍富貴局 問君氈褥如何分 龍下有坪如鱉裙
귀룡행처유전욕 전욕지룡부귀국 문군전욕여하분 용하유평여별군
譬如貴人有拜席 又如僧道壇具伸 眞龍到穴有裀褥 便是枝龍山富足
비여귀인유배석 우여승도단구신 진룡도혈유인욕 편시지룡산부족
此是神仙識貴龍 莫道肥龍多息肉 瘦龍雖是孤寒山 也有瘦龍出高官

차시신선식귀룡 막도비룡다식육 수룡수시고한산 야유수룡출고관
肥龍須作貴龍體 也有肥龍反凌替 問君肥瘦如何分 莫把雌雄妄輕議
비룡수작귀룡체 야유비룡반능체 문군비수여하분 막파자웅망경의
大戴亦嘗有此言 溪谷爲牝低伏蹲 岡陵爲牡必雄峙 不知肥瘦有殊分
대대역상유차언 계곡위빈저복준 강능위모필웅치 부지비수유수분
漢儒以山論夫婦 夫山高峻婦低去 此是儒家論尊卑 便是龍家雌雄語
한유이산론부부 부산고준부저거 차시유가론존조 편시룡가자웅어
大抵肥龍要瘦護 瘦龍也要肥龍御 瘦龍若有裀褥形 千里封侯居此地
대저비룡요수호 수룡야요비룡어 수룡약유인욕형 천리봉후거차지

[설명]

귀룡이 나아가는 곳은 전욕(담요)이 있다. 전욕의 용은 부귀한 국
이다. 전욕은 어떻게 분간하는가? 용의 아래에 자라 등껍질 같이 평
평한 것이 있는 것이다. 비유하면 귀인이 절하는 자리가 있는 것과 같
고, 또한 승려가 수도하는 단을 펴 갖춤과 같다. 참된 용이 혈에 이르
면 인욕이 있으니 곧 지룡이 풍족하게 머무는 것이다. (많은 지각을
내려 여러 겹으로 혈처를 감싸고 있음을 나타냈다.) 이것을 깨우친 사
람은 귀한용임을 안다. 살찐 용을 식육(자식과 먹을 것)이 많다고 하
지 말라. 마른 용이 비록 외롭고 차가운 산이라 해도 또한 마른 용은
고관이 나온다. 살찐 용은 모름지기 귀룡의 체를 만들지만, 살찐 용은
도리어 쇠함을 범하기도 한다.

살찌고 마른 것을 어떻게 구별하는가? 자웅을 함부로 가벼이 의논
하여 파악하지 마라. 이 말을 크게 받들고 또 시험하여야 하니 계곡은
암컷이 되어 낮게 엎드려 웅크리고, 산등성이 언덕은 수컷으로 반드
시 웅장하게 치솟으니 살찌고 마른 것을 알지 못하면 구별하는 것이
다르다. 한나라의 선비는 산으로써 부부를 논하였으니 지아비의 산
은 높고 가파르며 아내는 낮게 간다. 이것이 유가儒家의 높고 낮음을

논하는 것이며 곧 이것이 용가龍家의 자웅이란 말이다. 대저 살찐 용은 마른 용이 보호하기를 요하고, 마른 용은 살찐 용이 막아주기를 요한다. 마른 용이 만약 인욕의 모양이 있으면 천리 봉후가 이 땅에 머문다.

(위 글은 한 마디로 요를 깐 것처럼 둥그렇고 풍만한 혈처를 설명한 것이며, 흙으로 된 부드러운 산과 돌로 된 석산을 설명하면서 석산에서 요를 깐 것처럼 풍만한 혈처가 있으면, 이런 혈처는 천하를 통일한 제후가 나는 명당지라는 것이다.)

敢將禹跡來問君 興圖之上要細論 尋龍論脈尤論勢 地勢如何却屬坤
감장우적래문군 여도지상요세론 심룡론맥우론세 지세여하각속곤

若以山川分兩界 黃河川江兩源派 其中有枝濟與河 淮漢湘水亦長源
약이산천분양계 황하천강양원파 기중유지제여하 회한상수역장원

幹中有枝枝有幹 長者入海短入垣 若以幹龍會大盡 太行碣石至海瑀
간중유지지유간 장자입해단입원 약이간룡회대진 태행갈석지해연

又有高山入韋嶺 又分汝潁河流呑 南幹分枝入海內 河北河東皆不背
우유고산입위령 우분여영하류탄 남간분지입해내 하북하속개부배

蔥嶺連緜入桂連 又入衡陽到江邊 其間屈曲分臂去 不知多少枝葉繁
총령연면입계연 우입형양도강변 기간굴곡분비거 부지다소지엽번

又分一脈入東海 又登碣石會爲垣 一枝分送入海門 幹龍盡在江陰墳
우분일맥입동해 우등갈석회위원 일지분송입해문 간룡진재강음분

若以幹龍爲至貴 東南沿海天中尊 如何垣星不在彼 多在枝龍身上分
약이간룡위지귀 동남연해천중존 여하원성부재피 다재지룡신상분

到彼枝幹又難辨 枝上多爲州與縣 京都多是在中原 海岸山窮風蕩散
도피지간우난변 지상다위주여현 경도다시재중원 해안산궁풍탕산

君如要識枝幹龍 更看疑龍中下卷
군여요식지간룡 경간의룡중하권

[설명]

　오는 자취를 도와 나아감을 감히 묻는데 땅의 그림 위에 자세히 논할 필요가 있다. 용을 찾아 맥을 논하고 더욱 세력을 논하며 지세는 땅에 붙어서 어느 곳으로 물러날 따름이다. 산천을 두 경계로 나누면 황하의 강과 하천은 두 근원으로 흐르고, 그 중에 제와 하의 가지가 있고, 회·한·상수 역시 긴 근원이다. 줄기 가운데 가지가 있고 가지에 줄기가 있는데 긴 것은 바다로 들어가고 짧은 것은 원국에 들어간다. 만약 간룡으로써 크게 다하여 모이면 우뚝 선 돌이 크게 나아가 바다의 옥돌에 이른다. (간룡이 흘러 바닷가의 절벽 암반에 이른다.) 또 고산은 부드러운 봉우리에 들어가고 또 영강과 황하로 흘러 삼키는지 구별한다. 남쪽 줄기에서 가지가 나뉘어 바다 안으로 들어가니 황하 북쪽과 황하 동쪽은 모두 등지지 않는다. 파뿌리 같이 이어진 산줄기(여러 갈래로 나누어진 지각)가 계련으로 들어가고, 또 형양으로 들어가 강변에 이른다. 그 사이 굴곡하고 가지가 나뉘어 가니 많고 적은 지엽의 번성함을 알지 못한다.(녹존성을 나타낸 것이며 이 중에 맥을 실은 능선은 하나일 것이고 나머지는 보호사일 것이다.) 또 나누어진 한 맥은 동해로 들어가고, 또 높은 곳의 우뚝 선 돌은 모여 원국垣局이 된다(바위산이 둥그렇게 담장을 이루고 있다). 하나의 가지가 나뉘어 보내져 바다의 문(바닷가)으로 들어가니 간룡이 다하여 강가에 있으면 무덤이다(간룡의 흐름이 끝났음을 이르는 말이다). 만약 간룡이 귀함에 이르게 된다면 동쪽에서 남쪽으로 바다를 따라 하늘 가운데 높으니, 원성이 거기에 있지 않으면 어떠할 것 같은가? 지룡의 용신 위에 갈래가 많이 있다(호위사가 여러 겹으로 감싼다). 저런 지룡과 간룡에 이르면 또 분별하기 어렵다. 가지 위에 대부분 주와 현을 이루고, 경도(수도, 도읍지)는 대부분 중원에 있다. 해안의 산은 바람에 쓸리어 흩어져서 궁핍하게 된다. (흙은 없고 거친 암반으로 되어 있다.) 그대는 가지와 줄기룡을 구별할 줄 알아야 하니 다시 의룡 중 하권을 보라

의룡경 中篇

雖然已識枝中幹 長作京都短作縣 枝中有幹幹有枝 心裏能明口能辨
수연이식지중간 장작경도단작현 지중유간간유지 심리능명구능변

只恐尋龍到此窮 兩水夾來風蕩散 也有方州并大邑 直到水窮山絶巖
지공심룡도차궁 양수협래풍탕산 야유방주병대읍 직도수궁산절암

也有城隍一都會 深在山原隈僻畔 今日君尋到水窮 砂礫坦然纏護竄
야유성황일도회 심재산원외벽반 금일군심도수궁 사력탄연전호찬

右尋無穴左無形 無穴無形却尋轉 尋轉分枝上覓穴 惟見縱橫枝葉亂
우심무혈좌무형 무혈무형각심전 심전분지상멱혈 유견종횡지엽난

也識轉換也識纏 也識護托也識斷 只是狐疑難捉穴 穴若假時無正案
야식전환야식전 야식호탁야식단 지시호의난착혈 혈약가시무정안

到此之時心生疑 若遇高明能剖判 爲君決破之疑心 枝幹亂時分背面
도차지시심생의 약우고명능부판 위군결파지의심 지간난시분배면

假如兩水夾龍來 便看外纏那邊回 纏山纏水回抱處 背底纏山纏水隈
가여양수협용래 편간외전나변회 전산전수회포처 배저전산전수외

護纏亦自有大小 大小隨龍長短來 龍長纏護亦長遠 龍短纏護亦近挨
호전역자유대소 대소수룡장단래 룡장전호역장원 룡단전호역근애

大抵纏山必回轉 莫把明堂向外截 曲轉之形必是面 只恐朝山塞不開
대저전산필회전 막파명당향외절 곡전지형필시면 지공조산새부개

尋得纏護分明了 更看落頭尋要妙 纏山纏水如辰屏 向前寬闊看多少
심득전호분명료 경간락두심요묘 전산전수여의병 향전관활간다소

纏水纏山作案山 只恐明堂狹不寬 山回水抱雖似面 浪打風吹巖壁寒
전수전산작안산 지공명당협부관 산회수포수사면 낭타풍취암벽한

請君來此看背面 水割石巖龍背轉 若是面時寬且平 若是背時多陡巖
청군래차간배면 수할석암룡배전 약시면시관차평 약시배시다두암

面時平坦中立穴 局內必定朝水緩 縈紆環抱入懷來 不似背變風蕩散

면시평탄중립혈 국내필정조수완 영우환포입회래 부사배변풍탕산
君如識得背面時 枝幹尋龍無可疑 寬平大曲處尋穴 此爲大地斷無疑
군여식득배면시 지간심룡무가의 관평대곡처심혈 차위대지단무의
詳看朝迎在何處 中有橫過水城聚 背後纏水與山回 相合前朝水相隨
상간조영재하처 중유횡과수성취 배후전수여산회 상합전조수상수
後纏抱來結水口 前頭生脚來相湊 兩山兩水作一關 更看羅星識先後
후전포래결수구 전두생각래상주 양산양수작일관 경간라성식선후
羅星亦自有首尾 首逆上頭尾拖水 如此尋穴與尋龍 不落空亡與失踪
나성역자유수미 수역상두미타수 여차심혈여심룡 부락공망여실종
秤定上下左右手 的有眞龍在此中
칭정상하좌우수 적유진룡재차중

[설명]

비록 그리하여 가지 중에 줄기를 이미 알았으니, 길면 경도를 일으키고 짧으면 현을 일으킨다. 가지 중에 줄기가 있고 줄기 중에 가지가 있다. 마음속으로 능히 밝으니(알고 있으니) 입으로 능히 구별한다(가려낸다). 단지 두려운 것은 이곳에 이르러 용(맥을 실은 능선)을 찾는 것을 궁리하는 것이다. 두 물이 끼고 온 바람이 넓게 흩어진다. (능선 좌우에 물이 흐르는데 바람도 계곡 따라 함께 흘러 넓은 평야를 만나 흩어져 조용해진다.) 방주方州와 큰 읍이 있는데 물은 곧게 이르러 다하고 산은 멈추고 바위산이다. 하나의 도읍을 맞아 성 밖에 만든 마른 도랑(적의 접근을 방지하기 위하여 성 둘레를 파서 만든 물 없는 못)이 있으며 산의 근원은 물이 굽이지고 두둑이 후미진 깊은 곳에 있다. 오늘날 사람들은 물이 없는 곳에 이르러 찾는데, 모래와 자갈이 있는 평평한 곳은 그리하여 전호가 달아난다. (모래와 자갈이 있는 평평한 땅은 물이 흘러 이루어진 곳이므로 주위를 두르는 전호가 있을 수 없다.) 오른쪽을 찾는데 혈이 없고 왼쪽엔 형形이 없다. (혈이 맺힐 수

없는 조건을 설명한 것이다.) 혈이 없고 형이 없으면 물러나 도는 곳 (지형이 감아 도는 곳)을 찾는다. 가지가 나뉘어져 감는 곳을 찾아 위에서 혈을 구하는데 상하 좌우로 지엽이 어지럽게 된 곳을 보라. 또 전환(돌면서 변화를 주는 곳)을 알면 얽힘을 알고, 보호하고 의지하는 것을 알면 또 끊어짐(과협처)을 안다. 단지 의심하여 머뭇거리면 혈을 잡기 어렵고(확실한 실력을 갖추지 못하면 혈을 잡기 어렵다는 것이다), 혈이 만약 거짓된 때에는 바른 안案이 없다. 이같이 이를 때 마음에 의심이 생기는데(실력을 갖추지 못할 때는 결정을 내리지 못하는데), 만약 높고 밝은 것을 만나면 능히 판단하여 가릴 수 있다. 이런 의심을 깨트리도록 결정하는 것은 가지와 줄기가 어지러울 때는 배背와 면面으로 나눈다. 가령 양측에 물을 거느리고 용이 온다면 곧 밖의 얽힘과 가장자리의 회전이 어떠한지를 보라. 산과 물이 얽혀 함께 감싸는 곳은 뒤에 낮게 얽힌 산과 물이 굽이진다. 호위하고 얽힘 역시 대소가 있고, 크고 작은 따르는 용은 길거나 짧게 온다. 용이 길면 얽힘과 호위 또한 길고 멀고, 용이 짧으면 얽힘과 호위 또한 가깝게 끝난다. 대저 얽힌 산은 반드시 돌게 되니 명당은 밖이 끊긴 곳으로 향을 잡지 마라(감싸지 않고 트인 곳으로 향을 잡지 말라). 곡선으로 도는 지형은 반드시 면이 있으니 단지 아마도 조산은 막혀 열리지 않는 것이다. 얽힘과 호위가 분명하다는 깨달음을 찾으면 다시 머리가 떨어진 곳을 보고 요구하는 예쁜 곳을 찾는다. (주위가 얽히어 호위함이 분명하다는 것을 알았으면 능선이 고개를 숙인 곳에서 바람을 갈무리할 수 있는 혈처를 찾는다.) 얽힌 산과 물이 마치 병풍 같으면 향 앞이 넓게 트였음이 많고 적음을 본다. 얽힌 물과 산이 안산을 만들면 단지 아마도 명당이 좁고 넓지 않은 것이다. 산이 돌고 물이 감싸는 것이 비록 닮은 면이라 하더라도 물결치고 바람이 불어 닥치는 바위는 갈라지고 쓸쓸하다. 이렇게 오면 배면背面을 보라. 물이 쓸고 지나는 돌바위로 된 용의 뒤는 돈다. 만약 앞이 이럴 때는(물이 쓸고 지나갈 때는) 넓고 또 평평하다. 만약 등졌을 때는 가파른 절벽의 바위가 많다. 면面일 때에는 평탄한 가운데 혈이 맺히고, 당국 안은 반드시 조수가 느리도록 정해져 있다. 얽히고 굽어 환포하여 품어 들어오면 등이 변한 것 같아 바람이 불어 흩어지지 않는다. 배면을 알았을 때처럼 가지와 줄기의 용을 찾는 데도 의혹이 없다. 넓고 평평하며 크게 굽은 곳에서 혈을 찾는다는 것은 대지이므로 의혹이 없음을 단정할 수 있다. 조산을 맞이함이 어떤 곳에 있는지 자세히 보라. 가운데에 가로 지나가는 수성의 모임이 있고, 뒤에 얽힌 물과 더불어 산이 돌면 서로 합하고 앞의 조산과 물이 서로 따른다. 뒤의 얽힘이 감싸고 와서 수구를 맺으며 앞머리에서 생긴 지각이 나와서 서로 모인다. 양 산과 물이 하나의 관쇄를 이루니 다시 나성을 보고 선후를 안다. 나성 역시 머리와 꼬리가 있다. 머리는 상부 끝이 물 흐름과 역으로 되어 있고 꼬리는 물 흐름을 따른다. 혈을 찾고 용을 찾음이 이와 같으니 공망으로 떨어지거나 자취를 잃지 말아야 한다. 상하좌우를 잡는 것이 저울과 같이 정해졌으니 참된 용이 이 가운데에 있다는 것이 적실하다.

忽然數山皆逼水 水夾數山來相從 君如看到護送山 上坡下坡事一同
홀연수산개핍수 수협수산래상종 군여간도호송산 상파하파사일동
無疑上坡是眞穴 看來下坡亦藏風 二疑更看上下轉 山水轉抱是眞龍
무의상파시진혈 간래하파역장풍 이의경간상하전 산수전포시진룡
夾龍身上亦作穴 此處恐是雙雌雄 雖作兩穴分貴賤 分高分下更分中
협룡신상역작혈 차처공시쌍자웅 수작양혈분귀천 분고분하경분중

[설명]

홀연히 수 개의 산이 모두 물을 가까이 한다. 물이 여러 산에 끼어 서로 따라서 온다. 이처럼 호송산이 이르는 곳을 보라. 위의 고개와 아래의 고개의 섬김이 같다(위와 아래 보호사의 역할이 같다). 위의

고개에 의혹이 없으면 바로 참된 혈이다. (위에서 확실하게 보호를 받으면 참된 혈이다.) 오는 아래 고개가 역시 바람을 감추는지를 보라. (보호사가 혈처 주위를 잘 감싸고 있는지를 본다.) 위아래가 변하게 하는 것을 재차 헤아려 본다. 산수가 돌아 감싸면 바로 참된 용이다. 낀 용신(좌우 호위를 받는 능선) 위에 또 혈을 맺으면 이런 곳은 아마도 쌍자웅혈이다. (한 능선 상에 두 개의 혈이 맺힐 때 한 곳은 불룩한 유혈이나 돌혈이고 한 곳은 오목한 와혈이나 겸혈이다. 필자의 경험에 의하면 확률적으로 그런 것이지 절대로 그런 것은 아니다.) 비록 두 혈을 맺더라도 귀천이 나누어지니, (급수가 다르다는 것이다) 높고 낮게 나누고 다시 가운데를 나눈다.

也有眞形無朝水 只看朝山爲近侍 朝水案外暗循環 此穴自非中下地
야유진형무조수 지간조산위근시 조수안외암순환 차혈자비중하지
只愛案山逼水轉 不愛順流隨水勢 順流隨水案無力 此處名爲破城裏
지애안산핍수전 부애순류수수세 순류수수안무력 차처명위파성리
若是逆水作案山 關得外垣無走氣 也有眞形無朝山 只要諸水聚其間
약시역수작안산 관득외원무주기 야유진형무조산 지요제수취기간
汪汪萬頃明堂外 内局周回如抱環 鉤鈐鍵閉不漏泄 内氣無容外氣殘
왕왕만항명당외 내국주회여포환 구검건폐부누설 내기무용외기잔
外陽朝海拱辰入 内氣端然龍虎安
외양조해공진입 내기단연룡호안

[설명]
참된 모양이 있고 조수가 없으면 단지 조산이 가까이 있는지를 보라. 조수가 안산 밖에서 몰래 순환하면 이러한 혈은 스스로 중하지가 아니다. (조수가 안산 뒤에서 흐르는 것을 책에서는 암공수라 하여 길수로 본다.) 단지 안산은 가까워서 물이 도는 것은 친밀하고, 수세를

따라 순류하면 친밀하지 않다. 물을 따라 순류하는 안산은 무력하니, 이러한 곳을 파성리라고 한다. (안산은 물과 함께 돌아야 하는데 달아나면 국이 깨진 것임) 만약 역수하여 안산을 만들면 바깥으로 담을 이루어 막아주니 기가 달아나지 않는다. 또 참된 모양이 있고 조산이 없더라도 단지 모든 물이 그 사이에 모이기를 바란다. 명당의 밖이 매우 넓고 기울어도 내국의 주위를 돌아 감싸는 것 같아야 한다. 갈고리 휘장처럼 달아 잠그면 누설되지 않고, 내기를 담지 못하면 외기가 손상된다. 밖으로 밝은 조해(안산 너머에 펼쳐지는 바다)가 함께 진辰(혈처)에 들어오면 내기는 바르고 좌우 호위사는 안정된다.

枝幹之龍誠得面 位極人臣世襲官 總饒也能分背面 面得寬平背嵬巖
지간지룡성득면 위극인신세습관 총요이능분배면 면득관평배애암

假如兩水夾龍來 屈曲翻身勢大轉 一回頓伏一翻身 一回轉換一回斷
가여양수협룡래 굴곡번신세대전 일회돈복일번신 일회전환일회단

兩邊皆有山水朝 兩邊皆有水抱岸 兩邊皆有穴形眞 兩邊皆有山水案
양변개유산수조 양변개유수포안 양변개유혈형진 양변개유산수안

兩邊朝迎皆可觀 兩邊明堂皆入選 兩邊纏護一般來 兩手下邊皆回轉
양변조영개가관 양변명당개입선 양변전호일반래 양수하변개회전

此山背面未易分 心下狐疑又難判 不應兩邊皆立穴 大小豈容無貴賤
차산배면미역분 심하호의우난판 부응양변개립혈 대소기용무귀천

只緣花穴使人疑 更看護身脚各辨 若來此處談眞龍 兩水夾來龍必轉
지연화혈사인의 경간호신각각변 약래차처담진룡 양수협래용필전

逆轉之龍有鬼山 鬼山拖脚皆後環 識得背面更識鬼 識鬼之外更識官
역전지용유귀산 귀산타각개후환 식득배면경식귀 식귀지외경식관

大凡幹龍行盡處 外山隔水來相顧 幹龍若是有鬼山 回轉向前寬處安
대범간룡행진처 외산격수래상고 간룡약시유귀산 회전향전관처안

凡山大曲水大轉 必有王侯居此間 也有幹龍夾兩水 更不回頭直爲地

범산대곡수대전 필유왕후거차간 야유간룡협양수 경부회두직위지
只是兩護必不同 定有護關交結秘 幹龍行盡若無鬼 須看衆水聚何處
지시양호필부동 정유호관교결비 간룡행진약무귀 수간중수취하처
衆水聚處是明堂 左右交牙鎖眞氣 如此明堂雖是眞 鎖結交牙誠可貴
중수취처시명당 좌우교아쇄진기 여차명당수시진 쇄결교아성가귀

[설명]

가지 줄기의 용이 앞을 참되게 얻으면 신하로써 지위가 극에 달하
고 대를 이어 벼슬한다. 땅이 모여 넉넉함은 배면으로 능히 분별하는
데 앞은 넓고 평평하며 뒤는 가파른 바위로 되어 있다. 가령 양측 물
에 끼어 오는 용 같으면 굴곡하면서 나는 용신의 세가 크게 옮긴다(좌
우로 크게 흔들면서 힘차게 내려온다는 것이다). 한 번 조아려 엎드리
고(내려오고) 한 번 날아오르고(봉을 일으키고) 한 번 돌아 바뀌고(방
향을 틀고) 한 번 끊어진다(과협을 이룬다). 양변(불룩한 혈처의 윤곽)
이 다 있으면 산과 물이 조응하며 양변이 다 있으면 물이 언덕(혈처
앞부분)을 감싼다. 양변이 다 있으면(좌坐가 불룩하여 균형을 이루면)
참된 모양의 혈이고, 양변이 다 있으면 산수가 안을 이룬다(산수가 앞
을 감아 돈다). 양변(혈처)이 조산朝山을 맞이하면 모두 아름다운 경
치이고, 혈처의 윤곽이 밝은 명당이면 가려서 들어오고, 일반적으로
양변을 감아 호위하면서 온다. 양수하변兩手下邊(혈처 아래로 내려
가는 지각, 일명 하수사)이 돌아 감싼다. (위 글은 능선이 내려오는 방
향으로 혈이 맺히는 조건을 표현했다.) 이러한 산의 배면은 분별하기
쉽지 않다. 마음속으로 헤아리고 또한 판단하기 어렵다. 양변이 모두
불응한데 혈을 세우면(양변이 불룩한 상태가 아닌 형상에서 용사를
하면) 대소가 귀천 없이 어찌 용납되겠는가? (비혈지에 장사지내면
발복이 있을 수 없는 일이다.) 단지 연화혈(가장자리 화혈: 꽃송이처
럼 둥그런 형태의 자리)이 사람으로 하여금 의심을 갖게 하니 다시 호

위하는 용신과 지각을 각기 분별하여서 보라. 만약 이렇게 오는 곳을 참된 용이라 말하면 두 물을 끼고 오는 용은 반드시 회전한다(방향을 틀어 관쇄를 한다). 역으로 도는(방향을 바꾸는) 용에는 귀산이 있고, 귀산이 각을 끌어당기면 모두 뒤를 감싼다. 배면(앞뒤)을 인식하는 것은 다시 귀를 안다는 것이며 귀의 외면(귀 후면의 낙산 등)을 안다는 것은 다시 관을 안다는 것이다. (횡룡혈이 맺히는 곳을 소개하면서 혈처 뒤의 낙산까지 설명했다.) 무릇 줄기룡이 행룡하여 그치는 곳은 밖의 산이 물과 떨어져 와서 서로 돌아보는데 줄기룡은 귀산이 있는 것과 같다. 앞을 향하여 회전하는 것은 넓은 곳이 좋다. 무릇 산이 크게 굽으면 물이 크게 도는데, 반드시 왕후가 그 사이에 머문다(왕후가 태어나는 곳이다). 또 줄기룡이 두 물에 끼어 있으면(간룡 양측에 두 물이 있으면) 다시 회두하지 않고 곧은 땅이 된다.

단지 두 호위가 반드시 같지 않아야 하니, 호위하고 관쇄함이 서로 얽혀 신비스러움이 있다. 줄기룡이 나아가 그치고 만약 귀성이 없으면, 모름지기 모든 물이 어느 곳에 모이는지를 보라. 모든 물이 모이는 곳은 명당이고 좌우가 서로 송곳니 같이 막으면 기운은 참된 것이다. 이와 같은 명당이 비록 참되더라도 교쇄하여 얽히고 서로 막아 주어야 진실로 가히 귀한 것이다.

問君疑龍何處難 兩水之中必有山 兩山之中必有水 山水相夾是其源
문군의룡하처난 양수지중필유산 양산지중필유수 산수상협시기원
假如十條山同聚 必有十水歸一處 其間一水是出門 九山同來作門戶
가여십조산동취 필유십수귀일처 기간일수시출문 구산동래작문호
東行看西西山好 西上看東東山妙 南山望見北上山 山奇水秀凝似間
동행간서서산호 서상간동동산묘 남산망견북상산 산기수수응사간
北上看見南山水 矗矗尖奇秀且麗 君如遇見此處時 兩水夾來何處是
북상간견남산수 촉촉첨기수차려 군여우견차처시 양수협래하처시

與君更爲何分別 先看貴賤星羅列 更須參究龍短長 又看頓伏星善良
여군경위하분별 선간귀천성라열 경수참구룡단장 우간돈복성선량
尊星不肯爲朝見 從龍雖來撓掉藏 貴龍重重出入帳 賤龍無帳空雄强
존성부긍위조견 종룡수래요도장 귀룡중중출입장 천룡무장공웅강

[설명]

그대에게 묻건대 용을 헤아리는 것은 어느 곳이 어려운가? 두 물의
가운데 반드시 산이 있고, 두 산의 가운데에 반드시 물이 있고, 산수
가 서로 그 근원을 끼고 있다. 가령 열 가지의 산이 함께 모일 것 같으
면 반드시 열 가지 물이 한 곳으로 돌아간다. 그 사이의 하나의 물이
문을 나가면 아홉 산이 함께 와서 문호를 만든다. 동쪽으로 나가 서쪽
을 보니 서산이 좋고 서쪽 위에서 동쪽을 보니 동쪽 산이 묘하다. 남
쪽 산에서 북쪽 위의 산을 바라보아 산이 기이하고 물이 수려하면 틈
같은 데에 응결한다. 북쪽 위에서는 남쪽의 산수를 바라보아야 한다.
무성히 우거지고 뾰쪽하고 기이하며 빼어나고 또 수려하다.

그대가 이렇게 보이는 곳을 만났을 때는 두 물에 끼어 오는 곳이 어
떤 곳인가 하는 것이다. 다시 어떻게 분별할 것인가. 먼저 귀천의 성
이 나열된 것을 본다. 다시 모름지기 용의 길고 짧음에 관하여 궁구하
여야 하고 또 조아리고 엎드린 성(경사로 내려와서 평평하게 된 능선)
의 착함과 좋음을 본다. 군더더기 살이 없는 존성(깨끗하고 단정한 존
성)이 조산에 나타나고 따르는 능선이 비록 지각없이 온다고 하더라
도 귀한 용은 겹겹이 나타나서 장막으로 들어온다. 천한 용은 장막 없
는 공간에서 웅강하여 쓸쓸하다.

十山九水難同聚 貴龍居中必異常 問君如何分貴賤 眞龍不肯爲朝見
십산구수난동취 귀룡거중필이상 문군여하분귀천 진룡부긍위조견
凡有星峯去作朝 此龍骨裏福潛消 譬如吏兵與臣僕 終朝跪起庭前伏

범유성봉거작조 차룡골리복잠소 비여리병여신복 종조궤기정전복

那有精神立自身 時師只説同關局 朝山護送豈無穴 輕重多與貴龍別
나유정신립자신 시사지설동관국 조산호송기무혈 경중다여귀룡별

龍無貴賤只論長 纏龍遠出前更强 若徒論長不論貴 纏龍有穴反爲良
용무귀천지론장 전룡원출전경강 약도론장부론귀 전룡유혈반위량

只恐尋龍易厭斁 雖有眼力無脚力 若不窮源論祖宗 也尋頓伏識眞踪
지공심룡이염역 수유안력무각력 약부궁원론조종 야심돈복식진종

古人尋龍尋頓伏 蓋緣頓伏生尖曲 曲轉之餘必生枝 枝上必爲小關局
고인심룡심돈복 익연돈복생첨곡 곡전지여필생지 지상필위소관국

譬如人行適千里 豈無解鞍并頓宿 頓宿之所雖未住 亦有從行并部曲
비여인행적천리 기무해안병돈숙 돈숙지소수미주 역유종행병부곡

頓伏移換并退卸 却看山面何方下 移換却須尋回山 山回却有迎送還
돈복이환병퇴사 각간산면하방하 이환각수심회산 산회각유영송환

迎送相從識龍面 龍身背上是纏山 纏山轉來龍抱體 此中尋穴又何難
영송상종식룡면 룡신배상시전산 전산전래룡포체 차중심혈우하난

古人建都與建邑 先尋頓伏識龍關 升虛望楚與陟巘 此是尋頓與山面
고인건도여건읍 선심돈복식룡관 승허망초여척헌 차시심돈여산면

降觀於桑與降原 此是尋伏下平田 度其夕陽揆以日 南北東西向無失
강관어상여강원 차시심복하평전 도기석양규이일 남북동서향무실

乃陟南岡景於京 此是望穴識龍形 陟彼百泉觀水去 陟彼溥原觀水聚
내척남강경어경 차시망혈식룡형 척피백천관수거 척피부원관수취

或陟南岡與太原 是尋頓伏非苟然 古人卜宅貴詳審 經旨分明與後傳
혹척남강여태원 시심돈복비구연 고인복택귀상심 경지분명여후전

[설명]

열 산과 아홉 물은 함께 모이기 어렵고, 귀한 용이 머무는 가운데는 반드시 범상치 않고 뛰어나다. 귀천을 어떻게 분별할 것 같은가? 군

434

더더기 살이 없는 참된 용은 조산에 나타난다. 무릇 성봉이 가서 이룬 조산이 있다면 이러한 용의 뼈 속에는 복이 숨고 사라지기도 한다. 비유하면 관리와 병사와 더불어 신하와 종과 같으니 마침내 조는 뜰 앞에 엎드려 무릎 꿇어 앉고 일어남과 같다. 어찌하여 정신이 있어 스스로 몸을 세운다. 시사는 단지 관국이 같다고 설명한다. 조산이 호위하면서 보내면 어찌 혈이 없겠는가? 경중의 많음과 귀한 용은 구별된다. 용은 귀천이 없고 단지 길이를 논한다. (이 표현은 잘못되었다. 발원지 아래에서도 혈이 맺히기 때문이다.) 얽힌 용이 멀리 앞으로 나가면 다시 강해진다. 만약 무리가 길이를 논하고 귀함을 논하지 않는다 해도 얽힌 용에 혈이 있고 도리어 좋게 된다. 단지 두려운 것은 싫어서 소홀히 용을 찾는 것이다. 비록 눈으로 보고 발로 뛰지 않는다면 근원을 연구하지 않고 조종祖宗을 논하는 것과 같다. 머릴 조아리고 엎드림을 찾는 것은 참된 자취를 인식하는 것이다. 사람들은 용을 찾아 조아리고 엎드림을 찾았으니, 대개 조아리고 엎드림으로 말미암아 뾰쪽하고 구부러짐이 생긴다. 굽어 돌아 남은 것은 반드시 가지가 나온다. 가지 위는 반드시 작은 관국이 된다. 비유하면 사람의 천리의 행적과 같다. 어찌 말 안장을 풀지 않고 아울러 머물러 투숙하겠는가? 머물러 투숙한 곳이 비록 정지하여 머무는 곳이 아니라면 또 따라 나가고 아울러 마을을 거느린다. 조아리고 엎드리며 이동하면서 바꾸고 아울러 물러나 떨어진다. 물러나 산면이 어떤 쪽으로 내려가는지를 보라. 이동하여 변환하면서 뒤로 물러나 모름지기 도는 산을 찾는다. 산이 돌고 뒤로 물러난다는 것은 맞이하고 보내고 돌아오는 산(산 끝을 돌려 감는 산)이 있다. 맞이하고 보내서 서로 따르면 용면을 알고, 용신의 뒤 변두리는 산山을 감아야 한다. 감은 산이 돌면서 오면 용의 몸을 감싸는 것이다. 이 가운데서 혈을 찾으니 또 무엇이 어려우리. 사람들이 도읍을 세울 때 먼저 조아리고 엎드림을 찾으면 용의 관계를 알게 되는 것이다. 빈 곳으로 올라가 마을을 바라보고 봉우리에 올라 본다. 이곳에서 조아린 능선과 산면을 찾는 것이다. 내려가서 뽕밭을 보고 더불어 들판으로 내려간다. 이곳에서 엎드린 아래의 평평한 밭을 찾는다. 석양의 법도로 날을 헤아리고 남·북·동·서의 방향은 잃지 않는다. (자연의 법칙은 정해져 있다.) 언덕보다 큰 남쪽 산등성이에 올라 혈을 바라보고 용의 형태를 식별하는 것이다. 거기에 올라 많은 샘의 물이 나감을 보고, 거기에 올라 넓은 들판에 물이 모이는 것을 본다. 혹시 남쪽 산등성이에 올라 큰 벌판이면 조아리고 엎드림을 찾으나 진실로 그렇지 않다. 사람들은 명당의 귀함을 자세하게 살피는데 경서에 분명하게 밝혔고 후세에 전해진다.

의룡경 하편下篇

龍已識眞無可疑 尚有疑穴費心思 大抵眞龍臨落穴 先爲虛穴貼身隨
용이식진무가의 상유의혈비심사 대저진룡임락혈 선위허혈첩신수

[설명]
이미 용이 참되다는 것을 알면 가히 의혹이 없고, 오히려 의심스러운 혈이 있으면 심사를 허비할 뿐이다. 대저 참된 용에 혈이 떨어져 임하고 우선 허혈이 되도 몸에 따라 붙는다. (참된 용이면 혈이 맺히는 것은 기본인데 때때로 가짜 혈도 있을 수 있다는 것이다.)

穴有乳頭有鉗口 更有平坡無左右 亦有高峯下帶垂 更有昻頭居隴首
혈유유두유겸구 경유평파무좌우 역유고봉하대수 경유앙두거롱수
也曾見穴在平洋 四畔周圍無高岡 也曾見穴臨水際 俗人見穴無包藏
야증견혈재평양 사반주위무고강 야증견혈임수제 속인견혈무포장
也曾見穴如仄掌 却與仰掌無兩樣 也曾出穴直如鎗 兩水射脅自難當

436

야증견혈여측장 각여앙장무양양 야증출혈직여쟁 양수사협자난당
更有兩山合一氣 兩水三山同一塲 君如識穴不識怪 只愛左右抱者强
경유양산합일기 양수삼산동일장 군여식혈부식괴 지애좌우포자강
此與俗人無以異 多是葬在虛花裏 虛花左右似有情 仔細辨來非正形
차여속인무이이 다시장재허화리 허화좌우사유정 자세변래비정형
虛穴假穴更是巧 仔細看來無甚好 怪形異穴人厭看 如何子孫世襲官
허혈가혈경시교 자세간래무심호 괴형이혈인염간 여하자손세습관
只緣怪形君未識 識得裁穴却無難
지연괴형군미식 식득재혈각무난

[설명]
 혈에는 유두혈乳頭穴이 있고 겸구혈箝口穴이 있다. 다시 좌우가
없는 평평한 고개(사두혈巳頭穴)가 있다. 또 아래로 띠를 드리운 높
은 봉우리가 있는데 다시 머리를 들면 고개의 머리(돌혈突穴)에 머문
다. 지금까지 평양에 있는 혈을 보면 주위 사방의 두둑이 높은 산등성
이가 없다(와혈窩穴). 지금까지 물 사이에 임한 혈을 보면 보통 사람
은 싸서 감춤이 없는 혈을 본다. 지금까지 기울어진 손바닥 같은 혈
을 보면, 물러나 양립한 모양이 없는 손바닥을 쳐다본다. (오목한 와
혈을 보면 기울어진 경사면에 붙이는 것을 모르고 손바닥의 좌우 불
룩한 것이 없는 오목한 곳만 살핀다는 것이다.) 지금까지 창과 같이
곧게 나가는 혈이 나타나면 양측 물이 옆을 쏘아 스스로 감당하기 어
렵다. 다시 양측 산이 하나의 기로 합함이 있으면, 양측 물과 세 산(내
룡, 좌우 보호사)이 하나의 장소에 함께 한다. (창과 같이 똑바른 능선
에 혈이 있을 때는 좌우 보호사가 대동하여 혈을 실은 능선 앞에 모인
다는 것이다.) 만약에 혈을 인식할 때 의심스러움을 알지 못하면(혈을
알 때 왜 혈이 되는지 혈이 맺히는 원리를 알지 못하면) 단지 좌우의
감싼 것이 세력이 강하다고 여긴다. (청룡 백호를 보고 혈처의 크기를

점치기도 한다.) 이러한 보통 사람은 다름이 없으므로 허화 속에다 장사하는 일이 많다. 허화는 좌우가 유정한 것 같으나 오는 내룡來龍을 자세히 분별하면 바른 형태가 아니다. 허혈과 가혈은 겉만 번드르르하게 꾸민다. 내려오는 것을 자세히 보면 심히 아름다움이 없다. 괴이한 형상과 혈은 사람이 보는 것을 막으니(책에서는 천장지비天藏地秘라는 표현으로 기술되어 있다.) 자손이 대대로 어떻게 관직官職을 계승繼承할 것 같은가? 괴이한 형태로 인하여 사람들은 알지 못하나 깨달아 인식하여 재혈하면 도리어 어려움이 없게 된다. (괴이한 형태를 일반인은 알지 못하는데 바르게 알고 재혈하면 발복을 받게 된다.)

識龍自合當識穴 已在變星篇内説 恐君疑穴難取裁 好向後龍身上別
식룡자합당식혈 이재변성편내설 공군의혈난취재 호향후룡신상별
龍上生峯是根荄 前頭結穴是花開 根荄若眞穴不假 蓋從種類生出來
용상생봉시근해 전두결혈시화개 근해약진혈부가 개종종류생출래
若不隨星識根種 妄隨虛穴鑿山隈 請君孰認變星篇 爲鉗爲乳爲分別
약부수성식근종 망수허혈착산외 청군숙인변성편 위겸위유위분별
高低平地穴隨身 豈肯妄下鉗乳穴 穴若不隨龍上星 斷然是假不是眞
고저평지혈수신 기긍망하겸유혈 혈약부수룡상성 단연시가부시진
請君更將舊墳覆 貪星是乳巨鈐局
청군갱장구분복 탐성시유거검국

[설명]
용을 알면 그로부터 혈을 아는 것은 합당하다. 이미 변성편 안에 설명되어 있다. 두려운 것은 혈을 의심하면 재혈하여 취하기 어렵고, 후룡의 좋은 향은 후룡의 용신 위에 나누어진다. (혈이 맺히면 좌향은 이미 정해져 있다.) 용 위에 봉우리가 생기는 것은 뿌리이니 앞머리에 혈이 맺히는 것은 꽃이 피는 것이다. 뿌리가 만약 거짓이 아니고 참된

438

혈이면 대개 내려와 나타나서 생긴 것은 같은 종류이다. 만약 씨의 뿌리를 아는 성星을 따르지 않으면 망령되이 허혈을 따라 산굽이를 뚫는다. (성星의 오행五行과 구성九星에 따라 혈의 종류가 정해지는데 근본을 알지 못하고 허혈에 장사지낸다는 것이다.) 그대에게 부탁컨대 누가 겸인지 유인지 분별하는 변성편을 인식할 것인가. 고저평지의 혈은 용신을 따르니 어찌 망령되이 겸·유혈의 조건을 옳게 여기겠는가? 혈이 만약 용 위의 星을 따르지 않으면 단연 거짓으로 참되지 않은 것이다. 다시 마땅히 옛 무덤의 뒤집힘을 묻는다. 탐랑성은 유혈을 맺고 큰 비녀장 국局이다.

(전국 산천을 살펴보면 꼭 그렇지만은 않은 것 같다. 옛 무덤의 뒤집힘을 묻는다고 했는데 이것은 점혈을 잘못하여 생긴 일일 수도 있고 비혈지에 장사지내든지 장법이 잘못되어 광내에 물이 찼다가 빠지면서 시신이 뒤집히는 결과일 수도 있다고 본다.)

外縣京國多平洋 也有城邑在高崗 淮甸州縣在水尾 夔峽山嶺是城隍
외현경국다평양 야유성읍재고강 회전주현재수미 기협산령시성황

隨他地勢看高下 不可執一拘攣他 千萬隨山尋穴形 此説斷能辨眞假
수타지세간고하 부가집일구련타 천만수산심혈형 차설단능변진가

冀州壺口落低下 蓋緣輔弼爲垣局 太原落處尖似槍 蓋緣廉破龍最長
기주호구락저하 개연보필위원국 태원락처첨사창 개연염파룡최장

建康落在坡平地 蓋緣輔弼星爲體 太原平坦古戰場 熊耳爲龍星可詳
건강락재파평지 개연보필성위체 태원평탄고전장 웅이위룡성가상

長安帝垣星外峙 巨武行龍生出帝 京師落在垣局中 狼星夾出巨門龍
장안제원성외치 거무행룡생출제 경사락재원국중 낭성협출거문룡

太行走入河中府 入首連生六七存 入首雖然只是山 落處却在回環間
태행주입하중부 입수연생육칠존 입수수연지시산 낙처각재회환간

此與窩鉗無以異 只在大小識形難

차여와겸무이이 지재대소식형난

[설명]

주위에 고을이 있는 나라의 수도는 평야에 많다. 높은 언덕이 있는 곳에 성읍城邑이 있다. 회수가 감싸는 주현州縣은 물 하류에 있고, 조심해야 하는 골짜기 산령은 성황(성 밖에 둘러 판 물 없는 못)이다. (산맥을 자를 수 있기 때문이다.) 다른 지세를 따라서 높고 낮음을 보아야 하고 다르게 걸리는 것을 하나로 잡아 연관 지을 수 없다. 때에 따라 천만의 산에서 혈의 형상을 찾는다. 이 말은 능히 옳고 그름을 분별하여 판단해야 한다는 것이다. 바라는 것은 병 입구처럼 고을의 어귀는 아래로 낮게 떨어지니 대개 보필로 인하여 원국이 된다. 큰 벌판에서 떨어진 곳은 창 같이 뾰쪽하니 대개 염정과 파군으로 인하여 용이 가장 길다. 건강하게(힘차게) 내려온 고개가 평지에 있고, 대개 보필로 인하여 성은 체體가 된다. 큰 벌판이 평탄하면 옛날에는 전쟁터였다. 웅이(곰의 귀, 오목한 와혈)가 용성이 되는 것을 자세히 알 수 있다. 뛰어나고 편안한 임금의 원성은 성 밖에 우뚝한데 거문과 무곡으로 행룡하면 제후가 나온다. 큰 군사(진을 친 군막)는 원국 가운데에 떨어져 있고, 탐랑성에 끼어 거문룡이 나온다. 크게 달려 나가 황하 가운데의 마을로 들어가고, 입수가 연달아 생겨 여섯 일곱이 존재한다. 입수가 비록 단지 그러할 뿐인 산은 낙맥하여 물러 낮은 곳이 돌아 환포하는 사이에 있다. 이것과 더불어 와겸은 다름이 없고 단지 크고 작음으로 존재하는데 모양을 알기 어렵다.

(와겸유돌窩鉗乳突은 혈처의 생김으로 구분하는데 와窩는 움집처럼 오목한 형태이고 겸鉗은 옛날 죄수들이 목에 찬 형틀이며 유乳는 누운 여인의 젖통을 묘사했으며, 돌突은 산꼭대기에 있는 혈을 이름이다. 위 본문의 표현은 와겸혈이 오목한 것에는 다름이 없으나 지형의 모양은 확실하게 다르다.)

我觀星辰在龍上 預定前頭穴形象 爲鉗爲乳或爲坡 或險或夷或如掌
아관성진재룡상 예정전두혈형상 위겸위유혹위파 혹험혹이혹여장
歷觀龍穴無不然 大小隨形無兩樣 此是流星定穴法 不肯向人瞞空誆
역관룡혈무불연 대소수형무양양 차시류성정혈법 부긍향인만공광
更有二十八舍間 星穴裁之最爲上
경유이십팔사간 성혈재지최위상

[설명]

내가 용상에 있는 성진을 보고, 앞머리의 혈의 형상을 미리 정한다. 겸(양측으로 갈라지고)되고 유(끝이 불룩하면서 뭉툭하게 되고)가 되고 혹은 고개(잘룩한 능선)가 되며 혹은 험하고 혹은 평평하고 혹은 손바닥(넓으면서 오목함) 같다. 용과 혈의 내력을 보면 그렇지 않은 것이 없고 형상을 따르는 크고 작은 것이 두 모양이 없다. 이런 계통의 성성으로 혈법을 정하면 사람을 향하여 속이고 기만하는 것이 긍정적이지 않다. (속이고 기만할 수 없다는 것이다.) 대신하여 이십팔수가 머무는 곳이 있는데 성혈을 재혈함에 있어 가장 위가 된다.

*28수에 대하여 소개한다.

한편 28수는 달의 공전주기가 27.32일인 것을 고려해 적도대를 28개의 구역으로 나눈 것을 말한다. 이렇게 나눈 28수에는 각 수(宿)마다 대표하는 별인 거성距星이 있다. 거성은 각 수(宿) 구역의 서쪽에 위치한 가장 밝은 별로 28수의 위치를 쉽게 찾게 하는 기준점이 된다. 28수는 일곱 개씩 묶어 4개의 7사宿로 나뉘며 각각은 봄·여름·가을·겨울과 동·서·남·북에 배정하여 봄은 동쪽의 청룡靑龍, 여름은 남쪽의 주작朱雀, 가을은 서쪽의 백호白虎, 겨울은 북쪽의 현무玄武로 구별된다. 당시 중국에서는 28수도 참고하여 사용한 것 같다.

大凡識星方識龍 龍神落穴有眞踪 眞踪入穴有形勢 形勢眞時尋穴易

대범식성방식룡 용신락혈유진종 진종입혈유형세 형세진시심혈역

若不識形穴難尋 左右高低如何針 且如龍形有幾樣 近水近山隨物象

약부식형혈난심 좌우고저여하침 차여룡형유기양 근수근산수물상

如蛇如虎各有穴 形若眞時穴可想 龍有耳角與腹腸 鼻顙如何却福昌

여사여호각유혈 형약진시혈가상 용유이각여복장 비상여하각복창

虎有鼻脣并眼耳 肩背如何却出貴 看他形象宛在中 最是朝山識正龍

호유비순병안이 견배여하각출귀 간타형상완재중 최시조산식정룡

高低只取朝山定 莫言三穴有仙踪 千里來龍只一穴 正者爲優旁者劣

고저지취조산정 막언삼혈유선종 천리래룡지일혈 정자위우방자렬

枝上有穴雖有形 不若幹龍爲至精 龍從左來穴居右 只爲回來方入首

지상유혈수유형 부약간룡위지정 용종좌래혈거우 지위회래방입수

龍從右來穴居左 只爲藏形如轉磨 高山萬仞或低藏 看他左右及外陽

용종우래혈거좌 지위장형여전마 고산만인혹저장 간타좌우급외양

左右低時在低處 左右高時在高岡 朝山最是龍正穴 不必求他金尺量

좌우저시재저처 좌우고시재고강 조산최시룡정혈 부필구타기척량

正穴當朝必有將 有將便宜爲對向 穴在南時北上尋 穴在北時南上望

정혈당조필유장 유장편의위대향 혈재남시북상심 혈재북시남상망

朝迎矗矗兩邊遮 向內有如雞見蛇 對面正來不傾仄 纔方移步便欹斜

조영촉촉양변차 향내유여난견사 대면정래부경측 재방이보편의사

只將對將尋眞穴 將若眞時穴最佳 乳頭之穴怕風缺 風若入來人絶滅

지장대장심진혈 장약진시혈최가 유두지혈파풍결 풍약입래인절멸

必須低下避風吹 莫道低時鱉裙絶 鉗穴如釵挂壁隈 惟嫌頂上有水來

필수저하피풍취 막도저시별군절 겸혈여채괘벽외 유혐정상유수래

釵頭不圓多破碎 水傾穴內必生災 仰掌要在掌心裏 左右挨排恐非是

채두부원다파쇄 수경혈내필생재 앙장요재장심리 좌우애배공비시

窩形須要曲如窠 左右不容少偏陂 偏陂不可名窩穴 倒仄傾摧禍奈何

와형수요곡여과 좌우부용소편피 편피부가명과혈 도측경최화내하

尖鎗之穴要外裹 外裹不牢反生禍 外山抱裹穴如鎗　左右抱來尖不妨

첨쟁지혈요외과 외과부뢰반생화 외산포과혈여쟁　좌우포래첨부방

山來雄勇勢難竭 便是尖形也作穴 只要前山曲抱轉 針着正形官不絶

산래웅용세난갈 편시첨형야작혈 지요전산곡포전 침착정형관부절

[설명]

　무릇 성을 알면 용을 알 수 있으니 용신이 혈에 떨어지면 참된 자취가 있다. 참된 자취가 혈에 들면 형세가 있고, 형세가 참될 때에 혈을

찾기가 쉽다. 만약 형세를 알지 못하면 혈을 찾기 어렵고, 좌우의 고 저는 어떤 바늘과 같다. (좌우의 높고 낮음과 넓고 좁음이 침으로 혈 자리를 찌르듯 혈처임을 암시하는 것과 같다.) 또 용의 형태가 비슷하 게 닮은 모양 같은 것이 있다. 가까운 산과 물이 만물의 모양을 따른 다. 뱀과 같고 호와 같으면 각기 혈이 있고 형세가 만약 참된 때에는 혈의 모양이 옳다. 용은 귀와 뿔과 더불어 복장이 있으며 코와 이마는 복이 창성함을 물리치니 어찌 할꼬. (코와 이마는 바람을 갈무리할 수 없는 돌출부이므로 혈이 맺힐 수 없다.) 호랑이에는 코, 입술과 눈과 귀가 있으며 어깨와 등에는 귀가 남을 물리치니 어찌 할꼬. (어깨와 등은 산등성이므로 바람이 넘나드는 바람 길이 되어 맥이 머물 수 없 다.) 구부러진 가운데 있는 다른 형상을 보라. (구부러진 가운데는 좌 우가 보호사가 되고 바람을 갈무리할 수 있는 곳이므로 맥이 머문다.) 조산이 뛰어나면 바른 용이라는 것을 안다. 다만 조산을 정하여 높고 낮음을 취하는데(혈이 맺히면 주위 사격들은 높낮이를 맞춘다. 반대 로 주위 사격의 높낮이에 따라 혈이 앉는 높낮이가 정해진다), 세 혈 에 신선의 자취가 있다고 말하지 마라. 천리의 내룡來龍도 단지 하나 의 혈이니 바른 것은 우수하고 옆의 것은 열등하다.

(한 능선에는 한 개의 혈이 맺히는 것이 일반적이며 간혹 두 개가 있고 세 개는 드물게 있다. 위 글에서는 하나의 혈 외에는 열등하다고 했는데 등급이 같은 경우도 있고 조금 차이 나는 경우도 있다.)

지룡 상에 비록 형세가 있는 혈이 있고 간룡이 정에 이르지 못할 것 같으면(머물 수 있는 조건이 안 되면) 용은 왼쪽을 따라 와서 오른쪽 에 머물고, 단지 돌면서 오는 방향에 입수하게 되는 것이다. 용이 오 른쪽을 따라오면 혈은 왼쪽에 머물고 단지 맷돌처럼 도는 형상에 감 춘다. (능산이 감아 도는 안쪽에 혈이 맺힌다는 것이다.) 높은 산이 아 주 길고 혹은 낮게 감추어지면 좌우가 같지 않음과 밖이 불룩한지를 보라. 좌우가 낮을 때에는 낮은 곳에 있고, 좌우가 높을 때는 높은 언덕에 있다. (좌우 보호사의 높낮이에 따라 혈이 맺히는 위치도 정해진다.) 조산이 가장 뛰어나는 용에는 바른 혈이니 다른 곳에서 금을 구하려고 자로 잴 필요가 없다. 정혈은 조朝가 반드시 따름이 있는 것은 당연한데 반드시 따름이 있고, 따름이 있다는 것은 마땅히 향으로써 마주해야 한다. 혈이 남쪽에 있을 때에는 북쪽 위에서 살피고, 혈이 북쪽에 있을 때에는 남쪽 위에서 바라보아야 한다. (조안산에서 혈처를 바라보아야 한다는 뜻이다.) 조산이 여러 겹으로 맞이하고 양변(청룡, 백호)이 막아주면 향의 안에 닭이 뱀을 보는 것과 같은 것이 있다. (혈처 앞을 뱀처럼 길게 생긴 조안산이 감고 있는 모습을 표현했다.) 반듯하게 와서 앞을 대하는 것이 기울지 않으며 겨우 걸음을 옮겨 나가는 쪽으로 기울어 경사졌다. (능선이 끝 방향으로 완만하게 기울어진 모습을 표현했다.) 나아가고 거느림을 대하는 데서(여러 겹으로 겹쳐진 데서) 참된 혈을 찾는다. 만약 나아감이 참될 때는 혈은 가장 아름답다. 유두혈은 바람을 막지 못하는 것을 두려워하는데 만약 바람이 들어오면 사람이 절멸한다. 모름지기 낮은 곳으로 바람이 불어 닥치는 것을 반드시 피해야 하고, 길이 낮은 때에 자라의 치마(유혈 능선의 가장자리)를 끊지 마라. (유혈은 가장자리가 둥글어서 옆의 바람을 돌리는 역할을 하는데 둥근 부분을 자르면 바람이 돌지 않고 치고 올라온다.) 겸혈이 비녀가 바람벽 모퉁이에 걸린 것 같으면 오직 꼭대기 위에서 물이 오는 것을 꺼린다. (겸혈은 가랑이 사이에 있는 혈처인데 혈처 위에 골이 생겨 위에서 흐르는 물이 혈처로 흐름을 염려하는 것이다.) 비녀의 머리(혈처 뒤 입수 부분)가 둥글지 않고 많이 부서지고 물이 혈穴 안으로 기울어지면 반드시 재앙이 생긴다. 앙장은 손바닥의 가운데 속에 있어야 하고, 좌우가 밀어 닥쳐서 바르지 않음을 두려워한다. (앙장혈은 손바닥처럼 넓고 불룩한 가운데 있는 와혈인데 좌우가 오므라들어 좁은 것은 혈처가 될 수 없다.) 와형은 모름지기 새둥지 같이 굽어야 한다. 좌우가 조금도 치우쳐 비탈이 지는 것을

용납하지 않는다. 치우친 비탈을 과규혈이라 부르지 않는다. 기울어
넘어지고 치우쳐 꺾어지면 화를 어찌 하랴? 뾰족한 창 같은 혈은 밖
을 감싸야 하고 밖이 감싸져도 우리 같지 않으면 도리어 화가 미친다.
외산이 혈을 감싼 것이 종과 같고 좌우가 품어 오면 뾰족해도 거리끼
지 않는다. 산이 웅장하고 날째게 오면 세가 다 없어지기 어렵고 이런
데서 편안하고 작은 형태가 혈을 만든다. 단지 앞산이 곡선으로 감아
돌아야 한다. 바른 형태에 붙은 침(혈처)은 관官이 끊어지지 않는다.

穴法至多難具陳　識得龍眞穴始眞　眞形定是有眞案　三百餘形穴穴新
혈법지다난구진　식득룡진혈시진　진형정시유진안　삼백여형혈혈신

大凡尋穴非一樣　降勢隨形合星象　譬如銅人針灸穴　穴的宛然方始當
대범심혈비일양　강세수형합성상　비여동인침구혈　혈적완연방시당

忽然針灸失眞機　一指隔差連命喪　大凡立穴在人心　心眼分明巧處尋
홀연침구실진기　일지격차연명상　대범립혈재인심　심안분명교처심

重重包裹蓮花瓣　正穴却在蓮花心　眞龍定是有眞穴　只爲形多難具説
중중포리연화변　정혈각재연화심　진룡정시유진혈　지위형다난구설

朝迎護從亦有穴　形穴雖成有優劣　朝迎若是有眞情　此是眞龍斷不疑
조영호종역유혈　형혈수성유우렬　조영약시유진정　차시진룡단부의

朝迎逆轉官星上　小作星形分別枝　雖然有穴非大器　隨形斟酌事隨宜
조영역전관성상　소작성형분별지　수연유혈비대기　수형짐작사수의

大凡有形必有案　大形大穴如何斷　譬如至尊坐明堂　列班排牙不撩亂
대범유형필유안　대형대혈여하단　비여지존좌명당　열반배아부료난

出人短小與氣寬　皆是明堂與案山　明堂寬濶氣寬大　案山逼迫人兇頑
출인단소여기관　개시명당여안산　명당관활기관대　안산핍박인흉완

案來降我人慈善　我去伏案貴人賤　龍形若有雲雷案　人善享年亦長遠
안래강아인자선　아거복안귀인천　용형약유운뢰안　인선향년역장원

虎蛇若遇蛤與狸　雖出武權勢易衰　略擧此言以爲例　請君由此細尋推

호사약우합여리 수출무권세역쇠 약거차언이위례 청군유차세심추

(설명)

혈법은 지극히 많아서 자세히 말하기 어렵다. 용이 참되면 혈도 비로소 참되다는 것을 알게 된다. 참된 형세라는 것은 참된 안산이 있음으로써 결정된다. 삼백여 형세가 혈마다 새롭다(같은 곳은 하나도 없다). 무릇 혈을 찾는 것은 한 모양이 아닌데 내려오는 세勢와 모양에 따라 성의 형상이 이루어진다. 비유하면 사람의 혈에 구리로 만든 침과 뜸을 놓는 것과 같고 혈이 적실하고 완연하면 비로소 마땅한 방법이다. 홀연히 침과 뜸을 놓아 참된 기틀을 잃으면 손가락 하나 사이의 차이가 삶과 죽음으로 이어진다. 무릇 입혈함은 사람의 마음에 있으니 심안(마음의 눈)은 분명히 교묘한 곳을 찾는다. (기감을 이용한 추맥법을 이르는 말이다. 형기적으로 혈을 찾았어도 점혈할 때는 기감으로 확인한다.) 겹겹이 감싼 내부는 연꽃이 분명하니 정혈은 연꽃의 화심에 쉬고 있다(정혈은 국局의 중심에 쉬고 있다.) 참된 용에는 참된 혈이 있는 것이 정해졌다. 단지 형세가 많아서 자세히 설명하기 어렵다. 조산이 맞이하고 호위하여 따르면 역시 혈이 있다. 혈형이 비록 이루어져도 우열이 있다. 조산이 맞이함이 참된 정이 있는 것과 같다. 이러한 참된 용은 결단코 의심하지 않는다. 조산이 맞이함이 거슬러 돌면 관성이 높게 된다. 성의 모양이 가지로 나뉘어져 작게 되는데 비록 그런 곳에 혈이 있어도 큰 그릇이 아니고, 형세를 따라 짐작하여 일을 따름이 마땅하다. (지형에 맞게 묘지를 조성하는 것이 마땅하다.) 무릇 형세가 있으면 반드시 안산案山이 있는데 큰 형세와 큰 혈은 어떻게 나누는가? 비유하면 지존이 명당에 앉아 있는 것과 같다. 자리를 베풀고 아성牙城을 안배按排하면 요란하지 않다. (터를 닦고 주위에 둥글게 사성을 조성하면 단정하고 아늑하게 된다.) 뛰어난 사람은 허물이 적고 기가 너그러운데, 명당과 안산이 이와 같다.

명당이 넓으면 기가 크며 안산이 가까이 접근하면 사람이 흉악하고 완고하다. 안산이 와서 나(혈처)에게로 엎드리면 사람이 사랑스럽고 착하며 안산이 나(혈처穴處)를 떠나 엎드리면 귀인이 천하게 된다. 용의 형세에 만약 운뢰안(구름이 이는 것처럼 여러 겹의 안산)이 있으면 사람이 착하고 수명을 누리는 것이 멀고 길다. 호랑이와 뱀이 조개와 살쾡이를 만나는 것 같으면(호랑이처럼 큼직한 혈이 맺히면 뱀처럼 긴 능선이 감아야 하는데 조개처럼 생긴 사격이 놓여 있어서 바람이 스며들고 살쾡이가 뱀을 해치듯 이 주위 사격을 손상시키면[오늘날 도로 개설로 주위 사격을 마구 자르는 것과 같다.)] 비록 무장이 나서 권세를 누리더라도 쉽게 쇠한다. 대략 이런 말로 예를 들었는데 이것으로 말미암아 자세히 추리하여 찾기를 청한다.

周家農務起后稷 享國享年延八百 秦人關内恃威權 蠶滅諸侯二世絶
주가농무기후직 향국향년연팔백 진인관내시위권 잠멸제후이세절
此言雖大可喩小 嵩嶽降神出申伯 大抵人是山川英 天降聖賢爲時生
차언수대가유소 숭옥강신출신백 대저인시산천영 천강성현위시생
祖宗必定有山宅 占得山川萬古靈 誠言裁穴出機巧 穴法分毫爭微妙
조종필정유산택 점득산천만고령 성언재혈출기교 혈법분호쟁미묘

[설명]
주나라는 집에서 농사를 힘쓰게 하여 왕후 사직을 일으키니, 나라를 누리는 것이 팔백년을 끌었다. 진나라의 사람은 안으로 빗장을 걸어 권위를 믿었고 누에를 치면서 멸하여 제후는 이세에 끊어졌다. 이말은 비록 큰 것을 가히 작은 것과 비유한 것이지만 높고 큰 산에서 신이 내려와 우두머리가 나온다는 것을 알린다. 대저 사람이란 산천의 꽃인 것이다. 성현은 하늘에서 내려서 때맞추어 나게 된다. 조종은 반드시 산택(혈처)을 정하고 있으니 산천을 얻어 차지한 많은 오래된

신령스러움이 있다. 진실로 재혈을 말하니 뛰어난 기틀의 교묘함이다. 혈법은 털처럼 가늘게 나뉘어 미묘하게 옳고 그름을 다투어 말한다. (재혈의 중요함을 강조한 것이다.)

假穴斬關莫道眞 正穴正形都差了 京國丹徒之後山 常有雲気在其間
가혈참관막도진 정형정형도차료 경국단도지후산 상유운기재기간

曲阿之中有正穴 却被劉侯斬一関 斬関之穴始于此 只得一代生竜顔
곡아지중유정혈 각피류후참일관 찬관지혈시우차 지득일대생룡안

後来子孫即彫喪 蓋爲正穴尋竜難 孔恭以爲不鑿壞 可以数世王無難
후래자손즉조상 개위정혈심룡난 공공이위불착괴 가이수세왕무난

我今覆此旧攻隴 乃知垣局多回環 今人裁穴多論向 更不観星後竜上
아금복차구공롱 내지웡국다회환 금인재혈다논향 경불관성후룡상

観星裁穴始爲眞 不論星辰是虛誑 君知天地人三劫 劫去不回無美利
관성재혈시위진 불론성신시허광 군지천지인삼겁 겁거불회무미이

天劫便是龍身去 地劫乃是穴前嘴 人劫却是向中求 穴上飛来必回視
천겁편시룡신거 지겁내시혈전취 인겁각시향중구 혈상비래심회시

有人識得三般劫 子子孫孫皆富貴 天劫雖去却回来 回朝面前攔穴水
유인식득삼반겁 자자손손개부귀 천겁수거각회래 회조면전란혈수

地劫雖長有水横 初下有災後有利 人劫遠朝雖空濶 却要有情無別意
지겁수장유수횡 초하유재후유이 인겁원조수공활 각요유정무별의

三劫如能辨得是 便識漏胎并泄気 龍有漏胎泄気者 皆従三劫推奧秘
삼겁여능변득시 편식누태정설기 용유누태설기자 개종삼겁추오비

問君天劫如何説 天劫又去作地穴已 去又復分脚転攔 住面前看優劣
문군천겁여하설 천겁우거작지혈이 거우부분각전란 주면전간우열

水去五六里迂回 悠悠揚揚去転来 水要迂回山要転 便知天劫不爲災
수거오육리우회 유유양양거전래 수요우회산요전 편지천겁불위재

地劫穴下原有嘴 玄武嘴長正謂此 退田筆動土牛走 其実玄武長而已
지겁혈하원유취 현무취장정위차 퇴전필동토우주 기실현무장이이

지겁혈하원유취 현무취장정위차 퇴전필동토우주 기실현무장이이
雖長山水若橫濶 地劫翻然增福祉 人劫当従向上求 面前空濶要遠朝
수장산수약횡활 지겁번연증복지 인겁당종향상구 면전공활요원조
隻隻朝来或橫抱 信知人劫不為妖 龍髓経中究至理 漏胎泄気従此爾
척척조래혹횡포 신지인겁불위요 용수경중구지리 루태설기종차이

[설명]

가혈은 끊어진 관쇄로 참됨을 말함이 없다. 혈과 형이 바르다는 것은 어긋남이 없다는 것이다. 경국의 붉은 무리의 뒷산은 항상 구름의 기운이 그 사이에 있다. 굽은 언덕 가운데에 바른 혈이 있다. 제후를 죽이는 끈을 물리치는 것은 하나의 관계를 자르는 것이다. 관계를 자르는 혈의 근원이 이러하면 단지 용의 얼굴이 생기는 것은 한 대로 만족해야 한다(자기 대에서 끝난다는 것이다). 뒤에 오는 자손이면 곧 상여를 꾸미니 대개 정혈을 위한 용을 찾기 어렵다. 심히 삼가는 것은 뚫고 파괴하지 않는 것이다. 몇 대의 왕으로써 무난하다는 것이 옳은 것인가. 내가 이제 이러한 옛 언덕을 연구하여 살피고자 한다. 이에 원국에 회환回環이 많은 것을 알게 되었다. 오늘날 사람은 재혈함에 향을 많이 논하고, 다시 후룡 위의 성星을 보지 않는다. 성을 보고 재혈하여야 비로소 참되게 된다. 성신을 논하지 않으면 헛되고 속이는 것이다. 그대는 천지인 삼겁을 알아야 하니 겁劫이 가서 돌지 않으면 아름다움과 이로움이 없다. 천겁은 곧 용신이 나감이고 지겁은 혈 앞의 부리(전순)이고, 인겁은 바로 중간에서 구하는 향이다. 혈 위에 날아오면 반드시 되돌아본다. 삼반겁을 아는 사람이 있으면 자자손손 모두 부귀하다. 천겁은 비록 가더라도 물러났다가 되돌아온다. 면전에서 도는 조산은 혈전의 물을 막는다. 지겁은 비록 길더라도 물이 가로로 놓여 있으면 처음은 아래에 재앙이 있으나 나중은 이로움이 있다. 인겁人劫은 조산이 멀고 비록 공활(앞이 확 트이고 넓음)하더라도

유정하여 헤어지는 뜻이 없어야 한다. 삼겁을 능히 분별하는 것을 얻은 것 같으면 곧 누태(맥의 흐름이 새는 것)와 아울러 설기(기가 빠져나가는 것)를 알아야 한다. 용이 누태·설기가 있다는 것은 모두 삼겁을 따라 그윽한 비밀을 추론한다. 그대는 천겁을 어떻게 설명할 것인가? 천겁은 또 가서 이미 지혈을 만들었다. 나아가서 또 다시 다리가 나뉘어 둘러막아 주면 머물면서 면전에서 우열을 본다. (능선이 바닥으로 떨어져 좌우로 보호사를 내어 혈처 앞을 막아 주면 혈처의 역량을 알 수 있다.) 물이 오육리를 가서 굽어 돌아서 유유양양(물이 고여 있는 것처럼 흘러가는 모양)히 가고 돌아온다.

물은 굽어 돌아야 하고 산은 회전해야 한다. (산이 감고 돌면 물도 산 따라 돎을 표현한 것이다.) 곧 천겁天劫은 재앙이 되지 않음을 알게 된다. 지겁은 혈 아래 근원인 부리가 있고, 현무의 부리가 길고 바른 것은 이를 일컬음이다. 문득 필봉이 물러나고 토우가 달리면 기실 현무가 긴 것일 뿐이다. (솟은 산봉우리에서 평지 야산으로 되면 야산이 길게 이어짐을 나타낸 것이다.) 비록 산수가 길어도 만약 가로로 넓고 지겁이 그렇게 날면 복지가 늘어난다. 인겁은 마땅히 향 위에서 구하여야 하고 면전이 공활하면 조는 멀리 있게 된다. 조산이 짝을 이루어 오고 혹 옆으로 안으면, 인겁이라는 것을 믿을 수 있으니 요망한 것은 아니다. 용수경 가운데에 이치를 지극하게 궁구하였으니, 누태 설기는 이와 같이 따른다.

의룡십문疑龍十問

一問抱養及僧道 嗣續疑龍如何? 問君葬者乘生氣 骨骸受福蔭遺體
일문포양급승도 사속의룡여하? 문군장자승생기 골해수복음유체

此說尙未有一可疑 抱養之兒非已子 僧道嗣續是外來 如何卻也能承繼
차설상미유일가의 포양지아비이자 승도사속시외래 여하각야능승계

與君詳論古人言 擧此大略非徒然 骨骸受氣蔭遺體 此理昭然不容議
여군상논고인언 거차대략비도연 골해수기음유체 차리소연불용의

卻將僧道並抱養 辯論如何同已子 此說誠然是可疑 因宜窮理細尋推
각장승도병포양 변논여하동이자 차설성연시가의 인의궁리세심추

人家生出英豪子 便是山川鐘秀氣 山川靈氣降爲神 神隨主者家生人
인가생출영호자 편시산천종수기 산천영기강위신 신수주자가생인

此山此誰爲主 卽隨香火降人身 古人當有招魂葬 招魂天人可爲樣
차산차수위주 즉수향화강인신 고인당유초혼장 초혼천인가위양

招魂葬子把事嚴 四百年間漢家旺 何抱骸骨葬親生 只要祀事香火明
초혼장자파사엄 사백년간한가왕 하포해골장친생 지요사사향화명

亦有四五百年祖 棺槨骸骨化爲土 子孫千百尙榮華 人指此山誰是主
역유사오백년조 관곽해골화위토 자손천백상영화 인지차산수시주

此山此穴有主者 神靈只向此家住 山州秀麗來爲嗣 豈願基家無富貴
차산차혈유주자 신령지향차가주 산주수려래위사 개원기가무부귀

山川日夜有朝迎 生出爲人亦如是 後母卻蔭前母兒 前母亦蔭後母兒
산천일야유조영 생출위인역여시 후모각음전모형 전모역음후모아

只緣受恩與受養 如同所生並同氣 以此言之在繼承 只與香火無衰替
지연수은여수양 여동소생병동기 이차언지재계승 지여향화무쇠체

乃知招魂與抱子 僧道相承皆類此
내지초혼여포자 승도상승개류차

[설명]
1문은 안아서 기르는 것과 중이 자연에 따름은 의룡(용의 헤아림)

이 계속 이어짐과는 어떻게 같은가 ? 묻건대 장사를 지내는 것은 생기를 타야 하고 해골은 유체에서 음덕의 복을 받아야 한다. 이 말은 항상 일관된 옳은 의문은 아니다. 안아서 기른 아이는 이미 아들이 아니다. 계속 이어지는 승도는 외부에서 오는데 능히 계속 이어지는 것은 어떻게 같은가. 더불어 옛 사람의 말을 상세히 논해보자. 대략 이런 것을 들추어내는 것도 무리는 아니다. 해골은 유체에서 음기를 받는데 이런 이치는 분명한 것이어서 논의가 용납하지 않는다(확실한 것이어서 논의할 필요가 없다). 나아가 자연에 따르는 것과 안아 기르는 것은 이미 아들이 같다는 것을 어떻게 변론할 것인가. 이 말이 진실이라는 것은 자연에 따름이 옳고 이로 인하여 당연히 이치를 궁구하여 자세히 추리하여 찾는다. 사람이 사는 집에는 영웅호걸의 자손이 나기도 하는데 한편 산천의 종소리와 같은 우수한 기운인 것이다. 내려오는 산천의 신령스런 기氣는 신神이 되기도 하는데 주인을 따르는 신은 집안에 사람을 낳는다. 이에 산과 누군가는 주인이 된다. 즉 향불을 따라 사람 몸으로 내린다(조상에 의하여 발복을 한다). 옛날 사람은 당연히 혼을 불러 장사를 지냈다. 하늘에 혼을 부르는 것은 사람이 옳은 모양이다. 자식이 혼을 불러 장사지내는 것은 일을 엄숙하게 치르는 것이다. 400년간 한나라 가문이 왕성했다. 어떤 점에서는 해골을 안고 친히 장사를 지내는 일도 생겼다. 단지 제사지내는 일에 향불이 밝기(조상이 편안하기)를 바란다. 또 4~5백년 된 조상도 있다. 해골을 담은 관곽은 흙으로 변했지만, 자손은 천 백년의 영화를 누리기를 바란다. 사람은 이 산이 누가 주인이라고 가리킨다. 이런 산과 혈이 주인이 있다는 것은 다만 나아가 신령이 이런 집에 머물고 있다는 것이다. 산은 수려하게 고을에 와서 이어진다. 어찌 그런 집안이 부귀가 없기를 바랄까. 산천은 매일 아침을 맞이한다. 사람이 태어나는 것이 또한 이와 같다. 뒤의 근본이 그늘을 물리치면 앞의 근본은 우수하게 되고 앞의 근본이 역시 그늘이면 뒤의 근본은 아이(격이 낮음)가 된다. 단지 은혜를 받음과 더불어 봉양을 받는 인연이 된다(발복을 받으면 후손은 조상을 잘 섬기게 된다). 만약 같은 장소에서 태어나고 아울러 같은 기氣라면 이 말로써 계속 이어짐이 있는 것이다. 더불어 향불의 쇠체가 없는 것이다(절손함이 없는 것이다). 이에 혼을 불러오고 더불어 자손을 안게 됨을 알게 된다(조상을 섬김과 더불어 대가 이어진다). 자연에 따름을 잇는 모습이 모두 이와 비슷하다.

二問公位疑龍如何?

이문공위의룡여하?

問公如何分公位? 父母生時無少異 間或生時有愛憎 死後何由別榮悴?

문공여하분공위? 부모생시무소이 간혹생시유애승 사후하유별영췌?

譬如一木同根生 一枝枯悴一枝榮 榮者芳 日夜長 悴者日就枯槁形

비여일목동근생 일지고췌일지영 영자방 일야장 췌자일취고고형

此後遂有公位議 分長分中分少位 愛憎之說起于心 榮枯之說歸於地

차후수유공위의 분장분중분소위 애증지설기우심 영고지설귀어지

心有愛憎死卻無 地有肥確此近似 東根肥卽東枝榮 西枝橈雲西枝瘁

심유애증사각무 지유비확차근사 동근비즉동지영 서지요운서지췌

要知此說未爲當 似是如非當究理 左長前中右少位 此設當初自誰起

요지차설미위당 사시여비당구리 좌장전중우소위 차설당초자수기

請君來此細排詳 因別長男中少位 震爲長子居左方 坎爲中男生來岡

청군래차세배상 인별장남중소위 진위장자거좌방 감위중남생래강

艮爲少男坐東北 乾統三男居坎傍 坤爲地母西南位 長女東南中午地

간위소남좌동북 건통삼남거감방 곤위지모서남위 장여동남중오지

兌爲少女在西方 此是乾坤男婦位 若以此法論陰陽 男居左傍女西廂

태위소녀재서방 차시건곤남부위 약이차법논음양 남거좌방여서상

中子後龍中女向 自有次第堪推詳 愛自蕭梁爭公位 卻以玉鵝埋震地

중자후룡중녀향 자유차제감추상 애자소양쟁공위 각이옥아매진지

456

震爲長子起春官 遂起爭端謀玉器 公位之說起於斯 斷以長震中居艮

진위장자기춘관 수기쟁단모옥기 공위지설기어사 단이장진중거간

少居兌位四同長 五與二位分毫釐 六與少男無差別 七與長男同共說

소거태위사동장 오여이위분호리 육여소남무차별 칠여장남동공설

八與五位共消詳 九與三男排優劣 此是河圖分九宮 上元一四七相同

팔여오위공소상 구여삼남배우열 차시하도분구궁 상원일사칠상동

中元二五八同位 下元三六九連此 後來執此爲定議 只孰河圖分次第

중원이오팔동위 하원삼육구연차 후래집차위정의 지숙하도분차제

[설명]

두 번째 질문은 공의 위치에서 마치 의룡은 어떤 것과 같은가. 공의 위치에서 어떻게 분류하는가에 대하여 묻는다. 부모가 살아 계실 때는 조금도 다름이 없다. 간혹 생시에 중(세속을 떠남)을 좋아하기도 한다. 사후에 번영하는 것과 파리함을 어떻게 구별하는가? 비유하면 하나의 나무는 같은 뿌리가 생기는 것과 같다. 하나의 가지가 마르면 파리하고 하나의 가지는 성하면 번영한다는 것은 아름다움이고 주야로 자란다. 파리하다는 것은 나날이 말라서 마른 형태로 나가는 것이다. 드디어 차후에 공의 지위에 대해 의논한다. 장, 중, 소위로 나눈다. 사랑스럽거나 증오하는 말은 마음에서 일어난다. 성하거나 마른다는 말은 땅에 맡긴다. 사랑하고 미워하는 마음은 죽음으로써 물러나 없어진다. 땅이 비옥하다는 것은 이것에 가깝다는 것이 확실하다. 동쪽 뿌리가 살이 찌면 곧 동쪽가지가 번성하고 서쪽 가지가 구름에 가리어 굽어지면 서쪽 가지는 병들게 된다. 이 말이 당연하지 않음을 알기 바란다. 이와 유사한 것은 이치를 연구하는 것이 당연하지 않다는 것과 같다. 왼쪽은 장자이고 앞은 중자이고 오른쪽은 소남의 위치이다. 이 말은 처음에 누구에게나 스스로 일어나는 것은 당연하다. 앞으로 이것을 상세히 배척하기를 청한다. 장남, 중남, 소남의 위치를

나누는 것으로 인하여 진방은 장자에 해당하는 왼쪽방이 되고 언덕이 오는 북쪽(감방坎方)은 차남이 태어난다. 간방은 동북방에 자리 잡은 소남 방이다. 삼남을 다스리는 건의 위치는 감방 옆이 된다. 곤은 지모인데 서남쪽이다. 장녀는 오午의 중간인 동남간이다. 태는 소녀가 되는데 서쪽 방에 있다. 이로써 건곤은 남편과 부인의 위치이다.

이 법으로써 음양을 논할 것 같으면 남자는 왼쪽 곁방에 있고 여자는 서쪽 행랑에 머문다. 중자는 후룡이고 중녀는 향 쪽이 된다. 다음에 자연적으로 상세하게 추론하고자 한다. 아낌이 스스로 쓸쓸해지면 대들보는 공위를 다툰다. (인정받은 사람이 힘이 없어지면 중심축인 사람은 서열을 놓고 다툰다.) 옥으로 된 거위는 진震(동쪽) 땅에 묻는다. 진은 장자인데 춘관(주대周代에 6관官의 하나. 예법禮法과 제사祭祀를 관장했고 후에 예부禮部라 했다)을 일으키고 드디어 옥기(중국인들은 옥공예를 귀하게 여겼다)를 꾀하는 단서로 쟁탈을 일으켰다. 공위의 말은 이렇게 시작했다. 장남방으로 끊긴 진震 가운데 간艮이 있는데(선천팔괘에서 진震이고 후천팔괘에서는 간艮이다) 소는 태의 위치(이때는 후천팔괘 소녀를 뜻한다)에 있고 4는 장長(후천팔괘 손巽으로 장녀)과 같다. 오五는 이二의 위치와 같이하고(오五는 선천팔괘 위치가 후천팔괘 이二인 곤坤 토土이다) 가는 털처럼 분류한다. 육六은 소남과 같이 하고 별로 차이가 없다. (후천팔괘 육六방은 선천팔괘 간艮으로 소남이다.) 칠七은 장남과 같이 하고 함께 같다는 말이다. 팔八은 오五위와 소상히 같이한다. (팔八은 후천팔괘에서 간토艮土이고 오五는 중앙 토土인데 오五가 여자일 경우 팔토八土로 간주한다.) 구九는 삼三남과 우열을 배재한다. 이것을 하도에서 구궁으로 나눈다. 상원의 일사칠一四七은 서로 같고, 중원의 이오팔二五八은 같은 위치이다. 하원의 삼육구三六九는 이렇게 이어진다. (일사칠一四七, 이오팔二五八, 삼육구三六九는 현공비성파에서는 부모삼반괘라고 한다.) 뒤에 오면서 이렇게 잡는 것은 의논하는 것이 정해졌다. 다만 누가 하도를 다음 차례에 분류할 것인가.

三問公位盛衰疑龍如何?

삼문공위성쇠의룡여하?

問君主位雖能別 或盛或衰是何說? 也有先盛後來衰 也有衰盡複萌芽
문군주위수능별 혹성혹쇠시하설 야유선성후래쇠 야유쇠진복맹아

次理如何合辨明 時師謬以水宮折 不知年久世成深 豈有長盛無休歇
차리여하합변명 시사류이수궁절 불지년구세성심 기유장성무휴헐

山川之秀雖盤固 氣盛氣衰有時節 代代長盛者無他 後來接續得吉多
산천지수수반고 기성기쇠유시절 대대장성자무타 후래접속득길다

衰者後來無救助 年深氣歇漸消磨 凡言公位勿固執 先看其人數代祖
쇠자후래무구조 연심기헐점소마 범언공위물고집 선간기인수대조

新舊數墳皆是眞 新者必爲舊者助 如是之家世世昌 福祿未艾不可量
신구수분개시진 신자필위구자조 여시지가세세창 복록미예불가량

是眞不必問大小 積小成大最爲妙 是者一墳非者多 紙有大地力分了
시진불필문대소 적소성대최위묘 시자일분비자다 지유대지력분료

譬如杯水救薪火 水少火多難救禍 是多非少反成吉 譬如衆水成江河
비여배수구신화 수소화다난구화 시다비소반성길 비여중수성강하

豈無一穴分公位 不取衆墳參合議 大地難得小易求 積累不已成山丘
기무일혈분공위 불취중분참합의 대지난득소역구 적누불이성산구

衆墳合力卻成大 人說小地生公候 那堪大地有數穴 世世公候不休歇
중분합력각성대 인설소지생공후 나감대지유수혈 세세공후불휴헐

幾觀巨室著姓家 必有大地福無涯 子孫百世雖分散 內有救地多榮華
기관거실저성가 필유대지복무애 자손백세수분산 내유구지다영화

一穴大地蔭十世 小地千墳亦如是 駱驥千里進一日 駑馬十駕亦追至
일혈대지음천세 소지천분역여시 낙기천리진일일 노마십가역추지

圖大不得且思次 此事當爲知者議

도대불득차사차 차사당위지자의

[설명]

세번째 질문은 공의 지위 성쇠에서 의룡은 어떤 것과 같은가. 그대에게 묻건대 주된 지위를 비록 능히 분별한다면 혹은 성쇠는 어떻게 설명할 것인가? 먼저 성함이 있고 뒤에 쇠함이 온다. 쇠함이 다하면 다시 싹이 튼다. 다음 이치는 어떤 합당한 변명과 같다. 사람들은 물이 꺾이는 곳을 속인다. 오랜 세월동안 이루어진 깊이를 모른다. 어찌 쉼 없이 오랫동안 성할 수 있을까. 산천의 수려함은 비록 넓고 큰 모양이지만 확고하다. 기의 성쇠는 시절이 있다. 대대로 오랫동안 성하다는 것은 다름이 없다. 훗날까지 길함이 많이 얻음이 이어진다. 쇠는 훗날까지 도움을 구원함이 없고 세월이 흘러 기는 그치고 점점 마모되어 소멸한다. 무릇 공의 지위를 말함에 고집부리지 말라. 먼저 그 사람이 수대조인지를 보라. 새로운 것이나 오래된 많은 무덤은 모두 참됨이 있는데 신新은 반드시 구舊가 돕는 것이다. 만약 이런 집안이 대대로 번창한다면 복록은 가히 헤아리지 못할 정도의 다스림은 아니다. 반드시 대소를 묻지 않는 것이 옳다. 조금씩 쌓아 최대로 이루는 것은 묘하다. 이것은 하나의 무덤이고 아닌 것이 대부분이다. 종이(기록)는 대지가 깨달음을 분별하는 힘이 있다. 비유하면 잔은 물을 구하고 땔나무는 불을 구원하는 것과 같다. 물이 적고 불이 많음은 재앙을 구원하기 어렵다. 이 말은 적음이 아닌 많음은 반대로 길함을 이룬다. 비유하면 여러 물이 강과 하천을 이루는 것과 같다. 어찌 하나의 혈이 공에게 벼슬을 나눔이 없겠는가. 여러 무덤을 취하지 않는 것은 논지의 합치를 참고하는 것이다. (하나의 혈이 발복에 영향이 미칠 수 있는지를 확인해 본다는 것이다.) 대지는 얻기 어렵고 소지는 구하기 쉽다. 아닌 것을 포개어 쌓는 것은 이미 산과 언덕을 이루었다. 힘을 모은 여러 무덤은 큰 것을 이루었다. 소지도 공후를 낳는다고 사람들은 말한다. 능히 많은 대지에는 수많은 혈이 있다. 대대로 공후가 끊이지 않는다. 백성에게 나타나는 큰 집을 보라. 반드시 끝이 없는 큰 복지가 있다. 자손은 비록 나뉘어 흩어지더라도 백세를 누린다. 나라 안에는 많은 영화를 도울 땅이 있다. 한 혈이 대지면 음덕은 십세에 미친다. 천의 소지 무덤도 역시 이와 같다(물론 혈이 맺혔을 경우이다). 낙타와 천리마는 하루에 천리를 달리고 열을 능가하는 둔한 말도 또한 이를 따름이니 장차 만족하지 못하는 큰 그림은 부차적 생각이다. 이 일이 당연하다는 것을 아는 자는 선택한다.

四問陽宅陰宅疑龍如何?
사문양택음택의룡여하?
問君陽宅要安居 此與安墳事一如 人家無墳有善宅 宅與陰地力無殊.
문군양택요안거 차여안분일일여 인가무분유선택 택여음지력무수
大凡陽宅怕穴小 穴小只宜安墳妙 小穴若爲輪奐居 氣脈傷殘但鑿了
대범액택파혈소 혈소지의안분묘 소혈약위륜환거 기맥상잔단착료
況是子孫必衆多 漸次分別少北和 一穴裂而爲四五 正偏前後豈無訛
황시자손필중다 점차분별소배화 일혈열이위사오 정편전후기무와
大凡陽宅要穴大 寬闊連綿又平伏 前頭橫玉面前寬 可爲市井於內外
대범양택요혈대 관활연면우평복 전두횡옥면전관 가위시정어내외
如此方爲陽宅居 窄小難容君莫愛
여차방위양택거 착소난용군막애

[설명]
네 번째 질문은 양택과 음택에서 용을 헤아리는 것은 어찌할꼬? 양택에 대한 질문은 편안하게 머물기를 바라는 것이다. 편안한 양택과 무덤은 조금도 다르지 않다. 무덤이 없는 집안을 옳게 여기는 집이 있는데 양택과 음택의 지력은 다름이 없다. 무릇 양택은 혈이 작은 것

을 두려워한다. (혈처는 주위에 수맥이 감싸고 있는데 혈처의 폭이 작으면 양택 일부는 수맥 위에 있게 되어 수맥의 피해를 보게 된다. 그러므로 양택의 폭은 넓어야 한다.) 단지 마땅히 혈이 작은 안락한 무덤은 묘하다. 소혈이 만약 빛나는 윤곽이 있다면(생기를 발하는 혈증이 있다면) 기맥이 손상된 것은 다만 뚫려 마침내 해친다. 이런 상황은 자손에게 반드시 많은데, 점차로 분별하여 조금씩 화목함이 달아난다. 하나의 혈이 분열하여 4~5개로 된다. (이 표현은 잘못된 것으로 본다. 하나의 혈이 맺히고 아래에 또 하나의 혈이 맺힐 때는 먼저 맺힌 혈의 입수도두에서 맥이 분리되어 혈처 옆을 돌아 내려가서 다음 혈을 맺는다.) 바르게 있어야 할 것이 앞뒤로 기울어짐은 어찌 잘못됨이 없을까. 무릇 양택은 혈장이 크기를 요하고 넓게 연결되고 엎드린 듯 평평하고 앞머리(안산)는 아름답게 가로로 놓이고 면전은 넓어서 안팎으로 시정(인가人家가 많은 곳)이 되는 것이 옳다. 만약 이런 방법이 양택이라면 좁고 작은 것은 그대에게는 더할 나위 없이 좋아함을 받아들이기 어렵다.

五問陽宅陰宅大小如何?
오문양택음택대소여하?

問君陰陽有兩宅 古人此事要分別 呂才詳論有成書 論已分明無別說
문군음양유양택 고인차사요분별 려재상논유성서 논이분명무별설

要知居止只要勢 水抱山朝必有氣 忽然徒瀉朝對傾 破碎斜傾非吉地
요지거지지요세 수포산조필유기 홀연도사조대경 파쇄사경비길지

下午回環朝揖正 坐主端嚴無返柄 縱饒小大地安和 住得百年家業盛
하오회환조읍정 좌주단엄무반병 종요소대지안화 주득백년가업성

葬穴宜小居穴大 葬穴側立居穴寬
장혈의소거혈대 장혈측립거혈관

[설명]

다섯 번째 질문은 양택과 음택의 대소는 어떤 것과 같은가? 대지에는 두 종류의 음양이 있는데, 옛 사람들은 이 일을 나누어 분별하기를 요했다. 뼈대의 바탕을 상세하게 논한 것은 글로 작성함이 있다. 이미 분명하게 논한 것은 분별할 말이 없다. 머무는 곳을 알기를 요하지만 다만 세勢를 원한다. 물이 산을 감싸면 마을은 반드시 기氣가 있다. 홀연히 경사로 대하는 마을에는 쏟아져서 아무 것도 가지지 아니한다. 파쇄되고 경사진 땅은 길지가 아니다. 어수선한 아래를 감아 돌고 조산이 바르게 읍하고 좌와 주산이 돌아오는 자루(직선으로 쏘는 능선) 없이 단정하고 엄격하면 가령 풍요로움이 적다 하더라도 대지는 안정되고 평화롭다. 사는 것은 백년 가업을 성대히 얻는다. 마땅히 작은 혈에 장사지냈지만 혈에 살면 남보다 낮게 산다. 한쪽으로 치우친 혈을 세워 장사지냈지만 혈에 살면 너그럽게 된다.

六問主客山疑龍如何?

육문주객산의룡여하?

問君主客皆端正 兩岩尖圓兩相映 主是三山品字安 客亦三山形一般

문군주객개단정 양암첨원양상영 주시삼산품자안 객역삼산형일반

客山上見主山好 主山上見客山端 此處如何辨賓主 只將水抱便爲眞

객산상견주산호 주산상견객산단 차처여하변빈주 지장수포편위진

水城反背處爲客 多少時師誤殺人 凡觀疑穴看堂局 堂局眞處抱身曲

수성반배처위객 다소시사오살인 범관의혈간당국 당국진처포신곡

忽然平過卻如何 卽以從纏分部屬 纏送護托辨假眞 朝山無從托龍身

호연평과각여하 즉이종전분부속 전송호탁변가진 조산무종탁용신

朝山直來身少曲 眞龍屈曲不朝人

조산직래신소곡 진룡굴곡불조인

[설명]

여섯 번째 질문은 주객산에서 용을 헤아리는 것은 무엇과 같은가? 묻건대 주객은 모두 단정한데 양측 바위는 뾰족하고 둥글게 양측을 서로 비춘다. 주산은 세 산이 품品자로 안정적이고(여기서 주산은 맥을 실은 주능선이 아니고 혈을 맺는 데 필요한 주된 산으로서 내룡과 청룡, 백호를 일컫는 것이다) 객산도 세 산이 일반적인 형상이다(여기서 객산은 혈을 맺은 산에서 봤을 때 주위 산을 일컬음이니 한 능선을 감지 못하고 좌우가 비주하는 산이다). 객산 위에서는 주산이 좋아 보이고 주산 위에서는 객산이 단정하게 보인다면 이곳에서 손님과 주인을 어떻게 식별할 것인가. 단지 물이 감아서 편안한 것은 참된 것(주主)이고 수성이 등을 돌린 곳은 객이다. 다소 지사들은 오판하여 사람을 죽인다. 무릇 혈을 헤아려 보고 당국(당과 국세)을 본다. 당국이 참된 곳은 몸(혈처)을 곡선으로 감싼다. 홀연히 평지를 지나는 것은 어떨 것인가. 즉 얽혀서 쫓아 나뉘었다가 이어지고(보호사로 나뉘었다가 겹쳐지고) 얽히어 호송하면서 의지하는 것(주 능선이 좌우 보호사의 보호를 받는 것)은 진가를 판단한다. 조산이 용신을 맡겨 따르는 산(보호하는 사격)이 없다면 똑바로 온 조산은 몸이 조금 구부러지고 참된 용은 사람이 하여 흐르도록 하지 않아도 굴곡을 한다. (진룡은 자연히 굴곡하도록 되어 있다.)

七問形眞假疑龍如何?

칠문형진가의룡여하?

問君龍固有枝幹 識得枝中幹分亂 故爲於上忽生幹 枝上連生數穴隨

문군용고유지간 식득지중간분란 고위어상홀생간 지상연생수혈수

此是枝龍間旺氣 譬如瓜蔓始生枝 分枝枝上連生子 生子之形必相似

차시지룡간왕기 비여과만시생지 분지지상연생자 생자지형필상사

或如人形必數穴 禽獸之形必同列 凡分形穴必兩三 蓋緣氣類總如一

혹여인형필수혈 금수지형필동열 범분형혈필양삼 개연기류총여일

是故流形去結實 連生種類配遇匹 蛇形必定有雌雄 虎形相配無單只

시고류형거결실 연생종류배우필 사형필정유자웅 호형상배무단지

本山峽裏莫尋蛇 恐是高山脚溜斜 若是眞蛇有鼠蛤 如無鼠蛤是虛花

본산협리막심사 공시고산각유사 약시진사유서합 여무서합시허화

或是娛蛤出面來 亦有燭級爲案砂 大山猛勇莫言虎 恐是朝迎爲主住

혹시오합출면래 역유촉급위안사 대산맹용막언호 공시조영위주주

重峰拜舞似虎行 若是賓虎無關屏 更有肉堆獅子案 如無此案是朝迎

중봉배무사호행 약시빈호무관병 경유육퇴사자안 여무차안시조영

凡辨眞假易分判 若是假穴無眞案 若是眞形案必眞 人人物兩相親

범변진가이분판 약시가혈무진안 약시진형안필진 인인물양상친

獸形降伏如貪噬 禽形必有條爲系 龍形雲雷象近水 月形星案前陳起

수형강복여탐서 금형필유조위계 용형운뢰상근수 월형성안전진기

凡是眞形有眞案 試以類求當識算

범시진형유진안 시이류구당식산

[설명]

 일곱 번째 질문은 형상의 진가에서 용을 헤아리는 것은 무엇과 같은가? 묻건대 용에는 지룡과 간룡이 있다는 것은 고정적이다. 간룡이 어지럽게 나누어진 가운데 지룡이 있다는 것을 깨달아 알아야 한다. 옛날 위에 홀연히 간룡이 생겼고 지룡 위에는 연이어 따르면서 수많은 혈이 생겼다. 이것이 지룡 사이의 왕성한 기氣인 것이다. 비유하면 오이 넝쿨에서 비로소 가지가 생기는 것과 같다. 가지가 나누어진 가지 위에 연이어 새 가지가 생기고 새로운 가지의 형태는 반드시 서로 같다. 수많은 혈에는 사람의 형상과 같다(혈은 사람의 형상처럼 모두 다르다). 날짐승과 들짐승의 형상은 반드시 같은 반열이다(짐승들의 형상은 모두 같다).

무릇 나누어진 형상의 혈은 반드시 2~3개이다(한 능선에서 혈은 1 개가 원칙이나 2~3개가 있을 때는 첫째 혈의 입수도두에서 분리되어 내려가서 두 번째 혈이 맺히고 두 번째 아래 혈은 두 번째 맥에서 나 뉘어 나아가서 세 번째 혈이 맺힌다. 혈은 혈에서 분리되는 것은 아니 다). 대개 기의 종류는 모두 하나로 같은 인연일 것이다.

(여기서 기는 좋은 기운인 생기를 일컬음인 것으로 본다. 그런데 기 는 유익한 기운을 생기라 하고 나쁜 기운을 오기汚氣라 한다. 생기生 氣는 좋은 기운이 발원되는 곳도 있고 지맥이 발원되는 곳에서 나오 는 생기도 있으며 천기天氣를 가두어 발생되는 생기도 있다. 오기는 수맥파에서 발생되는 나쁜 기운이 있고 지자기파에서 발생되는 나쁜 기운도 있다. 바람이 모여서 생기는 살풍도 있다.)

예부터 흘러온 형상은 나아가 열매를 맺고 연이어 생긴 종류는 배 필을 만난다. (한 혈이 불룩한 유혈이든지 돌혈이면 다른 혈은 와혈이 든지 겸혈을 맺는 것이 일반적이다. 그러나 간혹 아닌 경우도 있다.) 뱀 형상은 반드시 자웅이 있도록 정해지고 호랑이 형상은 혼자가 아 닌 서로 짝이 있다. 원래 산골짜기 속에는 뱀을 찾을 수 없다. 두려운 것은 높은 산의 지각은 경사져 흐르는 것이다. 만약 참된 뱀의 형상이 라면 쥐와 조개의 형상이 있다. 쥐와 조개가 없을 것 같으면 허화(가 짜 혈)이다. 혹시 조개가 면전에 와서 나타나는 것은 즐거워할 일이 다. 또 밝은 급수의 안산이 있으면 큰 산은 용맹스런 범이라고 말하 지 않는다. 아마도 조산을 맞아서 주산이 머무는 것이다. 웅장한 봉우 리가 머리를 숙이고 춤추면서 호랑이가 나아가는 것과 같다. 만약 병 풍 같은 관쇄함이 없이 호랑이를 맞이할 것 같으면 두툼한 언덕의 사 자 안이 있다. 이것은 안산 없이 조산을 맞이하는 것과 같다. 무릇 진 가는 판단하여 나누기 쉽다. 만약 가혈이라면 참된 안산이 없다. 만약 참된 형상이라면 안산은 반드시 참되다. 사람마다 양측 물체에는 서 로 친함이 있다고 한다. 짐승의 형상은 머리를 숙이고 엎드리는 것이

먹이를 탐하는 것과 같고 날짐승의 형상은 반드시 계통이 되는 가지가 있다. 용의 형상은 구름과 벼락의 모양이 물 근처에 있다(많은 능선이 여러 겹으로 얽혀 있는 지형). 달 형상은 혈처 앞의 안산이 일어나 벌려 있는 것이다. 무릇 참된 형상이면 참된 안산이 있고, 종류를 구하여 시험하는 것은 인식하여 셈하는 것(혈이 맺히는 이치를 따져보는 것)이 마땅하다.

八問幹作枝衰龍如何?

팔문간작지쇠용여하?

問君前經論貴賤 上是候藩次州縣 幹龍多是生王侯 枝作幹龍亦藩衍

문군전경론귀천 상시후번차주현 간룡다시생왕후 지작간룡역번연

此說分明尚有疑 試擧一說爲君辨 前言盛衰固有爲 枝上又生數條枝

차설분명상유의 시거일설위군변 전언성쇠고유위 지상우생수조지

節節爲龍自有穴 已作未氣自隨 胡爲上作下必歇 亦有下作上必衰

절절위룡자유혈 이작미기자수 호위상작하필헐 역유하작상필쇠

旣饒氣脈相連接 自有氣脈非相依 如何盛衰尚關屬 爲君決此一狐疑

기요기맥상연접 자유기맥비상의 여하성쇠상관속 위군결차일호의

蓋小枝龍氣脈短 又出小枝無轉換 隨龍附氣氣不長 大勢上連枝上幹

개소지룡기맥단 우출소지무전환 수룡부기기불장 대세상연지상간

幹頭未作枝先興 枝上未作幹先榮 枝上未作幹後作 於長枝短力難爭

간두미작지선흥 지상미작간선영 지상미작간후작 어장지단력난쟁

恰似一瓶生數嘴 嘴小口大生水利 不從口出嘴長流 口若盡傾嘴無水

흡사일병생수취 취소구대생수리 불종구출취장류 구약진경취무수

又如大樹生小枝 小枝易瘦大枝肥 大枝分奪全氣去 小枝不代自衰贏

우여대수생소지 소지이수대지비 대지분탈전기거 소지불대자쇠영

更看新作與舊作 年年深淺自可知

갱간신작여구작 연년심천자가지

[설명]

여덟 번째 질문은 간룡은 지룡을 만드는데 쇠룡은 어떤 것과 같은 가? 그대에게 앞의 경전에서 귀천을 논했는지를 묻는다. 상격으로는 왕이 사는 울타리이고 차격은 주현이 된다(상격은 왕이 태어나고 차격은 주현을 다스리는 인물이 태어난다). 간룡은 대부분 왕후를 탄생시킨다. 지룡은 간룡이 만들었는데 역시 넓은 울타리가 된다(주위를 넓게 두른다). 이 말은 오히려 분명히 의심스러움이 있다. 그대가 변별해야 하는 것은 모두를 시험하여 통일된 의견을 진술하는 것이다. 앞의 말은 성쇠가 확고하다는 것이다. 상부에 있는 가지는 또한 많은 곁가지를 만든다. 많은 마디가 있는 용에는 자연히 혈이 있는데, 이미 맺힌 혈은 스스로 따르는 기가 아니다. (이 말은 맥에 의한 혈이 아니고 현장 여건에 따라 맺힌 천기혈로 본다.) 위에서 일으켜서 멀리 아래에서 반드시 그친다(위에서 발원한 맥은 멀리 아래서 반드시 혈이 맺힌다). 또한 아래에서 일으킨 것은 반드시 위에서 쇠한다(맥은 위에서 발원하여 아래로 내려가지 아래에서 일으켜 위로 가지 않는다). 이미 넉넉한 기맥은 서로 연결되어 이어진다. 기맥은 스스로 서로 의지하지 않음이 있다(한 곳에 하나의 혈만 맺힌다). 성쇠가 짝을 지어 얽히고 이어지는 것(성하기만 하든지 쇠하기만 하는 것이 아니고 성쇠가 함께 공존한다는 것)이 무엇과 같은가. 이것을 그대는 여우같은 의심으로 결정할 것인가(확실하다는 것이다). 대개 작은 지룡 기맥은 짧고 또 나타난 작은 지룡은 돌면서 변함이 없다. 용에 붙어 따르는 기는 길지 않은 기이다. 위에 이어진 큰 세를 이루는 지룡 위는 간룡이다. 지룡을 만들지 않는 간룡의 머리는 먼저 일어서고 간룡을 만들지 않는 상부 지룡은 먼저 양쪽 끝이 번쩍 들린 처마 같다. 간룡을 만들지 않는 상부 지룡은 후에 일어나는데, 힘이 모자라는 긴 지룡은 우열을 가리기 어렵다. 마치 하나의 병과 같은 것은 많은 부리를 낳는다(병과 흡사한 능선에는 지각이 많이 생긴다). 큰 입에 작은 부리는 물에는 이로움이 된다. (큰 관문에 작은 능선이 있는 것은 관쇄되지 않아 물이 시원스럽게 흐른다.) 입을 나와 쫓지 않는 부리는 길게 흐른다(관문을 나와 능선을 감싸지 않는 능선은 길게 나아간다). 입구가 없어진 것 같은 경사진 능선은 물이 없다(관문이 없는 경사진 능선은 골짜기가 없으므로 물이 흐르지 않는다). 또 큰 나무에 작은 가지가 생기는 것과 같은데 작은 가지는 수척하기 쉽고 큰 가지는 비대하기 쉽다. 큰 가지가 기를 완전히 나누어 빼앗아 가면 작은 가지는 쇠하게 남아 스스로 대를 잊지 못한다(큰 능선은 맥을 싣고 흘러가서 혈을 맺지만 작은 능선은 맥이 머물지 못하고 보호사 역할만 하는 것을 나무에 빗대어 설명함). 새로 만든 것과 옛날 만들어진 것을 다시 보라. 해마다 깊고 얕음을 가히 스스로 알게 된다. (현재와 과거에 행한 것을 보면 나도 모르는 사이에 발전해 있음을 알게 된다는 것이다.)

九問穴有花假疑龍如何?
구문혈유화가의룡여하?

問君前論穴難尋 唯有朝山識幸心 高低旣以朝爲定 眞穴自可高低計
문군전론혈난심 유유조산식행심 고저기이조위정 진혈자가고저계

只綠前後有花假 假穴在後亦堪下 花穴多生連案前 朝山對峙亦如燃
지연전후유화가 가혈재후역감하 화혈다생연안전 조산대치역여연

若將前相爲證驗 前後花假便不偏 到此令人心目亂 更有一說與人宣
약장전상위증험 전후화가편불편 도차영인심목란 갱유일설여인선

假穴斷然生在後 龍虎雖端涯必溜 穴中看見龍虎回 外面點檢山醜走
가혈단연생재후 용후수단애필유 혈중간견용호회 외면점검산추주

花穴如何生在後 蓋緣連臂使基然 連臂爲案橫生穴 案外有脚輔茵氈
화혈여하생재후 개연연비사기연 연비위안횡생혈 안외유각보인전

其間豈無似穴者 但見外朝尖與圓 癡師誤認此花穴 不知眞穴秘中垣
기간기무사혈자 단견외조첨여원 치사오인차화혈 불지진혈비중원

前花後假人少識 此法元來秘仙籍 景純雖然不著書 今日明言不容惜
전화후가인소식 차법원래비선적 경순수연불저서 금일명언불용석

花穴最是使不迷 後龍斷妙朝又奇 如何使人不牢愛 只有一破徐皆非
화혈최시사불미 후룡단묘조욱기 여하사인불뢰애 지유일파서개비

案山必然向裏是 花穴無容有回勢 朝山只有頂尖圓 定有脚手醜形隨
안산필연향리시 화혈무용유회세 조산지유정첨원 정유각수추형수

若登正穴試一看 呼吸四圍無不至 又有花穴天人知 龍虎外抱左右飛
약등정혈시일간 호흡사위무불지 우유화혈천인지 용호외포좌우비

蓋然正穴多隱秘 或作權鉗或乳垂 龍虎數重多外抱 龍上看虎左右歸
개연정혈다은비 혹작권겸혹유수 용호수중다외포 용상간호좌우귀

虎上見龍左右抱 或從龍虎上針之 不知止穴尙在內 幾是穴邪曲卽非
호상견룡좌우포 혹종용호상침지 불지지혈상재육 기시혈사곡즉비

曲是抱裏正穴 請君以決狐疑
곡시포리정혈 청군이결호의

[설명]

아홉 번째 질문에서 혈에는 가짜 꽃이 있다는 것은 용의 헤아림에서 어떤 것과 같은가? 그대에게 질문하는 것은 앞에서 서술한 혈은 찾기 어렵다는 것이다. 오직 조산이 있다는 것은 행복한 마음을 아는 것이다. 높고 낮은 조산은 이미 정해졌으며 참된 혈은 높고 낮게 계획되었을 따름이다. 단지 앞뒤 가장자리에는 가짜 꽃(가짜 혈)도 있다. 가짜 혈은 뒤에 있기도 하고 또 아래에서 견디기도 한다. (이런 혈처의 흔적 때문에 혈처 앞뒤에 많은 묵묘가 있다.) 아름다운 혈은 대부분 앞에 연이은 안산이 생긴다. 또 조산이 높이 솟아 대하는 것이 불타는 것 같다. 만약 앞을 거느린 것이 서로 증험하는 것 같다면 전후 가짜 꽃은 치우침 없이 편안할 것이다. 이곳에 이른 것으로 하여금 사람의 마음과 눈은 혼란스럽다. 다시 만일 말과 더불어 사람에게 밝힘

이 있다면, 가혈은 단연코 뒤에 생기는 것이고 청룡 백호가 물가에 비록 단정하게 있어도 반드시 흐른다(감싸지 않는다). 혈 중간에서 보이는 용호가 돌고 있는지를 본다. 용호 밖에 있는 보기 흉하게 달리는 산을 검사한다. 뒤에 존재하는 화혈(정혈)은 어떻게 생겼는가. 대개 팔로 하여금 터를 자연스럽게 연이어 두른다. 연이은 팔이 횡으로 안산이 되어 혈을 낳는다. 안산 밖에 있는 지각은 방석처럼 생긴 전순을 돕는데 그 사이에는 어찌 혈 같은 것이 없겠는가. 다만 너머 우뚝 솟고 둥그런 조산을 보라. 어리석은 지사는 이런 화혈을 오인하여 참된 혈을 알지 못하여 중원에 숨긴다. (어리석은 지사는 정혈을 잘못 판단하여 혈을 찾지 못하고 중원에 방치한다.) 앞으로 보면 진혈이고 뒤로 보면 가짜 혈이라고 사람들은 조금 알아 원래 이런 법은 신선이 비밀로 한다고 적는다. 자연적으로는 비록 순수한 경치이지만 책에는 나타나지 않는다. 이제 아끼지 않고 명확하게 말하겠다. 이것으로 하여금 화혈은 가장 미혹하지 않다(가장 순수하다). 후룡은 결단코 묘한 것이며 조산은 또 기이하다. 사람으로 하여금 아끼는 것을 가두지 않는 것은 무엇과 같을까. 다만 혹시 천천히 깨지는 것이 있는 것은 모두 아니다. (세월 따라 서서히 무너지고 깨지는 것은 혈처가 아니다. 혈처는 인위적으로 손상을 입히지 않는 한 아무리 세월이 흘러도 변함이 없다.) 안산이 향 내에 있는 것은 반드시 자연적이다(진혈의 앞에는 반드시 안산이 있어야 한다). 꾸밈이 없는 화혈은 도는 세가 있고, 조산은 다만 꼭대기가 둥그렇게 일어나 있다. 각수(지각)는 어지러운 형태로 따르도록 되어 있다(지각이 여러 겹으로 얽혀 있음을 표현한 것이다. 실제로 명혈은 주위가 지저분할 정도로 얽혀 호위하고 있다.) 정혈에 올라 바라보면서 한 번 시험해 보면 사방에 호흡이 이르지 않는 곳이 없다. 또 화혈(진혈眞穴)은 하늘에 있다고 사람들은 알고 있다. 청룡 백호가 밖에서 좌로 감지만 우로는 날면 대개 이런 경우 정혈은 대부분 은밀히 숨어버린다(혈이 맺히지 않는다). 혹 겸으로 저울질하거나 혹 유혈로 머리를 드리우면 청룡 백호는 대부분 여러 겹으로 밖을 감아 청룡 위에서 백호 왼쪽을 보면 오른쪽으로 돌고 백호 위에서 청룡 왼쪽을 보면 오른쪽을 감싼다. 혹 따르는 청룡 백호 위가 바늘처럼 뾰족하다면 오히려 맥이 그쳐 내부에 혈이 있을지 알 수 없다. 거의 이런 혈은 올바르지 않게 왜곡되어 혈이 아니다. 안으로 곡선으로 감는 것이 바른 혈이니 교활한 여우처럼 헤아려 결단하기 바란다(혈을 결정하기에 심사숙고하라는 말이다).

十問博換疑龍如何?

십문박환의룡여하?

問君尋龍莫失蹤 三吉自有三吉峰 前去定作貪狼體 時時回顧大星宗

문군심룡막실종 삼길자유삼길봉 전거정작탐랑체 시시회고대성종

及至剝換子 卻與前說事不同 蓋緣幹龍行千里 一剝一換一峰起

급지박환자 각여전설사불동 개연간룡행천리 일박일환일봉기

由貪入巨入祿文 次第變入廉武裏 破軍盡變入輔弼 每星十二大盤屈

유탐입거입녹문 차제변입염무리 파군진변입보필 매성십이대반굴

蛇行鵝頂鶴瓜分 失落低平駿馬奔 如此行來又數程 搏換變易又前行

사행아정학과분 일락저평준마분 여차행래우수정 박환변역우전행

前行直到藩垣裏 四外有山關水至 低平尚有輔弼形 此星入垣尋至止

전행직도번원리 사외유산관수지 저평상유보필형 차성입원심지지

幹龍行不問祖宗 枝上顧祖卻不回 幹上剝換節節去 枝上落穴必顧宗

간룡행불문조종 지상고조각불회 간상박환절절거 지상락혈필고종

千龍一變少亦九 多者或至十二重 一星十二節始變 周而復始換頭面

천룡일변소역구 다자혹지십이중 일성십이절시변 주이복시환두면

貪尖巨方小臥蠶 如此周圍換盡貪 換貪若盡卽入巨 亦如貪狼數節去

탐첨거방소와잠 여차주위환진탐 환탐약진즉입거 역여탐랑수절거

多至十二少九變 卻變祿星分台去 祿存節數如貪巨 換了文廉又至武

다지십이소구변 각변녹성분태거 녹존절수여탐거 환료문렴우지무

다지십이소구변 각변녹존분태거 녹존절수여탐랑 환료문염우지무

博換若周卽轉星 輔星三四兩起程 兩星入午必平漫 輔星入首多曲形

박환약주즉전성 보성삼사양기정 양성입오필평만 보성입수다곡형

此是變星變盡處 變盡垣城四外迎 凡觀一星便觀變 識得變星知近遠

차시변성변진처 변진원성사외영 번관일성편관변 식득변성지근원

遠從貪起至破軍 換盡龍樓生寶殿 雖然高聳卻不同 還是尖峰高山面

원종탐기지파군 환진룡루생보전 수연고용각불동 환시첨봉고산면

一博一換形不同 豈可盡言顧祖宗 君如識得變星法 千里百里尋來龍

일박일환형불동 기가진언고조종 군여식득변성법 천리백리심래룡

誰人識得大龍脊 山正好時無脚力 裏費不惜力不窮 其家世代腰金紫

수인식득대룡척 산정호시무각력 이비불석력불궁 기가세대요금자

幾看變星先看斷 斷處多時星必變 如此斷絶曲屈行 高入靑眞變鶴形

기간변성선간단 단처다시성필변 여차단절곡굴행 고입청진변학형

鶴形漸低必斷絶 斷絶複起是支星 卻認變星辨貴巨 或是廉文武祿存

학형점저필단절 단절복기시지성 각인변성변귀거 혹시염문무녹존

只以交星逆求程 識得變星節數法 不必論程窮脚力 只從變盡至弼星

지이교성역구정 식득변성절수법 불필논정궁각력 지종변진지필성

豈愁不識得垣城

기수불식득원성

[설명]

열 번째 질문에서 박환은 용을 어떻게 헤아릴 것인가? 그대에게 묻는 것은 자취를 잃음이 없는 용을 찾는 것이다(맥이 잘리거나 손상되지 않고 흐르는 산 능선을 찾는 것이다). 삼길은 삼길봉에 있는 것이 자연적이다. 앞으로 나아가서 탐랑체를 짓는 것이 정해졌다. 때때로 돌아 커다란 종산을 돌아본다. 일정한 곳에 이르러 박환하여 열매를 맺으니 도리어 앞에서 설명한 것과는 같지 않다. 대개 간룡과 인연되

어 천리를 행하고 한 번 박환하여 하나의 봉우리를 세운다. 탐랑 목체로 말미암아 거문 토체로 들어오고 지각이 많은 녹존도 되고 물결을 이루는 문곡으로 들어온다. 다음에는 불꽃처럼 생긴 염정으로 들어와 둥그런 무곡 속으로 변한다. 깃발이 나부끼는 듯한 파군이 다하여 보성과 필성으로 들어와 변한다. 매번 성星은 12방향(360도 원주를 12 등분하여 나눔)으로 크게 굴곡하여 서려 있다. 뱀이 나아가서 거위 머리가 되고(뱀처럼 가느다란 능선이 나아가서 머리를 들어 돌처가 되고) 학이 나뉘어져 오이가 되고(학의 몸통처럼 두툼한 능선이 나뉘어져 오이처럼 불룩하면서 길쭉한 능선이 되고) 낮은 평지로 떨어져 준마가 빠르게 달아난다(낮은 평지로 떨어진 능선이 빠르게 달리는 말처럼 길게 놓였다). 이와 같이 행하여 오는 것이 재차 수리가 된다. 박환은 변하여 바뀌는 것이고 거듭하여 앞으로 나아가는 것이다. 앞으로 똑바로 나가서 울타리 담장 내에 도달하여 4방위 밖에는 관쇄하는 산과 이르는 물이 있다. 낮은 평지에는 보필 형상이 높게 있고 보필성은 담장으로 들어와 이윽고 이르러 멈추게 된다. 간룡은 조종산을 찾지 않고 나아간다(간룡은 조종산에서 나온 중심 용맥이라는 것이다). 지룡 위에서는 돌지 않고 물러나 조산을 돌아본다. (지룡은 간룡에서 옆으로 뻗은 능선이므로 조산을 바라볼 수 있다.)

간룡 위에서는 박환하여 여러 마디를 지어 나아가고 지룡 위에 떨어진 혈은 반드시 종산을 돌아본다. (종산 쪽으로 뻗은 지룡이면 종산을 보지만 반대 쪽으로 뻗은 지룡은 종산을 볼 수 없다.) 천룡(많은 용)이 모두 변하여 작아지고 또 9성으로 된다. 많은 것은 혹 12번 되풀이에 이르고(여러 겹으로 감쌈) 1성이 비로소 12마디로 변하며 (한 능선이 많은 위이와 굴곡을 하며) 주위는 비로소 다시 머리와 얼굴(둥근 봉우리와 평평한 지형)로 바뀐다.

탐랑은 끝이 뾰족한 첨탐랑과 각진 거문과 같은 평탐랑, 소탐랑, 작은 누에가 누운 것 같은 직탐랑으로 되며 이같이 주위는 모두 탐랑으로 바뀐다. 거문으로 들어와 모두 곧 탐랑으로 바뀌면 또한 탐랑은 수많은 마디로 나아가는 것 같다. 12방위(사방)에 이르러 대부분은 다소 구성으로 변한다. 변하여 녹존이라는 별이름으로 나뉘어 물러나 나아가서 마디가 많은 녹존은 탐랑 거문과 같고(마디가 많고 봉우리가 탐랑, 거문인 것을 녹존 탐랑, 녹존 거문이라고 한다) 문곡 염정으로 변환하고 마침내 무곡에 이른다. 박환은 두루 곧 변하는 별과 같다면 보성은 3 또는 4로 짝을 지을 정도로 일어난다. 오방으로 들어와 짝을 지은 별(산봉山峰)은 반드시 평평하게 넓고 입수되는 보성은 대부분 곡선 형상이다. 이것은 성星이 변하여 변함이 끝난 곳이며, 변함의 끝남은 원성 4방위(局局의 주위) 밖에서 맞이한다. 무릇 하나의 별을 보고 한편 변한 것을 잘 주의하여 본다. 변한 산봉山峰을 인식한다는 것은 멀고 가까운 것을 아는 것이다. 탐랑이 일어나 멀리 쫓아 파군에 이르고 용루가 변환함이 끝나서 보전을 낳는다. 비록 높이 솟아 물러나지만 같지는 않고 뾰족한 산봉우리를 높은 산면이 돌아간다. 한 번 박환하는 형상은 같지 않으니 어찌 다하여 조종산을 돌아본다는 말이 옳겠는가. 그대가 변성법을 안다면 천리 백리에서 달려오는 용을 찾는다. 큰 산의 등마루를 깨달아 아는 사람은 누구인가. 산을 올바로 좋아할 때는 다리에 힘이 없다. (오랜 세월 동안 연구할 때는 몰랐는데 산을 올바르게 알 때가 되니 늙어 버렸다는 것이다.) 이면에는 비용을 아끼지 않고 힘도 궁하지 않으면(혈처를 찾는데 비용을 아끼지 않고 열심히 최선을 다해 찾으면) 그런 가문은 세대에 걸쳐 자줏빛 금혁대를 찬다. 바라건대 변성을 보는 것은 먼저 절단된 곳(과협처)을 본다. 절단된 곳이 많을 때는 성星은 반드시 변한다. 마치 이것은 단절하고 굴곡이 되어 행하는 것과 같다. 푸르고 참된 모습(생동감 있고 바른 모습)으로 들어와 높이 솟아 학의 형상(고상한 형상, 반듯한 형상)으로 변하고, 학의 형상은 점점 낮아져 필히 단절하고(과협을 이루고) 겹쳐 일어난 단절은 성星을 분리시킨다. 변성은 물러나 귀한 거문성으로 변화함을 인정하고 혹은 염정과 문곡, 무곡, 녹존으로 변화한다. 다만 성은 섞여짐으로써 역으로 법칙을 구하여 변성의 절수법을 깨달아 인식한다. 법칙을 궁구하고 다리의 힘을 논하는 것은 필요하지 않으며 다만 변성을 쫓아 모두 필성에 이르니(산 능선이 변하여 혈처를 중심으로 도와주는 사격에 이르니) 어찌 원성 터득을 깨닫지 못함을 근심하랴. (혈처를 중심으로 담을 두르고 성을 쌓아 보호하는 것이 자연의 이치이니 근심할 필요가 없다는 것이다.)

도장십이법倒杖十二法

순장법順杖法

脈緩中落用順杖 以正受謂之撞穴 如龍勢軟活 脈情透遁 不籍饒減
맥완중락용순장 이정수위지당혈 여룡세연활 맥정투둔 불적요감
湊脈葬呑 陽來陰受 陰來陽提 直奔直送是也 要下砂逆關 前案特朝
주맥장탄 양래음수 음래양제 직분직송시야 요하사역관 전안특조
胎水交結於前 大小橫過銷斷 作福必大 然不可以棺頭正頂基氣
태수교결어전 대소횡과소단 작복필대 연하가이관두정정기기
恐氣沖腦散
공기충뇌산

[설명]
맥이 부드럽게 떨어지는 가운데(완만한 경사를 이루는 능선) 순장
법을 사용한다. 이것은 당혈에 이르러 바르게 받음으로써 연하게 활
동하는 용의 세와 같다. (변화 없이 완만하게 늘어진 능선에 맺히는
유혈이다.) 맥의 정세는 투명하게 숨기면서 장사는 넉넉하고 줄이는
것을 적는 것이 아니라 맥이 모여 삼키는 곳에 지낸다(맥이 멈추어 혈
이 맺힌 정혈처에 장사지낸다). 맥이 양陽으로 오면 음陰으로 받고 음
으로 오면 양으로 드러낸다. [맥이 불룩하게 내려오면 오목한 곳에 혈
이 맺히고 오목한(나지막한) 모양으로 오면 불룩한 곳(주위가 넓고 풍
만한 곳)에 혈이 맺힌다는 것이다. 그런데 바람을 갈무리하지 못하
는 곳에서는 적용할 수 없다.] 똑바로 달리는 곳에서는 똑바로 보낸
다. (수평으로 된 능선이 길게 형성된 곳이다. 이런 곳에서는 능선 끝
에서 둥그렇게 뭉치는데 완만한 능선 상에는 많은 묘를 조성하여 대
부분 묵묘들이다. 과룡지처過龍之處에 장사지낸 것이다.) 아래 사격
은 역으로 돌면서 관쇄되고 앞의 안산은 특별하게 솟아야 한다. 물이

처음(샘물)에서 흘러와 혈 앞에서 서로 만나 결합하고 크고 작게 가로 질러 지나가서 보이지 않게 되면(혈처 앞을 완전하게 감고 돌게 되면) 일어난 복은 반드시 크다. 정상이 바르고 터에 기가 있는 꼭대기에 관을 옳지 않게 놓으면 기가 약해지고 뇌가 흩어질까 두렵다. (좌향에 맞게 혈처에 정확하게 관을 놓고 장사지내야 함을 장조한 것이다.)

역장逆杖

脈急中沖用逆杖 以芳求龍之倚穴 如龍勢雄强 氣脈急硬 饒減轉跌
맥급중충용역장 이방구룡지의혈 여룡세웅강 기맥급경 요감전질

避然葬吐 拂耳枕臂 挫急歸緩斜 倚直倚是也 要衆山拱固 衆水交結
피연장토 불이침비 좌급귀완사 의직의시야 요중산공고 중수전질

明堂平正 四獸成備 作福甚遠
명당평정 사수성비 작복심원

[설명]
맥이 급하게 내려와 충기沖氣(하늘과 땅 사이에 잘 조화된 기운)된 사이에 역장을 사용하는데, 이것은 용에 기댄 혈을 구하여 쓰는 아름다운 것이다. 용의 세가 웅장하고 강하고 기맥은 급하고 굳셀 것 같으면 넉넉하게 덜고 굴러 넘어지는 것을 피하여 장사지낼 때는 토하는 것처럼 지낸다. (경사지에 갑자기 평평해지는 곳에서 이루어지는 장법인데 좌우가 넓은 곳에서 넉넉하게 파내고 뒤로 붙여서 굴러 넘어지는 것을 피하듯이 장사를 지내면 마치 토해낸 것 같은 모양이 된다. 이때 주의할 것은 뒤를 너무 깊게 파면 맥을 손상시킬 수 있으므로 신중을 기하여야 한다.) 귀와 베개 팔로 떨어져 급하게 꺾이어 완만한 경사로 도는 것은 바르게 의지하고 옳게 의지하는 것이다. [귀

(오목한 곳), 베개(불룩한 입수도두), 팔(좌우 불룩한 선익)은 경사지
에서 돌출된 부분인데 돌출된 부분이 완만한 경사로 혈처 앞을 도는
곳에 바르고 옳게 장사지낸다는 것이다. 이런 곳에서 뒤로 바짝 붙이
면 앞에서 능선을 타고 오르는 바람이 미치지 않고 좌우 능선을 타고
도는 바람도 피하게 되어 옳게 장사지낸다는 것이다.] 모든 산은 굳게
두 손을 맞잡은 형태(혈처 앞에서 여러 겹으로 완벽한 관쇄)이고 모
든 물은 서로 만나 합치고(모든 물이 혈전으로 모이고) 명당은 평평하
고 바르며 사수(청룡, 백호, 주작, 현무)는 갖추어지기를 바란다. 일어
난 복은 더욱 영원하다. (경사지에서 완만해지기 시작하는 곳에 혈이
맺힌 곳인데 국내에 있는 대부분 묘들은 묵묘 또는 파묘 터이다. 뒤로
바짝 붙이지 않아 능선을 타고 도는 바람 길에 놓였기 때문이다.)

축장縮杖

脈甚急就頂揷蓋曰縮 有如柱劍之聚 環頭者謂之降煞穴 生煞穴寒桶漏
맥심급취정삽개왈축 유여주검지취 환두자위지강쇄혈 생쇄혈한통루
穴是也 如四山高峻環抱本山低 纏而脈短 打開百會湊緊 蓋送拂頂關脈
혈시야 여사산고준환포본산저 전이맥단 타개백회주긴 개송불정관맥
葬之使之乘氣 要四獸全備 並不孤露 主後趺斷複起 穴前明堂又有一泓
장지사지승기 요사수전비 병불고로 주후질단복기 혈전명당우유일홍
眞水者方結 否則粗氣未脫 八風交吹
진수자방결 부칙조기미탈 팔풍교취

[설명]
맥이 매우 급하게 이르러 정수리에 꽂아 덮는 것을 축장縮杖이라
고 말한다. 기둥과 칼 같은 것이 가서 둥글게 모여 있는 머리는 소위

아래로 내려와 감해진 혈穴이다.(절벽 같은 능선이 낮게 떨어져 둥글게 뭉친 곳에 맺힌 혈이다.) 감해진 혈이 생기는 것은 가득 찬 통에서 새어나와 맺힌 혈인 것이다. (급경사진 능선이 아래로 떨어져 돌처를 이루어 수평을 이룬 능선 끝에 둥그렇게 뭉치고 머리를 숙인 오목한 곳에 장사지내는 것이다. 이 모습은 마치 통에 가득 찬 기운이 새나와 맺힌 혈처로 보인 것이다.)

높고 험준한 사면의 산이 고리처럼 둥글게 안은 것 같은 본산은 낮게 얽히어 맥은 짧고, 많이모이도록 두드리고 열어 긴요하게 모여드는 곳이다. 대개 정상으로 보내 떨쳐 얽힌 맥에 장사지내려 할 때는 기氣를 타야 한다. 4수(현무, 청룡, 백호, 주작)가 완전하게 갖추어지고 아울러 외롭게 드러나지 않아야 한다. (혈이 맺히도록 혈처 주위를 잘 감싸서 생기가 모이도록 해야 한다는 것을 강조하였다.) 주산 뒤는 끊어졌다가 다시 일어나기를 반복해야 하고 혈 앞은 밝고 번듯해야 하며 오로지 깊은 물이 있어야 한다. 참된 물은 바르게 얽혀 있는 것이고 부정적인 것은 거친 기운을 벗지 못한 것이며 팔풍(주위 바람)이 불어 교란을 일으키는 것이다. (기복起伏을 반복하면서 달려온 능선이 주위를 잘 감싼 돌처에 장사지내는 것을 설명한 것이다. 돌처에 혈이 맺힐 때는 돌처는 국局의 중심이고 급경사를 이루어 바람을 하늘로 날려야 하며 주위가 완벽하게 감싸고 있다.)

이장離杖

脈甚急 就龍虛粘曰離 有如懸筆之垂 珠滴者謂之脫煞穴 抛穴接穴
맥심급 취룡허점왈이 유여현필지수 주적자위지탈쇄혈 포혈접혈

大陽影光穴懸棺長鬚卦是也 如龍雄勢猛 卽落平洋 結成盤珠 鋪毯展度
대양영광혈현관장환괘시야 여룡웅세맹 즉락평양 결성반주 포담전도

遙對來脈壘土浮揷 高大爲墳便知聚氣 須用客土堆成 要有微窩靨或草
요대래맥루토부삽 고대위분편지취기 수용객사퇴성 요유미와엽혹초
蛇灰線者方結 否則旺氣未平 必主災禍
사회선자방결 부칙왕기미평 필주재화

[설명]

맥이 매우 급하게 나아가서 용의 빈 공간에 끈끈하게 붙는 것을 이
離라고 하는데(경사지에서 떨어지는 것인데 경사지에 오목하게 된 곳
에 끈끈하게 붙듯이 장사지내는 장법을 이르는 것이다) 붓을 매달
아 드리운 것과 같은 것이 있다. (경사가 아주 심한 능선을 나타내는
것이다.) 주적(구슬과 물방울)이 빠르게 빠지는 혈이라고 이르는 것
이다. (구슬과 물방울처럼 생긴 것이 오목한 곳에 빠르게 떨어져 빠지
는 것 같은 모습의 혈이라는 것이다.) 포혈(경사지 능선에 던져서 붙
는 모양의 혈, 괘등혈) 접혈(구슬을 꿴 듯한 능선 중에 가운데 능선에
맺힌 혈, 앞의 능선은 자기 안산이 됨) 빛이 비추어 크게 드러낸 혈(급
경사지에 불룩하게 돌출된 혈)은 부인婦人의 긴 결발結髮같고 점칠
때 뽑는 괘 같은 것에 관을 매달은 것 같은 것이다. (능선이 똑바로 길
게 늘어진 능선에 맺힌 혈, 연소혈燕巢穴) 마치 세가 용맹스런 숫룡이
평지에 놓여 있는 것 같으며(평평한 평지에 우람한 능선이 놓여 솟구
친 모양의 산을 이르는 것 임) 가게에 담요를 펼쳐 놓고 쟁반 위에 구
슬이 맺힌 것 같다. (평탄하고 넓으면서 둥그런 지형의 가운데에 구슬
을 올려놓은 것 같은 혈처를 이르는 것임.) 멀리서 오는 맥에 대하여
흙을 쌓아 떠 있는 곳에 삽입한 것이 높고 큰 봉분처럼 둥그렇게 되니
기가 모였음을 알게 된다(평지 돌혈을 표현한 것임). 보조개처럼 약간
오목한 곳이 있고(넓은 곳에 보조개처럼 오목하게 생긴 와혈) 혹은 풀
밭에서 뱀이 재를 뿌린 곳에 선을 긋는 것도 결혈하는 방법인데(평지
에 맥이 지나가는 길이 재를 뿌려서 선이 그어진 것처럼 나타나는 것

인데 현재는 개발로 인하여 볼 수 없으니 추상적인 내용이다. 눈으로
는 볼 수 없지만 추맥봉으로는 확인이 가능하다.) **다른 곳의 흙을 사
용하여 봉분을 만드는 것도 필요하다.** (약간 오목하든지 평지에 혈이
맺혔을 경우는 봉분을 조성하려고 주위를 파면 맥에 손상을 줄 수 있
고 지면보다 낮게 되어 물이 광중으로 스며들 수 있으므로 다른 곳에
서 흙을 운반하여 묘지를 조성해야 한다.) **왕성한 기운이 고르지 않은
부정적인 것은 반드시 주인에게 재앙과 화를 주는 것이다.** (급한 경사
지의 혈이든지 평지에 있는 혈을 불문하고 혈은 장법이 잘못되면 기
운이 이탈하게 되니 신중을 기해야 된다고 강조하였다.)

몰장沒杖

形俯面飽用沒杖 如肥乳頑金 氣脈微茫 乘其所止 開金取水氣 闊理台道
형부면포용몰장 여비유완금 기맥미망 승기소지 개금취수기 활리태도
端正沈葬 謂之葬煞穴 卻不可錯認頑硬天罡以誤人
단정침장 위지장쇄혈 각불가착인완경천강이오인

[설명]
구부린 면이 배부른 형상처럼 불룩한 곳에는 몰장을 사용한다. 완
만한 금성체(솥을 엎어 놓은 형체)이나 풍만한 젖통(종을 엎어 놓은
형체)과 같다면 기맥은 어렴풋이 망망하지만 그곳을 타고 그친다. (금
성체의 불룩한 돌처에서 돌혈로 혈이 맺힌다.) 열린 금성(주위에 가까
이 보호사 없이 불룩하게 불거진 곳)은 수기를 취하여(원진수가 둥글
게 감싼 것을 이용하여) 나의 도를 넓게 다스려(혈처를 감지하는 능력
을 이용하여) 단정하고 낮게 장사를 지내니 쇄혈(오목한 혈)에 장사지
냄을 이르는 것이다.

각설하고 천강(하늘의 별이름)을 완고하고 단단하다고 인정함을 사람들이 잘못 생각함으로써 그르치는 것은 옳지 않다. (구부리면 배가 불룩한 형상인데 솥을 엎어 놓은 것 같고 풍만한 젖통 같은 돌처에서는 깊이 파서 오목하게 낮추고 사성을 둥그렇게 하여 사방에서 불어오는 바람을 막아야 하는데 완고하고 단단하다고 하여 제대로 주위를 다스리지 못하는 것은 잘못된 것임을 강조한 것이다.)

*여기서 주의할 것은 너무 깊이 파서 맥을 손상시켜서는 절대로 안된다는 점이다.

천장穿杖

形仰口小用穿杖 如瘦體削木 氣脈淺促 串其所來 取宛宛之中 鑿孔穿入
형앙구소용천장 여수체삭목 기맥천촉 관기소래 취완완지중 착공천입
側撞斜插 橫撞深插 謂之被煞穴却不可錯認欹斜掃蕩以誤人
측당사삽 횡당심삽 위지피쇄혈각불가착인의사소탕이오인

[설명]
조그마한 입구로 쳐다보는 형상에는 천장을 사용한다. 나무를 깎아 야윈 것 같은 몸체의 기맥은 낮고 촉박하게 그곳을 꿰어온다. (가는 능선에서 기맥은 촉박하게 능선 속을 타고 온다.) 구불구불한 중간을 취하여 구멍을 뚫고 뚫으면서 들어온다. (가는 능선을 타고 오는 맥이 벗어남 없이 능선 중간을 취하는 모습이 마치 굴을 뚫으면서 오는 것 같다는 것이다. 어렵게 맥이 진행함을 표현한 것이다.)

측면을 쳐서 비스듬히 꽂고(맥이 방향을 돌려 오목한 곳에 혈이 맺힌 곳인데 마치 측면을 쳐서 장사지낸 것 같다.) 가로로 치면서 깊게 꽂는다. (가는 능선 끝에서 좌우가 불룩하게 된 곳에서 오목하게 장사

484

지내는 것이다.) 이를 일컬어 감함(오목한 곳)을 입는 혈인데 경사진 것을 쓸어버린다고 인정하는 것을 사람들이 잘못 생각함으로써 착각하는 것은 옳지 않다.

(가늘게 내려오는 능선을 이르는 말인데 좌우로 몸을 많이 흔들면서 내려오는 것이 특징이다. 그 모습이 매우 가냘픈데 맥은 구멍을 뚫으면서 어렵게 능선을 타고 오는 것처럼 보인다. 측당사삽側撞斜揷이라는 표현은 맥이 진행하는 방향에는 바람이 치고 능선을 오르므로 방향을 돌려 혈이 맺히는 것이고 횡당심삽橫撞深揷이라는 표현은 좌우가 불룩하고 오목하게 혈이 맺히는 곳인데 공히 오목하게 파서 좌우에서 치는 바람을 피하여 장사 지낸다. 이곳에서 주의할 것은 능선 뒤로 바짝 붙여야 한다. 그러므로 천穿이라는 표현을 사용했다.)

개장開杖

山長橫體用開杖 如開斧眠然 龍勢延表 借堂收納于後樂 端正之中
산장횡체용개장 여개부면연 용세연표 차당수납우후락 단정지중
前朝登對之所 貫腰架折 貼腰架折 貼脊實倚 重揷深揷謂之馭煞
전조등대지소 관요가절 첩요가절 첩척실의 중삽심삽위지어쇄
而拿址牽弓腕監坂鞍之穴是也
이나지견궁완감판안지혈시야

[설명]
산이 길게 가로 질러 놓인 능선에는 개장을 사용한다. 쉬고 있는 것 같은 도끼가 펴질 것 같으면(횡으로 맥이 꺾이어 내려가고 능선은 더 나아가서 혈처 쪽으로 휘어질 것 같으면) 용세는 겉으로 이어져 집 뒤 낙원(혈처 뒤 공간)으로 끌어들임을 도와(더 진행하는 능선은 혈처 쪽

으로 휘어짐을 설명함) 가운데(좌우의 보호를 받으면서 횡으로 내려온 능선)는 단정하고 앞의 조산은 그곳을 대하여 오른다. (혈이 맺히면 앞의 조산이 놓여진다.) 허리를 건너질러 휘어 꿰뚫기도 하고(산능선에서 옆으로 빠진 능선이 아래로 더 전진하기도 하고) 허리를 건너질러 휜 곳에 붙기도 하며(능선에서 옆으로 빠지자마자 혈을 맺기도 하며) 등마루에 열매로 붙어 의지하기도 한다. (능선에 혈을 맺는 것인데 책에는 기마혈騎馬穴이라고 적고 있다.) 두툼하고 깊게 꽂아 덜어 내어 다스림을 이르는 것이다. (좌우를 두툼하게 하고 뒤로 바짝 붙여 오목하게 인위적으로 꾸미는 것이다.) 그리고 팔로 활을 끌어 당겨 잡은 터는 고개의 말안장혈로 보는 것이다. (활을 잡아당긴 듯한 둥그렇게 안산을 이룬 곳에는 앞이 트였으므로 자기 안산을 세워 전면을 보호하는데 혈이 맺힌 곳의 모양이 말안장처럼 생겼다. 일명 과협혈인 것이다.)

(횡혈이 맺히는 곳을 설명했다. 용맥이 진행하면서 횡으로 능선을 내려 길게 내려가서 혈을 맺기도 하고 바로 횡혈을 맺기도 한다. 진행하던 능선은 더 나아가 혈처 쪽으로 돌아 둥글게 국국局을 이루는데 횡으로 내린 능선에 맺힌 혈은 가까이서 보호사 없이 열린 모습이다. 횡으로 능선을 내리지 않고 능선에 혈이 맺히는 곳도 있는데 이런 곳에서 이루는 장법이기도 하다. 중삽심삽위지어살重插深插謂之馭煞의 뜻은 능선의 좌우를 두툼하게 사성을 조성하고 오목하게 와혈처럼 흙을 덜어내어 다스린다는 것이다. 깊이 앉는 모습이며 앞이 열렸을 때는 스스로 조그마한 자기 안산을 세워 혈처를 보호하기도 한다. 이 모습이 옆에서 보면 말안장처럼 생긴 혈처이다. 마지막 구절은 혈처에서 활을 당겨서 둥글게 이룬 활시위처럼 안산을 이룬 모습을 표현했다.)

절장截杖

山長直體用截杖 如騎馬脊然 氣脈不住 直御前去 於稍停弱緩之處
산장직체용절장 여기마척연 기맥불주 직어전거 어초정약완지처
四證有情之所 求覓微窩 隨脈騎截 依法造作 謂之欄煞 卽直截橫截
사증유정지소 구멱미와 수맥기절 의법조작 위지란쇄 즉직절횡절
騎龍斬之穴是也
기마참지혈시야

[설명]

산이 길게 똑바로 내려오는 능선에 절장을 사용한다. 등마루에 말
을 탄 것과 같으면 기맥은 머물지 못한다(능선 등마루가 변화 없이 꼭
바르면 맥이 머물지 못한다). 똑바로 몰아 앞으로 나아가서 약간 완만
한 곳의 끝에서 머문다. (똑바른 능선이 나아가다가 약간 경사가 완만
해지는 곳의 끝에서 맥은 머물러 혈을 맺는다.) 4면이 유정한 곳이 되
어 증명된다. (좌우가 넓고 두툼하며 앞은 약간 불룩하고 뒤 능선은
약간 잘록하여 좌우에서 부는 바람이 몰아 넘나드는 지형이 되어 맥
이 멈추는 조건이 된다.) 약간 오목한 와혈을 구하여 찾아서 따르는
맥을 끊어 타고 법에 의지하여 조작하니(맥을 타는 오목한 와혈을 구
하여 정확하게 점혈하고 이법에 따라 좌향을 정하니) 이를 일컬어 테
두리를 덜어낸다고 한다. (덜어낸다는 말은 땅을 판다는 것인데 테두
리를 파서 사성을 조성한다는 것이다.) 즉 똑바로 자르고(능선 중간에
혈이 맺히어 똑바로 터를 조성하고) 가로 질러 잘라서(맥이 방향을 돌
려서 맺힌 혈을 횡으로 조성해서) 용을 베어 탄 혈이다(능선에 오목하
게 맺힌 혈이다).

(직선으로 길게 흐르는 능선에는 혈이 맺히지 않으며 능선이 느슨
하여 약간 오목한 곳이 있으면 와혈로 맺히는데 '직절횡절直截橫截

기룡참지혈시야騎龍斬之穴是也'라는 문구 때문에 길고 직선으로 된
비혈지 능선에 묘를 조성하여 묵묘로 된 곳이 대부분이다. 혈이 맺히
지 않은 능선에서는 위험하므로 맥의 흐름과 맥의 머무름을 알지 못
하면 추측으로 장사지내서는 안 된다. 간혹 직선으로 된 능선에 혈이
맺히는 경우가 있는데 이를 기마혈騎馬穴이라고 하며 혈처는 뱀이
근방 먹이를 삼켜서 몸통이 불룩한 것처럼 능선 좌우가 불룩하고 전
후는 약간 잘록하며 앞은 약간 일어나서 좌우 바람은 돌고 전후로 넘
나들어 혈처는 아늑하다. 그런데 이런 곳은 능선에서 낮은 것처럼 보
이므로 대부분 비어 있다.)

대장對杖

上剛下柔 就剛柔交 接處對脈中揷 故曰對 蓋居高則峻急 處卑則微軟
상강하유 취강유교 접처대맥중삽 고왈대 개거고즉준급 처비즉미연
乃於高低相代之所 乾濕暫判之間 平分緩急 剛柔相濟 中正對撞 隨勢
내어고저상대지소 건습잠판지간 평분완급 강유상제 중정대당 수세
裁成使其得宜 謂之中聚撞穴 要左右相登 並無凹陷 穴情明白 生氣呈
재성사기득의 위지중취당혈 요좌우상등 병무요함 혈정명백 생기정
霧方結 本然上泄下徒 難免土蟻之患
무방결 본연상설하도 난면토의지환

[설명]
위는 강하고 아래는 부드럽고 강하게 나가서 부드럽게 바뀌어 맞이
하는 곳에 대해 맥의 중간에 꽂는 것을 대라고 한다. 대개 높이 있으
면 높고 경사가 심하다. (높은 곳에 혈이 맺힐 때는 주위는 절벽처럼
경사가 심하여 바람을 하늘로 날리는 곳이다.) 낮은 곳에 있으면 어슴

푸레 부드럽다(낮은 곳에 맺힌 혈은 주위가 희미하고 부드럽다). 높고 낮음이 서로 번갈아 있는 장소(반복되는 기복起伏으로 이루어지는 장소)로서 마르고 습함(마르다는 것은 높다는 것이고 습하다는 것은 낮은 부분)을 잠깐 판단하는 사이에 평탄한 곳에서 완만하고 급함(평탄한 곳에서 완만한 중에 푹 꺼진 부분)으로 나누고 강하고 부드러움(암반으로 이루어진 곳에 혈처는 부드러움을 나타내는 것)이 서로 이르고 부딪침에 대해서도 중심은 바르고(주위가 거칠어도 혈처는 바르고) 세를 따라 그것(혈처)을 마땅히 얻음으로 하여금 이루어짐을 헤아린다. 중심에서 당혈(오목한 혈)을 취함을 일컫는다. 좌우가 서로 불룩하고 아울러 헤짐 없이 오목하기를 바란다. (와혈은 좌우가 불룩하고 손상됨 없이 오목하다는 것을 강조를 했는데도 묘가 조성된 곳을 보면 혈처는 비워 놓고 불룩한 곳에 조장하여 대부분 묵묘들이다.) 혈의 정신은 명백하고 생기는 안개의 방법으로 드러내어 맺힌다.

[혈정은 확실하고 생기는 안개가 피어나듯이 작용하여 혈이 맺힌다. (작가는 기감이 뛰어나신 분 같다.) 본래 위에서 새고(맥이 잘리고) 아래에서 맨손(가람이 없으면)이면 흙에서 개미의 근심을 면하기 어렵다. (충염을 면하기 어렵다.)]

[상부는 강하고 경사가 급한데 아래로 내려오면 부드럽게 되는 능선의 중간에 묘지를 조성하는 것을 대對(좌우로 치우치지 않고 능선에 똑바로 묘를 쓰는 것)라고 하며 좌우가 불룩하고 골 짐이 없이 오목하게 이루어져야 바른 혈처이며 생기가 안개처럼 주위에 미친다. 이런 형상이면 좌우에서 부는 바람이 둥근 부분을 타고 돌아 혈처는 아늑하다. 위에서 샌다는 것은 혈처 뒤가 잘렸음을 이르는 말이고 앞은 감싸는 것이 기본인데 열렸으면 불룩하든지 자기 안산이 있어서 전면에서 불어오는 바람을 막아주어야 진혈인데 그렇지 않으면 비혈지이므로 광중에 개미가 집을 짓는다는 것이다.

맥의 중간에 꽂는다는 문구 때문에 능선에 묘를 짓는 경우가 있는

데 대부분 묵묘이다. 중요한 것은 바람처리가 완벽하지 않은 곳은 혈이 맺히지 않기 때문이다.]

철장綴杖

勢强脈急 就山麓低緩處實粘 故召綴 當脈則大調 脫脈則犯冷 乃於恩氣
세강맥급 취산록저완처실점 고소철 당맥즉대조 탈맥즉범냉 내어은기
已脫之前 勁氣旣欄之後 稍離三尺 緩其悍急 使其沖和 謂之脫煞 粘穴要
이탈지전 경기기난지후 초리삼척 완기한급 사기충화 위지탈쇄 점혈요
四獸皆低 並不浚壓 眞氣滴落 衆水有情方結 不然脫氣尖脈 難免泥水患
사수개저 병불준압 진기적락 중수유정방결 불연탈기첨맥 난면니수환

[설명]

세는 강하고(석산이고) 맥은 급하며(경사가 심하고) 나아가는 산기슭은 낮고 느슨한 곳(기슭이 낮아지면서 완만한 곳)에 끈끈한 열매(찰싹 달라붙은 혈처)를 예부터 철綴(철할 철, 이을 철, 맥 철)이라고 불렀다. 마땅히 맥이면 큰 조화를 이루지만(이것저것이 잘 어울리지만) 맥을 벗어난 것(무맥지)이면 찬 기운을 범한다(음침하다). 사랑스런 기는 이미 벗어나기 전의 기氣인 것이다(온화한 생기는 맥이 흐르는 곳의 기이다). 굳센 기는 이미 막힌 후의 기이다(나쁜 오기汚氣는 맥이 흐르지 않는 곳의 기이다). 점점 떨어져 삼척이 되는데 그것이 느슨해지고 날래고 급하다. (점점 떨어지는 높낮이의 차이가 1m 정도 되는데 그것이 완만한 경사를 이루다가 급한 경사를 이룬다.) 그것으로 하여금 충화를 이룬다(그것으로 인하여 화합함을 이룬다). 이것을 일러 살을 벗는다고 한다. 끈끈한 점혈은 4수(현무, 청룡, 백호, 주작)가 모두 낮기를 원한다. 아울러 깊고 위압적이지 않다(4수가 낮으

므로 골이 깊고 산이 높지 않아서 위압적이지 않다). **참된 기는 물방울로 떨어지는데**(바람이 불지 않아 조용하고 아늑한 상태를 나타내는데) **모든 물이 유정한 곳에 맺힌다.** (바람이 불지 않아 주위가 조용한 곳에 모든 물이 물방울로 맺히듯이 혈도 바람을 갈무리할 수 있는 조용한 곳에 맺힌다.) **그렇지 않고 벗어난 기는 날카로운 맥**(바람을 가두지 못하는 거친 기운)**인데 진흙물의 근심을 면하기 어렵다**(모든 것이 잘못되고 있다).

범장犯杖

饒龍減虎 犯過脈中 發侵境相犯之犯 卽棄死挨生 外趨堂氣者是也
요룡감호 범과맥중 발침경상범지범 즉기사애생 외추당기자시야
此多乳突結
차다유돌결

[설명]
짧은 백호를 청룡이 감고, 맥이 가운데를 범하여 지나가면 경계를 서로 침범함이 발생한다(용호가 서로 교차한다). 즉 죽음을 버리고 삶을 떼미는 것인데 외부로 달리는 당당한 기가 이런 것이다. (명당을 완벽하게 감싸고 있어서 생기가 머무는 것을 표현했다.) 이런 곳에서는 대부분 유혈과 돌혈이 맺힌다.

(주위를 둥그렇게 감싸고 있는 교쇄 명당을 나타내었다. 이런 국세에서는 내부가 조용하고 아늑하여 근접 보호를 하지 않아도 기가 흩어짐이 없다. 혈처는 바람을 스스로 막는 방법과 주위에서 막아주는 방법이 있는데 와혈과 겸혈은 스스로 막는 방법이고 유혈과 돌혈은 주위에서 막아주는 방법이다. 이곳에서는 주위에서 막아주는 방법을

설명한 것이다.)

돈장頓杖

頓起高壘堆客土 以聚生氣培 假阜以配眞局 此爲高大地龍
돈기고루퇴객토 이취생기배 가부이배진국 차위고대지룡
將入首處卸落平地 穴星高度不夠 順從外地 運來客土眞高成穴
장입수처사객평지 혈성고도불구 순종외지 운래객토진고성혈

[설명]
돈은 다른 곳에서 흙을 가져와서 쌓아 높은 성(루壘, 여기서는 묘지 주위에 담장을 두르는 사성을 이름)을 일으킨다. 북돋아 생기(천기天氣)를 취함으로써 참된 국으로 배치하여 가장한 언덕인데 이것은 높고 큰 땅의 언덕이 된다. 입수처는 평지로 떨어져 나아가서 혈성은 높은 정도로는 많지 않고 외지에서 순하게 온다. 객토를 운반해 와서 참되고 높게 혈성을 가지런하게 한다.
(혈이 맺히는 곳은 바람을 갈무리할 수 있는 지형인데 이런 지형은 낮은 지형이고 높더라도 오목한 형태를 이루는 곳이다. 외지에서 순하게 오는 곳이므로 외부에서 흙을 운반해 와서 사성을 참되고 두툼하게 쌓아서 생기를 가두도록 만든다는 것인데 위의 본문 내용 때문에 조선 왕릉은 주위에 좋은 혈처가 있는데도 다른 곳에서 흙을 가져와서 높게 쌓고 왕릉을 조성했다. 혈이 맺히는 원리를 알지 못하는 무지의 결과물이다. 다른 곳에서 흙을 가져와서 사용되는 곳은 주위에 봉분을 조성할 수 있는 흙이 부족하든지 바람을 막아 천기를 가둘 수 있는 사성을 조성하는 데 필요한 흙이다. 그렇지 않고 왕릉처럼 쌓으면 높은 능선을 넘나드는 바람 길을 조성하는 꼴이 되어 있는 기氣마

492

저 날리게 된다. 맥이 없는 곳이면서 수맥도 없는 양명한 곳에서 둥그렇게 흙을 쌓아 그릇을 만들면 천기를 가두어 천기혈 터를 조성할 수 있다. 양균송도 당시에 인위적으로 천기혈처를 만드는 방법을 돈장에서 제시했는데 사람들은 이 내용을 이해하지 못하는 것 같다.)

　이상 양균송 선생의 도장법을 살펴보았는데 지형은 수도 없이 많으나 같은 곳은 한 곳도 없다. 중요한 것은 바람을 스스로 막든지 주위에서 막아주는 곳에 혈이 맺히는 원리를 터득하는 것이다.

장법도장葬法倒杖

장법도장葬法倒杖

인태극認太極

穴場金魚水界圓暈 在隱之闇者爲太極 上是微茫水分 下是微茫水合
혈장금어수계원훈 재은지윤자위태극 상시미망수분 하시미망수합
合處爲小明堂 容人側臥便是穴場 有此圓暈則生氣內聚 故爲眞穴
합처위소명당 용인측와편시혈장 유차원훈즉생기내취 고위진혈
立標枕對 於此而定 無此者非也 若暈頂再見一二半夜月樣者 名曰天
입표침대 어차이정 무차자비야 약훈정재견일이반야월양자 명왈천
輪影 有三輪者 大地也
윤영 유삼윤자 대지야

[설명]

혈장은 둥글게 훈으로 경계를 이루는데 이를 금어수라 한다. 윤으로 은밀하게 있는 것은 태극이 되고 위에서는 미망하게 물이 나누어지고 아래에서는 미망하게 물이 합친다. 합쳐진 곳은 소명당이 되고 사람이 편히 누울 수 있는 용량은 혈장이다. 이 원훈이 있으면 내부에는 생기가 모이는 고로 참된 혈이 된다. 이것이 침대 모양으로 된 것이 정해져 있다. 이것이 없는 것은 진혈이 아니다. 꼭대기에서 훈이 한밤중의 달 모양으로 1~2회 재차 보일 것 같은 것을 일컬어 천윤영이라 한다. 3윤이 있는 것은 대지이다.

(위에서 물이 나누어진다고 했는데 이것은 위에서 물이 나누어지는 것이 아니고 맥을 호위한 맥의 양측 원진수가 혈을 중심으로 감싸

496

기 시작하는 것이다. 맥은 혈이 맺히기 전에 과일의 꼭지처럼 가늘어지는데 과협처라 하며, 맥을 호종한 양측 원진수도 가깝게 되어 마치 물이 나누어지는 것처럼 느껴진다. 위의 글은 지하에서 이루어지는 과정을 설명한 것이다. 이 글을 쓰신 분은 지하의 상황을 감지할 수 있는 대단한 기감 소유자임이 틀림없다고 본다. 혈을 감싼 금어수는 하나인 것이 일반적이지만 간혹 2중 3중으로 된 곳도 있다. 혈을 감싸는 원진수를 상세히 관찰하여 설명했다고 본다. 위에서 천윤영이라든지 3윤이라고 말한 것은 혈처 주위를 감싸는 원진수를 나타낸 것이다. 사람들은 땅 속을 감지할 줄 모르니까 눈으로 보이는 것을 보고 판단하려고 하니 오늘날 풍수 이론이 잘못된 것이라고 본다. 한 능선에 맺힌 혈이 하나이면 물은 아래에서 합쳐지는 것이 맞지만 만약 혈처 아래에 두 번째 혈이 맺힌다면 물은 합쳐지지 않고 한 쪽 물이 혈처 앞까지 온 후에 두 번째 혈로 진행하는 맥을 호위하고 반대 쪽 물은 다음 혈을 맺기 위해서 내려가는 맥을 계속 호위하게 된다.)

혈의 생성 원리

혈穴은 맥이 발원지에서 출발하여 능선을 타고 흐르다가 물을 건너기도 하고 도랑을 건너고 평지를 지나기도 하여 적당한 위치에 머무르는데 책에서는 용진혈적한 것으로 표현한다. 위의 방법을 필자는 지기혈이라고 표현한다. 맥이 진행하다가 나누어지는 경우가 있는데 책에서는 주맥主脈과 지맥枝脈으로 분류한다. 주맥은 기운이 세고 용량이 큰 반면 지맥은 주맥보다 작은 것으로 표현했다.

그러나 현장에서 확인한 바에 의하면 그렇지만은 않다. 추상적으로 주맥에서 옆으로 흐른 맥으로 추론하여 지맥이 주맥보다 약할 것이라는 관념일 뿐이다. 혈이 맺힐 수 있는 주위 여건에 따라서 혈의 대소가 달라진다. 혈의 대소는 많은 가지로 나누어졌어도 조금도 차이가 없는 곳이 많다.

(1)혈이 하나만 맺히는 경우

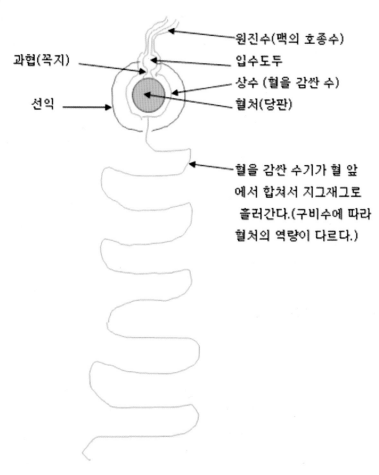

원진수(맥의 호종수)
입수도두
상수 (혈을 감싼 수)
혈처(당판)
과협(꼭지)
선익

혈을 감싼 수기가 혈 앞
에서 합쳐서 지그재그로
흘러간다.(구비수에 따라
혈처의 역량이 다르다.)

(2)혈이 상하로 맺히는 경우(상하 혈처가 떨어진 경우)

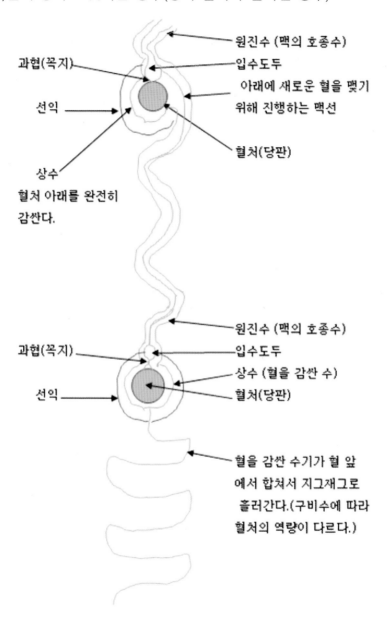

원진수 (맥의 호종수)

과협(꼭지)

입수도두

아래에 새로운 혈을 맺기
위해 진행하는 맥선

선익

혈처(당판)

상수
혈처 아래를 완전히
감싼다.

원진수 (맥의 호종수)

과협(꼭지)

입수도두

상수 (혈을 감싼 수)

선익

혈처(당판)

혈을 감싼 수기가 혈 앞
에서 합쳐서 지그재그로
흘러간다.(구비수에 따라
혈처의 역량이 다르다.)

혈을 맺고 아래에 다른 혈을 맺기 위하여 맥이 입수도두에서 나뉘어져 내려간다. 원진수도 나뉘어져서 아래로 내려가는 맥을 한 쪽만 호위하고 대신 혈처를 감싼 상수는 더 전진하여 혈처 아래를 완전히 감싼 후 더 길게 감싼 선익 끝을 지나 새로운 맥의 한 쪽을 호위하면서 다음 혈처로 향한다. 두 번째 맺힌 자리는 하나의 혈처에서처럼 완전하게 마무리한다. 맥은 어디에서도 밖으로 노출되지 않고 보호를 받는다. 첫째 자리에서 한쪽 선익 역할은 분기된 맥이 대신한다.

(3)혈이 상하로 맺히는 경우(상하 혈처가 붙은 경우)

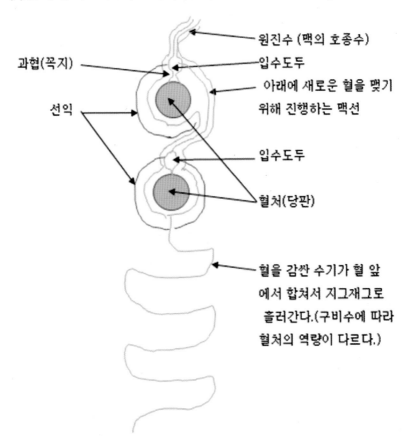

(4)혈이 상하로 맺히고 아래에 다른 혈을 맺기 위해 진행하는 경우

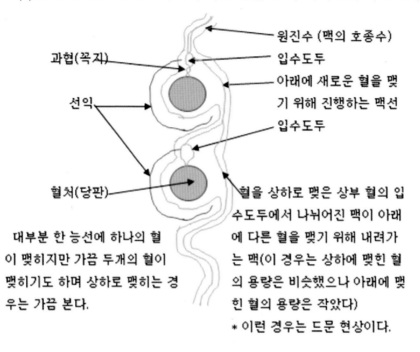

과협(꼭지)

선익

혈처(당판)

원진수 (맥의 호종수)

입수도두

아래에 새로운 혈을 맺
기 위해 진행하는 맥선

입수도두

혈을 상하로 맺은 상부 혈의 입
수도두에서 나뉘어진 맥이 아래
에 다른 혈을 맺기 위해 내려가
는 맥(이 경우는 상하에 맺힌 혈
의 용량은 비슷했으나 아래에 맺
힌 혈의 용량은 작았다)
* 이런 경우는 드문 현상이다.

대부분 한 능선에 하나의 혈
이 맺히지만 가끔 두개의 혈이
맺히기도 하며 상하로 맺히는 경
우는 가끔 본다.

분양의分兩儀

暈門凹陷者爲陰穴 凸起者爲陽穴 定謂兩儀 就身作穴者爲明龍 宜陽穴
훈문요함자위음혈 철기자위영혈 정위양의 취신작혈자위명룡 의양혈
另起是暸作穴者爲陽龍 宜陰穴 皆有饒減 或上截凸起 下截凹陷 或下截
영기시료작혈자위양룡 의음혈 개유요감 혹상절철기 하절요함 혹하절
凸起 上截凹陷 或左右凹凸相兼者 爲二氣相感 則取陰陽交構之中 升降
철기 상절요함 혹좌우요철상겸자 위이기상감 칙취음양교구지중 승강
聚會之所 不用饒減
취회지소 불용요감

[설명]

훈의 내부가 오목하게 된 것은 음혈이 되고 볼록하게 된 것은 양혈
이 된다. 두 종류의 모양으로 정해지는데 용신이 나아가서 맺은 혈이
밝은 용이 되는 것은 마땅히 양혈이다. (생기가 가득 찬 용이 되어 생
기를 품은 불룩한 모양으로 맺힌 혈이 되므로 양혈陽穴이 되는 것이
다.) 쪼개져 일어난 것이 밝게 되어 만들어진 혈은 양룡이 되는데 마
땅히 음혈이다. (능선이 쪼개진 곳에 생기가 발하니 양룡이 되는데 오
목한 형태를 취하니 음혈陰穴이다. 겸혈鉗穴을 표현한 것이다.) 모두
요감이 있다. (혈은 불룩한 곳에도 있고 오목한 곳에도 있다. 아래에
설명을 한다.) 혹 상부를 끊어 불룩하게 일어나기도 하고(끊는다는 것
은 맥이 멈춘다는 것이니 돌혈이 맺혔다는 것이다) 아래를 끊어 오목
하게 함몰되기도 한다. (능선 아래에 오목한 곳에 맥이 멈추어 와혈이
맺혔다.) 혹은 아래를 끊어 볼록하게 일어나기도 하고(평지 야산에 맥
이 멈추어 불룩한 돌처를 이루고) 위를 끊어 오목하게 들어가기도 한
다. (돌처에서 머리를 숙여 오목하게 된 곳에서 맥이 멈추어 혈이 맺
히기도 한다.) 혹은 좌우가 서로 요철을 겸한 것은 두 기운이 서로 감
지되면 음양이 그 가운데서 서로 얽혀 있음을 취한다.

(맥이 좌우로 나뉘어져 쌍혈을 맺는 지형을 설명했는데 한 능선에
두 혈이 있을 때는 대부분 한 곳이 불룩하면 한 곳은 오목하다. 이 문
구 때문에 능선에 많은 묘지를 조성하게 됐는데 맥이 머물지 않은 곳
이어서 모두 묵묘들이다.)

오르내림이 모여 있는 장소에는 요감을 사용하지 않는다. (현능사
를 대동한 오목한 와혈을 설명했는데 지형이 생긴 그대로 이용한다.)

(여기서 요감饒減을 잘 이해해야 한다. 일부 혈처는 좌우 한 곳이
불룩하고 한 곳은 오목하여 균형이 맞지 않는 것처럼 보이는 곳이 있
다. 이런 경우는 불룩한 곳을 파서 오목한 곳을 메우면 좌우 균형이
잘 맞는다. 이 경우는 혈처가 분명할 때이니 신중해야 하며, 대부분

낮은 곳으로 방향을 틀고 보면 현능사를 대동한 오목한 자리가 된다.)

구사상求四象

四象者 脈息窟突也 脈是暈間微有脊 乃少陰之象 息是暈間微有形
사상자 맥식굴돌야 맥시훈간미유척 내소음지상 식시훈간미유형

乃少窟是暈間微有窩 乃太陰之象 突是暈間微有泡 乃太陽之象 四
내소굴시훈간미유와 내태음지상 돌시훈간미유포 내태양지상 사

象作居 葬有四法 脈穴當取中定基 息穴當剖開定基 漏穴當培高定基
상작거 장유사법 맥혈당취중정기 식혈당부개정기 굴혈당배고정기

突穴當鑿平定基
돌혈당착평정기

[설명]
　네 가지 형상이라는 것은 맥은 움푹 꺼진데서 쉬기도 하고 돌출된
곳에서 쉬기도 한다. 맥이 희미한 훈 사이로 등마루에 있는 것을 소음
의 상이라고 한다(유혈乳穴). 희미하게 훈 사이에서 쉬는 것은 형상
(겸혈鉗穴)이 있고 희미한 훈 사이에 약간 꺼진 움집(와혈窩穴)이 있
는 것을 태음의 상이라고 한다. 돌출된 곳에 희미하게 훈 사이에 물거
품(돌혈突穴)으로 있는 것을 태양의 상이라고 한다. 사상이 있는 곳에
장사지내는 데는 네 가지 법이 있는데 맥에서 혈은 당연히 가운데를
취하여 터를 정한다. (혈심에 장사지내야 한다는 뜻인데 능선 가운데
에 장사지내야 한다고 이해하여 맥이 방향을 돌려 머무는 것은 알지
못한다. 또 맥은 능선에서 좌우로 많이 흔들면서 진행하는데 가운데
묘를 써서 맥을 호종하는 원진수 위에 묘를 쓰니 수맥의 영향으로 대
부분 묵묘이다). 혈은 쪼개져 열린 곳(능선이 나누어진 곳)에서 당연

히 쉬도록 터를 정한다(오목한 겸혈을 표현했다). 흐릿한 혈은 당연히 높게 북돋아서 터를 정한다. (주위가 터진 지형에서 사성을 높이 쌓아 천기를 가두어 생기가 머물도록 한다는 뜻인데 이 문구 때문에 조선의 왕릉은 모두 흙을 높이 쌓아 조성했다. 혈이 맺히는 원리를 알지 못하는 무지의 결과물인 것이다.) 돌혈은 당연히 평평한 곳을 오목하게 파내어서 터를 정한다. (돌혈은 불룩하게 높은 곳이므로 오목하게 하고 사성을 쌓아 사방에서 불어오는 바람을 차단하여 아늑한 분위기로 만들어야 한다는 뜻인데 착착鑿(뚫는다)이라는 문구 때문에 깊게 파는 경우가 있는데 맥을 손상시킬 염려가 있으므로 주의해야 한다.)

배팔괘倍八卦

脈緩者用蓋法 當揭高放棺 以蓋覆爲義 脈急者用粘法 當就低放棺
맥완자용개법 당게고방관 이개복위의 맥급자용점법 당취저방관
以粘綴爲義 脈直者用倚法 當埃偏放棺 以倚靠爲義 脈不急不緩者
이점철위의 맥직자용의법 당애편방관 이의고위의 맥불급불완자
用撞法 當取直放棺 以衡撞爲義 已上四法 高山陽脈用之
용당법 당취직방관 이형당위의 이상사법 고산양맥용지

[설명]
맥이 느슨한 것은 개법을 사용하는데, 당연히 관을 높이 들어 놓는다. 엎드린 자세의 덮개 같은 것을 의미한다. (맥이 느리다는 것은 완만한 경사의 능선을 말하는데 엎드린 등처럼 넓고 평탄한 곳에 맥이 머문 곳에 봉분을 지은 것이 관을 높은 곳에 들어 놓아 뚜껑을 덮은 것 같다. 유혈을 설명했다. 이 문구 때문에 바람이 넘나들어 맥이 머물 수 없는 곳인데 능선 상에 있는 묘들은 사성도 쌓지 않아서 능선

504

좌우에서 넘나드는 바람에 견딜 수 없어 대부분 묵묘들이다.) 맥이 급한 곳은 점법을 사용하는데 당연히 낮은 곳으로 나간 곳에 관을 놓는다. 끈끈하게 이어지는 것이 옳다. (높은 곳에서 급경사로 내려오는 능선이 완만하게 변하기 시작하는 곳이다. 중요한 것은 맥이 흘러야 하며 혈이 맺히려면 좌우가 불룩하여야 한다. 좌우가 불룩하면 설령 맥이 없더라도 수기만 없으면 천기를 모을 수 있다. 점粘(붙일 점) 철綴(맥 철)이라는 것은 능선 뒤로 바짝 붙인다는 것이다.) 맥이 똑바른 것은 의법을 사용한다. 마땅히 치우친 곳에 관을 놓는 데 의지하여 기대는 것이 옳다. (직선으로 된 능선은 좌우에서 바람이 넘나들고 앞에서 오는 바람을 막지 못할 경우 머리를 숙여 오목한 곳에 기대어 쓰는 법이며, 만약 머리를 숙인 곳이 없어서 바람을 막지 못할 경우는 맥이 방향을 틀어 오목한 곳에 기대어 의지하여 자리를 잡는다. 물론 좌우가 두툼하여 기슭을 타고 도는 바람을 막아야 하고 전순은 두툼하고 하수사가 안으로 휘어 전면에서 오는 바람을 차단해야 한다.) 맥이 급하지 않고 느슨하지 않는 것은 당법을 사용한다. 마땅히 똑바른 능선을 취하여 관을 놓는다. 저울처럼 평평한 곳을 두드리는 (평평한 곳을 선택하는) 것이 옳다. (능선이 경사지도 아니고 완만하지도 않은 곳에서 저울처럼 똑바른 능선에 넓은 공간이 있으면 능선 가운데를 선택한다고 하여 당법이라고 한다. 좌우가 풍만하여 옆면의 바람을 돌리어 혈처에 바람이 미치지 않아 아늑한 분위기이다.) 이미 위에 기록한 4법은 높은 산의 양맥에서 사용한다.

息之緩而短者用斬法 當近頂放棺 以斬破爲義 息之不緩不急而長者用
식지완이단자용참법 당근정방관 이참파위의 식지불완불급이장자용

截法 當對腰放棺 以裁截爲義 息之低者用墜法 當湊脚臨頭防棺 以墜
절법 당대요방관 이재절위의 식지저자용추법 당주각임두방관 이추

墜爲義 已上四法 高山陰龍用之

타위의 이상사법 고산음룡용지

[설명]
　느슨하고 짧은 곳에는 참법을 사용한다. 당연히 정상 가까이에 관을 놓는다. 베고 파내는 것이 옳다. (평탄한 돌처에서 조금 내려앉은 곳, 다시 말하면 봉우리가 고개를 숙인 곳에 있는 혈처인데 뒤로 바짝 붙인 혈처이다. 오목하게 파내어 터를 닦는 것이다. 주의할 것은 너무 깊게 파내어 혈처를 손상해서는 안 된다.). 느슨하지 않고 급하지도 않으면서 긴 곳에는 절법을 사용하는데 마땅히 허리 부분에 관을 놓는다. 끊어 재혈하는 것이 옳다. (완만하면서 긴 능선의 허리 부분에 기마혈騎馬穴로 혈을 맺는데 좌우는 넓고 두툼하며 앞은 길면서 불룩하게 된 곳이 일반적이다.) 낮은 곳에 쉬는 것은 추법을 사용한다. 머리가 다다르고 다리가 모이는 곳에 관을 놓는 것이 마땅하며, 떨어뜨린다는 것이 옳다. (능선에서 아래로 떨어져 오목한 와혈을 이룬 곳이다. 머리가 다다른다는 것은 뒤로 바짝 붙인다는 것이고 다리가 모인다는 것은 하수사가 아래로 내려가 안으로 모여 오목한 경계를 벗어나지 않는 곳에 장사지내는 것이니 다시 말하면 겸혈로서 발바닥을 붙이고 앉은 양측 다리가 둥글게 이룬 형상을 나타낸 것이다.) 이상의 4법은 고산에서 사용한 음룡이다.

窟之狹者用正法 當中心放棺 以中正爲義 窟之闊者用求法 當迎氣放棺
굴지협자용정법 당중심방관 이중정위의 굴지활자용구법 당영기방관
以求索爲義 窟之深者用架法 當抽氣放棺 四角立石 以架閣爲義 窟之
이구삭위의 굴지심자용가법 당추기방관 사각입석 이가각위의 굴지
淺者用折法 當量脈放棺 淺深中牛 以比折爲義 已上四法 平地陽龍用之
천자용절법 당량맥방관 천심중반 이비절위의 이상사법 평지영룡용지

[설명]

굴이 좁은 것은 정법을 사용한다. 당연히 중심에 관을 놓는다. 중심이 바른 것이 옳다. (굴이라는 것은 와혈을 이름인데 오목함이 좁은 곳은 반듯한 중심이 혈처라는 것이다. 그렇지만 정 중심이 아닐 수도 있으니 추맥법으로 반드시 확인하여 혈심을 정하는 것이 중요하다. 이 문구 때문에 와혈에 있는 무덤은 대부분 파묘 내지 묵묘로 되어 있다.) 굴이 넓은 것은 구법을 사용한다. 당연히 기를 맞이하는 곳에 관을 놓는다. 동아줄을 구하는 것이 옳다. (오목함이 넓은 와혈에서는 혈심을 구하여 관을 놓아야 한다. 이런 곳에서는 맥이 사선으로 들어오는 경우가 있으니 신중을 기해야 한다. 간혹 뒤가 불룩하여 입수도 두로 착각하여 불룩한 바로 아래에 관을 놓으면 실혈을 하게 된다. 넓은 와혈에서 고총이 많은 것은 이것 때문이다. 동아줄을 구하는 것이 옳다는 것은 맥이 들어오는 곳을 찾아서 그 맥이 멈춘 혈심을 찾는 것이 옳다는 것이다.) 굴이 깊은 것은 가법을 사용한다. 당연히 기를 뽑아 관을 놓는다. 네 모서리에 돌을 세워 누각 같은 시렁이 옳다. (오목함이 아주 깊어서 네 모서리에 돌을 세워 누각처럼 만들어 관을 놓는다는 것인데 필자의 견해는 주위를 파내어서 자연적인 사성을 만들어서 봉분을 만드는 것이 옳다고 본다. 광내에 석물을 사용하면 물방울이 생겨 광내에 물이 고이게 되니 석물은 사용하지 않는 것이 옳다고 본다. 주의할 것은 너무 깊게 파서 원진수의 물길을 건드리면 안 된다.) 굴이 얕은 것은 절법을 사용한다. 당연히 맥을 헤아려 관을 놓는다. 얕고 깊음이 중간쯤인데 비슷하게 타협하는 것이 옳다. (오목함이 얕아서 와혈로 분간하기 어려운 곳은 맥을 짚어서 혈이 맺힌 곳에 관을 놓는다. 맥의 깊이가 얕을 수도 있고 깊을 수도 있으니 적당한 깊이로 천광하여 장사지낸다. 파다보면 혈토가 보이는데 혈토가 보이면 천광을 멈추고 관을 놓는다.) 이상 4법은 평지 양룡(평지에 맥이 흐르는 곳)에서 사용한다.

突之單者用挨法 當靠冥放棺 以挨撰爲義 突之雙者用並法 當取短放棺
돌지단자용애법 당고명방관 이애선위의 돌지쌍자용병법 당취단방관
以兼倂爲義 突之正者用斜法 當閃仄放棺 以斜仄爲義 突之偏者用揷法
이겸병위의 돌지정자용사법 당섬측방관 이사측위의 돌지편자용삽법
當撥定放棺 以栽揷爲義 已上上法 平地陰龍用之
당발정방관 이재삽위의 이상상법 평지음룡용지

[설명]
돌이 단순하면 애법을 사용한다. 당연히 깊숙한 곳에 기대어 관을
놓는다. 가려서 밀어내는 것이 옳다. (돌처가 변화 없이 순수하면 오
목한 곳에 기대어 장사지낸다. 돌처는 사방에서 부는 바람에 노출되
므로 당연히 오목한 곳을 선택하여 사성을 조성하여 바람을 스스로
막을 수 있는 곳에 관을 놓아야 한다.) 돌처가 둘이면 병법을 사용한
다. 당연히 짧은 곳을 취하여 관을 놓는다. 나란히 겸하는 것이 옳다.
(돌처가 나란히 둘일 때는 돌처가 낮은 곳에는 혈이 맺히고 높은 곳은
자기 안산이 되어 보호사가 된다. 혈은 스스로 바람을 막던지 주위에
서 막아주는 곳에 맺힌다.) 돌이 바른 것은 사법을 사용한다. 당연히
기울어 빛나는 곳에 관을 놓는다. 경사져서 기운 것이 옳다. (돌처가
반듯한 곳에 머리를 숙인 곳이 주위와 비교하여 깨끗한 곳이 있으면
혈이 맺힌 곳인데 터를 닦고 좌우를 불룩하게 사성을 조성하고 경사
지에 붙여서 장사지낸다.) 치우친 돌처에는 삽법을 사용한다. 당연히
다스림이 정해진 곳에 관을 놓는다. 꽂아 심는 것이 옳다. (돌처가 한
쪽으로 치우친 곳에 터를 닦을 때 삽법을 사용한다. 당연히 바람을 다
스릴 수 있는 지형인지를 판단하는 것이 중요하다. 옆으로 치우친 지
형에는 맥이 방향을 돌려 횡으로 앉을 수도 있으니 세심하게 살핀다.
터를 닦을 수 있는 곳이면 경사지에 뒤로 바짝 붙여 능선에 꽂아 심는
것처럼 장사지낸다. 이런 곳은 전순 아래가 더 심하게 경사를 이루어

508

전면에서 오는 바람을 하늘로 날릴 수 있어야 한다.) 이상의 상법은 평지 음룡(평지의 불룩한 곳)에서 사용한다.

蓋者蓋也 有如合盆之形 蓋之脈自坤而見於乾 蓋之法自乾而施於坤
개자개야 유여합분지형 개지맥자곤이견어건 개지법자건이시어곤
垢複之錄存焉 天地之精見焉 頂薄則舍之 切勿疏略 愼毋苟且 蓋小
구복지록존언 천지지정견언 정박즉사지 절물소략 신무구차 개소
蓋大則傷其元氣 蓋大蓋小則閉其生氣 蓋下蓋上則失其止氣 蓋左蓋
개대즉상기원기 개대개소즉폐기생기 개하개상즉실기지기 개좌개
右或犯其剝氣 蓋右蓋左或受其冷氣 縱得龍穴之妙 必遭橫逆之禍
우혹범기박기 개우개좌 혹수기냉기 종득룡혈지묘 필조횡역지화
頂薄舍蓋雲者 舍之不用 非舍上就下舍高就卑之謂也 此以作穴言
정박사개운자 사지불용 비사상취하사고취비지위야 차이작혈언
意義自別 穴法不殊 略有差池 難致效驗
의의자별 혈법불수 약유차지 난치효험

[설명]
개라는 것은 덮개인데 동이의 형태와 일치하는 것과 같음이 있다.(분盆이라는 것은 화분 같은 그릇을 뜻하는데 동이의 형태라는 것은 화분과 같은 봉분을 의미하는 것이어서 개蓋라는 것은 동이의 형태와 일치함이 있다는 것이다.) 덮개의 맥(묘지의 봉분에서 발생되는 기운의 영역)은 땅에서부터 하늘(공중)에 나타난다. (이것으로 인하여 생기를 감지할 수 있고 생기의 영향을 받게 된다.) 덮개의 법칙은 하늘로 부터 땅으로 베푼다. (이 말은 천광하림을 의미하는데 천기를 모으게 되는 것이고 영향을 받게 되는 것이다.) 더러운 때가 복잡하게 얽혀 존재하기도 하고 천지의 정신이 나타나기도 하는 것이다. [오기汚氣(수맥파, 지자기파, 살풍 등)가 복잡하게 얽혀 존재하기도 하고

생기生氣가 나타나서 좋은 영향을 미치기도 하는 것이다.] 작은 봉우리(무덤의 봉분)면 집이 되는데 적절히 대략적으로 소통은 없으며 구차하게 삼가는 것도 없다. (무덤의 봉분은 일정하게 정해진 것이 없고 자유롭게 조성하면 된다는 것이다.) 작은 덮개가 큰 것을 덮으면 그 원기를 상하게 하고(큰 혈장에 봉분을 조그맣게 하는 것은 원기를 모두 모으지 못하는 것이다.) 큰 덮개가 작은 것을 덮으면 그 생기를 닫는 것이다. (작은 혈장에 봉분을 크게 하면 혈장의 생기를 밖으로 분출시키지 못하므로 관계자에게 전달되지 못하는 것이다. 특히 천기혈에서는 천기를 모으지 못한다. 아래 덮개가 위를 덮으면 기를 정지시켜 잃게 되는 것이고(아래 흙을 파서 위로 얹는 것은 아래를 설기시켜 생기를 누출시킬 수 있다는 것이다. 또 혈처 아래에 혈이 맺힐 수 있는 경우가 있는데 아래를 깊게 파면 혈처를 손상시킬 수 있으니 사전에 세심한 조사를 해야 한다.) 만일 왼쪽 덮개로 오른쪽을 덮으면 그 기운을 벗김을 범하게 되고(혈이 왼쪽에 맺힌 경우인데 왼쪽을 파면 왼쪽 혈처를 손상시키게 되는 것이다.) 오른쪽을 파서 왼쪽을 덮으면 혹시 찬 기운을 받게 된다. (혈이 오른쪽에 맺힌 경우인데 왼쪽에 봉분을 조성하면 원진수 위에 놓이게 되어 수기를 받는다.) 종으로 용혈의 묘함을 얻고 횡으로는 반드시 어긋남의 화를 만난다. (맥은 아래로 흐르게 되는데 종으로는 맥이 흘러 혈이 맺히지만 횡으로는 용맥을 벗어나서 원진수 위에 놓이게 되어 화를 당한다는 것이다. 실제로 능선에 있는 묘들은 대부분 묵묘들이다. 이 문구 때문에 맥이 방향을 틀어 혈을 맺는 경우에 있는 혈처는 생각하지 못하는 것이다. 다행인 것은 맥이 몸을 흔들면서 내려오는데 맥이 꺾기는 안쪽에 조장하여 대혈의 맥은 손상되지 않았다.) 구름으로 덮인 정상의 엷은 집은 사용하지 못하는 집이다. 위에서나 아래에서 높은 곳에 있는 집은 집이 아니고 비천함을 이르는 것이다. (여기서 집이라는 것은 혈처를 이르는 것인데 구름이 덮인 엷은 꼭대기라는 것은 뾰족한 산봉우리를 이름이며 바람을 갈무리할 수 없는 지형이므로 혈이 맺히지 않고 높고 낮음을 불문하고 혈이 맺히지 않는 곳이니 비천하기가 이를 데 없다는 것이다. 바람을 갈무리할 수 없이 뾰족한 봉우리에는 맥이 머물지 않는다.) 이것은 혈이 맺히는 것을 말함이며 스스로 분별함이 옳은 의미이다. 혈법은 차이 나는 못이 있는 것과 다르지 않다. 증험하고 효험에 이르기가 어렵다. (크고 작은 못이 있는 것과 같이 혈처도 크고 작음이 있으나 인간의 수명은 정해져 있기 때문에 혈처로 인하여 어떤 결과에 이르는지 알기 어렵다.)

粘者 沾也 如沾恩寵之義 粘之脈自來而止於止 粘之法自止于盡 施承之
점자 첨야 여첨은총지의 점지맥자래이지어지 점지법자지우진 시승지

道攸存 化生之意將著 下薄莫粘焉 理法少差 天淵懸隔 粘上粘下 則脫
도유존 화생지의장저 하박막점언 이법소차 천연현격 점상점하 즉탈

其來氣 粘下粘上 則犯其暴氣 粘右粘左 或投其死氣 縱得砂水之美 終
기래기 점하점상 즉범기폭기 점우점좌 혹투기사기 종득사수지미 종

是或承之羞 下薄莫粘雲者 棄之不用 非棄低取高 棄下取上之謂也
시혹승지수 하박막점운자 기지불용 비기저취고 기하취상지위야

苟粘之眞的 雖下一院長江大河 亦爲無礙 工巧豈有下薄棄粘之理乎!
구점지진적 수하일원장강대하 역위무애 공교기유하박기점지이호!

[설명]
끈끈하다는 것은 물에 젖은 것이다(혈이 맺혔다는 것이다). 혈이 맺혔다는 것은 은혜롭고 사랑스럽다는 뜻과 같다. 끈끈한 맥은 자연스럽게 와서 멈추어서 그친다. 점법은 스스로 멈춤을 다하니 베풀어 이어지는 길은 아득한 모양으로 존재한다. (맥은 멈추어 혈을 맺음이 뚜렷한 흔적 없이 희미한 흔적으로 존재한다. 혈증이 뚜렷하지 않다. 이때 추맥법을 동원한다.) 생겨남의 의미를 교화하여 장차 나타나니 아

래로 엷게 어찌 끈끈함이 없을까. (혈이 맺힘의 이치로 주위가 형성되니 혈이 맺히지 않겠는가.) 법의 이치는 조금 차이가 있고 하늘의 깊이는 현격하게 차이가 있으니(혈이 맺히는 이치는 지형에 따라 조금 다를 수가 있지만 우주의 깊이는 현격하게 큰 차이가 있다. 다시 말하면 우주는 변화무쌍하기 때문에 적용시키기 까다롭다.) 위에서 끈끈해야 하는데 아래가 끈끈한즉 그 오는 기를 벗어난다. (위에서 혈이 맺힌 곳에 조장해야 하는데 아래에 묘를 쓰면 혈처를 벗어난다.) 아래가 끈끈해야 하는데 위로 끈끈한즉 사나운 기를 범한다. (아래에 혈이 맺혔는데 위에 묘를 쓰면 오는 맥상에 쓰게 된다. 그러면 패절을 면하지 못한다.) 오른쪽이 끈끈해야 하는데 왼쪽으로 끈끈하게 되면 혹 기를 죽여 버리게 된다. (오른쪽이 혈처인데 왼쪽에 쓰면 혈처를 감싸고 있는 원진수의 흐름을 손상시켜서 혈처의 기운을 설기시켜 버리게 될 수 있다. 하지만 원진수를 벗어나서 묘를 쓰면 혈처는 존재한다.) 전면으로 아름다운 사수를 얻으면 혹 마침내 맛있는 음식을 받을 수 있다. (능선 앞으로 아름다운 사격과 물이 흐르면 부를 이룰 수 있다. 그러나 혈이 맺혔을 때 가능한 것이지 무맥지에서는 그림의 떡이다.) 아래가 땅이 척박하여 끈끈한 구름이 없는 것은 사용하지 말고 버린다. (아래가 땅이 척박하여 혈이 맺히지 않아 생기가 발하지 않으면 사용하지 말고 버린다.) 낮은 데서 높은 곳을 취하여 버리지 않는 것은 아래를 버리고 위를 취함을 이르는 것이다. 진실로 끈끈함이 참되고 비록 아래에 하나의 큰 집이 긴 강과 하천으로 또한 방해함이 없다면 공교롭게도 어찌 아래에 척박함이 있다고 하여 끈끈함의 이치를 버릴 것인가. (혈의 맺힘이 참되어서 하나의 큰 혈처가 긴 강과 큰 하천이 방해함이 없다면 공교롭게도 아래가 척박하다고 하여 혈처를 버리면 안 된다.)

倚者依也 如依居之義 倚之脈自上而沖於下 倚之法自偏而傍於正
의자의야 여의거지의 의지맥자상이충어하 의지법자편이방어정

傍樓之形旣成 變化之道自觀 倚左倚右或受冷 倚右倚左或犯剛
방루지형기성 변화지도자관 의좌의우혹수냉 의우의좌혹범강

倚上倚下謂之脫脈 倚下倚上謂之衝殺 縱得局面之奇 必見衰浚之患
의상의하위지탈맥 의하의상위지충살 종득국면지기 필견쇠준지환

本與挨法相似 但挨法施于突之平 倚法用於泳之直 天精天粹之機
본여애법상사 단애법시우돌지평 의법용어영지직 천정천수지기

至密至微之理 非上智其誰能知！
지밀지미지리 비상지기수능지！

[설명]

의倚(의지한다. 기댄다)는 의지하여 따르는 것이다. 마치 의지하여
산다는 뜻이다. 위에서는 스스로 맥에 의지하여 아래에서는 잘 조화
를 이룬다. 의지하는 법은 옆으로 치우쳐서 곁에서 반듯하다. 곁의 다
락의 형상(불거진 혈처)은 이미 이루어졌고 변화의 길은 저절로 보인
다. 좌로 의지하는데 우로 의지하면 혹 냉기를 받고(혈처를 벗어나서
원진수 위에 놓이게 되어 냉해를 받는다.) 맥은 우로 의지하는데 묘
는 왼쪽을 의지하면 혹 강함을 범한다. (맥은 몸을 흔들면서 진행하는
데 묘가 맥상에 놓이거나 혈처 옆을 돌아 아래로 내려가는 맥상에 놓
이게 되어 견디기 어렵게 될 수도 있다는 것이다.) 혈은 위에 의지하
는데 묘는 아래에 의지하면 맥을 벗어날 수 있다. (혈처는 위인데 아
래에 묘를 쓰면 맥을 벗어날 수 있다는 것이다.) 혈은 아래에 의지하
는데 묘는 위에 의지하면 살에 부딪칠 수 있음을 이르는 것이다. (혈
처는 아래인데 위에 쓰면 견디지 못한다. 내룡지처來龍之處 조장造
葬 삼대내三代內 절향화絶香火인 것이다.) 종으로 사특한 국면을 얻
는다는 것은 반드시 쇠함과 깊은 근심을 보게 된다. (진행하는 능선이

사특한 국면이라는 것은 바르지 않은 산을 이름인데 바르지 않은 산에는 맥이 흐르지 않으므로 무맥지가 되어 이런 곳에 조장하면 쇠함과 깊은 근심을 보게 된다. 망한다는 것이다.) 애법과 같이하는 것은 본래 서로 비슷한데 다만 애법은 평지의 돌처에서 이루어지고 의법은 직룡의 흐름에서 사용한다. 하늘의 정기와 순수함의 기틀이며 지극히 비밀스럽고 미묘한 이치이다. 위의 어긋남의 지혜를 누가 능히 알까!

(천장지비를 위하여 자연이 비밀스럽게 한 것을 누구나 알 수 없음을 나타낸 것이며 혈처를 벗어나면 잘못된다는 것을 강조한 것이다.)

撞者抵也 如抵觸之義 撞之脈自斜而就於正 撞之法自正而就於斜 斜來
당자저야 여저촉지의 당지맥자사이취어정 당지법자정이취어사 사래
之脈旣專 專一之情可見 撞上撞下則氣從上止 撞下撞上則氣從下出 撞
지맥기전 전일지정가견 당상당하즉기종지지 당하당사즉기종하출 당
重撞輕則生氣虛行 撞輕撞重則生氣太泄 縱得來脈之眞 終失正脈之吉
중당경즉생기허행 당경당중즉생기태예 종득래맥지진 종실정맥지길
本與播相似 但揷施於突之傍 而撞施於脈之斜 一毫千里之遠 江河幾
본여파상사 단삽시어돌지방 이당시어맥지사 일호천리지원 강하기
席之間 不可不察
석지간 불가불찰

[설명]
당撞(칠 당, 부딪칠 당)은 막는다는 것이다. 마치 막아 접촉한다는 뜻이다. 당의 맥은 자연적으로 비스듬히 바르게 이른다. (막아 접촉하는 맥은 경사를 이루고 수평의 지형에 이른다.) 당법은 자연적으로 바르게 비스듬히 이른다. (막아 접촉하는 법은 자연적으로 수평의 지형에 경사로 내려온다. 다시 말하면 경사로 내려온 능선이 완만한 지형을 이룬다는 것이다.) 비스듬하게 온 맥은 이미 전적이고(이미 결정

된 것이고) 전적인 하나의 뜻은 옳게 드러난다. (결정된 하나의 혈처의 뜻은 바르게 드러난다.) 위에 부딪혀야 하는데 아래에 부딪히면 쫓는 기는 위에 멈춘다. (아래에 저항이 있어 맥은 위에서 멈추어 위에서 혈이 맺혔다는 것이다.) 아래에 부딪혀야 하는데 위에 부딪히면 기를 쫓아 아래에 나타난다. (위를 부딪친다는 것은 장애물로 방해를 하는 것이니 쫓는 기는 장애물을 피해서 장애물 옆으로 돌아 아래에 나타나 혈이 맺힌다는 것이다.) 겹쳐서 접촉해야 하는데 가볍게 접촉하면 생기가 약하게 행한다. (겹쳐서 접촉해야 하는데 가볍게 막는 것은 기운을 완벽하게 가둘 수 없어 생기가 약하게 작용한다.) 가볍게 막아 접촉해야 하는데 겹쳐서 부딪히게 되면 생기가 대단히 많게 된다. (가볍게 이루어질 지형인데 겹쳐서 이루어진 지형에는 생기가 매우 많이 생긴다. 지맥에 의한 생기에다가 주위를 가두어 생긴 천기가 겹쳐지니 생기가 대단히 많아졌다는 것이다.) 종으로 오는 맥을 얻는 것은 참된 것이고(능선을 타고 똑바로 흐르는 맥이 흘러 맺힌 혈처를 얻는 것은 참된 것이고) 잃음을 끝내는 바른 맥은 길한 것이다. (맥의 손상 없이 모두 이루어져서 작용하는 맥은 길한 것이다.)

씨 뿌림을 같이하는 것은 본래 서로 같다. (장지를 어디에 정하든지 혈처에 장사지내는 것은 본래 서로 목적이 같다는 것이다.) 다만 삽법 插法은 돌처의 곁에서 실시하는 것이고(돌처에서 머리 숙인 오목한 곳) 당법撞法은 맥의 비스듬한 데서 실시하는 것이다. 털 하나의 그르침이 천리만큼 멀다. (혈심에 정확하게 장사지내지 못하면 결과는 흥망이 갈린다. 예를 들면 혈처 옆에 있는 묘들은 모두 묵묘들이다. 잘못됨을 보여주는 예이다.) 강과 하천이 거의 섞기는 자리를 살피지 못한다는 것은 옳지 않다. (맥의 흐름을 파악할 줄 알아야 한다. 강과 하천이 섞기는 자리를 보듯이 맥이 흐르는 것을 보고 혈이 맺힌 혈처를 살필 줄 알아야 한다.)

斬者斷也 斬竊其生氣 生氣見於息之橫 高不可侵頂 頂暈薄也 低不可
참자단야 참절기생기 생기견어식지횡 고불가침정 정훈박야 저불가

受足 足底寒也 是以斬上恐失下 斬下伯失上 斬左右恐失中心 斬中心
수족 족저한야 시이참상공실라 참하백실상 참좌우공실중심 참중심

恐失左右 細觀息象明白 次觀穴情的當 然後以斬法施之 則上下左右
공실좌우 세관식상명백 차관혈정적당 연후이참법시지 칙상하좌우

自成體段 然息則體之微也 斬則用之廣也 若不細察遽爾授棺 則生氣
자성체단 연자칙체지미야 참칙용지광야 약불세찰거이수관 칙생기

受傷 子母遭挫 縱得包藏之固 終非可之道 且息象用斬 其息必小 小則
수상 자모조좌 종득포장지고 종비가지도 차식상용참 기식필소 소칙

難以授其大 斬施於息 其塋必大 大則難以容於小 必極到之理能明
난이수기대 참시어식 기영필대 대칙난이용어소 필극도지리능명

斯中和之義自見
사중화지의자견

[설명]

벤다는 것은 끊는다는 것이다. 가만히 베는 것은 기가 생기는 것인
데 기가 생기는 것은 횡으로 쉬는 것으로 나타난다. (약간 오목하게
되는 것은 기가 생기는 것인데 이것은 맥이 방향을 틀어 오목한 곳에
서 머무는 것이다.) 높은 데서 정수리를 범하는 것은 옳지 않다. 정수
리의 훈은 엷기 때문이다. (봉우리 정상은 좁기 때문에 혈이 맺히지
않는다. 그래서 머리를 숙인 곳의 정면 또는 옆면에 혈이 맺힌다. 그
러나 봉우리 정상이 넓고 오목하면서 주위가 급경사를 이루면 맥이
머문다.) 낮은 데서 넉넉함을 받는 것은 불가하다. 넉넉함이 밑바닥에
서는 부족하다. (낮은 곳에서는 혈을 맺기 어렵다는 것이다. 드물게
능선 바닥에 혈이 맺힌 경우가 있는데 이 문구 때문에 쓰이지 않은 곳
이 대부분이다.) 위를 벰으로써 이것은 아래를 잃을까 두렵다. (위에

터를 닦으면 아래로 내려가는 맥을 자를까 두렵다.) 아래를 베는 것은 위에서 우두머리를 잃는다. (아래에 터를 닦는 것은 위에 먼저 맺힌 혈처를 사용하지 못할 수도 있다. 이 문구 때문에 위에 혈처가 있어도 사용을 못하고 있다. 상하로 혈이 맺힐 때는 아래로 내려오는 맥은 윗자리의 입수도두에서 나뉘어져 내려오므로 윗자리와는 아무 관계가 없다. 후손이 선대위로 올라간다는 것은 관습 때문인데 관습에 묶여 혈처를 버리는 누를 범하지 않았으면 한다.) 좌우를 베는 것은 중심을 잃을까 두렵다. (맥은 능선의 좌우로 몸을 많이 흔들면서 진행하는데 좌우에 터를 닦으면 맥이 잘릴 수 있다는 것이다. 당시에도 지하에서 맥이 어떻게 흐른다는 것을 알고 있었다고 본다.) 중심을 베는 것은 좌우를 잃을까 두렵다. (능선 중심에 터를 닦으면 맥이 방향을 틀어 앉는 혈처의 맥을 손상시키는 것을 염려하고 있다.) 형상이 명백하게 쉬는 것을 자세히 보고, 다음으로 적당한 혈정을 보며, 그런 연후에 참법을 실시하면 상하좌우는 자연히 체계적으로 이루어져 있다. 그런 연유로 터를 닦으면 체계적으로 아주 묘하다. (혈의 맺힘을 확실하게 살피고 혈심을 정한 다음 터를 닦는다면 상하좌우는 자연히 체계적으로 이루어져 있다. 그런 연유로 혈이 맺힌 곳에 터를 닦는다면 체계적으로 아주 묘하다.) 참이면 넓게 사용하는 것인데, 만약 세세히 살피지 않으면 관을 주기 어렵다. 그러면 생기는 손상을 받고 모자는 꺾임을 만난다. (땅을 넓게 파는 것은 지형을 손상시켜 맥을 손상시킬 수 있는 것인데 세세히 살펴서 천광하지 않으면 혈처를 손상시킬 수 있는 것이다. 그러면 잘못되어 생기가 손상을 입고 후손은 잘못된다는 것이다.) 종으로 굳게 싸고 감춘다는 것은 마침내 도리로서는 옳지 않다. (맥이 능선을 따라 혈이 맺혔는데 깊게 파서 석물 등을 사용하여 내부에 물이 고이도록 하는 것은 잘못된 것이다.) 또한 베어 사용하는 것은 형상이 쉬도록 하는 것인데 그 쉼은 반드시 작다. (혈처에 땅을 파고 시신을 모시는 것은 시신이 편안하게 쉬도록 하는 것인데,

도리에 어긋나면 쉼이 약하다는 것이다.) 작으면 그것을 크게 주기 어렵다. (생기가 너무 작으면 후손에게 미치는 영향이 적다.) 벤다는 것은 휴식을 베푸는 것인데 그 무덤은 반드시 크다. (터를 닦아 무덤을 조성하는 것은 휴식처를 제공하는 것인데 그 무덤의 영향은 반드시 크다.) 크면 적게 받아들이기 어렵다. (무덤의 영향이 크다는 것은 자연스런 것이다.) 반드시 극도의 이치는 능히 분명하고, 그 가운데 온화함의 의미는 자연히 보게 된다. (묘지를 조성하는 것은 시신을 편히 모시고자 하는 것인데 너무 지나치게 파내면 맥을 자르게 되고 기를 잃게 되며 너무 낮게 파도 생기를 받지 못함이니 극도의 이치는 분명하고 발복은 자연적으로 나타난다.)

截者剖也 剖辟其生氣 生氣露於息之直 高若侵巓 謂之剖巓 低若站麓
절자부야 부벽기생기 생기로어식지직 고약침전 위지부전 저약참록
謂之剖足 是以截上恐遺下 截下恐遺上 截左恐失右 截右恐失左 呵乞
위지부족 시이절상공유하 절하공유상 절좌공실우 절우공실좌 가걸
而成 謂之一息 一息旣成 貼於穴體 穴體微茫 切勿輕擧 斬之息多土意
이성 위지일식 일식기성 첩어혈체 혈체미망 절물경거 참지식다토의
截之息多木意 橫土用斬 截盡生意 直垂用截 接盡生意 勢不相伴 作用
절지식다목의 횡토용참 절진생의 직수용절 접진생의 세불상반 작용
通異 若不細玩 遽爾輕投 則體用兩像 生氣破泄 雖有美潤之玉 恐損雕
통이 약불세완 거이경투 칙체용양상 생기파설 수유미윤지옥 공손조
琢之手 大抵脈息之穴 不可雙葬 正謂寧失之小 莫失之大 此言極當
탁지수 대저맥식지혈 불가쌍장 정위령실지소 막실지대 이언극당

[설명]
절(끊는다)은 가르는 것이다. 가르는 것은 그 생기를 부르며 생기는 바로 생존하는 것으로 드러난다. 만약 높은 산마루를 침범하면 산

마루를 쪼개는 것을 일컬음이다. (높은 곳에서는 산마루를 똑바로 파는 것을 이름이다.) 만약 낮은 산기슭에 머무는 것은 발을 쪼개는 것을 일컬음이다. (만약 산기슭의 낮은 곳에 터를 만든다는 것은 산기슭 아래 부분은 파내는 것을 일컬음이다. 좌우가 넓고 불룩하며 전순도 풍만한 지형이다.) 이는 위를 끊음으로써 아래를 잃을까 두렵고 아래를 끊음으로써 위를 잃을까 두렵다. (혈처 위를 파면 맥을 자르게 되고 혈처 아래를 파면 위의 기를 설기시킬 수 있음을 염려함이다. 혈심에 정확하게 천광하기 어려움을 표현했다.) 왼쪽을 파면 오른쪽을 잃을까 두렵고 오른쪽을 파면 왼쪽을 잃을까 두렵다.

[횡혈이 맺힌 곳인데 오른쪽에 혈이 맺혔을 경우 혈처 뒤(능선 왼쪽)를 파면 입수되는 맥의 원진수를 자르게 되고 왼쪽에 혈이 맺혔는데 혈처 뒤(능선 오른쪽)를 파면 입수되는 맥의 원진수를 자르게 되어 혈처가 설기됨을 염려한 것이다.]

걸식을 이룸을 꾸짖음은 하나의 생존을 일컬음이다. (집안이 망하지 않도록 신중하게 처리하는 것은 살기 위한 것이다.) 하나의 생존함은 이미 이루어져 혈체에 붙여졌다. (혈처에서 생기가 이미 발생하면 혈처는 작용을 하고 있다.) 혈체는 미망하여 절대로 가벼이 행동하지 말아야 한다. 생존함을 벤다(참斬)는 것은 대부분 땅을 의미하고 자른다(절截)는 것은 대부분 나무를 의미한다. 가로로 흙을 베어 사용하는 것은 끊으므로 생을 다했다는 의미이며 똑바로 드리워진 것을 끊어 사용하는 것은 이어짐이 생을 다했다는 의미이다. 서로 따라가지 않는 세는 작용이 다르게 통한다. (횡으로 흙을 벤다는 것은 흐르는 맥을 손상시키는 것이니 하나의 혈처를 손상시키는 것이고 똑바로 드리워진 것을 끊는다는 것은 아래로 내려가는 맥을 절단하여 용맥이 생을 다하여 죽은 땅이 되어 작용이 다르게 되니 신중을 기해야함을 강조한 말이다.) 조금이라도 장난치지 말고 가벼이 버리는 것을 두려워할 것 같으면 두 형상 자체를 쓰는 것이다. (함부로 자연을 손상시키

지 말고 신중하고 정확하게 혈심을 이용하면 혈도 살리고 내맥來脈
도 살리게 되니 신중하게 처신하여야 한다.) 생기가 파쇄되어 새는 것
은 비록 아름다운 윤기 있는 옥을 가졌다고 하더라도 손으로 새기고
다듬어도 잃어버림을 두려워하는 것이다. (명혈을 얻었다고 하더라도
정혈에 심혈하지 못하면 아무리 정성을 다해 장사를 지냈다고 해도
겪는 피해를 두려워해야 한다.) 대저 맥은 혈에서 쉬는 것인데 쌍장은
옳지 않다. (혈처에서 봉분을 둘로 하면 혈처를 벗어나게 된다. 한 사
람만 겨우 누울 수 있는 자리가 아니라면 합장을 하는 것이 옳다. 혈
처에는 단장을 하는 자리가 있고 합장을 하는 자리가 있으며 쌍분으
로 하는 자리가 정해져 있다.) 바르게 한다는 것은 편안함을 적게 잃
음을 일컬음이고 크게 잃음도 없다. 이 말은 지극히 당연한 말이다.

弔者懸也 懸提其生氣 生氣直奔入於息下 上不可過高 恐漏其氣 下不可
조자현야 현제기생기 생기직분입어식하 상불가과고 공루기기 하불가

過低 恐犯其氣 一陽旣息 諸陽來複 半在息體之足 半在息體之襯 氣交感
과고 공범기기 일양기식 제양래복 반재식체지족 반재식체지친 기교감

而成形 形旣完而成穴 左右白天可混 上下最宜斟酌 若不細用心思 則首
이성형 형기완이성혈 좌우백천가혼 상하최의짐작 약불세용심사 즉수

受殺伐 足踐風寒 左右雖有纏綿 本主自難抵敵 大抵與粘相餓 但粘乃弔
수살벌 족천풍한 좌우수유전면 본주자난저적 대저여점상아 단점내조

之垂 弔乃粘而起 圍材施用之道 量職官人之義 須當此處辨之
지수 조내점이기 위재시용지도 양직관인지의 수당차처변지

[설명]
조는 건다는 것이다. 매다는 것은 생기를 드러내는 것이다. 생기는
똑바로 달려 들어와 아래(지하)에서 머문다. 위(지상)에서 높은 곳을
지나는 것은 옳지 않은데 그 기가 새는 것을 두려워한다. (지상의 생

기가 높은 곳을 지날 때 바람에 흩어지는 것을 염려한다.) 아래에서는 낮은 곳을 지나는 것이 옳지 않은데 그 기를 범하는 것을 두려워한다. (기가 낮은 지형을 지날 때는 기가 손상될 수 있음을 두려워한다. 낮은 지형은 개발로 인하여 잘릴 수 있다.) 하나의 양기는 이미 생존하는데 모든 양기는 겹쳐 온다. 반은 넉넉함의 형상으로 생존함이 있고 반은 속옷의 형상으로 생존함이 있다. (양기陽氣는 이로운 생기生氣를 말함인데 생기는 지상에 천기天氣로 존재하고 지하에서 지기地氣로 존재한다. 넉넉함의 형상이란 천기와 지기를 합한 것이고 속옷의 형상이라는 것은 속옷은 몸에 가까운 옷이라는 뜻이니 지하에 머무는 지기를 말함이다.) 기는 서로 교감하고 형체를 이루니 형체는 이미 혈로서 완성된다. 좌우는 밝고 자연적으로 가히 섞인다. (혈처 주위는 밝고 주위와 균형 맞게 어울린다.) 상하로는 마땅히 어림쳐서 헤아리는 것이 제일이다. (이 문구는 맞지 않다고 본다. 혈심은 정확하게 확인되어야 한다. 추맥법으로 한 치의 오차도 없이 확인되어야 한다.) 만약 마음으로 생각하는 것이 세밀하게 사용되지 못하면 머리는 살벌함을 받고 발은 찬 바람을 밟는다. (생각함이 바른 판단이 아니어서 잘못 쓰인다면 크나큰 어려움을 당하게 된다.) 좌우가 비록 얽혀 있어도 근본적으로 주인은 스스로 적을 막기 어렵다. (주위 사격이 얽혀 불어오는 살풍은 막을 수 있어도 혈처를 잘못 사용하여 오는 폐해는 막을 수 없다.) 대체로 끈끈함으로 서로 굶주림을 막을 수 있으니 다만 끈끈하게 매달아 드리우기도 하고 매달아 끈끈하게 일으키기도 한다. (혈이 맺히면 굶주림을 막을 수 있으니 혈이 아래에 맺히기도 하고 위에 맺히기도 한다.) 주위 재료를 베풀어 도리에 맞게 쓰면 사람이 관직에 나가는 뜻을 헤아린다. (주위에 있는 재료를 사용하여 장법에 맞게 잘 이용하면 혈의 기운과 천기를 최대로 받게 되어 사람이 출세하는 데 도움이 된다.) 모름지기 마땅히 이런 곳을 분별해야 한다. (마땅히 혈처를 찾아 정확하게 혈심에 심혈해야 한다.)

墜者落也 墜落其滴露 生氣旣完 如果稅蒂 上不可項彌而揷 下不可離脈

추작락야 추락이적로 생기기완 여과탈체 상불가항미이삽 하불가난맥

而作 項不離弦 來意專一 跳不離褥 生意直遂 息體豊盛 褥弦輾轉 穴星

이작 항불이현 내의전일 도불이욕 생의직수 식체풍성 욕현전전 혈성

軒昂 吐出泡脈 墜左則就於偏枯 墜右則入於偏駁 墜下則來而不來 墜上

헌앙 토출포맥 추좌칙취어편고 추우즉입어편박 추하즉래이불래 추상

則止所非止 須審吐落之情 並依墜落之法若有怠忽 必失本體 親上要退

즉지소비지 수심토락지정 병의추락지법양유태홀 필실본체 친상요퇴

其剛硬之枯 就下要舒其呼吸之氣 高不如甲 低不如粘 是爲得之

기강경지고 취하요서기호흡지기 고불여조 저불여점 시위득지

[설명]

추는 떨어지는 것이다. 그것은 이슬이 물방울 되어 떨어지는 것이다. 생기는 이미 완성되어 과일이 가시를 벗는 것과 같다. (생기는 까칠한 털을 벗어 완성된 과일처럼 이미 완성되었다는 것이다.) 위에서는 목을 꿰매기는 옳지 않아 꽂는다. (위에서는 오목한 부분을 불룩하게 하기는 옳지 않아서 오목한 곳 뒤로 바짝 붙여 쓴다는 것이다.) 아래로는 맥을 떠나기는 옳지 않아 혈을 만든다. (아래에서는 맥이 내려와 혈이 맺혔다.) 목은 현을 떠나지 않고 오로지 온다는 의미이다. 뛰는 것은 요를 떠나지 않고 드디어 똑바로 생긴다는 뜻이다. (잘록한 것은 맥이 잘리는 것이 아니고 앞의 불룩한 부분이 잘록한 부분에 있는 혈처를 향해 좌우로 지각을 내려 활의 현 모양으로 휘어져 전면을 보호하는 것이고 능선을 오르는 맥은 떠나지 않고 요처럼 넓은 돌처에서 혈을 맺는다는 것이다. 과협처에도 혈이 맺히고 불룩한 돌처에도 혈이 맺힘을 설명한 것이다.) 형체가 풍성한 요와 현에 굴러 넘어져 생존한다. (형체가 풍성한 요라는 것은 넓고 둥그런 혈장인데 유혈과 돌혈을 나타내는 것이고, 형체가 풍성한 현이라는 것은 활처럼 생

긴 자기 안산이 있는 과협처에 좌우가 불룩하면서 두툼한 곳에서 오목하게 맺힌 와혈을 나타내는 것이다.) 혈성은 맥이 거품을 토해내어 환하게 불거졌다. (혈이 불룩한 형태로 된 것이 마치 맥에서 뿜어내는 물거품의 모습과 같음을 나타냈다.) 좌로 떨어지면 나아가서 치우쳐 마르고(멈추고) 우로 떨어지면 들어와서 치우쳐 뒤섞인다. (능선의 왼쪽은 불룩하게 불거지고 오른쪽이 오목하게 된 곳으로 맥이 방향을 돌려 오목한 곳에 횡으로 혈이 맺힌 것을 표현했으며 뒤섞인다는 것은 천기와 지기가 함께 공존하여 생기가 작용함을 나타내었다. 뒤의 불룩한 곳은 귀鬼가 되고 혈처는 오목하게 되어 좌우는 불룩하게 불거져서 혈처를 보호한다.) 아래로 떨어지면 오기도 하고 오지 않기도 하며, 위에 떨어지면 멈춘 곳이기도 하고 멈추지 않는 곳이기도 하니 모름지기 토해내 떨어진 정을 살핀다. (맥은 아래로 떨어지면 오기도 하고 오지 않기도 하며, 위에 떨어지면 머문 곳이기도 하고 머물지 않는 곳이기도 하니 혈정을 살펴서 혈이 맺혔는지를 살핀다.) 아울러 떨어져 의지하는 법을 만약 게을러 소홀히 하는 것이 있다면 반드시 본래의 형체를 잃는다. (떨어져 맺힌 혈을 정확하게 심혈하지 못하고 장법을 소홀히 하면 혈처를 잃게 되는 것이다.) 친히 위에서는 물러나기를 원하는 것은 말라 굳어서 강하다. (산 정상에서는 혈이 맺히기 어려운 조건이다.) 아래로 나아가서 조용하기를 요하는 것은 기의 호흡이다. (낮은 곳으로 나아가면 부드러워지고 주위에서 호위함이 있기 때문에 맥이 머물게 된다.) 높은 데서는 매어다는 것 같지 않고 낮은 데서는 끈끈함 같지 않더라도 이것을 얻어야 한다. (높은 데서는 조弔처럼 보이지 않고 낮은 데서는 점粘처럼 보이지 않더라도 이것을 얻어야 한다는 것은 높고 낮은 곳에서는 자연이 혈처를 감추고 있으니 혈이 맺히는 원리를 알아서 얻어야 한다.)

正者整也 整肅其身體 敗斂其精神 窟象既小 生氣初凝過於大未免傷
정자정야 정숙기신체 패렴기정신 굴상기소 생기초응과어대미면상

其元氣之眞 入於深豈不傷其細嫩之體 損其元氣則精神不足 壞其細
기원기지진 입어심기불상기세눈지체 손기원기즉정신부족 괴기세

嫩則本體不完 古今葬者雖多 未必盡曉此法 是以地吉而人不吉 地美
눈즉본체불완 고금장자수다 미필진효치법 시이지길이인불길 지미

而人不美也 亦有上下之誤 豈無左右之偏? 陰陽妙合 歸於中正之天
이인불미야 역유상하지오 기무좌우지편? 음양묘합 귀어중정지천

剛柔相濟 止於今正之地 三分損益 一理推行 自然吻合
강유상제 지어금정지지 삼분손익 일리추행 자연문합

[설명]

정正이란 가지런히 한다는 것이다. 그것은 신체를 엄숙하게 가지
런히 하고 그것은 무너진 정신을 거두기도 한다. [여기서 신체身體라
는 것은 사람의 몸이 아니라 혈처를 이름이고 정신精神은 사람의 정
신이 아니라 혈처에서 발하는 혈처의 기운(생기生氣)을 일컫는다고
본다. 그러므로 이루어진 형상을 가지런하게 하여 망가진 혈처의 기
본 정신을 보존하기도 한다.] 이미 약간 오목한 형상으로 생기는 처음
에는 엉겼으나 시간이 지남에 따라 대부분 상처를 면하지 못한다. (이
미 조그맣게 패여 있는 형상으로 처음에는 생기가 가득했으나 시간이
지남에 따라 혈처가 손상되어 기운이 약해졌다.) 깊이 들어온 그 참된
원기는 어찌 그 세밀하고 고운 혈처에 상처가 아니겠는가. 그 원기가
손실되면 정신이 부족하다. (혈처가 손상되면 원래 품고 있던 원기는
약해져 혈처의 기량이 제 기능을 발휘하지 못한다.) 그 세밀하고 고운
것이 무너지면 본래의 몸이 완전하지 못하다. (완벽하고 아름다운 혈
처가 무너지면 혈처로서의 기능을 상실한다.) 예나 지금이나 장사지
내는 것은 비록 많지만 이 법을 반드시 다 깨닫지 못한다. 이것은 땅

으로서는 길한데 사람은 길하지 않고 땅은 아름다운데 사람에게는 아름답지 못하다. (고금을 막론하고 많은 사람이 장사를 지내지만 혈처를 모두 알아보지 못하여 누구나 모두 혜택을 받지 못한다는 것이다. 또 땅은 길하고 아름다운데 사람에게는 길하지 않고 아름답지 않다는 것은 정혈에 장사지내지 못했으니 모두 발복을 받을 수 없다는 것이다.) 또 위 아래로 잘못이 있는데 어찌 좌우에 치우침이 없겠는가? 음양은 묘하게 합쳐서 하늘의 중간에서 바르게 돌아와 강하고 부드러움이 서로 이루었다. (상하로 잘못이 있는데 좌우라고 치우침이 없을 수 없으며 음양은 우주의 원리에서 바르게 생겨나 강유가 서로 짜여 있다.) 이제 땅에서 바르게 머물러 손익을 3(천지인天地人)등분하는 하나의 이치를 미루어 헤아리고 행함을 자연은 입술을 다문다. [이것을 천장지비天藏地秘(하늘이 감추고 땅이 비밀로 한다)라고 한다.]

求者度也 量度其大之止追求其止之眞 窩象既大 生氣彌漫過於大則氣流
구자도야 양도기대지지추구기지지진 굴상기대 생기미만과어대즉기류
而不專 過於小則氣遊而不息 流而不專 則度之未眞 遊而不息 則求之未
이부전 과어소칙기유이불식 유이불전 즉도지미진 유이불식 즉구지미
切 雖見窩象分明 下穴百無一發 是能求之於穴 不能求之於求也 亦有高
절 수견와상분명 하혈백무일발 시능구지어혈 불능구지어구야 역유고
低之錯 豈無淺深之差? 一直吐露 六義均停 一見了然 五行自著 上不容
저지착 기무천심지차? 일직토로 육의균정 일견료연 오행자저 상불용
下 下不必上 斯義得之
하 하불필상 사의득지

[설명]
구한다는 것은 법도이다. 대개 그것이 정지함으로써 추구하는 정도의 양은 그것이 멈추면 참되다. 오목한 형상은 이미 크고, 생기가

넓고 평평한 곳을 두루 미치어 크게 지나가면 흐르는 기를 제멋대로 하지 못한다. (오목한 형상이 크고, 넓고 평평한 땅을 두루 퍼져서 크게 지나가면 생기를 마음대로 조정할 수 없다. 이런 곳에서는 가둘 수 있는 방법으로 생기를 가두어서 사용할 수 있다. 다시 말하면 그릇을 만들어서 담는 것이다. 이것을 필자는 천기혈이라고 명명했다. 천기혈은 조건만 되면 가능하다.)

약하게 지나가면 기는 쉬지 않고 떠돈다. 흐름을 제멋대로 하지 못한다면 정도가 참된 것이 아니다. 떠돌면서 쉬지 않는다면 구하기 적절하지 않다. 비록 오목한 형상이 분명하게 보이더라도 아래에 백 개의 혈 중에 하나도 드러냄이 없다. (기가 떠돌면서 머물지 않는다면 백 개의 오목한 곳이 확실하게 보이더라도 혈처는 하나도 없을 수 있다. 그만큼 혈처는 아주 드물고 귀한 것이다.) 능히 혈을 구하기도 하고 구하려고 해도 못 구하기도 한다. 또 높고 낮음이 섞여 있는데 어찌 깊고 얕은 차이는 없을까? 오로지 바로 토해 드러내고 육의(부賦, 비比, 흥興, 풍風, 아雅, 송頌)가 고르게 머물렀으니 오로지 그러함을 보고 깨닫는다. 오행(목木, 화火, 토土, 금金, 수水)은 스스로 나타나는데 위는 아래를 용납하지 못하고 아래는 반드시 위를 용납하지 못하니 이것이 옳음을 깨닫는다. [혈처는 바로 나타나고 주위에는 육의(귀성)가 고르게 머물렀으니 그것을 보고 혈이 맺혔음을 깨닫는다. 한 능선에서 위에 혈이 맺히면 아래에는 혈이 맺히지 않고 아래에 혈이 맺히면 위에는 혈이 맺히지 않는다는 것을 깨닫는다.) (*한 능선에는 하나의 혈이 맺히는 것이 일반적인데 간혹 두 개가 맺힐 수 있고 드물게 세 개도 맺히는 경우가 있으니 참고 바람.)

架者加也 加架於木 故名曰架 窟象既深 下藏陰殺 上而畏風 故氣聚下
가자가야 가가어목 고명왈가 굴상기심 하장음살 상이외풍 고기취하
下而畏濕 故氣泊上 下上受敵 故氣凝中 失之於上 難免暴敗上禍 失之

526

하이외습 고기박상 하상수적 고기응중 실지어상 난면폭패상화 실지
於下 必受陰消患 故當度其乘氣之源 定其止聚之基 須先用木以滲其暴
어하 필수음소환 고당도기승시지원 정기지취지기 수선용목이삼기폭
之情 然後加棺以專其融溢之氣 水性就下 下之陰殺見木卽消 陰殺侵上
지정 영후가관이전기융일지기 수성취하 하지음살견목즉소 음살침상
上之暴氣通風卽散 生意不窮 嗣續落盛 若執夫窩不葬必之說 是未明通
상지폭기통풍즉산 생의불궁 사속낙성 약집부와불장필지설 시미명통
變之方者也 又有一法 破土足徐 四角立石 架棺六合 打牆培土 此順玄
변지방자야 우유일법 파토족서 사각입석 가관육합 타장배토 차순현
武高龍虎壓乃可爾耳 天地玄機 由人幹運 順憑目巧 急在心靈
무고용호압내가이이 천지현기 유인간운 순빙목교 급재심령

[설명]

시령이라는 것은 더한다(든다)는 것이다. 나무를 들어 건너지르는
것이다. 옛부터 시령이라고 불렀다. 이미 꺼진 형상은 깊었고 아래에
음침한 살기를 감추었으며 위는 바람이 두려웠다. (무맥지의 능선에
패인 부분을 보고 표현한 것 같다. 패인 부분은 음침하고 산등성이는
언덕을 넘나드는 바람 길을 표현했다. 이 문구 때문인지는 모르지만
간혹 자연의 천장지비술로 인한 것인지 누군가가 위장을 한 것인지는
모르지만 능선이 패인 혈처가 있는데 모두 빈자리이다.) 기는 아래에
모이지만 아래가 젖는 것이 두렵다. [맥은 지하로 흘러 혈을 맺지만
수맥(원진수) 위에 쓸까 염려된다는 것이다. 혈처 주위에 있는 묘들
은 모두 묵묘이기 때문이다.] 기가 위에 묵었으면 아래는 위를 대등한
것으로 받는다. (기가 위에 묵는다는 것은 천기를 이름인데 위에 천기
혈이 맺혔으면 지하의 기와 같은 것으로 여긴다는 것이다.) 기가 엉키
는 중이면 위에서는 그르치게 되어 지나치게 패하는 상부 화를 면하
기 어렵다. (기가 혈처로 들어가기 전에 응집되는 입수도두를 일컬음

인 것 같은데 입수도두에 장사지내면 그르치게 되어 화를 면하기 어렵다. 실제로 모든 무덤의 후손은 향불이 꺼졌다.) 아래에서 그르치게 되면 반드시 음침하고 사라지는 근심을 받는다. (혈처 아래에 장사지내면 원진수가 합쳐서 흐르는 수맥 위에 쓰게 되어 집안이 잘못된다는 것이다. 실제로 모두 묵묘이다.) 당연히 그 법도는 기의 근원을 타는 것이므로 그것은 그치어 터에 모이도록 정해졌다. (맥이 흐르는 곳에 혈이 맺히도록 되어 있으므로 맥이 정지하는 곳에 혈이 맺히도록 정해졌다.) 모름지기 먼저 거기에 지나친 정이 스며들게 나무를 사용했다. 그런 후에 오로지 기가 녹아 넘치게 관을 더했다. (당시 장법을 설명했다. 당시에는 나무가 수분을 흡수하니 지하의 기도 흡수할 것으로 보고 나무를 배치했고 시신도 관 속에 넣어서 장사지냈다고 본다. 이 글 때문에 반드시 관을 사용하게 된 것으로 본다. 이것은 하나의 생각에 지나지 않으며 실제는 탈관을 하여 지하의 기운을 직접 시신이 받도록 하는 것이 옳다고 본다.) 물의 바탕은 아래로 나아가니 아래의 음침한 살기는 나무가 곧 소멸시킨다고 본다. 음침한 살기는 위를 범하니 위의 난폭한 기운은 바람을 통하여 곧 흩어진다. (물은 아래로 흘러가고 수맥파는 나무가 흡수하고 위로 올라오는 나쁜 기운은 바람으로 인하여 흩어진다는 것이다. 이 글은 당시 글 쓴 분의 생각이고 수맥파는 지상의 고층까지 미친다.) 연구하지 않는 마음을 먹는 것은 번창함이 계속 이어져 떨어진다. (번창했던 것이 연구하지 않는 마음을 먹게 되면 계속 이어져 추락하는 것이다.) 만약 오목함을 잡아 반드시 장사지내지 않는다는 말이라면 이것은 분명히 통하지 않는다. (위의 말은 오목한 곳에 장사지내지 않는다면 해당 없는 말이다.) 변화의 방법이란 또 하나의 법칙이 있는데 넉넉하게 천천히 흙을 파고 네 모퉁이에 돌을 세우고 육합(천지天地와 사방四方, 우주)에 관을 건너지르고 흙을 북돋아 담장을 두들긴다. (또 하나의 방법은 넓게 땅을 파고 네 모퉁이에 돌을 세우고 공중에 관을 건너지르고 흙을 북돋아 다진다.) 이것은 현무는 높고 청룡 백호는 누름을 따르는데 이를 따름이 옳다. (혈처는 높은 산에서 낮은 곳으로 내려와서 맺혔고 좌우 보호사는 부드러우니 이런 땅에 장사지내야 한다.) 하늘과 땅은 오묘한 기틀이며 사람에서는 마를 운명이다. 따르고 의지함은 교묘한 요점이며 중요함은 심령에 있다. (하늘과 땅은 오묘한 기틀이며 사람은 죽을 운명이니 따라야 한다. 중요한 것은 마음먹기에 달려 있다.)

折者裁也 以斤裁物 故名曰折 窟象旣淺 四顧茫然 立於上須要砂水均應
절자재야 이근재물 고명왈절 굴상기천 사고망연 입어상수요사수균응

立於一廠須看龍虎相登 若無包藏 則殺乘風旺 若有風殺 則氣隨風散 風
입어일창수간룡호상등 약무포장 즉살승풍왕 약유풍살 즉기수풍산 풍

旺則殺愈熾 氣散則殺愈侵 故生氣之避殺氣 猶君子之避小人 須審其出
왕즉살유치 기산즉살유침 고생기지피살기 유군자지피소인 수심기출

彼人此之眞機 預究其參前倚後之大勢 折中其上一下 分按其左右 深不
피인차지진기 예구기참전의후지대세 절중기상일하 분안기좌우 심불

過五 淺不失一 而折之義詳矣 大抵正與架相似 而正則架之深 折與求相
과오 천불실일 이절지의상의 대저정여가상사 이정즉가지심 절여구상

似 而折則求之闊 同而異 少有差殊 則施於甲者不免施於乙 用於丙者不
사 이절즉구지활 동이이 소유차수 즉시어갑자불면시어을 용어병자불

免用於丁 欲求福址 恐難致驗
면용어정 육구복지 공난치험

[설명]

꺾는다는 것은 마름질한다는 것이다. 도끼로 물건을 마름질하는 것으로 절이라고 불렀다. 오목한 형상은 얕고 사방이 넓은 것으로 생각한다. 위에 서 있는 것은 모름지기 사수가 고르게 응하기를 요하는데 오로지 헛간으로 서 있는 것은 모름지기 용호(좌우 보호사)가 서로

등판하는 것으로 간주한다. (안채가 들어서면 좌우로 헛간을 지어 창고와 마구로 사용했듯이 좌우 보호사가 등판하는 것을 집 구조로 설명하고 있다.) 싸서 감춤이 없는 것과 같다면 곧 왕성한 바람을 타는 살이다. 살풍이 있는 것과 같다면 기는 바람을 따라 흩어진다. 왕성한 바람이면 더욱 불을 붙여 활활 타게 하는 살이다. 기가 흩어지면 살이 더욱 침범한다. 살기를 피함으로써 기가 생겼었다. (바람의 영향에 대하여 자세히 설명하고 있다. 바람을 살로 생각하며 바람을 피함으로써 기가 생겨남을 강조하고 있다. 맥은 흐르다가 바람을 스스로 막든지 주위에서 막아주는 조건에서 멈추어 혈을 맺는 것이다.) 군자가 소인을 피하는 것과 같아서 모름지기 그것은 저 사람이 나타나서 이 사람의 참된 기미를 살피는 것과 같다. (도움이 되지 않는 것을 피하여 어디에 바람이 조용하여 혈이 있는지 살핀다는 것이다.) 앞에는 사격이 모여들고 뒤에는 큰 세에 의지함을 미리 연구한다. 오로지 위 아래로 치우치지 않게 마름질하고 좌우를 분별하여 살핀다. (앞에는 사격이 모여들고 뒤를 받치고 있는 곳에서 좌우를 살펴 불룩하면서 두툼함이 불룩한 전순과 원호를 그리면서 균형을 이루는지 살펴보고 혈심을 정한다.) 깊음은 다섯(목木, 화火, 토土, 금金, 수水의 오행五行)을 지나치지 않고 낮음은 근본을 잃지 않는다. (깊은 뜻은 오행을 벗어나지 않고 낮은 뜻은 혈의 근본을 잃지 않는다.) 절折의 뜻은 자세하고 대저 정正과 가架는 서로 같으며 정正이면 깊은 곳을 건너지르는 것이다. 절折과 구求는 서로 같으며 절折이면 넓은 곳을 구하는 것인데 같기도 하고 다르기도 하다. 다른 차이가 적으면 갑으로 베풂이 을로는 베풂을 피하지 못한다. 병으로 사용한 것은 정으로 사용함을 피하지 못한다. (위치와 조건에 따라서 장법이 다른데 다른 차이가 적으면 같을 수도 있다는 것이다.) 복 있는 터를 구하고자 하는데 시험하기에는 두렵고 어렵다.

(바람을 갈무리하지 못하는 곳에서는 바람은 살이 되고 왕성한 바

람은 기를 흩어지게 한다. 오목하여 기를 모으는 곳에서는 좌우 보호
사가 집 배치에서 헛간이 배열되듯이 좌우를 감싼다. 오목함이 얕은
곳은 바람을 탄다고 위에 강조했음에도 대부분 오목한 곳은 피하여
조장함으로써 오목한 혈처 주위에 있는 묘들은 모두 묵묘들이다. 그
러므로 시험하기에는 두렵고 어렵다고 표현했다.)

挨者傍也 傍切其生氣 突象旣彰 陰脈單現 秒茫無際 恍惚無樓 無際則居
애자방야 방절기생기 돌상기창 음맥단현 초망무제 황홀무루 무제칙거
止難定 無樓則捉摸難依(缺) 須傍藉生生之氣 借資化化之機 上不授其急
지난정 무루칙착모난의(결) 수방자생생지기 차자화화지기 상불수기급
而暴氣沖和 下不受其寒而陰氣施複 此挨之法也 挨與倚相似 而挨則倚
이폭기충화 하불수기한이음기시복 차애지법야 애여의상사 이애칙의
之切 倚與挨各別 而倚則挨寬 可挨處如種之方芽 龍之將蟄 當挨處形如
지절 의여애각별 이의칙애관 가애처여종지방아 용지장칩 당애처형여
轉皮 氣如仰掌
전피 기여앙장

[설명]
　애는 방傍(곁방)이다. 곁에서 그 생기를 진맥하는 것이다. 돌의 형
상은 이미 드러나서 음맥으로 외롭게 나타난다. 미세하게 망망한 때
는 없고 황홀한 누각도 없다. (불룩한 형상은 이미 드러나 음맥으로
나타나는데 어렴풋하지도 않고 황홀한 누각처럼 뚜렷하지도 않다는
것이다.) 때가 없으면 정지하여 머무는 것을 정하기 어렵고(명당은 사
용할 시기가 있다는 것이고) 누각이 없으면 더듬어 찾아서 잡아 의지
하기 어렵다.(뚜렷한 흔적이 없는 미미한 상황에서 혈처를 찾아 점혈
하기 어렵다는 것이다.) 모름지기 방傍은 생생한 기를 빙자함이고 차
借(도울 차)는 기틀을 교화하는 자본이다. (방은 확실한 생기를 느낌

으로써 확인이 되고 차는 기틀을 교화하는 데 도움을 주는 역할을 한다는 것이다.) 위에서는 급하게 주지 않고 사나운 기를 충화한다. 아래는 차가움을 받지 않고 음기를 겹쳐 베푼다. 이것이 애의 법칙이다. (입수도두 아래는 잘록하여 기를 충화하는 곳으로서 사용할 수 없도록 되어 있고 혈처 아래는 원진수가 합쳐서 나아가는 곳이므로 음기가 가득하여 쓸 수 없도록 되어 있다. 이것은 지하에서 이루어지는 현상을 표현한 것이다. 그러므로 정확하게 혈심에 쓰도록 하는 것이 애법이다. 오늘날 기감으로 추맥법을 동원하여 맥과 혈처를 찾듯이 당시에 글쓴이는 대단한 기감의 소유자였음이 틀림없다고 본다.) 애와 의는 서로 비슷한데 애이면 맥을 보도록 맡긴다. 의와 애는 각각 다르다. 의이면 너그럽게 밀치는데 가히 애가 있는 곳(밀침이 있는 곳)은 종자를 싹 띄우는 곳과 같아서 용이 장차 칩거한다. (맥을 위주로 하기 때문에 맥이 멈추어 혈을 맺는다.) 마땅히 애가 있는 곳의 형상(맥이 머문 곳의 형상)은 가죽을 옮긴 곳과 같고 기는 손바닥을 엎어 놓은 것과 같다. (애는 밀치어 두툼하게 감싸는 지형을 이루고 있는 곳이므로 맥이 멈추어 혈이 맺힐 수 있는 조건이 되어 맺힌 혈의 형상은 가죽을 깐 것처럼 넓고 평탄하며 혈처는 손바닥을 엎어 놓은 것처럼 약간 오목한 와혈이다.)

並者合也 合倂其生氣 突象兩彰 陰脈重視 如浮鷗傍母之形 若嘉粟吐
병자합야 합병기생기 돌상양창 음맥중시 여부구방모지형 약가속토

華之勢 或兩脈顯其長短 或二突露其巨細 投其左則情意不專 投其右
화기세 혹양맥현기장단 혹이돌로기거세 투기좌즉정의부전 투기우

則生意不固 情意不專 或値陰駁之禍 生意不固 乃値亡陽之殺 故須乘
즉생의불고 정의부전 혹치음박지화 생의불고 내치망양지살 고수승

其短而小者穴之 合其大而長者並之 相依不散 理勢通同 斯則元辰完
기단이서자혈지 합기대이장자병지 상의불산 이세통동 사즉원진완

因而不傷 理氣合一而不散 大義自覺 無事瑣瑣
인이불상 이기합일이불산 불의자각 무사쇄쇄

[설명]
병은 합이다. 그 생기를 합하고 아우른다. 불룩한 형상은 양측으로 나타나고 음맥은 두텁게 보인다. 마치 어미 옆에 떠 있는 갈매기의 형상과 같다. 빛나는 기세를 토한 아름다운 조와 같다. 혹 두 맥이 길고 짧게 나타난다. 혹 두 개의 돌처가 크고 가늘게 드러난다. (불룩한 형상이 양측으로 나타나는데 맥이 지나는 지형이 두툼하게 보인다. 불룩한 형상은 어미 갈매기와 새끼 갈매기가 나란히 떠 있는 것 같고 맥선은 조 이삭을 눕혀 놓은 것처럼 두툼하다는 것은 쌍형을 설명했다. 혹 두 맥이 길고 짧게 나타난다는 것은 혈처가 나란히 맺히지 않고 어긋나게 맺혔다는 것이다. 두 개의 돌처가 크고 가늘게 드러난다는 것은 전후로 봉을 세워 하나는 혈을 맺고 하나는 자기 안산을 나타내는 것이다.) 왼쪽에 머물면 형편이 같지 않다는 의미이고 오른쪽에 머물면 생기가 견고하지 않다는 의미인데 형편이 같지 않다는 의미이다. 혹시 음침한 가치는 화로 섞이는데 생기가 견고하지 않다는 의미이다. 이에 망하는 가치는 살기로 드러난다. (쌍혈을 설명한 내용을 보고 착각하여 혈처가 아닌 곳에 좌우로 쌍분을 조성했을 때를 나타낸 것으로 본다. 결과는 재앙으로 나타나고 죽음으로 드러난 것이다.) 고로 모름지기 그것이 짧고 작은 것을 타는 것은 혈인데 크고 길게 합하는 것은 아우르는 것으로서 서로 의지하여 흩어지지 않으니 세의 이치는 같은 것으로 통한다. 이러면 완전한 일월성신(우주, 자연)의 근본이며 상하지 않는 까닭이다. 기의 이치는 하나로 합하는 것이고 흩어지지 않는 것이다. (혈이 맺히는 곳은 짧고 작으며 보호사가 크고 길게 에워싼다. 그러면 서로 의지하여 기는 흩어지지 않으니 모든 세의 이치는 같다. 이것이 자연의 이치이다. 혈처의 기는 하나로 합하는

것이고 흩어지지 않는다.) 큰 뜻을 스스로 깨달으면 자질구레한 일은 없다. (혈이 맺히는 원리를 스스로 깨달아 혈처를 사용하면 마음먹은 대로 출세를 하고 일이 잘 풀린다.)

斜者切也 斜切其生氣 幾見突脈 直下棺骸 切莫授首 挨其弦則脈絡下到
사자절야 사절기생기 기견돌맥 직하관해 절막수수 애기현즉맥락하도
就其頂則氣勢猖强 不到之處謂之退落 猖强之處謂之剛 退落則陽中之陽
취기정즉기세창강 불도지처위지퇴락 창강지처위지강 퇴락즉양준지양
偏陽之生也 剛雄則陰中之陰 偏陰不成也 故斜而切之 斜則不直受其暴氣
편양지생야 강웅즉음중지음 편음불성야 고사이절야 사즉불직수기폭기
切則不疏遠其眞情 凶可去而吉可得 禍患遠而福德旺 陰陽相扶 急緩相濟
절즉불소원기진정 흉가법이길가득 화환원이복덕왕 음양상부 급완상제
而斜穴之名義明矣
이사혈지명의명의

사斜(비낄 사, 기울 사)는 맥을 보는 것이다. 기우려 그 생기를 진맥한다. 불거진 맥을 살펴보고 뼈가 든 관을 바로 내려 진맥을 하여 깎은 곳으로 머리를 준다. (맥이 내려와서 혈이 맺혔는지 확인해 보고 관을 내려 진맥하여 기운이 가장 강하게 작용하는 곳으로 좌향을 정하여 능선을 파낸 곳으로 머리를 준다.) 현을 떼밀면 맥이 아래에 이르도록 두른다. (혈처 주위를 둥글게 하고 혈처 앞을 둥그렇게 감싸도록 하여 혈에 의하여 이루어지는 생기가 아래까지 미치도록 한다는 것이다. 맥이 아래에 이르도록 두른다는 것은 맥에서나 혈처에서 생기가 느껴지므로 제절을 비롯한 묘지 아래를 둥글게 하면 느껴지는 기운이 맥에 의한 것으로 생각했던 것 같다. 맥은 혈처에서 끝나고 아래에서 생기가 느껴지는 것은 혈처에서 내뿜는 기운이 어느 범위까지는 생기가 느껴지기 때문이다. 다만 제절을 둥글게 하면 전면에서 불

어오는 바람을 좌우로 가르고 하늘로 날려 천기가 흩어짐을 최대로 방지하기 위함이다.) 그것이 정수리로 나아가면 기세가 미쳐 날뛰듯이 강하고 이르지 못하는 곳은 물러남으로써 떨어짐을 일컬음이다. (산봉우리로 나아가면 기세가 매우 거칠고 강하여 맥이 나아가지 못하고 옆으로 돌아 나아간다. 날뛰듯이 강하다는 것은 거친 바위로 이루어진 석산이라는 것을 나타낸 것이다. 이런 지형에서는 맥은 암반으로 가지 않고 옆으로 돌아 내려간다.) 미쳐서 날뛰듯 강한 곳은 굳셈을 일컬음인데 물러나 떨어지면 양중의 양인데 양기의 생김이 한쪽으로 몰린다. (암반으로 이루어진 지형에서 물러나 암반을 피해서 내려와 오목한 곳에서 양기의 생김이 한 쪽으로 몰려 혈을 맺는다.) 굳세고 웅장하면 음 중의 음인데 한 쪽으로 몰린 음혈은 이루지 못한다. (암반으로 이루어진 지형이 강하고 웅장해도 불룩한 지형에서는 기운이 한 쪽으로 몰린 음혈은 맺히지 못한다.) 고로 사와 절로써 사斜라면 난폭한 기를 바로 받지 않고, 절切이라면 참된 정을 멀리하지 않는다. (고로 비껴가느냐 아니면 맥을 보느냐 하는 것인데 비껴가면 난폭한 기를 바로 받지 않고, 맥을 보게 되면 참된 정신을 멀리하지 않으니 참된 정신을 바로 받는다.) 흉함은 가는 것이 옳고 길함은 얻는 것이 옳다. 화와 근심은 멀어야 하고 복과 덕은 왕성해야 한다. 음양은 서로 도와야 하고 급하고 완만함은 서로 구제해야 한다. 그래서 비껴서 맺힌 혈의 이름이 옳고 밝게 된다.

插者下也 下插其生氣 幾見突脈之斜 須詳作穴之義 迎其來則去處牽址
삽자하야 하삽기생기 기견돌맥지사 수상작혈지의 영기래즉거처견지
就其止則來處棲遲 故乘其過續之中 插之以枯朽之骨 可插處脈情活動
취기지즉래처서지 고승기과속지중 삽지이고후지골 가삽처맥정활동
如橫抛之勢 當插處穴情昭著 似直撞之形 生氣磅礴 原原不絶 聚氣充盛
여횡포지세 당삽처혈정소저 사직당지형 생기방박 원원불절 취기충성

活活難窮 不絶則情意自專 難窮則功力自大 鬼福及人 效驗悠遠 斯插法
활활난궁 불절즉정의자전 난궁즉공력자대 귀복급인 효험유원 사삽법
之理致極矣
지리치극의

[설명]

삽揷은 산기슭이다. 생기를 산기슭에 꽂는다. (산기슭에 혈이 생긴
다.) 경사지에 불룩한 맥으로 나타난다. 모름지기 혈의 옳음을 자세하
게 드러낸다. 오는 것을 맞으면 터로 끌고 가는 곳이다. 나아가 정지
하면 와서 깃들기를 기다리는 곳이다. 고로 그것은 속으로 이어 지남
을 꾀함이다. (경사진 능선에 불룩한 것은 혈이 맞다는 것을 자세하게
드러내는 것이며 오는 것을 맞으면 터로 끌고 간다는 것은 맥이 머물
수 있는 조건의 지형으로 끌고 가서 멈추어 혈을 맺게 하는 것이고,
나아가서 정지하면 깃들기를 기다리는 곳이라는 것은 이미 자리를 마
련하여 맥이 산기슭에 머물도록 되어 있다는 것이다. 고로 그것은 속
으로 이어 지남을 꾀함이라는 것은 맥은 땅속으로 이어져 혈이 맺히
는 과정을 나타내는 것이다.) 꽂음으로써 살은 썩어 없어지고 뼈만 남
는다. 가히 꽂는 곳은 맥정이 활발하게 움직이는 곳이다. 마치 횡으로
던지는 세와 같다. (혈처에 장사지냄으로써 살은 썩어 없어지며 뼈만
남는다. 장사지낸 곳은 맥이 지니고 있는 영향이 마치 횡으로 던졌을
때, 움직이는 것처럼 활발하게 활동하는 것과 같이 작용한다는 것이
다.) 마땅히 꽂는 곳의 혈정은 똑바로 부딪치는 형태와 같이 밝게 나
타난다. 생기는 돌이 떨어지는 소리처럼 섞기고 처음부터 끝까지 끊
어지지 않는다. 모이는 기는 아득하게 성하며 활발함이 막히기 어렵
다. (장사지내는 곳의 혈정은 똑바로 부딪히면 번쩍하고 일어나는 불
빛처럼 속발되고 생기는 공중에 퍼져 끊어지지 않고 오래도록 이어
지는 것이고 모이는 기는 아득하게 성하여 오래도록 영향을 미친다는

536

것이다.) 끊어지지 않으면 혈정은 저절로 변함없이 순일하다는 의미이고 막히기 어렵다면 공력은 저절로 큰 것이다. 귀신의 복은 사람에게 미치고 효험은 아득히 멀다. 삽법의 이치는 지극함에 이른다.

(삽법으로 장사 지내면 변화 없이 일정하게 되고 공력은 저절로 큰 것이고 후손의 발복이 오래도록 이어지니 삽법의 이치는 지극하다는 것이다.)

(산기슭에 혈이 맺혔을 경우에 장사지내는 장법인데 혈이 맺힌 곳은 오목하고 좌우가 넓고 불룩하며 전순도 불룩하고 아래는 경사가 심하다. 인력으로 파낸 것처럼 된 곳도 있고 능선이 무너진 것처럼 된 곳도 있다. 간혹 사용한 곳도 있으나 장법 오류로 대부분 묵묘이다. 능선에 붙여 능선에 꽂듯이 장사지내야 하니 신중을 기해야 한다. 주의할 것은 무조건 뒤로 바짝 붙여야 한다고 하여 모든 와혈에 적용되는 것이 아니니 주의를 살펴서 정해야 한다.)

천옥경天玉經

천옥경내전상天玉經內傳上

江東一卦從來吉 八神四個一 江西一卦排龍位 八神四個二
강동일괘종래길 팔신사개일 강서일괘배룡위 팔신사개이
南北八神共一卦 端的應無差
남북팔신공일괘 단적응무차

[강동일괘는 길함을 따라 오며, 팔신사개 중 하나가 되고, 강서일괘
는 용을 밀어내는 위치에 있고, 팔신은 사개 중 두 번째가 되고, 남북
은 팔신으로 함께 같은 수의 괘가 되니, 단적으로 차이 없이 응한다.]

주역 64괘는 삼획괘(원괘) 두 개가 겹쳐서 이루어졌는데 상괘를 천
괘天卦라 하고 하괘를 지괘地卦라 하며, 천괘와 지괘가 합친 것을 대
성괘大成卦라 한다.

대성괘에는 성운星運과 괘운卦運이 있으며 위의 수를 성운이라 하고 아래 수를 괘운이라 한다. 성운은 시간의 운행과 더불어 특정 기운의 시간적 흥왕을 표시하고 괘운은 성운의 공간적 배치를 의미한다고 한다. 성운은 각 괘 괘기의 질을 결정하는 반면 괘운은 괘기의 양을 결정한다고 할 수 있다.

성운 계산은 아래와 같다

1. 상하괘가 모두 같을 경우	⟶ 1운괘	: 貪狼
2. 초효 음양이 서로 같을 경우	⟶ 2운괘	: 巨門
3. 중효 음양이 서로 같을 경우	⟶ 3운괘	: 祿存
4. 상효 음양이 서로 같을 경우	⟶ 4운괘	: 文曲
5. 상효 음양이 서로 다를 경우	⟶ 6운괘	: 武曲
6. 중효 음양이 서로 다를 경우	⟶ 7운괘	: 破軍
7. 초효 음양이 서로 다를 경우	⟶ 8운괘	: 左輔
8. 상,하괘 음양이 서로 다를 경우	⟶ 9운괘	: 右弼

1운괘를 부괘父卦(강북괘江北卦)라 하고, 9운괘를 모괘母卦(강남괘江南卦)라 한다. 2, 3, 4운괘를 강서괘江西卦라 하며, 우필 9운괘의 내1, 2, 3효를 순차적으로 변화시켜 만든다. 6, 7, 8운괘를 강동괘江東卦라 하며 탐랑 1운괘의 내1, 2, 3효를 순차적으로 변화시켜 만든다.

1운괘는 건乾, 태兌, 이離, 진震, 손巽, 감坎, 간艮, 곤坤이고, 9운괘는 태泰, 부否, 손損, 함咸, 기제旣濟, 미제未濟, 익益, 항恒인데 마주하는 괘 운수가 합십合十을 이룬다.

괘운은 각 괘 천괘의 낙서수를 말한다. 선천괘의 낙서수인 9(건乾),

4(태兌), 3(이離), 8(진震), 2(손巽), 7(감坎), 6(간艮), 1(곤坤)이 각 괘의 괘운에 해당한다.

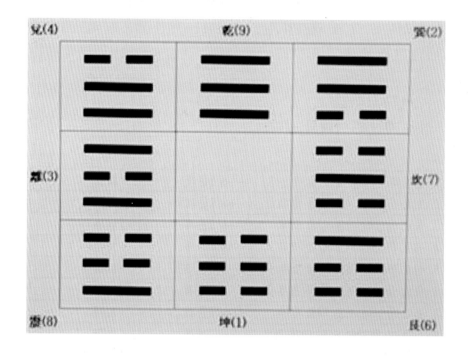

二十四龍管三卦 莫與時師話 忽然知得便通仙 代代鼓騈闐
이십사룡관삼괘 막여시사화 홀연지득편통선 대대고병전

[이십사룡은 3괘를 주관하니 일반 사람들에게 말하지 말라. 우연히 이치를 통달한 사람에게서 얻어 알았으면 대대로 나란히 북을 울린다(장원 급제한다).]

성운 1. 9운괘, 즉 부모괘와 2. 8운괘는 천원괘天元卦에 속하고, 3. 7운괘는 인원괘人元卦, 4. 6운괘는 지원괘地元卦에 속한다. 이것을 삼괘三卦라고 한다.

　이십사룡은 임壬, 자子, 계癸, 축丑, 간艮, 인寅, 갑甲, 묘卯, 을乙, 진辰, 손巽, 사巳, 병丙, 오午, 정丁, 미未, 곤坤, 신申, 경庚, 유酉, 신辛, 술戌, 건乾, 해亥의 24 방위를 나타낸다.

　상기 내용은 풍수지리에서 주역 64괘를 말함인데 이치가 오묘하여 일반인들은 이해를 하지 못하며 풍수지리를 연구하는 학자들도 삼합풍수지리三合風水地理의 이론을 통하여 천옥경을 설명하고 있다. 천옥경은 주역 64괘로 논하는 현공대괘를 설명한 책이다. 그러므로 신선이 취급하는 것으로 표현했다.

　天卦江東掌上尋 知了値千金 地劃八卦誰能會 山與水相對
　천괘강동장상심 지료치천금 지획팔괘수능회 산여수상대

　[천괘 강동괘를 손바닥 위에서 찾는 자들이 천괘 강동괘를 알고 깨닫는다는 것은 천금의 가치가 있다. 땅에 팔괘를 그어 산과 물이 서로 짝을 이룬다는 것을 누가 능히 깨달을 것인가.]

　삼합파 풍수사들은 손바닥을 보고 방위를 계산하는데, 이런 사람들이 천괘를 알고 강동괘가 천괘의 1, 2, 3효를 변화시켜 생겼다는 것을 알아 깨닫는다는 것은 불가능에 가깝다는 것이다. 산과 물이 서로 대하는 이치를 팔괘를 적용하여 땅에 나타낸다는 것은 누구든지 깨닫기 어렵다는 것이다.

　父母陰陽仔細尋 前後相兼定 前後相兼兩路看 分定兩邊安
　부모음양자세심 전후상겸정 전후상겸량로간 분정량변안

　[부모 음양을 자세히 찾는다. 앞뒤가 서로 겸하도록 정해졌고, 전후가

두 길을 서로 겸하는지를 보라. 양변을 편안히 나누는 것이 정해졌다.]

숫자	1	2	3	4	5	6	7	8
八卦	乾	兌	離	震	巽	坎	艮	坤
四象	太陽		少陰		少陽		太陰	
陽儀	陽				陰			
				太極				

8괘가 생성되는 과정을 살펴보라는 것이다. 태양은 양의兩儀를 낳고 음양으로 나뉘며 양음은 다시 태양, 소음, 소양, 태음 등의 사상四象을 만든다. 사상에 양, 음을 번갈아 얹어서 8괘를 만든다. 여기서 건乾, 태兌, 이離, 진震은 양효로부터 생성되었기 때문에 양괘陽卦가 되고, 손巽, 감坎, 간艮, 곤坤은 음효로부터 생성되었기 때문에 음괘陰卦가 된다. 상기 8괘가 주역 64괘의 기본이 되는 것이다. 건乾은 건괘가 되며 부父이고 곤坤은 곤괘가 되며 모母이다. 진震은 진괘가 되며 장남이고, 감坎은 감괘가 되면서 중남이고, 간艮은 간괘가 되면서 소남이 된다. 손巽은 손괘가 되며 장녀가 되고, 이離는 이괘가 되며 중녀이고, 태兌는 태괘가 되면서 소녀에 해당된다. 이것은 두 길로 편안히 나뉘는 것이 정해졌다.

卦內八卦不出位 代代人尊貴; 向水流歸一路行 到處有聲名
괘내팔괘불출위 대대인존귀; 향수류귀일로행 도처유성명

[8괘 내에서 괘가 같은 위치에서 나오지 않아야 사람이 대대로 높이 출세를 하게 된다. 앞에서 물이 흘러 한 길로 향해 돌아와서 이르는 곳에는 명성이 있다.]

입수룡과 좌의 8괘 중 괘운이 동일하면 복음에 해당되므로 흉화를 피할 수 없게 되므로 같은 괘를 피해야 된다는 것을 강조한 것이며, 자리 앞의 물은 감고 돌아야 한다는 것을 강조했다.

좌향에서 180도를 기준으로 180도 내에서 용, 수, 좌, 향 4결의 괘운이 같으면 복음이 되고 180도 다른 방향에서 용, 수, 좌, 향 4결의 괘운이 동일하면 반음이라고 한다. 예를 들면 용과 좌의 괘운이 같으면 복음이고, 용과 향, 수의 괘운이 같으면 반음이라고 한다.

龍行出卦無官貴 不用勞心力; 祇把天醫福德裝 未解見榮光
용행출괘무관귀 불용로심력; 지파천의복덕장 미해견영광

[용이 행룡 시 출괘는 관귀가 없으며, 심력을 기우려 노력해도 소용이 없다. 토지신이 천의 복덕 갖춤을 잡았다고 하더라도 영광을 보는 것을 깨닫지 못한다.]

용이 행룡할 때 출괘에 놓이게 되면 혈이 맺혔다고 하더라도 조금도 보탬이 되지 않는다는 것이다. 출괘란 무엇인지 먼저 알아본다.

출괘는 두 가지 방법이 있는데 첫 번째는 용, 좌, 향, 수가 동일한 지괘관국 내에 있지 않으면 용, 수를 출괘出卦로 보는 것이다. 건괘乾卦를 예로 들면 오산午山 내에 택천쾌澤天夬, 화천대유火天大有, 뇌천대장雷天大壯, 풍천소축風天小畜, 수천수水天需, 산천대축山天大畜, 지천태地天泰 등 7개의 주괘主卦로서 건괘乾卦 지괘관국地卦管

局의 수괘首卦이며 상기 7개의 지괘관국을 벗어난 괘는 출괘出卦가 되는 것이다. 그러나 용과 수가 좌와 향에 대하여 출괘가 되더라도 생입, 극입이 되고 합생성, 합십, 합십오, 합오 등으로 괘기유통이 되면 생기가 크게 작용하였다.

두 번째는 비효법飛爻法으로 출괘를 추론하는 방식이다. 8순괘純卦(건乾, 태兌, 이離, 진震, 손巽, 감坎, 간艮, 곤坤)의 초효를 변화시키면 1세괘가 생성되고, 1세괘의 2효를 변화시키면 2세괘가 만들어지고, 2세괘의 3효를 변화시켜서 3세괘를 만들고, 3세괘의 4효를 변화시켜 4세괘를 만들고, 4세괘의 5효를 변화시켜 5세괘를 만든다. 5세괘의 4효를 변화시켜 유혼괘游魂卦를 만들고, 유혼괘의 1, 2, 3효를 동시에 변화시켜 귀혼괘歸魂卦를 만든다.

8순괘純卦 중 건괘乾卦를 예로 들면 1세괘는 천풍구天風姤, 2세괘는 천산둔天山遯, 3세대는 천지부天地否, 4세대는 풍지관風地觀, 5세대는 산지박山地剝, 유혼遊魂은 화지진火地晉, 귀혼歸魂은 화천대유火天大有인데 건乾, 구姤, 둔遯, 부否, 관觀, 박剝, 진晉, 대유大有 대성괘의 소성괘는 건乾, 손巽, 간艮, 곤坤, 이離로 구성되어 있고, 태兌, 감坎, 진震의 소성괘는 위 대성괘의 출괘出卦가 된다.

부否를 향으로 정할 때 태兌(서방), 감坎(북방), 진震(동방)방은 출괘가 되며 이 출괘 방위에 귀貴한 봉우리가 있다면 생기의 영향에 도움을 주지 않는 산출괘山出卦에 해당되고 호수와 수구가 있다면 생기의 영향을 주지 못하는 수출괘水出卦에 해당된다. 태兌, 감坎, 진震에 납갑을 붙이면 태兌는 정丁이고, 감坎은 무戊가 되며, 진震은 경庚이 되어 정丁, 무戊, 경庚의 천간天干년에 해당되는 사람은 인출괘人出卦에 해당되어 부否괘 입향 음陰, 양택陽宅의 부귀富貴에 발복을 받지 못한다.

반면에 건乾(갑甲, 임壬), 손巽(신辛), 간艮(병丙), 곤坤(을乙, 계

癸), 이離(기己)년에 해당되는 사람은 발복을 받는다고 할 수 있다.

출괘 방위에 흉사, 고압철탑 등이 있다면 흉기凶氣를 발산한다고 하는데 실험을 해보면 별로 영향을 미치지 못하고 생입, 극입, 생출, 극출의 영향이 크다. 그러므로 인출괘를 제외하고 산, 수출괘는 영향력이 약하다고 본다. 혈穴이 맺히면 좌향 및 주위 국局이 균형이 잡혀서 안정되며 귀사수貴砂水는 제 위치에 포진되어 발복을 예고한다. 그러나 혈이 맺히지 않은 곳에는 천기天氣가 모이도록 조치하여 생기를 응축시켜 좋은 기운을 받도록 한다.

納甲

八卦	乾	兌	離	震	巽	坎	艮	坤
納甲	壬·甲	丁	己	庚	辛	戊	丙	癸·乙

납갑納甲과 64괘掛의 출괘出掛

兌宮	離宮	巽宮	坤宮	艮宮	坎宮	震宮	乾宮	八宮
兌	離	巽	坤	艮	坎	震	乾	八純卦
困	旅	小畜	復	賁	節	豫	姤	一世
萃	鼎	家人	臨	大畜	屯	解	遯	二世
咸	未濟	益	泰	損	既濟	恒	否	三世
蹇	蒙	无妄	大壯	睽	革	升	觀	四世
謙	渙	噬嗑	夬	履	豐	井	剝	五世
小過	訟	頤	需	中孚	明夷	大過	晉	遊魂
歸妹	同人	蠱	比	漸	師	隨	大有	歸魂
乾 離 巽	兌 坤 坎	兌 坎 坤	艮 離 坤	坎 坤 巽	乾 艮 震	乾 艮 離	兌 坎 震	出卦 / 天干
壬甲己辛	丁壬乙癸	丁戊乙癸	辛丙乙	庚戊乙癸	壬甲辛丙	壬甲丙己	丁戊庚	

倒排父母蔭龍位 山向同流水 十二陰陽一路排 總是卦中來
도배부모음룡위 산향동류수 십이음양일로배 총시괘중래

[용의 위치에서 산이 향과 같은 방향으로 물이 흐르면 부모의 음덕
을 거꾸로 밀어낸다. 12음양을 한 길로 벌려 놓으니 모든 것은 괘 가
운데서 온다.]

향 앞으로 물이 산과 동행하면 형기적으로 모든 기운이 **빠져** 나가며 이기적으로도 향과 물이 같은 괘가 되어 복음을 이루므로 부모의 음덕을 받을 수 없다. 십이음양일로배十二陰陽一路排 총시괘중래總是卦中來라는 문구는 괘운卦運의 수가 같은 길(방향)로 배치되니 복음이 되며, 모든 것이 괘중에 있다는 것이다.

공손부모자식괘公孫父母子息卦 관괘인데 부모자식괘를 만드는 방법은 변효變爻방식과 동효動爻방식의 두 가지가 있다.

변효를 사용하는 방식은 대성괘에서 초효, 2효, 3효, 4효, 5효, 6효를 차례로 변형시키는 방법이고, 부모 자식 관계이고, 동효는 초효를 변형시키고 차례로 변형시켜 나가는 방식으로서 손자, 증손자, 고손자가 된다.

① 變爻父母子息卦

초효부터 6효까지 차례로 변화하면 위와 같이 변하는데 점괘漸卦는 이들의 부모괘이다.

위 표에서 星運과 卦運을 보면 아래와 같다

卦	漸	家人	巽	觀	遯	艮	蹇
星運	7	4	1	2	4	1	2
卦運	2	2	2	2	9	6	7

위 표에서 괘운卦運은 4개가 같으므로 복음, 반음이고 건蹇괘 하나

만 2, 7 합생이다.

② 動爻父母子息卦

위 표에서 星運과 卦運을 보면 아래와 같다

卦	漸	家人	小畜	中孚	履	暌	歸妹
星運	7	4	8	3	6	2	7
卦運	2	2	2	2	9	3	8

卦		解	豫	小過	謙	蹇	漸
星運		4	8	3	6	2	7
卦運		8	8	8	1	7	2

위 표에서 괘운卦運은 4개가 같으므로 복음, 반음이고 건건蹇괘 하나
만 2, 7 합생이며 4개는 괘운이 8이므로 2, 8 합십合十이 되므로 사용
이 가능하다.

천옥경天玉經에 나오는 "십이음양일로행十二陰陽一路行 총시괘
중래總是卦中來"의 설명은 동효를 이르는 것이 된다.

關天關地定雌雄 富貴此中逢; 翻天倒地對不同 秘密在玄空
관천관지정자웅 부귀차중봉; 번천도지대불동 비밀재현공
[천지天地에 관하여 자웅(음, 양)으로 정해지니 부귀는 이 가운데서 만난다. 하늘에서 날고 땅에서 넘어지는 것에 대하여 같지 않으니 비밀은 현공玄空에 있다.]

하늘과 땅에는 음양이 존재하는데 음양의 작용으로 인하여 부귀가 결정되는 것이 같지 않다는 것이다. 그 비밀은 현공에 있다고 강조를 한다.

三陽水向盡源流 富貴永無休; 三陽六秀二神富 立見入朝堂
삼양수향진원류 부귀영무휴; 삼양육수이신부 입견입조당

[삼양수가 근원에서 흘러 나아감이 다한 곳에는 부귀가 끊임없이 영원하다. 삼양육수 2신은 부인데 조당에 들어와 일어남을 보게 된다.]

삼양三陽은 손巽, 병丙, 정丁 방위인데 귀봉이 있으면 문장과 귀貴가 보장된다고 하며 물의 근원이 되면 부귀가 무궁하다. 삼길三吉은 진震, 경庚, 해亥 방위이며, 육수六秀는 간艮, 손巽, 병丙, 정丁, 태兌, 신辛이라고 하는데 이곳에서 흘러온 물이 조당에 들어오는 것이 보이면 부富를 이룬다고 한다.

水到御街官便至 神童狀元出 印綬若然居水口 御街近台輔
수도어가관편지 신동장원출 인완약연거수구 어가근태보
鼓角隨流水 艶艶紅旆貴
고각수류수 염염홍패귀

[물이 관가에 이르러 도착하여 돌면 장원급제하는 신동이 태어나는데, 부드러운 도장 바위가 수구에 서 있는 것 같고, 길 근처에 태보를 거느리고, 고각을 따라 물이 흐르니 곱디고운 붉고 귀한 깃발이 나부낀다.]

물이 혈처에 이르러 주위를 감아 돌면 신동이 태어나 장원급제하여 출세를 하게 되는데 수구에는 도장처럼 생긴 부드러운 바위가 서 있고, 길 옆에는 태보를 거느리며 북과 뿔처럼 생긴 바위를 따라 물이 빠져나가니 아주 고운 붉은 깃발을 펄럭이면서 따르는 귀인이 난다는 것이다.

수구에 서 있는 바위를 한문이라 하고, 수구 사이에 귀한 봉우리가 서 있는 것을 화표라고 하며 수구를 따라 뿔과 북처럼 생긴 바위가 길게 물길을 형성하고 있는 것을 북신이라고 한다. 수구 사이에 퇴적물이나 바위가 서 있는 것을 나성이라고 한다. 이런 것이 있는 안쪽에 용맥이 흐른다면 귀인지지가 있음을 암시하는 것이다.

上按三才並六運 排定陰陽算; 下按玉輦桿門流 龍去要回頭
상안삼재병육운 배안음양산; 하안옥련간문류 용거요화두

[위로는 삼재와 육운을 살펴 음양을 계산하여 정해 벌려 놓고 아래로는 옥련이 간문으로 흐름을 살펴 용이 가서 머리를 돌리기를 바란다.]

하늘에는 삼재(천天, 인人, 지地)와 함께 육운(천체의 운행)을 살펴서 음양을 계산하여 정해서 배열하고, 땅에서는 산 능선이 흘러가는 것을 살펴서 산줄기가 가서 끝 부분을 돌리기를 요한다. 다시 말하면 혈이 맺히면 현공으로 살피고 보호 능선이 끝 부분을 돌려서 유정하

552

게 감싸기를 요한다는 것이다.

六見分明號六龍 名姓達天聰; 正山正向流支上 寡夭遭刑杖
육견분명호육룡 명성달천총; 정산정향류지상 과요조형장

[육六이라는 숫자는 분명히 육룡을 일컫는다고 생각한다. 명성은 총명함이 하늘에 나타난다. 똑바른 산이 위에서 흩어져 똑바로 흘러간다면 젊은 과부가 생기고 형장을 만난다.]

육이라는 것은 분명하게 육룡을 일컫는다고 했는데 육룡이란 태양을 가리킨다고 한다. 전설에 의하면 태양의 신이 타는 수레를 여섯 마리의 용이 끄는데, 희화羲和가 그 수레를 몬다고 한다. 그래서 육룡은 임금의 수레를 끄는 여섯 마리의 말의 총칭이기도 하다고 한다. 또한 임금을 일컫기도 한다.

명성은 총명하여 하늘에 달할 정도로 똑똑하게 태어났어도 산이 구불구불하면서 서로 얽혀 감고 돌아야 하는데 위에서부터 흩어져 똑바로 흘러간다면 형장을 만나 일찍 죽게 되는 것이다.

共路兩神為夫婦 認取眞神路 仙人秘密定陰陽 便是正龍岡
공로량신위부부 인취진신로 선인비밀정음양 편시정룡강

[두 정신이 같은 길인 것은 부부인데 참된 정신의 길을 취함을 인정한다. 선인은 음양을 정하는 것을 비밀로 하는데 이것이 바른 산 능선인 편이다.]

음양이라는 두 정신은 정반대이지만 같은 길로 가는 경우의 대표적인 것이 부부이다. 참된 정신의 길이라고 인정한다. 깨달은 사람이 비밀스럽게 음양으로 정했는데 이것이 바른 산 능선이라고 여긴다. (맥을 실은 능선을 일컫는 것이다.)

陰陽二字看零正 坐向須知病 若遇正神正位裝 發水入零堂
음양이자간영정 좌향수지병 약우정신정위장 발수입영당
零堂正向須知好 認取來山腦 水上排龍點位裝 積粟萬餘倉
영당정향수지호 인취래산뇌 수상배룡점위장 적률만여창

[음양이라는 두 글자는 영신零神과 정신正神으로 간주하며, 좌향은 모름지기 근심스럽다는 것을 깨닫는다. 만약 정신이 정신 위치에 있음을 만나고, 발수가 영신당에 들어오면 영신당은 바른 향이고 모름지기 아름답다는 것을 깨닫는다. 산뇌가 와서 모임을 인정하고 물 위에는 용의 위치에 있는 점을 배척하는 것을 갖추었다면 밤이 창고에 넘쳐나도록 쌓인다.]

음양이라는 두 글자는 영신과 정신으로 보며, 좌향은 모름지기 어떻게 정해야 하는지 고민하고 걱정한다는 것이다. 만약 정신이 정신 위치에 배치된 것을 만나고, 물이 영신당에 들어오면 영신당은 바른 향이 되고 모름지기 아름답다는 것을 알게 된다. 다시 말하면 좌가 정신이면 명당에 들어오는 물은 영신이어야 한다는 것이다. 산뇌(용맥)가 와서 모이는 것을 인정하고 물위에서는 용의 위치에 있어야 할 정신을 배척하는 것을 갖추었다면 곡식이 창고에 넘치도록 쌓이게 되어 부자가 된다는 것이다.

正神百步始成龍 水短便遭凶 零神不問長和短 吉凶不同斷
정신백보시성룡 수단편조흉 영신불문장화단 길흉부동단

[정신은 백보에서 처음 용을 이루고, 물은 짧은 쪽에서 흉을 만난다. 영신은 긴 것이 짧게 합하는 것을 묻지 않고, 길흉은 끊어짐이 같

지 않다.]

정신은 백보에서 처음 용을 이룬다는 것은 자리에서 보이는 내룡을
말하는 것이고 물은 짧은 쪽에서 흉을 만난다는 것은 혈처로 치고 들
어오는 물이다. 영신은 긴 것이 짧게 합하는 것을 묻지 않는 것은 혈
처 앞이 멀고 가까운 것을 문제 삼지 않는다는 것이며 길흉은 끊어짐
이 같지 않다는 것은 길한 것이 오래 갈 수도 있고 짧게 영향을 미칠
수 있으며 흉한 것도 오래 영향을 미칠 수 있고 짧은 기간 내에 끝낼
수도 있다는 것이다. 위에서 정신은 백보에서 처음 용을 이룬다고 했
는데 내룡 격룡은 뒤에 있는 현무봉이 아니고 혈처로 맥이 입수되기
전의 마지막 꺾이는 부분이다. 이것은 눈에 보이는 곳이 아니고 지하
에서 진행하는 맥을 일컬음이라고 생각한다.

父母排來到子息 須去認生剋 水上排龍照位分 兄弟更子孫
부모배래도자식 수거인생극 수상배룡조위분 형제경자손

[부모는 와서 자식에게 이르러 배척하고 모름지기 가서 생극을 인
정한다. 물위에서는 용이 비추어 나눈 위치를 배척하고 형제는 자손
으로 바꾼다.]

내룡이 혈처에 이르러 음양차착이 되어 맞지 않고 모름지기 부모산
이 와서 생하기도 하고 극하기도 한다. 물위에서는 용이 비추어 나눈
위치와 맞지 않으며 형제괘가 자손괘로 바뀌기도 한다.
그러나 필자가 연구한 바에 의하면 맥이 내려와서 혈이 맺히면 주
위의 조건은 맞게 되어 있었다. 주위 사격이 균형이 맞고 좌향도 정확
하게 맞았다. 이것이 자연의 이치이다.

二十四山分兩路 認取五行生 龍中交戰水中裝 便是正龍陽
이십사산분량로 인취오행생 용중교전수중장 편시정룡양
前面若無凶交破 莫斷爲凶禍 凶星看在何公頭 仔細認蹤由
전면약무흉교파 막단위흉화 흉성간재하공두 자세인종유

[24산을 두 길로 나누고 5행을 취하여 생김을 인정하고 용 중에 서로 다툼이고 수중에 꾸밈이니 이것이 정룡이며 양이다. 면전이 서로 파쇄된 흉함이 없고 절단되어 흉화가 없을 것 같으면 자세히 자취를 인정하므로 말미암아 흉성을 누가 공의 머리에 있음을 볼 것인가.]

24산을 음陰, 양陽의 두 길로 나누고 오행(금金, 수水, 목木, 화火, 토土)을 취하여 생김을 인정하여 산 능선이 서로 얽히고 물이 사이에서 조화를 이루니 이것을 옳은 용이라 하여 양으로 보았다. 능선이 진행하는 과정을 표현했다. 혈처 앞에서는 흉물스럽게 파쇄된 것이 없고 잘려서 흉화가 없으면 자세히 자취를 인정함으로 말미암아 흉성이 있다고 아무도 생각하지 못할 것이다.

先定來山後定向 聯珠不相妨 須知細覓五行蹤 富貴結金龍
선정래산후정향 연주불상방 수지세멱오행종 부귀결금룡

[먼저 오는 산을 정하고 뒤에 향을 정하여 잇닿은 구슬이 서로 방해함이 없고, 오행의 자취를 세밀하게 찾음을 알면 부귀가 금룡을 맺는다.]

먼저 내룡을 보고 좌향을 이치에 맞게 정하고 입수 과정에서 서로 어긋남(박잡駁雜)이 없으며 오행의 자취(생입, 극입, 합생성, 합십, 합십오, 합오, 칠성타겁, 착괘, 복괘 등으로 인하여 성운 유전과 괘운 통기가 되도록 함)를 세밀하게 찾음을 알면 부귀가 금룡을 맺을 정도이다. 옛날에 금빛을 칠한 용을 새긴 물건이나 건물을 지닐 정도이면 대단한 세도가였을 것이다.

五行若然翻值向 百年子孫旺 陰陽配合亦同論 富貴此中尋
오행약연번치향 백년자손왕 음양배합역동론 부귀차중심

[만약 오행이 자연적으로 날아 향과 만난다면 백년간 자손이 왕성하다. 음양배합도 역시 같게 논하니 부귀는 이 가운데서 찾는다.]

좌향에서 오행이 맞으면 자손이 백 년 동안 왕성하게 번창한다. 음양배합도 좌향과 맞으면 부귀도 오행이 맞는 것과 같이 자손이 왕성하다는 것이다.

東西父母三般卦 算值千金價 二十四路出高官 緋紫入長安
동서부모삼반괘 산치천금가 이십사로출고관 비자입장안
父母不是未爲好 無官只豪富
부모불시미위호 무관지호부

[동서부모삼반괘는 계산하면 천금의 가치가 있다. 24방위에서 높은 관료가 나서 장안에 입성하여 붉은 자주색 옷을 입는다. 부모삼반괘가 옳지 않고 아름답지 못하면 벼슬은 하지 못하더라도 부자는 된다.]

동서부모삼반괘의 가치를 설명했다. 성운이 1인 괘는 북괘인데 부괘父卦라 하고 성운이 9인 괘는 남괘南卦라 하는데 모괘母卦라고 한다. 성운이 2, 3, 4인 괘를 강서괘江西卦라 하며 성운이 6, 7, 8인 괘를 강동괘江東괘라 한다. 부괘는 건乾, 태兌, 이離, 진震, 손巽, 감坎,

간艮, 곤坤괘이며 모괘는 태泰, 부否, 손損, 함咸, 기제旣濟, 미제未濟, 익益, 항恒괘이다. 강동괘江東卦는 성운이 1인 부괘父卦의 내1, 2, 3효를 차례로 변출시켜 만든다. 예를 들면 중천건重天乾의 내內초효를 변화시키면 좌보 8운괘 천풍구天風姤, 내內2효를 변출시키면 파군 7운괘인 천화동인天火同人, 내內3효를 변출시키면 무곡 6운괘인 천택리天澤履괘가 변출된다. 다른 부괘도 이와 같이 변출시키면 모두 24괘가 된다.

강서괘江西卦는 성운이 9인 모괘母卦의 내內1, 2, 3효를 변출시켜서 만든다. 예를 들면 우필성 9운괘 천지부天地否 괘의 내內초효를 변출시키면 거문 2운괘인 천뇌무망天雷无妄, 2효를 변출시키면 녹존 3운괘인 천수송天水訟, 3효를 변화시키면 문곡 4운괘인 천산둔天山遯 괘를 만든다. 다른 모괘도 이와 같이 변출시켜 만들면 모두 24괘가 된다. 부괘 8괘와 모괘 8괘, 강서괘 24괘, 강동괘 24괘를 모두 합치면 64괘가 된다. 그래서 주역 64괘라고 한다.

동서부모삼반괘는 각각 천원괘天元卦, 인원괘人元卦, 지원괘地元卦로 분류하며 천원괘는 성운1. 9운괘(부모괘)와 성운 2. 8운괘이며, 인원괘는 성운 3. 7운괘이고, 지원괘는 성운 4. 6운괘이다. 용, 좌, 향, 수의 입향 시 순청한 기운을 유통시키기를 원하는데 천원괘, 인원괘, 지원괘 등 동일한 원괘를 사용한다. 여기서 천원괘와 인원괘는 혼용하여 사용해도 되지만 지원괘는 혼용시키면 괘가 박잡되어서 훌륭한 조합을 이루었다고 하더라도 길吉 중에 흉凶을 대동하는 격이 된다.

父母排來看左右 向首分休咎 雙山雙向水零神 富貴永無貧
부모배래간좌우 향수분휴구 쌍산쌍향수영신 부귀영무빈
若遇正神須敗絕 五行當分別 隔向一神仲子當 千萬細推詳
약우정신수패절 오행당분별 격향일신중자당 천만세추상
[부모 내룡이 벌린 좌우를 보고, 향수가 기쁨과 허물로 나누고, 두

558

산으로 되고 두 향수가 영신이면 부귀가 가난 없이 영원하다. 만약 정신이 모름지기 패절을 만나면 오행은 마땅히 분별한다. 막힌 향의 일신은 둘째 아들에 해당되어 천만을 상세하게 천거한다.]

내룡이 천원괘로 벌린 좌우를 보고 좌향을 기쁨과 허물을 분간하여 놓고 좌우 산이 감싸고 향과 수가 영신이면 부귀가 가난 없이 영원하다. 만약 정신괘가 세월이 흘러 패절의 시기를 만난다면(예를 들면 만약 1, 2, 3, 4괘가 상원에서는 정신인데 하원을 맞이한다면) 오행은 마땅히 분별한다. (오행은 시운과 무관하여 판단한다.) 앞이 둥글게 막힌 길성은 둘째 아들에 해당되니 오랜 세월을 상세히 연유를 캐어 낸다(궁구窮究한다).

若行公位看順逆 接得方奇特; 公位若來見逆龍 男女失其蹤
약행공위간순역 접득방기특; 공위약래견역룡 남여실기종
更看父母下三吉 三般卦第一
경간부모하삼길 삼반괘제일

[만약 행룡이 공의 위치에서 바르게 된 것과 거꾸로 된 것을 본다면 기이하고 특이한 방위를 얻어 접한다. 만약 공의 위치에서 거꾸로 오는 용을 보면 남녀는 그것을 뒤쫓아 실패한다. 반대로 부모 아래 삼길을 보면 삼반괘가 제일이다.]

만약 서 있는 자리에서 행룡이 생입, 극입으로 오는지 생출, 극출로 오는지를 보면 기이하고 특이한 방위를 보게 된다. 만약 자리에서 생출, 극출로 용이 오는 것을 보게 되면 남녀를 불문하고 그것에 따라 실패하게 된다. 반대로 내룡來龍 아래 청룡, 백호, 주작이 잘 갖추어져 있으면 천원괘, 인원괘, 지원괘에 따라 배치되어 있음이 제일이다.

천옥경내전중天玉經內傳中

二十四山起八宮 貪巨武輔雄 四邊儘是逃亡穴 下後令人絕
이십사산기팔궁 탐거무보웅 사변진시도망혈 하후령인절

[24산이 팔궁에서 탐랑, 거문, 무곡, 보필성으로 웅장하게 일어나지만 4변이 다해 도망혈이 되면 낮아진 뒤로 하여금 사람이 끊어진다.]

24산이 팔궁(건乾, 곤坤, 간艮, 손巽, 자子, 오午, 묘卯, 유酉)에서 4길성인 탐랑, 거문, 무곡, 보필성이 웅장하게 일어나지만 4변(전, 후, 좌, 우 사격)이 비주하여 낮아진 뒤로 하여금 도망혈이 되면 대가 끊긴다는 것이다. 주위 사격이 감싸주지 않고 비주하여 혈이 맺히지 않았다면 주위에 솟은 4길성은 무용지물이라는 것이다.

惟有挨星為最貴 洩漏天機密 天機若然安在內 家活當富貴
유유애성위최귀 설루천기비 천기약연안재내 가활당부귀
天機若然安在外 家活漸退敗 五星配出九星名 天下任橫行
천기약연안재외 가활점퇴패 오성배출구성명 천하임횡행

[애성이 가장 귀함이 있다고 생각하더라도 천기를 누설함에는 비밀로 한다. 천기가 만약 내부에 편안하게 있을 것 같으면 가정에 활력이 넘치고 부귀가 있다. 천기가 만약 외부에 편안하게 있을 것 같으면 가정의 활력은 점점 퇴패한다. 오성의 배열이 구성의 명칭에 나타나

560

천하를 마음대로 횡행한다.]

  애성이 가장 귀함이 있다고 생각하더라도 천기누설에는 비밀로 한다. 천기는 꼭 필요한 사람에게만 내리도록 하늘이 정하는 것이다. 하늘의 기교가 내부에 머무는 선택받은 집안일 것 같으면 가정에는 활력이 넘치고 부귀하게 된다. 천기가 내부에 있다는 것은 집안에서 혈처를 얻어서 이치에 맞게 조치를 한 것으로 본다. 천기가 외부에 있다는 것은 혈처를 얻지 못함을 일컫는 말이다. 혈처를 얻지 못하면 가세가 서서히 기울어간다는 것이다. 오성은 구성의 일원인데 구성은 탐랑, 거문, 녹존, 문곡, 염정, 무곡, 파군, 좌보, 우필을 가리킴이고 오성은 구성 중 길성인 탐랑, 거문, 무곡, 좌보, 우필성이다. 혈처 주위에 오성이 비추면 한 나라를 통치하는 군주가 출出한다는 것이다.

干維乾艮巽坤壬 陽順星辰輪 支神坎離震兌癸 陰卦逆行取
간유건간손곤임 양순성진륜 지신감리진태계 음괘역행취

[간유건간손곤은 임에서 성진이 양순으로 돌고, 지신감리진태는 계에서 음괘로 되어 거꾸로 행함을 취한다.]

  간유건간손곤은 임에서 시작하여 양순(+방향)으로 돌고 지신감리진태는 계에서 시작하여 음괘(-방향)로 되어 역으로 행함을 취한다.

分定陰陽歸兩路 順逆推排去: 知生知死亦知貧 留取教兒孫
분정음양귀량로 순역추배거; 지생지사역지빈 유취교아손

[음과 양의 두 갈래로 나누어짐이 정해져 있음을 따르고, 순역으로 벌리어 옮겨간다. 생사를 알고 또 가난도 알기에 머물러 아손에게 가

르침을 취한다.]

음양의 두 갈래로 나누도록 정해지고 순역으로 벌리어 옮겨가는 것
인데 생사를 알고 또 가난도 알기에 잘 되도록 아손에게 가르침을 취
한다.

天地父母三般卦 時師未曾話 玄空大卦神仙說 本是此經訣
천지부모삼반괘 시사미증화 현공대괘신선설 본시차경결
不說宗枝但亂傳 開口莫胡言 若還不信此經文 但覆古人墳
불설종지단란전 개구막호언 약환불신차경문 단복고인분

[천지부모삼반괘를 시사들은 일찍이 말하는 자가 없었다. 현공대
괘를 신선이 말했고 본래부터 이것은 경결이었다. 가지로 갈라져 다
만 어지럽게 전달되는 것을 말하지 않았다. 입을 열어 호언도 없었다.
만약 이 경문을 불신하는 것으로 돌린다면 고인의 무덤이 뒤집어질
것이다.]

천지부모삼반괘를 위에서 동서부모삼반괘에서 설명했으므로 여기
서는 생략한다. 동서부모삼반괘에서 천지부모삼반괘라고 한 것은 아
래 도표에서 설명하면, 빨간색으로 나타낸 것이 복희 선천팔괘이고
청색으로 나타낸 것이 문왕 후천팔괘라고 하는데 선선팔괘의 상부가
강북괘인 건부乾父이고 아래 쪽이 강남괘인 곤모坤母이기 때문에 1,
9 성운을 부모괘라 하고 성운 2, 3, 4를 강서괘라 하며 성운 6, 7, 8을
강동괘라고 해서 이를 부모삼반괘라고 한다. 이런 천지부모삼반괘를
일반인들은 알지 못했고 현공대괘(천지부모삼반괘, 64괘)는 신선이
라고 하는 깨달은 자만이 말했고 심오한 이치가 숨겨져 있으므로 경
결이라고 표현했으며 일반 풍수지리에서는 여러 갈래로 나뉘어져 다

루었으나 현공대괘는 가벼이 입을 열지도 않고 비밀로 다루었다. 일반 사람들이 모르기 때문에 믿지 않는다면 이 경결에 의해 조장된 옛 무덤이 모두 잘못되었을 것이다.

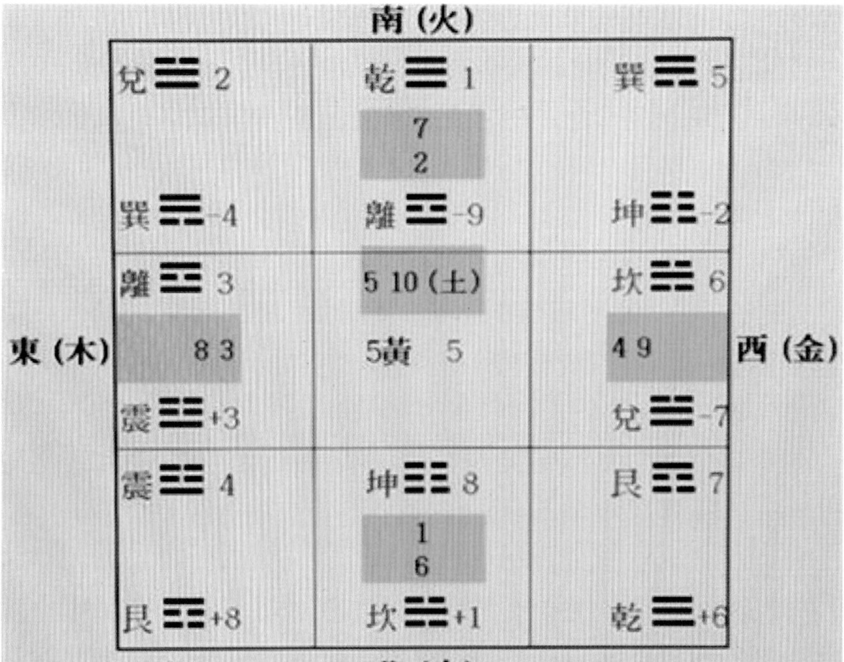

그림 1)

分卻東西兩個卦 會者傳天下 學取仙人經一宗 切莫亂談空
분각동서량개괘 회자전천하 학취선인경일종 절막란담공
五行山下問來由 入首便知蹤
오행산하문래유 입수편지종

[동서로 나누어진 둘이 각자의 괘가 되고 깨달음은 천하로 전한다. 선인은 배워서 경결을 하나의 근본으로 취하고, 매우 부질없이 어지

럽게 말함이 없다. 오행이 산 아래로 내려오는 까닭을 물어 입수하는
쪽의 자취를 깨닫는다.]

동서로 둘로 나누어져 각자의 독립된 괘가 되고 깨달음은 온 세상
에 전한다. 배워서 공부를 많이 해서 깨달은 사람(선인仙人)은 경결을
하나의 근본으로 취하고 매우 부질없이 횡설수설 말함이 없다. 오행
이 산 아래로 내려오는 원인을 분석하여 입수 쪽의 자취를 깨닫는다.
(발원지에서 맥이 어느 오행에 속하는지를 알아 혈처로 진행하는 과
정을 분석하여 혈처가 어느 오행에 해당하는지를 깨닫는다.)

分定子孫十二位 災禍相連値 千災萬禍少人知 剋者論宗枝
분정자손십이위 재화상련치 천재만화소인지 극자론종지

[자손을 12방위로 나누어 정하고, 재화는 서로 이어 만나고, 천재
만화는 어릴 때 알게 되고, 극은 갈래와 가지를 논한다.]

자손을 12방위로 나누어 정한다는 것은 아래 도표에서 보듯이 각
방위에 놓인 괘卦에 따라 정해지며 진震방은 장남長男, 감坎방은 중
남中男, 간艮방은 삼남三男을 나타내고 손巽방은 장녀長女, 이離방
은 중녀中女, 태兌방은 삼녀三女를 나타낸다.

八卦	乾	兌	離	震	巽	坎	艮	坤
納甲	壬·甲	丁	己	庚	辛	戊	丙	癸·乙

564

재앙과 화는 연속해서 일어나고, 수많은 재앙과 화는 어릴 때부터 생기고, 상극됨은 어디서 온 가지인지를 논하게 되는 것이다.

五行位中出一位 仔細秘中記 假若來龍骨不眞 從此誤千人
오행위중출일위 자세비중기 가약래룡골불진 종차오천인

[오행 방위의 중간에서 하나의 방위가 나타난다. 중간에서 자세히 기록하는 것을 비밀로 한다. 용골에서 오는 것이 참되지 않다면 거짓인데, 이것에서 여러 사람이 오인한다.]

오행은 원둘레에 표시되는데 중심에서 하나의 방위를 나타낸다. 중심에서 현공오행을 자세하게 기록하는 것을 비밀로 한다. 능선에 맥이 흐르지 않는다면 가짜인데 이것에서 많은 사람들은 그르친다. (맥이 흐른다면 모든 이치는 그곳에 있는데 많은 사람들은 맥이 흐르지 않는 사룡에서 잘못 생각하여 그르친다.)

一個排來千百個 莫把星辰錯 龍要合向向合水 水合三吉位
일개배래천백개 막파성진착 용요합향향합수 수합삼길위
合祿合馬合官星 本卦生旺尋 合凶合吉合祥瑞 何法能趨避
합록합마합관성 본괘생왕심 합흉합길합상서 하법능추피
但看太歲是何神 立地見分明 成敗斷定何公位 三合年中是.
단간태세시하신 입지견분명 성패단정하공위 삼합년중시

[한 개가 와서 천백 개로 벌리고 성진이 섞인 묶음은 없다. 용은 향과 합하고 향은 물과 합하기를 원하고, 물은 삼길 방위(진震, 경庚, 해亥)와 합하고, 녹방과 합하고, 마방馬方과 합하고, 관성과 합하기를 원한다. 본괘가 왕성한 괘를 찾아 생하고, 흉함과 합하고 길함과도 합

하며, 상서로움과 합하기도 한다. 어느 법은 능히 피하여 달리는데, 다만 태세가 무슨 정신인지 본다. 입지가 분명하게 나타나고, 성패가 어느 공위인지 단정하며, 삼합은 연중에 있음이 옳다.]

한 개가 와서 수많은 개수로 벌리고(발원지에서 하나의 능선이 출발하여 수많은 가지로 나누어지고), 성진(9성星)이 섞인 묶음은 없다. (맥이 흘러 혈이 맺히면 5길성을 위주로 가지런하게 정리되는 것이 자연의 이치인데 혈이 맺힌 곳에는 뒤섞임이 없다는 것이다.) 내룡은 향과 합하고 향은 물과 합하기를 원한다. (생기를 모을 수 있는 좋은 괘와 일치하기를 원한다.) 물은 삼길방위(진震, 경庚, 해亥 방위)와 합하고, 녹방(정록正祿: 갑향甲向-인방寅方, 을향乙向-묘방卯方, 병향丙向-사방巳方, 정향丁向-오방午方, 경향庚向-신방申方, 신향辛向-유방酉方, 임향壬向-해방亥方, 계향癸向-자방子方. 차록借祿: 임향壬向-건방乾方, 갑향甲向-간방艮方, 병향丙向-손방巽方, 경향庚向-곤방坤方에 좋은 산이 있으면 재산과 자손이 번창한다.)과 합하고, 마방馬方(역마방驛馬方: 신자진좌申子辰坐-인방寅方, 해묘미좌亥卯未坐-사방巳方, 인오술좌寅午戌坐-신방申方, 사유축좌巳酉丑坐-해방亥方. 천마사나 좋은 사격이 있으면 발복이 빠르다고 하며 건乾과 오午방위에 천마사가 있으면 좌향에 관계없이 속발부귀速發富貴한다고 한다. 차마방借馬方: 병좌丙坐-손향巽向, 임좌壬坐-건방乾方, 갑좌甲坐-간방艮方, 경좌庚坐-곤방坤方)과 합하고, 관성(벼슬과 관계있는 성星)과 합하기를 원한다.

본괘가 왕성한 괘(이로움을 주는 괘)를 찾아 생하지만, 흉함과 합한다는 것은 상극이지만 극입과 합한다는 것이다. 길함과 상서로움과 합하는 것은 당연하다. 어느 법은 능히 피하여 달리지만 태세가 무슨 정신인지 보고 입지가 분명하게 나타나고 성패가 어느 공위인지 확실히 정하는데 삼합은 해를 넘기면 안 된다.

(●88향법에 의한 삼합: 해묘미亥卯未는 목木국이며 해亥방이 생生방이고 인오술寅午戌은 화火국이며 인寅방이 생生방이고, 사유축巳酉丑은 금金국이며 사巳방이 생生방이고, 신자진申子辰은 수水국이며 신申방이 생生방이다.

●양균송에 의한 삼합: 오신술午申戌은 목木국이며 해亥방이 생生방이고 유해미酉亥未는 화火국이며 인寅방이 생生방이고, 자인진子寅辰은 금金국이며 유酉방이 생生방이고, 묘사축卯巳丑은 수水국이며 자子방이 생生방이다.

●사경오행四經五行의 삼합三合: 묘신미卯申未는 목木국이고, 오해진午亥辰은 화火국이며 유인축酉寅丑은 금金국이고 자사술子巳戌이 수水국이라고 한다.

위에서 보듯이 삼합은 각 학파에 따라 다르므로 풍수지리에서 더 연구하여야 할 문제라고 본다. 현장에서 확인한 바에 의하면 맥에 의하여 지기혈이 맺히든지 조건에 의하여 천기혈이 맺히든지 혈이 맺힌 곳에서는 주위 국의 중심에 위치하며 좌향 등 모든 조건이 이미 정해졌다. 특히 양균송의 현공대괘 이론과 일치함을 알게 된다.)

排星仔細看五行 看自何卦生 來山八卦不知蹤 八卦九星空
배성자세간오행 간자하괘생 내산팔괘불지종 팔괘구성공
順逆排來各不同 天卦在其中
순역배래각불동 천괘재기중

[벌려있는 성星을 오행으로 자세히 보고 어느 괘가 스스로 생하는지 보면 오는 산은 팔괘로 자취를 알지 못하고 팔괘는 구성의 공간이다. 순역으로 벌려오는 것이 각각 같지 않으니 하늘의 괘가 그 가운데에 있다.]

능선이 진행하는 것을 오행으로는 자세히 볼 수 있어 어느 괘가 스스로 생하는지 보면 오는 산을 팔괘로서는 진행하는 능선의 행적을 알 수 없다는 것이다. 팔괘는 구성의 공간이다. 건갑乾甲-녹존祿存, 손신巽辛-거문巨門, 간병艮丙-탐랑貪狼, 곤을坤乙-보필輔弼, 이임인술離壬寅戌-문곡文曲, 감계신진坎癸申辰-파군破軍, 태정사축兌丁巳丑-무곡武曲, 진경해미震庚亥未-염정廉貞. 乾, 巽, 艮, 坤, 離, 坎, 兌, 震은 팔괘이고, 탐랑, 거문, 녹존, 문곡, 염정, 무곡, 파군, 보필(좌보, 우필)은 구성이다. 팔괘를 기본으로 64괘가 만들어지는 과정은 위에서 설명했으므로 여기서는 생략한다. 순역으로 벌려오는 것이 같지 않은데 하늘의 괘가 그 가운데 있다는 것은 음양으로 배열되어 오는 것이 각각 같지는 않아도 천괘가 그 가운데에 있다는 것이다.

천괘라는 것은 대성괘 중의 상괘를 일컫는 것이며 대성괘는 성운과 괘운이 있는데 괘운은 대성괘의 천괘 수이다. 성운은 시운을 나타내지만 괘운은 공간을 나타낸다. 그러므로 주위 산세를 살펴서 천괘로 논하게 된다는 것이다. 아래 풍산점風山漸으로 설명하면 성운은 7이고 괘운은 2이다. 천괘인 손巽괘의 선천괘는 후천괘 위치인 곤坤방위에 오게 되는데 곤방위 후천수는 2이므로 천괘인 손괘는 괘운수 2가 되는 것이다.

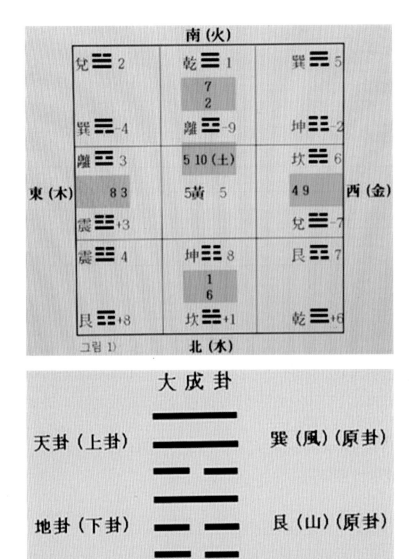

南 (火)

兌 ⚌ 2	乾 ☰ 1	巽 ⚎ 5
	7 2	
巽 ⚎ -4	離 ☲ -9	坤 ☷ -2

離 ☲ 3	5 10 (土)	坎 ☵ 6
8 3	5黃 5	4 9
震 ☳ +3		兌 ⚌ -7

東 (木) ────────────────── 西 (金)

震 ☳ 4	坤 ☷ 8	艮 ☶ 7
	1 6	
艮 ☶ +8	坎 ☵ +1	乾 ☰ +6

그림 1)   北 (水)

大 成 卦

天卦 (上卦)   巽 (風) (原卦)

地卦 (下卦)   艮 (山) (原卦)

風山漸

甲庚丙壬俱屬陽 順推五行詳; 乙辛丁癸俱屬陰 逆推論五行

갑경병임구속양 순추오행상: 을신정계구속음 역추론오행

[갑경병임은 함께 양에 속하는데, 순(+)은 오행을 상세히 헤아리고, 을신정계는 함께 음에 속하는데, 역(-)은 오행을 논하여 헤아린다.]

갑경병임은 함께 양에 속하고 을신정계는 함께 음에 속하는데 순역은 오행을 상세히 논하여 헤아린다.

三元 24坐 陰陽 分類表		
三元龍	陰	陽
地元龍 (逆子卦)	-辰 -戌 -丑 -未	+甲 +庚 +丙 +壬
天元龍 (父母卦)	-子 -午 -卯 -酉	+乾 +坤 +艮 +巽
人元龍 (順子卦)	-乙 -辛 -丁 -癸	+寅 +申 +巳 +亥

건병을乾丙乙 자인진子寅辰은 오행五行으로 금金이고, 장남長男 장녀長女에 해당한다.
곤임신坤壬辛 오신술午申戌은 오행五行으로 목木이며, 이남二男 이녀二女에 해당한다.
간경정艮庚丁 묘사축卯巳丑은 오행五行으로 수水이고, 삼남三男 삼녀三女에 해당한다.
손갑계巽甲癸 유해미酉亥未는 오행五行으로 화火이고, 사남四男 사녀四女에 해당한다.

陰陽順逆不同途 須向此中求; 九星雙起雌雄異 玄關眞妙處
음양순역불동도 수향차중구; 구성쌍기자웅이 현관진묘처

[음양 순역은 같은 길이 아닌데 모름지기 향은 이 가운데서 구한다. 구성은 쌍을 이루어 다르게 자웅으로 일어나고 현공은 참되고 묘한 곳을 관여한다.]

위에 있는 삼원 24산 음양 분류표를 보면서 설명하면 아래와 같다. 지원룡은 지원룡 내에서 좌향을 정하고, 천원룡이나 인원룡과 혼용해서는 안 된다. 천원룡과 인원룡은 같은 용 내에서 좌향을 정하는 것을 원칙으로 하지만 천원룡과 인원룡은 혼용해도 무방하다.

구성은 쌍을 이루어 다르게 자웅으로 일어난다는 것은 "+乾+甲: 存祿. +巽-辛: 巨門. +艮+丙: 貪狼. +坤-乙: 輔弼. -離 +壬+寅-戌: 文曲. -坎-癸+申-辰: 破軍. -兌-丁+巳-丑: 武曲. -震+庚+亥-未: 廉貞."으로 표현된다.

東西二卦眞神異 須知本向水 本向本水四神奇 代代著緋衣
동서이괘진신이 수지본향수 본향본수사신기 대대저비의

[동서 2괘는 참된 성신이나 다르고, 모름지기 본향수를 알아야 한다. 본향 본수 4신은 기이하여 대대로 붉은 옷을 입는 후손이 태어난다.]

동서 2괘는 참된 성신이나 다르다는 것은 강동괘는 부괘 성운 1에서 만들어져 성운 6, 7, 8이고 강서괘는 모괘 성운 9에서 만들어져 성운 2, 3, 4이니 성운 6, 7, 8은 하원괘이고 성운 2, 3, 4는 상원괘이므로 정반대이다.

모름지기 본향수를 알아야 한다는 것은 성운 1. 9와 성운 2. 8은 천원계이고 성운 3. 7은 인원괘이며 성운 4. 6은 지원괘인데 향수가 같은 원괘에 있어야 한다는 것이다. 본향 본수 4신이 기이하니 대대로 붉은 옷을 입는 후손이 나타난다는 것은 내룡과 좌향과 파구가 같은 원괘 내에 있다는 사실은 특별한 것이니 대대로 벼슬을 한다는 것이다.

水流出卦有何全 一代作官員 一折一代為官祿 二折二代福

수류출괘유하전 일대작관원 일절일대위과록 이절이대복
三折父母共長流 馬上錦衣遊 馬上斬頭水出卦 一代爲官罷
삼절부모공장류 마상금의유 마상참두수출괘 일대위관파
直山直水無翻 場務小官班
직산직수무번 장무소관반

[흐르는 물이 괘를 벗어난다는 것은 어떤 온전함이 있는가. 1대는
관원을 만드는데 한 번 꺾임은 1대 관록이고, 두 번 꺾임은 2대 복이
지만, 3번 꺾임은 부모가 함께 오래도록 유배 생활이다. 비단 옷을 입
고 말을 타고 즐기지만 물이 괘를 벗어나면 마상에서 목이 베이기도
하는데 1대에서 벼슬이 파직된다. 산수가 뒤집음 없이 똑바로 나가면
한직에서 작은 관료로 지낸다.]

흐르는 물이 출괘하면 일어날 수 있는 사항을 소개하고 있다. 1대
는 관원을 만드는데 흐름이 한 번 꺾어져 흐르면 관록이고 두 번 꺾임
은 2대까지는 복이지만 3번 꺾임은 부모가 함께 오래도록 유배생활
을 하는 것이니 괘를 벗어남은 좋지 않음을 나타낸 것이다. 좋은 옷을
입고 말을 타고(현대는 좋은 차를 타고) 즐기지만 물이 괘를 벗어나
면 교통사고로 죽을 수 있다는 것이다. 수출괘면 1대에서 직업을 잃
게 되는 속패이고 물이 돌지 않고 산 따라 똑바로 나아가면 한직에서
낮은 관료로 어렵게 살아간다. 출괘에 대해서는 위에서 설명했으므로
참고하고 특히 혈처 앞에서 흐르는 물이 돌지 않고 똑바로 나아가는
것은 물길 따라 흐르는 세찬 바람이 자리를 때리게 되므로 기운이 흩
어지는 살풍이 되어 큰 화를 입히게 되니 주의해야 된다.

천옥경내전하天玉經內傳下

乾山乾向水朝乾 乾峰出狀元; 卯山卯向迎源水 驟富石崇比
건산건향수조건 건봉출장원; 묘산묘향영원수 취부석숭비
午山午向午來堂 大將值邊疆; 坤山坤向坤水流 富貴永無休
오산오향오래당 대장치변강; 곤산곤향곤수류 부귀영무휴

[건산건향수조건에서 건봉은 장원급제하는 인물이 나오고 묘산묘
향에서 수원을 맞음은 석숭과 비교되는 부자가 속발하고 오산오향에
서 오방향에 명당이 펼쳐지면 국방을 튼튼하게 하는 대장군이 나오는
가치가 있고 곤산곤향에서 곤방으로 물이 흐르면 부귀가 쉼 없이 영
원하다.]

왕산왕향의 효과를 설명한 문구이다. 왕산왕향이란 어떤 운運에서
좌의 산에 운과 같은 수數가 오고 향에서 운과 같은 수數가 오는 것을
말함이다. 왕산왕향은 배산口임수背山臨水와 같은 국으로 앞에 물이
있고 뒤에 높은 산이 있으면 적합하다.
　건산건향수조건乾山乾向水朝乾을 6운에서 갑좌경향을 예로 들면
아래와 같다.
　갑좌경향甲坐庚向에서 갑甲, 경庚은 지원룡이고 갑甲의 위치에 있
는 운반수 사四는 진손사辰巽巳인데 진손사 중 지원룡은 진이며 음
陰(-)의 부호이므로 중궁에 -4를 배치하여 역행하고 경庚의 위치에
있는 운반수 팔八은 축간인丑艮寅인데 축간인 중 지원룡은 축丑이며
음陰(-)의 부호이므로 역행하면 아래와 같은 합국도合局圖가 이루어

진다. 좌에서 6은 건산乾山이고 향에서 6은 건향乾向이 되어 수조건水朝乾이 된다. 다른 것도 위와 같이 하여 왕산왕향국을 만들 수 있다. 참고로 중궁수의 부호가 음陰(-)이면 왕산왕향국이 된다.

5 9 五	9 4 一	7 2 三
6 1 四	-4-8 六	2 6 八
1 3 九	8 5 二	3 7 七

甲坐 (좌측) 庚向 (우측)

1-9運 24坐向 下卦 早見表

運\坐	1運	2運	3運	4運	5運	6運	7運	8運	9運
壬	▼會坐	△회향	▼會坐	△회향	×順倒	▼會坐	△회향	▼會坐	△회향
子	△회향	▼會坐	△회향	▼會坐	◎왕왕	△회향	▼會坐	△회향	▼會坐
癸	↑	↑	↑	↑	↑	↑	↑	↑	↑
丑	▼會坐	◎왕왕	▼會坐	×順倒	◎왕왕	×順倒	△회향	◎왕왕	△회향
艮	△회향	×順倒	△회향	◎왕왕	×順倒	◎왕왕	▼會坐	×順倒	▼會坐
寅	↑	↑	↑	↑	↑	↑	↑	↑	↑
甲	▼會坐	△회향	×順倒	◎왕왕	×順倒	◎왕왕	×順倒	▼會坐	△회향
卯	△회향	▼會坐	◎왕왕	×順倒	◎왕왕	×順倒	◎왕왕	△회향	▼會坐
乙	↑	↑	↑	↑	↑	↑	↑	↑	↑
辰	△회향	×順倒	◎왕왕	△회향	◎왕왕	▼會坐	◎왕왕	×順倒	▼會坐
巽	▼會坐	◎왕왕	×順倒	▼會坐	×順倒	△회향	×順倒	◎왕왕	△회향
巳	↑	↑	↑	↑	↑	↑	↑	↑	↑
丙	△회향	▼會坐	△회향	▼會坐	×順倒	△회향	▼會坐	△회향	▼會坐
午	▼會坐	△회향	▼會坐	△회향	◎왕왕	▼會坐	△회향	▼會坐	△회향
丁	↑	↑	↑	↑	↑	↑	↑	↑	↑
未	△회향	◎왕왕	△회향	×順倒	◎왕왕	×順倒	▼會坐	◎왕왕	▼會坐
坤	▼會坐	×順倒	▼會坐	◎왕왕	×順倒	◎왕왕	△회향	×順倒	△회향
申	↑	↑	↑	↑	↑	↑	↑	↑	↑
庚	△회향	▼會坐	×順倒	◎왕왕	×順倒	◎왕왕	×順倒	△회향	▼會坐
酉	▼會坐	△회향	◎왕왕	×順倒	◎왕왕	×順倒	◎왕왕	▼會坐	△회향
辛	↑	↑	↑	↑	↑	↑	↑	↑	↑
戌	▼會坐	×順倒	◎왕왕	▼會坐	◎왕왕	△회향	◎왕왕	×順倒	△회향
乾	△회향	◎왕왕	×順倒	△회향	×順倒	▼會坐	×順倒	◎왕왕	▼會坐
亥	↑	↑	↑	↑	↑	↑	↑	↑	↑

辨得陰陽兩路行 五星要分明 混鰍浪裡跳龍門 渤海便翻身

변득음양량로행 오성요분명 혼추량리도룡문 발해편번신

[음양을 변별하여 얻어 두 길로 행하고 오성은 분명하기를 바란다. 미꾸라지가 물결 속에 섞여 용문으로 뛰어 발해 쪽으로 몸을 날린다.]

발원지에서 맥이 발원하여 서로 반대의 양 방향으로 나아가니 오성(수, 금, 화, 목, 토)은 분명하기를 바란다. (분명하게 오행의 기운을 나타내기를 바란다.) 미꾸라지가 물속에서 용문으로 나아가듯이 용맥이 평지를 지나서 발해 쪽으로 이어진다. (발해는 만주 지역으로 대조영이 세운 고대 국가이다.)

依得四神爲第一 官職無休息 穴上八卦要知情 穴內卦裝清
의득사신위제일 관직무휴식 혈상팔괘요지정 혈내괘장청

[4신神을 얻어 의지하는 것이 제1이니 관직이 휴식함이 없다. 혈위의 팔괘는 뜻을 알기를 요하고 혈안의 괘는 깨끗함을 갖추어야 한다.]

4신을 얻어 의지한다는 것은 현무, 주작, 좌청룡, 우백호를 갖춘 곳에서는 혈이 맺힐 수 있는 확률이 높은데 이런 국局에 의지하는 것이 제일이다. 혈이 맺히면 관직이 계속 이어진다는 것이다. 혈 위의 팔괘는 뜻을 알기를 요한다는 것은 내룡에 맞추어 팔괘에 따라 정확하게 좌향을 정해야 한다는 것이고 혈 내의 괘는 깨끗함을 갖추어야 한다는 것은 박잡 없이 생기가 가득하도록 갖추어져야 한다는 것이다.

要求富貴三般卦 出卦家貧乏 寅申巳亥水來流 五行向中藏
요구부귀삼반괘 출괘가빈핍 인신사해수래류 오행향중장

[삼반괘에서 부귀를 구하기를 요하는데 출괘는 집안이 가난하다.

인신사해로 물이 흘러오면 오행은 향 중에 감춘다.]

부모삼반괘에서 부귀를 구하기를 요하는데 출괘는 가정이 가난하다. 인신사해로 물이 들어오면 오행은 향 중에 감춘다는 것은 인신사해는 오행이 모두 들어 있다. 자인진子寅辰은 금金이므로 인寅은 금이 되고 오신술午申戌은 목木이므로 신申은 목木이 되고 묘사축卯巳丑은 수水가 되므로 사巳는 수水가 되며 유해미酉亥未는 화火가 되므로 해亥는 화火가 되므로 오행은 향중에 감춘다고 했다.

"인신이해수래류寅申巳亥水來流 오행향중장五行向中藏"의 문구로 인하여 시중의 풍수서적에는 성숙오행星宿五行에서 인신사해寅申巳亥를 수水로 표기하고 있다.

*성숙오행星宿五行

목木: 건곤간손乾坤艮巽.

화火: 갑경병임자오묘유甲庚丙壬子午卯酉.

토土: 을신정계乙辛丁癸.

금金: 진술축미辰戌丑未.

수水: 인신사해寅申巳亥.

辰戌丑未叩金龍 動得永不窮 若還借庫富後貧 自庫樂長春
진술축미고금룡 동득영불궁 약환차고부후빈 자고악장춘

[진술축미가 금룡을 두드린다고 하는데 물을 얻어 움직이는 것을 깊이 연구하지 않았다. 만약 가령 부유가 창고에 가득한 후 가난으로 돌아온다면 자연히 즐거움을 넣은 창고는 뛰어난 봄날이었다.]

시중에 있는 풍수지리에 진술축미는 금국에 해당한다고 쓰여 있는데 천옥경을 쓸 당시에도 있었던 내용 같다. 풍수지리 대가인 양균송도 맞지 않아서 연구하지 않았다고 한다. 진술축미를 금국을 적용하지 않았을 때는 부가 창고에 가득했는데 금국을 적용시킨 후에 가난하게 되었다면 즐거움(富)을 창고에 넣어둔 기간이 뛰어난 봄날이었다는 것이다. 결론은 진술축미는 금국이 아니라는 것이다. 양균송은 진술축미 속에는 진辰은 금金이 되고 술戌은 목木이 되며 축丑은 수水가 되고 미未는 화火가 된다고 했다. 진술축미가 금룡을 나타내는 것이 잘못되었음을 지적하고 있다. 결국은 위에 기술한 성숙오행星宿五行이 잘못되었음을 지적한 것으로 본다.

大都星起何方是 五行長生旺 大斾相對起高岡 職位在學堂
대도성기향방시 오행장생왕 대패상대기고강 직위재학당
捍門官國華表起 山水亦同例 水秀峰奇出大官 四位一般看
한문관국화표기 산수역동례 수수봉기출대관 사위일반간

[대도시의 성봉은 어느 방위에서 일어나는가. 오행 중 장생은 왕성하다. 큰 깃발은 높은 산등성이를 일으켜 서로 대하는데 직위는 학당에 있다. 한문 관국과 화표가 일어나고 산수는 또한 같은 예이니 물은 수려하고 봉우리가 기이하면 대관이 난다. 일반적으로 사위를 본다.]

대도시에 솟아 있는 성봉은 어느 방향에 있는가. 성봉이 오행 중 장생방에 있는 것이 왕성하다. 큰 깃발은 높은 산등성이를 일으켜 서로 마주 보고 있는데 직위는 교직이다. 한문(수구에 양측으로 대치하여 서있는 산)으로 된 넓은 공간과 화표(수구 사이에 기이한 산봉우리가 기이하게 서 있는 것)를 일으키고 산수가 또 같은 법식(산과 물이 함께 흐르는 것)이니 물은 구불구불 흐르고 봉우리는 기이하면 큰 벼슬을 하는 사람이 태어나는데 일반적으로 사방을 살펴본다.

578

*한문: 수구에 양측으로 대치하여 있는 산을 말한다. 종류로는 일월日月, 구사龜蛇, 기고旗鼓가 있다.

*화표: 수구 사이에 기이한 산봉우리가 빼어나게 서 있는 것이다.

*북신: 수구에 바위 석산이 하늘로 솟구쳐 괴이한 형상으로 서 있는 것을 말하며 이런 바위가 수구에 서 있을 때는 왕후장상지지가 있다.

*나성: 수구 사이에 돌이나 퇴적물이 섬으로 있는 것이다. 보통 물고기처럼 생겨서 머리가 위에 있으면 꼬리가 물이 흐르는 아래쪽에 있다. 돌로 된 것이 상격이고 흙으로 된 것이 차격이라고 한다.

四經五行 胞胎法 早見表

	胞	胎	養	生	浴	帶	冠	旺	衰	病	死	墓	五行	公位
乾丙乙 子寅辰	坤午	壬申	辛戌	巽酉	甲亥	癸未	乾子	丙寅	乙辰	艮卯	庚巳	丁丑	金	長男 長女
艮庚丁 卯巳丑	巽酉	甲亥	癸未	乾子	丙寅	乙辰	艮卯	庚巳	丁丑	坤午	壬申	辛戌	水	三男 三女
坤壬辛 午申戌	丙寅	乾子	癸未	甲亥	巽酉	辛戌	壬申	坤午	丁丑	庚巳	艮卯	乙辰	木	二男 二女
巽甲癸 酉亥未	庚巳	艮卯	乙辰	丙寅	乾子	癸未	甲亥	巽酉	辛戌	壬申	坤午	丁丑	火	四男 四女

坎離水火中天過 龍樓移帝座; 寶蓋鳳闕四維朝 寶殿登龍樓
감리수화중천과 용루이제좌; 보개봉궐사유조 보전등룡루
罡劫弔殺休犯著 四墓多銷鑠 金枝玉葉四孟裝 金箱玉印藏
강겁조살휴범저 사묘다소삭 금지옥엽사맹장 금상옥인장

[감리수화는 하늘 가운데를 지나고 용루는 제좌를 옮긴다. 사유에 있는 보개봉각은 궁궐에서 임금을 뵈고 보전은 용루를 오른다. 아름

다툼을 빼앗아서 죽여 범죄로 나타나고, 사묘는 대부분 녹여 빛이 나고, 금지옥엽은 사맹을 장식하고 금상옥인은 감춘다.]

감리수화는 하늘 가운데를 지난다. (감리坎離라는 것은 자오子午를 말한다. 천간天干의 위도라고 말하는 것은 곧 진사辰巳의 사이로 회전하는 황도黃道, 천구상天球上에서 태양의 궤도이며 지구의 공전궤도의 중앙이 되며 지지地支의 경도라고 말하는 것은 곧 자오가 회합하는 곳으로서 천정天頂의 중앙이 된다. 경도는 남북의 극에서 시작되니 오미午未가 회합하는 곳이 남극이 되고 자축子丑 합을 이루는 곳이 북극이 된다. 그에 따라 자오는 천지天地의 중기中氣가 되는 것이다. (쉽게 풀어쓴 적천수 제4권의 내용). 용루는 풍수지리에서 태조산을 이루는 봉우리 중에 제일 높은 봉우리를 이르는 말이며 태자궁이나 세자궁을 이르는 말이기도 하니 용루이제좌龍樓移帝座라는 말은 임금의 자리로 옮긴다는 뜻으로 본다. 보개봉은 토체의 봉우리에 조그마한 금성체의 봉우리가 있는 산봉우리이며 사유는 건곤간손乾坤艮巽 4방위를 이르는 말이며 나라를 유지하는 데 지켜야 할 네 가지 강령, 예禮, 의義, 염廉, 치恥를 말하기도 하는데 보개봉각 봉우리가 있는 것은 조정의 높은 관직을 의미하는 것이므로 보개봉궐사유조寶蓋鳳闕四維朝는 궁궐에서 임금을 뵈는 것으로 표현했다.

용루는 태조산을 이루는 봉우리 중에서 제일 높은 봉우리를 이르는 말이고 보전은 용루 옆에 횡렬로 서있는 첨봉을 이르는 말이니 보전등룡루寶殿登龍樓는 보전이 용루로 오르는 것처럼 보임을 표현했다. (참고로 책마다 태조산은 웅장한 모습으로 표현하고 있는데 발원지는 둥근 모습과 토산으로 부드럽게 된 곳도 있으니 독자들께서는 참고하기 바란다.) 강겁조살휴범저罡劫弔殺休犯著라는 것은 주위 아름다운 사격에 현혹되어 묘지를 쓰게 하여 한 가문을 죽여 범죄자로 나타난다는 것이다. 묘는 십이포태법十二胞胎法(포태양생욕대관왕쇠

병사묘胞胎養生浴帶官旺衰病死墓) 중 묘墓에 해당하는 것이며, 사묘는 오행에서 나타내는 묘를 이름이다. 24방위에서 진술축미辰戌丑未 방위인데 풍수지리 학파마다 진술축미의 오행이 다르니 꼭 찍어 말할 수 없으나 명리학에서 토土로 보고 있는데 문맥상으로 보면 토를 복희씨伏羲氏의 12지지地支의 이치나 문왕文王이 우주원리를 깨달으신 낙서洛書나 하도河圖의 원리는 토土가 중앙에 자리하게 되어 중화의 묘를 나타냄을 말하는 우주의 원리라고 보는데 세상에 거리낌 없는 인재가 태어나 종횡한다는 뜻으로 본다. (위에 현공대괘에서 나타내는 사경오행四經五行 포태법胞胎法 조견표早見表를 소개했으니 묘墓에 대하여 참고하기 바람.)

금지옥엽은 금으로 된 가지와 옥으로 된 잎이란 뜻인데 아주 귀한 자손을 이르는 말이며 사맹은 음력으로 맹춘孟春(정월), 맹하孟夏(4월), 맹추孟秋(7월), 맹동孟冬(10월)을 이르는 말이며 금지옥엽사맹장金枝玉葉四孟裝이란 귀한 후손이 태어나 쉼 없이 번영한다는 말이며, 금상옥인장金箱玉印藏이라는 것은 부귀를 나타내는 것이다. 금상은 부富요 옥인은 귀貴이다.

帝釋一神定縣府 紫微同八武 倒排父母養龍神 富貴萬餘春
제석일신정현부 자미동팔무 도배부모양룡신 부귀만여춘

[제석일신은 고을 관청을 정하고 자미는 팔무와 같다. 넘어질듯 밀려오는 부모산은 용신을 다스리니 부귀는 만여년으로 이어진다.]

제석일신(제석은 불교에서 수미산의 꼭대기 도리천忉利天의 임금. 십이천十二天의 하나로 동방을 지키는데 희견성喜見城에 살며 사천왕四天王을 통솔하고 불법과 불법에 귀의하는 사람을 보호하며 아수라의 군대를 정벌한다는 하늘의 임금이다.)은 고을 관청을 정한다는 것은 하늘의 뜻이라는 것이다. 자미(자미원紫微垣에 있는 별이름. 북두칠성의 동북쪽이 있는 열다섯 개의 별 가운데 하나로 천제天帝의 운명과 관련된다고 한다. 궁궐을 비유적으로 이르는 말이기도 하다.)는 팔무와 같다고 한 것은 혈처를 중심으로 둥그런 국局의 모양이 자미원과 같다는 것이다. 힘차게 밀려오는 능선이 용신을 다스리니(발원지에서 맥을 실은 능선이 달려와 혈을 맺으니) 부귀는 만여 년으로 이어진다. (혈처의 효과를 나타낸 것이다.) (혈을 맺는 것은 하늘의 뜻이니 둥그렇게 국局을 이룬 가운데로 맥을 실은 능선이 달려와서 혈을 맺으니 부귀가 만여년으로 이어진다.)

識得父母三般卦 便是眞神路 北斗七星去打劫 離宮要相合
식득부모삼반괘 편시진신로 북두칠성거타겁 이궁요상합

[부모삼반괘를 깨달아 안다는 것은 한편 참된 신의 길인 것이다. 북두칠성이 가서 치고 위협한다는 것은 궁을 떠나 서로 합함을 요한다.]

부모삼반괘를 깨달아 안다는 것은 한편 참말로 신만이 알 수 있을 정도로 어렵다. 북두칠성거타겁, 이궁요상합을 현공비성파와 현공대괘파는 해석을 달리하니 아래에 설명하고자 한다.

● 현공비성파 이론: 칠성타겁의 본래 뜻은 미래의 길운吉運을 지금에 미리 빼앗아 나의 것으로 만드는 비법이며 '심씨현공학'으로 설명하고 있다. 이궁상합離宮相合을 일명 진타겁眞打劫이라 하고 감궁상합坎宮相合을 가타겁假打劫이 된다고 설명하면서 각각 24개국局씩 합이 48개국이 타겁법이 된다고 설명하였다. 한편 심씨현공학은 오류가 있다고도 하면서 연구하는 데 참고만 하기 바란다고 했다.

● 현공대괘 이론: 대성괘의 각 효를 뒤집어 생성되는 괘를 번괘飜卦 또는 종괘綜卦라고 하는데, 이 종괘가 칠성타겁의 주괘主卦로 활

용되는 것이다. 향괘向卦의 종괘를 향의 보괘輔卦로 삼아서 미래의 왕기를 탈취하여 사용하는 최상승의 입향법이라고 말할 수 있다. 이 궁요상합離宮要相合에서 이궁離宮이란 이離방위를 말하는 것이 아니라 궁을 떠난다는 의미이다.

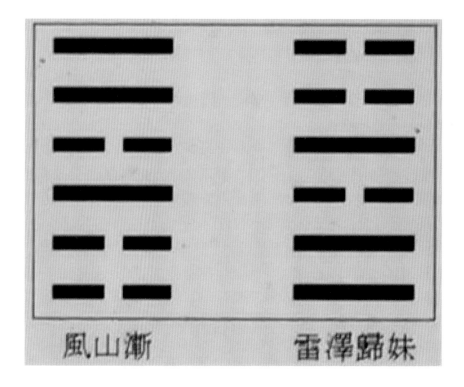

風山漸　　　　雷澤歸妹

풍산점괘風山漸卦의 1효를 6효로, 2효를 5효로, 3효를 4효로, 4효를 3효로, 5효를 2효로, 6효를 1효로 바꾸면 뇌택귀매雷宅歸妹로 변한다. 형제괘의 일종인 종괘는 천기天機로 간주하여 금기시 했는데 칠성타겁七星打劫의 주괘主卦로 활용했다. 칠성타겁은 형공비성파의 이론이 아니고 현공대괘의 이론임을 양균송은 천옥경天玉經에서 밝히고 있다. "천지부모삼반괘天地父母三盤卦 시사미증화時師未曾

話 현공대괘신선설玄空大卦神仙設 본시차경결本是此經訣"이라는 문구는 앞에서 거론했던 문구이다. 필자가 L-Rod로 실험을 해보니 현공대괘 이론이 맞음을 입증할 수 있었다.

子午卯酉四龍岡 作祖人財旺; 水長百里佐君王 水短便遭傷
자오묘유사룡강 작조인재왕; 수장백리좌군왕 수단편조상

[자오묘유 사룡四龍의 산등성이에 조상을 모시면 인정과 재물이 왕성한데 물이 길면 군왕을 모시는 인물이 태어나지만 한편 물이 짧으면 상처를 만난다.]

동서남북에서 내려오는 능선에 조상을 모시면 인물이 태어나 출세하고 재물이 왕성한 부를 이루는데 물이 길게 백리를 흐르면 조정에 들어가서 임금을 모시는 관리가 태어나지만 물이 짧으면 상처를 만난다.

(물은 내룡을 좌우에서 길게 호위하면서 내려오는 물이기도 하고 혈처 앞에서 흘러가는 물이기도 하다. 내룡을 호위하는 물이 길면 내룡을 호위하는 보호사도 길게 동행하므로 강한 기운을 내포할 수 있고 혈처 앞의 물이라면 내룡을 호위한 보호사가 혈처 앞에서 백리를 물과 동행하면서 수없이 교쇄를 했을 것이니 살풍의 살기殺氣를 모두 털어내고 온화한 분위기를 이루었을 것이다. 이런 곳에서는 당연히 혈이 맺히게 되는 것이다.)

識得陰陽兩路行 富貴達京城 不識陰陽兩路行 萬丈火坑深
식득음양량로행 부귀달경성 불식음양량로행 만장화갱심

[음양이 양길로 행한다는 것을 깨달아 알면 부귀는 경성에서 출세를 하지만 음양이 양길로 행한다는 것을 알지 못하면 만길 깊은 불구

584

덩이에 빠진다.]

　세상 모든 것은 음양이라는 두 갈래로 나누어지는데 이것을 깨달아 알아서 조치를 하면 부귀는 서울에서 출세를 하지만 이것을 알지 못하고 어기면 되는 일 없이 어려움만 남는다.

　前兼龍神前兼向 聯珠莫相放 後兼龍神後兼向 排定陰陽算
　전겸룡신전겸향 연주막상방 후겸룡신후겸향 배정음양산

　[혈처 앞이 용신과 겸하고 혈처 앞이 향과 겸하면 구슬과 짝을 잇는 것이 서로 내버려둘 일이 아니고, 혈처 뒤가 용신과 겸하고 혈처 뒤가 향과 겸하면 안배는 음양을 계산해서 정한다.]

　혈처 앞이 용신과 같다는 것은 반음返吟이 되고 혈처 앞이 향과 같은 것은 복음伏吟이 되어 주珠(혈처)와 짝을 잇는 것을 내버려둘 일이 아니다. 혈처 뒤가 용신과 겸하고 혈처 뒤가 향과 겸한다는 것은 뒤가 용신과 같은 것은 목음伏吟이 되고 뒤가 향과 같다는 것은 반음返吟이 되어 좌향은 음양을 계산하여 정한다는 것이다. 위에서 겸한다(같다)고 한 것은 대성괘에서 괘운卦運이 같음을 이르는 것이다.

　明得零神與正神 指日入青雲 不識零神與正神 代代絕除根
　명득영신여정신 지일입청운 불식영신여정신 대대절제근

　[영신과 정신을 명확하게 깨달으면 태양을 가리키면서 청운으로 들어간다. 영신과 정신을 알지 못하면 대를 거듭하면서 뿌리가 줄면서 끊어진다.]

　영신과 정신을 명확하게 깨달으면 높은 지위나 벼슬을 하게 된다.

영신과 정신을 알지 못하면 대를 거듭하면서 후손이 줄어들어 결국 대가 끊어진다는 것이다. 현공대괘에서 상원과 하원으로 나누는데 성운이 1, 2, 3, 4인 해를 상원이라 하고 성운이 6, 7, 8, 9인 해를 하원이라고 한다. 성운 1, 2, 3, 4는 상원에서 왕旺하는데 이를 정신正神이라 하고, 하원에서는 쇠衰하는데 이를 영신零神이라고 한다. 반대로 성운 6, 7, 8, 9는 하원에서 왕旺하는데 하원에서는 정신正神이 되고 상원에서는 쇠衰하는데 이는 영신零神이 된다.

삼원지리에서 제일 중요한 것은 음양陰陽의 조화이다. 음陰은 조용하여 정靜이라 하고 양陽은 움직이고 기의 활동이 활발하여 동動이라고 표현한다. 산에서 혈穴이 맺혔다고 가정할 때 맥이 흐르는 내룡은 지하에서 맥의 활동이 활발하므로 양陽으로 보고 맥이 흐르지 않고 천기혈이 맺혔을 때는 뒤 능선은 움직임이 없으므로 음陰으로 본다. (실제로 L-Rod로 확인하면 확실하게 감지된다.) 좌향坐向은 움직임이 없으므로 음陰으로 보며 혈처 앞의 물은 동動하므로 양陽으로 본다.

입향 시 음의 위치에는 정신괘를 배치하고 양의 위치에서는 영신괘를 배치하는데 맥이 강하게 흐르는 내룡에는 양陽이므로 영신괘를 배치하고 좌는 작은 움직임이 있으므로 영정신괘를 배치한다. 향은 음이므로 정신괘를 배치하고 대수는 영신괘. 소수小水는 정영신괘를 배치한다. 그러나 이것은 이론에 불과하며 혈이 맺힌 곳에서는 이미 균형과 좌향이 정해진 것이 자연의 이치이며 성운星運 유전流轉과 괘운卦運 통기通氣로 괘기卦氣가 유통되고 있다.

倒排父母是眞龍 子息達天聰; 順排父母倒子息 代代人財退
도배부모시진룡 자식달천총; 순배부모도자식 대대인재퇴

[힘차게 벌려 진행하는 부모산은 참된 용이 되어 자식의 총명함은

하늘에 이르고, 순하게 벌려 진행하는 부모산이 혈처에 이르러 넘어진다면 대대로 후손과 재물이 퇴보한다.]

힘차게 벌려 진행하는 부모산은 참된 용이 되어 자식의 총명함은 하늘에 이를 정도가 되어 크게 출세를 하고 변화 없이 진행하는 부모산이 혈처에 이르러서 넘어질듯 거칠게 되면 혈이 맺히지 못하므로 후손과 재물은 퇴보하게 된다.

一龍宮中水便行 子息受艱辛; 四三二一龍逆去 四子均榮貴;
일룡궁중수편행 자식수간신; 사삼이일룡역거 사자균영귀;
龍行位遠主離鄕 四位發經商
용행위원주리향 사위발경상

[한 용궁 중에 물이 행하면 자식은 어려움과 괴로움을 받는다. 사삼이일四三二一 순으로 용이 역으로 가면 네 아들이 고르게 영화롭고 귀하게 된다. 용이 행한 위치가 고향을 떠나 주로 멀리 있다면 사위는 상업을 경영하여 일어난다.]

하나의 묘지에 수맥이 지나면 자식은 어려움과 괴로움을 받는다. 일룡一龍은 건병을乾丙乙 자인진子寅辰이며 양陽이고 간경정艮庚丁 묘사축卯巳丑은 삼룡三龍이며 양陽이다. 이룡二龍은 곤임신坤壬辛 오신술午申戌이며 음陰이고 사룡四龍은 손갑계巽甲癸 유해미酉亥未이며 음陰이므로 사삼이일룡 순으로 나간다는 것은 음→양→음→양으로 진행함을 이르는 것이다. 사자四子(일룡一龍은 장남, 이룡二龍은 차남, 삼룡三龍은 삼남, 사룡四龍은 사남)는 고르게 영화롭고 귀하게 된다. 용이 행한 위치가 주로 발원지를 떠나 멀리 있다면 넷째 아들이 상업을 경영하여 부자가 된다.

時師不識挨星學 只作天心摸 東邊財穀引歸西 北到南方推
시사불식애성학 지작천심모 동변재곡인귀서 북도남방추

[시사는 애성을 배워도 알지 못하고 다만 마음으로 더듬어 찾아 허
공에서 짓는다. 동쪽 가의 재물과 곡식을 인도하여 서쪽으로 돌아오
고 북에서 남방에 이르러 미루어 헤아린다.]

일반 사람들은 애성을 배워도 알지 못하고 다만 마음속으로 상상하
여 뜬 구름만 찾는다. 동쪽 가에 있는 재물과 곡식을 마음속으로 생각
하여 서쪽으로 옮기고 북방에 있는 것인데 남방에 있을 것이라고 미
루어 추리한다.

老龍終日臥山中 何當不易逢 此是自家眼不的 亂把山岡覓
노룡종일와산중 하당불이봉 차시자가안불적 난파산강멱

[노룡이 종일 산중에 누워있는 것을 누구나 마땅히 만나기 쉽지 않
다. 이것은 자연적으로 학문의 요점에서 적절하지 않으니 어지러움으
로 된 산등성이에서 찾는다.]

오래된 혈穴이 산중에 맺혀 있어도 누구나 마땅히 만나기 쉽지 않
다. 이것은 학문의 요점에서 적절하지 않으니(혈이 맺히는 원리를 설
명한 책 내용으로는 쉽게 알 수 없으니) 어지럽게 얽혀있는 산등성이
에서 찾는다. (패인 것처럼 주위가 어지럽게 되어 있는 곳에서는 오목
하게 되어 있는 곳에서 혈이 맺히는데 혈처 주위는 지저분하게 패이
고 어지러운 것 같아도 혈처를 중심으로 질서 있게 감싸고 있다. 그런
데 사람들은 산등성이에서 찾는다는 것이다. 혈처가 있는 곳은 혈처
가 없는 곳과 확실하게 차이가 있다.)

世人不知天機秘 洩破有何益 汝今傳得地中仙 玄空妙難言
세인불지천기비 설파유하익 여금전득지중선 현공묘난언
翻天倒地更玄玄 大卦不易傳 更有收山出殺訣 亦兼爲汝說
번천도지경현현 대괘불이전 경유수산출살결 역겸위여설
相逢大地能幾人 個個是知心 若還求地不種德 隱口深藏舌
상봉대지능기인 개개시지심 약환구지불종덕 은구심장설

[세상 사람들은 천기를 비밀로 한다는 것을 알지 못한다. 누설하여
깨뜨리는 것이 무슨 이익이 있는가. 네가 지금 땅속을 깨달아 전하는
것은 신선의 경지인데 현공은 묘하여 말하기 어렵다. 천지가 뒤집혀
암흑으로 바뀌어도 대괘는 전하기 쉽지 않다. 산에서 나타나는 살을
잡을 수 있음을 바꾸는 것은 비결이며 또한 아우르는 것은 네가 풀어
야 한다. 대지를 서로 만나는 것은 기인의 능력이며 낱낱이 마음으로
아는 것이다. 땅을 구하여 돌아갈 것 같으면 덕을 심지 않은 사람에게
는 입 속에 깊이 숨겨서 혀 밑에 감추어야 한다.]

　세상 사람들은 천기를 비밀로 한다는 것을 알지 못한다. 누설하여
깨뜨리는 것은 아무런 도움이 되지 못한다. 땅 속을 깨달아 전하는 것
은 신선의 경지라고 해도 현공은 오묘하여 말하기 어렵다. 천지가 뒤
집혀 암흑으로 바뀌어도 대괘는 전하기 쉽지 않다. 산에서 나타나는
살을 잡을 수 있음을 바꾸는 것은 비결이며 또한 아우르는 것은 현공
이 풀어야 한다. 대지를 서로 만나는 것은 기인의 능력이며 낱낱이 마
음으로 아는 것이다. (이 표현은 기감으로 알 수 있다는 것이다. 당시
의 양균송은 대단한 기감의 소유지였던 것 같다.) 만약 땅을 구하여
돌아가서 덕을 쌓지 않은 사람에게는 입 속에 깊이 숨겨서 혀 밑에 감
추어야 한다는 것은 절대로 말하지 말아야 한다는 것이다.

천옥경외편天玉經外篇

卦號玄空理最幽 乾坤艮巽問蹤由 坎離震兌分天地 五行更在位中求
괘호현공리최유 건곤간손문종유 감리진태분천지 오행경재위중구
第一天寶經最妙 第二要看龍子經 第三一經名玄女 第四寶照經爲名
제일천보경최묘 제이요간룡자경 제삼일경명현여 제사보조경위명
乾丙乙與子寅辰 六位排來俱屬金 艮庚丁與卯巳丑 六位屬水由人數
건병을여자인진 육위배래구속금 간경정여묘사축 육위속수유인수
以上數者盡屬陽 陽山陽水始相當
이상수자진속양 양산양수시상당

[괘는 현공의 이치가 가장 그윽하다고 일컫는다. 건곤간손은 자취
에서 묻고 감리진태는 천지를 나눈다. 오행이 재차 있으면 중위에서
구한다. 첫째는 천보경이 가장 오묘하다. 두 번째는 용자경을 보아야
한다. 셋째 일경의 이름은 현녀이고 넷째는 보조경의 이름이다. 건병
을과 자인진 육위는 밀쳐져 와서 함께 금에 속한다. 간경정과 묘사축
육위는 수에 속하고 사람으로 말미암아 헤아린다. 이상의 수는 다하
여 양에 속하고, 양산 양수는 비로소 서로 마땅하다.]

괘는 현공의 이치가 가장 그윽하다고 일컫는다. 건곤간손은 자취
에서 묻는다는 것은 천지 간間의 높낮이와 바람이 일어나고 갈무리하
는 자취를 찾는 것이다. 감리진태는 천지를 나눈다는 것은 혈처에서
동서남북, 전후좌우를 구분 짓는다는 뜻이다. 오행이 재차 있으면 중
위에서 구한다는 것은 오행의 금목수화金木水火는 주위를 형성하고

590

토土는 가운데에 있으니 혈심에서 주위를 결정한다. 첫째는 천보경이 가장 오묘하다. 두 번째는 용자경을 보아야 한다. 셋째는 일경의 이름은 현녀이고 넷째는 보조경의 이름이다. 건병을과 자인진 육위는 함께 금에 속하고, 간경정과 묘사축 육위는 수에 속함을 사람이 이치를 사용한다. 이상의 수는 다하여 양陽에 속하고 산이 양산이면 물은 양수가 되는 것이 당연하다는 것이다.

坤壬辛與午申戌 六位屬木無人識 巽甲癸與酉亥未 六位屬火君須記
곤임신여오신술 육위속목무인식 손갑계여유해미 육위속화군수기
以上數者盡爲陰 陰山陰水正相應 此是陰陽天地卦 五行之內號四經
이상수자진위음 음산음수정상응 차시음양천지괘 오행지내호사경
不破旺方財祿聚 流破生方損少丁 長生位上黃泉是 干化之年定見刑
불파정방재록취 유파생방손소정 장생위상황천시 간화지년정견형
此是九天眞口訣 毋得輕傳薄行人
차시구천진구결 무득경전박행인

[곤임신과 오신술 육위는 목에 속한다는 것을 아는 사람이 없다. 손갑계와 유해미 육위는 화에 속한다고 사람들은 기억하여야 한다. 이상 수는 다하여 음이 되고 음산음수는 바르게 서로 응한다. 이것이 음양천지괘이고 오행의 내는 사경이라 부른다. 왕방이 깨지지 않으면 재록이 모이고 생방이 깨져 흐르면 어린 사람이 손상한다. 장생방위 상은 황천이고 천간이 화하는 년은 형벌로 나타나는 것이 정해진다. 이것은 구천의 진구결이니 얻은 경經을 경박한 사람에게 전하지 말라.]

곤임신과 오신술 육위는 목에 속한다는 것을 아는 사람이 없다고 하며, 손갑계와 유해미 육위는 화에 속한다고 사람들은 기억하여야

한다고 한다. 이상 수는 다하여 음이 되고 음산음수는 바르게 서로 응한다. 이것이 음양천지괘이고 오행의 내는 사경이라 부른다. 왕방이 깨지지 않으면 재록이 모이고 생방이 깨져 흐르면 어린 사람이 손상한다. (후손을 잇기 어렵다.) 장생방위 위는 황천이고 천간이 화하는 연年은 형벌로 나타나는 것이 정해진다. 이것은 하늘의 진리가 전해지는 참다운 비결이니 얻은 경經을 학문이 깊지 않은 일반 사람에게 전하지 말라.

一龍金位家富貴 百子千孫位 二龍行來到本鄕 外保置田莊
일룡금위가부귀 백자천손위 이룡행래도본래 외보치전장
三龍行從本位吉 金玉家無數 四龍行位到火中 富貴出三公
삼룡행종본위길 금옥가무수 사룡행위도화중 부귀출삼공

[일룡은 금위이고 집이 부귀하고 백자천손의 위치이다. 이룡이 행하여 와서 본향에 이르면 전장을 두고 밖을 지킨다. 삼룡이 본위를 좇아 나가면 길한데 금옥이 집안에 무수히 많다. 사룡이 위로 나아가 화중에 이르면 부귀하고 삼공이 난다.]

일룡(건병을자인진乾丙乙子寅辰)이 금金의 방위에 있으면 집안이 부귀해지는데 많은 후손이 번창하는 방위이다. 이룡(곤임신오신술坤壬辛午申戌)이 행룡하여 와서 본향(이룡 위치)에 이르면 전장을 두고 밖을 지킨다는 것은 장수가 태어난다는 것이다.

삼룡(간경정묘사축艮庚丁卯巳丑)이 행룡하여 본위(삼룡방위)로 좇아가면 길한데 금옥이 집안에 무수히 많아 부자가 된다. 사룡(손갑계유해미巽甲癸酉亥未)은 화인데 행룡하는 위치가 화룡에 이르면 부귀하고 삼정승이 태어난다.

正神山上水交値 百子千孫出 零神前來水上交 富貴出官僚
정신산상수교치 백자천손출 영신전래수상교 부귀출관료
零神正神相交値 兒孫遭跌薄 正神百步始成龍 水短便遭凶
영신정신상교치 아손조질박 정신백보시성룡 수단편조흉
零神不問長和短 凶吉不同斷 每見時師錯用心 便謂來主眞
영신불문장화단 흉길부동단 매견시사착용심 변위래주진
若將入首爲端的 陰陽何處覓 則取過龍來作主 眞龍卻無取
약장입수위단적 음양하처멱 즉취과룡래작주 진룡각무취
須要眞龍來勢眞 錯認誤殺人
수요진룡래세진 착인오살인

[정신산 위에서 물과 사귀는 값어치는 백자천손이 나온다. 영신 앞에 오는 물이 위에서 사귀면 부귀를 누리는 관료가 나온다. 영신과 정신이 서로 섞이는 값어치는 아손이 넘어지고 적어짐을 만난다. 정신이 백 보이면 비로소 용을 이루고 물이 짧으면 흉함을 만난다. 영신은 긴 것과 짧은 것이 서로 합침을 물문하고 길흉이 끊어짐이 같지 않다. 시사가 볼 때마다 착각하여 마음을 쓰면 곧 일컬어 오는 것이 주로 참되다고 한다. 장차 입수가 단정하고 적실할 것 같으면 음양을 어느 곳에서 찾는가. 과룡을 취해 와서 주를 지으면 참된 용은 물러나 취함이 없다. 모름지기 참된 용이 오는 세가 참되어야 하는데 오인하여 그르치면 사람을 죽인다.]

움직임이 없는 것을 정靜하다고 말하며 음陰이라고 한다. 움직이는 것을 동動이라고 말하며 양陽이라고 한다. 기운이 동動하는 것을 정신正神이라 하고 기운이 정靜하는 것을 영신零神이라고 한다. 그러므로 정신산이라는 것은 맥이 흐르는 산이라 볼 수 있다. 정신산 위에서 물과 사귄다는 것은 맥이 물처럼 흐른다는 것이다. 맥이 흐르는 곳에 안장하든지 살면 후손이 번창한다는 것이다. 향은 움직임이 없으므로 영신인데 향 앞에 오는 물은 정신이 되어 흐르면 부귀를 누리는 관료가 나온다는 것이다. 영신과 정신이 서로 섞인다는 것은 맥이 없는 산으로 큰물이 치고 오는 곳에서는 어린 후손이 죽고 수가 줄어들어 절손한다는 것이다. 정신이 백보이면 용(수룡水龍)을 이룬다는 것은 흐름이 백보는 감싸서 흘러야 하고 물이 짧다는 것은 자리 앞을 감싸지 못하니 흉이라는 것이다. 움직임이 없는 것은 긴 것과 짧은 것이 서로 합침을 불문하고 길흉은 끊어짐이 같지 않다. 일반 지사들이 볼 때마다 착각하여 마음을 쓰면서 곧 일컬어 오는 것이 참되다고 한다. 장차 입수가 단정하고 적실할 것 같으면 음양(맥의 흐름 여부)을 어느 곳에서 찾는가. 맥이 지나가는 능선을 취해 와서 주主(지리)를 만들지만 참된 용(혈처)은 다른 곳에 있고 취함이 없다. (혈이 머물지 않았다.) 참된 용이 오는 세는 참되어야 하는데 착각하고 오인하여 혈처를 벗어나면 사람을 죽인다. (실제 혈처가 아닌 곳에 있는 무덤들은 대부분 묵묘이고 파묘 터다.)

一龍生處有三龍 世代富無窮 更知三是五行主 本身原屬土
일룡생처유삼룡 세대부무궁 경지삼시오행주 본신원속토
水重一土在五行 生旺墓同情 二龍三個人家富 銀瓶多盞著
수중일토재오행 생왕묘동정 이룡삼개인가부 은병다잔저
三龍位上若當凶 三子絶根宗 四龍得位人肥滿 開庫有錢典
삼룡위상약당흉 삼자절근종 사룡득위인비만 개고유전전

[일룡이 생하는 곳에 삼룡이 있으면 대대로 부가 무궁하다. 다시 삼이 오행의 주라는 것을 알면 본신은 원래 토에 속한다. 물에 겹친 일토에 오행이 있고 생왕묘는 정이 같다. 이룡이 세 개면 인가가 부유한데 은병은 대부분 술잔이 나타난다. 삼룡위상이 흉을 당할 것 같으면

삼자의 뿌리와 자취가 끊어진다. 사룡이 득위하면 사람이 비만하고 창고를 열어 돈을 받는다.]

　일룡은 건병을자인진으로서 금金에 속하고 삼룡은 간경정묘사축으로서 수水에 속하므로 금생수金生水하니 상생相生이 된다. 그러므로 대대로 부가 무궁한 것이다. 삼은 수이고 수는 흙 속에서 흘러 흙과 함께 하므로 원래 토土에 속한다고 했으며 그래서 오행의 주가 된다고 했다. 물에 겹친 일토에 오행이 있고 생왕묘는 동정이라는 문구로 인하여 삼합파가 태동되고 88향법이 생겨나지 않았을까 추측해 본다. 삼합과 88향법에서 생왕묘生旺墓는 목木국에서는 해묘미亥卯未이고 화火국에서는 인오술寅午戌이다. 금金국에서는 사유축巳酉丑이고 수水국에서는 신자진申子辰이다. 현공대괘에 관해서는 아래에 나타낸다.

四經五行 胞胎法 早見表

	胞	胎	養	生	浴	帶	冠	旺	衰	病	死	墓	五行	公位
乾丙乙 子寅辰	坤午	壬申	辛戌	巽酉	甲亥	癸未	乾子	丙寅	乙辰	艮卯	庚巳	丁丑	金	長男 長女
艮庚丁 卯巳丑	巽酉	甲亥	癸未	乾子	丙寅	乙辰	艮卯	庚巳	丁丑	坤午	壬申	辛戌	水	三男 三女
坤壬辛 午申戌	丙寅	乾子	癸未	甲亥	巽酉	辛戌	壬申	坤午	丁丑	庚巳	艮卯	乙辰	木	二男 二女
巽甲癸 酉亥未	庚巳	艮卯	乙辰	丙寅	乾子	癸未	甲亥	巽酉	辛戌	壬申	坤午	丁丑	火	四男 四女

　정이 같다는 것은 오행 중 동국同局이라 생각한다. 이룡은 목木인데 대부분 붓끝 모양이라고 하는데 술병처럼 끝이 뾰족한 산도 목성

으로 본다. 예전에 술병을 따르면서 향유한다는 것은 부를 나타내므로 인가가 부유하다고 했을 것이다. 형기적으로 술병처럼 생긴 산에는 술잔이 나타난다는 것은 추상적인 표현이라고 본다. 삼룡은 수이면서 삼자三子를 나타내는데 삼룡위상이 흉을 당하면 삼자에 해당하므로 삼자가 피해를 본다는 것이다. 사룡은 화火이고 사자四子를 나타내는데 사람이 비만하고 창고를 열어 돈을 받는다는 것은 재물이 계속 들어온다는 것이다.

財水財山財易發 七通並八達 資財巨富出聰明 只是少人丁
재수재산재이발 칠통병팔달 자재거부출총명 지시소인정
且要順龍順水去 人才從此至 順龍來去子孫昌 代代足衣糧
차요순룡순수거 인재종차지 순룡래거자손창 대대족의량

[재수하고 재산하면 재물이 쉽게 발한다. 칠통과 아울러 팔달한다. 재물이 거부이고 총명한 자가 나오는데 다만 사람이 적다. 또 요하는 것은 순룡과 순수로 나가야 하는데 인재는 여기를 따라 이른다. 순룡이 오고 가면 자손이 창성하고 대대로 의복과 양식이 풍족하다.]

산수가 재물이 이루어지는 형태로 형성되면 재물은 쉽게 일어난다. 필자가 연구한 바에 의하면 재물이 일어나는 혈처는 평지에 내려앉았고 물이 가까이서 감아 돌고 여러 곳에서 내려오는 물이 혈처 앞에서 모여 한 곳으로 조용하게 흘러간다. 칠통병팔달이라는 것은 세상일에 정통하다는 것이다. 재물로 거부가 되고 총명한 자손이 태어나지만 자손의 수는 적다. 또 요하는 것은 산수가 순하게 나가야 한다는 것인데 순룡이란 부드러운 능선을 이르는 말이며 순수라는 것은 흐르는 물이 어디로 흘러가는지 모를 정도로 잔잔하게 흐르는 형태이다. 인재는 이런 것을 좇아 이르게 된다.

순룡이 오고 가면 자손이 창성하고 대대로 의복과 식량이 풍족하다는 것은 대대로 부유하게 살게 되는 것이다. 이곳에서는 귀보다 부를 이루는 자연 현상을 설명한 것으로 본다.

排山排向明堂水 折盡諸道理 小心但看四龍經 一經各一名
배산배향명당수 절진제도리 소심단간사룡경 일경각일명
五行無根水上折 時師那會得 防水與山同路行 世代坐專城
오행무근수상절 시사나회득 방수여산동로행 세대좌전성

[배산배향의 명당수는 꺾여 다해야 모든 도리이다. 조심히 다만 사룡경을 보라. 일경에 각 하나의 이름이 있다. 오행의 뿌리가 없는 물이 꺾인 위에 시사가 어찌 모여 얻겠는가. 방수와 산이 같은 길로 나가면 대대로 전성에 앉는다.]

제자리에 알맞게 벌려 놓은 산 앞에 알맞게 펼쳐놓은 명당수는 휘어짐이 다하는 것이 모든 도리이다. (둥그렇게 펼쳐지는 국내에 혈처 앞에 흐르는 명당수는 둥글게 감아 도는 것이 자연의 이치이다.) 조심스런 마음으로 다만 사룡경을 보는데 하나의 경은 제각기 하나의 이름이 있다. 뿌리가 없는 오행의 물의 꺾임(혈처를 중심으로 어디서 흘러오는지 알 수 없는 조용히 흐르는 물이 혈처 앞에서 감고 도는 것)을 일반 지사들은 어찌 마음속으로 깨달아 알겠는가. 제멋대로 흐르는 물과 산이 같은 길로 나아가면(질서 있게 함께 나아가면) 대대로 오로지 마을을 다스리게 되는 벼슬을 하게 된다.

방분수법房分水法

子寅辰與乾丙乙 長子眞端的 午申戌與坤壬辛 次男此位眞
지인진여건병을 장자진단적 오신술여곤임신 차남차위진
卯巳丑與艮庚丁 三男從此分 酉亥未與巽甲癸 四男當其位
묘사축여간경정 삼남종차분 유해미여손갑계 사남당기위

[자인진과 건병을은 장자에게 단적으로 참된 것이다. 오신술과 곤임신은 차남이 참된 이 위치이다. 묘사축과 간경정은 삼남을 이에 따라 분별한다. 유해미와 손갑계는 사남이 그 위치에 해당한다.]

第一折水長房折 乾丙更要乙 第二折水二男情 坤壬辛同行
제일절수장방절 건병경요을 제이절수이남정 곤임신동행
第三折水三男位 艮庚丁吉利 第四折水四男宮 巽甲癸相逢
제삼절수삼남위 간경정길위 제사절수사남궁 손갑계상봉
若無四男還歸長 仔細分明講
약무사남환귀장 자세분명강

[제일절수는 장방절인데 건병에 다시 을을 요한다. 제이절수는 이남의 정이고 곤임신은 동행한다. 제삼절수는 삼남 위치인데 간경정이 길하고 이롭다. 제사절수는 사남궁으로 손갑계가 서로 만난다. 만약 사남이 없으면 장남에게 되돌아오니 자세히 분명하게 익혀야 한다.]

제일 방향에서 돌고 있는 물은 장남에 해당하는데 건병을 위치이다. 제이 방향에서 돌고 있는 물은 이남에 영향을 미치는데 곤임신이 같이 행한다. 제삼 방향에서 돌고 있는 물은 삼남의 위치인데 간경정이 길하고 이롭다. 제사 방향에서 돌고 있는 물은 사남궁으로 손갑계가 서로 만난다. 만약 사남이 없으면 장남에게 되돌아오니 자세하고 분명하게 익혀야 한다.

一龍行宮水口去 兒孫多不吉 龍行位遠主離鄉 水位却無妨
일룡행궁수구거 아손다불길 용행위원주이향 수위각무방
二龍先行一龍上 內反家抱養 二折行二見眞龍 白手置田豊
이룡선행일룡상 내반가포양 이절행이견진룡 백수치전풍
三龍先行一龍上 入舍兼抱養 四龍行位不分明 父子絶人丁
삼룡선행일룡상 입사겸포양 사룡행위불분명 부자절인정

[일룡행궁이 수구로 가면 아손에 불길함이 많다. 용이 행하는 위치가 멀면 주로 고향을 떠나고 물의 위치에 그치면 무방하다. 이룡이 먼저 일룡 위로 나가면 안 사람이 가족을 부양한다. 두 번 꺾여 둘로 나가 진룡을 보면 백수의 처지가 밭이 풍성하다. 삼룡이 먼저 일룡 위로 행하면 집에 들어가 아울러 품어 기른다. 사룡이 나가는 위치가 분명하지 않으면 부자의 인정이 끊어진다.]

일룡(금룡金龍)이 나가는 궁이 물이 빠져나가는 위치로 가면 금생수金生水하여 생출이 되어 어린 아들에게 불길함이 많다. 용이 나가는 위치가 멀면 주로 고향을 떠나게 되는데 물의 위치로 물러나면 무방하다. (용의 끝에 물이 있어 용을 멈추게 하면 무방하다.) 이룡(목룡木龍)이 먼저 일룡(금룡金龍) 위로 나가면 금극목金剋木하여 극을 당하므로 가장이 죽게 되는 것이다. 목木방향에 도는 물이 목木방위로 나가서 참된 용을 보면 직업 없이 가난한 사람이 부자가 된다. 삼룡

(수룡水龍)이 먼저 일룡(금룡金龍) 위로 나가면 금생수金生水하여 생입되어 양자로 들어가서 품어 봉양한다. 사룡(화룡火龍)이 나가는 위치가 분명하지 않으면 절손하게 된다.

金木水火各一宮 生命亦不同 查得四行合生命 自然發福盛
금생수화각일궁 생명역불동 사득사행합생명 자연발복성

[금목수화 각 일궁은 생명 또한 같지 않다. 사궁이 나아가 명이 합하여 생한다는 것을 조사하여 깨달으면 자연 발복이 성한다.]

금목수화는 각기 다른 별개의 궁인데 생명(특성) 또한 같지 않다. 사궁이 나아가 명이 합하여 생한다는 것을 조사하여 깨달으면(사궁이 나아가 상생을 이루는 것을 조사하여 깨달으면) 발복이 자연적으로 성하게 된다.

干支二水要相依 更把天星卦例推 震宮長男邀福應 兌宮少位吉凶知
간지이수요상의 경파천성괘예추 진궁장남요복응 태궁소위길흉지
中宮離坎從天定 子息排來位卻移
중궁리감종천정 자식배래위각이

[간지 두 물은 서로 의지함을 요하고 다시 천성을 잡아 괘례를 추리한다. 진궁은 장남이 복이 응함을 맞이하고 태궁은 소위의 길흉을 안다. 중궁은 이감離坎으로 하늘이 정함을 따르고 자식을 밀쳐 오면 위치가 물러나 옮겨간다.]

간지 두 물은 서로 의지함을 요구하고 다시 오행에 의한 각종 법도를 파악하여 괘의 법칙을 추리한다. 진궁은 장남이 복이 응함을 맞이

하고 태궁은 소녀의 위치로서 길흉을 안다. 중궁은 남북으로 하늘이 정함을 쫓는데 자식을 밀쳐오면 위치가 물러나 옮겨간다.

(후천팔괘에서 방위별 오행을 논할 때 1감坎 양수陽水, 2곤坤 음토陰土, 3진震 양목陽木, 4손巽 음목陰木, 5중中 여자이면 간艮 양토陽土 남자이면 곤坤 음토陰土, 6건乾 양금陽金, 7태兌 음금陰金, 8간艮 양토陽土, 9이離 음화陰火로서 본명本命을 정할 때 적용한다. 자식을 논할 때, 진震은 장남長男, 감坎은 중남中男, 간艮은 소남少男, 손巽은 장녀長女, 이離는 중녀中女, 태兌는 소녀少女이고 건乾은 부父이고 곤坤은 모母이다.)

金木水火四龍位 生克無窮極 相生爲吉相克凶 禍福在其中
금목수화사룡위 생극무궁극 상생위길상극흉 화복재기중
金到火宮人死絶 火入金宮定損妻 金火相刑人自縊 縱然不縊也相離
금도화궁인사절 화입금궁정손처 금화상형인자액 종연불액야상리

[금목수화 사룡의 위치는 생극이 무궁하여 극도에 이르고 상생은 길하고 상극은 흉하니 화복이 그 가운데에 있다. 금이 화궁에 이르면 사람이 죽어 끊어지고 화가 금궁에 들면 반드시 손처한다. 금화가 서로 형하면 사람이 스스로 목을 매고 목을 매지 않으면 서로 이별한다.]

금목수화 사룡의 위치는 서로 생하고 극함이 무궁하여 극도에 이른다. 상생은 길하고 상극은 흉하니 화복은 그 가운데에 있다. [일룡一龍(건병을자인진)은 금金이고 이룡二龍(곤임신오신술)은 목木이므로 금극목金克木이 되어 흉凶하고 일룡一龍과 삼룡三龍(간경정묘사축)은 금생수金生水가 되어 길吉하다. 일룡一龍과 사룡四龍(손갑계유해미)는 화극금火克金이 되어 흉하다. 다른 궁위도 이와 같이 따져서 길

흉을 판별한다.] 금이 화궁에 이르면 화극금이 되어 금의 형체가 없어지니 사람이 죽어 끊어지고 화가 금궁에 들어가면 불이 꺼지므로 아내를 잃는다. 금화가 서로 형벌하면(금보다 불이 작으면 불이 꺼지고 금보다 불이 크면 쇠가 녹는다.) 사람이 스스로 목을 매고 목을 매지 않으면 서로 헤어지는 것이 자연의 이치이다.

子寅辰並乾丙乙 切忌巽水出 午申戌與坤壬辛 乾水破長生
자인진병건병을 절기손수출 오신술여곤임신 건수파장생
卯巳丑及艮庚丁 坤水要留停 酉亥未兼巽甲癸 艮水不宜去
묘사축급간경정 곤수요유정 유해미겸손사축 간수불의거

[자인진과 건병을은 절대 손수로 나감을 꺼린다. 오신술과 곤임신은 건수가 장생을 파한다. 묘사축 및 간경정은 곤수가 머무름을 요한다. 유해미 겸 손갑계는 간수가 가는 것이 마땅하지 않다.]

자인진과 건병을은 금金이고 손은 화火이므로 화극금火剋金이 되어 극입剋入이 되며 손巽은 금의 장생長生이 되므로 내수來水는 길하지만 손수출은 흉하다. 그러므로 손수로 나감을 절대로 꺼린다고 했다. 오신술과 곤임신은 목木이고 건은 금金이므로 금극목金剋木이 되어 극입이 되고 건은 목국의 장생이 되므로 건수가 장생을 깨뜨리면 흉이 된다. 묘사축 및 간경정은 수이고 곤수는 목이므로 수생목水生木이 되어 상생관계이며 곤은 수의 장생이 되어 머물기를 요한다. 유해미 겸 손갑계는 화火이고 간艮은 수水이므로 수극화水剋火가 되며 간은 화火의 장생이 되므로 가는 것은 마땅하지 않다.

庚丁坤上是黃泉 乙丙須防巽水先 甲癸向中憂見艮 辛壬水路怕當乾
경정곤상시황천 을병수방손수선 갑계향중우견간 신임수로파당건

[곤상에서는 경정이 황천이고 을병은 모름지기 먼저 손수를 막아야 한다. 갑계향 중에 간을 보는 것이 근심스럽고 신임수로는 건을 두려워하는 것이 당연하다.]

위의 내용을 황천黃泉이라고 한다. 정리하면 아래와 같다. 임壬: 건乾, 계癸: 간艮, 간艮: 갑계甲癸, 갑甲: 간艮, 을乙: 손巽, 손巽: 을병乙丙, 병丙: 손巽, 정丁: 곤坤, 곤坤: 경정庚丁, 경庚: 곤坤, 신辛: 건乾, 건乾: 임신壬辛, *황천黃泉은 나경에 표시되어 있으므로 참고바람.

卯辰巳午怕巽宮 午未申酉坤莫逢 酉戌亥子當乾是 子丑寅卯艮水凶
묘진사오파손궁 오미신유곤막봉 유술해자당건시 자축인묘간수흉

[묘진사오는 손궁을 두려워하고 오미신유는 곤을 만나지 말아야 한다. 유술해자는 당연히 건이 그것이고 자축인묘는 간수가 흉이다.]

묘卯는 수水이므로 손巽(화火)과 수극화하여 극출이 되고 진辰은 금金이므로 화극금하여 극입이 되나 손巽은 금金의 생생方이 되므로 수출水出은 안 된다. 사巳는 수水가 되어 수극화하여 극출이 되고 오午는 목木이 되어 화생목하여 생입이 되나 손巽은 금金의 생방이 되므로 수출水出은 안 된다. 오午는 목木이므로 곤坤(목木)과 비화比和하여 수출水出은 안 되고 미未는 화火이므로 목생화하여 생입이 되나 곤坤은 수水의 생생方이 되므로 수출水出은 안 된다. 신申은 목木이 되어 곤坤과 비화하여 수출이 안 되고 유酉는 화火가 되어 목생화하여 생입이 되나 곤坤은 수水의 생방이 되므로 수출水出은 안 된다. 유酉는 화火이므로 건乾(금金)과 화극금하여 극출이 되고 술戌은 목木이므로 금극목하여 극입이 되나 건乾은 목木의 생생方이 되므로

수출水出은 안 된다. 해亥는 화火가 되어 화극금하여 극출이 되고 자子는 금金이 되어 비화하여 수출水出이 안 된다. 자子는 금金이므로 간艮(수水)과 금생수하여 생출生出이 되고 축丑은 수水이므로 간艮(수水)와 비화가 되나 간艮은 화火의 생생方이 되므로 수출水出은 안 된다. 인寅은 금金이 되어 간艮과 금생수하여 생출이 되고 묘卯는 수水가 되어 간艮과 비화하여 간艮은 화火의 생방이 되므로 수출水出은 안 된다. 결론적으로 건乾, 곤坤, 간艮, 손巽 방향方向은 천간天干의 황천黃泉이고 목木, 화火, 수水, 금金의 生方이므로 지지地支도 수출水出이 불가하다는 것이다.

辛入乾宮百萬莊 癸歸艮位發文章 乙向巽流淸富貴 丁坤終是萬斯箱
신입건궁백만장 계귀간위발문장 을향손류청부귀 정곤종시만사상

[신辛(목木)이 건乾궁(금金)으로 들어가면 장중함이 많고 계癸(화火)가 간艮(수水) 위로 돌아오면 문장이 발한다. 을乙(금金)향에 손巽(화火)류 하면 부귀가 맑고 정丁(수水)이 곤坤(목木)에서 마치는 것은 상자가 많다.]

목이 금으로 들어가면 극을 당하는 꼴이나 생生방이므로 고귀한 단정함을 유지하는 것이고 화火가 수水 위로 돌아오면 극을 당하는 꼴이나 생生방으로 돌아오는 것이니 문장이 발한다. 금金향에 화火로 흐르면 화극금火剋金이 되어 극입剋入이 되어 부귀를 이루되 깨끗한 후손이 난다는 것이고 수水가 목木에서 마친다는 것은 수생목水生木이 되어 상생이 되므로 부자가 된다. (상자가 많다는 것은 물건을 담는 그릇이 많다는 것이다.)

更有一神難爲說 時師會不得 辰山戌向戌山辰 驚動世間人
경유일신난위설 시사회불득 진산술향술산진 경동세간인
寅歸甲水乙歸巽 長流爲官定 丙辰爲龍寅爲虎 仔細尋根取
인귀갑수을귀손 장류위관정 병진위룡인위호 자세심근취
巽丙丁爲六秀到 世代無煩惱 卯山辛向水爲乾 富貴出官員
손병정위육수도 세대무번뇌 묘산신향수위건 부귀출관원

[다시 일신이 있는 것은 어려운 말인데 시사가 모여도 깨닫지 못한
다. 진산은 술향이고 술산은 진향이면 세간 사람들이 놀라서 움직인
다. 인이 갑수로 돌아가고 을이 손으로 돌아가 길게 흐르면 벼슬이 정
해진다. 병진이 용이 되면 인은 호가 되니 자세히 뿌리를 취해 찾는
다. 손병정은 육수에 이르게 되면 대대로 번뇌가 없다. 묘산신향에 물
이 건이면 부귀하고 관원이 나온다.]

다시 하나의 신이 있다는 것은 어렵다는 말인데 시사들은 모여서
얘기해도 깨닫지 못한다. 진辰(금金)산 술戌(목)향과 술산 진향은 상
극이니 세상 사람들은 놀라 움직인다는 것이다. 인寅(금金)은 갑甲
(화火)수로 돌아오고 을乙(금金)은 손巽(화火)수로 돌아오는 것은 상
극이지만 극입이 되고 길게 흐르는 것은 관이 정해져 있다. 병진(금
金)이 청룡이 되면 인(금金)은 백호가 되니 자세히 뿌리를 취해 찾는
다. 손병정이 육수에 이르면 대대로 괴로워할 일이 없다.
　(육수六秀: 간艮, 손巽, 병丙, 정丁, 태兌, 신辛). 묘(수水)산 신辛
(목木)향에 수水가 건(금金)이면 부귀하고 관원이 나온다. (산과 향은
상생관계이고 산과 물도 상생관계이며 향과 수는 극입剋入이 되며 건
은 목의 장생이 된다.)

金遇戌爲鐵 火向未申絶 木辰枝葉枯 水上丑寅滅
금우술위철 화향미신절 목진지엽고 수상축인멸
[금이 술을 만나는 것은 철인데 화향이 미이면 신은 끊어진다. 목이
진이면 지엽이 마르고 수가 축 위이면 인은 멸한다.]

금金이 술戌(목木)을 만나는 것은 금극목이 되지만 나무는 쇠를 제
련하므로 쇠처럼 단단하게 되고, 불 앞에 미未(화火)이면 불을 더욱
부채질하는 꼴이 되어 신申(목木)은 불이 너무 강하여 없어진다. 나무
가 진辰(금金)이 되면 금극목하여 금이 나무를 베는 꼴이 되니 나무는
말라 죽게 되고, 물이 축丑(수水)위에 있으면 물살이 너무 강하여 인
寅(금金)은 마모되어 없어지게 된다.

五行逢衰爲關 水城出口處 犯前項關煞主少亡 卽交如不及之意
오행봉쇠위관 수성출구처 범전항관살주소망 즉교여불급지의

[오행이 쇠를 만나면 관이 되니 수성 출구처이다. 전항의 관살을 범
하면 젊은이가 죽는 것을 주관한다. 즉 사귀는 것은 미치지 않는 것과
같다는 의미이다.]

오행(주위 국局)이 쇠衰를 만난다는 것은 세력이 약해지는 것인데
출입구가 좁은 관쇄가 되니 국내의 물이 빠져나가는 곳으로서 좁은
곳은 바람이 세차게 통과하는 곳이다. 이러한 살풍煞風을 맞으면 체
력이 강한 젊은 사람도 견디기 어려운 것이다. 즉 이런 곳에 노출되지
말아야 한다는 의미이다.

도천보조경 都天寶照經

상편上篇

楊公妙應不多言 實實作家傳 人生禍福由天定 賢達能安命
양공묘응불다언 실실작가전 인생화복유천정 현달능안명
貧賤安墳富貴興 全憑龍穴眞 龍在山中不出山 掛在大山間
빈천안분부귀흥 전빙용혈진 용재산중불출산 괘재대산간
若是沙曲星辰正 收得陽神定 斷然一葬便興隆 父發子傳榮
약시사곡성진정 수득양신정 단연일장편흥융 부발자전영

[설명]
　양균송은 풍수지리 서적을 집필한 작가이며 많은 설명을 하지 않고
꼭 필요한 말만으로 표현했다. 인생의 화와 복은 하늘에서 정하는데
현명한 사람은 능히 편안한 생명을 깨닫고 가난하고 천한 사람이 명
당에 묘를 쓰면 부귀가 일어난다. 전적으로 용혈이 참된 것에 의지한
다. (명당에 용사한다.) 용은 산 중에서 서로 얽혀 있고 괘는 큰 산 사
이를 서로 따진다. 만약 산 능선이 휘어져 흐르고 산봉우리가 반듯하
면 기운은 양기를 얻어 거두는 것으로 정해졌으니 단연코 이런 곳에
장사지내면 편안하고 크게 일어나서 발한 것이 대를 이어 영광으로
전해진다.

好龍脫劫出平洋 百十裏來長; 離祖離宗星辰出 此是眞龍骨;
호룡탈겁출평양 백십리래장; 이조리종성진출 차시진룡골;
前途節節出兒孫 文武脈中分; 直見大溪方住手 諸山皆不走;
전도절절출아손 문무맥중분; 직견대계방주수 제산개불주;

個個回頭向穴前 城郭要周完; 水口亂石堆水中 此地出豪雄

개개회두향혈전 성곽요주완; 수구난석퇴수중 차지출호웅

若得遠來龍脫劫 發福無休歇; 穴見陽神三摺朝 此地出官僚;

약득원래용탈겁 발복무휴혈; 혈견양신삼접조 차지출관요;

不問三男並五子 富貴房房起 津湖溪澗同此看 衣祿榮華斷

불문삼남병오자 부귀방방기 진호계간동차간 의녹영화단

大水大河齊到處 千里來龍住; 水口羅星鎭住門 似大將屯軍;

대수대하제도처 천리래룡주; 수구라성쇄주문 사대장둔군;

落頭定有一星形 非火土即金 正脈落平三五裏 見水方能止

낙두정유일성형 비화토즉금 정맥낙평삼오리 견수방능지

二水相交不用砂 只要石如麻; 更看磷石高山鎭 密密來包裹;

이수상교불용사 지요석여마; 경간린석고산쇄 밀밀래포리;

此是軍州大地形 細說與君聽

차시군주대지형 세설여군청

[설명]

좋은 용은 부지런히 넓은 평지를 탈출하여 백십 리(십리十里는 약 4km, 그러므로 백십 리는 약 400km, 먼 거리를 뜻한다.)를 길게 달려온다. 조종을 떠난 성진(구성九星: 탐랑, 거문, 녹존, 문곡, 염정, 무곡, 파군, 좌보, 우필)이 나타나는데 이것은 참된 용의 골격이다. 먼저 길의 마디마다 아손이 태어나고(지맥이 생기고) 중간에서 문무맥(필자의 관찰에 의하면 주로 문맥은 부드러운 산 능선이고 무맥은 바위로 이루어진 석맥이었다.)으로 나눈다. 직접 큰 하천이 있는 곳의 지각(수手)에 머물기도 하며 모든 산이 다 달아나지 않는다. 각자 혈 앞에서 능선 끝 부분을 돌리고 국局을 둘러싼 산들은 완전하기를 요한다. 수구는 수중에 어지럽게 돌이 쌓여 있는데(수중에 돌이나 모래가 쌓여 이루어진 퇴적물을 나성羅星이라 한다.) 이런 땅은 영웅호걸이 태어난다. 만약 멀리서 달려온 용맥이 겁살을 벗는다면(혈이 맺힌다면) 복이 쉼 없이 일어난다. 혈에 세 겹으로 접힌 조산이 양명한 정신으로 나타나면(안산 너머에 있는 산을 조산이라고 하는데 여러 겹으로 접힌 것이 길격이다. 책에는 삼천분대라고 표현했다.) 이런 땅에는 관료가 태어난다. 삼남과 오자를 불문하고 부귀는 자손에게 골고루 일어난다. 이곳에서 넘치는 호수와 계곡물을 동시에 보면(주위를 감싸지 못한 열린 지형이며 혈에서 계곡물을 본다는 것은 앞을 막는 안산이 없다는 것이다.) 옷과 녹이 풍부한 영화는 끊어진다. 큰물과 큰 강이 가지런히 이르는 곳은 천리를 달려온 용이 머문다. 수구에 나성이 문에 머물러 막으면 대장이 군사를 주둔한 것 같다. 떨어진 능선 끝이 하나의 산봉우리 형태로 있는 것이 불꽃처럼 뾰족하지 않고 평탄하지 않고 즉 둥근 형태이고 바른 맥이 떨어진 평지가 3~5리이면 물이 능히 머무는 것을 본다. 두 물이 모래를 이용하지 않고 서로 교차하고 다만 마같은 돌을 요한다. (삼베처럼 생긴 긴 돌이 감고 돌기를 바란다.) 고쳐서 보면 돌 사이로 맑은 물이 흐르고 높은 산이 쇠사슬이 얽히듯이 빽빽하게 와 안 쪽(보국)을 둘러싼다. 이것이 군사가 머무는 대지의 형태인데 자세하게 설명하니 그대는 경청하라.

天下軍州總住空 何曾撑著後頭龍
천하군주총주공 하증탱저후두룡
祇向水神朝處取 莫說後無主 立穴動靜中間求 須看龍到頭
지향수신조처취 막열후무주 입혈동정중간구 수간룡도두

[설명]
천하에 군이 있는 고을은 산들이 성벽처럼 감싸고 있는 곳이므로 내부는 아늑하고 고요하여 모두가 살 수 있는 공간이고 요도 같은 지각을 내려 거듭 버티면서 달려온 후의 중심 용맥이 아니던가. 향 앞에

610

물이 있고 조산이 있는 것을 공경하여 취한다. 향 앞에 물도 없고 조산도 없는 뒤는 주된 용맥도 없다. 혈을 세우는 것은 용이 꿈틀대며 진행하다가 바람을 막을 수 있는 고요한 곳에서 맥이 멈추는 것이니 이런 곳에서 구하고 모름지기 용이 이르는 머리를 본다. (맥이 멈출 수 있는 조건의 지형인지를 살펴본다.)

楊公妙訣無多說 因見黃公心性拙 全憑掌上起星辰 類聚裝成為妙訣
양공묘결무다설 인견황공심성졸 전빙장상기성진 유취장성위묘결
大山喚作破軍星 五星所聚脈難分 但看出身一路脈 到頭要分水土金;
대산환작파군성 오성소취맥난분 단간출신일로맥 도두요분수토금;
又從分水脈脊處 便把羅經照出路 節節同行過峽真 前去必定有好處
우종분수맥척처 편파라경조출로 절절동행과협진 전거필정유호처
子字出脈子字尋 莫教差錯醜與壬 若是陽差與陰錯 勸君不必費心尋
자자출맥자자심 막교차착추여임 약시양차여음착 권군불필비심심

[설명]
양공의 묘결은 많은 말이 없고 황공이 나타남으로 인하여 심성은 졸하다. 모두 손바닥 위를 의지하여 성진이 일어나고 종류가 모여 꾸밈을 이루는 것은 묘한 비결이다. (양균송은 손바닥 위를 보고 24방위와 성진을 계산하고 길흉화복을 점치기를 한 것으로 안다. 한 마디로 모든 이치는 손바닥에 있다는 것이다.) 큰 산은 깃발이 펄럭이는 듯한 파군성으로 만들어 부르고 오성(다섯 개의 길성: 탐랑, 거문. 무곡, 좌보, 우필)이 모이는 곳은 맥을 나누기 어려운데 다만 오성 중의 능선에서 한 길의 맥이 나오는 것을 본다. 도착하는 능선의 끝은 물이 토체(직선으로 가로질러 흐르는 물, 길수)와 금성체(둥글게 감고 흐르는 물, 길수)로 나누기를 요한다. 또 나누어진 물은 맥의 등마루처를 따라 흐른다. 편하게 나경을 잡고 나가는 길을 대조하니 마디마디 동

행하는 과협이 참되고, 먼저 쫓을 것은 반드시 좋은 곳이 있음을 정하는 것이다. 나경으로 측정하여 자자로 나오는 맥은 자자에서 찾고, 어긋남과 추함과 더불어 임방을 가르치지 말라. 만약 음양차착(음양이 어긋나는 것)이라면 찾는 데 반드시 마음을 소비하지 않기를 권한다. (음양차착이면 즉시 포기해야 한다는 것이다.)

(子字出脈子字尋 莫教差錯醜與壬 若是陽差與陰錯 勸君不必費心尋 이 문구로 인하여 사람들은 지표면이 거친 곳은 아예 거들떠보지도 않으며, 맥이 방향을 돌려서 자리 잡는 것을 상상도 하지 못한다.)

子癸午丁天元宮 卯乙西辛一路同 若有山水一同到 半穴乾坤艮巽宮
자계오정천원궁 묘을유신일로동 약유산수일동도 반혈건곤간손궁
取得輔星成五吉 山中有此是真龍
취득보성성오길 산중유차시진룡

[설명]
자계오정은 천원궁이며 묘을유신는 한 길로 같다는 것은 자오묘유는 천원룡이며 을신정계는 인원룡인데 천원룡과 붙여서 같은 궁으로 본 것은 음양이 같으므로 순자괘順子卦로 보기 때문에 섞여도 문제가 없음을 나타낸 것이다. 예를 들면 내룡이 천원룡이면 좌향은 천원룡이나 인원룡으로 놓아도 된다는 것이다. 만약 산수가 하나로 함께 이르는 것이 있다면 가운데 혈은 천원룡인 건곤간손궁으로 맺힌다는 것이다. 보성이 오길성(탐랑, 거문, 무곡, 좌보, 우필성)에 속한다는 것을 깨달아 취하면 산중에 있는 보성은 참된 용이다.

辰戊丑未地元龍 乾坤艮巽夫婦宗 甲庚壬丙為正向 脈取貪狼護正龍
진술축미지원룡 건곤간손부부종 갑경병임위정향 맥취탐랑호정룡

[설명]

진술축미는 지원룡이며 건곤간손은 천원룡인데 부부의 근본이 된다는 것은 부자지간이 된다는 것이다. 그러나 지원룡과 천원룡은 음양이 반대가 되나 역자괘逆子卦가 되므로 혼용이 불가하다. 갑경병임이 정향이라는 것은 부호가 정(+)인 같은 지원룡이라는 것이다. 맥이 탐랑(길성)을 취하는 것은 정(+) 용을 보호하는 것이다.

寅申巳亥人元來 乙辛丁癸水來催 更取貪狼成五吉 寅坤申艮禦門開
인신사해인원래 을신정계수래최 경취탐랑성오길 인곤신간어문개
巳丙宜向天門上 亥壬向得巽風吹
사병의향천문상 해임향득손풍취

[설명]

인신사해와 을신정계는 같은 인원룡이지만 음양이 다르다. 인신사해 인원룡이 양으로 오면 음인 을신정계 수가 오도록 문을 연다. 바꾸어 말하면 오길성으로 이루어진 탐랑을 취하고, 인신은 인원룡 중에 양陽이고 곤간은 천원룡이므로 인원룡과 천원룡은 왕래가 가능하지만 같은 양陽이므로 인은 곤으로 문을 여는 것을 막고 신은 간으로 문을 여는 것을 막는다. 사는 인원룡이고 병은 지원룡이며 음양에서 같은 양이므로 섞일 수 없으나 병은 천문 위이므로 마땅히 향이 되며 병은 금金이고 사는 수水이므로 금생수金生水되어 생입生入이 된다. 해는 임을 향으로 하여 손에서 불어오는 바람을 얻는다. 해와 손은 화이고 임은 목이므로 목생화木生火하여 생입生入이 되고 같은 화火에서 바람이 불어오니 부채질하는 격이 된다.

貪狼原是發來遲 坐向穴中人未知 立宅安墳過兩紀 方生貴子好男兒
탐랑원시발래지 좌향혈중인미지 입택안분과양기 방생귀자호남아

[설명]

탐랑의 근원은 와서 더디게 일어난다. 좌향은 혈중에 있다는 것을 사람들은 알지 못한다. (혈이 맺히면 좌향은 이미 정해졌는데 사람들은 알지 못하고 맞지 않는 이기로 좌향을 맞춘다. 필자가 전국을 답산하면서 확인한 사실인데 혈이 맺힌 곳에서는 주위와 균형이 맞고 좌향은 이미 정해져 있었다. 정해진 좌향에서는 생기가 가장 많이 감지되었고 조금만 틀어져도 생기가 감지되지 않았다.) 집을 짓거나 묘지를 조성한 후 두 해가 지나 정해진 방위에서 태어나는 귀한 아들이 남아라는 것은 아름다운 것이다.

立宅安墳要合龍 不須擬對好奇峰 主人有禮客尊重 客在西兮主在東
입택안분요합룡 불수의대호기봉 주인유례객존중 객재서혜주재동

[설명]

집을 짓거나 묘지를 조성함에 합당한 용(혈처)을 요하는데 모름지기 아름다운 기이한 봉우리를 알아보지 못한다. 주인은 예를 갖추어 객을 존중함이 있으나 주인은 동쪽에 있는데 객은 서쪽에 있다. [주산(혈처)은 안산을 비롯하여 주위 사격에 대하여 중심처에 있으나 엉뚱한 곳에서 집을 짓거나 조장을 한다.]

중편中篇

天下宮州總住空 何須撑著後來龍 時人不識玄機訣 只道後頭少撑龍
천하궁주총주공 하수탱저후래룡 시인불식현기결 지도후두소탱룡
大凡軍州住空龍 便與平洋墓宅同 州縣人家住空龍 千軍萬馬悉能容
대범군주주공룡 편여평양묘택동 주현인가주공룡 천군만마실능용
分明見者猶疑慮 龍不空時非活龍 教君看取州縣場 儘是空龍擺撥蹤
분명견자유의려 용불공시비활룡 교군간취주현장 진시공룡파발종
莫嫌遠來無後龍 龍若空時氣不空 兩水界龍連生窟 穴得水兮何畏風
막혐원래무후룡 용약공시기불공 양수계룡연생굴 혈득수혜하외풍
但看古來卿相地 平洋一穴勝千峰
단간고래경상지 평양일혈승천봉

[설명]
　하늘 아래에 있는 집과 고을은 모두 사는 공간이다. 모름지기 나타
난 후 달려온 용이 버티는 것은 무엇인가. 사람들은 현공의 기틀의 비
결을 알지 못한다. 다만 길처럼 약간 불룩한 곳을 지난 후 변두리에
조그맣게 지탱하는 언덕이다. 무릇 군사가 머무는 고을은 능선이 둥
글게 에워싼 공간이다. 편리하고 넓고 평탄한 곳에 있는 무덤과 집은
같으며, (둥글게 에워싼 공간에서 혈이 맺히는 공간 원리는 같다는 것
이다.) 사람이 사는 집이 있는 주현은 산 능선이 둥글게 감싸고 있는
공간인데 천군만마를 능히 모두 수용할 수 있도록 갖추어져 있다. 분
명하게 보는 것은 오히려 의심하고 염려하는 것이며, (그럴 것이라는
생각을 버리고 마음을 비우는 것이 중요하다.) 공간이 아닌 용일 때라

는 것은 주위에서 감싸고 보호해 주는 보호사가 없는 외로운 능선이
니 살아있는 용이 아니다. 주현의 장소를 취해 보도록 그대에게 가르
치겠다. 다한 것은 열려 다스린 자취가 용의 공간이라는 것이다. 후룡
없이 멀리서 오는 것을 싫어하지 않는다. 만약 용이 공간에 있을 때는
기운은 비지 않는다. (주위가 둥그렇게 감싼 가운데에 있을 때는 보호
를 받고 있으므로 기가 충만하다는 것이다.) 양측 물이 경계를 이루어
연결된 용(용맥 좌우로 흐르는 물을 말하며 이런 곳은 좌우에 용을 호
종하는 보호사가 있음을 이르는 말이다.)에는 굴이 생긴다. (굴은 큰
물이 나는 수원을 말한다.) 혈이 물을 얻는 것은 어찌 바람을 두려워
하겠는가. (바람은 용맥 좌우의 골짜기를 타고 지나감으로 혈처에는
영향을 미치지 않는다는 것이다.)

　다만 예부터 내려오는 벼슬을 돕는 땅이라는 것을 본다. 넓은 평지
의 한 혈은 천봉보다 낫다. (혈이란 많은 봉우리가 있는 산에서만 있
는 것이 아니고 평지에서도 대혈을 보게 된다.)

子午卯酉四山龍 坐對乾坤艮巽宮 莫依八卦陰陽取 陰陽差錯敗無窮
자오묘유사산룡 좌대건곤간손궁 막의팔괘음양취 음양차착패무궁
百二十家渺無訣 此訣玄機大祖宗 來龍須要望龍穴 後若空時必有功
백이십가묘무결 차결현기대조종 내룡수요망룡혈 후약공시필유공
帝座帝車並帝位 帝宮帝殿后當空 萬代王侯皆禁斷 予今隱出在江東
제좌제차병제위 제궁제전후당공 만대왕후개금단 여금은출재강동
陰陽若能得遇此 蚯蚓逢之便化龍
음양약능득우차 구인봉지편화룡

[설명]
　자오묘유와 건곤간손은 같은 천원룡이지만 음양이 다르므로 음룡
인 자오묘유 사산 룡에서 좌는 건곤간손 궁과 상대한다는 것이다. 팔

괘에 의지하지 말고 음양을 취하는데 음양이 어긋나면 패하는 데 막힘이 없다. 비결 없이 아득한 백이십 년 가문에 이 비결은 대조종에 현공이 기틀이었다. 내룡은 모름지기 용이 혈을 맺기를 요망한다. 후대가 만약 아무 것도 없을 때는 반드시 공덕이 있어야 얻을 수 있는데, 제좌, 제차와 제위, 제궁 제전 후는 당연히 없는 것인데 만대 왕후가 모두 끊어짐을 제지했다. 이제 줄어듦이 은밀하게 나타나는 것은 강동에 있는데, 만약 음양으로 인해 이것을 만난다는 것(줄어듦이 은밀하게 강동에 있는 것)을 능히 깨닫는다면 지렁이가 용으로 변하는 것이 편하다는 것을 당하게 된다. (음양차착이면 되는 일이 없는데 현공의 중요함을 강조한 것이다.)

辰戌丑未四山坡 甲庚壬丙葬墳多 若依此理無差謬 淸貴聲名天下無;
진술축미사산파 갑경병임장분다 약의차리무차류 청귀성명천하무;
爲官自有起身路 兒孫白屋出登科 八卦不是眞妙訣 時師休把口中歌
위관자유기신로 아손백옥출등과 팔괘불시진묘결 시사휴파구중가
敗絶只因用卦安 何見依卦出高官 陰山陽水皆眞吉 下後兒孫禍百端
패절지인용괘안 하견의괘출고관 음산양수개진길 하후아손화백단
水若朝來須得水 莫貪遠秀好峰巒; 審寵若依圖訣葬 官職榮華立可觀
수약조래수득수 막탐원수호봉만; 심총약의도결장 관직영화립가관

[설명]
진술축미와 갑경병임은 같은 지원룡인데 진술축미는 음陰이고 갑경병임은 양陽이다. 그러므로 진술축미 사산의 능선에 갑경병임 좌향으로 장사지내어 봉분을 만드는 것이 많이 있다. 만약 어긋나고 그릇됨 없이 음양의 이치에 따른다면 천하에 없는 맑고 귀한 이름을 듣게 된다. 즉 자연히 입신의 길인 벼슬이 있는 것이며, 가난한 집에서 태어나 등과하여 출세한다. 팔괘가 아닌 참된 묘결인 것인데 시사들

은 팔괘를 잡고 만족하여 노래를 부르면서 좋아한다. 패절은 다만 맞지도 않는 단순한 괘를 사용함으로 인한 것이며, 무엇이 괘에 따라서 높은 벼슬이 나오는지를 보게 된다. 산이 음이면 물은 양이 되어야 모두 참되고 길하며, 그 뒤로는 아손의 화가 많이 바르게 된다. 물이 만약 조산에서 안산 뒤를 돌아와서 비로소 득수를 하면(물이 혈처 앞에서 바로 들어오면 바람을 몰고 오는 살수와 살풍이 되므로 득수라 하여 좋아하면 안 된다.)

물이 조산에서 오는 곳에는 탐함 없이 멀리서부터 수려하고 아름다운 봉우리가 빙 둘러싼다. 만약 사랑스러움을 살펴 도결에 따라 장사를 지내면 관직의 영화로움을 가히 보게 됨이 이루어진다.

玄機妙訣有因由 向指山峰細細求 起造安墳依此訣 能令發福出公侯
현기묘결유인유 향지산봉세세구 기조안분의차결 능령발복출공후
真向支山尋祖脈 幹神下穴永無憂 寅申巳亥騎龍走 乙辛丁癸水交流
진향지산심조맥 간신하혈영무우 인신사해기룡주 을신정계수교류
若有此山並此水 白屋科名發不休 昔日孫鐘扡此穴 從此聲名表萬秋
약유차산병차수 백옥과명발불휴 석일손종타차혈 종차성명표만추

[설명]

현공의 기틀은 묘한 비결에서부터 원인이 있으며, 향은 세밀히 산봉을 따지면서 구한다. 현공의 비결에 따라 무덤을 조장하여 일어나니 능히 발복으로 하여금 공후가 태어난다. 참된 방향은 산에 지탱하여 조종맥(중심맥)을 찾고, 혈 아래에 있는 간룡(용은 간幹룡과 지枝룡으로 나눔)의 정신은 근심 없이 영원하다(변화가 없다). 인신사해 용맥을 타고 달리며, 을신정계 수는 교차하여 흐른다. (인신사해와 을신정계는 인원룡이며 인신사해는 양陽이고 을신정계는 음陰이다. 양陽룡에 음陰수가 응대한다고 보면 된다.) 만약 이런 산과 물이 있으면

가난한 집에서 태어나 과거에 합격하여 쉼 없이 발전한다. 옛날 후손들은 이런 혈에서 태어나 과거 시험에 합격하여 이것에서 얻은 명성을 먼 후대까지 나타낸다.

來龍須看坐正穴 後若空時必有功 州縣官衙為格局 必然淸顯立威雄
내룡수간좌정혈 후약공시필유공 주현관아위격국 필연청현립위웅
范蠡簫何韓信祖 乙辛丁癸足財豐 亥壬豐隆興祖格 己丙旺相一般同
범려소하한신조 을신정계족재풍 해임풍융흥조격 기병왕상일반동
寅申巳亥等五吉 乙辛丁癸四位通 紫耕晝錦何榮顯 三牲五鼎受王封
인신사해등오길 을신정계사위통 자경주금하영현 삼생오정수왕봉
龍回朝祖元字水 科名榜眼及神童 後空已見前篇訣 穴要窩鉗脈到官
용회조조원자수 과명방안급신동 후공이견전편결 혈요와겸맥도관
試看州衙及台閣 那個靠著後來龍 砂捐水朝為上格 羅城擁衛穴居中
시간주아급태각 나개고저후래룡 사읍수조위상격 나성옹위혈거중
依圖取向無差誤 不是王侯卽相公
의도취향무차오 불시왕후즉상공

[설명]
  내룡은 모름지기 반듯한 혈에서 자리를 보며, 후대가 만약 아무 것도 없을 때는 반드시 공덕이 있어야 얻을 수 있다. 주현에서 관아는 국局내에서 자리이며 위엄 있고 웅장하게 세워 깨끗하게 나타나는 것이 필연이다. 한신 조에서는 하필 나무 좀벌레와 퉁소 모양이었다. 을신정계 해에 재물이 풍족했고, 해임 해에는 조의 격식이 풍부하고 융성하게 흥했다. 기병년에는 왕성했고 서로 일반적으로 동일했다. 인신사해년에서는 오길에서 균등했고 을신정계 사위는 서로 통한다. 어떤 영광이 나타났느냐면 낮에 자줏빛 비단 옷을 입고 밭을 갈았으며, 왕은 봉토에서 다섯 개의 솥을 걸어 놓고 세 마리의 짐승을 잡는 대접

을 받았다. (당시에 다섯 개 솥을 걸어 놓고 짐승 세 마리를 잡아 대접 받는다는 것은 쉬운 일이 아닌 것 같았다.) 조종산에서 온 용이 조朝산을 돌고 원元자로 물이 흐르면 신동이 태어나 과거에 합격했다는 알림방이 붙는다. 후대가 아무 것도 없는 것은 앞 책의 비결에서 이미 보았다. 혈이 요구하는 것은 와혈과 겸혈의 맥인데 벼슬에 이른다. (혈이 맺히는 곳은 바람을 갈무리할 수 있는 오목한 곳을 요구한다.) 시험은 마을 관아 및 태각(지방 공무원의 사무실)에서 본다. 어찌하여 날개로 기대어 나타난 후 오는 용(주능선에서 옆으로 맥이 방향을 돌려 맺는 횡혈이라는 것)인데, 모래 언덕 너머 물이 있는 것이 상격이며, 나성은 중심에서 맺힌 혈 주위를 감싸 안는다. 결록지에 따라 오차 없이 향을 취하면 왕후가 아니더라도 상공(과거 시험에 합격한 수재秀才에 대한 존칭)이 난다.

天機妙訣本不同 八卦只有一卦通 乾坤艮巽躔何位 乙辛丁癸落何宮
천기묘결본불동 팔괘지유일괘통 건곤간손전하위 을신정계락하궁
甲庚壬丙來何地 星辰流轉要相逢 莫把天罡稱妙訣 錯將八卦作先宗
갑경병임래하지 성진유전요상봉 막파천강칭묘결 착장팔괘작선종
乾坤艮巽出官貴 乙辛丁癸田莊位 甲庚壬丙最爲榮 下後兒孫出神童
건곤간손출관귀 을신정계전장위 갑경병임최위영 하후아손출신동
未審何山消此水 合得天心造化工
미심하산소차수 합득천심조화공

[설명]
하늘 기틀의 묘한 비결은 본래 같지 않으며, 단지 팔괘는 하나의 괘와 통한다는 것은 아래와 같이 변화를 한다는 것인데 건곤간손은 어느 위치의 궤도로 돌며, 을신정계는 어느 궁으로 가게 되고 갑경병임은 변한 곳이 어떤 땅에서 오며, 흘러 옮겨진 성진은 처음 출발할 때

의 성진과 같은 것과 만나기를 요하고, 묘결로 칭하는 북두칠성의 9성
에 매달리지 말고, 장차 섞이는 팔괘는 먼저 근본을 드러낸다. 건곤간
손은 관귀가 나고, 을신정계는 전장(부富)의 위치이며, 갑경병임은 가
장 영광스러움인데, 용사 후 후손은 신동이 난다. 어떤 산인지 살피지
않으면 이 물처럼 사라지는데, 천심을 얻어 합하는 것은 교묘한 조화이
다. 선천팔괘와 후천팔괘를 하나의 그림 내에서 표현하면 아래와 같다.

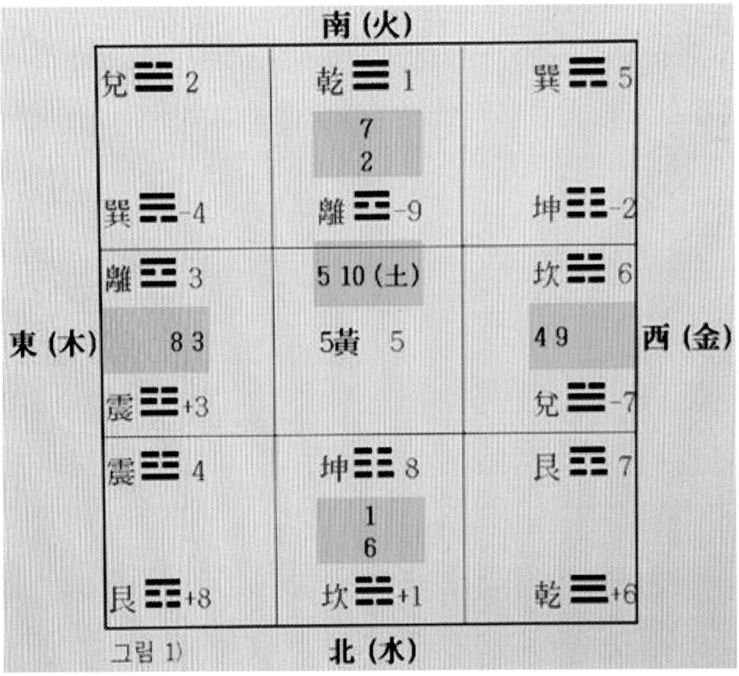

그림 1)

위 부분 : 先天八卦
아래 부분 : 後天八卦, 洛書
河圖: +1, -6 = 水, -2,+7 = 火, +3,-8 = 木, + = 天, - = 地
-4,+9 = 金,

선천팔괘를 일명 복희선천팔괘라고 한다. 선천8괘는 천지정위天地定位, 뇌풍상박雷風相搏, 산택통기山澤通氣, 수화불상사水火不相射 등의 착괘錯卦로 되어 있다. 복희팔괘는 만물의 변화 이치를 보여주는 형상이므로 선천팔괘라고 한다. 이것은 만물에 내재되어 있는 근본 원리를 배열한 하도를 기본으로 한다.

후천팔괘를 문왕후천팔괘라고 하며 만물의 변화 원리를 형상화했다. 아래 그림은 후천팔괘로 운運에 따라 팔괘의 변화를 나타내었다. 바깥 도묘는 처음 후천팔괘의 9궁도의 24좌이고 안쪽은 2020년은 8운이므로 8을 중궁에 넣고 변화시킨 8괘의 9궁도이며 중간은 변화시킨 24좌이다. 다른 운의 좌향 순역도도 해당 운수를 중궁에 배치하고 같은 방식으로 순행順行하면 된다.

下元 8運 坐向順逆圖

五星一訣非眞術 城門一訣最爲良 識得五星城門訣 立宅安墳定吉昌
오성일결비진술 성문일결최위량 식득오성성문결 입택안분정길창
堪笑庸愚多慕此 妄將卦例定陰陽 不向龍身觀出脈 又從砂水斷災祥
감소용우다모차 망장괘예정음양 불향룡신관출맥 우종사수단재상
筠松寶照眞秘訣 父子雖親不肯說 若人得遇是前緣 天下橫行陸地仙
균송실조진비결 부자수친불긍설 약인득우시전연 천하횡행육지선

[설명]
　오로지 오성(오길성五吉星: 탐랑, 거문, 무곡, 좌보, 우필)의 비결
은 참된 술법이 아니고 오로지 성문의 비결이 가장 양호한 술법이다.
오성과 성문결(아래에 별도로 소개한다.)을 깨달아 안다면 집을 짓거
나 묘지 조성은 길하고 번창할 것으로 정해졌다. 우습게 어리석음을
견디는 것은 오성과 성문결을 많이 생각하게 한다. 장차 실없이 괘의
법식을 음양으로 정해서 용신에서 출맥하는 것을 보지 못한다면(용신
에서 맥이 나와 좌우의 호위를 받으면서 나아가는 것을 보지 못하고
맥이 없는 능선을 보고 음양으로 따진다면) 또 능선을 따라 흐르는 물
이 끊어짐은 재앙의 조짐이다. (맥을 따라 좌우에 호종사를 대동하고
물이 흐르는데 물이 없다는 것은 무맥지일 가능성이 높다.) 균송은 사
실 참된 비결을 비추었다. 부자지간이 비록 친함이 긍정적이지 않다
고 말하더라도 만약 사람이 전생의 인연으로 만난다는 것을 깨닫는다
면 천하에서 모든 이치를 깨달아 어디를 가든지 거리낌이 없다.

성문결城門訣에 대하여 알아본다

　성문결은 현공풍수에서 수법에 관한 것인데 성문결에 해당되는 부
분에 합수合水나 수구水口가 있으면 길상吉象이다. 성문은 향의 좌

우에 있는 궁이 해당되는 향向과 합생성이 되면 정성문이고 합생성이 되지 않는 궁은 부성문이 된다. 합생성은 1과 6, 2와 7, 3과 8, 4와 9 이다. 궁宮의 3개 방위에서도 동원同元이 되는 1개 방위만 해당된다. 아래 표로 설명한다.

자좌오향子坐午向을 예를 들면 이궁離宮 중 오향午向은 천원룡天元龍에 해당되므로 손궁巽宮 진손사辰巽巳 중 천원룡인 손巽만 4, 9 합생성이 되어 정성문正城門이 되고 곤궁坤宮 미곤신未坤申 중 천원룡인 곤坤은 2와 9가 되어 합생성이 아니므로 부성문副城門이 된다.

巽 4	離 9	坤 2
震 3	中 5	兌 7
艮 8	坎 1	乾 6

성문이 되더라도 성문결에 해당하는 방위를 다시 찾아야 한다. 8운에서 건좌손향乾坐巽向으로 예를 든다. 손향巽向은 천원룡天元龍이

므로 손궁과 접한 이궁離宮에 있는 3의 천원룡은 -묘卯이므로 -3을 중궁에 입궁하여 역행하면 아래 표와 같이 된다. 이궁離宮에 있는 8은 당운과 같은 숫자이므로 성문결이 된다.

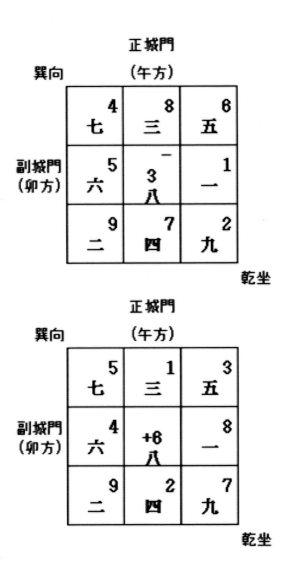

8운에서 진궁震宮에 있는 육六은 술건해戌乾亥 중 건乾이 천원룡이므로 +6을 중궁中宮에 넣고 순행하면 위와 같은 표가 만들어진다. 진궁에 있는 4는 당운과 같지 않으므로 성문결이 되지 않는다.

世人只愛周迴好 不知水亂山顚倒 時師但知講八卦 卻把陰陽分兩下
세인지애주회호 불지수난산전도 시사단지강팔괘 각파음양분양하
陰山只用陽水朝 陰水只用陽山照 俗夫不識天機妙 自把山能錯顚倒
음산지용양수조 음수지용양산조 속부불식천기묘 자파산능착전도
胡行亂作害世人 福未到時禍先到
호행난작해세인 복미도시화선도

[설명]
세상 사람들은 단지 주위를 도는 것을 좋아하고 사랑하며, 요란하게 흐르는 물이 산에 부딪쳐서 소용돌이치며 흐르는 것을 알지 못한다. 시사들은 다만 팔괘를 강론하는 것으로 알고 음양으로 둘로 나누는 것으로 파악함으로써 음산은 당연히 앞에 양수가 있을 것이라 생각하고 음수는 양산이 당연히 조응하는 것으로 생각하여 평범한 일반 사람은 천기의 묘함을 알지 못한다. 산이 능히 어지럽게 널려 뒤섞여 있는 것이 자연적이라고 파악한다. 어찌 어지럽게 행하는 것이 세상 사람에게 해를 짓지 않겠는가. 복이 이르기 전에 화가 먼저 이른다.

陽若無陰定不成 陰若無陽定不 陽水陰山相配 兒孫天府早登
양약무음정불성 음약무양정불 양수음산상배 아손천부조등

[설명]
만약 양은 음 없이 이루지 못하도록 정해지고 만약 음은 양 없이 이루지 못하도록 정해지면 양수에 음산은 서로 배합이 되니 아손은 일

626

찍이 천부(임금이 집무를 보는 곳)에 등과한다.

都天大卦總陰陽 玩水觀山有主張 能知山情與水意 配合方可論陰陽
도천대괘총음양 완수관산유주장 능지산정여수의 배합방가논음양

[설명]

도천대괘는 음양을 거느리고, 물을 즐기고 산을 보는 것이 자기주장을 내세워 고집함이 있다. (세상 사람들은 자기가 모르는 것은 인정하려 하지 않고 자기가 아는 범위 내에서 자기주장을 고집하는 경향이 있다. 풍수지리는 여러 파가 있으며 파마다 지향하는 것이 다르므로 자기가 모르는 것이 있으면 이런 것도 있구나 하는 생각으로 공부하고 연구하여 밝히려 하는 것이 옳다고 본다.)

능히 산정(오행)과 수의(물 흐름의 의미)를 알아서 산수의 배합 방법은 음양을 논하는 것이 옳다. (이것은 혈이 맺힌 혈처에서 논하는 것이지 혈이 맺히지 않은 곳에서는 아무 소용이 없다고 본다. 다만 천기를 가둔 곳에서는 필요하다.)

都天寶照無人得 逢山踏路尋龍脈 前頭走到五裏山 遇著賓主相交接
도천보조무인득 봉산답로심룡맥 전두주도오리산 우저빈주상교접
欲求富貴頃時來 記取筠松真妙訣
욕구부귀경시래 기취균송진묘결

[설명]

도천보조는 사람이 깨닫지 못하며, 산길을 밟아 용맥을 찾아 만난다. (도천보조경은 아무 곳에서나 따져 만든 것이 아니고 산을 밟으며 발품을 팔아서 용맥을 찾아 따지고 계산하여 만든 것이다.) 앞으로 달리는 산봉이 산 속에서 오행으로 이르러 서로 교접하여 주산과 안산

으로 나타나 만나고, 묘를 조장하고 발복이 생기고자 할 주음시 양균
송은 참된 묘결을 따져 맞는지 안 맞는지를 확인하여 기록했다. (풍수
지리 공부는 발품을 팔지 않고서는 이룰 수 없는 학문이다. 현장에서
혈이 맺히는 원리를 깨달아야 하고 자연의 이치를 터득해야 한다.)

天有三奇地六儀 天有九星地九宮 十二地支天干十 幹屬陽兮支屬陰
천유삼기지육의 천유구성지구궁 십이지지천간십 간속양혜지속음
時師專論這般訣 誤盡閻浮世上人 陰陽動靜如明得 配合生生妙處尋
시사전론저반결 오진염부세상인 음양동정여명득 배합생생묘처심

[설명]
　하늘에는 세 개의 기이함이 있고 땅에는 여섯 가지의 본받을 것이
있고 (삼기: 을병정乙丙丁, 육의: 무기경신임계戊己庚辛壬癸) 하늘에
는 구성(탐랑, 거문, 녹존, 문곡, 염정, 무곡, 파군, 좌보, 우필)이 있고
땅에는 구궁(감리진태건곤간손坎離震兌乾坤艮巽)이 있으며, 십이지
지(자축인묘진사오미신유술해子丑寅卯辰巳午未申酉戌亥)와 십천간
(갑을병정무기경신임계甲乙丙丁戊己庚辛壬癸)이 있다. 간은 양에 속
하고 지는 음에 속한다. (간지幹支에서 간은 큰 줄기이고 지는 큰 줄
기에서 뻗어나간 가지 줄기이다.) 시사들은 오로지 이것을 일반적 비
결로 논하며 세상 사람들에게는 마을에 떠다니는 그릇된 것을 남김없
이 말한다. 음양이 움직이고 고요함을 분명하게 깨달을 것 같으면 배
합을 생생하게 묘한 곳에서 찾는다.
　*六儀: 戊己庚辛壬癸.
　*三奇: 乙丙丁.
　*六儀三奇: 戊-己-庚-辛-壬-癸-丁-丙-乙
　-지반의기地盤儀奇는 일주의 대행자
　-천반의기天盤儀奇는 시주의 대행자이다.

*지반의기의 본질

일주를 구궁에 배치하는 것이다. 만일 감일궁에서 출발한다면 다음과 같이 구궁에 배치한다.

丁卯,丙子,乙酉,甲午, 癸卯,壬子,辛酉	壬申,辛巳,庚寅,己亥, 戊申,丁巳	乙丑,甲戌,癸未,壬辰, 辛丑,庚戌,己未
丙寅,乙亥,甲申,癸巳, 壬寅,辛亥,庚申	戊辰,丁丑,丙戌,乙未, 甲辰,癸丑,壬戌	庚午,己卯,戊子,丁酉, 丙午,乙卯
辛未,庚辰,己丑,戊戌, 丁未,丙辰	甲子,癸酉,壬午,辛卯, 庚子,己酉,戊午	己巳,戊寅,丁亥,丙申, 乙巳,甲寅,癸亥

*時符頭 표출법:

甲子 戊 – 甲子旬 戊 甲午 辛 – 甲午旬 辛

甲戌 己 – 甲戌旬 己 甲辰 壬 – 甲辰旬 壬

甲申 庚 – 甲申旬 庚 甲寅 癸 – 甲辰旬 癸

*六儀三奇 正位局 배치도

巽 四局	離 九局	坤 二局
震 三局	中 五局	兌 七局
艮 八局	坎 一局	乾 六局

陽遁一局: 一局에서 戊를 시작으로 순행으로 포국

己-二局, 庚-三局, 辛-四局, 壬-五局, 癸-六局, 丁-七局, 丙-八局, 乙-九局.

陰遁一局: 一局에서 戊를 시작으로 逆行으로 포국

己-九局, 庚-八局, 辛-七局, 壬-六局, 癸-五局, 丁-四局, 丙-三局, 乙-二局.

*六儀三奇 地盤 포국법

 - 陽遁: 위 표의 정위국대로 순행

 - 陰遁: 위 표의 정위국대로 역행

 - 時符頭를 표출하여 시부두 밑에 표시를 한다.

 - 地盤을 포국한 다음 天盤을 포국한다.

地盤 布局 1) 立春 中元 五局 陽遁 (時符頭 戊)

乙 四局	壬 九局	丁 二局
丙 三局	戊 五局	庚 七局
辛 八局	癸 一局	己 六局

주) 실제 포국에서는 국수局數는 표기하지 않음

地盤 布局 2) 大暑 中元 一局 陰遁 (時符頭 壬)

丁	己	乙
丙	癸	辛
庚	戊	壬

*상기 내용은 육의심기가 본문에 소개되었기에 기록한 것이니 참고만 하기 바람.

하편下篇

尋得真龍龍虎飛 水城屈曲抱身歸 言朝旗鼓馬相應 下後離鄕著紫衣
심득진룡룡호비 수성굴곡포신귀 언조기고마상응 하후리향저자의

　참된 용을 찾는 것은 청룡백호가 유정하게 감싸는 것을 보고 깨달아 찾고, 물길은 구불구불 용맥을 안고 돌아야 하며, 혈처 앞을 말하면 깃발과 북, 말과 같은 봉이 서로 나열하여 있으면 장사지내고 고향을 떠난 후에 큰 벼슬을 하여 성공해서 나타난다.

乙字水纏在穴前 下砂收鎖穴天然 當中九曲來朝穴 悠揚瀦蓄鬥量錢
을자수전재혈전 하사수쇄혈천연 당중구곡래조혈 유양저축투량전
兩畔朝歸穴後歇 定然龍在水中蟠 若有聲爲數錢水 催官上馬禦階言
양반조귀혈후헐 정연룡재수중반 약유성위수전수 최관상마어계언

　혈 앞에 물이 을자乙字(지그재그)로 얽혀 흐르고, 하수사가 천연적으로 혈 앞을 좌우에서 교쇄하여 거두고, 마땅히 혈을 향해 여러 구비로 달려온 조산이 있으며, 돈을 전투하듯 헤아려 담는 드넓은 저수지가 있으며, 양측으로 진행하는 조산이 돌아 혈처 뒤까지 가서 멈추며, 가지런한 용은 수중에 서려 있으며 수전수라는 명성(돈 받고 물을 판다는 것은 끝없이 재물이 들어온다는 것이다.)이 있을 것 같으면 말을 타고 다니는 벼슬을 재촉하는 것은 말할 나위가 없다.
　(당시에는 큰 벼슬한 사람만이 말을 타고 다녔으며 평민은 생각하지도 못한 것 같다.)

632

安墳最要看中陽 寬抱明堂水聚囊 出夾結成玄字樣 朝來鸞鳳舞呈祥
안분최요간중양 관포명당수취낭 출협결성현자양 조래란봉무정상
外陽起眼人皆見 乙字彎身玉帶長 更有內陽坐穴法 神機出處覓神方
외양기안인개견 을자만신옥대장 갱유내양좌혈법 신기출처멱신방

묘지 조성에서 가장 요긴한 것이 양기가 있는 양명한 곳을 보는 것이며 명당을 너그럽게 안고 흐르는 물이 혈처 앞의 오목한 곳에 모이는 것이다. 좁게 결성되어 나타나는 것이 현玄자 모양으로 관쇄를 하는 것이고, 조산이 와서 난새 봉황이 춤추는 모양은 복록으로 나타나고, 사람의 눈에는 밖에서 일어난 모든 것이 흩어지거나 깨어진 곳 없이 양명하게 보이고, 옥대사(평지에 혁대처럼 생긴 능선)가 길게 을자 모양으로 혈처를 감아 돌고, 다시 양명한 자리 내에는 혈법이 있으니 (혈이 맺히면 좌향은 이미 정해져 있고 주위와 균형이 맞는다.) 신의 기틀이 나타는 곳에서 신의 방법으로 찾는다. (형기법으로는 혈처 근처까지는 갈 수 있으나 혈심을 정확하게 정하기 어렵다. 형기를 살펴 스틱을 정확하게 혈심에 꽂는다고 하더라도 100%는 불가능하다고 본다. 그러므로 추맥법을 동원해야 한다. 위에서 기록한 신기神機와 신방神方은 현재의 추맥법을 거론한 것으로 본다. 당시에 양균송은 추맥법에 정통했던 것으로 보인다. 추맥법이 아니고서는 육경六經을 저술하기가 불가능했을 것으로 본다.)

水直朝來最不祥 一條直是一條槍 兩條名為插脅水 三條雲是三刑傷
수직조래최불상 일조직시일조창 양조명위삽협수 삼조운시삼형상
四水射來為四殺 八水名為八殺殃 直來反去拖刀殺 徒流客死少年亡
사수사래위사살 팔수명위팔살앙 직래반거타도살 도류객사소년망
時師只說下砂逆 禍來極速怎堪當 塍圳街路如此樣? 亟宜遷改免災殃
시사지설하사역 화래극속즘감당 승수가로여차양? 극의천개면재앙

물이 똑바로 앞에서 들어오는 것은 가장 상서롭지 못하다. 한 조가 똑바로 오는 것은 한 조의 창이고, 두 조는 이름 하여 갈빗대에 비수를 꽂는 협수이며, 삼조로 뭉쳐오는 것은 세 개의 형벌이고 상처이며, 네 줄기 물이 쏘면서 오는 것은 네 개의 살이고, 팔수는 이름 하여 여덟 개의 살이며 재앙이다. 똑바로 와서 반대로 가는 것은 살인하는 칼을 끄는 것이다. 무리지어 흐르는 것은 객을 죽이고 소년을 망하게 한다. (물은 낮은 곳으로 흐르므로 바람 길이기도 하다. 물이 똑바로 흘러서 나쁜 것이 아니고 바람이 똑바로 치고 들어와 때리므로 기를 흩트려서 혈穴을 맺지 못하게 하기 때문에 나쁜 것이다.) 단지 시사들은 아래 사격이 거꾸로 온다고 말하는데 화는 감당하기 어려운 속도로 빠르게 닥쳐온다. 밭두둑에 생긴 거리와 길은 휘어져 있으니 어찌 똑바른 모양이겠는가? (현재는 도로와 밭두둑이 인위적으로 똑바로 조성되어 있으나 당시에는 자연히 생긴 대로 휘어져 곡선으로 되어 있었을 것이다.) 곡선의 땅에서는 마땅히 빠르게 재앙을 면하고 개선하는 것으로 옮긴다.

前水來朝又擺頭 淫邪兇惡不知羞 乾流自是名繩索 自縊因公敗可憂
전수래조우파두 음사흉악불지수 건류자시명승삭 자액인공패가우

앞에는 조산에서 물이 오고 머리가 열렸다. (이 말은 바람을 막을 방법이 없고 특히 물이 조산에서 똑바로 온다는 것은 바람을 똑바로 몰고 온다는 것이니 혈이 맺힐 수 없는 조건이 되는 것이다.) 이런 곳에 용사를 하면 음란하고 사악하며 흉악함이 부끄럽다는 것을 알지 못하는 망나니가 난다는 것이다. 물이 흐르는 곳은 맥을 호종하는 원진수가 새는 것이니 대부분 맥이 흐르는 용맥이 있다는 증거이며 스스로 마르게 흐르는 것은 승삭(노끈)이라고 하는데 무맥지라는 것을 암시하는 것이다. 이런 곳에 장사지내면 패하여 가히 근심으로 인하

여 몸소 목을 맨다.

左邊水射長男死 右邊水射少男亡 水直若然當面射 中男離鄉死道旁
좌변수사장남사 우변수사소남사 수직약연당면사 중남리향사도방

東西南北水射腰 房房橫死絶根苗 貪淫男女風聲惡 曲背駝腰家寂寥
동서남북수사요 방방횡사절근묘 탐음남녀풍성악 곡배타요가적료

左邊水反長男絶 離鄉忤逆皆因此 右邊水反少男傷 風吹婦女隨人走
좌변수반장남절 이향오역개인차 우변수반소남상 풍취부녀수인주

當面水反中切當 斷定中男有損傷 左右中反房房絶 切忌墳塋遭此劫
당면수반중절당 단정중남유손상 좌우중반방방절 절기분영조차겁

(물이 쏜다는 것은 보호사 없이 열려서 바람이 불어온다는 것이다.
이런 곳에서는 혈이 맺힐 수 없는 곳이므로 비혈지라는 뜻이기도 하
다.) 좌변으로 물이 쏘면(왼쪽이 열렸으면) 장남이 죽고, 우변으로 물
이 쏘면 소남이 죽는다. 물이 직선으로 면을 당연히 쏠 것 같으면 중
남이 고향을 떠나 도리에 어긋나게 죽는다. 동서남북으로 물이 허리
를 쏜다는 것은 사방이 열려 있는 섬 같은 지형인데 이런 곳에 장사
지내는 사람은 없을 것이다. 이곳에 이런 글을 게재한 것은 추상적으
로 보인다. 만약 있다면 모든 자손이 횡사하여 흔적이 없어진다. 남녀
의 음탐한 소리가 나쁘게 불어오고, 낙타 등처럼 구부러진 허리는 좌
우 능선을 넘나드는 바람 길이므로 집안이 쓸쓸하다. (간혹 이런 곳에
조장한 묘를 보게 되는데 모두 고총이었다. 과협혈이라고 하여 혈이
맺히는 경우가 있는데 한 쪽 능선에 바짝 붙어 있고 좌우가 두툼하여
좌우에서 부는 바람을 막아주며 앞은 바람이 빠르게 넘나들어 혈처
는 조용하다. 간혹 좌우가 불룩하고 전후가 낮아 좌우에서 바람을 돌
리고 전후의 낮은 곳으로 바람이 넘나들므로 가운데는 조용하여 혈이
맺힌 곳도 있다. 이런 곳은 기마혈이라고 한다.) (물이 등을 돌려 반대

로 흐른다는 것은 보호사 없는 공간이라는 것이며 물이 쏜다는 것이나 흘러 나간다는 것은 물의 흐름 방향만 반대이지 지형적으로는 같은 의미이다.) 좌변으로 물이 반대로 흐르면 장남이 끊어지고, 이것으로 인하여 고향을 떠나 오역(거스른다는 것이니 잘못된다는 것이다.)한다. 우변 물이 반대로 나가면 소남이 상하고, 바람이 불면 부녀자가 사람을 따라 달아난다. 면에 당한 물이 등을 돌려 나가고 중간이 끊어짐을 당하면(앞에서 똑바로 나가다가 끊어진다는 것은 물이 갑자기 떨어진다는 것인데 이런 곳은 폭포가 있는 협곡이므로 칼바람이 부는 곳이다.) 이런 곳에 장사지내는 경우는 없겠지만 중남에게 손상이 있다는 것을 단정한다. 좌우 중간이 등을 돌려 나가면 모든 방이 끊어지니 무덤은 이런 위협을 만나는 것을 절대 꺼려라.

一水裹頭名斷城 下之雖發未爲榮 兒孫久後房房絕 水到砂收反主興
일수과두명단성 하지수발미위영 아손구후방방절 수도묘수반주흥

하나의 물로 봉우리를 싸는 것을 단성(적의 침입을 막기 위하여 봉우리 둘레에 물이 흐르도록 한 것)이라 한다. (봉우리 둘레를 파고 물을 흘리는 과정에서 맥을 손상시키기 때문에 맥이 단절되어 무맥지가 되어 피해가 큰 것이다. 만약 맥이 진입하는 곳은 파내지 않고 출입구를 만들면 결과는 다를 것이다. 예를 들면 요르단의 아즐룬 성이다.) 비록 후대에 영광이 되는 발복은 아니고 아손은 오랜 후에 모두 끊어지지만 물이 사격에 이르면 반대로 주된 부흥을 거둔다.
　(물이 사격에 이른다는 것은 위에서도 설명했듯이 용맥을 자르지 않고 멈춘다는 것이다.)

茶槽之水實堪憂 莫作蔭龍一例求 穴前太逼割脣脚 不見榮兮反見愁
다조지수실감우 막작음룡일례구 혈전태핍할진각 부견영혜반견수

차를 담은 그릇의 물은 실로 근심을 더는데(물이 어디에 있느냐에 따라서 좋은 물이 되기도 하고 흉한 물이 되기도 하는데, 실제로 물 자체가 잘못된 것이 아니라 바람을 갈무리하는 환경에 따라 차이가 있다.) 한 예로 그늘진 곳에 있는 용을 구하려하지 말라. (모르는 사람들은 그늘진 곳에 있는 자리는 나쁜 곳으로 생각하기 쉬우나 혈처는 음지나 양달을 구분하지 않는다. 그러므로 응달에 있는 묘를 다른 곳으로 쉽게 옮기려 하지 마라.) 혈 앞에서 다리를 베는 큰 놀라움이 닥치면(혈이 맺히면 주위와 균형이 맞게 되는 것이 자연의 이치인데 혈처 앞이 잘리면) 균형이 깨져서 영광을 보지 않고 반대로 근심을 본다.

玄武擺頭有多般 未可慳然執一端 或斜或側或正出 須憑直節對堂安
현무파두유다반 미가간연집일단 혹사혹측혹정출 수빙직절대당안
擺頭直出是分龍 須審何家龍脈蹤 大山出脈分三訣 未許專將一路窮
파두직출시분룡 수심하가룡맥종 대산출맥분삼결 미허전장일로궁

봉우리가 열린 현무가 일반적으로 많이 있고, 가히 인색하지 않으나 오로지 단정함을 가지는데, 혹 경사지고 혹 기울고 혹 바르게 나타나서 모름지기 똑바른 마디에 의지하여 편안한 집을 마주 보기도 한다. (혈이 맺히는 지형을 나타내며, 혈은 바른 능선에 맺히며 좌우 능선은 안으로 모여든다. 한 국내局內에 서로 마주 보는 능선(서로 마주 보는 안산)에 혈이 맺혀 있음을 나타내었다.) 열린 봉우리가 바르게 나타난 것이 용을 나누기도 하는데, 모름지기 나누어진 능선 중에 어떤 집(혈처)이 주맥의 기운을 품은 용맥의 자취인지 살핀다. 큰 산이 나타나 맥은 세 갈래로 나누어 가는데 오로지 허락하지 않더라도 장차 한 길은 궁하다. (발원지에서 출발한 용맥은 나뉘어져 혈을 맺기도 하는데 맥을 실은 중심 용맥을 찾는다. 용맥은 흐르면서 두 갈래 또는 세 갈래로 나뉘기도 하는데 세 갈래 중에 한 갈래는 온전하지 않을 수

도 있다. 맥을 실은 능선이 혈을 맺고자 할 때는 가운데로 나아가고 좌우에는 갈라진 능선이 호위를 한다.)

家家墳宅後高懸 太陽不照太陽偏 必主其塚多寂寞 男孤女寡實堪憐
가가분택후고현 태양불조태양편 필주기총다적막 남고여과실감련

집집마다 무덤이나 집 뒤를 높이 매단다. (이것은 뒤를 푹 파내어 터를 낮춘 상태를 이름인데 이로 인하여 맥이 잘려 무맥지로 된 것이다.) 태양이 치우쳐 비추지 못한다. (이것은 너무 깊이 파내어 그늘이 지고 있음을 표현한 것이다.) 집안이 잘못되어 관리마저 되지 않고 있으니 이 무덤은 반드시 적막함이 많을 수밖에 없다. 그 결과 남자는 홀아비이거나 죽어서 여자는 과부가 되어 불쌍히 여김을 견뎌야 한다. (묘지 조성이나 집을 지을 때 뒤를 자르면 맥이 잘리므로 위험하다는 것을 설명한 것이다. 실제로 무덤은 잡초에 덮여 있고 집은 빈집인 곳이 대부분이다.)

貪武輔弼巨門龍 方可登山細認蹤 水去山朝皆有地 不離五吉在其中
탐무보필거문룡 방가등산세인종 수거산조개유지 불리오길재기중

탐랑 무곡 보필 거문룡의 산에 오르는 옳은 방법은 자취(오길성이 품고 있는 성정星情)를 세밀히 알아야 한다. 물이 산과 같이 간다는 것은 좌우 호종산이 있다는 것이고 조산이 있다는 것은 혈처 앞을 펼쳐 막은 곳인데 이런 땅은 모두 오길성이 국내局內에 나열하여 있다. (혈이 맺히면 포근한 국은 형성되고 주위에는 길성이 포진하여 발복을 예고하도록 되어 있다.)

破祿廉文兇惡龍 世人墳宅莫相逢 若然誤作陰陽宅 縱有奇峰到底凶

파녹염문흉악룡 세인분택막상봉 약연오작음양택 종유기봉도저흉

파군 녹존 염정 문곡은 흉악한 용인데 세상 사람들은 묘지 조성과 집을 지을 때 서로 만나지 말아야 한다. 만약 오인으로 인하여 음, 양택을 지으면 기이한 봉우리가 있는 곳에 놓여 밑바닥 흉함에 이른다. (사람들은 기암괴석이 즐비한 산을 보면 경치가 좋다고 감탄하면서 전원주택을 짓는 경우가 있는데 당장은 보기 좋을지 모르지만 흉함에 이르게 되니 신중을 기해야 한다.)

本山來龍立本向 返吟伏吟禍難當 自縊離鄕蛇虎害 作賊充軍上法揚
본산래룡립본향 반음복음화난당 자액리향사호해 작적충군상법양
明得三星五吉向 轉禍爲祥大吉昌
명득삼성오길향 전화위상대길창

본산 내룡에 본향을 세우는 것은 대부분 왕산왕향이라고 생각하지만 여기서 거론하는 것은 현공대괘에서 같은 괘운에 놓여 있음을 뜻한다. 그러므로 같은 괘운에 내룡과 좌향이 놓이면 반음과 복음이 되어 어려운 화를 당한다. 고향을 떠나 스스로 목을 매고 뱀과 호랑이의 해를 입고, 법 위에 날리는 충만한 군사를 도적으로 만든다.
삼성결(삼성결 배룡법)에서 오길방(탐랑, 거문, 무곡, 좌보, 우필)으로 향을 정하는 것을 명확하게 깨달으면 화가 상서로움으로 변하여 크게 길하고 번창한다.

＊삼성결 배룡법

양균성의 격룡입향법인데 건곤간손乾坤艮巽의 사유괘四維卦와 갑

경병임을신정계甲庚丙壬乙辛丁癸의 팔천간八天干은 양陽에 속하며, 자축인묘진사오미신유술해子丑寅卯辰巳午未申酉戌亥 12지지地支는 음陰에 속한다.

입수룡의 대칭 방위에 파군破軍을 배치한 다음 삼성결에 따라 우필右弼, 염정廉貞,(파군破軍), 무곡武曲, 탐랑貪狼, (파군破軍), 좌보左輔, 문곡文曲, (파군破軍), 거문巨門, 녹존祿存 등을 천간, 4유괘일 경우는 반시계 방향으로 배치하며, 지지일 경우는 시계 방향으로 배치한다.

갑룡甲龍 내룡來龍과 인룡寅龍 내룡來龍을 예로 들어 설명한다. 갑룡의 향向은 경庚이므로 경庚(파군破軍), 곤坤(우필右弼), 정丁(염정廉貞), 병丙(파군破軍), 손손巽(무곡武曲), 을乙(탐랑貪狼), 갑甲(파군破軍), 간艮(좌보左輔), 계癸(문곡文曲), 인壬(파군破軍), 건乾(거문巨門), 신辛(녹존祿存) 등으로 배치된다.

인룡의 향向은 신申이므로 신申(파군破軍), 유酉(우필右弼), 술戌(염정廉貞), 해亥(파군破軍), 자子(무곡武曲), 축丑(탐랑貪狼), 인寅(파군破軍), 묘卯(좌보左輔), 진辰(문곡文曲), 사巳(파군破軍), 오午(거문巨門), 미未(녹존祿存) 등으로 배치된다.

다른 내룡도 위와 같이 배치한다. 격룡과 입향을 통해 5길성(탐랑, 거문, 무곡, 좌보, 우필)과 7흉성(문곡, 염정, 녹존, 4파군)을 가려서 5길성으로 입향하는 방식이다. 그런데 거문, 무곡, 좌보, 우필은 지원산 내룡은 지원산 좌산, 천원산 내룡은 천원산 좌산, 인원산 내룡은 인원산으로 입향을 하게 되어 있으나 탐랑성의 경우는 천원산 내룡은 지원산 입향, 인원산 내룡은 지원산 입향, 지원산 내룡은 천원산 및 인원산 입향을 하게 되어 있다. 이것 때문에 탐랑성 입향은 자제해야 한다고 한다. 위 글 상편上篇 끝에서 "탐랑원시발래지貪狼原是發來遲"라고 표현한 것이다

寅龍 挨裝 破軍星

	丙	午丁	未坤	申	
巳	破	巨	祿	破	庚
巽辰	文		右		酉辛
乙卯	左		廉		戌乾
甲	破	貪	武	破	亥
	寅	艮丑	癸子	壬	

甲龍 挨裝 破軍星

	丙	午丁	未坤	申	
巳	破	廉	右	破	庚
巽辰	武		祿		酉辛
乙卯	貪		巨		戌乾
甲	破	左	文	破	亥
	寅	艮丑	癸子	壬	

위의 설명은 눈에 보이는 산 능선을 보고 격룡한 것이다. 필자는 격룡에서 내룡을 다르게 판단한다.

입혈룡이 혈장으로 들어가는 방향을 재는 것을 격룡이라고 한다. 맥은 맥의 발원지에서 발원하여 발원지 아래서 혈을 맺는 것이 드문 경우이긴 하지만 혈을 맺는 곳이 있고, 먼 거리를 행룡하여 혈을 맺는 경우도 있다. 혈이 발원지에서 가까운 곳에 맺히든지 먼 거리를 행룡하여 맺히든지 격룡 방식은 혈심에서 나경을 놓고 혈심에 진입하는 맥이 마지막 꺾이는 곳을 입수룡으로 보아야 한다고 본다.

책에서는 부모산과 소조산 사이의 과협過峽에서 소조산을 보고 내룡의 방위를 측정한다(요금정寥金精, 종의명鐘義明)라 하고, 호경국胡京國은 용진처에 해당하는 혈장에서 산세가 내려오는 방향을 보고 격룡한다고 한다. 시사時師들은 혈장에 나경을 놓고 혈장 후면後面 부모산의 정상을 중심으로 격룡하는 방식이 가장 타당성이 높다고 하였다. 밑에서 위를 보면 봉우리처럼 보이지만 위에 올라 보면 수평을 이루는 능선이 있을 수 있고 수평 능선을 지난 봉우리는 혈처에서 보이지 않는 곳도 있다. 수평으로 한참을 가는 능선으로 달려와서 좌우로 넓게 벌리고 자기 안산을 세운 후 자리를 잡는 곳도 있다.

어느 곳은 능선이 똑바로 내려와 능선이 진입하는 방향으로 좌향이 놓이는 경우도 있는데 이런 곳은 책에 있는 내용대로 한다면 내룡과 좌가 복음에 해당하므로 쓸 수 없는 곳이 있다. 그래서 확인을 해보면 맥이 옆으로 꺾인 후 혈처로 진입하므로 사용이 가능하다. 혈장에서 기맥봉으로 확인하면 한 치의 오차도 없다. 현공대괘 이론이 오묘한 자연의 이치를 기록하고 있는 것으로 보인다. 바르게 이해하여 정확하게 사용해야 한다.

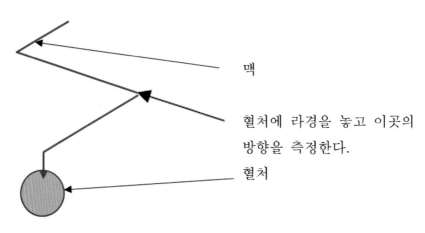

맥

혈처에 라경을 놓고 이곳의
방향을 측정한다.

혈처

龍真穴正誤立向 陰陽差錯悔吝生 幾為奔走赴朝廷 才到朝廷帝怒形
용진혈정오입향 음양차착회린생 기위분주부조정 재도조정제노형,
緣師不曉龍何向 墳頭下了剝官星
연사부효룡하향 분두하료박관성

용이 참되고 혈이 바른데 입향을 잘못하면 음양이 어긋나게 되어 삶이 인색하게 된 후에 비로소 뉘우친다. 바라는 것은 빠르게 벼슬길에 나아가는 것인데, 인재가 조정에 이르러도 임금은 노한 얼굴이라는 것은 취직을 했어도 어려움이 많다는 것이다. 시사가 내룡에서 어

642

느 좌향으로 놓아야 할지를 깨닫지 못하므로 인하여 무덤을 조성한 후에 벼슬의 자리에서 옷을 벗게 되는 것을 알게 된다. (실업자가 된다는 것이다.) 좌향의 중요함을 지적한 것이다.

尋龍過氣尋三節 父母宗校要分別 孟山須要孟山連 仲山須要仲山接
심룡과기심삼절 부모종교요분별 맹산수요맹산련 중산수요중산접
幹奇支耦細推詳 節節照定何脈良 若是陽差與陰錯 縱吉星辰發不長
간기지우세추상 절절조정하맥량 약시양차여음착 종길성진발부장
一節吉龍一代發 如逢雜亂便參商
일절길룡일대발 여봉잡란편참상

지나는 용을 찾아 기운은 삼절에서 찾는다고 했고(혈처는 맥의 발원지 아래에서도 있는 경우가 있음을 참고하기 바란다.) 부모 종교(맥의 발원지)는 나눔을 요한다고 했는데 [이 경우는 여러 개의 열매(혈)를 맺는 경우이고 발원지에서 출맥하여 하나의 열매를 맺는 경우도 있다.) 맹산은 모름지기 맹산이 이어지기를 요한다. (이것은 발원하는 발원지와 같은 성정星情으로 이어가기를 바란다는 것이다.) 중산은 모름지기 중산이 이어지기를 요한다. (이것은 중조산은 중조산대로 같은 성정으로 이어지를 바라는 것이겠지요.) 간룡은 기수로 간다고 했는데 홀로 가는 것이 아니고 호종사를 거느리고 가니 세 능선이 되는 것이고 지룡은 짝을 지어 가는 것이라고 했는데 지룡이 맥을 싣고 가면 좌우로 하나씩 될 수도 있고 여러 겹의 호종을 받을 수도 있다는 것을 상세히 미루어 헤아리고, 마디마다 어느 맥이 양호한지 정해져 비춘다. (어느 능선이 맥을 실은 능선인지 뚜렷하게 구별된다.) 만약 음양 차착이 되면 길한 성진은 자유롭게 발하는 것이 길지 않다. 일절의 길한 용은 한 대가 발하고, (발원지 아래에 맺힌 혈은 전혀 발하지 못한다는 것인데 필자가 생각하는 것은 보이는 능선을 말하는 것이

아니고 입수되기 전에 지하에서 맥이 꺾이는 상황인 것 같다. 또 훌륭한 인물이 태어났다고 하더라도 후세가 연속하여 흉지에 묻히면 뿌리를 찾을 수 없다고 본다.) 섞이고 어지러움을 만나는 것은 가지런하지 아니하다고 헤아리는 편인 것과 같다.

(혈이 맺힌 곳 중에 보통 급인 경우는 깨끗하고 가지런하게 보이지만 대혈은 주위가 파헤쳐지고 어지럽게 널려 있는 것처럼 보이는 곳이 있다. 이런 곳은 자세히 살펴보고 주위를 살피면 골진 것이 혈처를 향하여 질서 있게 모두 안으로 휘어져 있음을 보게 된다. 일반인들은 패이고 골진 것을 보고 맥이 약하여 파산破山되었다고 말한다. 그러므로 대혈은 임자가 있는 것이고, 하늘이 정한 사람만이 얻을 수 있으리라고 생각한다.)

先識龍脈認祖宗 蜂腰鶴膝是真蹤 要知吉地行籠止 兩水相交夾一龍
선식룡맥인조종 봉요학슬시진종 요지길지행롱지 양수상교협일룡
夫婦同行脈路明 須認劉郎別處尋 平洋大水收小水 不用砂關發福久
부부동행맥로명 수인류랑별처심 평양대수수소수 부용사관발복구
水口石似人物形 定出擎天調鼎臣
수구석사인물형 정출경천조정신

먼저 용은 맥이 흐르는지를 알아 조종(발원지)을 인정하고, 봉요 학슬(능선이 벌 허리처럼 잘록하고 학의 무릎처럼 불룩한 모양)은 참된 자취이다. 길한 땅이라는 것을 알기를 바라는 것은 진행하는 용이 멈추는 것이고, 하나의 용을 끼고 흐르던 두 물이 서로 만나고, 산 능선이 음양으로 동행하는 것(기복起伏을 반복하면서 능선이 진행하는 것)은 맥이 흐르는 것이 분명하다. 유랑(오입쟁이 남자. 난봉꾼, 탕아蕩兒)을 인정하는 것은 특별한 곳을 사용함이고, 평탄하고 넓은 들판의 큰물은 작은 물을 거두어 사격을 이용하지 않고 관쇄를 하면(산 능

선 없이 물이 돌고 돌아 흐르면) 복이 오랫동안 일어난다. 수구에 있
는 돌이 인물 형상과 같으면 솥을 골라 들듯이(물건을 골라 선택하듯
이) 자연적으로 인물이 태어나는 것이 정해진다. (어떤 급수의 인물이
태어나는 발복이 이루어진다.)

龍若直來不帶關 支兼幹出是福山 立得吉向無差誤 催祿催官指日間
용약직래불대관 지겸간출시복산 입득길향무차오 최록최관지일간

용이 만약 똑바로 와서 관쇄하지 않더라도 가지를 겸한 간룡이 나
아가는 것은 복 있는 산이다. [일반적으로 좌우 호위사(청룡 백호)가
호위하여 둥글게 국을 이룬 후 관쇄를 지으면서 이루어진 곳에 혈이
맺힌다. 그러나 평지의 넓은 벌판에 간룡의 좌우에 많은 지각을 붙이
고 진행하는 능선에도 맥이 흐르기도 한다. 이런 능선은 끝에 이르러
당판을 넓게 벌리고 자체적으로 좌우 지각으로 둥글게 혈처를 감도록
하고서 혈을 맺기도 하고, 능선 끝에서 전후좌우로 절벽 같은 바위를
세워서 바람을 하늘로 날리어 조용한 분위기를 조성하여 혈을 맺기도
한다. 위의 글은 이런 자리를 나타낸 것이다.] 오차 없이 길한 향을 얻
어 세우는 것은 날마다 관록을 가리켜서 재촉하는 것이다. (혈처에서
착오 없이 정확하게 길한 향으로 음택과 양택을 지으면 날마다 재촉
하듯이 관록이 일어난다.)

乾坤艮巽脈過凹 節節同行不混淆 向對甲庚壬丙水 兒孫列士更分茅
건곤간손맥과요 절절동행불혼효 향대갑경임병수 아손렬사경분모
仲山過脈不帶關 三節山水同到前 斷定三代出官貴 古人准驗無虛言
중산과맥불대관 삼절산수동도전 단정삼대출관귀 고인준험무허언

건곤간손 맥이 지나서 오목하게 되고 (능선이 지나서 혈이 맺히는

조건인 오목한 형상이 되고) 마디마디 뒤섞이지 않고 동행하더라도 (건곤간손은 천원룡인데 천원룡으로만 나아가더라도) 향은 갑경임병 수와 마주하면 아손은 잔디가 분열되어 뻗어 가듯이 사내들이 벌려짐을 겪게 된다. (건곤간손은 천원룡이고 갑경임병은 지원룡이면서 모두 양룡陽龍들이다. 특히 지원룡은 다른 용들과 섞이지 못하는데 천원룡과 마주하고 같은 양룡이므로 어린 후손은 잔디가 분산되어 뻗어나가듯이 사내들이 흩어진다.) 중조산맥이 관쇄를 하지 않고 지나더라도(막는 곳이 없이 열린 곳을 지나더라도) 산수가 세 마디로 함께 앞에 이르면 (이것은 꺾인 부분을 지날 때마다 바람이 약해져서 아늑한 분위기가 되는데 이것이 혈처 앞에 이른다는 것은 혈을 맺는 분위기를 이룬다는 것이다.) 삼대에 걸쳐 관귀가 난다고 단정하는 것을 옛날 사람은 헛말하지 않고 증험으로 승인한다.

發龍多向支神取 若是幹神又不同; 支若載幹為夫婦 幹苦帶支是鬼龍;
발룡다향지신취 약시간신우부동; 지약재간위부부 간고대지시귀룡;
子癸為吉壬子凶 三字真假在其中 乾坤艮巽天然穴 水來當面是真龍;
자계위길임자흉 삼자진가재기중 건곤간손천연혈 수래당면시진룡;
要識真龍結真穴 只在龍脈兩三節 三節不亂是真龍 有穴定然奇妙絕
요식진룡결진혈 지재룡맥량삼절 삼절부란시진룡 유혈정연기묘절
千金難買此玄文 福緣遇者毋輕洩 依圖立向不差分 榮華富貴無休歇;
천금난매차현문 복연우자무경설 의도립향부차분 영화부귀무휴헐;
時師不明勉強扡 雖發不久即敗絕
시사부명면강타 수발부구즉패절

용이 발원지에서 나아가 지룡에서 같은 정신을 취하는 것이 많은데, 만약 이것이 간룡 정신과 또 같지 않다면, 지룡이 만약 간룡 정신을 싣는 것이 음양이 다르다면, 간룡에 지룡이 붙는 것이 귀룡이라는

것은 괴롭다. (능선 옆에 혹처럼 붙어 있는 것을 풍수 용어로 귀鬼라고 하는데, 여기서는 안 좋은 것으로 나타냈는데 능선에서 맥이 방향을 돌릴 때는 후귀後鬼로 반드시 있어야 하고 맥이 밀리는 것을 방지하기 위해서도 필요한 것이니 혈이 맺힌 곳에서는 꼭 필요한 존재이기도 하다. 여기서 귀룡鬼龍이라고 표한 것은 뒤로 비주하여 나가는 짧은 능선으로 본다.) **자계는 길하고 임자는 흉한데** (임자계는 서로 근접해 있는데 자가 계와 같이 하느냐 아니면 임과 같이 하느냐에 따라 길흉이 바뀐다. 위의 삼성결 배룡법에서 설명했듯이 자는 계와 어울려야 동궁同宮이 되어 길하다. 시중의 삼합풍수지리三合風水地理에서는 임자가 동궁이라고 하니 참고 바란다.) **삼자**(위에 예를 든 세 가지)**의 진가는 그 가운데 있다.** (어느 동궁에 배속되느냐 따라 결과는 다른 것이니 옳고 그름은 그 자체에 있는 것이다.) **건곤간손은 천연혈인데 물이 와서 당면하는 것**(혈처 앞에서 돌고 있는 물)**은 참된 용이다.** 참된 용이 참된 혈을 맺는다는 것을 알기 바라고, **단지 용맥이 세 마디로 양립해 있으며 삼절이 어지럽지 않은 것이 진룡인데**(삼절이 어지럽지 않은 것이란 을신정계는 인원룡이고 건곤간손은 천원룡이며 갑경병임은 지원룡으로서 같은 양陽룡이다. 서로 섞이지 않는 것이 원칙이며, 천원룡과 지원룡은 섞일 수 있으나 특히 지원룡은 지원룡 외에는 섞일 수 없으므로 이 이론에 맞아야 하는 것이다.) **혈은 기묘하고 뛰어난 것으로 정해져 있다. 이런 오묘한 글은 천금을 주고도 사기 어렵고, 복을 만나는 인연은 함부로 누설하지 말아야 하며, 법칙에 의한 입향은 오차 없이 분별하면 영화 부귀는 끊임없이 일어난다. 시사들은 자기가 옳다고 주장하는 것이 이치에 맞지 않아 비록 발하더라도 오래지 않아 곧 패절한다.**

一個星辰一節龍 龍來長短定枯榮 孟仲季山無雜亂 數産人龍上九重
일개성진일절룡 용래장단정고영 맹중계산무잡란 수산인룡상구중

節數多時富貴久 一代風光一節龍
절수다시부귀구 일대풍광일절룡

　한 개의 성진은 일절룡이고, 용이 오는 것이 길고 짧음은 마르거나 영화를 정하며, 맹중계산은 복잡하거나 어지러움이 없으며, 사람을 많이 낳는 용상은 구겹이고, 절수가 많을 때는 부귀가 오래 유지하는데, 일대광풍은 일절룡이다. (도천보조경 마지막 절인데 산의 절수 관계를 설명하고 발복 관계를 설명했는데 필자가 연구한 바에 의하면 발원지 아래에서도 혈이 맺히는 경우가 있는데 위의 이론으로 유추하면 맞지 않으며 한 개의 성진이 하나의 절이라고 했는데 봉우리에서 수평으로 한참 진행하는 용맥 끝에서 혈이 맺히는 경우는 설명하기 애매하고 절수가 많으면 부귀가 오래 간다고 했는데 절수가 많은 용맥에 묻힌 후손이 혈처에 묻혀야만 해당되는 것이다. 명문 집안을 보면 좋은 혈처의 양택에서 대를 이어 생활했으며 묘지도 한 곳에 집단적으로 조장을 하지 않고 혈처를 따라 분산되어 안장되었다. 잘 관리되고 있는 집안의 묘를 보면 한 곳에 안장되었어도 2~3대를 걸러서 명당에 안장되었다. 비혈지의 묘들은 명당에 안장된 후손에 의하여 덤으로 관리되고 있는 것이다.)

청낭오어靑囊奧語

坤壬乙 巨門從頭出
곤임을 거문종두출

곤임을坤壬乙은 산봉우리 모양이 평탄한 토체인 거문성巨門星으로 나타난다. 북두칠성의 두 번째 별이다.

艮丙辛 位位是破軍
간병신 위위시파군

간병신艮丙辛은 방위마다 북두칠성의 일곱 번째 별인 파군성破軍星에 해당된다.

巽辰亥 盡是武曲位
손진해 진시무곡위

손진해巽辰亥는 북두칠성의 여섯 번째 별인 무곡성武曲星의 위치位置이다.

甲癸申 貪狼一路行
갑계신 탐랑일로행

갑계신甲癸申은 탐랑貪狼과 같은 길로 행한다. 북두칠성의 첫 번째 위치이다.

현공풍수에서는 위의 글을 인용한 장대홍 선생의 체괘구결을 설명하고 있다. 세상에는 정법正法만 있는 것이 아니고 편법便法도 있다. 현공玄空에서 하괘下卦를 정법이라고 한다면 체계를 편법이라고 한다.

풍수지리에 '아장출왕후我葬出王侯 타장출적구他葬出賊寇'라는 말이 있다. 이 말은 내가 묘를 쓰면 왕후가 나고 다른 사람이 묘를 쓰면 도적이 난다는 뜻이다. 체괘의 비법을 알면 진정한 의미를 알 수 있을 것이다.

예를 들면 8운에서 진좌술향辰坐戌向은 상산하수국이지만 조금만 방향을 돌려 놓으면 왕산왕향이 될 뿐 아니라 연주삼반괘가 되어 길한 국으로 변한다. 체괘替卦는 범위가 제한적이므로 정확한 나경羅經이 필요하며, 아래에 설명한다. 체계의 범위는 제한적이므로 숙련되지 않으면 유의해야 한다고 한다.

● 장대홍 선생의 체괘구결替卦口訣

子癸並甲申 貪狼一路行
酉辛丑艮丙 天星說破軍
壬卯乙未坤 五位爲巨門
寅午庚丁上 右弼四星臨
乾亥辰巽巳 連戌武曲名

*주의점: 숫자만 바뀌고 음양陰陽은 바뀌지 않는다.
*九星의 古名: 1. 貪狼 2. 巨門 3. 祿存 4. 文曲 5. 廉貞 6. 武曲
　　　　　 7. 破軍 8. 左輔 9. 右弼

午向

3 4 七	8 8 三	1 6 五
2 5 六	+4-3 八	6 1 一
7 9 二	9 7 四	5 2 九

(표 1) 子坐(下卦)

午向

5 3 七	1 7 三	3 5 五
4 4 六	+6-2 八	8 9 一
9 8 二	2 6 四	7 1 九

(표2) 子坐(替卦)

8운 자좌오향을 체괘로 바꾸면 (표2)와 같다. 자子와 오午는 천원룡이므로 삼三(갑묘을甲卯乙)의 천원룡은 묘卯이므로 체괘구결에서 임묘을미곤壬卯乙未坤 오위위五位爲 거문巨門이므로 중궁의 향성은 -3에서 -2로 바뀐다. 좌궁 사四(진손사辰巽巳)의 체계구결은 건해진손사연술무곡명乾亥辰巽巳連戌武曲名이므로 +6이 된다. 중궁에 +6과 -2를 넣고 택명반을 만들면 (표2)가 된다.

左爲陽 子癸至亥壬
좌위양 자계지해임

좌편은 양이고 나경 자계子癸로부터 해임亥壬에 이르기까지 양기陽氣가 왼편으로 돈다.

右爲陰 午丁至巳丙
우위음 오정지사병

우편은 음이고 나경 오정午丁으로부터 사병巳丙에 이르기까지 음

기陰氣가 오른편으로 이동한다. 위 문장은 현공에서 좌향의 부호를
중앙에 넣고 부호가 양이면 왼편으로 돌고 음이면 오른편으로 돈다는
것을 설명한 것이다.

三元 24坐 陰陽 分類表		
三元龍	陰	陽
地元龍 (逆子卦)	-辰 -戌 -丑 -未	+甲 +庚 +丙 +壬
天元龍 (父母卦)	-子 -午 -卯 -酉	+乾 +坤 +艮 +巽
人元龍 (順子卦)	-乙 -辛 -丁 -癸	+寅 +申 +巳 +亥

(표 3)

예를 들면서 자세히 설명하고자 한다. 8운에서 자좌오향은 8운이
니까 8을 중궁에 넣고 순비順飛시키면 아래 표에서 한자로 배치된다.
자좌 위치에 사四가 배치되는데 사四는 손궁巽宮의 진辰, 손巽, 사巳
중에서 자子가 천원룡이므로 진辰, 손巽, 사巳 중에 천원룡은 손이며
부호는 +이기 때문에 사四는 부호가 양이 된다. 향인 오午에는 삼三
이 비림하였는데 삼三은 갑甲, 묘卯, 을乙이고 천원룡은 묘이며 부호
는 -이다. 그러므로 3은 부호가 음陰이다. 4는 순비順飛하고 3은 역
비逆飛하여 택명반을 만들면 아래 (표1)과 같이 된다.

午向

3 4 七	8 8 三	1 6 五
2 5 六	+4-3 八	6 1 一
7 9 二	9 7 四	5 2 九

(표 1) 子坐(下卦)

雌與雄 交會合元空
자여웅 교회합원공

자웅이 서로 모여 합해서 원공元空을 이룬다.

雄與雌 元空卦內推
웅여자 원공괘내추
웅雄과 자雌는 원공괘 안에서 유추한다.

山與水 須要明此理
산여수 수요명차리

산과 수는 모름지기 이 이치(자웅교회)에 분명하기를 요한다.

水與山 禍福盡相關
수여산 화복진상관

수와 산은 화복禍福과 연관되어 있다. 산이 있으면 물이 흐르지만 산과 물의 관계가 어떻게 어우러지느냐에 따라서 화禍와 복福이 서로 관련이 있는 것이다.
산이 감아 돌면 물도 따라 돌게 되어 바람이 고요하여 생기가 머물게 된다. 이런 곳에는 혈이 맺히게 되고 원공괘와 음양이 교회하는 것은 자연의 이치가 되어 복을 누리게 되는 것은 당연하다.

明玄空 只在五行中
명현공 지재오행중

현공을 밝히면 단지 오행 가운데 그 비법이 존재한다.

知此法 不須尋納甲
지차법 불수심납갑

이 법에 통달하면 굳이 납갑을 찾을 필요가 없다. 풍수지리에 사용되는 나경을 보면 납갑納甲으로 쓰여 좌향의 분금을 망자와 산자의 생년월일을 따져서 길흉을 가려서 정했는데 현공오행을 알면 오묘한 이치가 그 안에 있으므로 납갑을 이용할 필요가 없는 것이다. 또 혈이 맺히면 좌향은 자연적으로 정해지는 것이 자연의 이치인데 확인해보면 현공에 맞게 되어 있다.

顚顚倒 二十四山有珠寶
전전도 이십사산유주보

전전도는 엎어지고 넘어진다는 것인데 혈처를 중심으로 안으로 휘어지고 구부러진다는 것이다. 그러면 주위를 두른 산이 모두 주옥같은 보물이 된다.

順逆行 二十四山有火坑
순역행 이십사산유화갱

순역행이라는 것은 순하게 오던 능선이 반대로 나가면(비주飛走하면) 주위에 있는 산이 모두 불구덩이처럼 해롭게 된다.
맥은 발원지에서 출발할 때부터 호종수의 호위를 받고 좌우의 보호사로부터 보호를 받으면서 흐르다가 바람을 갈무리할 수 있는 조건이 되면 머물게 된다. 맥이 머물면 주위에 있는 모든 산들이 혈처를 향하여 감싸게 되고 물도 산 따라 감고 돌게 되니 감고 도는 안쪽은 아늑하게 되는 이치를 기록한 것으로 본다. 감지 못하고 비주하는 곳에서는 맥은 머물지 못한다.

認金龍 一經一緯義不窮
인금룡 일경일위의불궁

황금 같은 귀한 용을 인식하지만 오로지 경위의 의미는 무궁하다. 귀한 용을 인식하지만 어떻게 된 것인지 오로지 그 경위(경선經線과 위선緯線. 또 경도經度와 위도緯度. 사리事理)의 의미는 무궁하다는 것이다.

動不動 直待高人施妙用
동부동 직대고인시묘용

움직이되 움직이지 않는 것은 뛰어난 사람이 묘한 사용법을 베풀기를 직접 기다리는 것이다. 황금같이 귀한 용이 생긴 것은 그 내력이 무궁하다는 것인데 뛰어난 사람이 묘한 사용법을 베풀어 알려줄 때까지 기다려야 되는데 알지 못하면서 움직이지 말아야 하는데 움직여(임의대로 처리하여) 어렵게 됨을 경계한 글이다.

第一義 要識龍身行與止
제일의 요식룡신행여지

첫째 의미라는 것은 용신이 나아가고 머무는 것을 알기를 바라는 것이다. 용신이 나아가다가 머무는 것을 알아야 한다는 것은 맥이 멈추어 혈이 맺히는 여건을 살필 줄 알아야 한다는 것이다.

第二言 來脈明堂不可偏
제이언 내맥명당불가편

　두 번째 말은 오는 맥과 명당은 한편으로 기울어져서는 안 된다는
것이다. 맥은 좌우 호종사의 호위를 받으면서 진행하다가 한 쪽 호위
사가 멈추면 본신에서 새로운 가지를 내어 맥은 호종받기도 하고 낮
은 곳으로 내려가서 스스로 몸을 보호하면서 개울을 건너기도 한다.
맥은 더 이상 진행할 수 없는 경우를 당하면 바람을 갈무리할 수 있는
조건에서 멈추기도 하고 균형이 맞지 않으면 방향을 틀어서 즉시 멈
추기도 하고 아래로 내려가서 바람을 갈무리할 수 있는 조건에서 멈
추어 자리를 잡기도 한다. 두 번째 문구 때문에 묵묘가 대부분이고 혈
처는 잠자고 있는 곳이 많다.

第三法 傳送功曹不高壓
제삼법 전송공조불고압

　세 번째 법칙은 전송하여 도움을 주는 청룡 백호는 높아서 맥을 누
르는 형국은 안 된다는 것이다. 맥을 호종하는 보호사는 내맥룡과 비
슷한 높이로 진행한다. 내맥룡이 높으면 호종사도 높고 내맥룡이 낮
으면 호종사도 낮다. 호종사가 낮아지면 내맥은 낮은 곳으로 급하게
떨어져서 평지에서 멈추기도 한다. 이것이 혈이 맺히는 법칙이다.

第四奇 明堂十字有元微
제사기 명당십자유원미

　네 번째 기이한 것은 명당은 전후좌우에서 근본적으로 숨을 수 있
어야 한다. 명당은 전후좌우로부터 몸을 낮추어 숨을 수 있어야 한다

는 것은 와혈窩穴을 의미하는데 네 번째 문구를 이해하지 못하여 와혈은 모두 비어 있다. 또 주위를 교묘하게 변형시켜서 혈처를 숨기기도 하는데 이를 천장지비天藏地秘라고 책에는 기록되어 있다. 주위가 아름다운 사격으로 둘러 싸여 명당이 있음을 암시하는데도 알지를 못한다. 이를 기이하다고 표현했다.

第五妙 前後靑龍兩相照
제오묘 전후청룡양상조

다섯 번째는 예쁘다. 앞뒤 좌우 양 사격이 서로 대등해야 한다. 현무와 안산과 좌우 사격은 바람을 막아주는 담장 역할을 하는 것인데, 서로 대등한 모양으로 비추어야 제격이라는 것이다.

第六秘 八國城門鎖正氣
제육비 팔국성문쇄정기

여섯 번째는 신비스럽다. 오가는 문이 관쇄되어 바른 기운이어야 한다. 팔국이라는 것은 국내局內로 출입하는 모든 출입구를 이르는 말인데 이 출입구가 관쇄되어 외부에서 살풍이 들어오지 못하도록 하고 내부의 생기가 설기되지 않고 국내에 머물도록 해야 한다는 것이다. 물은 지형 따라 흐르지만 바람은 꺾이지 못하므로 여러 번 관쇄하면 국내는 아늑하지 않을 수 없다. 혈이 맺히면 주위 모든 것은 혈을 위해 존재하므로 여기에 어떤 이기법이 필요할 것인가.

第七奧 要向天心尋十道
제칠오 요향천심심십도

일곱 번째는 오묘한 것인데, 혈처의 위치는 국局의 중심에 있다는 것이다. 혈처의 좌우 사격의 휘어진 거리는 대칭을 이루고 혈처는 전후좌우가 균형을 이루도록 되어 있다. 천심십도의 문구 때문에 좌우에 가장 높은 봉우리를 기준으로 십十자를 그어 일치하는 곳에 점혈하여 실혈하는 경우가 종종 발견된다.

第八裁 屈曲流神認來去
제팔재 굴곡유신인래거

여덟 번째는 재혈인데 오고 가는 물이 굴곡하면서 흐르는가를 본다. 물이 구불구불 흐른다는 것은 지형이 굽었다는 것을 의미하므로 직선으로 부는 살풍을 피했다는 것이다. 물이 지현자之玄字로 흐르는 지형은 조용한 지형이므로 맥이 머물 수 있는 조건이 되는 것이다.

第九神 任他平地與青雲
제구신 임타평지여청운

아홉 번째는 용신인데, 다르게 생긴 평지에는 청운(용신)이 머문다. 혈이란 높은 산에만 맺히는 것이 아니고 주위 지형과 다르게 바람을 갈무리할 수 있는 평지에도 맥은 찾아들어 머문다는 것이다. 이때도 주위 보호사의 호위를 받는 것은 당연하다.

第十真 若有一缺非真情
제십진 약유일결비진정

열 번째는 참되어야 한다. 만약 하나라도 모자람이 있으면 참된 혈이 아니다. 맥은 흐르다가 몸을 보호할 수 있는 완벽한 조건이 되면 어디든지 불문하고 찾아들어 머물게 된다. 우리는 이것을 가리켜 혈이 맺혔다고 한다.

明倒杖 卦坐陰陽何必想
명도장 괘좌음양하필상

지팡이를 분명하게 놓아야 한다. 좌는 음양을 따져 괘를 어떻게 할 것인가를 반드시 생각해야 할 것이다. 예전에는 지팡이를 눕혀 놓는 것이 좌향인 것 같다. 현재는 정밀한 나경이 있으므로 좌향을 놓을 때 편리하다. 좌향은 혈이 맺히면 이미 정해져 있지만 현공대괘 이법에 맞는지 나경으로 반드시 확인을 해야 한다.

識掌模 太極分明必有圖
식장모 태극분명필유도

혈의 모양이 손바닥 모양인지를 인식하라. 태극훈이 분명하면 반드시 좌향이 정해져 있다.
혈이 손바닥 모양이라는 것은 와혈을 의미하는데 태극훈(혈장의 윤곽)이 분명하면 좌향도 이미 정해져 있다는 것이다.

知化氣 生剋制化須熟記
지화기 생극제화수숙기

기로 이루어짐을 알아야 한다. 극을 제화한 생기를 충분히 기억해야 한다. 당시에 양균송 선생은 모든 것이 기氣로 이루어졌음을 깨달은 것이다. 혈이 맺히면 나쁜 기운을 제화하여 이로운 생기가 발생한다는 것을 충분히 알아야 한다는 것이다.

說五星 方圓尖秀要分明
설오성 방원첨수요분명

오성에 대하여 설명한다. 봉우리가 각이 지고 둥글고 뾰족하면서
수려함이 분명해야 한다. 길성인 오성에 대하여 설명하고자 한다. 길
성은 토체인 거문성, 둥근형인 금성체의 무곡성, 붓처럼 생긴 탐랑성,
두건처럼 생긴 수려한 좌보성으로 분명하게 형태를 이루어야 한다.

曉高低 星峰須辨得元微
효고저 성봉수변득원미

높고 낮음을 깨달아야 한다. 성봉은 근본적으로 정묘해야 한다는
것을 깨달아 판별해야 한다. 봉우리가 높다고 기운이 센 것이 아니고
낮아도 근본적으로 미묘하게 생기면 성봉이 지니고 있는 기운을 충분
히 발휘할 수 있는 것이니 이것을 판별할 줄 알아야 한다.

鬼與曜 生死來去真要妙
귀여요 생사래거진요묘

귀성과 요성은 살고 죽음이 오고 가는 것이니 참되고 예뻐야 한다.
귀성鬼星은 맥이 방향을 돌리는 반대쪽에 불룩하게 불거진 것을 일컫
는데 횡혈에서는 반드시 있어야 한다. 맥이 방향을 돌리는 과정에서
뒤로 튕겨 나가지 못하도록 하는 역할을 한다. 참되고 예쁜 형태를 이
루어야 한다. 맥은 꺾이어 진행하는 능선을 지나서 사선으로 꺾이어
내려가는 능선을 타는 경우도 있고 능선 전에 사선으로 꺾이어 능선
을 타는 경우가 있는데 이때는 귀성이 횡으로 진행하는 능선 반대쪽
에 생기는 것이 아니고 맥이 꺾이는 반대쪽에 생기므로 맥을 감지하

지 못하는 사람들은 무맥지로 오인하는 경우가 있다. 요성曜星은 혈처 옆이거나 전순 옆이거나 하수사 옆에서 불룩하게 불거진 부분이거나 불거진 바위를 이르는 것인데 바람이 들어올 수 있는 곳에서 혈처에 미치는 바람을 차단하거나 돌리는 역할을 하는 것이다. 모나지 않고 반듯하고 예쁘게 생겨야 한다. 만약 바위라면 모나지 않고 둥글어야 하며 혈처를 향하는 부분이 면으로 이루어져야 한다.

向放水 生旺有吉休囚否
향방수 생왕유길휴수부

혈 앞에 있는 수水가 생기가 왕성하면 길한데 고여 있지 않아야 한다. 혈 앞에 방류되는 물이 생기가 왕성하다는 것은 혈처를 감고 돈 후 흘러나갈 때는 직류가 아니고 구불구불 흘러야 좋다는 것이다. 물은 지형 따라 흐르므로 물이 구불구불 흐른다는 것은 혈 앞의 지형이 여러 겹으로 관쇄하여 바람을 차단하게 되어 혈처에 아늑한 분위기를 이루니 생기가 왕성하게 되는 것이다.

앞에 물을 가두어 머물게 하는 곳은 지형이 움푹 파인 곳으로 보호사격이 감고 도는 지형이 아니므로 주위에서 불어오는 바람에 무방비인 곳이 되기 때문에 맥이 머물 수 없는 곳이다.

二十四山分五行 知得榮枯死與生
이십사산분오행 지득영고사여생

24산은 오행으로 분류되는데, 알아서 영고 생사를 터득해야 한다. 24산을 오행으로 분류하는데 국내 풍수학파마다 논하는 좌향은 이기법理氣法마다 다르니 참고 바란다.

星宿五行 : 木-乾坤艮巽, 火-壬子甲卯丙午庚酉, 土-乙辛丁癸, 金-辰戌丑未, 水-寅申巳亥

元空五行 : 木-亥癸艮甲, 火-乙丙丁酉, 土-未庚戌丑, 金-乾坤卯午, 水-壬子寅辰巽巳申辛

雙山五行 : 木-乾亥甲卯丁未, 火-艮寅丙午辛戌, 金-巽巳庚酉癸丑, 水-壬子乙辰坤申

洪範五行 : 木-艮卯巳, 火-乙丙午壬, 土-未坤癸丑, 金-兌丁乾亥, 水-坎寅甲辰巽申辛戌

長生五行 : 木-甲木長生-亥, 火-丙火長生-寅, 金-庚金長生-巳,
　　　　　　　　-乙木長生-午,　 -丁火長生-酉,　 -辛金長生-子,
　　　　　水-壬水長生-申
　　　　　　-癸水長生-卯

九宮五行 : 乾宮-陽金, 兌宮-陰金, 艮宮-陽土, 坤宮-陰土, 震宮-陽木, 巽宮-陰木, 離宮-陰火, 坎宮-陽水,

玄空五行 : 木-坤壬辛午申戌, 水-艮庚丁卯巳丑, 金-乾丙乙子寅辰, 火-巽甲癸酉亥未

胡舜申法 : 木-艮卯巳, 火-乙丙午壬, 土-癸丑未坤庚, 金-丁酉乾亥, 水-子甲寅辰巽辛申戌

　오행五行도 위와 같이 분류되고 좌향坐向도 정음정양법定陰定陽法, 88향법向法, 현공법玄空法, 통맥법通脈法, 구성수법九星水法, 삼합수법三合水法, 격룡입향법格龍入向法 등 여러 법이 있으니 어느 법을 적용해야 할지 난감하다.

　필자가 여러 해 동안 산천을 두루 다니면서 터득한 바로는 자연은 이미 정해져 있다. 혈이 정해지면 주위 사격과 물의 흐름과 좌향은 이미 정해져 있다는 것이다. 쌍분 자리가 있고 합장 자리가 있고 단분 자리가 있다. 자리는 생기가 집중되도록 해야 하는데 단분이든지 합장 자리에 쌍분을 하면 생기를 분산시키게 되므로 좋은 자리를 버리게 된다.

翻天倒地對不同 其中密秘在玄空
번천도지대불동 기중밀비재현공

번천도지가 대하는 것이 같지 않은데 그 중에 비밀은 현공에 있다. 번천도지는 천괘와 지괘가 바뀐다는 것인데 그 비밀은 현공대괘에 있다는 것이다. 이것은 복착괘覆錯卦와 칠성타겁七星打劫인 종괘綜卦를 이르는 말이다.

(1) 복괘覆卦, 착괘錯卦, 복착괘覆錯卦

① 覆卦　　　　　② 錯卦

복괘覆卦는 천괘天卦와 지괘地卦의 위치를 바꾼 것이다. 위 표를 설명하면 풍산점風山漸의 대성괘大成卦에서 천괘는 지괘가 되고 지괘는 천괘가 되어 산풍고山風蠱 대성괘가 된다.
착괘錯卦는 음陰은 양陽으로 변하고 양은 음으로 변해서 만들어진 것이다. 위 표에서 풍산점風山漸이 뇌택귀매雷澤歸妹로 변한 것이다.

③ 覆錯卦

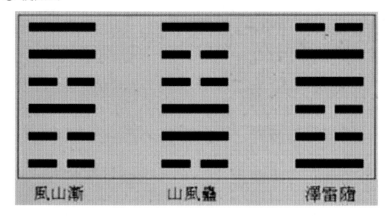

風山漸　　　　山風蠱　　　　澤雷隨

　복착괘覆錯卦는 풍산점風山漸에서 착괘인 산풍고山風蠱로 변환하고 다시 산풍고의 음양陰陽을 바꾸어 택뢰수澤雷隨괘로 변환하면 이것이 복착괘覆錯卦가 되는 것이다.

(2) 종괘綜卦

　대성괘의 각 효爻를 뒤집어 생성되는 괘를 종괘綜卦라고 하며 일명 번괘翻卦라고도 한다.

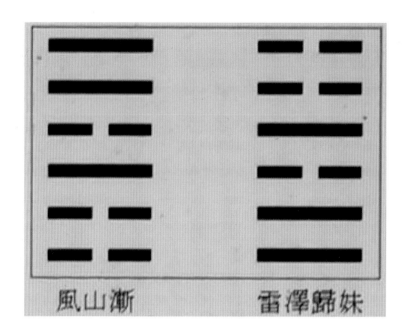

風山漸   雷澤歸妹

　풍산점괘風山漸卦의 1효를 6효로, 2효를 5효로, 3효를 4효로, 4효를 3효로, 5효를 2효로, 6효를 1효로 바꾸면 뇌택귀매雷澤歸妹로 변한다. 형제괘의 일종인 종괘는 천기天機로 간주하여 금기시했는데 칠성타겁七星打劫의 주괘主卦로 활용했다.

　칠성타겁이란 향괘向卦의 종괘綜卦를 향괘의 보괘輔卦로 삼아서 미래의 왕기旺氣를 탈취하여 사용하는 최상승의 입향법이라고 한다. 칠성타겁은 형공비성파의 이론이 아니고 현공대괘의 이론임을 양균송 저著『천옥경天玉經』에서 밝히고 있다. "천지부모삼반괘天地父母三盤卦 시사미증화時師未曾話 현공대괘신선설玄空大卦神仙設 본시차경결本是此經訣"이라는 문구이다. 필자가 L-Rod로 실험을 해보니 현공대괘 이론이 맞다는 사실을 입증할 수 있었다.

認龍立穴要分明 在人仔細辨天心 天心既辨穴何難
인룡입혈요분명 재인자세변천심 천심기변혈하난

내룡을 인식하여 혈이 맺힌 것을 알아야 한다. 천심을 자세하게 가리는 것은 사람의 능력에 달려 있지만, 천심은 이미 혈에 가려 있으니 무엇이 어려운 것인가. 내룡이 내려와서 혈이 맺힌 것을 알아야 한다. 천심(자연의 이치)을 자세하게 가리는 것은 사람의 능력에 달려 있지만 천심(좌향)은 이미 혈이 맺히면 정해져 있는데 그것을 가리는 것은 어렵지 않다는 것이다.

但把向中放水看
단파향중방수간

다만 혈심에서 향을 파악하여 빠져나가는 물길을 살핀다. 단 혈의 중심에서 좌향을 파악하여 물이 빠져나가는 곳을 살피라는 것이다. 파구에서 들어오는 바람이 혈에 미치는 영향은 크기 때문이다.

從外生入名為進 定知財寶積如山
종외생입명위진 정지재보적여산

밖에서 생기가 들어오는 것은 명예가 오르게 되고 재산이 산처럼 쌓여지는 것이 정해져 있음을 알게 된다.
외부로부터 생기가 들어온다는 것은 혈이 맺혀서 생기가 발생되며, 장법을 잘하여 천기마저 모으는 것인데 이런 곳에서는 명예가 오르고 재물이 산처럼 쌓이는 것이 정해져 있음을 알게 된다는 사실은 부귀를 누린다는 것이다. 양택으로는 납기처로 출입구를 설치하여 생기가 들어오도록 해야 하는 것이다.

從內生出名為退 家內錢財皆瘀盡
종내생출명위퇴 가내전재개폐진

내부에서 생기가 나가면 명예가 쇄락하고, 가내의 재물이 모두 없어진다. 내부에서 생기가 나간다는 것은 바람을 막을 수 없는 형국이라서 혈이 맺힐 수 없는 조건도 되지만 혈처에서도 점혈을 잘못하고 장법을 잘못하면 생기가 발생되지 않는다. 이런 이유로 인하여 명예가 쇄락하고 집안에 있던 재물이 모두 없어진다는 것이다.

生入剋入名爲旺 子孫高官盡富貴
생입극입명위왕 자손고관진부귀

생입극입하면 명예가 왕성하고, 자손이 고관이 되거나 부귀하게 된다. 생입극입이라는 것은 혈이 맺힌 혈처에서 관계되는 것이지 비혈자에서는 무의미하다. 혈처에서 사격이나 물이 혈을 생하거나 극하면 명예가 왕성하고, 자손이 고관이 되거나 부귀하게 된다.

금국金局: 건乾, 병丙, 을乙, 자子, 인寅, 진辰.
목국木局: 곤坤, 임壬, 신辛, 오午, 신申, 술戌.
수국水局: 간艮, 경庚, 정丁, 묘卯, 사巳, 축丑.
화국火局: 손巽, 갑甲, 계癸, 유酉, 해亥, 미未.

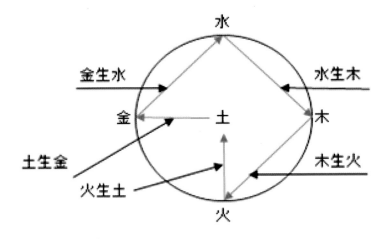

위 표에서 대각선 위치 관계는 서로 상극相剋이 된다.

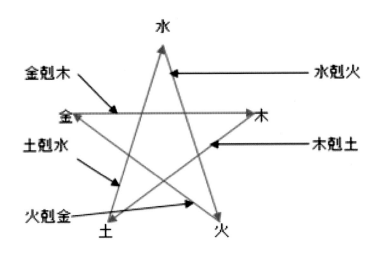

주위에서 나를 생해주거나 극해주면 좋다는 것이고 내가 주위를 생해 주거나 극해주면 좋지 않은 것이다.

脈息生旺要知因 龍歇脈寒災禍侵

맥식생왕요지인 용헐맥한재화침

용맥이 생왕하지 않으면 원인을 알아야 한다. 용맥이 쉬어 흐름이 어려우면 재화災禍가 침입한다. 용맥이 생왕하지 않으면 원인을 알아야 한다는 것은 왜 생왕하지 않는지 원인 분석을 해야 한다는 것이다. 원인은 첫째 도로 개설이나 개간으로 맥이 잘리는 경우가 제일 크다. 두 번째는 용맥 상에 묘지를 조성하여 맥의 일부를 손상시킨 경우이다. 이것으로 인하여 용맥이 쉬어 흐름이 어려우면 재화가 침입한다. 필자가 전국을 답산하면서 조사한 바에 의하면 묵묘 내지 파묘 터였다. 묵묘이거나 파묘 터라는 것은 절손되었거나 형편이 어렵다는 사실을 나타내는 것이다.

縱有他山來救助 空勞祿馬護龍行

종유타산래구조 공노록마호룡행

세로로 다른 산이 와서 도움을 막으면, 녹마 기운을 지닌 호위룡들의 보호를 받아도 모든 것이 헛되게 된다. 맥이 끊어지면 주위에 있는 좋은 호위사들의 보호를 받아도 아무 소용이 없다는 것이다. 이것은 전선이 끊어져서 암흑천지가 되는 것과 같은 이치이다.

勸君再把星辰辨 吉凶禍福如神見

권군재파성진변 길흉화복여신견

그대에게 거듭 권하건대 성진을 파악하여 판별하라. 그러면 길흉화복을 신처럼 보게 될 것이다. 사람들에게 거듭 권하는 것은 맥이 흐르는 능선을 파악하여 판별하라는 것이다. 그러면 길흉화복을 신처럼 보게 될 것이다(터득하게 될 것이다).

　識得此篇眞微妙 又見郭璞再出現
　식득차편진미묘 우견곽박재출현

　이 글의 미묘한 진리를 잘 깨달아서 알게 된다면, 다시 출현한 곽박을 또 보게 될 것이다. 이 글을 이해하여 깨달았다면 풍수지리의 형기와 이기를 통달하여 곽박과 같은 경지에 도달할 것이다.

부록

세시풍속歲時風俗, 세시歲時, 세사歲事

세시풍속이란 예로부터 전해지는 농경 사회의 풍속으로, 한 해의 절기, 달, 계절에 하는 생활 관습을 말한다. 음력의 월별 24절기와 명절로 구분되어 있으며 집단적 또는 공통적으로 집집마다 촌락마다 또는 민족적으로 관행慣行에 따라 전승되는 의식, 의례행사와 놀이를 진행한다.

동총운動塚運

舊墓의 坐	大利運	小利運	重喪運
壬子,癸丑,丙午,丁未坐	辰,戌,丑,未年	子,午,卯,酉年	寅,申,巳,亥年
艮寅,甲卯,坤申,庚酉坐	子,午,卯,酉年	寅,申,巳,亥年	辰,戌,丑,未年
乙辰,巽巳,辛戌,乾亥坐	寅,申,巳,亥年	辰,戌,丑,未年	子,午,卯,酉年

묘룡법墓龍法

이장移葬, 개사초改莎草나 석물石物을 하려면 연운年運이 대리운大利運이나 소리운小利運이 되어도 가급적 길월吉月을 가려야 한다.

區分 \ 吉凶月	1月	2月	3月	4月	5月	6月	7月	8月	9月	10月	11月	12月
2,4月吉 8,10月吉	在屍	塚西	動塚	子地	塚心	在塚	卯側	塚地	去中	亥塚	塚地	塚西

11,12 月吉	殺	開	貪	開	殺	殺	殺	開	凶	開	開	開
吉凶 月別 과 開吉方	長子死亡	先西方吉	貪窮災禍	先子方吉	長子死亡	七人死亡	塚側殺人	先卯方吉	大凶하다	大吉하다	先亥方吉	先西方吉

개총흉시改塚凶時

이장시移葬時 첫 삽으로 파는 것을 말한다.

　　　甲乙日：申酉時,　　丙丁日：丑午申戌時
　　　戊己日：辰酉戌時　　庚辛日：丑辰巳時
　　　壬癸日：丑卯巳時

이장택일移葬擇日

구묘舊墓의 좌향坐向이 사길성四吉星을 얻어야 이장할 수 있다.

① 십이신총산十二神塚山 청룡靑龍, 명당明堂, 금궤金櫃, 옥당玉堂,
대명大明이 길吉하다.

十二神 坐	靑龍	朱雀	明堂	大殺	白虎	金櫃	句陳	天刑	玉堂	玄武	天殺	大明
甲子旬中-辛戌乾亥坐	子	丑	寅	卯	辰	巳	午	未	申	酉	戌	亥
甲寅旬中-壬子癸丑坐	寅	卯	辰	巳	午	未	申	酉	戌	亥	子	丑
甲辰旬中-艮寅甲卯坐	辰	巳	午	未	申	酉	戌	亥	子	丑	寅	卯
甲午旬中-乙辰巽巳坐	午	未	申	酉	戌	亥	子	丑	寅	卯	辰	巳
甲申旬中-丙午丁未坐	申	酉	戌	亥	子	丑	寅	卯	辰	巳	午	未
甲戌旬中-坤申庚酉坐	戌	亥	子	丑	寅	卯	辰	巳	午	未	申	酉

② 사리제성압살정국四利帝星壓殺定局

區分 \ 吉凶	年月日時		子年	丑年	寅年	卯年	辰年	巳年	午年	未年	申年	酉年	戌年	亥年
太歲	凶	官災口舌, 災禍	子	丑	寅	卯	辰	巳	午	未	申	酉	戌	亥
太陽	吉	財壽 婚姻 得男	丑	寅	卯	辰	巳	午	未	申	酉	戌	亥	子
喪門	凶	生離別 死別 災禍	寅	卯	辰	巳	午	未	申	酉	戌	亥	子	丑
太陰	吉	財福 婚喜 出行吉	卯	辰	巳	午	未	申	酉	戌	亥	子	丑	寅
官符	凶	官災 重傷 喪妻	辰	巳	午	未	申	酉	戌	亥	子	丑	寅	卯
死符	凶	落傷 急病死 客死	巳	午	未	申	酉	戌	亥	子	丑	寅	卯	辰
歲破	凶	亡身 破産 迫鄕	午	未	申	酉	戌	亥	子	丑	寅	卯	辰	巳
龍德	吉	登貴 進綠 諸吉事	未	申	酉	戌	亥	子	丑	寅	卯	辰	巳	午
陰符	凶	淫亂 盜賊 失物	申	酉	戌	亥	子	丑	寅	卯	辰	巳	午	未
福德	吉	財産增加 諸吉事	酉	戌	亥	子	丑	寅	卯	辰	巳	午	未	申
弔客	凶	急病死 喪門 山行不吉	戌	亥	子	丑	寅	卯	辰	巳	午	未	申	酉
病符	凶	三災則 疾病必死	亥	子	丑	寅	卯	辰	巳	午	未	申	酉	戌

상문살喪門殺과 조객살弔客殺

殺日 \ 生甲	子生	丑生	寅生	卯生	辰生	巳生	午生	未生	申生	酉生	戌生	亥生
弔客殺	戌日	亥日	子日	丑日	寅日	卯日	辰日	巳日	午日	未日	申日	酉日
喪門殺	寅日	卯日	辰日	巳日	午日	未日	申日	酉日	戌日	亥日	子日	丑日

영좌靈坐 설치를 피하는 방위가 되기도 한다. 예를 들면 자년子年에는 술인방戌寅方, 축년丑年에는 해묘방亥卯方.

하관길시下棺吉時

하관 시간은 황도시黃道時로 정하는 게 좋다고 한다.

子午日 : 子丑卯午申酉時   丑未日 : 寅卯巳申戌亥時

寅申日：子丑辰巳未戌時　　卯酉日：子寅卯午未酉時

辰戌日：寅辰巳申酉亥時　　己亥日：丑辰午未戌亥時

＊子時는 11時30分 ~ 01時30分이다.

정상기방停喪忌方

　묘를 쓰는 장례식에 상여, 영구차, 관棺 등을 안치할 경우 광중을 기준으로 피하는 방위

　申子辰日: 巽方

　巳酉丑日: 艮方

　寅午戌日: 乾方

　亥卯未日: 坤方

제주불복방祭主不伏方

　제주祭主가 영좌靈座를 향하여 곡을 하며 절을 하지 않는 방위

　三殺方: 亥卯未年 – 申酉戌方 (西쪽)　　寅午戌年 – 亥子丑方 (北쪽)

　　　　　巳酉丑年 – 寅卯辰方 (東쪽)　　申子辰年 – 巳午未方 (南쪽)

　羊刃方: 甲年日 – 卯方　　乙年日 – 辰方　　丙年日 – 午方

　　　　　丁年日 – 未方　　戊年日 – 午方　　己年日 – 未方

　　　　　庚年日 – 酉方　　辛年日 – 戌方　　壬年日 – 子方

　　　　　癸年日 – 丑方

하관下棺할 때 피해야 될 사람

정충正沖: 장사 날 일간日干은 같고 지지地支가 충沖하는 사람

순충旬沖: 같은 순중旬中에 간지干支가 충沖하는 사람

태세압본명太歲壓本命: 유년 태세를 본궁에 넣고 구궁九宮을 순행하여 출생년의 간지가 중궁에 든 사람

甲子日	乙丑日	丙寅日	丁卯日	戊辰日	己巳日	庚午日	辛未日	壬申日	癸酉日	甲戌日	乙亥日	丙子日
7	6	5	4	3	2	葬日	2	3	4	5	6	7
甲子生後沖						庚子生正沖						丙子生前沖

4	9	2
3	甲子 5 庚午	7
8	戒酉 壬午 辛卯 庚子 己酉 戊午 己卯 戊子 丁酉 丙午 乙卯 甲子 1	6

678

사인불견법死人不見法

孟月 : 寅月日-申生　申月日-寅生　巳月日-亥生　亥月日-巳生
仲月 : 子月日-午生　午月日-子生　卯月日-酉生　酉月日-卯生
季月 : 辰月日-戌生　戌月日-辰生　丑月日-未生　未月日-丑生

천을귀인정국天乙貴人定局

區分　　日干	甲	乙	丙	丁	戊	己	庚	辛	壬	癸
天乙貴人	丑未	申子	酉亥	酉亥	丑未	申子	丑未	寅午	巳卯	巳卯
正　　祿	寅	卯	巳	午	巳	午	申	酉	亥	子
食　　祿	丙	丁	戊	己	庚	辛	壬	癸	甲	乙
正　　官	辛	庚	癸	壬	乙	甲	丁	丙	己	戊
正　　財	己	戊	辛	庚	癸	壬	乙	甲	丁	丙
七　　殺	庚	辛	壬	癸	甲	乙	丙	丁	戊	己

중상일重喪日. 중복일重復日

區分　　月別	寅月	卯月	辰月	巳月	午月	未月	申月	酉月	戌月	亥月	子月	丑月
重喪日	己亥	己亥	己亥	己亥	己亥	己亥	己亥	己亥	己亥	己亥	己亥	己亥
重復日	甲庚	乙辛	戊己	丙壬	丁癸	戊己	庚甲	辛乙	戊己	壬丙	丁癸	戊己

냉지공망일冷地空亡日

生 甲	甲	乙	丙	丁	戊	己	庚	辛	壬	癸
日 辰	戊子	戊寅	辛酉	癸丑	丙辰	壬午	甲申	乙卯	辛未	丙戌

천월덕귀인일天月德貴人日

月別 區分	寅月	卯月	辰月	巳月	午月	未月	申月	酉月	戌月	亥月	子月	丑月
天 德	丁	申	壬	辛	亥	甲	癸	寅	丙	乙	巳	庚
月 德	丙	甲	壬	庚	丙	甲	壬	庚	丙	甲	壬	庚

황도연월일黃道年月日 택일법擇日法

黃道 年月日	靑龍 吉	明堂 吉	天利 凶	朱雀 凶	金櫃 吉	大德 吉	白虎 凶	玉堂 吉	天干 凶	玄武 凶	司命 吉	句陳 凶
寅 申	子	丑	寅	卯	辰	巳	午	未	申	酉	戌	亥
卯 酉	寅	卯	辰	巳	午	未	申	酉	戌	亥	子	丑
辰 戌	辰	巳	午	未	申	酉	戌	亥	子	丑	寅	卯
巳 亥	午	未	申	酉	戌	亥	子	丑	寅	卯	辰	巳
午 子	申	酉	戌	亥	子	丑	寅	卯	辰	巳	午	未
未 丑	戌	亥	子	丑	寅	卯	辰	巳	午	未	申	酉

겁살방劫煞方: 좌기준坐基準, 깨어진 산, 흉한 바위, 득수처

壬坐-申方	子坐-巳方	癸坐-巳方	丑坐-辰方
艮坐-丁方	寅坐-未方	甲坐-丙方	卯坐-丁方
乙坐-申方	辰坐-未方	巽坐-癸方	巳坐-酉方
丙坐-辛方	申坐-癸方	庚坐-午方	酉坐-寅方
辛坐-丑方	戌坐-丑方	乾坐-卯方	亥坐-乙方

대장군방大將軍方: 건물, 헛간, 축사 등을 지으면 안 좋다. 3년마다 비낌

寅卯辰年-坎方(북쪽)　　　巳午未年-震方(동쪽)

申酉戌年-離方(남쪽)　　　亥子丑年-兌方(서쪽)

삼재년三災年: 병사묘病死卯에 해당하는 연年으로 사람의 출생 연도에 따라 3년간씩이다.

亥卯未年에 출생한 사람 - 巳午未年

寅午戌年에 출생한 사람 - 申酉戌年

巳酉丑年에 출생한 사람 - 亥子丑年

申子辰年에 출생한 사람 - 寅卯辰年

팔요수八曜水: 형륙수形戮水, 물의 득수나 파구처 모두 해당된다.

坎山坐-辰,戌　　艮山坐-寅　　辰山坐-申　　巽山坐-酉

離山坐-亥　　坤山坐-卯　　兌山坐-巳　　乾山坐-午

황천살黃泉殺: 향기준向基隼

庚, 丁向에 坤方水　　坤向에 庚, 丁方水

甲, 癸向에 辰方水　　艮向에 甲, 癸方水

乙, 丙向에 巽方水　　巽向에 乙, 丙方水

辛, 壬向에 乾方水　　乾向에 辛, 壬方水

삼길육수三吉六秀:

    三吉 - 震, 庚, 亥

    六秀 - 艮, 巽, 丙, 丁, 兌, 辛

음양최관귀인陰陽催官貴人: 좌향坐向에 관계없이 속발速發, 등과 득위登科得位

    陰催官貴人: 艮, 巽, 震, 兌

    陽催官貴人: 丙, 辛, 庚, 丁

녹방祿方: 향기준向基隼, 좋은 산이 있으면 재산과 자손이 번창한다.

正祿	甲向-寅方	乙向-卯方	丙向-巳方
	丁向-午方	庚向-申方	辛向-酉方
	壬向-亥方	癸向-子方	
借祿	壬向-乾方	甲向-艮方	丙向-巽方
	庚向-坤方		

역마방驛馬方: 좌기준坐基隼, 천마사나 좋은 산이 있으면 발복이 빠르다.

申子辰坐-寅方	亥卯未坐-巳方
寅午戌坐-申方	巳酉丑坐-亥方

건乾과 오午 방위方位에 첨마사天馬砂가 있으면 좌향坐向에 관계없이 속발부귀速發富貴한다.

차마방借馬方: 丙坐-巽方, 壬坐-乾方, 甲坐-艮方, 庚坐-坤方

삼각시三角峙: 艮, 巽, 兌. 부귀쌍발富貴雙發한다.

삼양기三陽起: 巽, 丙, 丁. 높은 문장文章과 관작官爵이 기약된다.

팔국주八國周: 甲, 庚, 丙, 壬, 乙, 辛, 丁, 癸. 제왕지지帝王之地이나 한 봉우라도 **빠지면** 역량이 줄어든다.

사세고四勢高: 寅, 申, 巳, 亥

자궁완子宮完, 자궁허自宮虛: 震, 坎, 艮

여산구女山俱: 巽, **離**, 兌

수성숭壽星崇, 수산경壽山傾: 乾-北極老人星 丁-南極老人星

태양승전太陽昇殿: 子, 午, 卯, 酉 太陽金星體-極貴, 國富가 난다.

태음입묘太陰入廟: 甲, 庚, 丙, 壬 太陰金星體-王妃, 駙馬가 난다.

옥대현玉帶現: 巽, 辛-玉帶. 庚, 兌-金帶
男-장원급제하여 귀인이 된다. 女-貴妃가 된다.

대사문大赦文: 乾, 坤, 艮, 巽 小赦文: 丙, 丁, 庚, 辛
사문성赦文星이 있으면 흉화凶禍가 혈穴에 들어가지 못한다고 한다.

일월명日月明: 午, 子 고귀한 자손이 배출된다.

오기조원五氣朝元: 東-木星, 南-火星, 中央-土星, 西-金星, 北-水星의 봉우리가 배치되면 왕후지지王后之地로서 왕王이나 성인聖

人이 나며 후대까지 존경받는 종사宗師가 난다고 하는데 혈穴이 맺혔을 때 가능한 것이다. 그리고 위에 기록한 사격에 대하여 기록한 것은 고서에 일부가 거론되었기에 시중의 풍수서적에 기록된 것을 참고용으로 기록한 것이며 결과는 혈穴의 역량力量에 관계되는 것이지, 사격 때문에 이루어지는 것은 아니다. 고서 본문에도 소개되었 듯이 혈이 맺히면 혈穴에 모든 것이 다 있다.

둔월법遁月法

甲己之年: 丙寅頭   乙庚之年: 戊寅頭
丙辛之年: 庚寅頭   丁壬之年: 壬寅頭
戊癸之年: 甲寅頭

둔시법遁時法

甲己之日: 甲子時頭   乙庚之日: 丙子時頭
丙辛之日: 戊子時頭   丁壬之日: 庚子時頭
戊癸之日: 壬子時頭